兰州年鉴

LANZHOUYEARBOOK 2019

兰州市地方志编纂委员会办公室　编

兰州市情网
dfzb. lanzhou. gov. cn

史志兰州微信公众号

甘肃民族出版社

图书在版编目（CIP）数据

兰州年鉴. 2019 / 兰州市地方志编纂委员会办公室编. -- 兰州 : 甘肃民族出版社, 2019.10
ISBN 978-7-5421-4814-8

Ⅰ. ①兰… Ⅱ. ①兰… Ⅲ. ①兰州—2019—年鉴
Ⅳ. ①Z524.21

中国版本图书馆CIP数据核字(2019)第223964号

书　　名：兰州年鉴(2019)
作　　者：兰州市地方志编纂委员会办公室　编
责任编辑：刘新田
封面设计：兰州志鉴印务设计中心
出　　版：甘肃民族出版社(730030兰州市城关区读者大道568号)
发　　行：甘肃民族出版社发行部(730030兰州市城关区读者大道568号)
印　　刷：甘肃鑫统印务有限责任公司
开　　本：787毫米×1092毫米　1/16　印张:27　插页:20
字　　数：945千
版　　次：2019年11月第1版　2019年11月第1次印刷
印　　数：1~2000册
书　　号：ISBN 978-7-5421-4814-8
定　　价：320.00元

甘肃民族出版社图书若有破损、缺页或无文字现象，可直接与本社联系调换。
邮编：730030　地址：兰州市城关区读者大道568号　网址：http://www.gsminzu.com
投稿邮箱：448925720@qq.com
发行部：王哲棋　联系电话：0931-8773312　8773264（传真）　E-mail：275052316@qq.com

《兰州年鉴》2019供稿人名单（按年鉴顺序排）

廉宝珍　徐　炜　石　磊　段志奇　杨家力　王汝刚

杜　晖　薛广林　孙　磊　肖　飞　钱运平　李元思

王　鹏　王柏华　倪佳君　刘存来　陈　震　穆晓娟

胡彦明　王雷刚　刘国强　殷刚强　冯亚丽　孙国延

张晓燕　何　芳　徐梓晏　宋子霞　陈德全　富　军

钟　芳　桑　敏　邓海燕　魏含虎　武小祯　刘心刚

王一雯　石　磊　陈　璟　倪　玲　王汝勃　刘　锐

娄光明　于　伟　刘佳丽　魏芳玲　杨　磊　柴军荣

付桂林　王明杰　闫　燕　王　剑　张小红　张诗昕

景昱清　李宗林　郭建伟　潘俊伊　冯　晶　鲁贤德

薛锦霞　张晓龙　杨志军　乔亚兰　段群策　张巧稚

唐仲虎　李凯丽　黄　杰　路有为　陈　媛　杨玉山

李　萍　卢声白　张炳乾　陈东亮　吴建明　李文涛

王正东　王化雨　贺　欢　郁万虎　杨雍梅　杨晓磊

于　欣　李　鑫　王　杰　张　弘　常　硙　余国先

乔延斌　丑永刚　刘　蓉　韩凌志　康立中　贾海刚

王　涛　宋雨瑶　杨志鹏　任　翔　完颜鹏　李锦禄

陶明锐　郭琳琳　李　娜　赵国栋　吴贵学　王　伟

马　凌　李青梅　王立杰　张　文　白建栋　张文耀

王发强　刘占爱　张克力　高　尚　尚季芳　马雪琴

梁小虎　陈　炜　马文龙　刘　璇　杜　霈　陈晓强

张昊骏　刘建文　尹祥佳　张建祥　詹玉辉　张建华

魏尚雄　刘　杰　闫龙龙　杨晓飞　张建栋　牛淑梅

周晓霞　马俊生　赵文娟　钟　潇　陈天军　邹向东

王晓蓉　马玉花　柳生昆　周学海　魏周延

兰州市旅游交通图

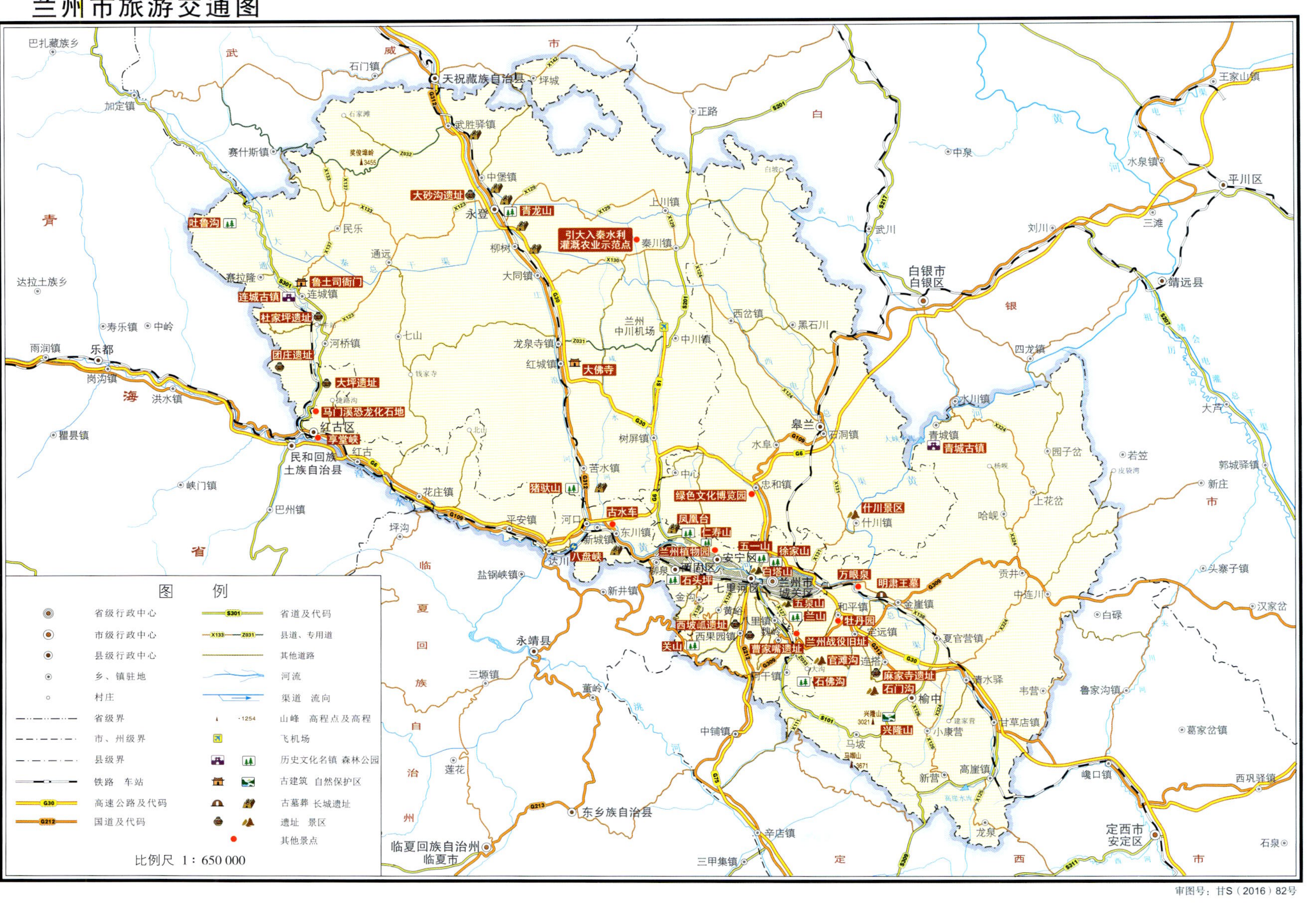

图例
省级行政中心
市级行政中心
县级行政中心
乡、镇驻地
村庄
省级界
市、州级界
县级界
铁路 车站
高速公路及代码
国道及代码
省道及代码
县道、专用道
其他道路
河流
渠道 流向
山峰 高程点及高程
飞机场
历史文化名镇 森林公园
古建筑 自然保护区
古墓葬 长城遗址
遗址 景区
其他景点
比例尺 1：650 000
审图号：甘S（2016）82号

兰州市地图

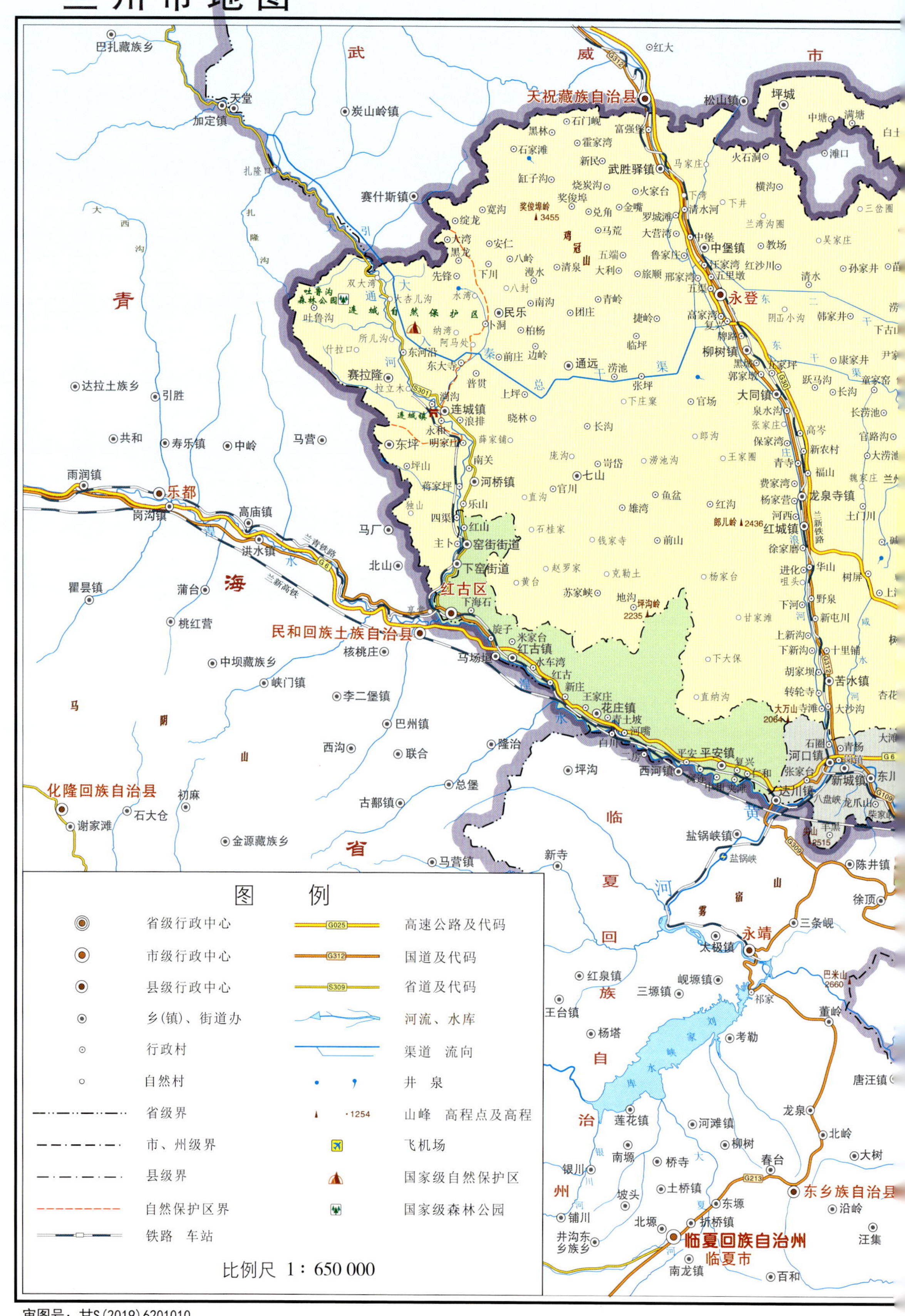

审图号：甘S(2019)6201010

白银市
白银区
平川区
靖远
兰州市
城关区
七里河区
安宁区
皋兰
榆中
定西市
安定区
王家山镇
水泉镇
宝积
东湾镇
刘川
南川子
糜滩
乌兰镇
二十里铺
北湾镇
四龙镇
平堡
水川镇
青城镇
若笠
郭城驿镇
新庄
河畔镇
头寨子镇
汉家岔
白碌
石峡湾
鲁家沟镇
葛家岔镇
新集
柴家门
峡口镇
西巩驿镇
青岚山
称钩驿镇
凤翔镇
符家川镇
石泉
龙泉
甘草店镇
新营镇
小康营
连搭镇
定远镇
清水驿
夏官营镇
金崖镇
和平镇
贡井镇
中连川
园子岔
上花岔
哈岘
什川镇
忠和镇
水阜镇
石洞镇
黑石镇
西岔镇
中铺镇
太石镇
辛店镇
三甲集镇
车家湾
上营
武川
大水
中泉
正路
兴隆山自然保护区
兴隆山 3021
马衔山 3671
太平山 1990
雪山尾子 2122
鹰不老墩 2381
荒草梁 2019
大肋槐山 3017
哈思山
黄河
白
银
市
定
西
市

数字兰州 2018

SHUZILANZHOU

总面积　13085.6平方公里
户籍总人口　328.47万人
城镇人口　231.25万人
乡村人口　97.21万人
常住人口　375.36万人
年平均气温　6.6℃~11.0℃
年降水量　426.80毫米~641.00毫米
地区生产总值　2732.94亿元
第一产业增加值　42.98亿元
第二产业增加值　937.98亿元
第三产业增加值　1751.97亿元
非公有制经济增加值　1254.4亿元
地区性财政收入　721.53亿元
公共财政预算收入　253.32亿元
公共财政预算支出　465.68亿元
工业增加值　646.48亿元
规模以上市属工业增加值　134.8亿元
社会消费品零售总额　1352.09亿元
接待国内游客　6718.56万人次
国内旅游收入　593.45亿元
房屋施工面积　4537.93万平方米
房屋竣工面积　162.14万平方米
商品房销售面积　668.79万平方米
金融机构人民币各项存款余额　8716.44亿元
金融机构人民币各项贷款余额　11010.54亿元
城镇居民人均可支配收入　35014元
城镇居民家庭恩格尔系数　28.4%
农村居民人均可支配收入　12368元
农村居民家庭恩格尔系数　32.3%
保险业保费收入　136.04亿元
年末股票总市值　1005.48亿元
专利申请　10708件
普通高等院校在校学生　48.36万人
中等职业院校在校学生　3.79万人
普通高中在校学生　6.53万人
普通初中在校学生　9.98万人
普通小学在校学生　22.60万人
幼儿园在园幼儿　11.98万人
卫生机构　2211个
医院、卫生院病床位　2.8万张
卫生技术人员　3.7万人
公共图书馆　8个
文化馆　9个
博物馆、纪念馆　13个
货运量　13518.52万吨
客运量　8328.64万人次
电信业务总量　346.28亿元
邮政业务总量　11.64亿元
移动电话用户　663.90万户
固定互联网宽带接入用户　165.85万户
固定电话用户　60.27万户

四十年辉煌成就 新时代跨越起点

——兰州市改革开放40年经济社会发展成就

改革开放40年来，在省市委的正确领导下，兰州市坚定不移地贯彻党的路线、方针、政策，经济和社会发展取得了令人瞩目的成就，综合实力显著增强，结构调整取得重大突破，社会事业全面繁荣，人民生活水平大幅提升，城乡面貌发生了巨大变化，经济社会发展取得了辉煌成就。

1978年，党的十一届三中全会在北京召开，确立了解放思想、实事求是的思想路线，做出了将全党全国工作的重点转移到社会主义现代化建设上来的战略决策，提出了“对内搞活、对外开放”的总方针，开创了改革开放和社会主义现代化建设的新纪元，中国进入了改革开放的历史新时期。回望改革开放40年历史变迁，兰州经济社会发生了翻天覆地的变化。波澜壮阔的40年来，勤劳的兰州人民乘着改革开放的春风砥砺前行、艰苦奋斗、顽强拼搏，兰州这一片热土上发生了日新月异的变化。让我们用一组组详实的数据勾勒出兰州市40年的生动发展图景，展望母亲河畔的40年的变迁绘就的改革发展壮美画卷。

★ ★ ★ ★ ★

一、经济持续较快增长，综合实力大幅攀升

改革开放40年来，全市经济实力显著增强，经济总量不断跃上新台阶。1978年兰州市GDP仅为21.8亿元，1992年首次突破百亿元大关，1995年跨上200亿元台阶，2000年经济总量突破300亿元，2004年突破500亿元，2010年跃上1000亿元大关，2017年全市实现地区生产总值2523.54亿元，比1978年增加2501.74亿元，是1978年的115.7倍，年均增长9.43%。其中：第一产业增加值61.47亿元，第二产业增加值881.74亿元，第三产业增加值1580.34亿元，分别是1978年的83.07倍、53.24倍和351.2倍。

1978-2017 年兰州市地区生产总值（亿元）

年份	1978年	1980年	1985年	1990年	1995年	2000年	2005年	2010年	2015年	2017年
地区生产总值	21.8	25.68	43.5	77.89	210.43	300.32	567.04	1100.390	2095.989	2523.54

经济保持较快增长。1978年到1994年，随着经济体制改革的纵深发展，大力发展民营经济，国际、国内市场全面开放，经济增长波动前行。

九十年代中期以来，全市加大招商引资力度，实施项目带动、工业强市战略，经济增长的稳定性不断增强，尤其是2000–2014年连续15年保持两位数高速增长，2015年以来由高速转向中高速增长，在全省仍处于较快增长城市行列。

1978-2017 年兰州市地区生产总值增速（%）

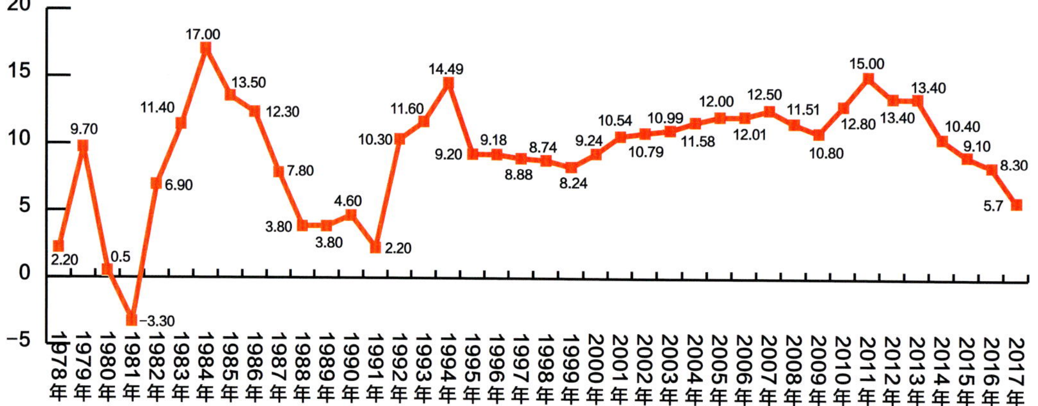

人均地区生产总值稳步提高。1978年改革开放初期全市人均GDP仅1067元，2000年突破万元大关，经过多年的努力奋斗，2017年人均GDP达到67881元，是1978年的63.62倍，年均增长9.63%。

1978-2017年兰州市人均GDP（元）

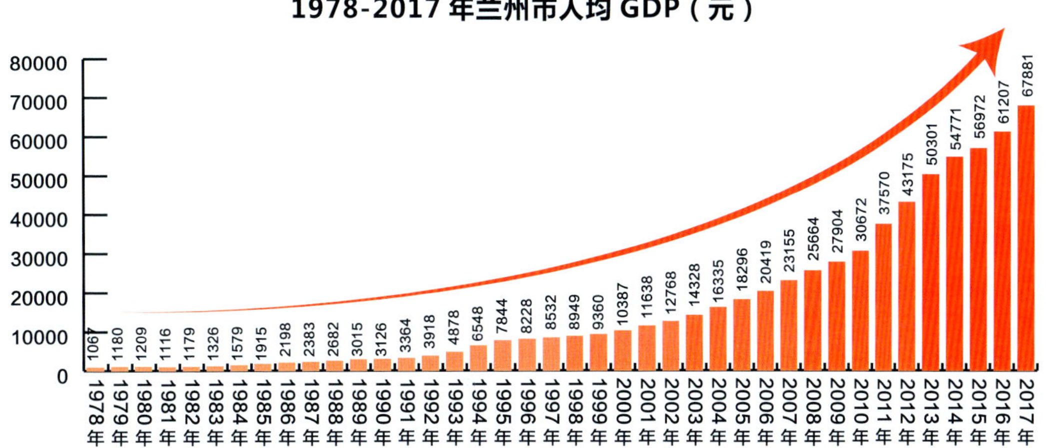

二、产业结构优化升级，第三产业蓬勃发展

改革开放以来，全市不断加大经济结构调整力度，加快了调整的步伐，产业结构不断优化升级，经济增长逐步由外延式发展向内涵式转变，形成“一产较为稳固、二产转型跨越、三产做大做强”的新格局。2001年三次产业结构4.94∶44.89∶50.17，实现了第三产业占据半壁江山的历史性跨越，三产比重占全部经济比重首次超过50%。产业由传统工业向服务业发展转变，服务业成为经济增长的新引擎，产业结构逐步优化升级。2017年三次产业结构2.44∶34.94∶62.62。与1978年相比，第一产业、第二产业比重分别下降0.95和41.02个百分点，第三产业比重上升了41.98个百分点，经济结构由“二三一”演变为“三二一”。

1978-2017年兰州市三次产业比重（%）

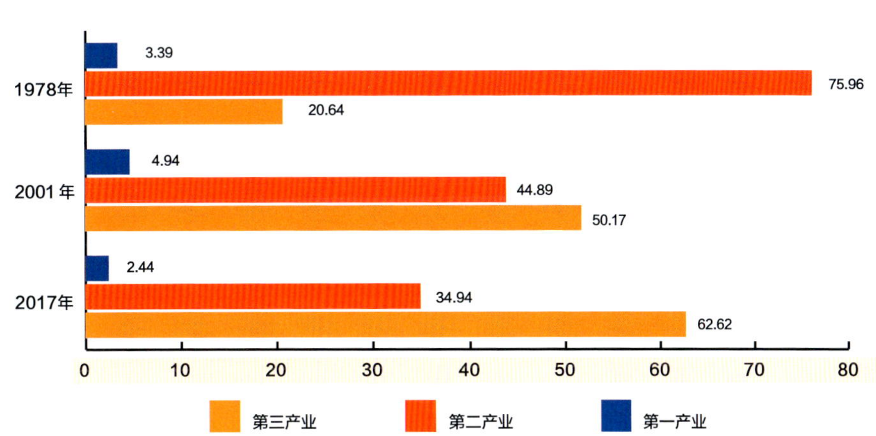

三、现代农业步伐加快，农村经济稳步发展

改革开放以来，全市扎实推进新农村建设，落实各项支农惠农政策，以农业增效、农民增收为目标，加快发展农业产业化经营，大力实施科教兴农战略，科技成果运用成效显著。随着地膜覆盖、大小拱棚、日光温室、旱地双垄全膜覆盖栽培等技术的推广应用，农业经济取得了突破性进展。"九五"期间全市农村整体解决了温饱，历史性地解决了淡季吃菜难和干旱山区人畜饮水问题。农业基础地位不断强化，粮食产量稳定增长，虽然个别年份遭受自然灾害影响减产，城市化进程加快又使耕地面积耕地不断减少，但各级部门加大科技扶持力度，"两高一优"农作物比重不断提高，粮食产量仍有较大幅度提高。2017年粮食产量达到30.04万吨，是1978年的1.18倍。

依托资源优势，发展特色产业。全市充分利用独有的自然禀赋与资源优势，因地制宜，按照“一村一品”、“一乡一品”的发展思路，依托城市发展农村，突出特色发展农业，重点发展了蔬菜、畜牧、农产品加工贮运三大主导产业，瓜果、马铃薯、优质专用粮三大优势产业，以及百合、韭黄、花卉、玫瑰四大特色产业。2017年全市猪出栏达到40.58万头，肉产量达到4.47万吨、奶产量达8.24万吨、蛋产量达2.05万吨；“高原夏菜”无公害基地不断扩大，优势产业逐步向规模化发展，2017年百合面积达到11.59万亩，瓜类面积达到5.3万亩，药材面积达到14.38万亩。2017年全年蔬菜产量159.11万吨。

四、工业总量不断扩张，支柱产业快速崛起

兰州是典型的工业城市。改革开放40年来，兰州工业发展历经恢复重建、置身发展稳定基础、扩大开放寻求突破、走向全国实现全面发展、提高档次优化升级、转型升级提质增效六个阶段的深刻变化，工业经济作为经济发展的最大主体，随着改革开放不断推进，已形成以石油化工、机械制造、有色冶金、能源电力、生物医药、建筑建材等为主的产业体系。近年来全市上下坚持以推进工业化为主题，以结构调整为主线，以科技创新为动力，以产业集群建设为引擎，以项目建设为载体，以骨干企业发展为支撑，立足改革和创新机制，坚持推进四千七百工程，贯彻落实《中国制造2025兰州行动方案》，促进产业优化升级，加快新型工业化进程，工业整体素质明显提高，实力迅速增强。1978年全市工业增加值为15.85亿元；2000年超过100亿元，达到107.04亿元；2010年接近400亿元；2017年为607.13亿元，是1978年的38.3倍。1978－2017年间工业经济年均增速为8.73%。

工业园区建设成效显著，工业发展空间进一步拓展。改革开放以来，全市加大招商引资力度，大力推进出城入园，积极引导出城入园企业向园区集聚、配套发展，在形成龙头企业带动作用、培育新产业上下足功夫。谋划做好城关区、高新区、兰州新区三个生物医药产业聚集区的发展工作。空港循环经济园建设加快，吉利汽车等项目建设投产和平工业园、九州开发区等园区建设进展顺利。

五、城市面貌焕然一新，发展后劲逐步增强

改革开放40年以来，兰州市相继建成投产了一大批基础设施、基础产业重点项目，为国民经济持续快速发展奠定了坚实的基础。特别是“八五”末期开始，为加快经济建设步伐，政府采取以项目促发展，持续加大投资力度，投资对经济增长的拉动作用明显增强，固定资产投资规模不断扩大。1978-2017年，全社会固定资产投资累计达14420亿元，其中1994-2017年投资合计14204亿元，占改革开放40年累计投资的98.5%。1978年全市固定资产投资仅2.59亿元，1997年全市固定资产投资规模跨上100亿元台阶，2003年跨上200亿元台阶，2009年突破500亿元大关，2017年1315.35亿元，年均增长16.85%。

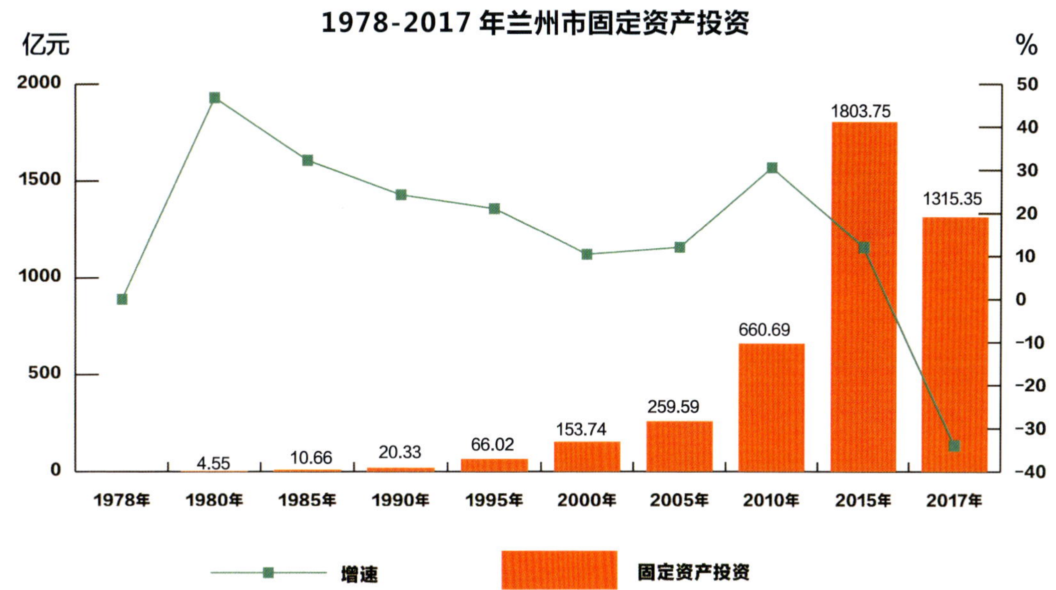

基础设施日臻完善，经济发展后劲逐步增强。交通运输建设成效突出，初步形成以高速公路、城市路桥、铁路航空、轨道交通四翼齐飞的交通运输框架体系，辐射陕、甘、宁、青、新、藏等省区，境内有4条铁路干线、6条国道主干线，56条航线直通全国各主要大中城市，并已开通直飞台北、香港、吉隆坡、首尔等地的旅游包机航线。陇海、兰新、青兰、包兰四大铁路干线交汇于此，是西北地区第二大的货运站和新亚欧大陆桥上重要的集配箱转运中心，也是西部地区通信枢纽和信息网络中心。1995年，全市第一条高速公路—兰州至中川机场高速公路建成通车，实现了兰州高速公路零的突破。“十五”期间又相继建成了兰临、兰白、兰海等7条高速公路，形成了以兰州为中心辐射周边的高速大通道，带动兰州经济全面发展。黄河风情线整治及延伸工程的全面完成，极大地提升了城市品位。雁盐黄河大桥、小西湖黄河大桥、银滩大桥、元通大桥、深安大桥的建成通车，南山路、北环路等绕城道路建设，市内道路拓建和背街小巷整治，有效缓解了城市交通拥挤。兰州市内目前有公交线路120余条，其中兰州公交集团直属94条，轨道交通正在建设，必将进一步提升交通品质。

邮电通信业快速发展。1988年至1994年，6年时间兰州市进行了6次电话号码升位，进一步提高综合通讯能力。1988年城关区部分电话从5位升到6位，1994年兰州市电信局电话号码全部升为7位。完成了中国联通、移动、兰州市话线路改造等重点工程项目，从2G（第二代移动通讯技术）、3G（第三代移动通讯技术）到4G（第四代移动通讯技术）一步步见证着通讯历史的变迁,加快了通讯设施的建设，增强了综合通信能力，获选成为中国电信全国5G首发试点城市。

六、消费市场繁荣活跃，新兴业态发展壮大

改革开放以来，随着市场经济体制的逐步确立、完善,商品由匮乏到丰富，市场供应由紧张、限量到充足、敞开，商业网点布局由不合理、稀少到合理、全覆盖，较好地满足了人们的物质需求。商品经济迅速发展，餐饮、旅游、汽车、通信、住房和教育文化娱乐等新的消费热点不断涌现，消费市场发生了重大变化，多渠道、多层次、全方位、网络化的消费市场体系日渐形成，物流配送、商品集散的大商业、大市场、大物流逐渐规模化、体系化。全市消费需求稳步扩大，消费品市场繁荣活跃，消费在拉动经济增长中的作用不断增大，全市社会消费品零售总额以年均14.99%的速度递增，2017年达到1358.72亿元，是1978年的232.3倍。以汽车、住房、通讯产品以及文教娱乐、旅游、家政等“新兴消费品”为特征的娱乐型、享受型消费，推动了消费结构的快速升级。

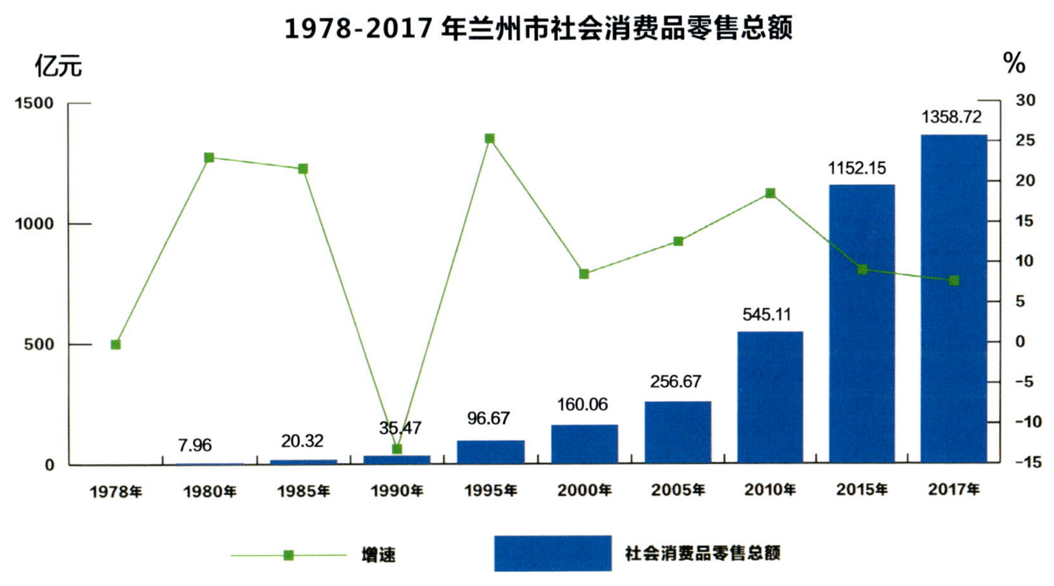

自1994年兰州商贸中心建设确定后，相继引进了万达、百盛、华联、苏宁、国美等一批规模大，实力强的外埠知名商业企业入驻兰州，进一步优化了兰州原有商业格局，繁荣了市场供应，增强了辐射和竞争力。近年来网络购物，手机支付发展迅速，连锁超市、专卖店、便民店、网络电商平台迅速发展，形成了传统商业和网络销售共同发展的局面。市场流通领域显呈现向商业中心区、新型流通业态等集中趋势，市场建设格局又提升到新的发展层次。

随着国家“一带一路”战略的实施，兰州作为丝绸之路经济带核心节点城市的区位优势更加凸显，正在逐步打造成为国家向西开放的重要战略平台。中国兰州投资贸易洽谈会（以下简称“兰洽会”）自1993年举办以来，已经成功举办24届。2012年6月，商务部联合主办第十八届兰洽会，兰洽会正式升格为国家级。经过多年的努力，兰洽会的品牌形象已经确立，成为兰州招商引资的重要载体和对外开放的窗口，积极融入中新南向通道，兰州铁路口岸、兰州新区综合保税区建成运营，兰州进口肉类查验场、进口冰鲜及水产品指定口岸通过国家质检总局验收；南亚公铁联运班列和“兰州号”中欧、中亚国际货运班列实现常态化运营，国内外客货运航线达到234条，年旅客吞吐量达1470万人次，并与“一带一路”沿线16个国家开展了33个产能合作项目，促进了地区间、行业间、企业间多层次、宽领域、全方位的合作与交流，有力推动了全市经济社会发展。

七、财政实力不断增强，金融领域更加活跃

改革开放40年以来，全市财政收入规模不断扩张。2017年，全市地区财政收入671.65亿元，比1978年的4.33亿元净增加667.32亿元，是1978年的155.12倍。一般公共预算支出429.36亿元，是1978年的299.29倍。随着财政实力的不断增强，重点领域民生支出得到较好保障。2017年医疗卫生、文化体育与传媒、教育和农林水事务支出分别比上年增长6.75%、6.33%、8.41%、5.69%。财政实力的增强对促进经济发展、调整经济结构、改善保障民生提供了坚实的资金保障。

改革开放40年以来，作为现代经济核心的金融业，不断改革创新，服务实体经济的能力不断提升，资本市场表现活跃。2017年，金融机构人民币各项存款余额8513.59亿元，是1978年的621倍，金融机构人民币各项贷款余额9643.55亿元，是1978年的837.2倍。

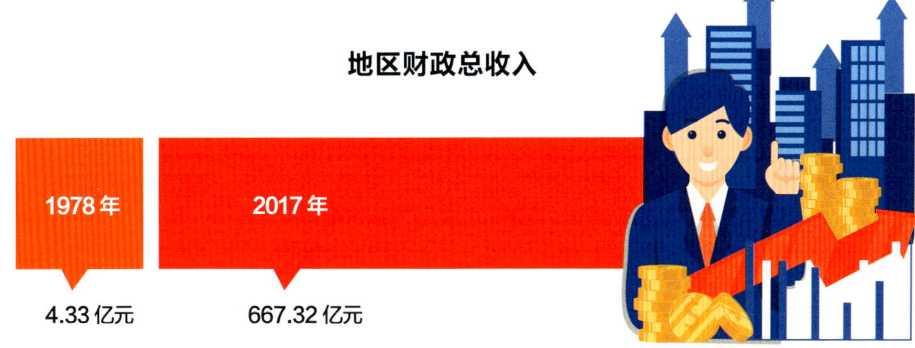

八、人口规模稳步增长，城乡面貌焕然一新

改革开放40年来，兰州市城市规模不断扩大，人口稳步增长。1978年全市总人口221.89万人，2017年常住人口已达372.96万人，净增151.07万人。

随着经济的快速发展，城乡人口流动性加强，大量农村人口向城市转移，城市人口比重明显上升，新型城镇化全面推开，城市化进程明显加快，城镇总人口由1978年的103.57万人增加到2017年302.17万人，农村人口由1978年的118.32万人减少到2017年70.79万人。全市常住人口城镇化率达81.02%，城市建成区扩大到357.1平方公里，城镇化水平始终位于全省前茅。

九、居民收入大幅增加，人民生活蒸蒸日上

经济发展的目的就是为了改善人民的生活水平，满足人民日益增长的物质文化需要。经过40年的发展，各个领域改革力度加大，在经济发展的同时更加关注民生问题，人民群众得到更多改革和发展的实惠，城乡居民生活水平显著提高，生活质量进一步改善，逐步由贫困、温饱走向全面小康。

城乡居民收入连年保持较快增长。2017年全市城镇非私营单位在岗职工平均工资72286元，是1978年的95.62倍，年均增长12.25%；城镇居民人均可支配收入达到32331元，是1978年的89.1倍，随着支农惠农各项政策措施的逐步落实，农村居民收入快速增长。2017年农村居民人均可支配收入11305元，是1978年的125.61倍。城乡居民收入快速增长，城乡居民储蓄存款也大幅度增加。2017年末城乡居民储蓄人民币存款余额达2949.27亿元，是1978年的2290倍。

城乡消费结构发生较大改变，居民生活质量明显提高。2017年城镇人均消费性支出24071元，是1978年的70倍。农民人均消费支出9442元，是1978年的121.05倍。农村居民家庭恩格尔系数从90年代初期的52.16%下降到2017年的31.6%。城市居民家庭恩格尔系数从90年代初期的53.19%下降到2017年的30.6%。居民用于食品支出比重均在不断下降，用于改善生活质量的其他支出在不断提高，城乡居民生活质量进一步得到改善。改革开放成就惠及广大人民，人民的获得感、幸福感、安全感不断增强。

十、民生保障成就显著，社保体系日趋完善

在以城镇职工养老、医疗、失业、工伤、生育保险为主体的社会保险体系框架基本形成的基础上，社会保障覆盖范围进一步扩大，城乡居民基本养老保险制度实现全覆盖，城乡居民基础养老金、城乡低保和医保财政补助标准持续提高，养老服务体系初步形成，社会救助、社会福利、优抚安置等工作有效开展。2017年末全市参加城镇职工基本养老保险人数76.3万人，参加城镇职工基本医疗保险人数92.99万人，参加城镇居民医疗保险人数103.53万人，参加失业保险人数56.73万人，参加工伤保险人数55.12万人，参加生育保险人数54.94万人，城乡居民社会养老保险参保人数72.85万人。年末参加新型农村合作医疗农民人数111.84万人，参合率达98.6%。全年新型农村合作医疗基金支出总额6.37亿元，累计受益229.48万人次。城乡居民享受到更多社会保障和救助制度的实惠。

在社会保障和救助制度不断建立和完善的同时，政府坚持把扩大就业摆在经济社会发展更加突出的位置，实施有利于促进就业的财税和金融政策，扩大就业和促进再就业工作取得新成绩，就业渠道不断拓宽，2017年下岗失业人员再就业1.9万人，城镇登记失业人员1.55万人，城镇登记失业率近5年保持在1.7–2.2%之间。

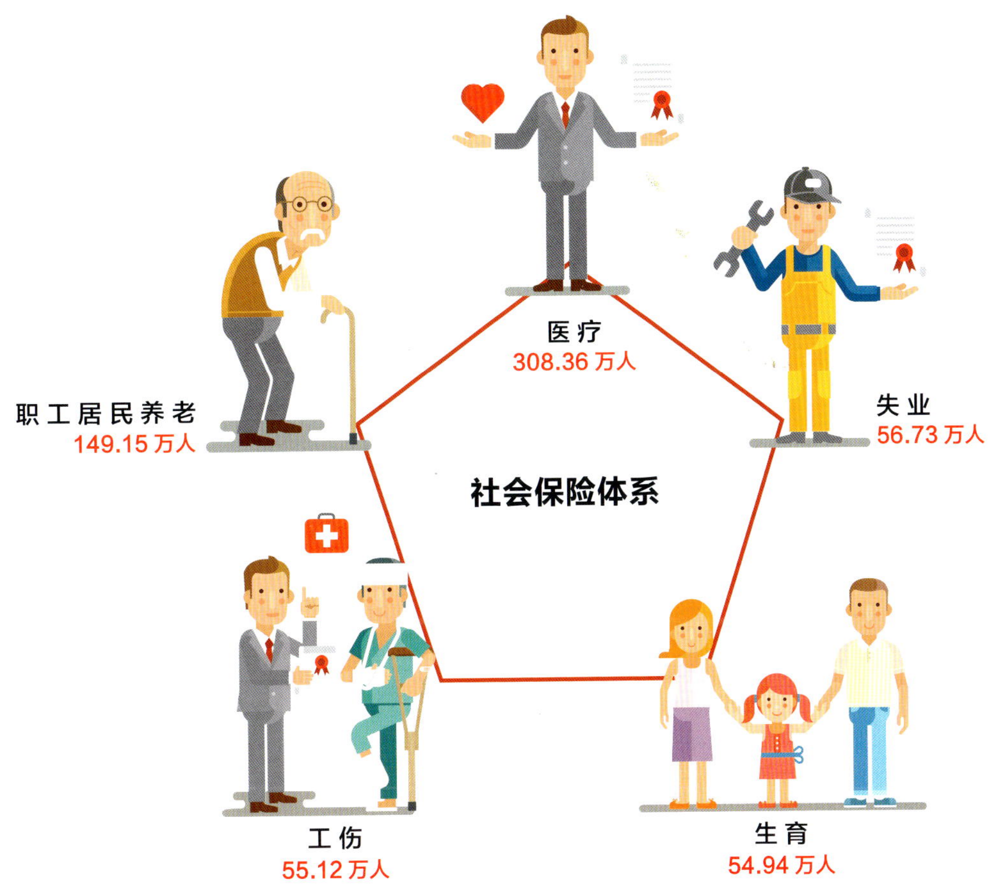

十一、社会事业长足进步，经济社会蓬勃发展

随着经济实力的不断加强，全市科技、教育、卫生、文化等社会事业蓬勃快速发展，经济社会呈现同步加快发展的良好局面。

科技事业在“科教兴市”战略的推动下，得到进一步发展。1994年兰州被国家科委批准为“科技兴市”试点城市后，全市科技实力有了大幅度的提高，科技队伍不断壮大，科技人员的素质显著提高，以研究中心、工程中心和企业技术开发中心为核心的科技创新体系得以完善，科技成果产业化、市场化进程不断加快。2017年全市登记科技成果782项。其中，基础理论成果357项，应用技术成果380项，软科学成果45项。专利申请受理7793件，授权专利4244件，授予发明专利权907件。全年共签订技术合同4881项，技术合同成交金额56.14亿元。

教育事业成效显著，义务教育全面展开。随着“两基”工作达标巩固、农村中小学标准化建设、城区学校布局优化工程、义务教育经费保障和农村劳动力转移培训取得良好进展，全市义务教育、高中阶段教育、成人教育和民办教育进入新的发展历程。2017年全市研究生教育招生1.26万人，在校研究生3.42万人；普通高等教育招生9.4万人，在校学生35.96万人；中等职业教育招生1.38万人；普通高中招生2.27万人；初中学校招生3.34万人；普通小学招生3.92万人；特殊教育招生0.02万人；幼儿园在园幼儿11.81万人。

公共卫生体系不断完善，医疗保障能力逐步改善。积极应对重大疫情，建设疾病预防控制体系和突发公共卫生事业医疗救治体系，加快公共卫生体系建设，取得明显成效。2017年末全市共有卫生机构2464个，其中医院、卫生院194个，妇幼保健院（所、站）10个，专科疾病防治院（所、站）2个。医院、卫生院拥有床位2.7万张。卫生技术人员3.5万人。其中执业医师和执业助理医师1.4万人，注册护士1.6万人。

文化体育事业得到长足发展。全市上下坚持中国特色社会主义文化发展道路，推动文化事业和文化产业的迅猛发展。2017年末全市共有文化馆9个（不含省级），公共图书馆8个（不含省级），博物馆（含纪念馆）25个（不含省级），国有艺术表演团体1个（不含省级）。广播和电视综合人口覆盖率分别为99.64%和99.7%。有线电视用户35.87万户；有线数字电视用户35.61万户。大型舞剧《大梦敦煌》成功入选2003-2004年度国家舞台艺术精品工程剧目。《丝路花雨》、《大梦敦煌》等国家级舞台艺术精品剧目的展演，成为新时期舞台艺术的重大收获和标志性成果。

兰州市图书馆、体育场馆、风情线健身步道等基础设施建成投用。越来越多的人投入到健身强体的体育运动和锻炼当中，体质得到加强，全民健身运动蓬勃发展。创办于2011年兰州国际马拉松赛至今已连续举办了八届,被评为"最佳马拉松赛事"和"中国田径协会马拉松金牌赛事"，2012年升格为全国积分赛,2013年被国际田联授予"铜牌赛事"称号。2017年2月13日升级为银标赛事。12月12日，升级为国际金标赛事。“九曲不回、奔涌向前”的城市精神与马拉松文化相互融合，打造出西北地区独具魅力极具兰州特色的国际马拉松赛事品牌，为城市发展注入了活力和激情。

《丝路花雨》剧照

十二、绿色发展深入人心，生态环境明显改善

改革开放40年，特别是党的十六大以来，强调人与自然的和谐发展，把实现经济发展和人口、资源、环境相协调、改善生态环境作为全面建成小康社会重要目标之一。兰州环境保护事业呈现出蓬勃发展的大好局面，取得突破性进展。

环境污染防治成果有目共睹。为了缓解大气污染，全力推进“蓝天工程”，持续打好蓝天保卫战；实施的“一控双达标”和公交车、出租车双燃料改造等项目，使兰州大气污染问题得到迅速改善，从之前的全国倒数，成为如今的全国空气质量优质达标城市。2015年末在法国巴黎召开的世界气候大会上，兰州作为全国唯一的非低碳试点城市应邀参会，并荣获联合国气候变化框架公约组织秘书处、中国低碳联盟、美国环保协会、中国低碳减排专委会联合颁发的“今日变革奖”。2017年，全市一般工业固体废物综合利用率为90.52%，城镇污水处理率95.47%，生活垃圾无害化处理率100%，空气质量达到及好于二级的比例为68.9%。

生态环境保护建设得到加强。西部大开发战略实施后，启动和实施了以南北两山绿化为重点的兰州生态环境建设。全市积极开展植树造林，退耕还林还草建设，山水兰州建设取得明显成效。全市人均公共绿地面积由1981年的0.89平方米增加到2017年的12.53平方米，建成区绿化覆盖率由1981年的6.7%提高到2017年的29.98%，提高了23.28个百分点。

展望新时代，前进道路上挑战与机遇并存，改革开放任务依然繁重。兰州经济发展已站在一个新的历史起点，未来必然将创造出更加辉煌的成就。全市人民将以习近平总书记新时代中国特色社会主义思想为指引，在市委、市政府的正确领导下，不忘初心、牢记使命，认真贯彻五大发展理念，抓改革、促转型、治环境、惠民生，坚定走高质量发展道路，为决胜全面建成小康社会、推动经济持续健康发展努力奋斗。

（兰州市统计局　提供）

2019年7月30日，省委常委、市委书记李荣灿在兰州石化集团公司乙烯项目现场调研

市委副书记、市长张伟文慰问困难群众

第七届兰州百合文化旅游节文艺活动（七里河区志办提供）

第六届兰州国际鼓文化艺术周暨第七届兰州国际民间艺术周开幕式（市文旅局提供）

2018年6月10日上午，国际金标赛事兰州国际马拉松开赛（吕晓梅 摄）

百合花海(季步清 摄)

金城夜景(王涛 摄)

绿映白塔(王涛 摄)

田园风光（孟庆焜 摄）

百合花正红（王雪林 摄）

农技人员现场指导(李浩 摄)

喜割韭黄(魏周延 摄)

苹果熟了(七里河区志办提供)

百合推介(七里河区志办提供)

草莓采摘(榆中县志办提供)

西瓜采摘(魏周延 摄)

纺纱(魏周延 摄)

田间赛瓜(魏周延 摄)

打枣子(魏周延 摄)

油葵授粉(魏周延 摄)

农业设施示范园(榆中县志办提供)

和平镇范家营村易地扶贫搬迁集中安置点
（高生军 摄）

甘草店镇易地扶贫搬迁点（榆中县志办提供）

2018年7月1日，北京德青源榆中县金鸡产业扶贫项目开工（榆中县志办提供）

养殖种植

（市扶贫办 提供）

（市扶贫办 提供）

（魏周延 摄）

黄芩种植基地（市扶贫办 提供）

板蓝根种植基地（市扶贫办 提供）

兰州铁路建设辉煌10年

——记兰州市铁路建设枢纽办公室

2008年9月26日，兰渝铁路正式开工(含兰渝铁路北编组站枢纽工程)；2009年11月4日，兰新高铁正式开工建设，是世界上一次性建成通车里程最长的高速铁路，同时也标志着兰州全面融入中国高速铁路网，进入了高铁时代。2012年10月19日，宝兰客专(含兰州西站、动车检修所和东川铁路物流中心)；2012年12月21日，兰州至中川城际铁路相继开工；兰州新区自筹资金新建了中川至马家坪铁路和中川北至朱家窑铁路2条货运铁路。2017年6月19日，中卫至兰州高速铁路在白银市平川区正式开工建设；2019年6月30日，兰州至张掖三四线控制性工程新乌鞘岭隧道开工建设，兰州至合作铁路也在紧张有序的开展项目前期工作。

兰州西站内景

兰新高铁、兰渝铁路、宝兰客专、兰州至中川城际铁路这4条铁路是由国家铁路集团有限公司和甘肃省人民政府合资建设，国家铁路集团有限公司负责建设资金，甘肃省人民政府负责征地拆迁资金。中卫至兰州高速铁路投资甘肃省人民政府占70%，国家铁路集团有限公司占30%；兰州至张掖三四线投资甘肃省人民政府占60%，国家铁路集团有限公司占40%。

征地拆迁工作由甘肃省自然资源厅(原甘肃省国土资源厅)与各相关县区人民政府签订统征协议，各县区人民政府作为责任主体进行征地拆迁工作，征地拆迁资金由各县区人民政府通过上报验工计价资料申请资金，铁路建设单位委托第三方审价机构对各县区上报的验工计价资料进行审核，甘肃省自然资源厅依据已审核的验工计价进行资金拨付。

兰新二线

铁路项目征地拆迁过程中，兰州市铁路建设枢纽办公室(以下简称市铁建办)协调甘肃省人民政府重大项目管理办公室(以下简称省政府重大办)召集甘肃省住房与城乡建设厅(原甘肃省建设厅)、甘肃省征地办等省级相关单位及相关行业专家，与各县区基层同志通过现场调研、会议讨论、专家评审等程序研究制定相关征收方案，并由省政府重大办通过会议纪要的方式下达各相关县区实施征地拆迁工

兰渝铁路新城子隧道

作。通过以上程序，兰州市铁路项目的征地拆迁工作才得以有序推进。近年来市铁建办会同市国土资源局配合各县区政府累计完成铁路项目征地约2万亩，拆迁房屋及各类建筑物约200万平方米，累计申请征地拆迁资金100余亿元；每年协调配合省政府重大办、甘肃省自然资源厅、甘肃省住房与城乡建设厅解决铁路征地拆迁及建设过程中存在的重大疑难问题80余件，协助省级部门制定、完善征地拆迁政策。

兰渝铁路兰州段 长30公里，涉及兰州市城关区、安宁区、榆中县，征地约6800亩，投资约96.7亿元，其中征拆资金32.2亿元，建设资金64.5亿元。

安家庄隧道进口

兰新高铁兰州段 长17公里，涉及兰州市七里河区、西固区，投资约26.8亿元，征地约1120亩，其中征拆资金3.2亿元，建设资金23.6亿元。

宝兰客专兰州段（含兰州西站、动车检修所和东川铁路物流中心）长76公里，涉及兰州市七里河区、西固区、榆中县，征地约4593亩，投资约155.9亿元，其中征拆资金66.6亿元，建设资金89.3亿元。

茅茨岘特大桥

兰州至中川城际铁路 长63公里，涉及兰州市七里河区、西固区、安宁区、皋兰县、永登县、兰州新区，征地约3691亩，投资约90亿元，其中征拆资金14.7亿元，建设资金75.3亿元。

兰州至张掖三四线铁路（中川机场至武威段）全长195.2公里，涉及兰州新区、永登县，设计时速250千米/时。总投资254.95亿元，这也是对兰新二线的有力补充，对兰州和武威30分钟城市圈具有重要意义，也是对兰州未来发展至关重要的高铁项目，该项目预计建设周期54个月。

兰合铁路 全长187.7公里，涉及西固区，目标时速值：200千米/时（预留250千米/时平面条件）。总投资约228.4亿元，是国家铁路“十二五”“十三五”规划的重点项目——兰广高铁的一部分。

待上述线路建成通车，兰州将形成大型环状枢纽格局，兰州铁路枢纽将成为中国快速客运系统的重要枢纽节点，是中国快速客运系统骨架网的重要组成部分。以既有铁路通道为依托，衔接周边地区和全国铁路网，根据推动以铁路为核心的综合交通运输发展，提升枢纽城市经济区位新优势新空间。加强区域快速大能力综合运输通道建设和枢纽城市协同互动发展。全面深化体制改革，形成现代治理市场运行新机制新环境，实现联动发展，构建形成区域发展格局，辐射带动形成增长极，并且通过加强区域铁路通道建设，发挥好新亚欧大陆桥主通道、西部陆海新通道等支撑引领作用。以此做到深化交通、旅游、物流、工业、生态、投资、贸易等领域合作，促进兰州城市的可持续发展。

定西西河特大桥

2017年7月，市铁建办荣获甘肃省人民政府颁发的甘肃高铁建设突出贡献奖。2017年1月，分管主任于欣获得中华全国铁路总工会颁发的个人火车头奖章。

编辑说明

1.《兰州年鉴》是兰州市人民政府主办、兰州市地方志办公室编纂的年度资料性文献，创刊于2007年，每年公开出版1卷，本卷为第12卷。

2.本卷年鉴以马克思列宁主义、毛泽东思想、邓小平理论、“三个代表”重要思想、科学发展观、习近平新时代中国特色社会主义思想为指导，坚持辩证唯物主义和历史唯物主义的立场、观点和方法，系统记述2018年兰州市自然、政治、经济、文化、社会和生态建设年度情况，旨在为社会各界和海内外人士了解兰州提供基本信息，为宣传兰州提供基本资料，为研究兰州提供基本素材。

3.本卷年鉴依据本行政区域经济社会发展特点，采用分类编辑法，除特载、大事记、法规文件和附录外，主体内容分类目、分目和条目3个层次，共设类目30个，分目158个，含有条目1339个。条目标题均加【】表示。

4.本卷年鉴记述时间为2018年1月1日—2018年12月31日。为了突出年鉴的时效性，卷首图片中部分图片、特载中的政府工作报告选用了2019年资料。

5.本卷年鉴资料和数据由市直各部门、社会团体、行业组织、企事业单位和市辖各区县及驻兰中央和省属单位提供，并经各供稿单位领导审定。反映全市国民经济和社会发展的统计数据均采用2018年兰州市国民经济和社会发展统计公报。

6.本卷年鉴所用图片资料均由相关单位提供。

特 载

大事记

市情概览

兰州概貌

国民经济和社会发展

固定资产投资与重大项目建设

精神文明建设

组织机构与负责人

中国共产党兰州市委员会

重要会议

组织工作

宣传工作

统战工作

政法工作

市直机关党的工作

农村工作

机构编制

政策研究

保密工作

党史工作

档案工作

老干部工作

党校工作

兰州市人民代表大会

重要会议

主要工作

兰州市人民政府

重要会议

为民兴办实事

应急管理

政务服务

法治工作

地方志工作

参事工作

人事工作

信访工作

外事工作

金融工作

中国民主同盟兰州市委员会

中国民主建国会兰州市委员会

中国民主促进会兰州市委员会

中国农工民主党兰州市委员会

九三学社兰州市委员会

兰州市工商业联合会

兰州市总工会

共青团兰州市委员会

司法行政

军　事

兰州警备区

武警兰州市支队

甘肃陆军预备役高射炮兵师

人民防空

新区·开发区

兰州新区

兰州高新技术开发区

兰州经济技术开发区

甘肃（兰州）国际陆港

城市建设与管理

城乡规划

城市建设

招投标管理

城市公共交通

城市供水

城市供气

城市供电

城市管理与执法

兰州黄河风情线大景区管理

住房公积金管理

环境保护·园林绿化

环境保护

建 材

装备制造

生物医药

食品轻工业

信息产业

交通·通信

公 路

铁 路

航 空

铁路枢纽建设

轨道交通

邮 政

电 信

联 通

经贸·经合·非公经济

商务贸易

外资外贸

经济合作服务

兰州海关

供 销

粮 食

烟 草

非公经济

财税·金融

财 政

税 务

中国人民银行兰州中心支行

银保监管

招商银行兰州分行

中国农业发展银行甘肃省分行营业部

中国农业银行股份有限公司兰州分行

中国工商银行股份有限公司兰州分行

兰州银行

中国人寿保险股份有限公司兰州市分公司

经济管理与监督

发展与改革

国土资源管理

国有资产监督管理

工商行政管理

价格管理

质量技术监督

统 计

审 计

安全生产监督管理

食品药品监督管理

教育·科学技术

中小学教育

校外教育

在兰高校

科学技术

气象·地震

气　象

地 震

文化·旅游·新闻·卫生·体育

文 化

旅 游

广播电视

报社工作

卫生健康

体 育

社会民生

社会保障

劳动就业

民　政

民族·宗教

民族事务与宗教工作

人物与荣誉榜

人　物

荣誉榜

县区概况

城关区

七里河区

安宁区

西固区

红古区

永登县

榆中县

皋兰县

法规文件

地方法规

政府规章

文件选目

附　录

索　引

政府工作报告

————2019年2月22日在兰州市第十六届人民代表大会第三次会议上

兰州市市长 张伟文

一、2018年工作回顾

过去一年，是贯彻落实党的十九大精神、为新时代发展凝心聚力、开篇布局的重要一年。面对国内外经济形势更趋复杂、不确定性因素变多、下行压力加大的新情况，我们坚持以习近平新时代中国特色社会主义思想为指导，深入贯彻党的十九大和十九届二中、三中全会精神，全面落实习近平总书记视察甘肃重要讲话和“八个着力”重要指示精神，在省委、省政府和市委的坚强领导下，坚持稳中求进工作总基调，积极践行新发展理念，按照高质量发展要求，持续打好三大攻坚战，统筹做好稳增长、促改革、调结构、惠民生、防风险各项工作，较好完成了市十六届人大二次会议确定的目标任务。

这一年，我们紧紧围绕现代化中心城市建设，提出“都会城市、精致兰州”发展定位，深化“一心两翼”发展布局，提前启动编制经济社会发展中长期规划和新一轮城乡总体规划，推动工业向北发展、人口向东转移、中心城区疏解，着力构建多极支撑的“大兰州”发展格局。

这一年，我们更加重视经济平台建设，发挥“三区”产业集聚效应，兰州新区经济继续保持快速增长，高新区综合实力稳居全国高新区中上游，经济区全力“北拓”发展新战场，“三区”经济实力进一步增强，总量占到全市的四分之一。

这一年，我们全力以赴促投资、稳增长，创新项目建设管理模式，组建项目团队383个，通过团队集成优质服务，着力破解项目推进中的难题，固定资产投资增速由负转正，实现两位数增长，为经济持续健康发展夯实了基础。

这一年，我们破题做好黄河文章，启动编制黄河兰州段生态文明建设规划，组建黄河生态旅游开发集团，实施黄河风情线改造提升工程，完成2.6公里示范段夜景亮化，“水润金城、水秀金城、水富金城”启幕开篇，“黄河之都”独特魅力愈发彰显。

这一年，我们深度融入“一带一路”建设，大力发展口岸经济，新开通兰州至伊斯兰堡南亚公铁联运国际货运班列和兰州至曼谷、河内国际货运航线，获批建设进口粮食、汽车整车指定口岸，全面运营进口冰鲜水产品、进境水果及肉类指定口岸，在白俄罗斯、俄罗斯等国设立特色商品展示中心和海外保税仓，外贸进出口回稳向好，对外开放程度不断扩大。

这一年，我们紧紧盯住国家政策，先后获批兰白国家自主创新示范区、国家跨境电子商务综合试验区、流通领域现代供应链体系建设试点城市、国家物流枢纽载体城市、国家资源循环利用基地等政策平台，全国质量强市示范城市和国家节能减排财政政策综合示范城市通过“国考”，发展新优势持续叠加释放。

这一年，我们牢牢坚持以人民为中心的发展思想，加大财政投入力度，全年用于民生支出368亿元，占财政总支出的81%。特别是致力破解教育发展难题，打破常规、创新举措，新增学位1.9万个，招聘同工同酬聘用制教师1149名，“择校热”“大班额”问题明显好转，群众的教育获得感大大增强。

这一年，我们众志成城打好打赢脱贫攻坚战，投入财政扶贫资金10.09亿元，因户因人精准施策，实现稳定脱贫1.8万人，185个村退出贫困村，皋兰县、七里河区退出贫困县区行列，永登县、榆中县全面完成脱贫攻坚任务，全市贫困发生率下降到1.22%。

一年来，主要做了以下工作：

（一）抓发展、稳增长，经济实力得到新提升。认真落实中央和省市委关于经济工作的决策部署，着眼结构调整、转型升级和风险防控，加强经济运行分析调度，实现经济平稳增长、稳中有进。全市实现生产总值2732.94亿元，增长6.5%，在全省经济首位度达33.14%，是近15年来最高。固定资产投资增长12.11%。社会消费品零售总额1352.1亿元，增长7.4%。一般公共预算收入253.32亿元，增长8.9%。城乡居民人均可支配收入分别达到35014元和12368元，增长8.3%和9.4%。经济结构持续改善，三次产业结构调整为1.57∶34.32∶64.11，三产比重提高1.49个百分点。金融支持经济发展能力进一步增强，实现直接融资154.79亿元，华夏银行、兴业证券在兰分支机构和黄河财险开业运营。金融机构本外币存贷款余额分别达到8814.26亿元、11269.24亿元，增长2.34%和13.43%。物价水平保持稳定。节能减排指标全面完成。

（二）抓创新、育产业，动能转换迈出新步伐。高起点建设兰白国家自主创新示范区，制定实施“1+4+7”政策体系，西脉新材料等11个高新产业项目加快推进，新组建产业研究院和科技创新工作站8个，转化科技成果138项。深入推进“大众创业、万众创新”，新增国家企业技术中心2家、省级科技企业孵化器和众创空间15家、高新技术企业94家。成功举办第三届兰州科技成果博览会，签订成果转化转移项目190项、金额15.34亿元。出台十大生态产业专项行动方案和“一业一策”工作方案，谋划重点带动项目264个。工业升级步伐加快，宝方10万吨超高功率石墨电极等重大项目开工建设，获批国家智能制造、工业互联网试点示范项目2个，率先在全省创建智能工厂12家，建成重点工业和信息化项目46个。新兴产业加速成长，中科曙光先进计算中心、广通新能源汽车等项目建成投用，战略性新兴产业占比提升到14.7%。服务业提档升级，新引进万达茂、京东物流等大型项目，兰州中心启动运营，完成商品交易批发市场转型升级14家，“一带一路”兰州牛肉拉面国际联盟组建成立。电子商务交易规模达到1300亿元，增长25%。新区跨境电商监管中心通关运营，实现全省跨境电商交易零的突破。举办重点展会75个，交易额突破100亿元。文化旅游产业加快发展，全域旅游示范县区创建扎实开展，兴隆山、黄河风情线大景区建设进展顺利，河口古镇、树屏丹霞等项目稳步推进，全年接待国内外游客6721.9万人次，实现旅游总收入594.1亿元，分别增长23.7%和30.13%。特色农业持续壮大，建成特色产业千亩标准化基地8个，新改扩建标准化养殖场50个，培育市级以上农业产业化龙头企业23家、农民合作社示范社48家，榆中李家庄、永登越国开心农场等田园综合体和休闲农庄成为发展农业新业态的重要载体。

（三）抓统筹、补短板，城乡建设取得新成效。中心城区控制性详细规划实现全覆盖和法定化，重点片区城市设计、“城市双修”和历史文化名城保护等专项规划编制完成。实施城乡基础设施建设项目138个，完成投资111.63亿元。轨道交通1号线一期联调联试。南绕城高速建成通车。中通道、什青公路等环城公路网项目顺利推进。北滨河路西延线、东岗立交桥拆除重建等工程加快实施，改造提升主次干道8条，打通疏解路5条，新建人行通道10座、停车泊位7000个。“公交都市”创建深入推进，远郊县区实现城际公交全覆盖。水源地项目主体完工。国电“上大压小”异地建设项目配套长输供热干线投用。启动实施城区线缆入地三年行动计划，建成道路线廊47条。实施棚户区改造3.1万户，“三不管”老旧楼院改造40处，老旧住宅小区增设电梯235部，建成智慧小区30处。数字城管功能逐步完善，城市公厕云平台、微信随手拍、交通智能化信息管理平台启动运行，兰州新区荣获“2018年中国智慧城市创新奖”。文明畅通提升行动扎实开展，道路拥堵指数持续下降。查处存量违法建设206万平方米，拆除违规户外广告35.9万平方米。农村基础设施不断完善，新建农村公路628公里，引洮一期榆中配套工程和33项农村饮水安全巩固提升工程建成，农村自来水普及率达到90%以上，改造农村危房4544户、卫生厕所2万户。建成省市级美丽乡村示范村35个。

（四）抓改革、促开放，发展环境得到新优化。“放管服”改革深入推进，取消调整下放行政审批事项28项，取消行政审批中介服务事项67项、证明事项119项，环评制度改革实现重大突破，“证照共享库”建设应用走在全省前列。深化“四办”改革，35个部门772项政务服务事项进驻市政务服务中心，实行“综合受理、一窗通办”，公布“最多跑一次”办事事项625项，建成运行甘肃政务服务网兰州子站，674项政务服务事项实现在线办理。商事制度改革全面推进，企业开办时间压缩到5个工作日，发放“多证合一”营业执照6.62万户，新增市场主体近5万户。国资国企改革持续推进，新成立兰投水业等公司12

家，组建混合所有制企业2家，市属国企资产持续扩大。农村“三变”改革成效初显，探索建立“三变+土地银行+特色种养业”等改革模式，消除集体经济“空壳村”221个。甘肃（兰州）国际陆港五大核心功能加快完善，荣获第二批国家示范物流园区和全国优秀物流园区。国际货运班列常态化运营，全年发运181列。建成新区国际互联网数据专用通道。成功举办第24届兰洽会、“一带一路”普惠金融国际论坛、草莓音乐节等活动。牢固树立“招真商、真招商”和“招商有功、招商有责、招商有序、招商有方”的鲜明导向，扎实开展“招商引资百日大会战”，新引进项目667个，到位资金753.47亿元，增长7.4%。

（五）抓治理、严保护，生态文明建设有了新进展。坚决整治环保突出问题，中央环保督察反馈问题完成年度整改任务，兴隆山、连城自然保护区矿山地质环境问题基本整改到位。持续打好“兰州蓝”保卫战，完成西固热电超低排放改造项目，实施燃气锅炉低氮改造700蒸吨，改造燃煤小火炉6万台、农村土炕1.5万个，环境空气质量优良比例达到70.2%。河长制湖长制全面建立，防汛抢险救灾工作经受住严峻考验。黄河兰州段防洪治理工程基本建成，污水处理厂提标改造、河洪沟道治理工程有序推进，整治城区黑臭水体7条。创新实施甘青两省、兰海两市水污染防治无边界联合监管新模式，黄河兰州段水质达标率100%。开展涉重金属行业污染防控和土壤污染治理与修复试点，实现废旧地膜回收站点全覆盖和化肥农药“零增长”。继续推进大规模国土绿化，完成营造林12.3万亩，南北两山生态修复2万亩，新增和改造城区绿地81.29公顷。扎实开展全域无垃圾专项治理行动和生活、餐厨垃圾分类处理工作，主城区生活垃圾无害化处理率达到100%。

（六）抓民生、强保障，群众生活再上新台阶。承办的6件省上为民实事全部完成，18件市办为民实事完成年度计划。新增城镇就业9.48万人。城乡低保标准分别提高7.6%和6.3%，特困供养标准提高7.6%，城镇职工养老保险标准提高5%。创新出台人才政策，引进急需紧缺人才947人。教育资源供给水平不断提升，11所省属职业学校“出城入园”移交办学，15个教育资源扩大化项目基本建成。“健康兰州”建设深入推进，分级诊疗、“一站式”即时结报等制度推行实施，城乡居民基本医保和大病保险报销比例分别上调5%和10%。加快推进全国居家和社区养老服务改革试点、医养结合试点，打造“幸福兰州·为老驿站”养老服务品牌，新建城乡社区日间照料中心64个，老年养护中心建成投用。配售经济适用房和限价商品房3387套，建成公共租赁住房710套。启动新一轮全国文明城市创建，“兰州好人”评选等系列活动深受好评，市民文明素质有了很大提高。建成街道、社区综合性文化服务中心130个。修缮古建筑4处，建设“历史再现”工程博物馆11个，永登县红城镇、西固区河口村荣获中国历史文化名镇、名村称号。本土影片《丢羊》获第17届中国电影华表奖。成功举办2018兰州国际马拉松赛和首届市民运动会，全民健身中心开放运行，新建城乡全民健身场地200个。加快创建国家食品安全示范城市，建成市级食品安全示范企业84家、放心粮店50家、放心肉菜示范超市8家。强化安全风险分级管控和隐患排查治理双重预防机制，安全生产事故死亡人数和较大事故持续下降。全面完成“雪亮工程”示范城市建设，社会面可防性案件下降60%。全国禁毒示范城市创建成效明显，扫黑除恶专项斗争取得阶段性胜利，社会治安形势持续向好。

（七）抓作风、提效能，自身建设展现新气象。深入学习贯彻习近平新时代中国特色社会主义思想和党的十九大精神，努力在学懂、弄通、做实上下功夫，自觉用新思想武装头脑、指导实践、推动工作。强化政府系统全面从严治党，严格落实中央八项规定及其实施细则精神，切实纠正“四风”问题，政府意识形态和党风廉政建设不断加强。扎实推进学习型政府建设，组织干部向标兵学、向追兵学，广泛凝聚“不该落后、不能落后、不甘落后”的思想共识，各级干部担当实干的主动性不断增强，风清气正、干事创业的氛围更加浓厚。积极创新政府管理方式，修订完善市政府工作规则，制定实施“双清零”管理、限时办结、督促检查、督查问责等制度，形成靠制度管人、靠流程管事的工作机制。坚持“新官理旧账”，集中解决轨道交通省政府站建设、兰州石化卫生防护范围内居民搬迁等历史遗留问题。主动接受市人大及其常委会法律监督、工作监督和市政协民主监督，办结市人大代表意见建议248件、政协提案422件。提请市人大常委会审议地方性法规草案2件，制定修订政府规章6件、废止2件。严格落实政府常务会议学法制度和政府重大决策法制审核制度，基本实现三级政府法律顾问全覆盖。大力倡导契约精神，建设诚信政府，城市信用排名提升至全国12位。深入开展“转变作风改善发展环境建设年”活动，严格执行省政府“十不准”规定，坚决整治不担当不作为问题，干部作风持续好转，行政效能明显提升。

同时，审计、统计、人防、信访、税务、气象、档案、供销、公积金、民族宗教、机关事务、防震减灾、项目评审、公共资源交易等工作扎实推进，工会、共青团、妇联、残疾人、双拥、侨务、慈善事业等取得新进展，为全市经济社会发展作出了积极贡献。

各位代表，过去一年，能够取得这样的成绩实属不易，这是习近平新时代中国特色社会主义思想正确指引的结果，是省委、省政府和市委坚强领导的结果，是市人大、市政协监督支持的结果，是全市人民和社会各界共同奋斗的结果。这里，我代表市人民政府，向奋战在全市各条战线的人大代表、政协委员、广大干部群众，向各民主党派、人民团体、离退休老同志，向驻兰部队、武警官兵、公安民警、中央省属驻兰单位和新闻媒体，以及所有关心、支持和参与兰州发展建设的同志们、朋友们表示崇高的敬意和诚挚的感谢!

在总结成绩的同时，我们也清醒地认识到，当前兰州发展还存在一些不容忽视的问题，主要是：经济总量偏小，综合实力不强，发展不足、增长不快；传统产业比重较大，产业层次偏低，民营经济不活跃；城市基础设施欠账较多，功能配套不够完善，精细化管理水平有待提高；城乡发展不平衡，农村发展不充分，县域经济比较薄弱；城乡居民收入偏低，公共服务供给不足，教育、医疗、住房等民生工作与群众需求还有差距；干部思想观念不够解放，精神状态、实干作风和能力素质与新时代新要求还不相适应，营商环境还需持续优化。对此，我们将直面问题，改进工作，切实采取有力措施加以解决。

二、2019年工作总体部署

2019年，是新中国成立70周年，是决胜全面建成小康社会的关键之年。当前，我市发展正处于重要战略机遇期和重大任务攻坚期，也处于经济转型升级关键期和扩大对外开放窗口期。做好今年工作，我们必须认清形势、把握机遇，以改革创新的精神、攻坚克难的姿态和时不我待的劲头，奋发前行，积极进取，一步一个脚印干好工作。

今年政府工作的总体要求是：以习近平新时代中国特色社会主义思想为指导，全面贯彻党的十九大和十九届二中、三中全会精神，统筹推进“五位一体”总体布局，协调推进“四个全面”战略布局，深入落实习近平总书记视察甘肃重要讲话和“八个着力”重要指示精神，坚持稳中求进工作总基调，坚持新发展理念，坚持推动高质量发展，坚持以供给侧结构性改革为主线，坚持深化市场化改革、扩大高水平开放，紧盯市第十三次党代会确定的奋斗目标，加快建设现代化经济体系，继续打好三大攻坚战，着力激发微观主体活力，统筹推进稳增长、促改革、调结构、惠民生、防风险工作，进一步稳就业、稳金融、稳外贸、稳外资、稳投资、稳预期，增强人民群众获得感、幸福感、安全感，保持经济持续健康发展和社会大局稳定，加快建设现代化中心城市，为全面建成小康社会打下决定性基础，以优异成绩庆祝新中国成立70周年。

综合考虑各方面因素，今年全市经济社会发展的主要预期目标为：生产总值增长7%左右；第一产业增加值增长5%；第二产业增加值增长5.6%，其中规模以上工业增加值增长5%左右，建筑业增加值增长7%；第三产业增加值增长8%；固定资产投资增长8%；社会消费品零售总额增长8%；一般公共预算收入增长7%；城镇居民人均可支配收入增长7.5%；农村居民人均可支配收入增长8.5%；居民消费价格指数控制在3%以内；节能减排完成国家和省上下达的目标任务。

要实现上述目标，我们必须牢牢把握建设“都会城市、精致兰州”这条主线，不断推动经济社会持续健康发展，提升城市首位度，加快推进现代化中心城市建设步伐。

*一是以产业为核，推动经济发展更具竞争力。*牢牢抓住产业发展这个“牛鼻子”，以壮大总量、优化存量、引进增量、提升质量为重点，大力发展十大生态产业，全面激发民营经济活力，着力培育新兴增长极，进一步增强产业的支撑带动作用。

*二是以创新为源，推动各项改革更具牵引力。*始终以创新促发展、以改革添动力，着力营造引人、用人、留人的良好环境，高标准搭建创新创业平台，进一步破除体制机制障碍，最大限度激发各方面干事创业的热情和创造力，引领城市高质量发展。

*三是以精致为要，推动中心城市更具影响力。*强化城市规划建设管理，从大处着眼体现“都会格局”，建设一批具有现代气息的标志性工程，从小处着手彰显“精致风格”，立足“城市双修”治理“城市病”、改善人居环境，着力提升城市品位形象。

*四是以生态为基，推动人居环境更具新魅力。*深入贯彻习近平生态文明思想，践行“绿水青山就是金山银山”理念，打好打赢“蓝天”“碧水”“净土”保卫战，着力构建生态区、绿带、公园、小游园、微绿地五级城市绿化体系，让群众享有更多绿色生态福祉。

*五是以融合为重，推动区域统筹更具辐射力。*优化城乡空间布局，加快新型城镇化建设，大力实施乡村振兴战略，打造美丽乡村升级版，促进城乡融合发展。全面融入“一带一路”建设和兰西城市群发展，强化产能合作，密切人文交流，积极拓展向西开放新空间。

*六是以民生为本，推动生活品质更具吸引力。*始终把人民利益摆在至高无上的地位，带着责任和感情办好民生实事，加快发展普惠性社会事业，强化社会治理创新，凝聚城市人文精神，不断提升群众的幸福指数。

*七是以实干为先，推动干事创业更具创造力。*拓宽发展视野，提高工作标准，干字当头、实字托底，切实担负起改革发展稳定的重任，用我们的真心付出、真情投入为兰州发展迈向更高水平贡献力量。

三、2019年重点工作任务

今年将着重抓好以下八个方面工作：

*（一）突出高质量发展，积极构建现代化经济体系，加快培育发展新动能。*认真贯彻“巩固、增强、提升、畅

通”八字方针，着力振兴实体经济，做优传统产业，做大新兴产业，推动经济发展质量变革、效率变革、动力变革。

培育壮大十大生态产业。全面落实十大生态产业实施方案和专项行动方案，统筹设立绿色发展基金，有序推进264个重点项目落地实施。做大做强文化旅游产业，加快兰州老街建设和金城关开发利用，完善游客服务体系，增加文化旅游产品供给，高水平办好兰州国际马拉松赛、黄河文化旅游节等赛事节会，力争游客接待量和旅游总收入均增长20%以上。提升通道物流产业发展水平，抓好流通领域现代供应链体系试点，加快国际物流贸易基地和物流枢纽载体城市建设，实施京东、苏宁等物流重点项目，确保物流业增加值增长8%以上。壮大数据信息产业规模，抓好大数据应用示范和市场化价值开发，加快大数据产业园、华为云计算等重点项目建设，新增数据信息企业1000家。加快生物医药产业集聚发展，依托“三区”生物医药产业园，做大做强西部药谷、生物制品研究所、陇神戎发等园区和企业。大力推动清洁生产、节能环保、清洁能源、先进制造等其他生态产业发展。

着力改造提升传统产业。依托兰州石化、兰铝、榆钢等重点企业，加大技术改造投入，引导石油化工、有色冶金、装备制造等产业转型升级。全力抓好乙烯装置产能恢复、催化柴油加氢改质等重点项目，拓展延伸产业链条，推进石化产业从“大炼油”向“大化工”转型。提升“工业四基”创新水平，建设兰石高端装备制造产业园智能制造、海默油气田环保装备生产研发基地，实施一批新技术应用、新产品开发、新模式嵌入项目。抓好国家资源循环利用基地建设和独立工矿区搬迁改造，支持国家级“城市矿产”示范基地做大做强。

推动现代服务业提质增效。推进南关、西关、西站等传统商圈和三个商务集中区提质发展，加快杉杉奥特莱斯、华奥全球品牌直销中心等重点项目建设。依托亚欧国际、鸿运金茂等城市综合体，引进高端商务业态，发展总部经济、楼宇经济和新零售。加大地铁周边综合开发利用，打造“地铁经济”新商圈。健全商业综合服务体系，加快兰州国际高原夏菜副食品采购中心建设，完成主城区15家商品交易批发市场转型升级。推动中国（兰州）跨境电商综合试验区快速发展，建成跨境电商综合交通物流园，提升三维电商孵化园、丝路电商产业园、电商孵化大厦运营水平，电商交易规模增长20%以上。大力引进各类金融机构，发展普惠金融，扩大金融网点覆盖面。加快发展会展经济，力争交易额增长10%以上。推动兰州牛肉拉面“创品牌、走出去”。大力发展文化、健康、家政等生活性服务业，积极培育技术服务、研发设计、人力资源培训等生产性服务业，新增上限入库企业80家以上。

继续加大招商引资力度。坚持“两真四有”精准招商，扎实开展项目凝炼储备、对接洽谈、签约落地、开工建设四大攻坚行动，全年招商到位资金增长8%以上。深入开展产业链招商、以商招商和驻点招商，积极对接500强企业和上市公司，新引进行业龙头企业投资项目30个以上。严格履行招商承诺，主动兑现招商优惠政策，做到以诚招商、以信留商。精心筹办第25届兰洽会，力争签约总额超过800亿元，项目开工率达到65%以上。

狠抓重大项目落地建设。持续加大争政策、争平台、争项目、争资金力度，全年争取资金42亿元以上。紧盯产业发展、基础设施、公共服务等领域，实施新建项目535个、续建项目474个，完成投资1342亿元。严格落实项目建设责任制，加快市列100个重大项目建设，确保项目早建成、早投产、早见效。大力推广PPP模式，撬动更多社会资本投入公共服务领域。开展全域土地整治和集约节约利用行动计划，积极争取新增建设用地，进一步强化要素保障。完善项目建设管理团队模式，加强协调调度，及时解决项目推进中的“堵点”“难点”。

坚定不移支持民营经济发展。坚持“两个毫不动摇”和“三个没有变”，积极构建“亲”“清”新型政商关系，全面落实支持非公经济发展24条政策措施，提振民营企业发展信心。改造提升市级中小企业公共服务平台，优化社会服务资源配置，为民营企业发展提供优质服务。强化“政银企”对接，协调金融机构加大支持力度，有效缓解民营企业“融资难”“融资贵”问题。完善公平竞争的市场环境，依法保护民营企业合法权益。大力弘扬企业家精神，设立绿色生态产业民营示范企业家奖，在全社会形成尊重、支持、保护民营企业家的浓厚氛围。

（二）突出创新驱动，充分发挥要素资源优势，提高科技创新对经济发展的贡献率。树牢“创新是第一动力、人才是第一资源”的工作理念，更大力度推进科技创新，促进科技成果转化应用，着力建设创新型城市。

全力加快国家自主创新示范区建设。紧紧围绕“五区”定位，全力建设“四大平台”。编制自创区权力清单，充分放权赋能。完善落实研发投入奖补、成果转化激励等政策，激发更多创新主体活力。高起点建设定连片区35平方公里核心区，围绕生命健康、智能制造、新材料、节能环保、大数据应用等主导产业，引进科技含量高、市场前景好的高新技术企业。加强与上海张江、北京中关村等自创区在人才培养、技术转化、产业转移等方面的合作，有效集聚高端创新资源。

优化政产学研用协同创新体系。健全政府与在兰高校、科研院所沟通协调机制，加强在项目、人才、信息等方面对接交流。支持行业骨干企业与科研机构开展战略合作，进行共性技术攻关，逐步形成以企业为主体、市场为导向、产学研深度融合的产业技术创新格局。组织实施好“十大科技项目”和“十大科技创新项目”，集中力量解决重大关键技术问题。设立科技成果转化扶持专项资金，按照研发、孵化、中试、规模生产“四棒接力”方式，扶持科技成果孵育、转化和产业化。

强化“大众创业、万众创新”。持续加大知识产权保护和运用，积极鼓励自主创新。全面落实“双创”十项政策，继续开展返乡农民工创业扶持、“泛海扬帆·兰州启航”大学生创业行动，深入推进城关区国家级双创示范基地建设。建立国家高新技术企业培育库，加大入库企业支持力度，培育科技型中小企业200家。发挥兰州众创孵化联盟作用，加快建设大学科技园、高新技术创新园、留学人才创业园和各类孵化器等创新创业载体。筹建美国硅谷兰州科技创新工作站。实行科技创新券制度，调动科技型中小微企业和创新团队、创客积极性。继续办好兰州科技成果博览会、中国创新挑战赛（兰州）现场赛等活动。

推进军民深度融合发展。依托全省军民融合创新示范区建设，加强与万里、兰飞、510所、504厂等军工企业交流合作，推动航天高新产业基地真空装备、智能电动伺服控制系统产业化、航天军民结合产业园等重点项目和园区建设。构建军民融合企业认定体系，完善军民融合项目库，发挥军民融合公共服务云平台互联互通作用，提升军民融合服务质量。建立军工科研机构与民用科研机构、高等院校的协同创新机制，加强军民两用技术联合攻关和军工科技成果转化。

有效集聚各类人才资源。全面落实普惠性引才用才优惠政策，加快布局配套公共设施，优化人才服务环境。搭建创业平台，开展人才创业启动资助、创新成就奖励等工作，鼓励企业建立研发人员报酬与市场业绩挂钩机制，推动人才向高端产业、产业高端聚集。加大高层次人才和紧缺型人才招引力度，推进高校毕业生就业创业促进计划，探索建立市政府特殊津贴等制度，让更多人才留在兰州、发展兰州。

（三）突出“三区”引领，致力做大做强园区经济，打造更具活力的新兴增长极。充分发挥国家和省级开发区载体作用，做强主导产业，提升质量效益，不断增强对经济发展的支撑力和带动力。

加快兰州新区产业集聚发展。立足打造经济新区、产业新区、制造新区，培植壮大优势产业，大力发展特色园区，力争大数据、新能源汽车、精细化工和新材料四大产业实现投资、产值双百亿。加快九江德福高档铜箔等项目建设，引进一批相关配套企业，形成百万吨有色金属深加工能力。推动同位素药物研发和生产基地、大科学装置科技创新创业园、重离子应用技术及装备制造产业基地等项目建设，积极培育新技术、新产业、新模式、新业态。争取获批中国（兰州）自由贸易示范区。建成新区期货金属交割库，开展电解铝、电解铜、氧化铝等现有期货交易。试点推行增量配电业务。优化行政审批，营造要素齐备、成本最低、流程最简的发展环境。推进绿色金融创新试点，引进设立商业银行和中外合资银行。加快中兰客专、兰张三四线等重大基础设施建设。抓好临港花海、山体绿化改造等工程，持续改善新区生态环境条件。

推动高新区经济区创新突破发展。发挥高新区政策叠加效应，进一步创新完善体制机制，提高对高新技术产业的吸附力，增强高新区发展活力和核心竞争力。推进经济区扩面提质，全面实施“一区六园”管理模式，带动二级园区协调联动发展。着力推动向北拓展，加快生态修复与产业发展示范区起步区基础设施建设和土地储备，打造新的发展主战场。紧扣现代农业、高新技术、生态旅游、商业金融等主导产业，开展精准招商，引进实施一批优质项目。

促进省级产业园区错位互补发展。按照优势互补、联动发展的原则，推进九州、新城、连海、和平、三川口五个省级园区加快发展。进一步提升完善园区水、电、路、气等基础设施，加强公共服务平台建设，提升园区综合承载能力。围绕功能定位发展首位产业，九州园区重点发展食品、医药产业，新城园区重点发展商贸物流产业，连海园区重点发展高端碳素、生物科技产业，和平园区重点发展新材料、机械加工产业，三川口园区重点发展建材、食品产业，推动形成园区发展新格局。

（四）突出特色风貌，着力抓好规划建设管理，加快建设现代化中心城市。牢固树立都会标准和精致理念，努力把城市品位做到最好、把各项工作做到精微，打造更具魅力的品质之城。

稳步推进城市副中心建设。加强城市空间布局研究，高水平编制生态创新城总体规划、城市副中心空间发展战略规划和各专项规划。紧扣生态“四园”和创新“四创”定位，协调推进榆中生态创新城发展，配套建设周边绿化、供水设施、生活服务和教育医疗项目。开通兰州至榆中客运高铁和兰州至夏官营客运普速线路，加快建设清水驿至来紫堡、三角城至定远等公路改扩建工程，做好轨道交通4号线、夏官营军民合用机场前期工作。统筹推进人工湖区、城市绿心、高铁小镇、田园综合体等项目建设，完善城市功能，创优生态环境。

高水平建设黄河城市景观。编制完成黄河兰州段生态文明建设“1+6+1”规划体系。围绕“一河、两岸、立面、两山、两线、两端”生态整治和综合开发，推进黄河风情线三年提升工程，加快建设黄河生态水系、核心段交通路网，改造提升沿河公园景区、南北两山生态景观。继续实施黄河沿岸美化亮化工程，打造夜游黄河风光带。建设黄河楼旅游综合体，建成运营华夏文化展示中心。大力开发黄河沿岸旅游资源，塑造黄河旅游品牌。

优化完善城市配套功能。着力疏解城区非核心功能，增加城市开阔空间和公共绿地，控制中心城区开发强度和人口规模。加快编制新一轮城市总体规划，强化各类专项规划和城市设计。实施东方红广场周边综合整治。启动奥体中心建设。扎实推进中通道、北绕城东段高速等重点区域互通项目。开工建设城区主干道恢复提升工程，加快北环路东联络线、南环路联通线、元通大道和西客站南广场高架建设，打通一批疏解路，完善城区路网微循环。开通运营轨道交通1号线一期，加快建设2号线一期工程。完善智慧交通体系，增加静态交通供给，新增停车泊位5000个。深入推进“公交都市”创建，构建城乡公交一体化网络体系。坚持街区整体开发，推进老旧小区、城中村和棚户区改造提升。建成新水源地项目。实施北滨河路输水干管、城区天然气管网改扩建工程，继续抓好雁滩、马滩、崔家大滩等片区地下综合管廊建设。加强排水设施和管网维修提升，推进市区雨污分流和积水点改造。

提高城市精细化管理水平。强化“城市双修”，开展城市公共空间塑造行动，靓化主干道路楼体立面。加强市容环境综合治理，推动环卫机械化向城市背街小巷和城乡结合部延伸。规范整治户外广告，美化门头牌匾，强化违法建设治理。全面推行街长制，常态化巡查整治环境卫生、占道经营、停车秩序和“门前三包”等问题，保持街道整洁、秩序井然。实施“环境提升、设施完善、富有特色、管理规范”一体化改造，着力打造一批示范性街巷。扎实推进线缆入地三年行动计划，完成136条道路线廊建设。大力实施“公厕革命”，提升管理服务水平。持续开展文明畅通提升行动，保障市民出行需求。

切实抓好新型智慧城市建设。制定开展新型智慧城市建设三年行动计划，实施骨干网络承载能力提升和核心网络节点扩容项目，建成全市统一的政务云平台、政务网络和数据中心，促进数据资源跨部门、跨区域、跨层级、跨系统交换共享应用。着力强弱项、补短板，加快新一代信息技术在重点领域深度应用，分类推进教育、畅交通、融媒体、社保医保等领域信息化建设。开展政务服务手机APP“一屏式”服务，实现政务公共服务和民生服务事项“指尖办理”。积极推进5G网络覆盖和产业融创联盟发展升级。建设智慧街道、社区试点14个。

（五）突出绿色发展，全面加强生态环境保护，打造美丽宜居新兰州。牢牢守住生态环保底线，坚决打好污染防治攻坚战，努力让天蓝水清、地净山绿的底色更浓、成色更亮。

坚决保卫“兰州蓝”。继续开展城区燃气锅炉低氮改造，完成9万台小火炉改造，初步建成“无煤区”。严格落实石化、冶金、建材等特别排放限值要求，加快推进兰铝超低排放改造和兰州石化新一轮挥发性有机物泄露检测与修复项目。开展网格化精准监测、走航雷达精准定位、无人机全域巡查等新技术应用。强化扬尘、烟尘、粉尘、机动车尾气管控治理，提前完成颗粒物浓度“十三五”省控目标。做好重污染天气应急管控，确保空气质量考核达标率稳中有增。

进一步加强水环境保护。严格执行河长制湖长制，全面落实防汛工作责任制。强化河道工程治理，集中开展入河排污口整治和“清四乱”整治，巩固黑臭水体治理成效。提升改造七里河安宁、盐场、雁儿湾等污水处理厂，建设白道坪污水处理厂。加强饮用水源地保护，强化区域联防联控，加快推进湟水流域红古段、黄河干流青城段及宛川河流域水污染防治综合项目建设，确保重点流域水质全部稳定达标。落实最严格水资源管理制度，全面建设节水型社会。

扎实推进“净土”工程。完善土地动态清单和联动监管机制，加快治理修复污染地块。强化农用地分类分级管理，加强农业土壤面源污染防治，推进农药、化肥减量使用和农膜回收利用。深入开展全域无垃圾专项治理行动，健全生活垃圾分类体系，推动城区渣土、尾菜、厨余垃圾处理厂和农村生活垃圾填埋场建设，加强建筑垃圾再生利用。建设危险废物处置中心，严格工业固废、医疗废物监管，实现危险废物生产处置“零风险”。

深入开展城乡绿化美化行动。依托国家林业重点工程，实施营造林12万亩，森林覆盖率增长到16.82%。全面推进自然保护区生态修复，加强森林资源、绿地、湿地保护，加快城郊森林公园建设。抓好“省门第一道”、兰州至中川城际铁路沿线生态绿化，完成大砂坪等3个城市出入口绿化美化。巩固提升国家园林城市创建成果，改造城市道路、广场和居民小区等绿化景观，新增和改造城市绿地80公顷以上。加快实施市动物园异地搬迁项目。

（六）突出乡村振兴，紧盯“三农”精准发力，不断提升农业农村发展水平。按照产业兴旺、生态宜居、乡风文明、治理有效、生活富裕的总要求，全面推进农业农村优先发展，努力让农业更强、农村更美、农民更富。

巩固提升脱贫攻坚成果。实现永登、榆中两县脱贫摘帽，历史性解决区域整体贫困问题。健全防范返贫预警机制，强化脱贫人口跟踪扶持，有效控制返贫发生率。紧盯“两不愁三保障”目标，高度关注边缘贫困人口，扩大帮扶覆盖面。全面落实强农惠农富农各项政策，大力发展扶贫车间，做强特色扶贫产业，促进农民持续增收。加快推进“四好”农村路、农村饮水、危房改造和易地扶贫搬迁等项目建设，改善农村生产生活条件。加强东西部扶贫协作和中央定点帮扶协调服务，积极对接落实帮扶任务。

有效增强县域经济发展活力。编制完成“三县一区”县域经济发展规划，出台相关配套政策。继续加大市级财政支持县区力度，加快县域交通基础设施建设，推动资金、技术、人才等要素向县域流动。引导支持“三县一区”从资源禀赋和产业基础出发，各有侧重发展特色优势产业，培育有成长潜力的企业，增强自我发展能力。加快县城和小城镇建设，打造榆中青城、永登苦水等国家级特色小镇。

大力发展现代农业。深入推进农业供给侧结构性改革，新增百合、中药材、高原夏菜5万亩，做大做强农业龙头企业，培育现代农业产业集群。深化农村“三变”改革，加快推进农民专业合作社发展，着力培育“股份农民”。加强农业多功能开发和标准化建设，引导适度规模经营，发展现代都市观光农业，继续建设一批现代农业园区和田园综合体。建立以绿色生态为导向的农业奖补政策，提升政策性农业保险兜底能力。发展“互联网+现代农业”，扎实推进国家电子商务进农村综合示范县建设，构建电商农产品经营标准化体系。高度重视粮食安全，全年粮食产量稳定在40万吨以上。抓好非洲猪瘟等疫病防控工作。

积极打造美丽宜居乡村。认真学习借鉴浙江“千万工程”经验，实施农村人居环境整治行动，推进农村垃圾、污水、厕所、村容村貌专项治理，建成美丽乡村示范村50个。全面完成“大棚房”问题清理任务，坚决遏制农地非农化。推进乡村旅游提升工程，大力发展民宿客栈、采摘篱园、特色农庄，培育扩大“黄河奇峡·花漾什川文化旅游节”“中国玫瑰之乡·兰州玫瑰节”等乡村旅游节庆品牌。建立健全乡村治理体系，持续推进乡风文明，提升乡村善治水平。

（七）突出改革开放，深度参与“一带一路”建设，进一步激发发展动力活力。抢抓国家新一轮改革开放历史机遇，认真落实省上抢占“一带一路”建设五个制高点的要求，继续深化改革、扩大开放，最大限度激发市场活力、拓展发展空间。

持续深化重点领域改革。全面抓好国资国企改革，探索实行国有资本授权经营试点，加快国有资产证券化，推动监管方式从管企业向管资本转变。积极推进混合所有制改革，整合重组市属企业国有资产，引入战略合作者，做优做强佛慈等骨干企业。深化投融资体制改革，争取兰州银行主板上市，推进金川科技等企业加快上市。调整优化政府投资方向和方式，组建运营兰州金控公司，提高政府资金使用效率。推动投融资平台公司转型发展，提升资本运作能力和市场化水平。强化金融监管，健全规范政府举债融资机制，防范化解财政金融风险。加强政府性债务预算管理，妥善处置存量，严控债务增量。统筹抓好农村、财税、民生等其他领域改革任务。

争创一流营商环境。继续深化“放管服”改革，开展工程建设项目审批制度改革试点，探索实行“标准地+承诺制”模式，推进重大项目全程帮办代办，扩大“最多跑一次”服务范围。全面落实“四办”改革，加快建设一体化在线政务服务平台，完善市县区电子证照库，实行“一口受理、联审联批、限时办结”，实现70%以上政务服务事项“一窗”分类受理，政务服务事项网上可办率超过90%。持续深化商事制度改革，落实“证照分离”“多证合一”等改革任务。进一步创新监管方式，推行市场权责清单，健全“双随机一公开”机制。严格落实减税降费政策，切实减轻企业负担。

发挥开放功能平台作用。推动甘肃（兰州）国际陆港建设，抓好多式联运示范工程，常态化运营国际货运班列，健全冷链物流设施，建成汽车整车进口指定口岸。提升释放新区综合保税区功能，落实产业扶持和奖励政策，吸引聚集更多外向型加工企业，发展保税加工、保税物流、跨境电商等特色产业。培育拓展空港功能，抓好中川国际机场三期扩建工程，启动机场专用高速公路建设，加快发展临空经济，争创国家临空经济示范区。

构建全面开放新格局。协调推进兰西城市群建设，务实开展对接合作，实施一批区域基础互通、经济互联、产业互融项目。促进国际贸易投资自由化便利化，加快推进“单一窗口”试点，争取在“一带一路”沿线国家和地区新设海外仓。鼓励支持兰石集团、海默科技等企业“走出去”，在海外布局建设营销服务网络。加强国际文化交流，办好“感知兰州”文化周城际交流活动。在法国巴黎、俄罗斯奔萨等城市设立文化旅游联络处。承办国际田联世界路跑大会，提升兰州知名度和影响力。

（八）突出以人为本，切实保障和改善民生，努力为广大群众带来更多实惠。深入推进为民惠民工程，持续加大民生投入力度，加快发展民生事业，大力促进幼有所育、学有所教、劳有所得、病有所医、老有所养、住有所居、弱有所扶。

让群众生活更加幸福美好。实施就业优先政策，建设人力资源服务产业园，完善公共就业服务体系。城镇新增就业9万人，农村劳动力转移就业30万人。巩固“无欠薪”城市创建成果，提升和谐劳动关系。加快完善社会保障体系，推进五项社会保险扩面提质，健全新型城乡社会救助体系、医疗救助和临时救助制度，实现应保尽保、应助尽助。大力弘扬劳模精神和工匠精神，营造劳动光荣的社会风尚和精益求精的敬业风气。

让公共服务更加优质公平。推动城乡义务教育均衡发展，增加学前教育、职业教育投入。建设北京八中兰州分校等优质学校。减轻中小学生课外负担，深入解决“择校热”“入园难”等问题，全面消除超大班额。实施省妇幼医疗综合体、市中医院新建项目，加快市口腔医院和市妇幼保健院异地新建。完善分级诊疗体系，深入推进医养结合。强化“运动兰州”建设，加大体育基础设施投入力度，打造15分钟健身圈。继续抓好市场精准调控，完善住房保障机制，培育发展住房租赁市场，建立市场与保障双轨制、租购并举的住房供应体系。

让人文精神更加浓郁厚重。扎实推进全国文明城市创建工作，广泛开展群众性精神文明创建活动，着力塑造兰州人不甘落后、奋发有为的良好形象。持续开展“书香兰州”等系列文化惠民活动。积极争创国家历史文化名城，推进金天观、城隍庙、鲁土司衙门等历史街区、古镇、古村落保护开发，传承发展太平鼓、高高跷等非物质文化遗产。大力弘扬中华传统文化，推动文艺精品创作和文化品牌建设，推出更多反映时代主题的精品力作，讲好中国故事兰州篇章，用文化的力量展示兰州风采、凝聚强大正能量。

让社会治理更加规范有序。创新基层社会治理，大力推广新时代“枫桥经验”，健全自治、法治、德治相结合的基层治理体系。全面开展质量提升行动，创建国家食品安全示范城市，保障群众舌尖上的安全。加强应急管理体系建设，提升突发事件应急处置能力。深化重点行业领域专项整治，坚决遏制重特大安全事故。加强信访维稳工作，健全矛盾纠纷多元化解机制，最大限度减少不和谐因素。积极主动采取措施，下大力气解决困扰发展的历史遗留问题。全面推进依法治市，扎实开展“七五”普法，增强全社会尊法学法守法用法观念。深化“平安兰州”建设，加快完善社会治安防控体系。持续推进扫黑除恶专项斗争，深入创建全国禁毒示范城市。继续开展民族团结进步创建活动，依法管理宗教事务。自觉支持部队各项建设，积极开展国防教育、国防动员和人民防空，细致做好复转军人安置和优抚工作，巩固发展军政军民团结良好局面。

让实事办理更加注重实效。满足群众美好生活需要，是我们一切工作的出发点和落脚点。今年我们将本着“当年谋划、当年实施、当年建成”的原则，继续为民办好10件实事，让广大群众有更多更直接更实在的获得感、幸福感和安全感。

四、全面加强政府自身建设

大道至简，实干为要。面对复杂多变的经济形势，面对艰巨繁重的发展任务，我们唯有始终坚持“马上就办、真抓实干”的工作精神，勇于担当，狠抓落实，才能不负重托、不辱使命，打造新时代人民满意政府。

（一）坚持对党忠诚。把政治建设放在首位，把党的领导贯穿政府工作各领域、全过程，不忘初心、忠诚履职。不断增强“四个意识”、坚定“四个自信”、做到“两个维护”，始终在思想上政治上行动上同以习近平同志为核心的党中央保持高度一致。全面贯彻执行党中央国务院、省委省政府和市委决策部署，确保政令畅通、不打折扣。

（二）坚持学以致用。深入推进学习型政府建设，切实把标兵的经验转化为自觉行动，把追兵的干劲融入到自身工作，努力在比学赶超中提升能力。全面加强政策理论和业务知识学习，不断更新知识结构、培养专业素养、增强创新意识，涵养担当作为的底气和勇气。更加重视调查研究，坚持眼睛向下、脚步向下，深入基层了解群众所思、所盼、所想，问政、问计、问效。

（三）坚持依法行政。善于运用法治思维和法治方式开展工作，严格按照法定权限和程序用权履职。自觉接受市人大及其常委会法律监督和工作监督，主动接受市政协民主监督，高质量办好人大代表意见建议和政协提案，认真听取各民主党派、工商联、无党派人士和人民团体意见。健全科学民主决策机制，落实政府法律顾问制度，加强重点领域政府立法，严格规范公正文明执法。深化政务公开，加强舆情应对，主动回应社会关切。

（四）坚持务实重行。有序推进政府机构改革，优化职能配置，理顺职责关系，合理划分事权，提高行政效能。按照“可量化、可执行、可落地”要求，完善统筹协调、系统谋划、精准调度、责任落实、督查问责、绩效考核等工作机制，确保制定的目标、出台的政策、部署的任务落到实处。注重实干、强化执行、狠抓落实，对市委、市政府确定的重大部署和重点工作，定一件干一件，干一件成一件。继续实行“双清零”管理办法，针对典型问题，主动自责自省、自我究过，不断提升工作质量和效率。

（五）坚持廉洁奉公。严格落实全面从严治党主体责任，认真贯彻中央八项规定及其实施细则精神，紧盯不敬畏、不在乎、喊口号、装样子的问题，坚决破除形式主义、官僚主义。牢固树立“过紧日子”的思想，严控一般性支出，严管机关事务、政府采购和公共资源交易。强化审计监督，严明财经纪律，从严惩治重点领域、关键环节和群众身边的腐败问题。教育引导干部知敬畏、存戒惧、守底线，严格执行廉洁自律各项规定，守住从政为民的“压舱石”，筑牢拒腐防变的“防火墙”，清清白白做人，干干净净做事。

各位代表！使命召唤落实，责任系于实干。让我们更加紧密团结在以习近平同志为核心的党中央周围，高举习近平新时代中国特色社会主义思想伟大旗帜，在省委、省政府和市委的坚强领导下，紧跟时代、锐意进取，担当实干、开拓创新，一锤一锤钉钉子，一项一项抓落实，为决胜全面建成小康社会、谱写新时代兰州高质量发展新篇章不懈奋斗，以优异成绩庆祝新中国成立70周年！

1月

1日 兰州市城乡居民医疗保险信息系统正式上线运行。城乡医保参保人员参保报销业务由市人社部门统一经办，参保居民统一使用社会保障卡就医购药。

4日 国家发改委公布2017年度“国家地方联合工程研究中心”名单，全国共有111家单位通过认定成功获评，兰州和盛堂制药股份有限公司“特色中药复方配伍与新药研发国家地方联合工程研究中心”入选该名单。

5日 中国人民政治协商会议兰州市第十四届委员会第二次会议在宁卧庄宾馆大礼堂召开，市政协副主席严志坚代表政协兰州市第十四届委员会常务委员会作工作报告。

6日 兰州市第十六届人民代表大会第二次会议在省政府礼堂开幕，代市长张伟文代表兰州市人民政府向大会作《政府工作报告》，市人大常委会副主任曹丕玉作《关于省十三届人大代表候选人推荐情况和选举工作报告》。

7日 中马“一带一路”产业对接会在兰州举行，“一带”与“一路”国际产业合作迈出新步伐。

8日 国家信息中心国信安全甘肃中心揭牌签约仪式在兰州高新区举行。

是日 数字兰州地理空间框架建设项目被中国测绘地理信息学会评为2017年测绘科技进步奖三等奖。

9日 兰州市第十六届人民代表大会第二次会议在省政府礼堂闭幕，大会通过关于兰州市人民政府工作报告的决议，关于兰州市2017年国民经济和社会发展计划执行情况及2018年国民经济和社会发展计划的决议，关于兰州市2017年财政预算执行情况和2018年财政预算的决议，关于兰州市人民代表大会常务委员会工作报告的决议，关于兰州市中级人民法院工作报告的决议，关于兰州市人民检察院工作报告的决议。

是日 兰州市监察委员会成立。省委常委、市委书记李荣灿参加挂牌仪式。

11日 兰州市人民政府与天津市商务委员会、天津市人民政府口岸服务办公室签订《加强商务及口岸合作备忘录》，将加强两地在商务、口岸等方面的合作，推进海铁多式联运物流通道和内陆“无水港”建设，开展国际多式联运业务，提升通关便利化水平。

14日 人民网舆情监控数据中心发布信息，兰州西部恐龙园荣登“2017年度中国主题公园品牌影响力排行榜50强”。

是日 省委常委、市委书记李荣灿主持召开兰州市开展城乡困难群众生活保障大走访排查活动启动会。

17日 市委经济工作暨农村工作会议召开，深入学习贯彻中央经济工作会议、中央农村工作会议和省委十三届四次全会暨省委经济工作会议、省委农村工作会议暨扶贫开发工作会议精神，研究部署2018年全市经济工作和“三农”工作。

18日 高德地图联合交通运输部科学研究院和阿里云等权威机构，发布《2017年中国主要城市交通分析报告》，兰州位于城市高峰拥堵排名的第43位，较2016年的第18位下降25个位次。

22日 全市扶贫开发领导小组

扩大会议召开，传达学习贯彻全国扶贫开发工作会议、省委农村工作暨扶贫开发工作会议精神，安排部署2018年全市扶贫开发工作。

24日 兰州国际陆港首列中新南向通道国际回程班列在广西钦州港成功发运。

25日 兰州牛肉拉面国际联盟暨兰州牛肉拉面国际商学院正式成立，63家国内外品牌餐饮服务企业加盟。

27日 兰州中川国际机场正式启用人脸识别系统，在国内机场中率先步入“刷脸登机”新时代。

1日 国务院批复同意兰州、白银高新技术产业开发区建设国家自主创新示范区。

是日 市委人才工作领导小组会议召开，审定第一批“金城文化名家”补选人员名单，审议2017年度全市人才创新创业项目。

2日 市纪委召开十三届三次全会暨全市领导干部警示教育大会，传达学习十九届中央纪委二次全会和十三届省纪委二次全会精神，通报上年全市纪检监察机关纪律审查情况，剖析典型案例，教育警示干部，总结上年党风廉政建设和反腐败工作，部署是年主要工作任务。

7日 市政府召开常务会议，研究《兰州市政府和社会资本合作管理办法（试行）》等相关事宜，强调要把握政策导向，深入推进PPP项目实施，激发城市建设新活力，提高城市发展新质量。

8日 国家质检总局局长支树平一行专程来到兰州新区综合保税区考察调研。

12日 兰州市颁发是年首张网约车经营许可证，标志着2018年首批企业已具备网络预约出租汽车经营服务条件和线上线下服务能力，可以在兰州从事规范的网络预约出租汽车经营业务。兰州市网约车客运市场向标准化、规范化迈出关键一步。

21日 国家发展改革委、国土资源部、住房和城乡建设部联合公布第二批示范物流园区名单，兰州国际陆港成功入围，是甘肃省唯一获批的国家示范物流园区。

23日 兰州轨道交通1号线一期工程推进大会召开，省委常委、市委书记李荣灿出席并讲话，要求全力以赴决战决胜轨道交通建设攻坚战，确保轨道交通1号线一期工程年内建成通车。

26日 全市大气污染防治暨环境保护工作会议召开，贯彻落实全国、全省环保工作会议精神，总结2017年全市环保工作情况，安排部署是年环保工作任务。

28日 省委常委、市委书记李荣灿主持召开市深化国家监察体制改革试点工作小组第五次会议。

1日 共青团兰州市第十六次代表大会开幕，省委常委、市委书记李荣灿出席开幕式并讲话，共青团甘肃省委书记赵立香到会祝贺。大会选举产生共青团兰州市第十六届委员会。

是日 全市新任领导干部集体廉政谈话会召开。市委常委、市纪委书记李学民出席并讲话。会上发放廉政教育教材，90余名新任领导干部签订《廉政承诺书》，参会干部集体观看警示教育片《永远在路上》。

2日 省委常委、市委书记李荣灿赴永登县调研脱贫攻坚工作并召开现场推进会。

4日 兰州城乡发展建设基金首笔投资项目成功通过浦发银行总行审批，实现兰州城乡基金投资业务的新突破。

8日 《兰州市创建诚信计量体系建设示范县区实施意见》正式出台，西固区、皋兰县将成为首批创建示范县区。

12日 兰州市工会第十六次代表大会开幕。省委常委、市委书记李荣灿，省总工会党组书记、常务副主席刘为民出席开幕式并讲话。市人大常委会副主任、市总工会主席段迎存主持开幕式，并代表市总工会第十五届委员会作工作报告。

14日 全市农村“三变”（资源变资产、资金变股金、农民变股东）改革工作推进会暨领导小组第一次会议召开，深入学习贯彻中央、省上和市委关于农村“三变”改革的部署要求，安排部署全市农村“三变”改革各项工作。

20日 国家发改委官方网站公布国家发展改革委、住房和城乡建设部联合印发的《兰州西宁城市群发展规划》，一批事关甘肃省未来发展的重大发展定位、重大工程项目、重大利好政策和重要协同发展机制被纳入《规划》范围。

21日 兰州市妇联十六届六次执委（扩大）会议召开。会议选举替补了市妇联执委，选举吴爱华、金于熙为市妇联兼职副主席。

22日 市委副书记、市长张伟文主持召开市政府常务会议，学习《中华人民共和国城乡规划法》，研究加快推进县域经济发展、办好是年兰州国际马拉松赛等相关事宜。

26日 国务院解决企业工资拖欠问题部际联席会议实地核查组组长，四川省人社厅党组成员、副厅长李强一行来兰州市对2017年度兰州市保障农民工工资支付工作进行核查。

27日 兰州市节能减排环境治理成果展示厅获批国家环保科普基

地，是兰州市首个也是唯一一个国家环保科普基地。

29日 甘肃（兰州）国际陆港首笔跨境贸易人民币结算业务顺利完成，标志着甘肃（兰州）国际陆港跨境贸易人民币结算业务正式启动，跨境贸易便利化进程又前进了一大步。

是日 市委副书记、市政府党组书记、市长张伟文主持召开市政府党组理论学习中心组学习（扩大）会议，邀请上海市政府应急办常务副主任谭维勇等专业人士，讲解全国特别是上海市应急管理工作的先进经验和做法。

30日 兰州市首批引智基地和示范单位签约授牌仪式在市人社局举行。签订《工作任务合同书》，并现场授牌。

4月

2日 甘肃省第一批三家纳税企业环保税票在兰州市地税局办税服务厅开出，标志着全省环保税首个征期的申报征收全面启动。

是日 兰州市旅游景区质量评定委员会发布公告，兰州石佛沟国家森林公园晋升为国家3A级旅游景区。

3日 省委常委、市委书记李荣灿调研高新区、科研机构和科技型企业时强调，要坚持创新驱动，突出科技引领，加快推进兰白国家自主创新示范区建设。

9日 省委常委、市委书记李荣灿赴兰州经济技术开发区，深入园区和企业，实地调研科技创新、孵化平台建设和成果转化状况，听取经济区发展情况汇报，研究部署下一步重点工作。

11日 根据国家发展改革委、科技部、财政部、海关总署、国家税务总局五部委联合公布的2017—2018年（第24批）国家企业技术中心认定名单认定结果，兰州高压阀门有限公司技术中心被认定为国家企业技术中心。

14日 TEDx中山桥2018年度大会在兰州创意文化产业园开幕，9位思想者齐聚TEDx分享自己的思想。

15日 第35届兰州桃花旅游节在仁寿山生态文化旅游景区开幕。本届桃花节签约医药物流、现代服务、金融合作等13个项目，投资总额约54.9亿元。

18日 中国水权交易所与兰州环境能源交易中心正式签订战略合作协议。双方就共建水权交易市场、优化水资源配置、提高水资源利用效率和效益等事宜达成一致。

是日 “一带一路”兰州市首届中意艺术教育国际论坛在兰州市第五十三中学举行。同时，兰州市第一个国外美术学院授权的工作室在市五十三中揭牌。

19日 兰州市突降暴雨，淹没青白石青杨公路碱水沟段，路面积水最深处达1米左右，导致100余户300余名群众受困，生命财产安全受到严重威胁。灾情发生后，市区两级立即展开应急处置工作，暴雨致1人死亡。

24日 兰州市召开纪念中共中央“五一口号”发布70周年座谈会，省委常委、市委书记李荣灿出席并讲话。

25日 兰州市召开全市转变作风改善发展环境建设年活动动员大会。市委、市政府决定在全市开展“转变作风改善发展环境建设年”活动，直指兰州市干部作风和发展环境方面存在的突出问题，旨在形成风清气正、真抓实干、办事高效的发展环境。

28日 兰州市组团参加甘肃省粤港招商活动，签署系列合作协议、拜访众多目标企业、达成多项合作意向、推介展示兰州新形象，取得丰硕成果，精心凝炼60余个项目，签署多个经济合作协议。

5月

4日 省委常委、市委书记李荣灿赴永登县通远乡、七山乡，走村入户，实地查看易地扶贫搬迁安置、饮水安全工程和危房改造建设情况，与基层干部群众面对面交流，研究解决脱贫攻坚工作中存在的突出问题。

6日 省委书记、省人大常委会主任林铎在白银市和兰州市调研科技创新工作时强调，要牢固树立创新发展理念，把握创新发展定位，完善创新发展体系，加快科技创新步伐，进一步推动兰白国家自主创新示范区建设。

8日 市文明委全体会议暨新一轮创建全国文明城市启动大会召开，会议通报2017年兰州荣获全国、全省精神文明建设先进集体的名单。

10日 省委常委、市委书记李荣灿赴西固区、安宁区，实地调研历史文化街区建设、污水处理厂改扩建和兰州生态文化广场规划设计情况，现场办公解决项目推进中的问题和困难。

14日 “兰州百合”品牌进入区域品牌（地理标志产品）百强榜，位列第67位。

15日 市委副书记、市长张伟文主持召开市政府非公经济发展交流座谈会，就如何营造良好营商环境、促进全市非公经济发展，充分听取各代表人士的意见建议。

16日 全国工商联党组副书记、副主席樊友山率40余位企业家到兰州新区考察调研，深入了解新区发展规划建设情况，共商合作发展。

19日 由市政府主办，市委宣传部、市科技局、市科协、兰州高新区管委会承办的“2018年兰州市科技活动周”启动仪式在兰州红星国际广场正式拉开帷幕。

23日 中车西北高端轨道交通装备造修基地在安宁区沙井驿动工开建，标志着已有64年历史的中车兰州公司“出城入园”开启了新的发展征程。

26日 第11届“中国玫瑰之乡·兰州玫瑰节”在永登县苦水镇开幕。

29日 兰州市创建“全国质量强市示范城市”顺利通过现场验收。

30日 七里河区非公有制企业工委举行米家山党群活动中心揭牌仪式，这是兰州市第一个非公企业党群活动中心。

6月

1日—3日 由中国西部研究与发展促进会、甘肃省体育局、兰州市人民政府主办，兰州市商务局、兰州市体育局、兰州市文化和旅游局、兰州市经济合作服务局、甘肃会展中心有限责任公司承办的、为期3天的中国西部（兰州）体育产业博览会在甘肃国际会展中心开幕。本届体博会首次邀请“一带一路”沿线国家参会，巴基斯坦、刚果嘉宾参加大会；首次实现西部省区组团参会，陕西省、宁夏回族自治区体育局应邀参会；首次实现全省14个市州组团共同参会；中国西部研究与发展促进会首次作为体博会主办单位参会；首次设立甘肃展馆、兰州展馆，集中展示兰州市和全省体育发展的丰采和成就。共有200余个品牌参展，不但能满足专业采购商的采购需求，也为广大体育爱好者带来全方位的观摩体验及装备购置。

2日 中国西部（兰州）体育产业博览会开幕。

4日 市政府召开常务会议，研究黄河水生态环境综合治理及黄河风情线改造提升、景观亮化提升等事宜。

5日 市委副书记、市长张伟文调研全市创建国家食品安全示范城市工作，强调要高度重视食品安全，切实把老百姓的健康放在首位。

6日 省委副书记、省长唐仁健在兰州新区调研，强调高举改革开放和创新发展的旗帜，让兰州新区成为展示甘肃高质量发展的窗口。

是日 七里河区“兰州百合全国知名品牌示范区”和榆中县“高原夏菜全国知名品牌示范区”通过国家验收并正式命名，永登县正式申请建设“苦水玫瑰全国知名品牌示范区”。

7日 兰州市被纳入全国“流通领域现代供应链体系建设”支持范围。

是日 由兰州市体育局、兰州市体育竞赛管理中心、兰州市质量技术监督局起草的《马拉松赛组织管理规范》地方标准正式发布，是国内首个马拉松赛事组织管理的地方标准。

国内首个马拉松赛事组织管理地方标准——《马拉松赛事组织管理规范》地方标准正式发布。

9日 市委常委会召开会议，传达学习贯彻落实《中央巡视工作规划（2018-2022年）》推进会、《地方党政领导干部安全生产责任制规定》和全省扫黑除恶专项斗争工作会议精神，研究部署兰州市具体贯彻落实意见。

是日 以“美丽乡村，自在田园”为主题的2018兰州市首届乡村旅游文化节在榆中县开幕。

10日 中国田协金牌赛事和国际田联金标赛事2018兰州国际马拉松赛鸣枪开赛，来自中国、肯尼亚、埃塞俄比亚等国家和地区的4万余名选手参加。

11日 市委常委会召开会议，审议并原则通过《兰州经济区皋兰生态修复与产业发展示范区选址意见》《关于促进兰州经济技术开发区加快发展的意见》和《关于促进甘肃（兰州）国际陆港加快发展的意见》，研究部署下一步重点工作。

是日 市委副书记、市长张伟文调研城市北出口面山绿化情况，强调要精心设计精细打造，让城市北出口成为一道靓丽的风景线。

12日 市委副书记、市长张伟文调研榆中县南山片区脱贫攻坚工作，强调有效促进一二三产业融合发展，让农民群众在家门口脱贫致富。

14日 市委、市政府在皋兰县召开脱贫攻坚推进会，省委常委、市委书记李荣灿在会上强调，以必胜信心凝聚力量、以优异成果展示作为，确保皋兰县如期脱贫摘帽。

15日 全市网络安全和信息化工作会议在兰州召开。

19日 市政府召开常务会议，传达学习《地方党政领导干部安全生产责任制规定》，研究《关于进一步完善审计监督工作机制强化责任落实的意见》等事宜。

20日 市委财经工作领导小组召开会议，听取1—5月全市经济运行情况，深入分析形势，认真查找问题，安排部署近期重点工作。

是日 省委常委、市委书记李荣灿调研黄河风情线建设管理情况，强调强化精品意识，做好黄河文章，加快推进黄河风情线改造提升。

22日 国家生态环境部会同住建部组成的全国第三批第24督查组对兰州市黑臭水体治理情况进行实地督查。

是日 省委常委、市委书记李荣灿主持召开兰州新区党工委会议，强调提高目标定位、强化责任担当、争做全省高质量发展的排头兵领头羊。

是日 市国家安全工作领导小组召开会议，要求全面贯彻落实总体国家安全观，为新时代兰州高质量发展创造和谐稳定的社会环境。

23日 省委常委、市委书记李荣灿赴皋兰县、榆中县，实地调研水生态环境保护和文化旅游产业发展。

是日 “首届中国面条博览会暨第4届中国·兰州牛肉拉面文化节”拉开帷幕。

是日 中国兰州牛肉拉面官方认证服务平台正式上线，标志着正宗兰州牛肉拉面有了自己的“身份证”，全国范围内兰州牛肉拉面的分布点也将在平台上一览无余。自即日起，只要打开微信扫一扫，“码”上就能知道碗里的面正不正宗。

24日 在由新华网主办，中国人民大学休闲经济研究中心协办支持的“2018休闲旅游发展与品质峰会”上，“第35届中国兰州桃花旅游节”荣获“2018中国最负盛名十大节庆”殊荣。

25日 “黄河之都·金城兰州”兰州市美术书法摄影作品意大利邀请展在罗马亮相，这是兰州市首次整合三大艺术门类精品代表古老金城文化走出国门。

26日 省委常委、市委书记李荣灿赴皋兰县、城关区，深入有关企业，实地调研防汛和安全生产工作。

是日 兰州市举行创建全国禁毒示范城市启动仪式。

是日 市政府召开为民办实事工作推进会，研究解决项目推进中的重点难点问题，确保实现“时间过半、任务过半”目标。

30日 “泛第三极生态环境与气候变化前沿科学中心”揭牌仪式暨建设方案论证会在兰州大学举行。前沿中心将系统研究泛第三极地区水分循环、水资源安全和生态系统的稳定性，构建地球系统科学的理论体系，产出一批引领国际前沿的创新性研究成果，为西部生态安全建设提供科学支撑，为国家“一带一路”畅议的实施及国际气候谈判提供科学依据。

7月

2日上午 甘肃（兰州）国际陆港迎来首列中欧返程班列。这趟班列从俄罗斯新西伯利亚出发，经过12天的远行，完成5200公里的行程后抵达兰州。首列进口回程中欧班列的开通，标志着从兰州铁路口岸发运的中欧班列正按照今年国家中欧班列协调运输委员会提出的班列发运“质量年”的要求，向着高质量、高标准的方向转型升级。

3日 市政府召开常务会议，研究全市道路交通文明畅通提升行动、教育部省政府市政府共建兰州大学等相关事宜。

是日 第7届兰州百合文化旅游节开幕。

4日 省委常委、市委书记李荣灿，市委副书记、市长张伟文会见中科院院士、物理化学家李灿，中科院院士、兰州大学校长严纯华一行，双方就加快推进甲醇技术开发项目进行深入交流。

是日 兰州·中新互联互通项目南向通道国际合作对话会举行。来自国家部委相关专家，中国交通运输协会、中国港口协会相关领导及重庆、贵州、广西、四川、青海等通道沿线省、市、区的政府及企业负责人，为甘肃通道物流产业发展把脉问诊。

5日 第24届中国兰州投资贸易洽谈会开幕式暨丝绸之路合作发展高端论坛举行。

是日 国家税务总局兰州市税务局挂牌成立，标志着原兰州市国家税务局、兰州市地方税务局正式合并。

6日上午 首届“一带一路”粮食安全高峰论坛在兰州举行。来自白俄罗斯、哈萨克斯坦、阿塞拜疆、泰国、日本等5个国家及21个省区市嘉宾代表400余人参加了论坛。国家发展和改革委党组成员，国家粮食和物资储备局党组书记、局长张务锋致辞。

是日 第6届兰州国际鼓文化艺术周暨第7届兰州国际民间艺术周开幕。

是日 年产2万吨高档电解铜箔项目在兰州新区开工奠基，整体建成后将成为全国最大的电解铜箔生产基地。

是日 在聚焦“一带一路”500强企业高峰论坛暨第24届“兰洽会”兰州市重点项目签约仪式上，京东集团与兰州市政府签署“互联网+”战略合作框架协议。京东将兰州作为电子商务战略布局重点地区，在兰州建设京东超市、京东之家、京东无人便利店、京东无人售货柜、7fresh等无界零售业务，共同将兰州打造为无界零售样板城市。

是日 第24届“兰洽会”“中亚—中国（甘肃）经贸合作洽谈会”在兰州举行。土库曼斯坦驻华大使馆大使齐娜尔·鲁斯捷莫娃，上海合作组织前秘书长穆拉特别克·伊马纳利耶夫，塔吉克斯坦驻华大使馆副大使穆罕默德·叶尕姆佐德，吉尔吉斯斯坦经济部跨境管理司司长朱马利耶夫·扎伊尼金出席会议并做主题演讲。副省长张世珍致辞。甘肃省商务部门向来宾介绍甘肃投资环境，并对重点产业和项目进行推介。与会嘉宾围绕“一带一路”建设下的发展机遇、投资方向与合作项目等，与参会各国商协会和企业代表开展广泛交流，提出政策建议。会上，甘肃省贸促会分别与吉尔吉斯斯坦经济部、塔吉克斯坦国家工商会签订了合作备忘录，兰州新区与印度丝绸之路贸易与产业发展机构签订了合作备忘录。

是日 以“数字经济引领新时代创新创业助推网络扶贫”为主题的2018中国西部创客节在兰州开幕，旨在凝聚各界双创共识，构建甘肃省双创生态体系，打造甘肃省双创孵化平台，促进双创服务产业发展，助推数字经济和精准扶贫纵深发展。省人大常委会副主任陈克恭出席会议，副省长李斌出席会议并致辞，省政协副主席康国玺出席会议，省委副秘书长梁和平主持会议。会上，甘肃省委网信办与今日头条签订了《甘肃省委网信办与今日头条战略合作框架协议》，进一步加强双方合作的广度和深度。

是日 在聚焦“一带一路”500强企业高峰论坛暨第24届“兰洽会”兰州市重点项目签约仪式上，京东集团与兰州市政府签署“互联网+”战略合作框架协议。京东将兰州作为电子商务战略布局重点地区，在兰州建设京东超市、京东之家、京东无人便利店、京东无人售货柜、7fresh等无界零售业务，共同将兰州打造为无界零售样板城市。

7日 2018国际采购商大会暨中国（甘肃）供销农特产品产销对接活动在甘肃国际会议中心举行。来自泰国、哈萨克斯坦、波兰等国家及省内外的244家企业进行现场签约，签约内容涉及13大类81个品种的农特产品，累计签约金额达175.3亿元。中华全国供销合作总社监事会副主任王韩民，省人大常委会党组书记、副主任王玺玉，省政协副主席康国玺出席活动。副省长张世珍出席活动并致辞。

9日 第24届中国兰州投资贸易洽谈会圆满落幕。兰州市签约项目109个，投资总额790.75亿元。

是日 兰州市工商局荣获“国家知识产权战略实施工作先进集体”称号。

是日 兰州新区赖家坡村（玫瑰）上榜第八批全国“一村一品”示范村镇。

10日 兰州市荣获“2017互联网+政务服务领先城市”荣誉。

11日 市委副书记、市长张伟文在城关区重点调研中小学教育大班额、重点项目推进、防汛和地质灾害防治等工作及兰山大景区开发建设利用情况。

12日 省委常委、市委书记李荣灿赴永登县，实地调研危房改造、基层党建及小康村建设，研究解决脱贫攻坚工作中的问题。

是日 市委副书记、市长张伟文赴安宁区实地调研重大项目建设情况。

是日 市政府召开全市大气污染防治工作推进会。

13日 市委常委会召开会议，传达学习习近平总书记在十九届中央政治局第六次集体学习时的重要讲话和全国组织工作会议精神，研究部署兰州市贯彻落实意见。

14日 市委常委会召开会议，决定近期召开中国共产党兰州市第十三届委员会第九次全体会议，审议并原则通过《关于进一步优化营商环境促进非公有制经济发展的实施意见》。

16日 由兰州大学和兰州市人民政府共同主办、兰州高新区管委会承办的稀土功能材料研究与产业发展（兰州）研讨会召开，来自国内稀土领域的顶尖专家学者、行业中最具实力、最具话语权的企业家代表齐聚兰州，共商稀土产业发展大计。省委常委、市委书记李荣灿，兰州大学党委书记袁占亭出席并致辞。中科院院士、兰州大学校长严纯华，市委副书记、市长张伟文分阶段主持研讨会。省直有关部门领导，中国稀土行业协会副会长、秘书长杨文浩，中国北方稀土（集团）公司总经理李金玲等专家和企业代表应邀出席。

17日 兰州市残疾人联合会第七次代表大会在西北宾馆召开。省委常委、市委书记李荣灿，省残联党组书记、理事长华文哲，市委副书记、市长张伟文，市人大常委会主任张建平，市政协主席李宏亚，市委副书记赵爱等出席会议，会议由省公安厅副厅长、市政府副市长、残工委主任肖春主持。来自全市各县区和有关单位的正式代表及列席代表、特邀代表和来宾230余人参加会议。兰州市残联党组书记、第六届执行理事会理事长孔令利代表市残联第六届主席团作题为《同心促融合携手奔小康为共创幸福美好新生活而努力奋斗》的工作报告。

18日 全市扫黑除恶专项斗争领导小组第三次会议暨扫黑除恶专项斗争推进会召开。

20日 清晨，兰州突降暴雨，出现了入汛以来最强降水，防汛形势严峻。当日，省委常委、市委书记李荣灿赴城关、七里河、安宁、西固4区，冒雨实地查看排洪泄洪、内涝积水、清淤排水等情况，深入了解冲毁道路抢险进展，就防汛抢险工作提出要求。

是日 省委常委、市委书记李荣灿在兰州市防汛抗旱指挥部主持召开专题会议，传达学习习近平总书记、李克强总理对防汛抢险救灾工作的重要指示和省委常委会扩大会议有关精神，听取全市防汛工作、“7·20”强降雨汛情处置及近期兰州市气象情况，分析研判面临的形势，就全市防汛减灾工作进行再部署再安排。市领导肖春、唐琦、杜正喜等参加会议。

是日 市政府召开常务会议，传达学习相关事宜，安排部署防汛减灾和地质灾害防治工作。

是日 市委副书记、市长张伟文到一线调研地质灾害防治工作。

22日 皋兰县、永登县、红古区突降大雨，局地暴雨。强降雨加之兰州新区洪水下泄影响，引发皋兰县水阜镇、九合镇部分村发生洪涝灾害。

24日 国务院正式批准兰州市设立跨境电子商务综合试验区。

是日 全省农村“三变”改革现场推进会在榆中县召开。

24日—25日 兰州市第十七次妇女代表大会在兰州召开。来自全市各条战线的330名代表，齐聚一堂，共商发展大计，共绘美好蓝图。省委常委、市委书记李荣灿出席开幕式并讲话，甘肃省妇联党组书记、主席周丽宁到会祝贺。市领导李宏亚、胥波、王旭、咸大明、张国一、王宏、吴险峰、段迎存、刘荣、姜晓红等出席会议。市委副书记、市委政法委书记赵爱主持开幕式。市总工会党组书记、常务副主席巩田龙代表人民团体致贺词。大会特邀吴国瑞等离退休老干部参加会议，市委组织部、各区县妇儿工委负责人、市妇儿工委成员单位及人民团体负责同志应邀列席会议。大会审议通过《兰州市妇联第十六届执行委员会工作报告的决议（草案）》，选举产生了兰州市妇联第十七届执行委员会。

24日—25日 由兰州大学、兰州市人民政府、中国绿色催化专家智库理事会主办，兰州高新区管理委员会、兰州市科技局、甘肃建设投资(控股)集团总公司、兰州分离科学研究所承办，兰州大学化学化工学院、兰州高新区创业服务中心、甘肃麦积山绿色催化技术研究院协办的2018兰州自主创新高峰论坛兰州高新技术开发区举行，10余位院士和一批国内顶尖专家学者积极响应、齐聚兰州，共商创新驱动大计，共话科技发展前景。省委常委、市委书记李荣灿，副省长张世珍，中国科学院院士、中国绿色催化专家智库理事会理事长何鸣元，兰州大学常务副书记吴国生出席开幕式并致辞。市委副书记、市长张伟文主持开幕式。论坛采取大会报告、专家互动和疑难解答等方式进行，主论坛为绿色产业及自主创新论坛和陇药及中药国际化论坛，分论坛为“双一流”建设与创新人才培养论坛和环境与健康论坛，同时还举行煤化工与化工方向、稀土材料及应用方向、药物研发合成方向、锂电和储能材料方向、功能材料及贵金属利用的5场专场对接会。

25日 省委常委、市委书记李荣灿主持召开军民融合产业发展座谈会。

是日 中国旅游研究院发布《2018年中国避暑旅游大数据报告》，兰州在2018年最受欢迎的避暑目的地前十名中排名第四，增长最快。

27日 省委常委、市委书记李荣灿赴皋兰县，调研检查“7·22”洪涝灾害灾后重建工作，主持召开“7·19”“7·22”洪涝灾害灾后重建工作推进会，现场办公研究解决问题。

是日 市政府召开务虚会议，要求各级各部门要围绕现代化中心城市建设、全国文明城市创建等全市工作大局，主动担当作为，勇于真抓实干，加快经济发展步伐，抓好城市建设管理，高质量高品位打造精致城市。

是日 在2018年（第16届）全国物流园区工作年会上，甘肃（兰州）国际陆港荣获全国优秀物流园区称号。

30日 兰州市再生资源分拣中心正式启动。

31日 全市脱贫攻坚帮扶工作推进会议召开。

是日 市委副书记、市长张伟文赴市政务服务中心调研全市“放管服”改革工作。

8月

1日 市政府召开常务会议，安排部署近期防汛减灾和地质灾害防治工作，研究决定推动全市高质量发展等相关事宜。

2日上午 兰白自创区建设工作座谈会兰州高新技术开发区召开。省科技厅副厅长巨有谦主持。兰州、白银两市政府分管领导，两市高新区管委会、科技局主要负责同志，以及省科技厅机关政策处、计划处、高新处负责同志，省科技情报研究所、省科投公司负责同志和省创新办全体同志参加座谈会。会议传达学习了前期赴科技部汇报对接兰白自创区建设工作有关情况、张世珍副省长听取省科技厅2018年重点工作汇报后提出的指示要求及省科技厅党组会就推进兰白自创区建设工作有关精神。分别听取了兰州、白银两市，兰州高新区、白银高新区自创区建设工作进展情况的介绍。就《兰州白银国家自主创新示范区建设规划纲要（草案）》《中共甘肃省委 甘肃省人民政府关于支持兰州白银国家自主创新示范区建设的若干意见（草案）》的编制起草涉及内容进行了研讨。

3日 市政府召开第七次全体会议，传达学习省委十三届五次全会、省政府第三次全会、市委十三届九次全会精神，通报全市上半年经济运行情况，安排部署下半年工作任务。

7日 市扶贫开发领导小组召开会议，传达学习中央和省上有关会议、文件精神，总结通报上半年相关工作开展情况，安排部署下一阶段工作。

8日 省委常委、市委书记李荣

灿调研榆中县农业农村基层党建工作。

9日 兰州新区被列入全国青少年校园足球33个试点县（区）之一，成为甘肃省唯一入选县（区）。

10日 由中共兰州市七里河区委区政府、兰州市商务局、兰州市国资委、兰州市经合局支持，兰州中心主办的“2018兰州商业发展峰会”在兰州万达文华酒店举行。峰会特邀中外商业单位、商业品牌单位、有关专家和代表300余人参加会议。市委副书记、市长张伟文出席会议并致辞，甘肃省商务厅巡视员张世恩出席会议并讲话，市人大主任张建平、市政协副主席腾耀文、市政府秘书长韦青祥等市领导出席会议。

11日 市委常委会召开会议，传达学习中央政治局会议、国务院常务会议精神，审议并原则通过《兰州市构建生态产业体系推进绿色发展崛起的实施方案》等文件。

13日 市委全面深化改革领导小组召开会议，传达学习中央全面深化改革委员会和省委全面深化改革领导小组有关会议精神，研究部署兰州市下一步全面深化改革重点任务。

是日 兰州市被国家住建部确定为中国城市生活垃圾领域国家适当减缓行动（NAMA）项目试点城市。

14日 市政府召开常务会议，研究2018年上半年国民经济和社会发展计划执行情况、财政预算执行情况的报告等事宜。

20日 宝钢化工与方大炭素10万吨超高功率石墨电极项目签约及项目奠基仪式在兰州举行。省委书记、省人大常委会主任林铎，省委副书记、省长唐仁健，中国宝武集团董事长、党委书记陈德荣，省委常委、市委书记李荣灿，省委常委、省委秘书长王嘉毅，副省长李沛兴，方大集团董事局主席方威等出席签约仪式。当日，红古区与宝钢化工、方大炭素分别签署项目投资保障协议；宝钢化工和方大集团签署了合资合同协议。签约仪式结束后，项目在红古区平安镇夹滩村奠基开工建设。

21日 省委常委、市委书记李荣灿调研城市洪涝灾情，强调坚持以人为本，全面提升城市防汛减灾综合能力。

是日 在甘肃省第十四届运动会闭幕式上兰州市接过会旗，成为省十五届运动会的举办地。

22日 市委副书记、市长张伟文调研安全生产工作，强调从源头破解制约难题，确保危化品安全生产形势持续稳定。

23日 省委常委、市委书记李荣灿调研重点项目和企业，强调聚力项目建设，加快转型步伐，努力推动兰州经济高质量发展。

是日 市委副书记、市长张伟文调研企业安全生产工作，强调企业要实现高质量发展，必须牢固树立安全至上理念。

24日 省委副书记、省长唐仁健在兰州市调研，强调做大核心企业，做强产业链条，推动十大生态产业竞相发展。

27日 市委常委会召开会议，传达学习全省组织工作会议和全省党的建设工作情况通报暨推进会议精神，审议并通过《关于2018年上半年全市党的建设工作督查情况的报告》，研究部署全市党的建设和组织工作。

28日 省委常委、市委书记李荣灿到兰州经济技术开发区调研，强调坚持规划先行，突出产业特色，高水平建设生态修复与产业发展示范区。

29日 海关总署党组书记、署长倪岳峰一行调研兰州新区综合保税区。

30日 天津市市长张国清带领天津考察团一行赴榆中县考察调研。

31日 省人大常委会副主任、党组书记王玺玉就兰州市大气污染防治工作进行专题调研。

1日 中央编办副主任牛占华一行莅临兰州新区调研指导工作。

是日 省委常委、市委书记、兰州新区党工委第一书记李荣灿赴兰州新区，深入项目建设和企业生产一线调研。

3日 市政府召开常务会议，研究优化土地供应管理、加快推进“四好农村路”建设等相关事宜。

4日 省委常委、市委书记李荣灿赴七里河区彭家坪镇、城关区雁西路派出所和市法检两院，实地调研全市扫黑除恶专项斗争开展情况。

5日—9日 由中共兰州市委、兰州市人民政府主办，中共兰州市委宣传部、兰州市文旅局承办的第8届兰州黄河文化旅游节在兰州举行。省委常委、市委书记李荣灿，副省长何伟出席开幕式。本届旅游节的主题是“弘扬黄河文化，发展全域旅游”。来自国内外重点客源城市的宾客，丝绸之路经济带沿线城市、沿黄城市，省内14个市州的旅游部门相关人员、旅行商、旅游业界代表等参加本届旅游节。其间，将举办兰州文化旅游发展高端对话、2018兰州黄河文化旅游信息发布会、第8届兰州文化旅游博览会、甘肃省沿黄4市州旅游发展联盟成立仪式、“黄河风情”主题大联欢等活动。

6日 皋兰县上榜国家商务部2018年国家电子商务进农村综合示范县名单，获得中央财政专项支持资金2000万元。

是日 “一带一路兰州走进霍尔果斯”城际交流活动日在新疆霍

尔果斯市举行。

7日 省委常委、市委书记李荣灿赴城关区团结新村小学西校区、五里铺小学和天庆实验中学，调研教育事业发展情况，向全市教师和广大教育工作者致以节日问候。

8日 最高人民法院院长周强一行赴兰州市中级人民法院调研。

10日 全国人大常委会调研组来兰州市就未成年人法律法规宣传及贯彻落实、校园未成年人保护、留守儿童及特殊未成年人权益保障进行调研。

是日 国家发展改革委在兰州新区组织召开第四次国家级新区工作经验交流会暨新区工作推动会。

是日 省委、省政府扫黑除恶专项斗争第一督导组进驻兰州市，下午召开工作动员大会。

11日 甘肃长达路业有限责任公司院士专家站在兰州成立并揭牌。是甘肃省交通行业首家企业院士专家工作站

15日—17日 由甘肃省科技厅、兰州市人民政府联合主办，兰州市科技局承办，兰州新区、兰州高新区、兰州经济区管委会和甘肃会展中心有限责任公司协办的为期3天的第3届兰州科技成果博览会开幕式暨国家自主创新示范区建设与发展论坛在甘肃国际会展中心举行。博览会以“科技兴业·博览世界·会聚兰州”为主题，省委常委、市委书记李荣灿在开幕式上讲话，并与省政府副秘书长贾宁，科技部火炬中心副主任李有平，市委副书记、市长张伟文，中国生产力促进中心协会常务副理事长、秘书长申长江共同启动开幕式。贾宁、申长江和俄罗斯亚洲工业企业家联合会驻中国办事处经济发展部部长费多托夫·安东分别致辞。省科技厅厅长李文卿主持。市人大常委会主任张建平、市政协主席李宏亚等领导，以及俄罗斯、德国、美国、以色列等国家的企业代表，来自上海、杭州等16个城市、高校院所代表参加活动。

17日 银隆兰州广通新能源汽车有限公司在北京与塞尔维亚签订《关于兰州广通公司收购重组贝尔格莱德伊卡布斯公司的议定书》。

27日 市委常委会召开会议，传达学习习近平总书记在中央政治局第八次集体学习时的重要讲话精神，研究兰州市贯彻落实意见，安排部署实施乡村振兴战略、法院重点工作。

28日 省委常委、市委书记李荣灿主持召开市委理论学习中心组扩大学习会议，邀请省委常委、统战部部长马廷礼为兰州市领导干部作专题辅导，深入学习领会习近平总书记关于宗教工作重要论述，准确把握党中央和省委关于加强新形势下宗教工作的各项政策规定和部署要求。

30日 2018年，第五个烈士纪念日省市各界向人民英雄敬献花篮仪式在兰州烈士陵园举行。

10月

11日 兰州高新区建设兰白国家自主创新示范区政策发布暨产业研究院成立大会召开。

12日 由中国交通运输协会、甘肃省商务厅和兰州市人民政府共同主办的中国(兰州)跨境电子商务综合试验区建设专题研讨会在兰州召开。来自国家相关部委、省直相关部门、有关综试区城市领导和专家学者及国内跨境电商和跨境电商产业链知名企业代表近200余人参加，就当前跨境电商综合试验区建设有关问题深入研讨交流，共商合作、共促发展。国家税务总局货物和劳务税司副司长胡先明、国家外汇管理局经常项目管理司副司长崔薇、商务部西安特派办副特派员刘景嵩、兰州海关副关长张柯、甘肃省税务局副局长赵应堂出席研讨会。市委副书记、市长张伟文出席并作主旨演讲，甘肃省商务厅副厅长李书敏，中国交通运输协会副会长宋朝义出席并致辞，副市长刘荣主持研讨会。

13日 第17届全国区域经济学学科建设年会暨“区域绿色发展与美丽中国建设”学术研讨会在兰州大学举行。

18日 由国家节能中心和中国低碳网联合主办，兰州市人民政府支持的2018中国（兰州）垃圾资源化利用产业创新发展论坛暨兰州市生活垃圾处理观摩研讨会在兰州召开。中国工程院、中国社科院、部分市县人民政府、协会、研究院所和国际机构的专家学者、企业代表齐聚兰州，共同探讨推进垃圾资源化发展的思路与对策。

是日 兰州市召开2018年度贫困退出市级验收工作安排暨培训会议，对2018年度贫困退出验收工作进行安排部署。

20日 由中国普惠金融研究院、中国银行业协会、中国小额贷款公司协会、南南合作金融中心主办，兰州市人民政府协办的“一带一路”普惠金融国际论坛在甘肃国际会展中心举办。论坛由开幕式、“一带一路”普惠金融战略论坛、市长圆桌会议三部分组成。省委常委、市委书记李荣灿出席并在开幕式上致辞。中国普惠金融研究院理事会联席主席兼院长贝多广主持开幕式和上午论坛。来自海内外的专家学者、金融精英齐聚兰州，共话普惠金融，共谋合作发展。

22日上午 国家生态环境部、住房城乡建设部联合组成的国家黑臭水体整治专项巡查第十四巡查组一行18人，进驻兰州市开展城市黑

臭水体整治专项巡查工作。巡查组在兰州饭店召开“国家2018年城市黑臭水体整治专项巡查汇报会”，会议由省环保厅巡视员周继尧主持。国家黑臭水体整治专项巡查第十四巡查组组长、生态环境部宣教中心副主任闫世东介绍了专项巡查相关要求，省建设厅副厅长梁文钊汇报了全省城市黑臭水体整治工作情况，兰州市副市长韩显明汇报了兰州市城市黑臭水体整治及督查整改进展情况。国家巡查组全体成员、省直有关部门、兰州市有关县区和部门负责人约60人参加会议。

是日 兰州市2018年贫困退出市级验收永登片区考核对接会召开。

23日 “兰州—伊斯兰堡”南亚公铁联运国际货运列车在兰州铁路局集团公司东川铁路物流中心开行。该班列从甘肃(兰州)国际陆港东川铁路物流中心始发，先由铁路运输至喀什综合保税区，继而转为公路运输，经红其拉甫口岸出境，最终运抵巴基斯坦首都伊斯兰堡。全长4500公里。其中，铁路运输里程3300公里；公路运输里程1200公里。用时13天，比海运缩短了15天。班列货值150万美元，货重450吨，计30车，货品主要包括机械设备，汽车配件，日用百货等。

25日 宝方炭材料科技有限公司10万吨超高功率石墨电极项目成为首家搭上兰州环评改革“动车”企业。

27日 省委常委、市委书记李荣灿赴永登县实地调研脱贫攻坚、乡村振兴和非公经济发展情况。

30日 兰州市冬季大气污染防治工作动员会议召开。

是日 市委副书记、市长张伟文带领相关部门负责人深入供热站和燃煤销售网点，调研城市供暖启动准备情况及大气污染防治工作。

11月

1日 省委常委、市委书记李荣灿调研城市供暖保障及大气污染防治工作。

是日 市政府召开常务会议，传达学习省政府常务会议精神，研究兰州市加快发展十大生态产业等事宜。

2日 省委常委、市委书记李荣灿赴兰州新区秦川镇的新园村、榆川村、炮台村和永登县上川镇的四泉村，实地调研脱贫攻坚和乡村振兴工作。

3日 19时21分37秒，肇事车辆驾驶人李丰驾驶的辽AK4481号重型半挂牵引车吉B2870号重型低平板半挂车，沿G75兰海高速公路由南向北行驶，与兰州南收费广场内正在行进的甘N25856号牌重型仓栅式货车发生碰撞后，连续与13辆车直接碰撞，导致周围18辆车相互碰撞。其间该肇事车车载货物甩出砸中甘NX7151号五菱牌小型普通客车，与小轿车甘AF5Q17、甘AAT998、甘DC2461、甘P29210小轿车等相互碰撞，造成15死亡、45人不同程度受伤。事故发生后，省委书记林铎，省委副书记、省长唐仁健，省委常委、市委书记李荣灿，市委副书记、市长张伟文等省市领导及省市相关部门负责人指挥应急救援。国家应急部、公安部、国家卫健委等连夜赶赴兰州指导应急救援工作。

6日 省委常委、市委书记李荣灿赴七里河区、高新区，实地调研兰州黄河企业股份有限公司和奇正藏药集团发展情况。

是日 省委常委、市委书记李荣灿在安宁区调研企业生产经营和军民融合发展情况。

8日 省委常委、市委书记李荣灿赴永登县武胜驿镇，查看危房改造、安全饮水、产业扶持和“一户一策”计划落实等脱贫攻坚工作。

是日 省委常委、市委书记李荣灿到连城国家级自然保护区，深入矿山企业和水电站，实地调研检查环境保护及问题整改工作。

9日 市委副书记、市长张伟文在城关黄河大桥人行地下通道项目建设一线和城市北出口大砂沟段公路沿线环境整治现场实地调研。

14日 市政府召开常务会议，研究做好黄河文章、建设现代化都会城市和实施乡村振兴战略等事宜。

15日 兰州新区在2018亚太智慧城市评选颁奖典礼上获“2018中国智慧城市创新奖”。

16日 国家发展改革委、住房和建设部联合发展消息，对50个国家资源循环利用基地予以公示，兰州市资源循环利用基地位列名单之中。

是日 全市招商引资百日大会战动员部署会议召开。

18日 由科技部指导，科技部火炬中心、甘肃省科技厅、兰州市人民政府承办的国家级赛事，由兰州市科技局组织，兰州市生产力促进中心实施的第3届中国创新挑战赛(兰州)现场赛在兰州宁卧庄宾馆举行。科技部火炬中心副主任段俊虎、中国生产力促进中心协会常务副理事长申长江、省科技厅副厅长巨有谦、副市长左龙等领导出席。兰州市科技局系统干部职工、参赛团队、在兰科技型企业、高校院所、科研机构的相关代表500余人参加或观摩了现场赛。

21日 省委常委、市委书记李荣灿走访调研中国石油西北销售公司、甘肃德龙生态建材有限公司。

是日 在北京举办的第18届中国上市公司百强高峰论坛暨第4届中国百强城市全面发展论坛上，兰州市荣获“中国百强城市奖”。

是日 市委副书记、市长张伟文调研国电联产“上大压小”异地建设工程进展情况。

是日 市委副书记、市长张伟文带领有关部门负责人赴西宁共商兰西城市群建设事宜。两市围绕抢抓“一带一路”建设机遇，进一步深化交流合作，努力在政策、区位、资源等方面实现优势互补、合作共赢，共同推动兰西城市群建设开好局起好步，努力打造西部区域经济发展新的增长极。

26日 全市十大生态产业和2019年项目谋划工作汇报会召开。

12月

1日 世界著名期刊《自然》杂志推出增刊《2018自然指数——科研城市》，发布全球科研城市前200强榜单，兰州市在全球科研城市200强榜单中排名91，在中国排名第19。

2日 市委作出决定，追授张卫东同志“全市优秀共产党员”称号，并在全市开展向张卫东同志学习活动。

3日 兰州市应邀参加国家发展改革委国际合作中心牵头举办的澜湄国家产能合作与金融服务专题研讨会及重点项目招商推介会，与东盟中小企业经贸委签订《战略合作框架协议》。

5日 兰州市召开全市建成区违法建设治理工作推进会。

6日 甘肃分公司兰州新区西北绿色新型铝加工产业园暨年产20万吨铝箔建设项目开工奠基仪式的兰州新区举行。该项目建设用地500亩，投资20亿元。由兰州新区商贸物流投资集团有限公司和河南弘盛再生资源利用有限公司合资成立的兰州新区铝业有限责任公司投资建设。省委常委、市委书记、兰州新区党工委第一书记李荣灿，市委常委、兰州新区党工委书记杨建忠，党工委副书记、管委会主任李东新，北京天成宏业控股有限公司董事会主席马延峰，党委书记兼兰州新区铝业有限责任公司副董事长李刚，中国二冶集团副总经理刘宝世及监理单位代表参加开工奠基仪式。兰州新区党工委委员、管委会副主任何静主持仪式。

8日 中国第17届电影华表奖在京正式颁奖。由中共兰州市委宣传部主抓，兰州市文学艺术界联合会、兰州浩发影视传媒共同出品的电影《丢羊》，一举斩获中国第17届电影华表奖优秀农村题材影片奖，这是兰州电影发展史上本土原创作品首次荣膺中国电影最高荣誉奖——华表奖，意味着兰州本土影视事业发展正式跻身中国一流电影行列，具有里程碑般的重大意义。

10日 兰州市民主党派调研协商座谈会召开，对2018年度民主党派市委会重点调研成果进行协商座谈，听取意见建议。

11日 市政府与中国农业发展银行甘肃省分行签订《服务乡村振兴战略合作框架协议》，进一步深化银政合作，充分发挥金融助力乡村振兴重要作用，共同推动兰州乡村振兴战略深入实施。

14日上午 甘肃(兰州)国际陆港多式联运物流园项目开工奠基仪式在兰州新区兰州陆港举行。总建筑面积24.8万平方米，总投资约22.85亿元，由兰州国际港务区投资开发有限公司负责建设。规划建设堆场区、仓储区、汽车服务区、公共服务设施4个功能区，主要建设物流通道设施、智能化装卸与转运、信息平台等7大工程。项目将依托陆港，立足兰州、覆盖甘宁青、辐射亚欧，建设面向氧化铝、金属制品、化工产品等大宗商品作为主要物流业务对象，集产业物流、物流服务为一体的综合型示范物流园区，建成具有铁路、公路、水路、航空“多位一体”多式联运智慧物流信息系统的全国性物流中心。市政协副主席、兰州陆港党工委书记、管委会主任严志坚，中共西固区委书记钱承文、兰州市人民政府副秘书长张成虎、西固区政协主席徐春花，市发改委、商务局、财政局、铁建办等相关部门领导及兰州陆港管委会、兰港投公司及项目承建单位员工300余人参加。

21日 2018第3届中国云城市联盟峰会在兰州举行，来自国家广电总局、《人民日报》、新华社、北京大学、中国人民大学、兰州大学的专家学者和苏州、南京、青岛、泉州、宿迁、兰州等全国20余家云城市联盟成员代表齐聚一堂，共同探讨媒体融合的实施路径。

23日 2019中国最具赞助价值马拉松赛事TOP100榜单在深圳国际体育博览会·2018体育人才峰会体育经理人论坛上揭晓，兰州马拉松位列榜单第四位。

24日 兰州至曼谷、河内国际货运航线暨兰州中川国际机场进口冰鲜水产品及进境水果指定口岸开通仪式在兰州中川国际机场举行，东南亚优质水果水产品首次通过航空运入甘肃。

是日 国家发展改革委、交通运输部印发《国家物流枢纽布局和建设规划》，兰州市被确定为国家布局的陆港型物流枢纽和商贸服务型物流枢纽载体城市。

26日 兰州欧美同学会（留学人员联谊会）成立，这是党联系留学人员的桥梁和纽带，是党和政府开展留学人员工作的助手，也是开展归国留学人员统战工作的重要载体和平台。

28日 国家民委正式命名七里河区为“全国民族团结进步创建示范区”。

29日 兰州南绕城高速公路建成通车试运营。

兰州概貌

【地理位置】　兰州市位于北纬35°34′20″～37°07′07″，东经102°35′58″～104°34′29″，地处甘肃省中部，是中国陆地的几何中心。北部和东北部毗邻白银市的白银区和景泰县、靖远县；东部和南部与白银市的会宁县和定西市的安定区、临洮县及临夏回族自治州的永靖县相邻；西南部和西部与青海省民和县相连；西北部与武威市的天祝藏族自治县接壤。全市总面积13085.6平方公里。

【建置沿革】　兰州历史悠久，旧石器时代晚期，兰州市就有先民居住。夏商周时期，为羌戎居地。秦始皇三十三年（前214年）置陇西郡榆中县，为兰州市境最早的行政建置。汉武帝元狩二年（前121年）置金城县。汉武帝元鼎六年（前111年）置令居县（今永登县），在河桥镇置浩亹县。汉宣帝神爵二年（前60年），在今红古区花庄一带置允街县。西汉在今永登县苦水镇置枝阳县。汉昭帝始元六年（前81年），置金城郡，始领6县，后增至13县，今兰州市境有允街、浩亹、令居、枝阳、金城、榆中6县。十六国时期，前赵、后赵、前凉、前秦、后秦、西秦、后凉、南凉、北凉等占领过金城郡，其中西秦曾建都于兰州。隋文帝开皇元年（581年），置兰州，领金城郡。置兰州总管府，为军事建置。唐代，兰州领五泉、广武、狄道三县。唐代宗广德元年（763年）吐蕃占领兰州，一直到北宋仁宗。宋仁宗景祐三年（1036年），西夏在今永登县红城镇置卓罗和南监军司，并占领兰州。宋神宗元丰四年（1081年）收复兰州，宋与西夏隔黄河对峙。宋高宗绍兴元年（1131年），金占领兰州。元太宗六年（1234年），蒙古占领兰州、金州。明太祖洪武二年（1369年），徐达攻取兰州，降兰州为兰县、金州为金县，属临洮府。洪武五年（1372年），改庄浪州为庄浪卫，属陕西行都司。明惠帝建文元年（1399年），肃王移藩兰县，加强了明朝的统治。明宪宗成化十三年（1479年），升兰县为兰州。清圣祖康熙五年（1666年）陕甘分省，兰州为甘肃省会。清世宗雍正三年（1725年），改庄浪卫为平番县，属凉州府。清高宗乾隆三年（1738年），临洮府移兰州，改称兰州府，兰州改为皋兰县。兰州府领狄道州、河州、皋兰县、渭源县、靖远县、金县。乾隆二十九年（1764年），陕甘总督移驻兰州，管辖今陕西、甘肃、宁夏、青海、新疆。1913年，并兰州府、巩昌府为兰山道，领皋兰等15县；平番县属甘凉道。1919年，改金县为榆中县。1928年，改平番县为永登县。1941年7月1日，成立兰州市，市长蔡孟坚。

1949年8月26日，兰州市解放。兰州市由县级市升为地级市。1950年，兰州市辖9个区和皋兰县，榆中县属定西专区，永登县属武威专区。1958年，辖城关等7个区，永登县划入兰州市，改为永登区。1963年，恢复永登县，划归武威专区。1970年4月，永登县、榆中县划入兰州市。1985年10月，白银区划出兰州市升格为省辖地级市。至2018年，兰州市辖城关、七里河、安宁、西固、红古5区及永登、榆中、皋兰3县。

【行政区划】 2018年，兰州市行政区域下辖城关、七里河、西固、安宁、红古5个区及永登、皋兰、榆中3个县，拥有兰州新区（国家级新区）和兰州国家高新技术产业开发区、兰州经济技术开发区（均为国家级开发区）。设399个社区居委会，731个村民委员会，4158个村民小组。全市总面积13085.6平方公里，其中市区面积1631.6平方公里。户籍人口328.47万人，常住人口375.36万人。

【地形地貌】 兰州市位于陇西黄土高原的西部，是青藏高原向黄土高原的过渡地区。境内大部分地区为海拔1500～2500米黄土覆盖的丘陵和盆地。石质山地是祁连山的余脉，分布在市境的南北两侧。榆中县南部和永登县西北部的石质山地海拔都在3000米以上，其中马啣山海拔3670米、奖俊埠山主峰海拔3455米、兴隆山海拔3021米，自然植被垂直分布，有云杉林、油松林、辽东栎林、山杨林，以及灌丛。兰州地势西部和南部高，东北低，黄河自西南流向东北，横穿全境，切穿山岭，形成峡谷与盆地相间的串珠形河谷。峡谷有八盘峡、柴家峡、桑园峡、大峡、乌金峡等；盆地有新城盆地、兰州盆地、泥湾—什川盆地、青城—水川盆地等。还有湟水谷地、庄浪河谷地、苑川河谷地、大通河谷地等。

兰州黄河谷地盆地西起青石关，东至桑园峡，东西长60余公里；南北最宽约9公里，最窄处不足1公里，平均海拔1500～1550米。

【气候状况】 2018年，兰州市年平均气温6.6℃~11℃，较常年偏高0.6℃，较上年均偏低0.2℃，按照气温等级评定标准，属正常年份。年内各月平均气温起伏较大主要以偏高为主，其中3—8月平均气温偏高，特别是3月异常偏高，皋兰创历史同期新高，2月略低，其余月份接近常年。全年平均总降水量426.80~641.00毫米。兰州市区、榆中县、皋兰县、永登县年降水总量分别为457.1毫米、641.0毫米、426.8毫米、556.0毫米。全年平均雨（雪）日：兰州市区为89天、榆中县为102天、皋兰县为85天、永登县为112天。全市总日照时数2440.7小时，较常年偏少100.7小时（－4%），比上年偏多15.7小时（1%），按日照时数年度评定标准，全市日照正常略少。全市年平均相对湿度59%，较历年平均值偏高0.6%，较上年偏高2.4%。全市年平均风速1.7米/秒，与历年平均值（1.7米/秒）持平。

【自然资源】 兰州市林地总面积525.48万亩。即用于林业生产的土地面积，不包含兰州新区（19.52万亩）和兴隆山自然保护区（35.14万亩）面积。其中，林地69.38万亩；疏林地0.66万亩；灌木林地181.41万亩；未成林造林地35.08万亩；苗圃地0.55万亩；宜林地210.22万亩；无立木林地27.95万亩；林业辅助生产用地0.23万亩。全市森林面积272万亩，森林覆盖率13.86%，森林蓄积量359.62万立方米。饮誉全国的甘肃特产甘草、当归、党参、麻黄、秦艽、鬼臼、祖师麻、玫瑰等中药材，在兰州地区均有分布。

兰州的矿产资源主要有煤、石英石、石灰石、玻璃硅质原料、水泥粘土、铁、铜、铅、金、银等。

兰州市境内拥有全国重点文物保护单位10处（包括长城），省级文物保护单位40处，市县级文物保护单位109处，各类文物遗存点861处（古遗址458处；古建筑204处；古墓葬67处；近现代重要史迹和代表性建筑111处；石窟寺及石刻15处；其他6处）。国家级森林公园有徐家山、吐鲁沟、石佛沟；市区有五泉山、白塔山、白云观等名胜古迹，还有兰山公园、西湖公园、黄河风情线大景区、湿地公园等风格各异的景点。兰州是驰名中外的瓜果名城，夏秋季节极具避暑和品尝瓜果旅游特色。

全市有各类脊椎动物182种。其中，哺乳类34种，鸟类148种；两栖类10种。森林昆虫有395种。有高等植物1614种。其中，裸子植物998种，地被植物1531种。

【人口民族】 截至年底，全市户籍人口328.47万人。其中，城镇人口231.25万人；乡村人口97.21万人。年末全市常住人口375.36万人，比上年末增加2.4万人。其中，城镇人口304.15万人，占81.03%；乡村人口71.21万人，占18.97%。境内56个民族都有，少数民族人口13.2万人。

（市志办）

国民经济和社会发展

【概况】 2018年，全市经济社会保持平稳健康发展态势。全年实现地区生产总值2732.94亿元，增长6.5%，占全省比重的33.14%。其中，第一产业增加值完成42.98亿元，增长6%；第二产业增加值完成937.98亿元，增长4.9%；第三产业增加值完成1751.97亿元，增长7.4%。固定资产投资比上年增长12.11%；社会消费品零售总额完成1352.09亿元，增长7.4%；一般公共财政预算收入达到253.32亿元，增长8.87%；城镇居民人均可支配收入35014元，增长8.3%；农村居民人均可支配收入12368元，增长9.4%；城镇新增就业人数9.48万人，城镇登记失业率控制在2.09%以内；居民消费价格总水平累计上涨1.7%。

【农村经济】 2018年，全市粮食作物种植面积117.29万亩，比上年减少6.64万亩；粮食总产量29.77万吨，比上年下降0.9%。其中，夏粮产量9.64万吨，下降8.67%；秋粮产量20.13万吨，增长3.34%。蔬菜种植面积77.92万亩，增加1.26万亩，蔬菜产量166.91万吨，增长4.9%；中药材种植面积11.78万亩，减少2.59万亩，中药材产量3.17万吨，增长18.5%；园林水果产量11.73万吨，下降16.18%。牛存栏5.14万头，下降2.98%，出栏1.19万头，下降0.1%；羊存栏65.35万只，增长5.18%，出栏36.17万只，增长2.87%；猪存栏37.09万头，增长3.12%，出栏42.54万头，增长4.85%；肉产量4.62万吨，增长3.36%；牛奶产量7.9万吨，下降3.89%。

【工业经济】 2018年，全市规模以上工业企业完成工业增加值614.98亿元，比上年增长6.0%。从轻重工业看，重工业完成增加值462.7亿元，增长9.3%；轻工业完成增加值145.8亿元，下降2.4%。从企业类型看，国有企业实现增加值51.6亿元，增长6.6%；集体企业实现增加值2.4亿元，下降49.7%；股份制企业实现增加值534.8亿元，增长6.5%；外商及港澳台投资企业实现增加值19.5亿元，增长5.3%。从主要产品的产量看，原油加工量完成927.01万吨，增长5.24%；生产汽油235.71万吨，增长5.41%；生产钢材340.11万吨，增长185%；生产水泥774.63万吨，下降14%；生产卷烟278.38亿支，下降1.4%；生产啤酒31619.32万升，下降4%。从重点支柱行业看，石油、煤炭及其他燃料加工业完成工业增加值195.9亿元，增长3.0%；烟草制品业完成工业增加值105.3亿元，增长2.3%；医药制造业完成工业增加值24.3亿元，下降15.7%；化学原料及化学制品制造业完成工业增加值34.9亿元，增长4.1%；黑色金属冶炼和压延加工业完成工业增加值45.4亿元，增长114.1%；有色金属冶炼和压延加工业完成工业增加值17亿元，下降0.2%；非金属矿物制品业完成工业增加值54亿元，增长18.2%；电力、热力生产和供应业完成工业增加值57.6亿元，增长2.9%。

【消费】 2018年，全市实现社会消费品零售总额1352.09亿元，比上年增长7.4%。其中，城镇完成社会消费品零售总额1158.88亿元，增长7.48%；乡村完成社会消费品零售总额193.21亿元，增长6.6%。按行业分，批发业实现销售额4465.61亿元，增长22%；零售业实现销售额1232.56亿元，增长10.3%；住宿业实现营业额28.95亿元，增长12.1%；餐饮业实现营业额272.73亿元，增长12%。居民消费价格总水平累计上涨1.7%，在省、市确定的调控目标3%内运行。

【社会事业】 教育方面。全市义务教育56人以上大班额比例控制在10%以内，实施15个教育扩大化项目，新增1.9万个学位。完成30所标准化幼儿园创建。创新出台聘任教师同工同酬新办法，新招聘教师1149名。投入资金4.4亿元全面改善贫困地区义务教育薄弱学校基本办学条件。医疗卫生方面。建成各类医联体114个，完成34个村卫生室改扩建工程，全市社区和乡镇卫生服务机构标准化建设实现全覆盖，区县医院及乡镇卫生院全部实现远程医疗。城乡参保居民大病保险报销比例平均提高10%。市中医医院异地新建等7个项目加快推进。养老方面。重点推进居家和社区养老服务改革试点，全市医养结合示范点达50个。新建城乡社区日间照料中心64个。中央深改办以“兰州市养老服务改革守护最美夕阳红”在全国推广兰州养老改革服务模式，市社会福利院老年养护中心项目建成运营，市第二社会福利院老年养护中心等项目加快推进。社会保障方面。城市低保标准提高7.6%，农村低保标准提高6.3%，特困供养标准提高7.6%。提高建档立卡贫困户基本医保水平，将其全部纳入医疗救助范围。全力实施18个棚户区改造项目，基本建成13594套，完成棚户区改造3.1万户，基本建成公租房710套。文化旅游体育方面。建成街道综合性文化服务中心14个、社区综合性文化服务中心116个，书香社区50个，8个“读者小站·金城书房”树立了全省公共文化空间标杆，建成200个城乡全民健身场地和8个笼式足球场。加快推进“一部手机游甘肃（兰州）”、旅游产业监测与应急指挥平台等智慧旅游项目，新改扩建旅游厕所92座。永登县红城镇、西固区河口村荣获中国历史文化名镇、名村称号。奥体中心项目前期工作进展顺利。成功举办2018兰州国际马拉松赛、百合之路百公里城市越野赛，城市知名度和影响力不断提升。

【脱贫攻坚】 皋兰县和七里河区退出贫困县区序列，永登县、榆中县通过市级贫困退出验收考核，全市共有6610户18028人达到贫困退出标准，贫困发生率降低到1.22%。落实“一户一策”脱贫计划，投入中央、省市财政扶贫资金及小康村建设资金10.09亿元，有力保障了脱贫攻坚。2018年易地扶贫搬迁建档立卡户863户3045人实现100%入住，提前完成全市“十三五”规划任务。实施农村危房改造4544户，全面消除C级、D级危房。

（廉宝珍）

固定资产投资与重大项目建设

【固定资产投资】 2018年，全市固定资产投资比上年增长12.11%。按三次产业分，第一产业投资比上年增长41.17%；第二产业投资比上年下降20.38%；第三产业投资比上年增长16.15%。按隶属关系分，中央项目比上年下降13.17%；省属项目比上年增长22.53%；市属及市以下项目比上年增长12.35%。

【重大项目建设】 2018年市列重大项目共100个，年度完成投资539.71亿元，占年度计划投资95.2%。其中，71个续建项目完成投资450.8亿元，占年度计划投资97.9%；29个新建项目完成投资88.91亿元，占年度计划投资83.6%。从项目复、开工情况看，71个续建项目全部复工，复工率100%。29个新建项目开工20个，开工率69%。

（廉宝珍）

精神文明建设

【概况】 2018年，兰州市精神文明建设和创建全国文明城市工作践行社会主义核心价值观，争创新一轮全国文明城市，各项工作稳步推进。

【道德模范、兰州好人评选】 组织开展第6届甘肃省道德模范推荐评选活动，3人被确定为表彰人选。组织开展第5届兰州市道德模范评选活动，确定10位表彰名单。持续开展“月评十佳，年评百佳”兰州好人评选活动，评选出兰州好人91人，其中左杰等12人荣登“中国好人榜”。开展“新时代好少年”评选和学习宣传活动，评选出“新时代兰州好少年”先进典型20名。组织开展“丹青绘丹心・名家画好人”为道德模范、兰州好人画肖像活动，采用国画、油画形式创作道德模范、好人系列肖像100幅，在兰州市美术馆展览，并在部分学校、企业、社区巡回展出。春节期间，对全市道德模范、兰州好人和优秀志愿者代表开展拜年走访、座谈联欢、关爱慰问等帮扶慰问活动，全市慰问走访道德模范、兰州好人和文明家庭265人，发放慰问金182774元。

【诚信建设】 每季度发布诚信“红黑榜”，189家企业列入“红榜”名单，113家企业和2名自然人列入“黑榜”名单。印发《兰州市集中治理诚信缺失突出问题提升全社会诚信水平的实施方案》，发挥多部门协议联动和约束管理作用。组织协调各有关部门开展“诚信做产品”“百城万店讲诚信”“3・15”消费者权益日等各具特色的诚信教育实践活动，营造诚实守信的社会风尚，推动诚信建设制度化。

【公益广告宣传】 印发《关于进一步做好社会主义核心价值观主题宣传教育和创建活动的实施方案》，对各级各类媒体宣传工作、社会主义核心价值观主题宣传阵地建设、公益广告和文艺作品创作、公共场所宣传及各类主题宣传活动开展等进行安排部署。印发《兰州市深入推进社会主义核心价值观“一街一场”公益广告建设实施方案》《兰州市深入推进社会主义核心价值观主题雕塑建设实施方案》等，对公益广告主题雕塑、街道、广场设置进行具体安排。全市28个责任部门和区县制定公益广告宣传工作方案，开展公益广告刊播宣传，市文明办开展2轮次的专项督查。组织召开全市公益广告宣传工作观摩交流会，展示公益广告设置先进典型，总结经验做法，对今后主要工作提出具体要求。各区县采取入户宣传、社区广播、广场知识竞猜等形式，开展社会主义核心价值观宣传百余场。加强公益广告督查和管控，对建筑工地、车站码头、道旗路牌等重点区域、载体的公益广告设置做出明确要求，对内容、尺寸、模板等标准提出具体要求，全市4.5万个点位设置18万块各类公益广告牌。

【家风家训、文明家庭评选】 制定《兰州市“传家训、立家规、扬家风”活动实施方案》，协调指导督促各区县、相关部门开展“传家训、立家规、扬家风”工作。组织开展第2届甘肃省文明家庭推荐评选工作，筛选确定3户表彰家庭。印发《关于命名第2届兰州市文明家庭的决定》，对100户第2届兰州市文明家庭进行命名表彰。

【“四大文明行动”】 开展提升市民文明旅游素质行动，印发《兰州市2018年提升市民文明旅游素质实施方案》，组织2018年中国旅游日兰州分会场“全域旅游・美好生活”主题宣传活动。组织春节、清明、五一、“5・19中国旅游日”文明旅游宣传活动。开展文明餐桌行动，创建文明餐桌食品安全示范街示范店，进行命名表彰。制定《兰州市文明餐桌食品安全示范店建设管理办法》《兰州市持续开展倡导绿色生活反对铺张浪费行动实施方案》，以具体措施促进行动开展。开展文明交通行动，制定《兰州市道路交通文明畅通提升行动计划（2018—2020年）》，组织“礼让斑马线”文明交通主题宣传活动，教育引导广大市民自觉践行《兰州市文明交通公约》，组织开展“礼让斑马线文明之星”评选工作。组织开展网络文明传播行动，倡导文明上网、文明用网，参与中国文明网及市网信办组织的各类网络文明传播工作，全年完成105次，转发量2万余条，征集图片视频345张条，原创文章98篇。

【群众性文化生活】 策划创建全国文明城市“十二大”主题活动，内容包括道德模范、兰州好人巡讲巡演、百姓讲堂宣讲、文明风尚进社区、全民阅读行动、金城讲堂系列活动及群众文艺大展演活动等。在春节、元宵节、清明节等7个中国传统节日，组织开展“我们的节日”系列活动，弘扬中华优秀传统文化，突出新变化、新亮点，不断丰富市民节日文化生活。举办“情暖中秋·精致兰州”2018我们的节日—兰州市迎中秋文艺演出等节日活动，邀请全市精神文明建设先进模范、基层创建工作者、行业先进工作者代表千余人参加。

【文明单位创评】 对2017年兰州市荣获全国、全省精神文明建设先进集体及继续保留荣誉称号的全国、全省精神文明建设先进集体予以通报表彰，对2016-2017年度精神文明建设先进单位进行命名表彰，对兰州市历届市级各类文明单位复查情况进行通报，命名表彰市级各类文明单位118个，通报表彰40个国家级、278个省级、608个市级各类文明单位。协调市人社、财政部门落实文明单位奖励政策，加强对文明单位的激励管控力度。组织开展兰州市第十四批省级文明单位推荐申报工作和各类文明单位测评工作。

【农村精神文明建设】 开展“美丽乡村·文明家园”陇原乡村文明行动，印发《兰州市深入推进农村精

2018年6月19日，西固区临洮街街道举办“欢乐万家·幸福兰州”兰州市创建文明城市群众文艺大展演活动。（苏珊 摄）

神文明建设“八个一”示范工程的实施方案》，深入组织开展陇原乡村文明行动和“八个一”示范工程，有50个村被确定为省、市级示范村。组织召开全市农村精神文明建设现场会。召开全市精神扶贫暨治理高价彩礼推动移风易俗专项行动会议，制定《全市治理高价彩礼责任清单》，对成立红白理事会等8个具体事项作出明确要求，印发《兰州市农村精神文明建设工作重点任务分解表》，制定《兰州市治理高价彩礼推动移风易俗专项行动联席会议制度》，不断强化压力传导，多部门协作、全地域推进，乡村文明建设不断深化，高价彩礼重点任务治理情况得到省文明办的充分肯定。各区县、相关部门深入开展文明村镇、文明家庭、最美家庭、星级文明户、文明集市、好妯娌、好儿媳、好公婆等创评活动。

【未成年人思想道德建设】 调整兰州市未成年人思想道德建设工作领导小组成员单位。召开兰州市创建全国文明城市暨未成年人思想道德建设工作推进会，与36个市直有关部门签订目标责任书，强化压力传导，明确各项责任。市教育局、市科技局、市科协、市民政局等10个部门结合实际，打造未成年人思想道德建设工作品牌经验，在《兰州日报》等媒体进行宣传报道。市教育局、市关工委、市体育局、市文旅局等单位未成年人思想道德建设品牌经验宣传材料被中国教育报、中国关工委、人民网、今日头条等媒体刊登、转载。

【丰富课外活动】 举办2018年度兰州市优秀童谣评选推广传唱活动暨新时代好少年发布仪式、兰州市2018年第二三季度新时代好少年先进事迹发布暨中华经典诵读展演等活动，大力宣传先进典型感人事迹，同时弘扬中华优秀传统文化。利用清明、七一、国庆等时间节点，在未成年人中广泛开展革命传统教育，组织青少年到革命战争纪念地、烈士陵园等瞻仰宣誓、祭扫献花，礼敬先烈先辈。开展第6届兰州市中小学生艺术节暨童心向党歌咏活动。开展升国旗唱国歌、“我和国旗合个影”、观看红色影片、参观爱国主义教育基地等活动，增强青少年国家观念和爱国情感。

【经典文化活动】 全市中小学把中华经典诵读融入日常教学，积极开展

每日一诵、每周一课、每季一展、每学期一评“四个一”活动。开展“戏曲进校园”演出、观摩、传授、互动活动，市教育局举办“戏曲小票友”比赛，兰州大剧院举办“戏曲进校园”100余场次。实施中小学“十、百、千、万”书法工程（10名专家团队，100名书法教师，1000名中小学生引领带动1万名中小学生），推动书法进校园活动的开展。市委宣传部、市教育局等部门联合开展2018年度兰州市优秀童谣征集评选推广传唱活动，评选出未成年人组37首获奖作品，成人组35首获奖作品，编印《2018年兰州优秀童谣》作品集。

【文明校园创建】 开展市级文明校园验收和往届文明校园复查工作，在往届市级文明校园中择优向省上推荐59所学校参评省级文明校园创建。各创建学校围绕文明校园“六个好”的创建标准，细化任务、强化措施、狠抓落实，创造性的开展文明校园创建活动，实现各学校创建活动100%全覆盖，广大师生100%共参与，家庭学校100%共享创建成果。

【校外活动品牌建设】 加大乡村（社区）学校少年宫管理工作。对全市147所乡村（社区）学校少年宫进行绩效评价。加强未成年人心理健康辅导站建设，市级心理健康辅导站接待45例173人次，接收网络咨询邮件22封，接听心理咨询电话301人次，播放心理电影9期9场，组织团体心理辅导课12期787人次，下乡村进社区进校园活动17期2737人参加，开展公益讲座4期，1908人参加，组织教师培训4期，890人参加。各类爱国主义教育基地和公益性文化设施向广大未成年人免费开放。

【制度化建设】 印发《兰州市2018年志愿服务工作要点》，对全市各有关部门、志愿服务组织制度建设、阵地建设、活动开展等方面做出全面安排。对兰州市志愿服务工作协调小组成员进行调整，从制度层面保证志愿服务活动正常运行。把志愿服务事业纳入国民经济和社会发展规划，列入党委和政府绩效考核内容。

【组织建设】 对全市学习贯彻《志愿服务条例》和依托“全国志愿服务信息系统”实施规范管理做出详细安排。提升志愿服务技能，邀请国内知名专家对全市各区县、相关部门、街道社区千余名志愿服务骨干进行培训，提高志愿者的服务意识和服务水平；举办学习宣传《志愿服务条例》、全国志愿服务信息系统暨志愿服务工作组织与管理培训班，培训人数愈万人。印发《关于进一步做好各级文明单位志愿者和志愿团队注册工作的通知》，推广使用“全国志愿服务信息系统”，在全市全面开展注册工作，全市志愿者注册49万人，志愿服务组织（团队）3106个。

【开展志愿活动】 打造“一月一主题”志愿服务品牌，组织开展“军民共建”双拥月、“尊师重教”感恩月、“爱在金秋”敬老月、“邻里守望”展示月等志愿服务主题活动，参与志愿服务人数近万人；突出学雷锋志愿服务系列活动，开展“3·5”学雷锋志愿服务日集中活动、保护“母亲河”志愿服务、“巾帼心向党·建功新时代”志愿服务、“邻里守望”志愿服务等九大系列活动，累计参加志愿者10万人次。在兰州国际马拉松比赛期间，组织4300名志愿者，为赛事提供志愿服务；中考高考期间，组织1000余辆爱心车辆开展“奉献互助，爱心送考”活动，打造爱心助考的“绿色通道”；组织各级文明单位，千余名志愿者利用双休日在市区主干道、主要交叉路口开展义务执勤活动。

【助力社会公益事业】 举办同心志愿，文明兰州—兰州市第2届志愿服务“四个十佳”先进典型与市民见面交流活动，对兰州市2017年学雷锋志愿服务“四个十佳”先进典型进行表彰，在全市进行学习宣传。编印《2017兰州市志愿服务四个十佳荟萃》向各区县宣传发放。开展兰州市第3届志愿服务项目大赛，将获奖项目推荐到第四届中国青年志愿服务项目大赛，荣获1金3银好成绩。

【创城工作建设】 成立由市委书记为组长的兰州市2018—2020年创建全国文明城市工作领导小组，实施对新一轮创建工作统筹领导。制定创建办工作组职能分工及工作制度，以高规格领导小组架构，高效创建队伍，严格工作制度，为新一轮创建工作提供强有力的组织保障。全市8个区县、兰州新区、兰州经济区都参照市上组织架构和工作机制，成立本级创建工作领导机构并制定工作方案。

【创建工作推进】 5月8日，召开市文明委全体会议暨新一轮创建全国文明城市工作动员会，对全市新一轮创建工作做全面安排部署。5月25日，市创建办召开全市创建工作领导小组办公室第一次会议，对创建工作开展情况进行通报，要求全市创建工作严格围绕《总体方案》和市创建工作领导小组的安排部署按计划、按要求推进。8月，召开市创建办工作推进会议，针对模拟测评和创建办督查中发现的问题进行通报，安排部署阶段性工作。11月，召开全市创建全国文明城市网上申报档案资

兰州市第二届志愿服务"四个十佳"先进典型与市民见面交流活动

料培训会，对各区县、各责任单位，创建全国文明城市网上申报材料事宜进行培训，确保报送工作高质量、高标准完成。12月，召开全市创建全国文明城市工作领导小组会议暨2018年创建工作推进会，对2018年度测评工作做出安排。

【舆论宣传】 市属新闻媒体相继开展《创建文明城市我们在行动》《创建全国文明城市·践行社会主义核心价值观》等专题专栏，采编相关专题稿件1100余篇。编撰《文明兰州》杂志4期，编印全市精神文明建设工作简报和创建工作简报103期。组织市属新闻媒体和《兰州晨报》开展"讲文明促创建"随手拍活动。市文明网举办兰州市培育和践行社会主义核心价值观暨文明城市创建主题公益广告征集大赛，征集作品2514件，评出优秀作品339件，以别具特色、内容丰富的公益广告助力文明创建宣传。

【督查测评】 按照创建工作总体安排部署，2018年度组织实施两次创建全国文明城市模拟测评2次，对1900余个点位进行测评。对存在问题的30个市直部门和区县，下发督查通知书175份，做到对标提升。针对全市7项未达标项目，联合市委督查室、市政府督查室，采取日督查、日通报、日整改，进一步夯实基础、补齐短板，对市文旅局、市规划局、市公安局、市建设局等部门开展专项督查，确保未达标项目持续整改推进。12月9日—12日，完成向中央文明办创建全国文明城市网上资料的申报及国家测评组实地考察、问卷调查的相关工作。

（徐 炜 石 磊）

组织机构与负责人

（2018年1月1日—12月31日）

中国共产党兰州市委员会

书　记　李荣灿
副书记　张伟文
　郭智强（1月免）
　赵　爱（3月任）
常　委　李荣灿
　张伟文
　郭智强（1月免）
　赵　爱
　杨建忠
　苟海龙
　胥　波（10月免）
　吕林邦（10月任）
　王　旭（3月任）
　咸大明
　王　宏
　吴险峰（11月免）
　杨金泉（8月任）
副秘书长　郭海泉
　孟凡声
　汪永国（8月免）
　杜书林
　马永军

办公厅
主　任　郭海泉
副主任　王乐世

兰州市人大常委会

主　任　张建平
副主任　曹丕玉
　孙晓钢（3月免）
　李虎林
　席飞跃（12月免）
　朱宗礼
　段迎存
秘书长　刘怀君
副秘书长　王延泽（1月任）
　杨增宽（4月任）
　赵春燕
　查永国
　李　琦（2月任）

办公厅
主　任　王延泽（1月任）

法制工作委员会
主　任　张福寿
副主任　陈一平

内务司法工作委员会
主　任　郭　华
副主任　张玉华（6月任）

财政经济工作委员会
主　任　张兆祯
副主任　魏秀在（8月免）

农业与农村工作委员会
主　任　张　松
副主任　马立岳（7月任）

教科文卫工作委员会
主　任　孟克斌

副主任　尤应耀

城建环资工作委员会

主　任　王维治

副主任　甘培岳

民族侨务工作委员会

主　任　张兰芬

副主任　韩德才

代表人事工作委员会

主　任　韩玉金

副主任　张学常

研究室

主　任　扶元田

副主任　周永荣

信访室

主　任　杨达绪

副主任　牛国巍（7月免）

兰州市人民政府

市　长　张伟文

副市长　胥　波（10月免）
吕林邦（10月任）
吴险峰（11月免）
刘　荣
肖　春
魏旭昶
唐　琦　（8月免）
左　龙
杜正喜
马彩云
韩显明（8月任）

秘书长　韦青祥

副秘书长　赵雪涛
淡汉荣
杨映琳
张成虎
颜烨鲁
岳永宁
王远顺
鲁生明
张伦涛（2月任）

办公厅

主　任　赵雪涛

纪检组长　赵松涛

副主任　张延才
俞周元
闫林虎（3月任）

政协兰州市委员会

主　席　李宏亚

副主席　严志坚
蒙自福
苏广林
戈银生
李彦龙
王　璇
滕耀文
张永财
姜晓红
田　明
杨衍佐

秘书长　敬国华

副秘书长　赵泉富
张　敏

办公厅

主　任　赵泉富

研究室

主　任　邓海弟

副主任　曹志兴

提案委员会

主　任　王永岭

副主任　马同人

社会与法制委员会

主　任　杨继良

副主任　周　廉

文史资料与学习委员会

主　任　陆宁生

副主任　马　敏

科教文卫体委员会

主　任　王蒲新

副主任　李世香

经济委员会

主　任　郝春魁

副主任　房向阳（12月任）

人口资源环境委员会

主　任　何如令（3月免）

副主任　曾效勇

民族宗教和港澳台侨委员会

主　任　杨　耀

副主任　马小燕

农业和农村工作委员会

主　任　王武年

副主任　张　斌

中共兰州市纪律检查委员会

兰州市监察委员会

书　记（主任）
苟海龙

副书记（副主任）
杨孔永
陈立江
张秋兴

常　委　刘立军
王维军
李培林（1月任）
生启敏（1月任）

监委委员　李培林（1月任）
生启敏（1月任）
赵战斌（1月任）
吕裔斌（1月任）

市中级人民法院

院　长　王永平

纪检组长　彭登魁

副院长　卓俊林
周应福
郝光林
张　瑗

市人民检察院

检察长　张学军

纪检组长　敬庆萍

副检察长　杨孔永（10月免）
王　锐
席正清
王　龙
蒲　军

政治部主任　周永麟

兰州高新技术产业开发区管委会

党工委委员、主任
魏秀龙

纪工委书记　龙　斌

副主任　彭　铖
罗　珽
郑宁亮（5月任）
党工委委员　韩兴禄
尹作军（2月免）
杨晓妮（2月免）

兰州经济技术开发区管委会
党工委书记　李虎林
党工委副书记、纪委书记
马立岳（7月免）
副主任　马永福
党工委委员　王敦晖
陆毅仁

市委党校
校长　赵　爱（5月任）
常务副校长　李一文（2月任）
副校长　濮　政（8月免）
校务委员　李智明
张　榕
李维亮（7月免）

兰州职业技术学院
党委书记　石镜如（7月免）
寇桂杰（12月任）
院　长　石镜如（7月免）
宋贤钧（8月任）
党委副书记　张正林
副院长、党委委员
刘国军
苏立玢
景　兰
副院长　范宏伟

市委组织部
部　长　李宏亚（3月免）
王　旭（3月任）
常务副部长　蒋　波（5月免）
汪永国（5月任）
副部长　方书英
任　钧
宋书明
郝冬梅（3月任）
苏国强
部务委员　郝冬梅（3月免）
李灵祥（2月任）
李　彤（3月任）

市委宣传部
部　长　王　宏
常务副部长　朱建军
纪检组长　童贤方
副部长　杨增宽（4月免）
陶明贵（3月任）
冯乐泉（3月任）
张　慧

市委统战部
部　长　咸大明
常务副部长　滕　敏
纪检组长　康逢恺
副部长　赫志龙
杜吉平
李晓华

市委政法委员会
书　记　赵　爱（8月免）
杨金泉（8月任）
常务副书记　李自武
副书记　张禄永
段海明（2月免）
肖正明（2月任）

市委政策研究室
主　任　马永军
副主任　刘晓宏
赵　峰

市直机关工委
书　记　付晓利（8月免）
刘明旭（8月任）
纪工委书记　李俊杰（2月任）
副书记　花福萍（2月免）
陈　鹏

市机构编制委员会办公室
主　任　李俐娟
副主任　齐西江
唐永辉

市委农村工作办公室
主　任　李明珊
副主任　蒋伟传
马凤英
冯康斌

市委老干部工作局
局　长　苏国强
副局长　杨道宽

市档案局
局　长　李永生
副局长　刘承业
刘富强

市委保密委员会办公室（市保密局）
主任（局长）　杨爱民
马文华

市委党史办公室
主　任　毕燕成
副主任　郑文成

市委精神文明建设委员会办公室
主　任　汪永国（8月免）
副主任　王玉涛
王　丽

市发展和改革委员会
主任、党组书记
刘凤恒
纪检组长　张学永
副主任　李威青
张兆荣
康　宏
王建明
魏孔毅
张贞祥（2月任）
党组成员　白万恩

市教育局
局长、党组书记
南战军
纪检组长 潘慧琴
副局长 安珑山
李成宏
魏永胜
张　达
景宏科（挂职，4月任）

市科技局
局长、党组书记
王　柠
副局长 王慰祖
吴海芸
陶　军（2月免）

市工业和信息化委员会
主任、党组书记
王正祥
纪检组长 张国升
副主任 鄢　军
鲁北军
丁延辉
张　杰
张建梅
党组成员 张兴君

市民族宗教事务委员会
主任、党组书记
黄　凯（3月免）
赫志龙（3月任）
副主任 谢立宏
桂　蓉

市公安局
局长、党委书记
肖　春
政　委 黄大功（7月免）
党委副书记、副局长
梁益中
傅连宏（5月任）
纪检组长 郭庆祥
副局长 赵　林（4月免）
田俊锋（4月免）
袁新群（4月免）
张鹏程（5月任）

市民政局
局长、党组书记
王俊东
副局长 魏小文（7月免）
杨文俊
马俊源
杜文艳

市司法局
局长、党组书记
马海麟
副局长 田　禾
严军龙
彭正辉
党组成员 狄华春

市财政局
局长、党组书记
牛成喆
纪检组长 祁建萍
副局长 杨　舒
刘　斌
张　曦

市人力资源和社会保障局
局长、党组书记
方书英
纪检组长 吴晓霞
副局长 郑向先
李·才让卓玛
臧晓平
李沛武

市国土资源局（市不动产登记管理局）
局长、党组书记
乔建新
副局长、党组成员、市不动产登记管理局局长 潘进军
纪检组长 贾　文
副局长 李长江
谢国林
李建民
总工程师 马　英
党组成员 王德文

市环保局
局长、党组书记
芮文刚
副局长、党组副书记
邢力峰
纪检组长 王振亚
副局长 常千宗（6月免）
贾　锐
武卫红（2月任）
总工程师 牛　炜（2月任）

市城乡建设局
局长、党组书记
郑志强
副局长、党组副书记
宋锦荣
纪检组长 苟永昌
副局长 樊勤生（2月免）
杨　林
常培斌
戴余武
党组成员 武永礼（2月免）

市城乡规划局
党组书记 杨正岱
局长 陈一夫
副局长 卢　健
刘鹏堂
杨正华（8月免）
总规划师 贾云鸿

市住房保障和房产管理局
局长、党组书记
王正选
副局长 冯建民
黄大兵
高　佳
党组成员 王道珍（2月免）
王慧玲
达朝荣

市城市管理委员会
主任、党组书记
唐伟尧
纪检组长 刘平礼
副主任 郭芷佟
马天明
樊勤生（2月任）

市交通运输委员会
主任、党组书记
李文生
纪检组长 李兴俊
副主任 钱 芳
张天山
张鸿燕
赵 胜

市安全生产监督管理局（市煤炭安全生产监督管理局）
局长、党组书记
姜晓东
副局长 邢 磊
安胜利
李建奎
总工程师 李友军（2月任）

市政府国有资产监督管理委员会
纪检组长 朱守积
副主任 陆爱华
陈建信
陈巨明
杜 沛（2月任）
党委委员 郭建昌

市农业委员会
主任、党组书记
朱宗诚
纪检组长 王耀臻
副主任 马万荣
牟玉祥
冯伟临
总经济师 杨莉萍（2月任）

市水务局
局长、党组书记
魏孔仁
纪检组长 魏恩鼎
副局长 冯治良
汪文丙
张文雍
总工程师 李浩海

市生态建设管理局
局长、党组书记
王立吉
副局长 张守琪
王元昌
党组成员 况晓勇

市商务局
局长、党组书记
王 黎
副局长 陈海力
刘志强
杨 军
李萧宏
党组成员 王永堂

市物价局
局长、党组书记
郑继祖
副局长 韩 林
卢光杰
冉一翔

市粮食局
局长、党组书记
杨盛泉
副局长 高忠霞
曾晓燕
赵旭东

市经济合作服务局
局长、党组书记
毛玉铎
副局长 刘 英
高 原
房 芳（2月任）
党组成员 董 贵

市文化和旅游局
局长、党组书记
陶明贵（3月免）
付晓利（8月任）
副局长 何 威
赵晓琴
杨立强
金小平

市体育局
局长、党组书记
龙富国（12月免）
副局长 尚虎珊
张 磊

市卫计委
主任、党组书记
杨衍佑
党组副书记 甄作俊
纪检组长 杭 润
副主任 谢 伟（2月免）
齐彩虹
尹 君
靳 征

市食品药品监督管理局
局长、党组书记
杜兴中（6月任）
纪检组长 陈芃印
副局长 秦万虎
曹彦明
谢 群
刘凤霞

市审计局
局长、党组书记
程 华
副局长
王新晖
张永花
包永胜

党组成员　魏晓洲

市统计局
局长、党组书记
冯月旺
副局长　高亚萍
丁建强
赵光辉

市政府外事办公室
主任、党组书记
杨林春
副主任　霍宇箭
焦述波（2月任）

市政府法制办公室
主任　贾建军
副主任　康亚鑫（3月免）
钱崇麟

市政府金融工作办公室
主任、党组书记
张栋梁
副主任　靳　芳
黄时武
茆小林（挂职，12月免）

市人民政府研究室
主任、党组书记
杨映琳
副主任　李海臣

市信访局
局长、党组书记
鲁生明
副局长　张新辉
张小明

市人民防空办公室
主任、党组书记
李更生
副主任　张宗辉
孙　伏（7月免）

市扶贫开发工作办公室
主任、党组书记
刘学强
副主任　宋国强
刘祥明

市工商行政管理局
局长、党组书记
权文军
副局长、党组副书记
赵国庆
纪检组长　魏正禧
副局长　杨　秦
杨小顺
张瑞华
李继军

市质监局
局长、党组书记
杜兴中
纪检组长　杨国保
副局长　保先财
延　军（3月免）
陈贤普（3月任）

市机关事务管理局
局长、党组书记
何会宁
副局长　杨宪锋
张　忠

市委市政府接待办公室
主　任　李赫林
副主任　马晓花

民主党派
中国民主建国会兰州市委员会
主　委　王卫东
副主委　李旭峰
董小涛
马玺晔
陈国良
白本文
杨　欣

秘书长　刘亚红

中国国民党革命委员会兰州市委员会
主　委　陈一夫
副主委　胡　骏
杜擂升
马　军
王　虹
林建平
滕　真
秘书长　滕　真

中国民主同盟兰州市委员会
主　委　唐浩旋
副主委　张巨印
沈平奇
赵晓琴
付松华
王兴彦
秘书长　樊惠蕊

中国民主促进会兰州市委员会
主　委　陈　伟
副主委　陈永革
王巧芸
张　强
李多河
聂凤兰
秘书长　齐新龙

九三学社兰州市委员会
主　委　谢　伟
副主委　牛铮超
梁剑平
李永军
张丽霞
秘书长　王海红

中国农工民主党兰州市委员会
主　委　魏丽红
副主委　王　波
徐优文
潘建西

人民团体

兰州市总工会

主席（兼） 段迎存

党组书记、常务副主席

巩田龙

副主席 朱本祖（3月任）

康灵娜

贾冬梅

共青团兰州市委员会

书记、党组书记

丁肃静

副书记 高 洁

范永锋

马 成

市妇女联合会

主席、党组书记

刘世英

副主席 肖迎珺

周 玲

市科学技术协会

主席、党组书记

谭生龙

市文学艺术界联合会

主席、党组书记

汪小平

副主席 刘 兵

刘宏远

市工商联

主席（兼） 马彩云

党组书记、常务副主席

杜吉平

副主席 徐宏林

高尚忠

秘书长 白得豹

市归国华侨联合会

主席、党组书记

宋政奎

秘书长 逯 林

市残疾人联合会

理事长、党组书记

孔令利

副理事长 王 军（7月免）

张 军

孙晓军

市红十字会

专职副会长 王明杰

市委、市政府直属事业单位

兰州日报社

党委书记、社长

薛 蕾（3月任）

杨增宽（3月免）

总编辑 丁 力（6月免）

副社长 丁 力（6月免）

丁 晶

雷 震（2月任）

兰州广播电视台

党委书记、台长

王 韧

副台长 朱秀红

王崇斌

李玉明

市南北两山环境绿化环境工程指挥部

党组书记 指挥

严振德

副指挥 张丽霞

魏云邦

任智斌

杨 芳

市大数据社会服务管理局

局 长 冯乐泉

副局长 秦遇龙

金雷泉

党组成员 张 隽（12月任）

邓小雁

市地震局

局长、党组书记 张立民

副局长 羊子健

廖顺泰

市公共资源交易中心

主任、党组书记

赵 旭

副主任 王来林

芦 斌

市项目投资评审中心

主任、党组书记

杨立岭

副主任 李有珍

刘 军

市少年儿童活动中心

主 任 王耀宏

党组副书记、副主任

翟利敏

副主任 缪金海

市社会科学院

院长、党组书记

陆春鸣

党组副书记

副院长 贺永泉

市供销联社

主任、党组书记

杨海源

副主任 王成斌

杨 正

兰州住房公积金管理中心

主任、党组书记

谈敦旺

副主任 马宝新（12月免）

赵晋巍

陈 飞

市轨道交通建设管理办公室

主 任 王 璇（兼）

副主任 冯 杰

张希杰

兰州国际港务区管理委员会
党工委书记（兼）
严志坚
主　任　　严志坚
副主任　　罗　喆
李建亮

兰州黄河风情线大景区管理委员会
主任、党组书记
王恩瑞
副主任　　王宇和
张志勇

垂直管理单位
国家税务总局兰州市税务局
党委书记、局长
关云峰
党委委员、纪检组长
王虎元
党委委员、副局长
倪彦民
张学斌
李树洪
白映光
李国军
张建民
梁文波
张　弘
张春源
李绍武
王铁刚
冯彦荣
苏生才
种建军

市气象局
党组书记　局长
王遂缠
纪检组长　唐思明
副局长　　吴　红

市邮政局
党组书记　局长
张鸿燕

副局长　纪检组长
杨宪俊

市属重点企业
兰州银行股份有限公司
党委书记、董事长
房向阳（12月免）
许建平（12月任）
党委副书记
田国强（12月任）
监事长　　李玉峰
行长、董事 张俊良
纪委书记　李登武
副行长　　潘竞琴
杨　阳
王瑞虹
李小林
总稽核　　黄筱红

兰州建设投资（控股）集团有限公司
党委书记、董事长
魏肖克
总经理、党委委员、董事
纪委书记　王明军
党委副书记、副总经理
孙玉荣
副总经理　周　志
张志勇
杨艾杰
郭继文
总会计师　王　群
总工程师　管　林
总经济师　崔润琼
工会主席　张晓曼
董事会秘书 贾　桐
董事会、监事会办公室主任
江　华

市轨道交通有限公司
董事长、总经理、党委书记
段廷智
总经理　　马东篱（10月免）
党委委员、纪委书记
韩立荣

党委副书记、董事、副总经理
徐学敏
党委委员、董事、副总经理
冯世川
党委委员、董事、副总经理
冉海珍
副总经理　潘　军
孙红斌
副总经理、总工程师
杨志团
总经济师　李大卫
党委委员、董事、工会主席
李兰旺

兰州公交集团有限公司
党委书记　颜世浩（10月免）
常委副书记 纪委书记
费晓东
副总经理　任永强
郑　强
薛谦忍
安全总监　陈　斌
副总经理　彭宏瑞
颜廷哲
工会主席　曹玉梅
财务总监　罗朝辉

兰州三维大数据标准化研究院有限责任公司
董事长（院长）
陈冬梅
副院长　　赵　强

兰州国际港务区投资开发有限公司
党委书记、董事长
魏秀在（7月任）
董　事　　苏　亮
李海峰
常务副总经理
甘　钧（3月免）
副总经理　苏　亮
韩　龙
王晓峰
雷　凯

市政府驻外机构

北京联络处

主　任　　龚成久

副主任　　陈瀑光

上海联络处

主　任　　国　利

副主任　　房　萍（3月任）

深圳（珠海）办事处

主　任　　邓海燕

副主任　　王树林

厦门办事处

主　任　　桑　敏

副主任　　唐占文

乌鲁木齐办事处

主　任　　魏含虎

拉萨办事处

主　任　　杨生义

（市委组织部）

中国共产党兰州市委员会

重要会议

【市委常委会议】 2018年，中共兰州市委员会召开常委会35次，发会议纪要35期。会议内容主要是传达学习中央农村工作会议精神及习近平总书记在中宣部呈报的《寻乌扶贫调研报告》上的重要批示和对“四好农村路”建设作出的重要批示，传达学习习近平总书记在中央政治局民主生活会上的重要讲话精神、习近平总书记对政法工作和扫黑除恶工作的重要批示，中央及省政法委工作会议精神、全国及全省扫黑除恶专项斗争电视电话会议精神、《中共中央国务院关于扫黑除恶专项斗争的通知》、习近平总书记在打好精准脱贫攻坚战座谈会上的重要讲话精神、习近平总书记在中共中央国务院2018年春节团拜会上的重要讲话精神、习近平总书记在纪念周恩来同志诞辰120周年座谈会上的重要讲话精神、传达学习习近平总书记关于加强调查研究工作的有关重要论述和《中共中央办公厅关于加强调查研究提高调查研究实效的通知》，传达学习习近平总书记在博鳌亚洲论坛2018年年会开幕式上的主旨演讲及在庆祝海南建省办经济特区30周年大会上的重要讲话精神、习近平总书记在全国网络安全和信息化工作会议上的重要讲话精神、习近平总书记在纪念马克思诞辰200周年大会和十九届中央政治局第五次集体学习时的中央讲话精神、习近平总书记在全国生态环境保护会议上的重要讲话精神、习近平总书记在十九届中央政治局第六次集体学习时的重要讲话精神和全国组织工作会议精神、习近平总书记在全国宣传思想工作会议上的重要讲话精神，习近平总书记在中央全面依法治国委员会第一次会议上的中央讲话精神，传达学习省委书记林铎调研甘肃省融入“一带一路”建设时的讲话精神等。审议2017年度市管领导班子和领导干部、全面从严治党、目标管理考核工作方案，审议中共兰州市委兰州市人民政府《关于全面落实乡村振兴战略的实施意见》、市纪委《关于深化扶贫领域腐败和作风问题专项治理的事实方案》、市政府党组关于《中办回访祁连山生态环境整治情况报告重点工作任务落实情况的报告》、市政府党组《关于进一步加强食品药品安全工作的意见》《兰州市新一轮城市总体规划（至2035年）编制工作方案》、市纪委《兰州市作风纪律建设监督检查办法（试行）》《中共兰州市纪委巡查工作实施办法（试行）》，审议《兰州市机动车排气污染防治条例（草案二次审议稿）》《兰州经济开发区皋兰生态修复与产业发展示范区选址意见》《关于促进兰州经济开发区加快发展的意见》《关于促进甘肃（兰州）国际陆港加快发展的意见》《2018年下半年市级财政预算调整方案（草案）》等。听取市人大常委会、市政府、市政协、市法院、市检察院党组2018年工作汇报、听取市政府党组关于全市安全生产工作情况的汇报、听取市政府党组关于黄河生态旅游开发集团有限责任公司组建事宜的汇报等涉及到环境整治、工农业生产、精神文明建设、文化、旅游、教育、科技等工作；研究干部人事任免、机构调整等问题。

【中国共产党兰州市第十三届委员会第九次全体会议】 7月19日召开。会议以习近平新时代中国特色社会主义思想为指导，全面贯彻党的十九大、十九届二中、三中全会和省委十三届五次全会精神，深入落实习近平总书记视察甘肃重要讲话和“八个着力”重要指示精神，总结上半年工作，分析形势，安排部署推动创新驱动发展和下半年重点工作，审议通过《中共兰州市委关于实施创新驱动发展战略推动新时代兰州高质量发展的决定》《中国共产党兰州市第十三届委员会第九次全体会议决议》。省委常委、市委书记李荣灿代表市委常委会作工作报告，并在会议结束时作总结讲话。市委副书记、市长张伟文就有关文件作说明。市领导张建平、李宏亚、赵爱、杨建忠、苟海龙、王旭、咸大明、王宏、吴险峰等出席会议。

组织工作

【概况】 2018年，市委组织部制定学习教育具体方案和理论学习计划，采取领学宣讲、党课辅导、交流讨论等方式，开展系列学习和研讨活动。推动习近平新时代中国特色社会主义思想进教材、进课堂、进头脑，将其作为干部教育培训主要内容，纳入各级党校和行政院（校）必修课，教育引导党员、干部读原著、学原文、悟原理，指导实践、推动工作。征订发放十九大学习辅导用书7.67余万册，举办县级干部学习贯彻十九大精神轮训班，培训县级干部293人。

【理论学习】 严格执行《关于新形势下党内政治生活的若干准则》，研究制定《兰州市规范基层党组织生活制度实施细则（试行）》，对“三会一课”、党员领导干部双重组织生活、民主评议党员等六项制度进行具体规定，增强党内政治生活的政治性、时代性、原则性、战斗性。推进“两学一做”学习教育常态化制度化，印发《实施方案》，量化66项重点内容，通过“回头看”发现并整改问题165条，约谈46名党组织负责人，推动学习教育融入日常、抓在经常。在全市范围内组织开展“树牢四个意识、推进‘两学一做’学习教育常态化制度化”主题征文活动，征集稿件900余篇，在“母亲河”网站、兰州组工微信公众号等媒体连载刊登优秀稿件，营造真学实做的良好氛围。将“两学一做”学习教育与“作风建设年”活动紧密结合起来，组织开展“解放思想大讨论”活动，破除标杆意识不强、争先进位意识不强、改革创新意识不强的“思想藩篱”。

【干部选拔】 全年提交市委书记专题会议、市委常委会研究干部14批次535人，社会公示干部8批次97人。先后对政治不过关、廉洁有问题、工作不负责、要求不严格、作风不过硬、群众不满意的2名领导干部给予降职处理、15名领导干部给予免职处理。严格落实“凡提四必”制度，前移干部选任审核关口，及时审核838名拟任免干部个人有关事项，对未如实报告的28人诫勉谈话、10人取消考察对象资格。听取纪检、公安等有关部门意见585人，暂缓上会研究3人，坚决防止干部“带病提拔”。全方位、多角度、近距离考察识别干部。抽调专人分6个组深入调研全市8个区县、86家部门（单位）、457名市管干部，通过一对一、面对面与干部谈话，对每个班子成员从专业特长、性格特征、行为特点、履职能力等方面进行精准画像，并结合机构改革工作，对班子运行情况及履职情况进行集中分析研判。制定《领导干部行为特征评价表》，在干部考察中对考察对象从正反两个方面进行评价；建立完善领导班子和领导干部基础信息和负面清单台账，全方位了解干部，切实提高知事识人的精准性。对全市年轻干部年龄、学历、专业、经历等基本情况进行摸底和分析研究。注重加强实践锻炼，下发《关于推荐年轻干部双向挂职锻炼人选的通知》，从区县、市直部门选派40名优秀年轻干部双向挂职锻炼，抽调40余名优秀年轻干部参加作风建设年活动、市委巡察、文明城市创建等工作。坚持把事业需要、岗位要求与促进干部成长有机结合起来，制定下发《2018年度市级干部教育培训项目计划》，举办各类主体班、专题班24期，培训县、科级干部1357人；各类精准扶贫、乡村振兴等培训班9期，培训县、科级干部878人。邀请34名市、县级领导授课35次，受训县、科级干部4100余人。收集汇总红色教育基地、非公示范点、重大项目建设等名录，24个红色教育基地和现场教学点。

【监督管理】 为敢于担当、踏实做事、不谋私利的干部撑腰鼓劲，及时发现和处理不担当、不作为领导班子和领导干部，对8名领导干部给予降职降级、23名领导干部给予免职，引导干部把精气神凝聚到干事创业上来。强化领导班子和领导干部的考核评价，制定《实施方案》，对93个市管领导班子和1164名市管领导干部进行考核。强化干部日常监管，开展提醒谈话22人、函询48人、诫勉36人，审批因私出国（境）县级干部87人。严格规范干部人事档案，重新认定31名市管干部“三龄两历一身份”等基本信息，对22名市管干部出生年月涂改问题进行组织处理。

【问题整改】 仔细对照涉及组织部门的11个方面36条问题，认真研究制定整改工作方案及任务分解表、责任清单，逐条逐项细化105条整改措施，明确责任领导和整改时限，先后组织召开专题会议4次，对各个阶段的整改工作进行组织安排、动员部署、调度汇总。多次请示省委组织部，协调市纪委监委、市建设局、市政府国资委等部门及相关区县查准靠实存疑问题，确保整改不留空隙、不留尾巴、不留隐患。根据反馈问题线索，对涉及区县（部门）、项目及人员集中开展摸排清查，重点对政策依据、任用程序、决策过程等进行“回头看”，一一分析甄别，查清前因后果，逐人逐事建立台账，提出整改及处理意见，形成专项情况汇报。

【基层党建】 坚持全面推进与典型示范相结合，确定党支部建设标准化市级示范点164个，激发全市各基层党组织比学赶超的工作劲头。分层级、分领域开展标准化业务培训，统一编写印发农村、机关和国企三个领域党支部标准化建设“口袋书”2万册。按照省委组织部的安排，牵头完成《全省城市社区党支部建设标准化工作手册》编写工作。制定下发《兰州市抓党建促脱贫攻坚三年行动计划工作责任清单》，细化具体工作措施70项，明确完成时限和责任单位，促进党建工作与脱贫攻坚深度融合、精准对接。制定《兰州市发展壮大村级集体经济扶持方案》，投入资金1.28亿元，采取“输血”与“造血”相结合的方式，全面消除集体经济“空壳村”，有效缓解村级组织“无钱办事”难题。不断加强村级组织活动场所建设，市财政投入资金5000万元，实施第三批100个村和50个社区组织活动场所新改扩建项目。着力提高基层办公经费和基层干部报酬待遇，全市村、组干部年报酬分别达到2.4万元、0.72万元，村级组织办公经费4.1万元。倒排软弱涣散基层党组织159个，采取“一支部一方案、一支部一对策”办法，全面完成整顿转化工作。全面推进扫黑除恶专项斗争，查处有前科劣迹党员10人，移交核实问题线索8个。推进街道管理体制改革、社区工作者职业体系建设，在8个区县建立党建工作指导小组，在48个街道、376个社区实行“大工委”“大党委”制，在53个街道、405个社区设立党建工作联络站，建立由街道党工委、社区党组织、驻区单位党组织、非公企业和社会组织党组织为成员单位的党建工作联席会议制度，做到区域重大事项共同会商决策。推行街道社区行政事务与服务分离改革，解决民生问题1.6万余件。组织46402名在职党员进社区开展志愿服务，认领微心愿2.3万余个。继续实施社区办公活动场所建设提升改造“五年规划”，着力夯实基层党建工作基础，下拨资金3500万元新改扩建社区阵地50个，列支2100万元，打造综合性党群活动中心48个。启动实施“金城智慧党建云平台”建设，结合党建工作实际需求，依托“互联网+”技术，打造“一网、一号、两终端、四级管理、九个栏目”信息化平台，推进城市基层党建信息化建设。

【各领域党建工作】 推进国企党建30项重点任务落实，指导全市42家市属国有企业完成企业章程修订工作，企业党组织书记和董事长（总经理）“一肩挑”达到81%，企业党组织成员进入董事会、监事会或经理层达到100%。进一步推动机关党建规范化建设，开展“一把手抓党建工程”“一机关一品牌、一支部一特色”活动和党建示范点建设，有效解决机关党建“灯下黑”问题。督促指导中小学校党组织全面落实《关于加强中小学校党的建设工作的实施意见》，大力开展以“铸师魂、树师德、强师能，建设文明和谐校园”为主要内容的“三师一建”主题实践活动，学校党建得到进一步加强。着力提升非公企业和社会组织“两个覆盖”质量，按照“数量适度、地域相邻、行业相近、方便管理”原则，加强分类统建和管理，面向社会公开新招聘党建专干191名，为“两新”组织党建工作注入“新鲜血液”。至年底，全市非公有制企业党组织覆盖率80.71%，社会组织党组织覆盖率86.39%，覆盖率在全省位居前列，覆盖质量稳步提升。

【队伍建设】 加大基层干部培训力度，全年举办市级培训班7期，培训基层干部900余人次，指导各区县举办培训班59期，培训基层干部1万余人次。制定《进一步优化全市村党支部书记队伍建设推进方案》，明确培养选拔、教育培训、保障激励、监督管理等4方面16项具体措施，切实加强农村党组织带头人队伍建设。加大对不胜任现职村党组织书记调整撤换力度，撤换不胜任、不合格、不尽职村党组织书记26名，约谈、诫勉考核为“基本称职”等次的8名第一书记。高质量推进党员队伍建设，全年发展党员3031名，对8.6万名党员实行积分考核管理。认真开展十八大以来新发展党员档案集中排查、补交党费专项检查审计、党员教育培训“五年”规划落实情况自查评估及党员拜神信教问题专项排查，对14名信教党员进行教育转化，建立违纪违法党员信息通报机制。完成超大和较大党支部整改工作。

【人才引进】 组建“引才小分队”赴国内一流大学引进优秀毕业生，计划引进265个岗位655人。坚持刚柔并济抓引进，注重以事业引才、以产业聚才、以岗位纳才，先后引进高层次急需紧缺人才和实用人才800余人，认定第四批急需紧缺高层次人才10人，发放安家补贴680万元。修订完善《兰州市柔性引进高层次人才办法》，柔性引进国内外知名专家、学科带头人275人，兑现津补贴293万元。着眼创新创业抓引进，列支4000万元重点扶持人才创新创业项目134个，列支290.25万元扶持市级重点项目19个，分别挂牌建立项目实施基地，引进省内外专家及人才团队领衔人近900人，促进项目实施和人才引进良性互动。全年新建新区石化产业投资有限公司李灿院士等5个工作站，全市院士专家工作站达18个，院士27名、专家54名。邀请在兰“万人计划”专家、省优专家、省市领军人才等60余人赴延安参加专题研修班。实施“百名金城人才荟萃”工程，召开领军人才命名表彰会，对新一批领军人才颁发聘书，对第二批考核优秀的9名领军人才给予一次性奖励5万元；制定下发《金城创新创业非公企业家考核办法》《金城名医评选管理办法》，增补“金城文化名家”50名，对98名骨干人才进行专题培训。举办首届“活力金城”人才创新创业大赛，通过专家评审答辩会、创新挑战赛、项目路演等形式确定支持项目，安排资金820万元对15个项目进行重点资助。其中，获得一等奖100万元资金扶持的兰州西脉记忆合金公司、兰飞医疗器械有限公司均为国内行业龙头企业。选派50名专业技术人才到贫困村开展对口帮扶，遴选24名专家组成4个专家组，对贫困村驻村农业科技人员进行技术指导和培训。依托农业院校和科研机构开展培训和技术服务，举办各类培训班900余期，为全市乡村振兴战略提供人才保障。

【作风建设】　深入开展“千企万商大走访”工作，解决对口企业、事业单位、高等院校有关班子建设、资金扶持等各类问题诉求16件。深入推进组织系统信息化工作，新建市管干部智能档案库房，完成市管干部档案数字化建设，升级改造“大组工网”，为市县老干局接入大组工网，研发并投入使用“市管干部信息管理系统”，建成电子名册。

（段志奇　杨家力）

宣传工作

【概况】　2018年，市委宣传部增强“四个意识”、坚定“四个自信”，自觉承担起举旗帜、聚民心、育新人、兴文化、展形象的使命任务，守正创新、奋发有为，扎实高效地完成各项工作任务。

【理论学习】　全年举办理论学习活动1.2万场次，受众70余万人。组织市委理论学习中心组学习，充分发挥“关键少数”的引领示范作用。强化对中心组学习的安排部署，把学习理论与解决全市改革发展中的实际问题相结合，精心组织中心组学习。制定印发《兰州市实施〈中国共产党党委（党组）理论学习中心组学习规则〉办法》《市委理论学习中心组2018年度学习计划》，推动中心组学习制度化、规范化。举办市委理论学习中心组学习12次，全市党政领导干部近1700人次参加学习。编印《干部理论学习参考》等各类学习资料，为各级党委（党组）及党员干部理论学习提供范本，切实增强理论学习教育的实效性。同时通过“兰州市党委（党组）理论学习中心组”APP平台，审核全市各级党委（党组）理论学习中心组学习记录近1300次，对学习不规范、主题不突出、质量不高的149次学习未予通过，并要求及时整改补课。

【理论宣讲】　推进十九大精神集中宣讲活动，组建市委宣讲团，分赴各区县、市直部门单位、市属重点企业采取“1+1+1”的模式（1场宣讲报告会，1次深入基层单位的理论对谈交流活动，1场全程网络录播活动），开展集中宣讲活动203场。严格落实十九大精神“七进”要求，把理论宣讲融入到文艺演出、文化活动中，组织开展“不忘初心，牢记使命·学习宣传党的十九大精神百场文化活动基层行”群众性宣传活动163场。开展省委重大决策部署和省第十三次党代会精神宣讲116场，围绕市委和市政府中心工作开展各类宣讲523场。开展“精神扶贫”、脱贫攻坚与乡村振兴专题宣讲，通过辅导报告会、面对面座谈、技术实地指导等形式，开展集中宣讲活动536场。选拔、推荐理论宣讲骨干，深入二级单位及社区街道、居民广场、乡村舞台，为基层群众宣传讲解党的创新理论，确保宣讲无盲区、全覆盖。在全市“两新组织”负责人、党建工作者、党员、入党积极分子中开展十九大精神集中宣讲活动。举办全市理论骨干培训班，培训理论骨干200余人次。打造网络宣讲阵地，对省、市、县三级宣讲团（组）的宣讲活动进行网络直播，对宣讲团成员精品课程进行网络展播，扩大宣讲覆盖面。

【专题调研】　开展重点课题调研，完成《基层宣传思想文化干部队伍配备与事业发展不同步的问题研究》《传统媒体人才流失调研报告》等10项成果。《以媒体融合推进传播手段建设和创新》被评为“全省网宣工作创新案例”。在全市宣传思想战线开展专题调研，制定下发

《兰州市宣传思想文化战线大调研工作方案》，确定调研方向、明确责任和时限，完成调研成果43项。组织开展思想政治工作及重点课题研讨会11场，收集整理优秀课题成果157份，向省委宣传部上报优秀成果26篇。立足讲好兰州故事，宣传推介兰州宣传思想工作经验和亮点，先后在中宣部《党建》《学习与交流》及《甘肃信息》等刊物刊发典型经验类文章8篇，扩大兰州宣传思想工作的影响力。

【全媒体宣传格局】 中国兰州网形成以网站、问政平台、信息发布为核心的“一网一台九终端”传播格局；兰州日报社建成新媒体中心，初步形成包括报纸、APP客户端、现场云直播等在内的全媒体矩阵；兰州广播电视台依托“一台一端三率四频”，建成覆盖各类用户的融媒体传播矩阵。规范全市社会宣传、新闻宣传工作，规范接待采访流程，严格落实稿件“三审制”，重大稿件“四审制”，规范宣传报道、舆情应对等工作。创新宣传形式，运用H5、航拍、美篇、直播等新媒体形式，提高宣传实效。“兰州发布”官方头条号在全国地市宣传排行榜中位居第7名，“兰州发布”百度百家号荣获“2018年度杰出影响力政务号”优秀新媒体运营奖；“微博兰州”及兰州网络问政平台在甘肃地区的政务微博排行榜位列第二名，中国兰州网微信公众平台在新媒体省会城市排行和全国网络传播杂志新媒体城市网站排行榜中位居前列。与甘肃日报社建立战略合作关系，联合举办“2018甘肃媒体融合与创新发展论坛”等活动。

【主题宣传】 开设“新时代新作为新篇章”等专题专栏，利用H5、VR等现象级时政融媒体产品，让党的主张成为时代最强音，市属各新闻媒体累计刊播稿件2000余篇。利用交通护栏、人行天桥、户外大型电子屏、公交车、出租车等载体，加大创新理论宣传力度，营造浓厚的宣传氛围。围绕“庆祝改革开放四十周年”主题，开设“壮阔东方潮·奋进新时代”“庆祝改革开放四十周年”等专题，组织记者深入基层采写报道，展现各领域的改革硕果，市属各新闻媒体刊播稿件1500余篇。组织开展“砥砺奋进四十载·不忘初心谱华章”兰州市纪念改革开放40周年文艺展演活动，全市各区县、各有关部门100余支文艺队伍参加演出，演出节目120余个，观众4万余人。认真做好“2018年兰州国际马拉松赛”、第24届“兰洽会”、2018年中国围棋甲级联赛等大型节会赛事的宣传报道工作。及时报道省市扫黑除恶专项斗争进展和社会反响，积极曝光典型案例，市属各新闻媒体累计刊发有关新闻报道400余篇。围绕国防教育工作，举办“国防万映”进军营活动、《国防教育法》颁布17周年纪念日活动等。组织开展第六批兰州市爱国主义教育基地的申报推荐工作，命名兰州市城市规划展览馆等8个单位为第六批兰州市爱国主义教育基地。围绕“作风建设年”活动，市属各新闻媒体累计刊播稿件1800余篇。围绕脱贫攻坚，在全市贫困地区广泛开展“脱贫攻坚”“移风易俗”等内容的社会宣传工作。

【外宣工作】 赴德国、意大利开展感知兰州国际文化交流活动。在德国、意大利举办文化交流和推介展示活动，签订友好合作交流协议、举办文化旅游推介会、美术书法摄影作品邀请展等。邀请意大利、德国相关媒体及新华社驻德、意记者现场采访报道，扩大兰州的影响力。参加中美创投峰会暨人民网全球伙伴大会，兰州市作为国内唯一受邀城市做主旨演讲，并通过旅游推介、媒体宣传等多种方式，发布兰州参会情况报道200篇，流量过千万，向世界展示兰州“城市魅力”和“创新活力”。组织开展“一带一路·兰州走进霍尔果斯城际交流活动”和“一带一路·兰州走进北部湾城际交流活动”，推出一批优秀新闻稿件，与央媒联合会共同开展植树活动，与中国经济信息社合作举办兰州牛肉面产业发展论坛，与中新社联合召开2018新闻选题策划会，与新华社甘肃分社合作开展“百合之路”“天斧沙宫”“树屏丹霞”徒步采访采风活动等，使兰州的城市形象更具亲和力、立体化和国际化。截至11月，《人民日报》、新华社、中央人民广播电台、中央电视台、《光明日报》《经济日报》等30余家中央及香港驻甘主流媒体刊发（播）关于兰州的原创稿件2678篇，同比增长52%。《甘肃日报》《甘肃人民广播电台》《甘肃电视台》《兰州晨报》《甘肃经济日报》、每日甘肃网等省级媒体刊发（播）关于兰州原创稿件7978篇。

【公民思想道德建设】 组织开展第5届兰州市道德模范评选活动、第6届甘肃省道德模范推荐评选活动、“月评十佳、年评百佳”兰州好人评选活动、“丹青绘丹心·名家画好人”活动。配合中国好人网慰问兰州市老红军、残疾人、困难志愿者。大力弘扬传统美德，印发《兰州市“传家训、立家规、扬家风”活动实施方案》，对100户第2届兰州市文明家庭进行命名表彰。推进社会诚信建设，发布诚信“红黑榜”，189家企业列入“红榜”名单，113家企业和2名自然人列入“黑榜”名单。

【社会主义核心价值观教育】 大力实施社会主义核心价值观24字

“人知人晓、人信人守”工程，印发《关于进一步做好社会主义核心价值观主题宣传教育和创建活动的实施方案》《兰州市深入推进社会主义核心价值观主题雕塑建设实施方案》等文件，统筹推进全市各级各类媒体开展社会主义核心价值观等宣传教育活动，完成全市4.5万个点位宣传布展工作，设置各类公益广告18万块。组织召开全市农村精神文明设现场会、全市精神扶贫暨治理高价彩礼推动移风易俗专项行动会议，研究制定《全市治理高价彩礼责任清单》《兰州市治理高价彩礼推动移风易俗专项行动联席会议制度》等，强化压力传导，推动部门协作、推进乡村文明建设。

【未成年人思想道德建设】 召开兰州市创建全国文明城市暨未成年人思想道德建设工作推进会，与36个市直有关部门签订目标责任书，强化压力传导，明确各自责任。进行未成年人心理健康辅导和文明校园创建活动，组织1.6万名中小学生参加优秀童谣评选推广传唱活动暨新时代好少年发布仪式、新时代好少年先进事迹发布暨中华经典诵读展演、第6届兰州市中小学生艺术节暨童心向党歌咏等活动。开展“戏曲进校园”，每日一诵、每周一课、每季一展、每学期一评“四个一”中华经典诵读活动，实施中小学“十、百、千、万”书法工程，推进未成年人思想道德建设。

【创建文明城市】 颁布实行《兰州市文明行为促进办法》，制定印发《兰州市2018—2020年创建全国文明城市工作总体方案》《兰州市2018年创建全国文明城市目标任务分解表》，进一步明确工作责任和标准，统筹推进工作精细化开展，全面部署创建迎检工作。委托第三方组织实施两次创建全国文明城市模拟测评，范围涉及8个区县和兰州新区、兰州高新区，对1900余个点位进行测评，对涉及的30个市直部门和区县下发督查通知书175份，做到对标提升。举办培育和践行社会主义核心价值观暨文明城市创建主题公益广告征集大赛，征集作品2514件，评出优秀作品339件。

【文化体制改革】 印发《关于进一步加强文化领域行业组织建设的实施方案》等系列文件，组织召开市文化体制改革专项小组工作推进会议，完成5大类18项改革任务。

【文化惠民】 开展“文化兰州全民共享”活动，策划《金城讲堂——文化沙龙》《金城讲堂——文学时间》系列活动。邀请全国、省内著名学者蒙曼、康震、戴建业、孔庆东、余华等72人来兰授课指导，开展《金城讲堂》系列文化活动67场，现场参与群众累计达20余万人，网络直播受众50万人。开展戏曲进校园、兰州鼓子、兰州剪纸等推介活动；以改革开放40周年为主题，举办墨香润金城——全国百名青年“兰亭奖”获奖作者写兰州作品展、“墨香润金城·光影颂金城”——兰州市纪念改革开放40周年群众及青少年书法摄影作品展、“兰亭笔会·金城雅集”——兰州市纪念改革开放40周年书法摄影活动颁奖典礼等。深入各区县，持续开展文化“七进”活动127场。策划举办第2届“爱兰州爱阅读”活动，开展了“名家荐好书”“读书马拉松”“一封家书”等系列活动。

【文化产业发展】 深圳文博会期间，布置“文化兰州”特色展品展位2个，展出文创产品和旅游商品170余种件。敦煌文博会期间，布展以“兰州造”为主题的文创产品和旅游商品展区，使文化资源优势转化为文化产业效益。积极申报兰州市优秀文化产业补助项目，河口古镇大景区保护开发项目和文创品牌东方密语项目获得省上资金支持。

【文艺作品扶持】 对电影、纪录片、展览、对外演出等9个文化项目进行奖励扶持，推荐36件作品参与全省敦煌文艺奖评选。推荐电影《丢心》《疲城》争取省上“以奖代补”支持，支持影片《芬芳》、纪录片《二十四节气》《丢人》等本土影片拍摄；推荐表现优秀残疾教师师德师风的影片《无手老师》在各中小学校展演。本土电影《丢羊》荣膺中国电影华表奖。

【主体责任】 全年组织理论中心组集中学习12次。认真落实“三会一课”、民主生活会、组织生活会、党员民主评议和谈心谈话等党内组织生活制度。围绕意识形态、政治生态和“两个维护”，开展宣传系统集中约谈2次，班子成员约谈38次。严格按照《党章》的规定全面落实“三会一课”制度。制定《市委宣传部2018年党员领导干部党课授课计划表》，确定每位党员领导干部在所在支部上一次党课。围绕“建党97周年”主题党日活动，与中国农业科学院兰州兽医所和牧药所开展“支部共建”主题党日活动。

【作风建设年】 开展“作风建设年”活动，认真查找“四风”突出问题特别是形式主义、官僚主义的新表现，对宣传思想战线存在的作风顽疾进行大排查、大整顿，有计划、有步骤地组织部机关全体党员干部开展3次大讨论活动。对照省委对全市第一巡视中指出的意识形态目标责任书千篇一律，针对性不强等问题，进行认真自查，整改完成2项任务，另外2项正在整改中。联系帮扶工作，发挥组长单位作用，组织召开通远乡帮扶工作推进会4次，协调各类帮扶资金200万元，助推“康寿祺”手工面加工厂、中草药推广种植等一批扶贫产业项目落地见效。

【人才队伍建设】 印发《市委宣传部（市文明办）2018年度意识形态工作培训方案》，全年举办各类培训班10期，培训1500人次。举办市属新闻媒体从业人员意识形态工作培训班，邀请中央驻甘媒体负责人、省级媒体资深媒体人和市纪委派驻纪检组领导为市属媒体200余名从业人员进行集中授课。着力实施“金城文化名家”工程，补选50名“金城文化名家”。策划组织实施重点人才项目，开展兰州人才微视频拍摄、兰州人才信息网和“金城人才”微信公众号建设、“金城文化名家”名录制作3个人才项目。加大人才考核评价力度，对兰州市全省宣传文化系统“四个一批”人才进行了聘期考核，并推荐5人参评新一轮全省宣传文化系统“四个一批”人才，柔性引进3名高层次人才。开展机关文化建设，举办书法、朗诵、插画等各类活动。

（王汝刚）

统战工作

【概况】 2018年，市委统战部坚持围绕中心、服务大局，多党合作事业有新发展，民族宗教工作取得新突破，非公经济统战迈出新步伐，新的社会阶层和党外知识分子工作实现新拓展，台侨海外统战展现新作为，党外代表人士队伍建设呈现新气象，全市统一战线各领域工作务实开展、稳步推进。

【加强党的领导】 市委始终高度重视统一战线工作，市委常委会把统战工作纳入重要议事日程，多次专题研究部署统一战线工作。及时调整完善市委统一战线（民族宗教）工作领导小组成员单位，健全完善领导小组机制。把宗教工作纳入全市目标责任考核，权重为2分。省委常委、市委书记李荣灿先后作出38次批示，主持召开市委统一战线（民族宗教）工作领导小组3次会议、专项工作会议3次，研究解决重大问题，带队走访调研重点场所，指导推动统战工作。邀请省委常委、省委统战部部长马廷礼为市委中心理论组作专题辅导报告，进一步提高领导干部对党的统一战线理论和政策的理解把握能力。市委分管领导先后主持召开50次专题会议研究审议、安排部署统战工作，先后80次带队深入各区县、统战系统各成员单位、宗教团体和重点宗教活动场所走访调研，帮助解决问题，指导推进工作。召开市委纪念中共中央“五一口号”发布70周年座谈会。在统战各领域分别组织开展“不忘合作初心、继续携手前进”“不忘创业初心、接力改革伟业”“在重温历史中铭记合作初心，在弘扬传统中深化政治共识”和“三学一做”（学党章、学党史、学习总书记讲话）等主题教育活动。

【政党协商工作】 召开政党协商座谈会5次，脱贫攻坚民主监督协商座谈会19条意见建议转交市扶贫办采纳落实，7篇重点调研报告由市委办公厅转相关部门采纳落实。向“两会”提交提案225件、议案23件、大会发言21篇。3件提案被列为市政协主席重点督办提案，5件提案被列为市政协重点督办提案，1件议案被列为市人大重点督办议案。制定《关于支持各民主党派市委会开展脱贫攻坚民主监督工作的实施方案》，支持6个民主党派对全市脱贫攻坚任务重的永登、榆中2县15个乡镇开展民主监督。推荐32名民主党派成员分别担任市效能办督查员、市检察院特约检察员。市级民主党派全部成立内部监督委员会，党派自身建设有了新的发展。制定出台《关于支持民主党派深化和拓展社情民意联系点工作的实施意见》，发挥社情民意联系点的功能作用，支持民主党派参与基层协商，履行参政党职能。

【民族工作】 把“两个共同”示范区建设纳入全市民族团结创建活动，组织开展第15个“民族团结进步宣传月”活动，积极营造民族团结进步的氛围。七里河区被国家民委命名为第六批全国民族团结进步创建示范区，城关区委被命名为全省民族团结进步创建示范单位。持续开展对口帮扶支援藏区发展工作，落实兰州市对口帮扶藏区资金9800万元。

【宗教工作】 维护民族宗教界稳定，做好大型宗教活动的管理工作，“除夕夜”敬香活动、东川拱北“3·27”大型宗教活动、穆斯林开斋节宗教场所外的大型宗教活动均平稳度过。加强市级宗教团体换届工作，出台《兰州市宗教团体换届工作指导意见》，选举产生第十届市天主教爱国会新班子。强化对教职人员的教育引导，举办宗教干部业务培训班，选派4名伊斯兰教的教职人员参加全省宗教界代表人士培训班，3名新任区县党委统战部长参加全省统一战线理论政策与民族宗教工作专题研讨班。排查宗教热点难点问题，及时调处化解11起涉民族宗教领域的矛盾纠纷，妥善处置13起涉民族宗教网络舆情。承办甘宁青三省区宗教工作联席会议。根据中央和省委安排部署，全面开展宗教工作自查，分类梳理宗教领域问题和宗教工作问题，建立目录化档案台账，做到“年度可查、事项可查”。组成2个专项督查组，就全市宗教工作、宗教领域突出的问题，深入各区县和有关部门单位开展专项督查，对发现的7类130余个问题下发督查通报20期，化解风险，排除隐患。

【非公经济统战工作】　促成全市非公经济发展大会与市工商联十五届二次执委会议套开、运用12345民情通服务热线，收集、汇总、转办非公经济发展过程中遇到的相关问题。组织开展“商会进县区”红古行活动，观摩重点项目并召开座谈暨项目推介会。制定出台《兰州市民营经济“双百千”培育工程实施方案》，兰州市381家非公企业和387名非公经济人士纳入省上“双百千”培育工程库。积极构建“亲”“清”新型政商关系。起草完成《关于构建亲清新型政商关系的实施意见》。配合市非公办制定出台《坚持问题导向落实政策措施进一步推动全市非公有制经济跨越发展的实施意见》，主动建立起沟通交流机制，推动中央和省、市委发展非公经济方针政策落实落地。深化推进“精准扶贫”行动，扎实开展“百企帮百村”活动，引导211家民营企业开展形式多样的帮扶活动，投入各类帮扶资金总计6.23亿元。落实全市186家市工商联执常委企业与市重点贫困村结对帮扶联系工作。

【新的社会阶层人士统战工作】　把新的社会阶层人士和留学归国人员组织起来，召开全市新的社会阶层人士统战工作会议，制定下发兰州市《关于加强和推进新的社会阶层人士统战工作的实施意见》。召开兰州市新的社会阶层人士联谊会成立大会，在全省率先成立新的社会阶层人士联谊和兰州欧美同学会（留学人员联谊会）。推荐3名新的社会阶层代表人士担任政协甘肃省第十二届委员会委员，推荐3名新的社会阶层代表人士担任兰州市效能督查员，推荐1名新阶层代表人士作为市妇联第十七届执行委员会委员候选人。

【台侨海外统战工作】　举行2018年全市台海形势报告会，进一步增强台湾同胞国家认同、民族认同和文化认同。加强与港澳台海外重点社团、侨团间的交往，开展“2018兰台暑期夏令营”“《兰州百里黄河风情揽胜图》200米书画长卷（第五稿）展示”等活动。完成市台联和市海联会群团组织改革工作。开展在兰台资企业走访调研活动，维护在兰台胞台企合法权益。

【党外干部队伍建设】　贯彻落实省委工作要求，书面调研兰州市党外干部队伍建设情况，更新统计上报全市厅局级、县处级党外领导干部名册。统计汇总2017年党员领导干部与党外代表人士联谊交友情况。协调做好党外干部培训规划，完成2期党外干部培训班调训工作。推荐10名党外干部参加全市统一组织的挂职锻炼。更新统计分析兰州市1300余名党外科级干部信息，完善全市党外科级干部库，进一步加强党外干部的发现储备工作。

【其他工作】　严格执行落实主体责任约谈规定，开展约谈189人次。其中，县级干部47人；科级干部123人。引导100余家非公企业等社会力量参与脱贫攻坚，协调帮扶资金250余万元，开展六一快乐童年，放飞梦想捐助活动，七一主题党日“互联共建”活动。开展“转变作风改善发展环境建设年”活动，征集查找问题105条，建立台账，抓好整改，不断强化党性宗旨意识和责任担当意识。加强调查研究，合理设定课题，形成涵盖民主党派、民族宗教、非公经济、党外干部队伍建设等领域26篇调研成果，其中《以大数据思维方式推动统战工作创新发展的思考探讨》《关于学习贯彻总书记重要讲话精神促进非公有制企业健康发展的调研报告》分别荣获2018年度全省统战理论研究创新成果一等奖、三等奖。加强统战宣传力度，全年编发《兰州统战信息》200篇。其中，中央统战信息采用14篇；中央统战网采用20条。完成《兰州统一战线》4期，编发兰州统战微信68期120条。推进统战大数据平台应用建设，制定《兰州市统战大数据平台日常维护运行管理办法》，建立完善日常管理运行机制，确保统战大数据平台应用工作。

（杜　晖）

政法工作

【概况】　2018年，全市政法机关推进平安兰州、法治兰州和过硬队伍、智能化建设，开展扫黑除恶专项斗争。全市刑事案件发案下降5.9%，群体性事件和群体性上访下降23.6%，重大矛盾纠纷数下降23%；社会稳定风险评估数上升11.4%，执行案件结案率上升22.5%，人民群众安全感同比上升4%，治安形势好转，社会大局平稳，人民群众安全感增强。

【政法保障】　提请市委常委会、市政府常务会20余次专题研究部署维稳、综治、反邪教、依法治市和扫黑除恶等重点工作，解决一批影响政法工作发展的重大问题，保障全市政法工作顺利开展。制定出台《关于新形势下加强政法队伍建设的实施意见》《关于深入学习宣传和贯彻实施〈宪法〉的实施意见》等文件。市财政投资10亿元用于政法基础设施和装备建设，投资4.29亿元全面完成全国“雪亮工程”示范城市建设，为政法机关更好地履职尽责夯实基础。严格落实综治、维稳、信访、禁毒工作责任制，对34家单位给予“黄牌警告”，对5家单位给予“一票否决”，各项工作抓实见效。

【维稳工作】 加强环兰卡口检查、“PTU”反恐巡逻防控，严防现实危害发生。强化重点领域管控，落实重点单位安全管理制度，对重点目标单位开展多轮次督导检查和明察暗访，确保重要部位绝安全。持续深化同邪教组织斗争。扎实开展深度打击。坚持教育挽救，推动教育转化工作向专业化、规范化、科学化转变。建立“逐级创建、晋等升级”无邪教创建模式，试点建成“兰州反邪教新媒体矩阵联盟”，开展反邪教“宣传月”“宣传周”“宣传日”等集中宣传活动，提高全社会识邪防邪拒邪能力。应对敌对势力渗透破坏，开展打击网络政治谣言和非法出版反宣品专项行动，维护国家政治安全。

【社会稳定保障】 建立涉稳群体和涉众型经济案件受害群体预警稳控体系，推动出台《关于加强退役士兵安置和权益保障的实施意见》《兰州市非法集资案件举报奖励办法》等制度，从政策层面防范化解突出社会矛盾问题。依法打击涉众型经济犯罪，挽回经济损失3.5亿元。完善多元化矛盾纠纷化解机制，建立维稳职责任务清单，开展矛盾纠纷集中排查化解行动，有效化解各类矛盾纠纷2.6万件、重大矛盾纠纷337件。强化情报收集研判机制、联合指挥机制、应急队伍建设和应急预案动态管理工作，常态化开展实战演练和处突备勤，确保“兰洽会”“兰马赛”等重大节会和敏感期大局平稳。在党的十九大和全国“两会”期间，集中开展重大涉稳隐患和信访积案排查化解活动，做到以兰州稳确保全省稳。

【服务经济社会】 服务供给侧结构性改革，在市法院组建企业清算与破产审判庭、合议庭，妥善审理企业破产、产能过剩等各类案件212件。加大产权司法保护力度，设立兰州知识产权法庭，审结知识产权纠纷案件433件。依法严厉打击非法集资、金融诈骗等涉众型经济犯罪，成功侦破“5·23”“9·28”等一批“套路贷”跨省特大电信诈骗案。开展政法机关优化营商环境六大专项行动，推出涉及治安、户政、交通等55项便民利民举措，打通服务群众“最后一公里”。坚持发展新时代“枫桥经验”，健全完善矛盾纠纷源头预防和多元化解机制。推进社会稳定风险评估工作，组织开展重大矛盾纠纷及涉稳问题的集中排查化解行动，妥善处置“11·3”兰海高速兰临段道路交通安全生产责任事故，努力预防和稳妥处置群体性事件，全年调处各类矛盾纠纷1.7万件，化解重大矛盾219件，进京非正常上访同比下降55.6%，群体性事件同比下降23.8%，社会大局持续稳定。

【平安兰州建设】 深化严打整治专项斗争，健全完善的科学指挥、专业研判、分类侦查等打击犯罪新机制，公安机关破获刑事案件5109起，检察机关审查起诉刑事案件4302件，审判机关审结刑事案件6547件。创建全国禁毒示范城市，开展“两打两控”（打击制毒犯罪、打击贩毒犯罪；管控制毒物品、管控吸毒人员）行动，禁毒工作成效位列全国第七名。打造社会治安防控体系升级版，构建派出所、交警、卡口点、PTU、TPTU+视频巡查的“5+1”巡防体系，全市抢劫、抢夺、盗窃案件同比分别下降31.8%、76.1%和32.2%。加强特殊人群服务管理，创新推出流动人口登记APP自主申报平台，开展易肇事肇祸精神病人摸排管控、救治救助工作，建立健全刑释解教人员信息核查和衔接制度，促进社会和谐稳定。强化公共安全管控，制定《兰州市党政领导干部安全生产责任制实施细则》，靠实安全生产属地和部门监管责任。推进消防安全“网格化”管理模式，开展消防隐患“清零行动”。推进“文明畅通攻坚提升年”活动，组建“金城快骑”机动应急处置队伍，道路交通拥堵指数下降至全国第48位。

【扫黑除恶】 制定出台《兰州市扫黑除恶专项斗争工作方案》，建立领导小组适时研究部署、实地检查督导推进等制度机制，推动扫黑除恶专项斗争。开展涉黑涉恶线索“大排查大核查大督查”，全市排摸、收到各类涉黑涉恶违法犯罪线索问题742件，办结463件，办结率为62.4%。打击黑恶势力违法犯罪，打掉涉黑涉恶犯罪团伙56个，抓获黑恶势力成员699人。深挖细查黑恶势力“保护伞”，排查党员和公职人员涉黑涉恶及充当“保护伞”问题线索145条，整顿软弱涣散村党组织71个。制定出台《整改落实方案》和《责任清单》，细化落实整改措施132条，反馈问题整改完成。营造扫黑除恶舆论氛围，召开新闻发布会3轮19次，在人流密集场所张贴、印发宣传材料40余万份，设立举报电话、信件邮件地址，鼓励群众积极检举揭发，全民参与扫黑除恶斗争。

【法治兰州建设】 落实兰州市法治建设绩效考核办法、领导干部述法制度和“一把手讲法治”制度，推动法治建设开展。深化司法体制改革，组织实施“司法责任制改革提质增效计划”，推进符合兰州实际的内设机构改革，法官检察官员额制改革、人员分类管理基本完成，新增第三批入额法官42名、入额检察官15名。推进以审判为中心的刑事诉讼制度改革，推进案件繁简分流、轻刑快办等各项配套改革措施落实。规范执法司法行为，开展“执法司法规范化建设大推进大提升行动”，开展基本解决执行难百日会战、达标冲刺等专项行动，执结案件2.3万件，执行到位金额43.5亿元。

【智能化工作】 推进信息基础设施建设，制定出台《社会治安综合治理综治中心规范化建设实施意见》，市、区（县）、乡镇（街道）和社区（村）综治中心（室）全部建成。推进网格化服务管理工作，在全市划分5629个网格，配备8451名网格员，提升管理效能和科技信息化水平。推动大数据融合共享，公安机关推进大数据应用中心建设，启动“智慧警务联合创新实验室”，开发应用27个警务APP。审判机关开通网上诉讼服务中心，运行网上预约立案平台和庭审直播公开平台，法庭数字化覆盖率100%。检察机关探索引进检察业务与行政执法衔接平台，打造“互联网＋行政检察”智慧检务新模式。圆满完成“雪亮工程”示范城市建设，新建1万个高清监控点，改造2800个标清监控点，整合联网1.96万路监控资源，建成运维平台、边界安全平台等具有兰州特色的信息化名片和品牌。

【培训宣传】 通过领导干部讲党课、反面典型案例教育、专题研讨等形式，开展社会主义核心价值观和干警核心价值观教育，确保政法干警绝对忠诚、绝对纯洁、绝对可靠。提升履职能力，结合大型活动安保、反恐防暴、执法司法等实战要求，分系统组织开展应急拉练、技能比武。联合中山大学举办了兰州市法治建设与依法治市能力提升培训班，全年全市政法机关举办和参加各类培训200余期8000余人次，提升政法干警运用法治思维和法治方式开展工作、解决问题的能力水平。加强政法宣传工作，立体化打造“两微一端+网站+电视栏目”的全媒体宣传阵地，策划推出《10+5亮剑剿黑恶》《同在蓝天下》等系列主题宣传作品，获得“平安中国”三微大赛优秀奖。扩大新媒体平台优势，政法系统注册官方微博、微信、头条及抖音账号53个。

（薛广林）

市直机关党的工作

【概况】 2018年，市直机关各级党组织党建工作整体水平全面提升，为全市决胜全面小康、建设现代化中心城市提供坚强保障。经过一年创建活动，涌现出先进党组织40家、优秀共产党员153名、优秀专职副书记30名和优秀党务工作者132名，集中进行命名表彰。先后为18个党总支、26个党支部下拨党建保障工作经费30余万元。

【意识形态工作】 领导班子与各部门层层签订《意识形态工作目标责任书》，将意识形态工作与业务工作同研究、同部署，有计划、有步骤地开展工作。开展以创建全国文明城市、脱贫攻坚为主要内容的党员志愿公益服务活动，自觉践行社会主义核心价值观；举办“我们的节日”主题活动，通过清明节纪念革命先烈、端午节弘扬爱国主义等活动，使传统节日成为展示和传播优秀文化的重要阵地。

【新闻宣传】 在《兰州日报》、兰州电视台等媒体推出一批有代表性有影响力的典型事迹，专题报道市直机关先进基层党组织、优秀共产党员和优秀党务工作者的典型事迹。围绕市直机关开展的重大活动，在相关媒体发布新闻和专题报道50余条次。其中，在《甘肃日报》刊发1次；《兰州日报》头版头条4次。全年采集整理各类信息稿件2000篇、30万字，编辑上传文稿260余篇，兰州机关党建网保持全年无安全事故运行。编发《兰州机关信息》6期。

【精神文明创建】 组织党员干部和青年志愿者积极参与“兰州蓝”保卫战等文明城市创建活动，支持全市文明城市创建工作。对上年考核通过的40余个市级文明单位复检复查，组织开展市直机关第十四批“省级文明单位”创建活动，经过测评验收，向市文明委推荐市委办公厅、市委宣传部、市人社局3个单位为“省级文明单位”，按照创建文明城市申报要求，完成基础材料的报送工作。

【基层党建】 指导督促市直机关各级党组织开展“三会一课”、谈心谈话、组织生活会、党员民主评议等，推进党内政治生活制度化、规范化。组织召开工委领导班子专题民主生活会，征求意见建议31条，

市直机关工委七一重温入党誓词

谈心谈话41人次，主动查摆问题17个；严肃开展批评和自我批评，提出批评意见17条，建立整改台账，全部整改完成。开展党章学习月、解放思想大讨论等“主题党日”活动，给入党的党员集体过“政治生日”，重温入党誓词，重诉入党初心，重读党章党规，激发党组织的内在活力。召开市直机关党支部建设标准化安排部署会和工作推进会，举办党支部标准化建设培训班，邀请《甘肃省党和国家机关党支部建设标准化手册》编委会成员、省直机关工委组织部部长魏周荣，对市直机关各部门党组织专职副书记、支部书记280人进行党支部建设标准化工作专业培训。在市检察院、市教育局、市工信委和市人社局召开机关党支部标准化建设现场交流观摩会，推动市直机关各党组织间的学习交流。督促指导对市直机关开展党支部建设标准化工作4次，对存在的问题提出整改意见建议，下发督查通报。举办市直机关示范性党支部书记培训班，来自市直机关88家党组织的136名党支部书记在市委党校参加为期1周的学习培训。在革命圣地延安举办由57名专职副书记参加的“见证初心之旅 弘扬延安精神”市直机关党群干部培训班。举办市直机关纪念改革开放40周年党章党规知识竞赛，市直机关党组织76支代表队的200余名队员参加比赛。市直机关各党支部结合实际，每月相对固定1天作为主题党日，紧扣“两学一做”主题，与“三会一课”紧密结合，重点围绕学习讨论、党性分析、民主议事决策、服务党员群众等方面内容，组织党员集中交纳党费，参观红色教育基地，观看革命历史题材影片，接受警示教育。推行党员积分管理制，机关各基层党支部立足实际，研究制定具体考核标准，对党员发挥作用情况进行量化打分，每半年对党员考核情况进行公示，将积分考核情况作为党员民主评议、民主测评和评先选优的重要依据。

【廉政建设】 层层签订《2018年市直机关工委全面从严治党重点工作责任书》，全体党员干部签订全面从严治党承诺书。强化纪律监督，认真落实责任报告制度，对工委领导班子和班子成员每季度贯彻落实市委重大决策部署、执行政治纪律、政治规矩的情况进行监督检查，按照时限要求向市纪委分管常委报告。建立工委党员干部廉政档案，对2名拟提拔任职的科级干部进行廉政法规知识考试和任前廉政谈话，强化警示教育，学习贯彻新修订的《中国共产党纪律处分条例》，全年开展典型案例学习和观看廉政专题教育片12次。用好用实约谈利器，层层传导压力，开展各类约谈32次，约谈86人次。综合运用执纪问责“四种形态”，严肃处置违纪违法党员14人。

【机关作风建设】 充分发挥效能办职能作用，根据效能工作的新任务新要求，补充调整效能督查员队伍，从“两代表一委员”中，通过组织推荐、资格审核，经市效能领导小组办公室研究同意，选聘40名政治意识强、坚持原则、熟悉政府工作、热心于效能督查工作的同志为效能督查员，并就如何开展效能督查工作进行培训。先后集中开展作风纪律专项督查2次，对发现的19家单位35名工作人员存在的突出问题在全市通报。组织6个督查组对基层的窗口单位、服务行业和职能部门301家单位作风纪律等情况进行明查暗访，及时反馈发现的问题，并提出具体整改要求。接听接待群众投诉116件次，积极协调对接相关部门，限时核查处理，上报处理结果，

市直机关工委庆祝建党97周年纪念大会

116件已全部办结。召开服务对象座谈会80余场次，收集各类意见843个，及时向各单位进行反馈，要求其整改。组织人员对各单位整改落实情况进行“回头看”，督促反馈问题全部整改落实到位。加强效能工作宣传，在《兰州日报》刊发新闻报道14篇，编发《效能工作动态》11期，选派效能督查员积极参加兰州广播电视台主办的《落实进行时》栏目28期。

【群团组织建设】 坚持群团改革正确方向，始终坚持党对群团工作的领导，把保持和增强政治性、先进性、群众性贯穿始终。深入把握新形势下群团工作规律，加强群团组织规范化工作，召开机关工会全委扩大会，开展群团组织规范化建设指导检查，配发会员证，培训群团干部50余人，增强群团组织的吸引力影响力。

【机关文化建设】 发挥群团组织凝心聚力、桥梁纽带、服务发展作用，以纪念改革开放40周年为主旨，举办第10届兰州市直属机关运动会，市直机关84个单位的2750余名运动员报名参赛；举办市直机关“不忘初心、筑梦前行”纪念改革开放40周年诵读比赛，55家单位的88个节目参赛；开展“巾帼展风采·建功新时代”市直机关女职工健身操比赛，市直机关40家单位700余名运动员参加。

【公益活动】 组织党员、团员和

青年开展“3·5学雷锋日”“保护母亲河”、五四青年节、全国助残日等志愿服务活动，参加“金城讲堂”“植绿、护绿·兰州青年在行动”植树活动、兰州青年抖音大赛等主题活动，推行“全民阅读”“书香中国”行动，建成职工书屋59个、职工之家14个。

（孙　磊）

农村工作

【概况】　2018年，兰州市农村居民人均可支配收入12368元，增长9.4%。实现第一产业增加值42.98亿元，增长6.0%。全市农林牧渔业增加值44.97亿元，增长5.76%。蔬菜种植面积77.92万亩，增长1.65%；蔬菜产量达166.91万吨，增长4.9%。猪出栏42.54万头，增长4.85%；牛出栏1.19万头，下降0.1%；羊出栏36.17万只，增长2.87%；肉类总产量4.62万吨，增长3.36%。

【乡村振兴战略】　制定《关于全面落实乡村振兴战略的实施意见》，明确乡村振兴的46项具体任务。围绕“五个振兴”基本任务，协同相关部门研究编制《兰州市乡村振兴战略规划（2018—2022年）》，定方向、定思路、定政策，绘制了全市实施乡村振兴战略的“时间表”“路线图”。发挥牵头抓总、协调服务的作用，围绕“五个振兴”具体要求，取得阶段性成效。在产业振兴方面，制定5大产业三年行动计划，促进一二三产业融合发展。在生态振兴方面，实施农村人居环境整治三年行动、全域无垃圾三年专项治理行动、国土绿化行动。在人才振兴方面，实施新型职业农民培育工程，完成各类农民科技培训3万余人次、职业技能培训4.1万人次。在文化振兴方面，大力开展“美丽乡村·文明家园”陇原乡村文明行动、文明村镇创建等“八个一”示范工程和“助力乡村振兴·共建美丽中国”志愿服务活动。在组织振兴方面，整顿软弱涣散基层党组织53个，调整撤换村党支部书记22人。

【脱贫攻坚】　各级帮扶单位协调争取各类帮扶项目1831项，涉及资金达7.2亿元，着力改善贫困村、贫困户的贫困面貌。印发《全市脱贫攻坚帮扶工作要点》《全市脱贫攻坚帮扶工作责任清单》，明确工作重点，靠实工作责任。7月底，组织各级各部门召开全市脱贫攻坚帮扶工作推进会，总结交流经验，寻找差距不足，安排部署下一阶段工作，表彰2016、2017两个年度先进帮扶单位、驻村帮扶工作队、帮扶干部、驻村帮扶工作队队长（队员）。按照“不漏一队，不漏一人”要求，对全市驻村帮扶力量进行评估调整，重点对能力不突出、群众不满意、考核不称职的355名驻村干部进行调整，向每个工作队增派农业技术人员1名。各级帮扶单位、驻村工作队和帮扶责任人紧紧围绕“两不愁、三保障”核心指标，紧盯年初全市剩余11422户32515人未脱贫户和1428户5238人已脱贫巩固提高户，以及贫困老人、残疾人、重病患者等特殊困难群体，因村因户因人制定落实“一户一策”精准脱贫计划，严格执行每年至少为帮扶户帮办1件实事的规定，全面落实各项扶贫政策，提升帮扶工作实效。编印《兰州市脱贫攻坚帮扶工作400问》1.2万册，实行驻村工作队员“驻村通”钉钉软件考勤，围绕中央、省市脱贫攻坚新精神、新政策、新要求，分2次对262名驻村工作队长进行集中培训，分3批次组织帮扶干部赴天水、哈尔滨、武汉等地交流观摩学习，将市级派出队员每人每天补助标准从80元提高到150元，落实通信补贴每人每月100元。坚持问题导向，采取明查暗访等方式，对全市帮扶责任落实情况进行督查。全年发现县乡责任落实不到位、帮扶单位重视程度不够、驻村工作队作用发挥不够、帮扶责任人工作不实等4个方面近150条问题，累计通报3次46个问题，其中涉及驻村帮扶工作队26个、队员3人，告诫约谈4人。

【人居环境改善】　坚持“绿色、人文、智慧、集约”规划理念，制定《2018年全市改善农村人居环境工作要点》，坚持“点上示范、面上拓展、质上提升”三位一体工作思路，2018年打造完成省级、市级、县级美丽乡村示范村15个、20个、20个，建成60个环境整洁村，支持打造5个城乡融合重点村，巩固提升5个美丽乡村示范带建设成果，实现美丽乡村示范村向“三个重点区域”集中（向铁路沿线、公路沿线村庄布局，打造美丽乡村景观廊道；向旅游景区周边村庄和有支柱产业的村庄布局，打造生态宜居型美丽乡村示范村；向已建成的省级示范村、市级示范村靠拢，打造美丽乡村示范片带）。按照“一年提标扩面、两年初见成效、三年全面提升”目标，全力推进村容村貌提升、农村垃圾治理、农村污水治理、农村厕所革命、农村面源防治和长效机制建设“六大计划”，全年安装路灯3000余盏，完成农村清洁炉灶改造800户、清洁暖炕改造10541个，清理陈年垃圾41.5万吨。将农村保洁工作纳入财政预算，市县两级按农村人口每人每年保洁费不低于20元标准，建立“10+X+Y”农村环卫保洁机制。坚持“小厕所、大民生”理念，制定出台工作方案，实行目标管理。上半年，根据县区财力和农民意愿，确定年度5000座双瓮漏斗式和三格化粪池式卫生厕所改造任务。10月，根据全国改厕工作推进现场会精神，衔接改厕企业积极研发新产品，启动200座“空气动力+水冲式”新式卫生厕所试验示范。按照“单户分散不直排、集中收集做肥料”模式，为全市65个改厕户数在50户以上的行政村，各配套一辆3万元的抽污车。制定《兰州市关于开展农村村级公益性设施共管共享工作的实施意见》《兰州市农村村级公益性设施共管共享工作管理细则》《兰州市村级公益性设施共管共享岗位管理办法》，指导县、乡、村三级对照要求，定方案、设机构、定人员、抓保障，积极推动管护机构设立、管护基金建立、公益性岗位设置和管护人员选聘等规范化、标准化建设。全市714个行政村（七里河区和兰州新区有16个村因已改居或将要拆迁，不再设置公益性岗位）全部组建村级理事会，以民主选举方式，选举产生3200名村级公益性设施共管共享理事会成员，选聘村级公益设施管护员3613名。

【农村改革】 成立以市委分管领导任组长、市政府分管领导任副组长、35个成员单位的市深化农村改革领导小组，将集体林权制度改革领导小组、农村产权制度改革领导小组职责并入市深化农村改革领导小组，统筹协调推进农村改革重点工作。制定《兰州市农村产权制度改革实施方案》《兰州市落实完善农村土地所有权承包权经营权分置办法实施方案》《财政支农资金入股和资产量化折股办法实施细则》《兰州市“三变”改革入股合同管理办法（试行）》《兰州市“三变”改革入股合同备案办法（试行）》等系列农村改革政策文件。紧紧围绕“走前列、出经验、求实效”目标，在32个乡镇、34个村开展试点，探索出6种改革模式、6类分红模式及18种股权形式。在陕西省咸阳市、贵州省六盘水市举办全市“三变”改革培训班，联合厦门大学举办全市深化农村“三变”改革实施乡村振兴战略培训班。深化集体林权配套改革，全市累计流转集体林地面积22万多亩，培育新型林业经营主体356家。加快推动农业水价综合改革，启动3个万亩灌区水权水价改革试点、榆中县农业综合水价改革试点县建设、水权试点交易。推进供销合作社改革，实施以流通为主导的“村级为农综合服务平台建设”，发展村级综合服务社259家，现代流通服务网络基本覆盖全市所有行政村。

【协调服务】 研究制定《关于实施乡村振兴战略的意见》，明确2018年全市农业农村工作的重点任务和重要举措。组织县区和涉农部门开展“三农”工作大调研活动，征集高质量调研报告20余篇。紧盯时事热点、阶段性重点工作，认真起草市委市政府领导在省委农村工作会、市委农村工作会、农村“三变”改革现场会、脱贫攻坚帮扶领导小组等各类会议讲话、发言及工作汇报20余篇。全力组织召开市委农村工作会、农村“三变”改革现场会、市脱贫攻坚帮扶工作会、改善人居环境现场会及市级组长单位会议等涉农重大会议，贯彻落实中央和省委农村工作会等精神，安排部署年度重点工作和阶段性工作，确保各项决策部署和政策措施在基层有效落实。把中央和省、市委一号文件等“三农”工作任务分解落实到各县区、各有关部门，靠实工作责任，按照“季督查、年考核”的要求，对《关于实施乡村振兴战略的意见》落实进行4次督查，确保市委农业农村工作决策部署落实到位。

（肖　飞）

机构编制

【概况】 2018年，兰州市编办坚持管好用活机构编制资源，做好全面从严治党、简政放权、机构改革、控编减编等各项工作。加强事业单位日常登记管理，全年设立登记事业单位7家，变更登记217家，注销登记1家，补领证书3家，重新申领证书1家。市编办荣获“甘肃省机构编制工作先进集体”称号。

【机关建设】 树立党的一切工作到支部的鲜明导向，深入开展党支部标准化建设，严格落实党员领导干部参加“双重组织生活”“三会一课”、谈心谈话、民主评议党员等制度。深入开展支部“主题党日”活动，在做好交党费、唱国歌、读党章、讲党课4个“规定动作”的基础上，创新活动主题，把岗位竞赛、廉洁教育、文体活动、红色教育、组织生活、精准扶贫作为“自选动作”开展活动。认真开展党员积分考核管理工作，研究制定积分考核细则，按照机关支部建设标准化的要求，不断夯实工作基础，机关党建工作更加务实有力。

【意识形态工作】 成立意识形态工作领导小组，明确主要领导是意识形态工作第一责任人，分管领导是直接责任人。要求全体干部必须管住嘴、管住手，不说损害党的形象的话，不当西方资产阶级意识形态的吹鼓手和代言人，不在互联网上转发未经核实的各类信息，自觉与一切反党、反社会主义的错误言论作斗争。在兰州机构编制网开辟意识形态建设专栏，宣传党的理论方针政策及兰州市创新机构编制管理、深化行政审批制度改革和事业单位改革的成果。在此基础上，积极加强网络评论员队伍建设，选拔年轻干部参与网络舆情引导工作，提升全体干部职工开展意识形态工作的主动性和积极性。

【机构编制管理】 认真落实法治政府建设相关任务，按照《兰州市法治政府建设实施方案》，结合机构编制重点工作，统筹推进简政放权、行政体制改革、事业单位改革、综合执法改革等方面工作，优化完善政府部门履行职责程序和流程，为依法治市提供体制机制保障。

【行政审批制度改革】 推进“放管服”改革和“四办”（马上办、网上办、就近办、一次办）改革，完善行政审批事项“双选择、预下放”制度，公布《兰州市政府部门第十六批取消调整和下放行政审批项目目录》，取消调整和下放行政审批事项28项，梳理形成《市政府部门第十七批取消调整和下放行政审批等事项目录》，拟取消和调整行政许可事项18项。推进行政许可标准化，公布市级行政许可事项目录和区（县）行政许可事项通用目录，市级保留行政许可事项186项、区（县）保留201项，实现省市县三级行政许可事项同一事项、同一名称、同一标准、同一编码和“目录之外无审批”。组织编制行政许可事项《业务手册》和《办事指南》，行政审批行为不断规范。深入推进“最多跑一次”改革，群众和企业到政府办事事项682项，其中“最多跑一次”事项602项，占总事项的88.2%，超过省上年度目标8%；市级政务服务事项网上可办率达96.19%，超过省上年度目标16.19%。规范行政权力运行，调整政府部门行政权力事项296项，变更权力要素和静态信息320余项。开展“减证便民”专项行动，取消证明事项102项。在国务院第五次大督查和省委、省政府、省纪委、省政协多次督查督办中，兰州市“放管服”改革工作得到肯定。

【党政机构改革】 完成《兰州市机构改革方案》《兰州市机构改革实施意见》《机构人员转隶方案》等文稿的起草工作，市级党政机构从90个精简为55个，设置市委工作机关16个，政府工作部门39个。对省委巡视反馈的市物价局同市发改委整合不到位问题及违反规定自行设置机构、自行核定领导职数等问题，在此次机构改革中一并进行整改。

【事业单位改革】 在完成市直和皋兰县改革试点基础上，按照省委部署要求，指导各区县制定上报承担行政职能事业单位改革方案；完成厦门金城招待所、市工程地震评价所、市汽车综合性能检测中心、兰州广播电视报社等4家生产经营类事业单位改革工作，超额完成省编办下达的改革任务。

【事业单位登记管理】 完成全市事业单位法人年度报告工作，将374家事业单位法人年度报告进行网上公示。开展机关群团统一社会信用代码赋码工作，完成23家单位社会信用代码证书发放、14家单位信息变更登记、11家单位撤销登记工作。

【机构编制纪律】 坚持机构编制事项一个部门承办、“一支笔”审批原则，新设机构、编制调剂使用等事宜按程序经编委会议和市委常委会议审议决定。按照《中共中央办公厅关于严明纪律切实保证党和国家机构改革顺利进行的通知》要求，严格把好机构设置、编制配置和领导职数核定关口，及时停办涉改部门机构编制相关事宜。

【机构编制实名制管理】 进一步梳理完善人员编制实名制台账，确保各部门（单位）台账、各区县台账与实名制数据库一一对应。按照省编办要求，在市级机关和事业单位全面推行电子机构编制管理证，提升机构编制实名制数据质量和机构编制管理水平。

（钱运平）

政策研究

【概况】 2018年，全年起草完成讲话稿392篇、238万余字。全面贯彻中央和省市委决策部署，准确反映市委决策意图，先后起草各类文件10余篇。审核市委主要领导参加各类会议、会见活动、赛事节会等方面新闻报道稿件180余篇。

【调查研究】 聚焦经济社会发展中的重大问题，凝练提出6个方面38个重点调研课题，经市委研究通过后分解落实到全市相关部门，形成一批高质量的调研报告，与大专院校联合开展课题研究。创新调研思路，形成调研合力，谋划兰州市经济社会发展的新思路、新举措，让调研成果成为解决问题、推动发展的精品力作。全年组织开展对外开放、科技创新、乡村振兴、文化产业4个重点课题调研工作，其中对外开放、科技创新和文化产业3个课题被列为兰州市哲学社会科学一、二类规划重点项目和市科技局科技计划项目，《兰州文化产业发展调研报告》《兰州市科技创新工作情况》调研报告得到市委、市政府主要领导肯定，批示市政府有关领导和部门组织实施。把解决改革和发展中出现的突出问题，作为开展调查研究的出发点和落脚点，突出问题导向、目标导向、需求导向，着眼于事关全市长远发展的体制机制进行研究。先后开展城管执法体制改革、黄河风情线管理体制改革2个专题调研工作。调研报告全面掌握情况、科学分析形势、找准存在问题、提出对策建议，形成科学的决策意见和方案。关于金控组建等调研成果进入市委、市政府决策程序。

【体制改革】 围绕经济体制、生态文明体制等10个方面改革，认真谋划48个重点领域和关键环节的改革任务，细化为219项具体任务，分解下达到具体单位，明确责任领导和完成时限，确保全年改革工作有目标、有思路、有重点、有措施、有责任。筹备召开市委全面深化改革领导小组会议4次，审议通过全市性改革方案和相关文件19个。按照省委改革办《关于推动中央改革督察重点任务落实的工作方案》，将省市下发的46项改革文件的落实纳入改革督察范围，制定出台《兰州市关于开展全面深化改革督察重点任务落实的工作方案》，先后对国有林场改革、国资监管体制改革、农村“三变”改革等重点改革事项进行持续跟踪督办和开展“回头看”，确保了各项改革任务的落地生根。全年向省委改革办报送改革信息93篇，编发《兰州改革动态》48篇，其中《兰州市养老服务改革守护最美“夕阳红”》经验信息被中央全面深化改革委员会《改革情况交流》第69期刊载，《兰州全面深化改革综述》被《中国改革年鉴》刊登，异地就医结算、医养结合、养老服务、“放管服”改革等15篇改革经验信息被省委改革办《改革动态》刊发。积极配合相关部门做好全市庆祝改革开放40周年工作，参与《改革开放40年兰州市重点发展成就汇编》编写工作，在《兰州日报》开辟专栏，刊登一批反映兰州市各领域改革成就综述性文章。

【政治建设】 全年组织理论中心组学习12次，班子成员讲党课4次，开展专题主讲20人次。坚持把推进学习教育常态化制度化作为加强思想政治建设的重要切入点，研究制定《推进“两学一做”学习教育常态化制度化实施方案》《推进党建工作重点任务落实的实施意见》，努力使学习教育融入日常、抓在经常，持续在真学实做上下功夫。创新学习方式，促进学习经常化，发挥“政研室党员之家”QQ平台作用，采取“周安排、月检查”方式，坚持开展“周自学、月研讨”学习活动，引导党员干部围绕开列篇目及时开展自学，督促党员干部记好自学笔记、准备研讨发言，通过自学笔记看“学原文”是否系统完整，研讨发言看“悟原理”是否准确深入，调动了党员干部学习能动性。积极拓展“做”的领域，在《“四讲四有”合格党员岗位标准》基础上，制定《市委政研室机关支部党员积分考核办法》和相应《考核细则》，把党员的履行岗位职责、开展理论学习、参加组织生活、严格遵纪守法等方面内容加以细化量化，并加强日常管理、登载考核，引导党员干部在服务大局、服务基层、服务群众过程中奋发有为、争光先锋。坚持把落实组织生活会制度、党员活动日制度作为规范党内政治生活的重要切入点，推动各项制度的严格落实。结合政研工作岗位实际，研究制定《机关党建工作质量提升年工程实施方案》《机关党支部建设标准化工作推进方案》，及时完善“三会一课”制度和“党员主题活动日”制度。5月，结合“作风建设年”活动，组织召开“作风积弊大排查”活动专题党支部组织生活会。根据党员人数达到15人的实际和上级要求，及时选优配强机关党支部专职副书记，对支委班子进行换届改选。全年召开党员大会12次、支委会12次，召开专题组织生活会3次，开展党员主题活动日活动12次。

【意识形态工作】 坚持把意识形态工作纳入班子议事日程、纳入党建工作目标、纳入廉政风险防控体系，全年先后通过主任办公会，专题研究和部署意识形态工作4次，重温学习习近平总书记在全国思想政治工作会议上的讲话精神，加强意识形态工作安排部署，分析研判意识形态工作形势。围绕落实意识形态工作责任制开展8次约谈。把意识形态工作列为机关党建工作要点和党员日常考核要求，把意识形态、网络信息安全风险纳入风险防控体系建设，促进意识形态工作与机关党建工作，与党员日常管理紧密融合。通过理论中心组学习、领导干部讲党课、党员集中学习研讨等途径，不断强化对党员干部的教育引导，及时传达中央和省、市委宣传部长会议、网络安全和信息化工作会议精神，引导全体党员干部进一步提高对意识形态工作和网络安全工作重要性的认识。组织开展《正确理解马克思主义的理论属性》《“认清国家资本主义”问题的真相》《深刻认识美国对华政策动向扎扎实实做好自己的事情》等专题学习研讨活动，不断增强党员干部政治敏锐性和政治鉴别力，牢牢掌握理论宣传的主导权。严格落实《兰州市党委（党组）意识形态工作责任制实施细则》，制定《落实意识形态工作责任制工作制度》，从意识形态工作责任落实、报告工作、工作管理、分析研判、问责追责等方面，进行明确和规范。针对网评工作相对薄弱的现状，研究制定《市委政研室制度网评工作管理制度》，明确责任分工、网评员遴选标准、网评工作的考核等机制，严格工作流程，靠实工作责任。为有效防范网络意识形态风险，建立“账号清单”和“底线清单”，在全面申报摸底基础上，将党员干部的QQ账号、微信账号、个人微博，纳入清单管理，制定《关于规范党员干部网络行为的意见》，列出浏览网页、手机聊天和学术交流、会议论坛等情形底线清单，让党员干部明确纪律底线，自觉规范个人网上言行。强化《兰州工作》阵地管理，充实编委会成员。不断加强刊物的意识形态属性，修订《兰州工作》编辑管理办法，严格落实“三级审核把关”编务管理制度，从严把好刊物的政治关、思想关、文字关，充分发挥市委机关刊物在宣传党的政策主张、指导基层实践的重要作用。不断拓展办刊思路，突出学习宣传习近平新时代中国特色社会主义思想、党的十九大精神主题，及时设置“改革开放四十年”“文明城市创建”等栏目，加强稿件质量筛选，不断提高《兰州工作》办刊质量和出刊效率。全年发刊12期、编辑稿件209篇。积极向中央和省级刊物推荐文章，及时宣传兰州市推动高质量发展相关工作思路举措和实践经验，在中央《学习与研究》上刊发文章3篇，在省上《调查与研究》上刊发文章14篇。

（李元思）

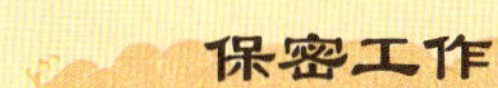

保密工作

【概况】　2018年，市委保密办紧抓关键环节，探索创新，规范和加强保密宣传教育、监督检查、技术防范、服务保障等工作，为全市经济建设和社会发展提供可靠的保密安全服务和保障支持。

【组织领导】　召开区县保密局长座谈会，听取各区县贯彻落实市委《实施意见》进展情况及2018年上半年工作开展情况汇报。召开红古区保密工作现场观摩交流会议，交流推广西固区、红古区创造形成的“1234”经验做法，即区县保密部门1个机构、2块牌子、3人以上、4间业务和办公用房，要求各区县抢抓政策窗口期和保密工作转型发展机遇期，主动争取各方支持，积极建成“1234”模式，为全市保密工作转型升级奠定坚实基础。经市委保密委员会审议，起草下发《中共兰州市委保密委员会2018年工作要点》。建立健全《保密综合业务网管理制度汇编》《监管中心保密管理规定》《中心机房保密管理规定》《信息系统运维保密管理规定》等制度，修订完善《兰州市“三合一”监管平台规程》《门户网站检查平台工作规程》等工作流程，不断规范和加强保密工作。

【宣传教育】　在《兰州日报》开设《保密法治宣传月》专栏，刊发保密工作评论文章15篇，各类保密短消息8篇，以党政干部和涉密人员保密常识必知必读、失密泄密典型案例为主要内容的宣教文章33篇。组织全市各级机关单位开展保密知识竞赛，印制保密竞赛试卷1.6万余份。在西关十字等核心区域户外LED大屏、全市34条公交线路1000余辆公交车车载移动电视、3台高清动力流动车上，滚动播放保密政策法规、宣传教育片，累计观看群众达100万人以上。协调党校和行政学院，将保密学习教育纳入各级领导干部培训计划，纳入各级党委（党组）中心组学习内容，全年市委保密办主要领导和分管领导在党校和行政学院、机关单位授课20余次。在浙江大学华家池校区举办全市保密干部能力提升培训班，对全市80余名分管保密工作的领导和保密干部、师资人员进行保密知识培训。召开全市保密技术培训会议，对“自查自评”“开机答题”“保密检查”等软件使用和管理内容进行讲解，配发计算机终端保密检查系统软件660套。举办全市涉密人员培训会议，邀请省、市专家讲授《保密法》《保密法实施条例》《保密管理》等相关内容。购买保密书籍、挂图、光盘等宣传资料，供全市各单位借阅学习，向各级领导干部、涉密人员发送保密提醒短信4条，涉及人员12282人次。举办“保密就在身边，我在岗位做贡献”为主题的全市保密宣传教育演讲比赛，全市推荐82名选手参加复赛遴选，最终15名选手入围决赛。实施“七五”保密法治宣传教育，组织各区县、市直各部门结合各自实际，开展保密宣传教育活动，红古区通过“掌上红古”手机平台，推送保密知识问答、保密工作动态，多层次普及保密常识；榆中县每天在榆中电视台《天气预报》栏目后播放保密宣传片，并在每晚黄金时间2次播出保密法治宣传专栏。

【专项检查】　印发《关于开展保密工作专项督查的通知》，要求全市各区县、各部门对贯彻落实市委《实施意见》情况开展自查；7月，市委督查室会同市委保密办等有关部门组成联合督查组，深入全市8个区县和33个市直部门进行实地督查，通过听取汇报、座谈访谈、查阅资料、对照检查、随机抽查等方式，全面了解落实《实施意见》情况。11月，成立专门工作组，对城关区、市公安局、市教育局开展“进驻式”保密检查。接到省保密局对市纪委、中共皋兰县委办公室、市委机要局涉嫌将涉密计算机违规接入互联网通报后，第一时间组织人员调查处理，及时向省保密局汇报处置结果。9月，由市委保密办牵头，抽调市直部门、市属重点企业保密干部76人，组成4个督查组，采取交错互查、互评互学方式，分2批对66家市级单位和10家市属重点企业保密自查自评工作开展情况进行专项督查；根据督查情况，在全市范围印发《督查通报》，要求问题单位严格落实保密工作主体责任，列出清单，靠实责任，限时整改。联合市司法局，完成兰州市2018年国家统一法律职业资格考试保密工作；联合市兽医局，完成2018年全国职业兽医资格考试甘肃考区兰州考点的试卷存放保密工作。制定《高考保密承诺书》，联合市招办，对全市各区县招办保密室按照国家有关规定标准进行全面检查；完成市考试局、城关区、永登二中保密室验收发证工作，推动基层高考试卷存放场地硬件设施、管理制度、考场条件得到进一步规范和提高。

【保密技防能力】 对全市涉密网络定期开展保密技术业务指导。按照国家保密局文件要求，自7月起，保密行政管理部门停止对涉密工程、货物、服务进行审查确认，由各机关单位自行组织实施；市国家保密局技术处原承担的全市涉密信息系统政府采购项目认定工作予以停止。加快基础信息数据建设，完成党政机关、重点企事业单位门户网站、政务微博、微信公众号、政务邮箱数据建设工作。加快检查装备配备升级，购置200套保密检查工具，向全市各单位进行配发。与北京智华天成科技有限公司合作，联合研发保密技术在线教育系统，在全市各级机关单位进行推广使用。截至年底，安装终端已超过5500余个。做好保密技术服务保障工作，先后向省委巡视组和省委组织部提供保密文件柜20个，全力保障巡视、组织工作顺利开展；向全市部分单位配送保密文件柜53个、手机屏蔽柜13组，文件回收袋230个，确保相关单位保密工作正常有序开展；服务保障全市涉密会议4次，提供屏蔽设备24台次、手机屏蔽袋20个、手机屏蔽袋6组，保障各类涉密会议顺利召开。积极协调规划、城管、机关事务等单位，维修改造广场保密技术服务中心业务用房。做好全市各级党政机关、企事业单位和驻兰部队的涉密载体销毁工作，全年回收销毁涉密载体85.8吨，销毁各类硬盘及信息化设备365个。

（王　鹏）

党史工作

【概况】 2018年，全市党史工作围绕中心、服务大局，推进党史资料征编、党史宣传等工作，发挥资政育人、服务全市经济社会发展。全年在“兰州党史网”刊登各类文章70余篇，各类信息15条；向省委党史研究室报送信息28条，其中刊登20条；向市委办公厅信息处报送13条，其中刊登2条。“兰州党史网”宣传作用进一步加强。

【党史征研】 组织编辑出版《众志成城共筑致富路——兰州市扶贫攻坚纪实（一）》，全书分为兰州市扶贫攻坚文件和领导讲话、兰州市扶贫攻坚综述、兰州市县区扶贫攻坚概况、兰州市扶贫攻坚先进经验、兰州市扶贫攻坚研究文章、媒体对兰州市扶贫攻坚报道和兰州市扶贫攻坚大事记七部分，系统地对兰州市扶贫攻坚工作进行全景式、系统性回顾。为完整回顾兰州市改革开放以来所取得的各项成就，调整、改进《兰州党史》期刊的内容和版面，充实内容，精心设置栏目，同时在办刊过程中注重学习外地好的经验，适度增加县区党史工作动态版面，为各县区党史宣传教育工作交流搭建平台，全年收到县区交流信息20余条，刊登10条；全年印刷出版《兰州党史》刊物2期。在全市范围内收集改革开放40周年相关资料，收集兰州市改革开放40周年专题资料《辉煌的历程》等30余篇，口述史资料《深化拓展民情流水线工程推进城市社区基层党组织建设》等10篇，35万字，图片100余幅，正在进行修改编撰，该书展示改革开放40年来兰州市走过的辉煌历程。为纪念兰州市改革开放40周年编写党史专题《辉煌的历程——兰州市改革开放40周年》。

【大事实录编纂】 进一步做好大事实录的编纂工作，畅通征集渠道，挖掘党史资源，提高大事实录编纂质量，对各县区、各相关部门报送资料的范围、方式、时间等作具体要求，还要求各县区、各相关部门把本县区、部门贯彻中央和省市委决策过程、思路、成就、做法和经验教训整理成系统的资料，供党史研究之用。

【党史刊物编纂】 提高《兰州党史》期刊质量和水平，使之在政治性、业务指导性、可读性方面取得明显成效。不断对《兰州党史》期刊的内容和版面进行调整和改进，充实内容，精心设置栏目，同时在办刊过程中注重学习外地好的经验，适度增加县区党史工作动态的版面，为各县区党史宣传教育工作交流搭建平台，全年收到县区交流信息20余条，刊登10条，调动县区党史宣传的积极性。全年印刷出版两期《兰州党史》刊物。

【党史宣传】 以宣教可视化为突破口，制作推出《兰州空战》等党史专题片，先后在中央、省市等多家电视台、网站播放，将部分鲜为人知的兰州地方党史内容传递给社会群体，扩大党史宣传教育覆盖面。《兰州空战》继上年获得甘肃省党员教育电视片观摩交流活动一等奖后，2018年获第14届全国党员教育电视片观摩交流活动一等奖。四集电视专题片《西北孔道》，历时2年于11月底完成摄制及后期制作。本片运用党史资料，通过采访党史专家和亲历者相结合的方式，既讲述历史，又注重党史教育，是向基层党组织、广大党员群众开展党史普及宣传教育的生动教材。联合七里河区委党史办公室开展“寻访红色革命遗址——沈家岭战场遗址”活动和“红色景区的开发利用与带动精准扶贫战略的实施”“红色景区怎样开发与利用”专题讲座。加强党史的宣传和信息上报工作，在“兰州党史网”上新增加“文明城市创建”“扶贫攻坚”等专栏。刊登省、市、县（区）委党史办公室文章50余篇，介绍全市党史工作。为纪念改革开放40周年，在“兰州党史网”的刊登兰州市改革开放时期各行业取得的成绩文章20余篇。与省委党史研究室和少年文摘报社联合在中小学举行“诵读红色故事、传承红色基因”活动。

（王柏华）

档案工作

【概况】 2018年，兰州市档案局贯穿审慎性原则要求，全年完成30个全宗、4986卷涉密档案的开放鉴定和到期鉴定及3000件的数据库涉密档案文件级鉴定，没有发生失泄密情况。

【目标考核】 档案工作被纳入市区县党委、政府目标管理考核范围，档案法制工作被纳入依法治市年度目标考核体系，在完善档案治理体系上联通重要一环，增强市区县党委、政府和各级各部门抓好档案工作的主动性。

【馆库建设】 七里河、永登、皋兰3个区县建成新档案馆。其他5个区县中，城关区在原有基础上对馆库进行扩建；红古区新建档案馆主体完工，完善配置内部设施设备；西固区档案馆建设列入工作日程，选址确定，建设项目可行性研究报告通过专家评审，完成建筑设计招投标工作。安宁区、榆中县档案馆拆除，处于过渡期，其中榆中县计划新建档案馆是县上统一开发项目，与图书馆、体育馆统一建设。在馆库建设中完善档案保管基地、爱国主义教育基地、档案利用中心、政府公开信息查阅中心、电子文件备份中心等“五位一体”功能建设。

【资金投入】 市县区从2013年起均已按照每卷3元的标准足额落实档案管护费，与档案工作专项经费一并列入同级财政预算，逐步配备和增添密集架、安全设备、信息化设备等必需品，基本满足工作发展需要。

【安全管理】 始终把安全工作作为头等大事，严格执行法律法规，不断筑牢人员、制度、环境、技术、保密等5道防线，以保证档案实体与信息的绝对安全。落实国家和省上关于进一步强化档案安全管理确保档案安全的安排部署，对照《甘肃省各级国家综合档案馆安全评估办法》，开展安全大检查，由局领导带队赴各区县检查督导，并将检查结果进行通报，特别是对省档案局10月督查中指出的问题，逐一向各区县书面下达限期整改意见，传导责任和压力，促使全市上下安全意识不断增强、管理制度不断健全、技术措施不断严密。

【监督检查】 推进依法治档，执法检查近500个机关、团体、企事业单位及乡村、社区等。建立和发挥市级8个档案工作协作组作用，召开协作组会议，与市直部门签订目标责任书，明确工作任务，把档案管理工作有效地延伸到二级单位，实现监督指导全覆盖。9月下旬，由市委办公厅牵头，市委督查室、市档案局组成4个督查组，重点围绕体制机制、安全管理、基础业务、开发利用四个方面，到8个区县和40个重点市级部门开展专项督查。

【规范化管理】 采取集中时间、集中人力、集中整理的“三集中”方式，指导市直部门和高新区、经济区整理档案3万余件，是上年的1.2倍。在此基础上，强化档案馆室达标升级工作，指导各区县创建星级档案馆，指导30家机关、企事业单位开展省级档案规范化达标工作，经市级初评，永登县、七里河区档案馆基本达到4星、3星等级，1家单位达到档案规范化省特级标准，80家单位分别达到档案规范化省A、AA、AAA级标准。指导区县把规范化管理工作向精准扶贫、美丽乡村、非公经济、中介组织、民间协会及项目建设、民生需求等生产生活一线延展。

【制度建设】 转发省档案局《村级档案管理办法实施细则》《档案馆安全评估办法》《建设项目电子档案管理办法》等11个文件，以市委市政府“两办”名义印发《关于在全市机构改革中做好档案工作的意见》《关于规范市政府驻外办事处档案工作的通知》。认真落实国家档案局《机关文件材料归档范围和文书档案保管期限规定》。全年完成23家单位新修订的《文件材料归档范围和档案保管期限规定》的审批，进一步提升档案管理的规范化、制度化、标准化水平。

【农业农村档案工作】 通过抓点带面、分类实施，全市各涉农部门、乡镇及行政村的档案工作基本实现有分管领导、有档案人员、有规章制度、有档案库房，初步建立起科学规范的工作体系，全市60%以上的乡镇、行政村达到2间房、2组铁皮柜的要求，为农业和农村工作提供有效服务。开展精准扶贫档案工作，严格按照《甘肃省精准扶贫档案管理办法》要求，指导各级扶贫办完成精准扶贫档案的规范整理，同步在永登县、榆中县的部分乡镇、村进行试点，下一步将尽快全面延伸到全市乡镇、村两级。

【业务培训】 组织实施《兰州市档案干部培训规划》，举办业务培训班3期，上门指导帮助有关部门举办培训班12期，培训各类档案人员近600人次。实施"请进来"与"走出去"计划，宁波市、合肥市等地同行来兰州市交流业务，也适时组织市区县业务骨干赴省外交流学习。

【馆藏档案】 坚持质量标准，接收机关档案近110卷、1.6万件，同步接收相对应30%的数字化档案副本。积极参与全市性大型活动声像档案采集工作，拍摄兰州马拉松赛照片20余张。做好档案征集，组织开展《兰州记忆》档案编研资料征集活动，征集到部分反映兰州地区经济社会发展过程中产生的政治、经济、文化发展重要事件、重要人物，见证社会生产和人民生活发展变化的文字、图像资料，兰州历史名人、地方特色档案20余件。

【信息化建设】 全年完成46万画幅档案全文扫描、去污审核工作，数字化率达到83%。按照"存量数字化、增量电子化"要求，开展"双套制"进馆工作，推进全市电子档案接收利用系统建设项目。针对档案信息化工作离线数据存储介质单一问题，是年起开展电子档案缩微工作，完成160余万画幅的异质备份，为数据安全管理又增添了一道屏障。

【开发利用】 把档案展示与社会主义核心价值观有机融合，加强爱国主义教育基地建设，制定工作方案、建立工作制度、完善设施设备，受到前来参观的未成年人的喜爱。开展档案编研，国家重点档案开发利用项目《兰州红色档案》完成撰写，即将付梓出版。做好查阅利用接待工作，接待咨询和查阅者5000余人次，提供档案资料3000余卷，发挥档案的社会效益、经济效益。

【宣传活动】 组织实施档案"七五"法治宣传教育规划及年度工作计划，联合城关、七里河、西固、安宁4区档案局在西湖公园开展"6·9"国际档案日大型宣传活动，发放宣传材料6000份。发挥好档案信息网站的作用，密切与《中国档案报》、甘肃省档案信息网、《兰州日报》等媒体平台联系，加强档案信息采编、报送、传播工作，全年发表档案信息160篇，比上年增加1倍。配合省档案局"我与宪法"微视频展播活动，征集并报送兰州市人民检察院、兰州市公安局、兰州市广播电视台等单位微视频3个。局和城关、安宁等区注册和利用微信公众号等新媒体推送档案信息，增强了"自媒体"时代档案宣传工作的时效性、针对性。

（倪佳君）

老干部工作

【概况】 2018年机构改革中，中共兰州市委老干部工作局改名为中共兰州市委老干部局，成为市委工作部门，由市委组织部管理，局机关内设一室二处，即办公室、政治待遇处和生活待遇处，下属市老干部活动中心、市离休干部管理服务中心、兰州老年大学、兰州市金城盆景园4个单位，关工委办公室设在市委老干部工作局，有人员编制116名，至年底，有在职人员92人。全市8个区县设有老干部工作局，市委、市人大、市政府、市政协办公厅、市公安局5家市直单位设有老干部工作处（科），其余70余个市直单位老干部工作均由组织人事部门、办公室或机关党委兼管。全市有专兼职老干部工作人员140余人

【老干部党建工作】 举办专题培训班3期，理论研讨座谈会2期，组织全市离退休干部党支部书记学习标准化建设管理制度，实现全市离退休干部党支部书记培训全覆盖。抽调能力强、素质好的党员干部补充党建工作指导员队伍，配备在职党员担任离退休干部党支部联络员，及时解决难题，协助开展活动。在兰州老年大学和市老干部活动中心建立离退休党支部61个，做到老干部活动学习阵地党组织全覆盖。高度重视离退休干部党支部班子建设，选配党性强、威信高、讲奉献、身体好的老同志担任党支部书记和委员，增强离退休干部党组织活力。联合市委组织部、市财政局等部门研究制定印发《兰州市关于建立健全离退休干部党组织工作经费保障机制的意见》，将离退休干部党组织工作经费纳入财政预算，使财政拨款、企业拨付和自留党费

一起为离退休干部党组织正常开展工作提供保障。

【正能量活动】 举办全市老科技工作者、离退休干部党支部书记代表、全市关工委“五老”骨干专题座谈会，通过开展考察、交流，对500余名老干部进行上门访谈，召开80余场次老干部专题调研座谈会。组织部分地级老干部参观考察区县和陇东地区重点建设项目和改革发展成果，组织全市离退休干部党支部书记参观城市规划展览馆，乘坐“旅游观光车”参观城市发展新面貌，举办全市离退休干部“增添正能量、共筑中国梦”文艺汇演12场。建立局领导班子成员分工负责，各处室负责人具体负责，机关处室包抓区县和市直单位的工作机制，督促指导8个区县和市公安局、市教育局等重点部门正能量活动。省市两级领导先后3次调研兰州市正能量活动开展情况。

【服务保障】 建立完善《离退休干部联系制度》，电话联系老干部1200人次。先后组织老干部参加全市党政军团拜会、全省老干部助力脱贫攻坚行动报告会、全市离退休干部文艺演出等重大会议和活动20余场次；坚持长期为老干部赠阅各类报刊杂志和书籍。全年为1182名离休干部、遗属和地级实职退休干部发放慰问金149.44万元，对181名有特殊困难离退休干部和遗属发放帮扶金40万元。走访慰问安置在华北、华南及省内的49名离休干部和遗属，发放慰问金9.8万元。为改制破产企业离休干部及无固定收入遗属申请各类经费451.88万元。开展为高龄离休干部祝寿活动，举办“体验美好生活”老干部健康大讲堂。制定下发《兰州市离休干部“精准服务”试点工作实施方案》，在市国资委、市离休干部管理服务中心和七里河区开展试点工作，为176名破产改制企业离休干部购买了700元的家政服务卡和300元的用车服务卡，使老干部足不出户就可享受房屋清扫、疏通管道、理发等菜单式家政和外出用车服务。

【文化养老】 开设有益于老同志身心健康的棋牌、球类等活动项目10余项，开办声乐、书画、健康等各类知识讲座18期，参加学习的老干部达1000余人次，全年接待参加活动的老干部达5万人次。举办“庆两会促和谐”老干部麻将比赛、“迎春杯”老干部台球比赛等竞技赛事9场次。兰州老年大学聘用各类兼职教师37人，在课程设置上开设“计算机应用”“养生保健”等新课程，在教学方法上由浅入深、循序渐进，在教学形式上开展第二、三课堂。成立600余人的助力脱贫攻坚行动志愿者服务团和132人的创建文明城市志愿巡访团，经常深入街道社区、企业学校、贫困乡村义务演出和巡访。举办“菊开重阳展风采、凝心聚力正能量”全市离退休干部重阳节文艺演出，700余名离退休干部同台演出。举办“增添正能量、共筑中国梦”全市第2届老干部乒乓球比赛，选送的舞蹈《妙音反弹》在第6届全国老年大学文艺汇演中荣获金牡丹奖（一等奖）；老年模特队在第2届星光大道“首届旗袍秀展演”活动中荣获银奖及优秀组织奖；承办全省老年大学工作联席会议，交流办学经验，观摩公开教学。

【作用发挥】 市关工委联合市委宣传部、市文明办等部门，在全市广大青少年中开展第5届“美德少年”评选、优秀童谣传唱、“扣好人生第一粒扣子”主题教育实践等活动；依托“双百工程”项目，关爱帮扶100名特困高中生，在榆中县园子岔乡组织培训100名青年农民，发放《实用农业技术汇编》等资料300余份；开展“救助困难家庭学生”“关爱留守儿童”“微心愿”活动，筹集资金1253.92万元，解决青少年特殊群体的实际困难；与361°甘青宁分销商合作开展绿色环保公益活动，向各区县、市盲聋哑学校的困难学生赠送运动鞋2.4万双，价值563万元。举办关心下一代工作“五老”骨干培训班，评选表彰100名省市级“最美五老”，在全市新聘183名第四批网吧义务监督员，一批离退休干部组成志愿巡访团，开展创建文明城市巡访活动。市地震博物馆被省关工委命名为第三批“甘肃省关心下一代教育基地”，八路军兰州办事处纪念馆被中国关心下一代委员会命名为“全国关心下一代党史国史教育基地”。

【宣传调研】 围绕加强离退休干部“三项建设”，开展精准服务两个课题调查研究，撰写理论调研文章，择优向省委老干部局报送36篇，向市委组织部报送4篇，向市委办公厅报送1篇，向省关工委选送6篇。规范信息发布流程和审批程序，对工作网、微信公众号、头条号刊登信息及时审核，全年编发《兰州老干部工作信息》20期350篇，被中国老年报采用7篇，《甘肃老干部》刊物采用13篇，市委《兰州信息》刊发6条，《兰州日报》刊登10篇，兰州电视台报道8次，市委组织部《组工通讯》刊发1篇。加强与兰州电视台合作，摄制反映全市老干部工作的电视专题片《春风化雨映晚晴》，用镜头展现兰州市老干部工作中取得的成绩和经验。兰州老年大学与科技公司合作，开发新的教务管理系统和网络报名平台，解决了老年学员通宵排队报名难问题。

（刘存来）

党校工作

【概况】 2018年，市委党校开展“转变工作作风、改善发展环境建设年”专项行动，全面提升办学能力，认真完成各项工作任务。全年举办培训班31期，培训2083人次（主体班16期、培训671人；专题班15期，培训1412人次）。

【科研工作】 全年公开发表科研成果177项。其中，省级成果102项（编著1项）；市级75项。获奖成果33项（其中，省级9项，市级24项）。获得“全省党校系统年度科研工作先进单位”称号。围绕市委中心工作开展课题调研，完成调研课题28项（其中，全省党校系统调研课题5项，兰州市组织工作调研课题13项）；市委宣传部委托课题3项；市纪委课题2项；校级科研课题5项。编辑出版校刊《黄河论丛》6期、《领导参阅》12期，在《兰州日报》刊发“领导干部学习园地”专栏13期，发表理论文章56篇；编辑出版《中共兰州市委党校资政报告》1册。

【研讨交流】 6月13日，举办马克思主义理论的历史价值和当代意义——纪念马克思诞辰200周年研讨会，学习习近平总书记在纪念马克思诞辰200周年大会上的重要讲话。8月31日，举办习近平新时代中国特色社会主义思想暨纪念改革开放40周年——全市党校系统第十五次理论研讨会，为科研人员提供学术研究和成果交流的平台，切实提高教师理论水平。

中共兰州市委党校“纪念马克思诞辰200周年”研讨会

【师资培训】 开展党校姓党、绝对忠诚于党专题教育。系统学习《习近平党校十九讲》，采取校领导讲党课、教研部和党支部集中学习讨论等形式，对全校教师进行党校姓党专题教育，引导教师坚定对马克思主义的信仰，牢记党校事业与党校人的使命，高扬党的理想信念旗帜。组织48名骨干教师到焦裕禄干部学院、红旗渠干部学院接受党性教育，学习焦裕禄的公仆情怀、求实作风和奋斗精神。全年选派37名教师参加全省党校系统骨干教师培训班、全省行政学院系统骨干教师培训班、甘肃省社会主义学院师资培训班、井冈山革命传统教育培训、甘肃省哲学社会科学教学科研骨干研修班、北京大学——兰州市意识形态领域人才共建研修班等。

【道德讲堂】 举办兰州市道德讲堂宣讲育人活动。以社会公德、职业道德、家庭美德和个人品德等内容为主题，宣传先进典型、道德模范，邀请“中国好人”“兰州好人”，开展“弘扬民族传统，传承孝道文化”“学习身边好人，争做道德模范”专题活动21期，受众2000余人，提高市民素质，助力创建全国文明城市工作。

【能力提升】 积极争取上级党校支持。根据《中央党校支持兰州市委党校的工作方案》，先后派分管教学的校委领导及教务处、科研处、党史党建教研部、公共管理教研部负责同志5人前往中央党校教务部和报刊社学习，提升能力水平。

【加强指导】 召开各县区委党校校长座谈会，以“新形势下基层党校发展的现状、遇到的瓶颈问题、破解的思路及建议”为题讨论。举办市县区党校学习贯彻党的十九大精神师资研讨班，开展县区党校教师教学观摩活动，完成全市党校系统中级职称评定工作。

（陈　震）

重要会议

【市十六届人民代表大会第二次会议】 1月6日—9日在兰州举行。会议应到代表334名，出席会议代表323名。不是市十六届人大代表的市政府副市长、市级有关领导及市政府工作部门主要负责人，市人大常委会工作部门负责人，市委、市政府有关部门及有关机关团体负责人，市中级人民法院副院长、市人民检察院副检察长（各1名），兰州新区、区县人民法院院长、人民检察院检察长等114名及22名旁听人员列席大会。邀请市政协领导，甘肃陆军预备役高射炮兵师师长、政委，武警兰州市支队政委及其他在职的副地级领导参加大会开幕式。出席政协兰州市第十四届委员会第二次会议的全体委员列席大会开幕式。市人大常委会主任张建平、市人大常委会副主任孙晓钢分别主持会议。会议听取、审议和通过兰州市代理市长张伟文所作的兰州市人民政府工作报告；审查和批准关于兰州市2017年国民经济和社会发展计划执行情况及2018年国民经济和社会发展计划草案的报告（书面），批准2018年国民经济和社会发展计划草案的报告；审查和批准关于兰州市2017年财政预算执行情况和2018年财政预算草案的报告（书面），批准2018年市级预算；听取、审议和通过张建平主任所作的兰州市人民代表大会常务委员会工作报告；听取、审议和通过王永平院长所作的兰州市中级人民法院工作报告；听取、审议和通过张学军检察长所作的兰州市人民检察院工作报告。会议提出议案118件，全部按建议、批评、意见处理；会议还收集代表提出的建议、批评、意见129件。会议选举张伟文为兰州市人民政府市长；苟海龙为兰州市监察委员会主任；门金勇、王延泽、张兆祯、韩玉金为兰州市人大常委会委员。

【市十六届人大常委会第十次会议】 1月2日在市人大培训中心召开，会期半天。市人大常委会主任张建平，副主任曹丕玉、孙晓钢、李虎林、席飞跃、朱宗礼、段迎存，秘书长刘怀君及委员34人出席会议。市人大常委会委员张松、刘世生请假。市委常委、市政府常务副市长胥波，市中级人民法院院长王永平，市人民检察院检察长张学军，市人大常委会副秘书长，市人大常委会和市政府有关部门负责人列席会议。市人大常委会主任张建平主持会议。会议听取、审议市政府关于2016年度市级预算执行和其他财政收支审计查出问题整改情况的报告；市政府关于2017年市级财政预算调整方案的报告（草案），表决市人大常委会关于批准2017年市级财政预算调整方案的决定；审议、通过兰州市第十六届人民代表大会常务委员会代表资格审查委员会关于个别代表的代表资格审查及代表变动情况的报告；听取市十六届人大二次会议筹备情况的报告；审议、通过市十六届人大二次会议议程、日程草案；市十六届人大二次会议主席团和秘书长等名单草案；市十六届人大二次会议选举办法草案；市十六届人大二次会议关于议案和建议、批评、意见的处理办法草案；市十六届人大二次会议列席范围草案；审议《兰州市人民代表大会常务委员会工作报告（草案）》。

【市十六届人大常委会第十一次会议】 1月9日在市人大培训中心召开，市人大常委会主任张建平，副主任曹丕玉、孙晓钢、李虎林、席飞跃、朱宗礼、段迎存，秘书长刘怀君及委员36人出席会议。市人大常委会委员朱文龙、刘志坚、刘世生、门金勇请假。市委常委、市纪委书记、市监察委员会主任苟海龙，市委常委、市政府副市长吴险峰，市中级人民法院院长王永平，市人民检察院检察长张学军，市人大常委会副秘书长，市人大常委会和市政府有关部门负责人列席会议。市人大常委会主任张建平主持会议。会议听取、审议市政府关于2017年依法行政工作情况报告；市政府关于全市“七五”普法工作进展情况的报告；审议、通过兰州市人民代表大会常务委员会关于修改《连城国家级自然保护区条例》等七部法规的报告及人事任免事项。

【市十六届人大常委会第十二次会议】

2月28日在市人大培训中心召开，会期半天。市人大常委会主任张建平，副主任曹丕玉、孙晓钢、李虎林、朱宗礼、段迎存，秘书长刘怀君及委员34人出席会议。市人大常委会副主任席飞跃，委员丁肃静、王艺潼、刘志坚、李长生、李世祥请假。市政府副市长唐琦，市中级人民法院院长王永平，市监察委员会副主任陈立江，市人民检察院副检察长王锐，市人大常委会副秘书长，市人大常委会和市政府有关部门负责人列席会议。市人大常委会主任张建平主持会议。会议听取、审议市政府关于2018年全市乡村振兴战略暨扶贫攻坚工作安排情况的报告；市政府关于城乡规划工作情况的报告；审议、通过兰州市人大常委会2018年工作要点及人事任免事项。

【市十六届人大常委会第十三次会议】 4月24日在市人大培训中心召开，会期1天。市人大常委会主任张建平，副主任曹丕玉、李虎林、席飞跃、朱宗礼、段迎存，秘书长刘怀君及委员33人出席会议。市人大常委会副主任孙晓钢，委员门金勇、冯广宸、吕斐斌、刘世生、辛秀先、袁平请假。市政府副市长唐琦，市中级人民法院院长王永平，市监察委员会副主任张秋兴，市人民检察院副检察长王锐，市人大常委会副秘书长及部分市人大代表，市人大常委会和市政府有关部门负责人列席会议。市人大常委会主任张建平主持会议。会议听取、审议市人大法制委员会关于《兰州市机动车排气污染防治条例（草案）》审议结果的报告，审议并通过《兰州市机动车排气污染防治条例（草案二次审议稿）》；听取和审议市政府关于贯彻落实《中华人民共和国未成年人保护法》情况的报告；市政府关于全市招商引资工作的报告；听取和审议市政府关于黄河风情线大景区工作情况的报告；兰州市第十六届人民代表大会常务委员会代表资格审查委员会关于终止个别代表代表资格的审查报告；审议并通过兰州市第十六届人民代表大会常务委员会关于调整代表资格审查委员会组成人员的决定；兰州市人民代表大会常务委员会关于同意孙晓钢辞去兰州市人大常委会副主任职务的决定及人事任免事项；学习传达十三届全国人大一次会议精神。

【市十六届人大常委会第十四次会议】 6月28日在市人大培训中心召开，会期1天。市人大常委会主任张建平，副主任曹丕玉、李虎林、朱宗礼、段迎存，秘书长刘怀君及委员32人出席会议。市人大常委会副主任席飞跃，委员丁肃静、王艺潼、刘志坚、李世祥、罗刚、康珺楠请假。市委常委、市政府副市长吴险峰，市中级人民法院院长王永平，市人民检察院检察长张学军，市监察委员会副主任杨孔永，市人大常委会副秘书长及部分市人大代表，市人大常委会和市政府有关部门负责人列席会议。市人大常委会主任张建平主持会议。会议听取市政府关于《兰州市城镇燃气管理条例修正案（草案）》的说明，审议《兰州市城镇燃气管理条例修正案（草案）》；听取市人大法制委员会关于《兰州市什川古梨树保护条例（草案）》审议结果的报告，审议并通过《兰州市什川古梨树保护条例（草案二次审议稿）》；市政府关于贯彻实施《中华人民共和国民办教育促进法》情况的报告、关于贯彻实施《中华人民共和国归侨侨眷权益保护法》情况的报告、关于全市财政绩效评价工作情况的报告；市中级人民法院关于家事审判方式和工作机制改革的报告；市人民检察院全面深入推进公益诉讼工作的报告；审议并通过人事任免事项。

【市十六届人大常委会第十五次会议】 8月30日在市人大培训中心召开，会期1天。市人大常委会主任张建平，副主任曹丕玉、李虎林、席飞跃、朱宗礼、段迎存，秘书长刘怀君及委员35人出席会议。市人大常委会委员王艺潼、刘世生、刘世英、袁平请假。市委常委、市政府副市长吴险峰，市中级人民法院院长王永平，市监察委员会副主任杨孔永，市人民检察院副检察长王锐，市人大常委会副秘书长及部分市人大代表，市人大常委会和市政府有关部门负责人列席会议。市人大常委会主任张建平主持会议。会议听取、审议市政府关于兰州市2018年上半年国民经济和社会发展计划执行情况的报告、关于兰州市

2018年上半年财政预算执行情况的报告、关于2018年上半年市级财政预算调整方案（草案）的报告；审议市人大财政经济委员会关于2018年市级财政预算调整方案的审查报告（书面），作出市人大常委会关于批准2018年市级财政预算调整方案的决定，审查批准2018年市级财政预算调整；听取和审议市政府关于2017年度市级预算执行和其他财政收支的审计工作报告；关于2017年市级财政决算草案的报告，审议市人大财政经济委员会关于2017年市级财政决算草案的审查报告（书面），作出市人大常委会关于批准2018年市级财政决算的决议，审查批准2017年市级财政决算；听取和审议市人大法制委员会关于《兰州市城乡规划条例（草案）》审议结果的报告，审议《兰州市城乡规划条例（草案二次审议稿）》；听取和审议市政府关于《兰州市南北两山绿化管理条例》贯彻实施情况的报告；市政府关于全市扫黑除恶专项斗争工作情况的报告；市政府关于全市住房及棚户区改造工作的报告；审议并通过人事任免事项。

【市十六届人大常委会第十六次会议】　10月31日在市人大培训中心召开，会期1天。市人大常委会主任张建平，副主任曹丕玉、李虎林、席飞跃、朱宗礼、段迎存，秘书长刘怀君及委员30人出席会议。市人大常委会委员王波、王延泽、尹建敏、冯广宸、朱文龙、刘世英、刘志坚、孟克斌、保元德请假。市政府副市长左龙，市中级人民法院院长王永平，市监察委员会副主任杨孔永，市人民检察院副检察长王锐，市人大常委会副秘书长及部分市人大代表，市人大常委会和市政府有关部门负责人列席会议。市人大常委会主任张建平主持会议。会议听取、审议《兰州市环境噪声污染防治办法》立法后评估报告；市政府关于贯彻实施《中华人民共和国安全生产法》情况的报告、关于贯彻实施《兰州市城市生活饮用水水源保护和污染防治办法》情况的报告、关于全市水利工程及防汛工作情况的报告、关于兰州市食品药品安全监管工作的报告；审议并通过人事任免事项。

【市十六届人大常委会第十七次会议】　12月28日在市人大培训中心召开，会期1天。市人大常委会主任张建平，副主任曹丕玉、李虎林、席飞跃、朱宗礼、段迎存，秘书长刘怀君及委员34人出席会议。市人大常委会委员门金勇、丁肃静、尹建敏、朱文龙、李长生请假。市政府副市长刘荣，市中级人民法院院长王永平，市人民检察院检察长张学军，市监察委员会副主任杨孔永，市人大常委会副秘书长及部分市人大代表，市人大常委会和市政府有关部门负责人列席会议。市人大常委会主任张建平主持会议。会议听取、审议市政府关于市十六届人大二次会议代表建议办理情况的报告、关于2018年兰州市依法行政工作情况报告、关于2018年下半年市级财政预算调整方案（草案）的报告、关于2017年市级预算执行和其他财政收支审计查出问题整改情况的报告、关于防范和化解政府性债务风险情况的报告、关于2018年市委市政府为民办实事及兰州市承担省委省政府为民办实事任务完成情况的报告；兰州市第十六届人民代表大会常务委员会代表资格审查委员会关于终止个别代表的代表资格审查及代表变动情况的报告；审议并通过市人大常委会关于召开兰州市第十六届人民代表大会第三次会议的决定（草案）；审议《兰州市人大常委会工作报告（草案）》；审议并通过人事任免事项。

主要工作

【立法工作】　坚持科学立法、民主立法、依法立法，紧紧围绕生态环境、社会主义核心价值观、社会民生等重点领域，审议通过《兰州市机动车排气污染防治条例》《兰州市什川古梨树保护条例》，经省人大常委会审查批准，分别于2018年10月1日、2019年3月1日起实施。对《兰州市城镇燃气管理条例》进行一审，对《兰州市城乡规划管理条例》进行二审，对危险化学品安全管理、公园管理、兴隆山旅游管理、气象灾害防御、文明行为促进等方面内容进行立法调研，对《兰州市环境噪声污染防治办法》开展立法后评估。开展涉及生态环境领域法规的专项清理工作2次，对《连城国家级自然保护区条例》等5部地方性法规进行修改并公布实施。为夯实立法基础，提升立法工作水平，在兰州大学、西北师范大学、兰州财经大学设立法研究基地。为全面提升立法队伍的法律素养和专业素质，组织立法工作人员参加全国人大和省人大常委会立法培训班，举办全市地方立法工作培训班2期，200余人参加学习培训。

【监督工作】　紧紧围绕推动中央和省、市委决策部署贯彻落实，突出经济社会发展的重点领域和关键环节，综合运用各种监督方式，实行依法监督、正确监督、有效监督，听取和审议城乡规划、扫黑除恶、招商引资、为民兴办实事、住房及棚户区改造、食品药品监管等20余个专项报告及《兰州市未成年人保护法》《民办教育促进法》《归侨侨眷权益保护法》《安全生产法》《防洪法》《工会法》《兰州市南北两山绿化管理条例》等7部法律法规的贯彻实施情况。对兰州市现代物流业发展、城市建设和管理、大气污染防治、水污染防治、公共场所控制吸烟、老年人权益保障、农村留守儿童保护、黄河干流兰州段防洪治理等35项工作进行检查、视察或调研。受理、协调督办人民群众来信来访841件次。

【代表工作】 深化拓展“脱贫攻坚人大代表在行动”，落实“三区帮三县”对口帮扶机制，强化全市人大系统帮扶合力，引导全市各级人大代表广泛参与脱贫攻坚行动，带动全社会力量投入脱贫攻坚主战场。全年各级人大代表帮助协调落实项目516个、资金2.82亿元；“三区帮三县”对口帮扶落实资金524万元，497名建档立卡贫困家庭学生受到资助，28名贫困家庭学生得到结对帮扶。发挥人大代表在助推文明城市创建中的作用，向全市各级人大代表发出倡议书，引导全市各级人大代表主动作为，带动全市人民支持参与、维护文明。加强和改进“一府一委两院”向代表通报政情工作，利用兰州人大网、手机短信平台、人大代表微信群等及时向代表通报工作情况。组织160余名省、市人大代表参加视察、检查和调研活动，邀请50余名市人大代表列席市人大常委会会议和专门委员会会议，邀请90余名各级人大代表参加市上有关测评会、座谈会、评议会、听证会，有关单位采纳代表意见建议200余条。及时对市十六届人大二次会议期间提出的248件代表建议进行交办，对主任会议确定的15件重点建议进行督办，代表建议办理工作质量不断提高。

（穆晓娟）

兰州市人民政府

重要会议

【常务会议】 2018年，市政府召开常务会议26次，研究讨论全市经济社会发展中的重要事务。主要有学习《中华人民共和国行政复议法》《中华人民共和国环境保护法》《中华人民共和国城乡规划法》《中华人民共和国行政许可法》等相关法律；传达学习中央、省上领导的重要讲话精神；审议通过《2018年市委市政府为民办实事项目清单》《关于兰州市2017年国民经济和社会发展计划执行情况及2018年国民经济和社会发展计划草案的报告》《关于中办回访调研祁连山生态环境整治情况报告重点工作任务落实情况的报告》《关于兰州市属国有企业办理国开专项基金增资扩股工商变更登记的请示》《兰州市重大建设项目稽查办法》《兰州市2018年重大项目稽查工作方案》《兰州市城市生活垃圾分类制度实施方案》《关于进一步加强城市规划建设管理工作的实施意见》《兰州市土地整治规划（2016–2020）》《兰州市加快推进县域经济发展指导意见》《兰州市招商引资工作指导意见》《关于深入推进城市执法体制改革改进城市管理工作的实施意见》《兰州市人民政府贯彻落实转变作风改善发展环境建设年活动工作方案》《兰州市第24届中国兰州投资贸易洽谈会兰州市工作方案》《兰州市推进城镇人口密集区危险化学品生产企业搬迁改造实施方案》《关于调整节能减排财政政策综合示范区城市典型项目中央奖励资金计划的请示》《关于黄河风情线景观亮化提升工程示范段项目有关问题的请示》《关于加强耕地保护和改进占补平衡的实施意见》《关于公立医院薪酬制度改革试点有关政策性文件的请示》《兰州市进一步优化土地供应管理促进节约集约用地实施意见》《兰州市人民法院兰州市人民检察院清产核资结果的请示》《兰州市轨道公司资产负债情况的报告》《关于全面深化时代教师队伍建设改革的实施意见》等规范性文件。内容涉及城市建设管理、社会保障、生态建设、民生建设、扶贫开发、环境整治、卫生教育、文化旅游、政务公开、行证审批、人事任免等方面。

【市长办公会议】 兰州市人民政府办公会议召开12次，主要研究恒大集团在兰项目、缓解停车难及智慧停车建设、兰州城市雕像建设、大砂沟综合整治、部署深化“放管服”改革工作、“11・3”兰海高速兰临段道路交通生产安全责任事故善后处理、国电兰州热电公司今冬明春供热应急保障、碧桂园集团在兰项目、市政基础设施重点项目建设、黄河风情线健身步道清淤工作、兰州市公路网建设推进、兰州市轨道交通建设等工作有关事宜。

【中央部委领导在兰州调研】 10月23日，中央委员、中央统战部副部长、全国工商联党组书记、常务副主席、中国光彩会会长徐乐江一行在兰州新区进行调研指导工作。

【省领导在兰州调研】 2月24日，省委书记林铎围绕加快兰白国家自主创新示范区建设在兰州进行调研，强调要加快实施创新驱动发展战略，努力把兰白国家自主创新示范区打造成高质量发展的重要引擎、平台和支撑。

是日，省委副书记、省长唐仁

健调研榆中县，强调要做实“一户一策”，坚决攻克深度贫困，加快推进田园综合体建设，努力为全省提供示范借鉴。

3月27日，省政协主席欧阳坚赴永登县调研学习贯彻落实全国“两会”精神和推动文化和旅游融合发展情况。科学挖掘历史文化资源的经济价值和社会教育功能，为旅游产业注入文化灵魂，用文化的力量加快旅游产业快速发展。

4月4日，副省长张世珍一行来到兰州新区职教园区、益海嘉里兰州新区粮油加工基地和兰州新区综合保税区等地，调研兰州新区职业教育发展、商贸物流和商品交易情况。

【考察访问】 12月21日，市长张伟文带领有关部门负责人赴西宁共商兰西城市群建设事宜，围绕抢抓“一带一路”建设机遇，进一步深化交流合作，努力在政策、区位、资源等方面实现优势互补、合作共赢，共同推动兰西城市群建设开好局起好步，努力打造西部区域经济发展新的增长极。

（市政府办公室）

为民兴办实事

【城市建设】 建设雁滩雕塑公园；实施动物园异地搬迁项目；实施国电兰州热电联产“上大压小”异地建设项目配套长输供热干线工程；新建人行天桥10座；建成运营轨道交通1号线一期工程。

【公共服务】 实施教育资源扩大化项目15个；实施市中医院异地搬迁项目。

【农村惠民】 实施农村5.53万人饮水安全巩固提升工程；实施自然村通畅工程500公里；实施农村改灶、改炕、改厕“三改”项目；实施永登县、榆中县易地扶贫搬迁项目；配备和改造农村全域无垃圾处理设施。

【城市惠民】 完成水源地建设工程；整治背街小巷20条；新建近郊4区公共停车泊位7000个。

【安居保障】 实施棚户区改造31206户。

【社会管理】 实施公共安全视频监控建设联网应用项目二期工程；建成轨道交通东岗和陈官营2座消防站。

（市政府办公室）

应急管理

【概况】 2018年，市政府应急办（市政府总值班室）在值班值守、信息报送、综合协调、应对处置各类突发事件中继续发挥重要作用。市政府应急管理办公室（市政府总值班室、市长专线办）的沿革。兰州市人民政府市长专线电话办公室成立于2000年4月1日，成立之初与市政府督查室合署办公，承担市政府总值班室职责。时任督查室主任陈茂林，副主任孙成秋、周建林。2001年6月，张恩坛任主任。2003年，市长专线电话办公室与市政府督查室分设，为副县级建制，专门履行受理市民投诉和市政府总值班室职责，任立社、胡彦明任市长专线办副主任。2008年6月，市人民政府应急管理办公室成立，与市长专线办、市政府总值班室合署办公，正县级建制，下设两个科级处：综合管理处和应急指挥协调处（总值班室），郑继祖兼任主任；任立社为副主任，胡彦明任办公厅副县级调研员，在应急办工作。2012年2月，郑继祖不再兼任应急办主任。2015年5月，市长专线电话受理工作移交新成立的兰州市社会服务管理中心。2015年7月，高生军调任市政府应急办副主任，2016年1月任主任。2017年12月、2018年3月，鲁培杰、左世合先后任市政府应急办副主任。2018年2月任立社任市政府办公厅调研员后调离。2019年2月机构改革，市政府应急办撤消，保留市政府总值班室（科级建制），应急管理职能划归新设立的市应急管理局，高生军调任市地方志办主任、鲁培杰、左世转任应急局副局长。

【应急值守】 严格落实应急值守24小时工作制度和领导带班制度，妥善做好值班值守工作，特别是节假日、双休日等正常工作日以外值班工作。受理协调处理每一项紧急重大事项，做好值班记录，细化值班员责任和工作流程，防止差错和疏漏，应急值守工作未发生责任问题。在7个国家法定节假日，以市政府办公厅名义安排市政府机关总值班工作，做好公休日及下班后市政府机关值班工作，承担所有节假日值班工作的主体责任，及时向市政府领导和省政府总值班室报告节假日期间每天的值班及社会安全情况。做好对各区县政府和市直部门单位应急值班工作的检查抽查，杜绝值班人员脱岗、值班电话不通等制度落实不到位问题，促进政府系统的政务值班工作，确保紧急和重要事项的及时高效处置。

【信息报送】 向省政府应急办（总值班室）和市委、市政府领导上报《兰州市值班信息》263期，接报“4·19”“5·18”“7·20”“8·2”等强降水、“9·28”城关区南滨河路与金昌北路什字路面塌陷，“11·3”兰海高速兰临段道路交通生产安全责任事故等紧急突发事件信息，向市领导和各区县、市直有关部门发送信息70103条。编发《应急管理动态》24期，对在信息报送中发生迟报、漏报等问题的单位累计通报30个次。全年编辑《兰州市政府应急办（总值班室）值班日志》12册、150余万字（2016年编辑160万字，2017年编辑170万字）。对全市每月各类突发事件应对处置工作及应急信息报告情况进行汇总、分析，总结经验，指出问题，指导基层应急管理工作。按照突发事件信息报送工作要求，督促区县政府和市直部门切实履行主体责任，切实发挥应急信息报告主渠道作用，注重做好对报送信息的审核把关，使应急信息报告工作基本做到及时、全面、准确。

【应急工作落实】 制定《2018年全市应急管理工作要点》，完善应急管理制度，细化全年工作任务，将各项目标任务分解到人，确保各项目标任务贯彻落实到位。年初，为进一步拓宽和完善突发事件信息来源，依法依规采购突发事件网络监测服务。制定下发《兰州市“十三五”应急体系建设规划的通知》，为今后一个时期兰州市应急管理工作提供总体目标和基本遵循。依托智慧城市建设，以市消防支队为试点，推进数字化预案修编工作。全年对49个预案中的44个市级专项预案分环节进行修订，召集修订工作会议3次，对每个预案的修编逐一提出明确要求，11月底修订工作基本完成，进入报请市政府办公厅签发环节。截至年底，以市政府办公厅名义提请印发16件，成稿报市政府办公厅待签发6件，要求部门（单位）再修改报办公厅签发22件。

【应急培训】 3月，组织召开首期应急管理大讲堂，邀请上海市政府应急办专职副主任谭维勇、黄栋、郭福彬一行3人，作为期2天的应急管理讲座及座谈，其中3月29日，市委副书记、市长张伟文主持召开市政府党组理论学习中心组应急管理专题学习（扩大）会议，全市设1个主会场和11个视频分会场，培训领导干部1600余名；6月6日，由市政府应急办组织市应急委专家咨询委员会委员活动，邀请省地质灾害专家黎志恒院长在红古区举办地质塌陷培训讲座，培训领导干部150余名；6月12日，市政府应急办联合市水务局、市气象局，举办全市汛期地质灾害防御及应急处置培训会，邀请灾情信息专家郝南，培训市直各部门、区县、乡镇（街道）、社区干部400余名；6月27日—29日，在市委党校，市政府应急办与市委组织部、市委党校、市安监局联合举办2018年全市领导干部突发事件应急处置培训班和2018年全市领导干部安全生产培训班，市应急委专家委员会副主任委员刘铁民，应急管理部信息研究院院长贺佑国，中央党校（国家行政学院）应急管理案例中心主任钟开斌等国内知名专家培训区县、市直各部门等副县级领导干部160余名。市政府应急办协调兰州永安减灾培训中心，邀请国家著名应急救援讲师在红古区、市卫计委等开展应急救援员高级培训班，培训救援员300余名。市政府应急办主任在全市举办“居安思危当好应急响应第一人您准备好了吗?”讲座15场，培训4000余人，3年举办应急管理讲座130余场，培训1.8万人次，其中应邀在兰州大学、省地震局等单位为广西、广东、山东、内蒙古、辽宁、四川、湖南、湖北、重庆及大连、青岛等10余个省市领导干部做应急管理讲座，受到好评。

2018年2月8日，市政府应急办举办全市物业服务企业消防安全应急响应培训班

【宣教活动】 为纪念“汶川地震”10周年，5月12日，市政府应急办与省地震局在兰州国家陆地搜寻与救护基地举办“5·12全国防灾减灾日”体验与科普为主题开放日宣传活动，5000余名兰州干部群众参观体验学习，中央电视台进行直播报道。

【应对舆情事件协作机制和院前紧急救援联动机制】 11月中旬，市政府应急办与市委宣传部、市委网信办、市政府新闻办、市委应急办等建立突发事件信息共享机制和应对舆情事件协作机制。协调省卫健委、省120急救中心及在兰省属医院、部队医院，兰大、省中医大附属医院，市属医院等，建立兰州市较大及以上突发事件院前紧急救援联动协调工作机制，并以市卫计委名义下发。进一步完善市政府应急办与市气象局2017年7月建立的兰州市气象应急响应群工作机制，群内应急响应人员1300余名，2018年1月，政府应急办主任被甘肃省气象局评为全省优秀气象信息员。完善水上搜救联动协调工作机制，全年成功救起落河落水者36名。

（胡彦明　王雷刚）

政务服务

【概况】　2018年，兰州市政务服务中心总体工作在国务院第五次大督查工作中得到“放管服”督查组的肯定和认可，并将中心创新开展的建设项目“模块化联审联批”模式作为地方经验做法上报国务院。在由兰州大学管理学院完成的《基于政府网站信息的甘肃省市州政府绩效评价报告2018》中，兰州市在全省各市州行政服务环境评价得分位居第一。2018年度，市政务服务中心在扶贫工作考核中为小组第一。

【运行管理】　至年底，市政务服务中心进驻35个部门772项政务服务事项，内设行政审批处室的17家单位和部门已全部整建制进驻中心，有13个窗口分管领导任窗口首席代表。对照市政府公布的第一批市级部门取消的102项证明事项进行梳理，筛选出中心第一批“减政便民”政务服务事项68项，印发《兰州市政务服务中心关于对应取消第一批证明事项的通知》，督导涉及的12个部门予以取消。对市编办前期确认的市级政务服务事项清单（994项）及“四办四清单”（647项）、“最多跑一次”事项（599项）、行政许可事项通用目录（182项）及16批取消调整的行政许可事项目录，建立兰州市部门办理政务服务事项数据库，实现事项的动态规范管理。“只进一扇门”办理事项，11月30日前，两批新增进驻的125项全部一次性进驻完毕。加强依法行政日常动态监管，确保权力运行在法治的轨道上。持续深化服务受理零推诿、服务方式零距离、服务流程零障碍、服务事项零积压、服务质量零差错为内容的“五零”服务，建立完善《咨询登记服务规范》《咨询导办服务100问》，建立健全企业群众投诉处理制度。进一步完善《兰州市政务服务中心窗口单位考核评议实施方案》，全年收到各类表扬评议17人次。

【构筑“三道服务线”】　按照“分类为主，兼顾全科”“全科为主，兼顾分类”和“无差别全科受理”三个阶段，推进“一窗通办”。对优化布局前台服务区、后办办理区、帮办代办区。制定完成并由市政府办公厅印发《兰州市改革简单类政府投资项目审批流程实施办法》《兰州市建设工程项目施工图“多图联审”实施办法》《政府投资房屋建筑工程审批流程》《政府投资市政基础设施建设工程审批流程》《企业投资房屋建筑工程审批流程》。通过梳理并联审批项目，涉及的19个部门可以联办131项，减少各类重复要件166个。制定完成并由市政府办公厅印发《兰州市企业投资项目帮办代办实施方案》，设立帮办代办窗口，加快推进“全流程服务”。依托大数据平台，推行审批结果快递送达等服务模式。在办件量较大的窗口摆放企业信用承诺书，企业在办理相关事项之前先签署《信用承诺书》，试行信用政务服务。提请市委市政府设立兰州市政务综合受理服务中心（兰州市政务帮办代办服务中心），11月，市政府将市贷款建设路桥车辆通行费收费管理处整体调整移交市政务服务中心管委会代管，中心将整体划转的56名工作人员进行“跟班培训”，为全面开展帮办代办工作培养队伍。

【实施“模块化联审联批”】　组织协调进驻部门联合赴项目单位开展上门服务、联审联批、前期辅导等工作，邀请重点项目单位、审批部门和相关方面为招商引资项目提前对话沟通，靠前解决项目单位手续报批方面问题，提高项目审批通过率。

【电子证照共享】　按照“分门别类、建立目录、系统录入”方法，梳理市级各部门颁发的各类证照，录入兰州市电子证照综合管理系统，建立电子证照库，实现证库对

政务大厅为民服务窗口

接，并动态跟踪完善。至年底，兰州市电子证照库存量证照109类146万余个。采取“帐号关联、在线获取、随时调用”方法，实现兰州市电子证照库与兰州市政务服务网（甘肃政务服务网兰州站）、兰州市行政审批服务系统的无缝对接。中心会同市大数据局组织市级各审批部门梳理电子证照工作需要和办事企业群众需求，不断完善电子证照库。督促提升“事项共享证照率”（可共享电子证照的事项数/市级目录进驻中心的事项数）、“共享证照点击率”（可共享电子证照办件点击数/进驻中心事项办件点击数）、“共享证照成功率”（共享电子证照成功办件数/进驻中心事项办件总数）。至年底，事项共享证照率达到68.16%，共享证照点击率已提高到69.97%，共享证照成功率达到44.08%。办事窗口协同、职能部门协同、层级领域协同、技术保障协同、线上线下协同。设置综合受理区，实行办事窗口协同。研究制定《兰州市政务服务中心联审联批实施方案》，企业和群众可通过兰州市政务服务网在线获取电子证照进行事项申报；现场办理时，窗口不再要求企业和群众提供纸质证照材料。进驻市政务服务中心的35个部门“一把手”签署电子证照应用承诺书。部门窗口填报电子证照应用日统计表，建立电子证照应用清单，进行分析研判。建立证照类别缺失、数量不全、数据瑕疵三大类问题清单，及时妥善解决。

【依法行政】　制定《市政务服务中心2018年依法行政工作要点》《党工委会议事决策制度》《管委会会议议事制度》《合同管理制度》《重大财务事项集体决策制度》《政府采购管理制度》等19项制度，推进实现决策和管理民主化、科学化、制度化。全面推行政务信息公开，严格规范办事指南、业务表单，全面公开进驻事项的法律依据、审批时限、所需要件、收费标准。认真落实主要负责人法治建设第一责任人责任，完善法律顾问参与机制，2018年法律顾问审核政府采购招标合同提出修改意见或法律文书20余份，开展法制培训2次。全年组织部门会议学法6次，举办法制培训4期，培训人员800人次。

【其他工作】　中心党工委将进驻部门窗口纳入落实全面从严治党主体责任范围，严格执行“一岗双责”，确保中央、省、市各项决策部署落地生根。全年坚持约谈提醒常态化，主要负责同志累计约谈各处室、各窗口工作人员99人次，其他班子成员累计约谈分管处室、窗口工作人员56人次，确保党员干部不出事、干成事。逐级签订全面从严治党责任书和意识形态责任书，结合“巡察”整改，建立完善各项议事制度、运行制度、管理制度、学习制度和财务制度，进行有效落实，筑牢拒腐防变的思想制度防线。按照干部选拔任用调配有关规定，选拔调配1名干部进入中心，同时经请示市委组织部，同意对上年11月调入中心的2名干部进行任职，对1名副科级领导职务进行试用期转正考核，所有程序严格执行有关规定。认真贯彻落实中央、省、市关于意识形态工作的决策部署和《2018年意识形态工作目标责任书》，始终把意识形态工作摆在重要位置，严格落实中心组学习制度，开展意识形态理论研讨及专题研判。建立标准化党建工作室，建立政务中心党员工作QQ和微信群、党小组工作QQ和微信群，做到开展组织生活有阵地。结合推进学习型政府建设的要求，印发《关于开展“兰州人·百姓讲堂”活动的通知》《关于开展“政务服务互动讲堂”活动的通知》，组织开展“兰州人·百姓讲堂”活动3场次，“政务服务互动讲堂”15场次。

（刘国强）

法治工作

【概况】　2018年，市政府法制办全面推动依法科学民主决策，严格规范公正文明执法，完善落实有效监督，努力建设职能科学、权责法定、执法严明、公开公正、廉洁高效、守法诚信的法治政府。全市12441名行政执法人员参加培训，11295人通过考试，通过率90.79%，为各级部门和执法单位培养一批规范执法的“明白人”。

【依法行政】　组织召开全市依法行政工作领导小组（扩大）会议，制定下发《兰州市2018年依法行政工作要点》《兰州市依法行政考评实施方案》及《考评标准》，依法行政工作纳入全市目标考核体系。紧扣提高领导干部法治能力突出“关键少数”核心，制定《2018年兰州市人民政府常务会议学法计划》，落实“一月一法”学习，向全市印发“一月一法”小册子1.2万余册，推动政府常务会议学法制度化常态化。以建设学习型机关活动为载体，围绕依法行政的核心内容从理论与实务着手，举办为期3天的政府法制机构领导干部法治能力提升培训班。依托兰州市法制工作信息平台，开设专题讲座3场，精选培训课程12门，对全市行政执法人员进行网上培训和考试。为推动重点工作落实和难点问题解决，对重大决策合法性审查、执法案卷评查、重大执法决定法制审核、行政行为被法院或复议机构纠正等8项刚性指标加大考核比重。7月初，对8个区县和重点部门进行为期一周的督导检查。完成省上对兰州市依法行政工作的中期督导。9月底，对重点部门落实《兰州市法治政府建设实施方案（2016-2020年）》年度55项任务情况再摸底、再推进。

【政府制度建设】 修订完善《兰州市拟定地方性法规和制定政府规章程序规定》，推动政府立法程序规范化。制定下发《兰州市人民政府规章和法规草案立法技术规范》和《兰州市人民政府规章立法后评估办法》，不断完善立法实体内容，提高立法质量。制定下发《兰州市人民政府2018年立法计划》《兰州市城镇燃气管理条例》地方性法规议案，提请市人大常委会审议，制定和修订政府规章6件、废止2件，为政府决策提供制度保障。认真落实《兰州市行政规范性文件制定和备案规定》，严格政府规范性文件“三统一”和有效期制度，严把规范性文件的审查关、备案关、登记关，确保政府规范性文件未经合法性审查，不得提交相关会议研究；经审查不合法的，未经纠正不得发布施行。审查市政府各类文件315件。其中，规范性文件106件；非规件209件。无规范性文件因违法被省政府撤销或纠正。完成建国以来市政府规范性文件清理工作，废止661件，向社会公布现行有效规范性文件351件。认真落实省市减政便民、优化服务开展证明事项清理工作的要求，清理出证明事项1114项，建议保留838项，建议取消276项。完成军民融合、产权保护、证明事项和生态环境保护四个领域的专项清理工作，清理出地方性法规8件，市政府规章13件，市政府规范性文件31件。

【规范行政执法】 严格规范行政执法主体和执法人员资格管理，建立市、区县法制机构审核、市政府统一认定公布的执法主体资格管理、执法人员综合法律知识分级培训、专业法律知识分块培训、执法人员身份甄别制度。全面清理行政执法主体和执法人员，确认全市行政执法主体756个，行政执法人员16501人。制定下发《全面推行行政执法“三项制度”改善发展环境的实施意见》，召开“三项制度”工作座谈会，对该项工作进行重点安排部署，有效推动重大执法决定法制审核、执法全过程记录、行政执法公示三项制度落实。认真开展执法检查和案卷评查，借助半年督导和重大案件执法检查，开展“三项制度”落实情况检查，推动“三项制度”落实见效，不断改善全市营商环境。遴选建立80人的行政执法案卷评查员队伍，从全市2.4万余部行政执法案卷中随机抽取100卷进行现场评查打分，推动执法案卷规范化。从人大代表、政协委员、律师、社区工作者和民主党派、工商企业等社会各界中聘请组建20人的监督员队伍，对全市行政执法活动进行义务监督，发挥社会力量参与行政执法监督的作用。认真落实行政执法与刑事司法衔接工作，督促落实重大行政处罚报备制度。对上年全市办理的行政处罚案件、行政强制案件及行政征收案件，全部予以审核。印发《关于开展2018年度优化营商环境规范行政执法检查工作的通知》，深入市级重点执法部门开展监督检查。印发《关于进一步规范行政处罚自由裁量权工作的通知》，要求全市具有行政处罚权的部门根据法律立改废情况，再次梳理行政处罚自由裁量权并公布。

【法定程序】 严格落实《兰州市人民政府重大行政决策程序规定》，确定法制机构负责人全程列席政府常务会议，落实凡政府常务会议法制机构所列议题必须经过法制审核，重点专项会议全程参与，确保政府重大决策合法合规。各区县、市直相关部门报送市政府的重大决策事项，必须经过部门法制机构审核并出具审核意见，守好合法性审查第一道防线。不断强化政府法律顾问队伍建设，结合市政府法律服务需要、法制工作实际和律师专业特长，遴选市政府法律顾问15名，要求各区县、各部门、乡镇（街道）全面建立法律顾问制度。全市实现区县政府和市直部门聘请法律顾问全覆盖，全市101个乡镇（街道）聘请法律顾问。强化政府法律顾问服务工作，突出政府决策、法治培训、法律事务、政府合同等重点任务，推动政府法律顾问服务深入到政府工作的方方面面。市政府法律顾问出具各类法律意见书180份，组织或参加各类重大决策会议48次，对可能存在的履约及法律风险提出具体审查意见。代理行政诉讼案件39件，协助相关部们办理行政诉讼案件16件，为港联违法建设提供全程法律服务，为太平洋诉市政府案件提供法律服务。制定《兰州市政府和行政机关法律顾问管理办法》，规范政府法律顾问遴选和管理，明确政府法律顾问退出机制，发挥法律顾问参谋助手作用。严格管理考核，通过遴选，增补替换市政府法律顾问6名。

【信息平台建设】 研发建设兰州法制信息化平台，实现全市行政执法人员网上培训考试、网上执法监督、政民互动和政务信息公开，初步形成一张综合平台、两个专项题库、三大主题宣传、四项业务系统、五类专门查询、六块信息动态的特色法制工作信息平台。

【行政复议】 健全完善行政复议案件审理机制，坚决纠正违法或不当行政行为。积极受理行政复议申请，依法处理行政复议案件。全年受理行政复议案件67件。其中，决定撤销行政行为11件；确认行政行为违法19件；责令履行4件。发挥行政复议行政纠错方面的监督职能。

（殷刚强）

地方志工作

【志书编纂】 2018年，兰州市地方志办二轮《兰州市志》已完成方志出版社三审。县区二轮志书编纂工作稳步推进，二轮《榆中县志》完成审稿，在12月20日召开省市县三级共同参加的复审评议会议，通过专家评审。红古区二轮志书已完成稿件编纂、分送初审、反馈补充和复审评议工作。安宁区二轮志书已由时代经济出版社完成出版审定，正办理书号等事宜。城关区、七里河区、西固区、皋兰县、永登县二轮志均完成出版发行。

【年鉴工作】 《兰州年鉴》（2018卷）的编辑和审核工作，首次利用在线编纂系统高效完成网上联合编辑和审稿工作，于9月正式出版发行。按照国家省上年鉴全覆盖的要求，各县区于2018年全部启动年鉴编辑工作，截至10月，8个县区的2018卷年鉴均已印刷出版，达到一年一鉴、年内公开出版的要求。

【信息化建设】 在线编纂系统已在全市地方志系统全面使用。在全国地方志信息化高级人才培训班上，该系统进行了专题介绍，引起全国地方志系统的极大兴趣和关注，山东省地方志办公室与3个市州地方志办公室赴兰进行交流。为顺应“互联网+地方志”大潮，完成《三维立体模型数字方志馆建设方案》。6月22日，协助省史志办组织召开全省地方志系统信息化工作兰州现场会，兰州市方志信息化工作得到省史志办充分肯定，并向13个市州进行推广。搭建信息化综合服务系统，兰州方志网、“史志兰州”微信公众号、手机App运行效果良好。市县（区）网站（网页）上均设置数字方志馆，已完成首轮《兰州市志》全套58卷本志书和8个县区已出版的一二轮志书及年鉴、地情资料的网站上传；在市级门户网站发布原创信息12篇，整理转载上传信息54篇，在公众号发布信息30余条，基本做到周周有更新。对有害信息开展筛查工作，签订《有害信息消除保证书》，对涉及电子书籍进行了下架，在抹除有关内容后再陆续上线。

2018年3月22日，兰州市志办举办在线编纂业务培训

【“一纳入、八到位”落实情况】 全市“一纳入、八到位”的工作机制已全面形成，良性运作。4月，对兰州市地方志编纂委员会组成人员及时进行变动，并呈报市委、市政府进行核审。地方志编纂工作专项经费列入年度市级财政预算，2018年市级财政拨付资金464万元，其中专项资金260万元。

【地情资料编纂】 《金城村史》系列丛书的编辑出版工作有序开展，城关卷、七里河卷、高新区卷、西固卷、兰州新区卷5个分册已通过甘肃文化出版社编审，即将印刷出版；皋兰卷、榆中卷（上中下）、红古卷5个分册按专家评审意见修改完善后已提交甘肃文化出版社编审；永登卷（上中下）和安宁卷4个分册完成初审即将提交专家评审。同时，已出版《安宁之歌》《重修榆中县志校注》《榆中县革命遗址概览》《榆中县革命文物概览》《榆中县组织史（2012—2016）》《窑街史话》《向阳村史》等7本地情资料书。

【旧志整理点校】 完成民国时期兰州旧志《皋兰县新志稿》点校终审定稿，送交兰大出版社编审；组织开展点校清阿桂纂修的乾隆《钦定兰州纪略》工作；推动县区旧志整理工作，榆中县完成清康熙《金县志》，道光《重修金县志》，光绪《金县新志稿》点校，注校和影印公开出版，完成民国《重修榆中县志》的校注和校勘，内部准印。

（冯亚丽）

参事工作

【概况】 2018年，市政府研究室认真履行“以文辅政、调查研究和决策咨询”三大核心职能，完成服务政府中心工作的各项任务，为政府科学决策提供智力服务。

【以文辅政】 参与《政府工作报告》、市政府工作汇报和市政府主要领导讲话等综合性文字材料的起草工作。起草完成“贯彻落实新发展理念推进新时代兰州高质量发展”讲课稿、在纪念杨静仁诞辰100周年纪念会上的讲话等文字材料。抽调骨干力量协助市政府办公厅调研处，集中力量完成市政府主要领导重要文稿起草工作。高质量完成《关于推进全市防灾减灾救灾体制机制改革的实施方案》《关于兰州市“放管服”改革成效评估的报告》等以市政府名义印发文件的起草工作。完成以宣传兰州经济社会发展为主的新闻媒体约稿和在2018甘肃媒体融合创新与发展论坛上“打造精致兰州，推进共建共享”主题宣讲推介词等文字材料的起草工作。

【课题研究】 紧扣兰州发展实际，确定重点研究课题，采取“走下去”“走出去”方式开展专题调研，起草完成《关于兰州县域工业现状的调研报告》《打造兰州创新驱动“加速器”汇聚高质量发展新动能》《兰州市发展村级集体经济的调研报告》《红古区现代农业产业园发展情况调研报告》《改造提升兰州市居民小区供水系统的几点建议》《推进城市垃圾分类努力建设绿色低碳兰州》《关于推动兰州住房租赁市场健康发展的建议》《大力发展具有兰州特色的临都型县域经济——兰州县域经济发展研究》《兰州市人口增长战略及优化市区人口布局的思考》《着力构建推动高质量发展环境切实把兰州建设成为国家向西开放的平台》《关于加快兰州树屏丹霞旅游景区建设的思考与建议》《关于在城市建设中渗透地域特色文化的思考和建议》《关于举办中央电视台“书画频道进万家”活动“走进兰州”的设想和建议》《田园综合体上升为国家战略的几点思考》《关于缓解兰州市停车难问题的几点建议》《柳州市工业经济发展对我市的借鉴意义、突出特色发挥优势切实加快兰州全域旅游发展——广西桂林》《南宁两市开展全域旅游工作对兰州市的启示》等调研建议，及时提交给相关领导和部门，为政府科学决策提供参考依据。积极参与市委、市政府安排的相关重大调研活动，完成《关于兰州牛肉拉面产业发展的报告》《兰州百合产业发展调研报告》《兰州玫瑰产业发展调研报告》《关于降低我市企业物流成本优化营商环境的建议》《关于健全完善兰州国际陆港体制机制建设的建议》《兰州市“放管服”改革实施效果调查报告》等重点课题的调研，并承担部分调研课题的撰写任务。成功申报全市软科学项目2项，社会科学类课题3个。配合国务院发展研究中心、省政府研究室、省政府参事室、陇海兰新经济促进会等单位和协会开展专项调查研究，配合完成《兰州市农村可再生能源发展情况》《农村“三变”改革和村级集体经济建设情况》《兰州市生态修复治理情况思考与建议》等调研报告的起草报送工作。接待由广州市政府研究室等省内外兄弟城市对口单位牵头组成的政府考察组来兰考察调研活动9批100余人次，协助提供涉及大气污染防治等内容的考察材料。

【决策咨询】 全年刊发《政策文件汇编》12期、印发《兰州发展》6期，汇编《决策参考》，收录各类调研建议23篇。完成编辑《兰州市情概览（2018）》，由甘肃人民出版社出版发行，介绍和反映兰州历史文化、风土人情、行政区划、城市规划、经济社会发展现状和政策平台等情况，为全市各级干部和社会各界提供了了解兰州的基础工具书，也是第24届“兰洽会”上对外宣传兰州市书籍。

【意识形态工作】 明确党组抓意识形态工作的主体责任、书记的第一责任人责任及分管领导的直接责任。明确党组的责任内容、工作的相关制度、追责的相关情形，使党组织和领导干部个人明确抓意识形态工作的基本遵循，增强抓意识形态工作、履行从严治党主体责任的责任意识和使命担当。根据年初签订的《2018年兰州市党委（党组）意识形态工作责任书》，制定《市政府研究室党组关于贯彻落实意识形态工作责任制的实施方案》《市政府研究室意识形态工作责任制实施细则》，明确室党组抓意识形态工作的具体制度、责任处室，以及具体情况处置办法。修订完善《市政府研究室党组会议制度》《市政府研究室理论中心组学习制度》《市政府研究室重大事件应对处置暨汇报制度》等相关制度和规定，将意识形态工作作为重要内容纳入其中，明确抓好意识形态工作的具体责任。通过建章立制，形成从党组到党小组、从党组织到领导干部、从内容到形式一整套较为完善的抓意识形态工作制度机制。除履行好常规职责以外，全年在各级各类新闻媒体发表推介宣传兰州等各类文章10余篇。

【其他工作】 认真组织开展“转变作风改善发展环境建设年”活动和“治转提”“三纠三促”专项行动及效能风暴行动，进一步加大工作力度，改进工作方法，机关效能建设取得了新成果，工作作风得到转变。积极发挥“智力帮扶”作用，严格执行驻村开展工作的相关规定，对所帮扶的榆中县韦营乡韦家营村及时传达中央和省、市相关精神，以新精神、新政策、新要求指导脱贫攻坚工作。对韦家营村新考入大学的3名学生给予每人2000元的助学资金奖励。协调相关单位加快推进韦家营村道路建设等基础设施建设项目。积极配合陇海兰新经济促进会等全国性经合组织，按照要求完成涉及兰州方面的工作。

（孙国延）

人事工作

【概况】 2018年组织年度事业单位公开招聘工作，招聘工作人员752人，审核事业单位流动调配134（调入95人、调出39人）。完成市属事业单位岗位聘用600家、2288人，等级认定128家248人。配合做好全市改建扩建中小学校和消除大班额相关工作，与教育部门组织聘用制教师招聘工作，招聘1149人。

【公务员管理】 组织年度考录公务员工作，考录公务员（含参公）441人。加强报考人员诚信体系建设，建立招考人员失信平台，审核全市公务员（含参公）调配人员67人，组织完成年度培训、考核备案工作；公务员（参公）登记857人，指导区县常态化开展职级晋升。

【人才服务】 创新引才留才工作模式，在年度常规引进急需紧缺人才947人基础上，设置市级周转编制池，组织开展面向全国一流大学建设高校应、往届毕业生的专项赴外引才活动，划片定点，扩大用人单位自主权，现场签约230人，在优秀年轻人才储备和优化干部队伍结构方面做出尝试。落实全面深化职称制度改革细则措施，加强县域人才队伍建设，引导发挥先锋引领示范作用，规范技能人才鉴定评价，组织1万余人参加技能鉴定；强化外国人才服务站管理，引进国外技术、管理人才项目16个。拓展人才培训内容，进一步增强培训实效，围绕“互联网+”“一带一路”建设、脱贫攻坚等重点课题开展专业技术人员培训，市属企事业单位参加继续教育网络公修课培训人数1.57万人。

市人社局局长方书英视察人力资源市场周天精准招聘会

【考务组织】 保障人事考试安全，建设人事考试标准化考点，优化考务流程，扩大实操面试覆盖范围，顺利完成公务员考录、事业单位公开招聘、职业技能鉴定等考务工作，涉及考生10.4万人次，确保考务安全。

【军转干部安置】 完成年度军转安置工作，计划安置的67名军转干部全部到岗，自主择业安置319名，随调家属14名，安置率100%。

（张晓燕）

信访工作

【概况】 2018年，市、区县两级信访部门受理信访事项3115件次，接访12259人次，件次上升24.0%，人次上升13.2%。其中市信访局受理信访事项1573件次，接访6710人次，件次上升19.7%，人次上升4.3%。全市劝返接回到北京地区非接待场所有关人员55人次，下降55.6%。全市信访事项及时受理率99.5%，按期办结率92.5%，群众满意率90.0%。在重点节会、敏感时期，实现到北京地区非接待场所“零上访”“零集访”，受到省信访工作联席会议办公室通报表彰；中央信访工作督察组和国家信访局督导组2次到兰州市实地督查，对市信访工作给予肯定。

【领导接访】 省委常委、市委书记李荣灿2次召开市委常委会会议研究部署信访工作，13次对信访工作作出重要批示。市委副书记、市长张伟文多次在市政府常务会议上强调要重视做好信访工作，结合项目建设解决好涉及群众切身利益的问题。市信访工作联席会议召集人、市委、市政府分管领导，坚持每季度召开会议1次，分析研判信访形势，重要工作亲自部署，重点时段亲自安排，重大问题亲自协调，确保信访工作有序开展。年初，市委办公厅、市政府办公厅印发《关于做好2018年市委市政府领导接待来访群众工作的通知》，每旬安排1名市委常委、市政府副市长接待群众来访，在全国“两会”等重点节会期间，由市委、市政府领导每天轮流值班接待群众来访，切实维护社会大局稳定。有18名市委、市政府领导参与接待群众来访，接待处理信访事项36件，化解率90%以上。特别是市委、市政府主要领导亲自协调处理兰州春晖补习学校征地补偿、七里河区清真牛羊肉市场拆迁安置和榆中县大青山蔬菜瓜果批发市场搬迁等疑难问题，为全市干部作出表率。全年全市县以上领导干部接待群众来访231批、1453人次，包案督办重点信访案件386件，化解率85%。

【网上信访】 全面落实信访事项网上受理制度，打造网上信访主渠道，让数据多跑路，让群众少跑腿。全年全市网上信访总量1596件达到全市信访总量的50.3%，受理1596件，受理率100%，办结1526件，办结率95.61%，群众满意率92.3%，成为群众上访维权的首选方式。7月，建成并开通市、区县两级视频接访系统，实现与国家信访局和省信访局互联互通，为群众就地就近反映诉求、解决问题提供便利。7月—12月底，通过视频信访信息系统召开视频会议6次。其中，国家信访局1次；省信访局4次；市信访局1次。

【信访积案化解】 在全市范围内组织开展重点领域、重点群体、重点问题和重点人员信访矛盾化解攻坚战，通过解决合理诉求及时化解一批、帮助解决困难息诉息访一批、加强教育管控就地稳定一批、强化依法打击停止上访一批的办法，推动事要解决。化解141件，化解率92%。其中国家信访局和省局交办案件72件，办结72件，办结录入率100%。针对全市城建领域信访问题突出、聚集上访高发频发问题，向市委、市政府建言献策，引起市政府党组的高度重视。研究决定在全市范围内集中开展建成区历史遗留违法建设综合治理和新一轮房屋产权登记发证历史遗留问题处理工作，计划用两年时间，彻底解决全市违法建设和房屋办证问题。

【督查督办】 建立信访问题清单管理、简易办理、联合督查、实地督办等系列制度措施，实现信访工作提质增效。全年组织开展联合督查3次，实地督办信访事项258件，化解率80%。对上年以来承办的87件国家局和省信访局交办信访事项办理结果，逐案进行“回头看”，群众满意率83%。认真汲取折达公路经验教训，严把交办信访事项结案审查关，明确规定对涉及公众利益、公共安全和民生领域的重要信访事项，结案审查时要做到“五个必须”，即必须派员现场核实情况；必须回访信访人征求意见；必须由主要负责人亲自审核把关；对一时难以解决的问题，必须明确解决问题的时限；对信访工作中不作为、乱作为等作风问题和失职失责行为必须问责处理，有效保证信访事项的办理质量。全年上级机关和领导交办案件145件，办结143件，办结率98%。其中，省上领导包案5件，推动事要解决；办结信访积案153件，到期153件，办结145件，到期办结率95%；省信访局交办的要结果件21件，到期21件，办结21件，到期办结率100%。

【复查复核】 全年市信访事项复查复核委员会办公室程序性受理复查复核申请121件，其中属于应当通过行政复议、行政诉讼、仲裁等法定途径解决76件；原处理机关答复意见书格式错误、信访事项事实调查不清、适用法律法规政策不当等退回重办35件；按照《信访条例》规定不予受理并出具告知书7件，引导信访事项进入调解程序并达成和解1件，提交市政府信访事项复查复核委员会审议2件。全部按期办结，办结率100%。

【重点任务保障】 圆满完成全国“两会”、博鳌亚洲论坛、中非论坛北京峰会、敦煌文博会和省、市“两会”等重要节会期间的信访服务工作，实现进京赴会“零非访”“零集访”。圆满完成十三届省委第一巡视组和省级环保督察交办信访事项的办理工作，对828件交办信访事项（省委巡视组交办498件、省级环保督察交办330件）全部办理答复。充分发挥信访部门接触群众多、信息量大的优势，注重从信访渠道排查和梳理作风建设、营商环境方面的投诉建议以及黑恶势力、宗族恶势力侵犯群众合法权益的线索，及时移交相关部门依法处理。全年转办作风建设信访投诉78件，涉黑涉恶问题线索36件。

（何　芳）

外事工作

【概况】 2018年，兰州市外事工作牢牢把握向西开放和“一带一路”重要节点城市建设主线，深度挖掘和统筹利用兰州市外事资源，加快“走出去”和“引进来”步伐，努力形成更加主动有序的开放

2018年7月，张伟文市长会见阿尔巴尼亚费里市市长

格局，全力服务国家总体外交和兰州市经济社会发展。

【友人来访】 全年接待来访外宾团53人次。6月，柬埔寨奉辛比克党副主席占那立武率奉辛比克党干部考察团一行访问兰州市，前往公交集团参观考察企业党建，详细了解基层党组织开展“不忘初心、牢记使命”主题教育和党员如何立足本职工作建功立业，切实发挥先锋模范作用的情况。9月，阿富汗第二副总统穆罕默德·萨瓦尔·丹尼什参观访问兰州市城市规划展览馆和兰州新区。丹尼什对兰州新区所取得的成就和蕴藏的巨大潜力表示赞叹，表示阿富汗愿意支持并参与“一带一路”的建设。

【领导出访】 审核报批因公临时出访团组107团396人次。其中，专业技术人员团占66%；“一带一路”团占27%；友好城市及项目洽谈团占7%。6月，兰州市代表团赴意大利罗马、德国汉堡市开展“感知兰州”国际文化交流活动，举办中国书画展、兰州牛肉面现场制作工艺展示、非遗艺术展示及系列文化旅游推介活动，搭建人文交流平台，广泛宣传推介兰州文化、旅游资源。11月，兰州市代表团访问以色列，与以色列尼奥特霍夫工业园区进行洽谈对接，就进行多领域交流达成合作意向。11月，兰州市代表团访问希腊，访问期间，代表团参与由国际马拉松和路跑协会、希腊田径联合会以及国际田联共同举办AIMS马拉松研讨会，参观马拉松博览会，并与国际田联负责人就兰州市2019年举办国际田联路跑会议具体细节进行沟通。是月，兰州市作为主宾城市派团参加“2018东盟（曼谷）中国进出口商品博览会”，展会期间举办“兰州品牌‘一带一路’东盟行”启动仪式与“兰州走进东盟（泰国）推介会”活动。

【友好城市】 3月，兰州市友城美国阿尔伯克基市友城委员会成员朱怡良教授访问兰州市。访问期间拜会兰州市外事办，与相关单位人员就在医疗健康及改善农村医疗保健和农村健康方面的合作进行会谈，进一步推进友城关系发展。4月，美国佛罗里达州坦帕市市长代表、南佛罗里达大学医学院约翰·辛诺特博士一行3人拜会兰州市政府。市委常委、副市长吴险峰会见代表团，双方就兰州市政府友好代表团访问坦帕市及两市间开展友好交流合作事宜进行会谈。5月，兰州市青少年友好交流团访问友好交流城市日本八户市。访问期间，兰州市青少年友好代表团拜会八户市政府，市长小林真会见代表团。此次访问，加深青少年之间的相互理解，促进两市之间青少年的友好交流。同月，八户市青少年代表团一行29人访问兰州。28日上午，市委副书记、市长张伟文会见代表团一行。访问期间，代表团学生入住兰州市第五十六中学、科学院中学与外国语初级中学学生家庭，与在校师生们共同举办丰富多彩的联谊活动，参观甘肃省博物馆、科技馆、规划馆等，使代表团对兰州地方传统文化及非物质文化有深刻感受。7月，日本秋田市派出政府及商贸友好代表团访

2018年5月，日本八户市青少年代表团来兰访问

问兰州市，参加第24届“兰洽会”。会上展出秋田市的大米、清酒等特色产品，让更多的兰州市民了解两市之间的友好交往，加深彼此的理解，借助“兰洽会”这一平台，进一步推进两市在经贸、文化等领域的交流与合作。是月，阿尔巴尼亚费里市市长一行4人应邀访问兰州市，参加第24届“兰洽会”。访问期间，代表团与省、市卫计委召开中医药合作交流座谈会，就开展中医医疗人员交流培训、在费里市设立中医研究诊疗中心及中医药在国外注册等进行务实磋商，达成合作共识。7月，吉尔吉斯斯坦奥什市派出政府友好代表团访问兰州市，参加第24届“兰洽会”，通过友好城市平台，利用节会契机，进一步增进双方在经贸领域的交流与合作。是月，副市长左龙率兰州市政府友好代表团应邀访问韩国浦项市、日本八户市。访问浦项市期间，代表团参加“浦项国际烟火节”及2018年东北亚CEO经济合作论坛，就加强城市规划建设、提高城市管理水平、推进“精致城市”建设等内容作了比较深入的考察交流。8月，市委副书记赵爱率兰州市政府代表团应邀访问俄罗斯奔萨市、白俄罗斯明斯克市。访问奔萨市期间，与奔萨市签订《建立经贸、科级、文化合作关系协议书》，与奔萨市达成文化、教育、留学生、农机人员培训等合作意向。访问期间，代表团拜会白俄罗斯明斯克工商总会，就在格诺德罗州和兰州市互设特色商品展销中心一事重点进行交流。8月16日—10月14日，根据兰州市秋田市友好交流协议书，兰州市选派2名教育研修生及2名医疗研修生，前往日本秋田市进行为期2个月的研修。8月，市人大常委会主任张建平率友好代表团应邀访问尼泊尔加德满都市，签订友好城市关系协议书，就今后扩大合作交流、促进粮食相互发展达成一致意见。期间，兰州市在加德满都市成功举办中国兰州—尼泊尔加德满都经贸合作推介会，加德满都市市长、尼泊尔商会会长及140余名尼泊尔企业家参加推介会。9月1日—30日，兰州市友好城市美国阿尔伯克基市推选弗里蒙特公司总监邓翠薇（Amy Tang）来兰参加由甘肃省政府外事办举办的“甘肃省国际交流员研习班”。9月，市委常委、副市长吴险峰率兰州市政府友好代表团应邀访问吉尔吉斯共和国奥什市、土库曼斯坦阿什哈巴德市。访问奥什市期间，两市正式签署《建立友好城市关系协议书》，就在文化、旅游、商贸、医疗等领域加强合作达成意向，奥什市表达了希望派医护人员来兰学习的意愿。访问土库曼斯坦阿介哈巴市期间，代表团分别拜会土库曼斯坦铁道部、贸易与对外经济联络部及友城阿什哈巴德市政府，阿市表示愿意继续加强与兰州市各领域的交流合作，相互借鉴，共同发展。12月，兰州市代表团应邀访问友城澳大利亚希托普斯市，访问期间签订《友好城市关系备忘录》，为推动多领域务实合作奠定了基础。

2018年9月，国际交流员参观兰州市社区

【侨务工作】 以全市4个归侨侨眷相对集中的社区为重点，设立“侨法宣传角”，发放宣传资料1万余份，宣传覆盖面90%以上。积极配合市人大常委会开展执法检查，深入侨企开展调研，及时发现并协调解决问题，努力为侨企营造良好的营商环境；按照侨务政策为5名参加中、高考的“三侨”学生出具身份证明，给予加分照顾。全年接收省侨办转办件1件，受理归侨侨眷来信1件，接待来访6人次，妥善处理和解决归侨侨眷的实际困难。积极协调加拿大资助中国乡村女学生基金会为兰州市贫困女学生捐资助学，资助女高中生84名，女大学生31名，资助金额57.5万元，确保她们能够顺利完成学业。

（徐梓晏）

金融工作

【概况】 截至2018年底，全市金融机构本外币各项存款余额8814.26亿元，增长2.31%；本外币各项贷款余额11269.24亿元，增长13.43%。人民币存贷款余额19726.98亿元，增长8.97%，低于目标任务5.03个百分点。全市实现原保费收入136.04亿元，增长11.12%，低于目标任务8.88个百分点。其他营利性服务业营业收入增长103.8%，高于目标任务78.8个百分点。

【健全政策制度体系】 制定出台《兰州市打好防范化解金融风险攻坚战实施方案》《兰州市促进现代金融业发展扶持政策（试行）》《兰州市市长金融奖评选办法》《兰州市金融突发事件应急预案》等系列重要文件，支持金融、发展金融、防范金融风险的政策制度体系健全，推动金融更高层次发展。

【政银企合作】 征集凝练全市各类项目300个，编印全市融资项目册，及时更新投融资项目库，向各金融机构进行推介。组织市属国有资本投资运营公司、小微企业、农业企业、融资租赁等专场项目融资对接会5次。密切与银行业金融机构合作，市政府与农发行甘肃省分行签订《服务乡村振兴战略合作框架协议》、与中国银行甘肃省分行签订《抢抓战略机遇分享绿色发展金融合作行动计划》。

【开展"招行引资"】 在金融办协调服务下，华夏银行兰州分行、黄河财险、兴业证券甘肃分公司正式开业运营，农业银行、工商银行、中国银行分别设立兰州分行。东方财富证券在兰设立分支机构事宜正在衔接推动中。办理报备招商引资项目3个，完成引资4.75亿元。

【服务实体经济】 引导金融机构创新面向三农、小微企业的普惠金融产品，推进完善政策性融资担保体系。截至12月底，全市金融机构小微企业贷款余额2315.77亿元，占各项贷款余额的20.55%，增长12.45%，较年初增加217.34亿元。全市金融机构涉农贷款余额1935.92亿元，占各项贷款余额的17.18%，增长2.22%，较年初增加61.49亿元。邀请国内外普惠金融专家学者和西部地区市长，成功举办"一带一路"普惠金融国际论坛。协调配合中国人民大学中国普惠金融研究院在兰州开展普惠金融调研工作，发布《2018兰州普惠金融发展监测报告》。推动设立农村金融综合服务室，全市730个行政村金融服务覆盖率达到100%。

【保险稳定】 推动实施"和谐金城"、自然灾害、"两保一孤"（低保户、五保户、农村孤儿）"失独家庭"等12个政府民生保险项目，全年拨付保险项目资金3496.72万元，保险机构累计承担风险金额366.79亿元，3772个家庭和被保险人得到经济补偿。特别是在应对上年暴雨、泥石流灾害中发挥重要救助作用。截至12月底，12个政府民生保险项目赔付金额2929.19万元，简单赔付率83.77%。继续推进玉米、马铃薯、能繁母猪、奶牛等中央政策性农业保险险种。在组织实施肉羊保险、温室大棚保险、中药材、玫瑰、百合、高原夏菜等地方特色优势产业保险基础上，全年开展生猪价格政策性保险试点。截至12月底，全市农业险保费收入5635.66万元，赔付6238.73万元。

【"一带一路"普惠金融国际论坛】 10月20日，"一带一路"普惠金融国际论坛在甘肃国际会展中心举办，来自海内外的专家学者、金融精英齐聚兰州，共话普惠金融，共谋合作发展。论坛由中国普惠金融研究院、中国银行业协会、中国小额贷款公司协会、南南合作金融中心主办，兰州市人民政府协办。论坛由主旨演讲、"一带一路"普惠金融战略论坛、市长圆桌会议三部分组成。省委常委、市委书记李荣灿出席并在开幕式上致辞。中国普惠金融研究院理事会联席主席兼院长贝多广主持开幕式和主旨演讲。南南合作金融中心主席、中国银监会原副主席蔡鄂生，中国小额贷款公司协会专职副会长兼秘书长白雪梅，工行甘肃省分行党委书记、行长宋关昶，VISA全球普惠金融-政府与合作伙伴关系高级总监汤曼娜（Amina Tirana），安信永全球咨询部副总裁Valérie Kindt，数字前沿研究所主席大卫·波蒂厄斯（David Porteous）等分别作主旨发言。格莱珉银行创始人、2006年诺贝尔和平奖获得者穆罕默德·尤努斯为大会带来视频演讲与祝贺。西宁市市长张晓容、桂林市副市长雷声、银川市副市长陈康仁、成都市政府副秘书长高建军等西部城市领导，省内市州政府领导，以及驻兰金融机构、高等院校有关领导和专家出席论坛。市委副书记、市长张伟文，市委常委、副市长吴险峰出席论坛。

论坛首次把"一带一路"话题与普惠金融话题结合在一起进行了深入探讨。论坛上，与会嘉宾、专家学者就"一带一路"如何与普惠金融相融合、普惠金融如何在"一带一路"建设中更好地为中小微企业、社会弱势群体提供有效的金融服务等话题，进行了深入探讨，提

2018年10月20日，"一带一路"普惠金融国际论坛在甘肃国际会展中心举办

出了真知灼见，分享了经验做法。作为兰州市普惠金融调研活动的成果，中国普惠金融研究院研究总监莫秀根发布了“中国普惠金融发展监测报告(2018.兰州)”。

【融资工作】 截至年底，全市完成直接融资246.59亿元。进一步完善主板、新三板、新四板等各类拟上市挂牌储备企业库，形成培育一批、申报一批、上市一批的梯次推进格局。甘肃银行在香港交易所挂牌上市，壹运动在“新三板”挂牌。累计拨付扶持企业挂牌“新三板”奖励资金42户1960万元，组织开展拟挂牌“新三板”企业业务培训1次、全市企业资本市场融资培训1次。

【防范和化解金融风险】 开展去杠杆风险排查，严控高杠杆、高风险融资项目。协调推动3县政府研究化解县域法人银行业金融机构不良率偏高问题。

【防范和处置非法集资】 在全市开展为期3个月的涉嫌非法集资风险专项排查活动。组织开展全市性防范和处置非法集资宣传月活动和大规模集中宣传活动5次，发放各类宣传资料20余万份，接受群众咨询上万人次。拍摄制作视频宣传短片6部，在兰州电视台4个频道、公交车移动电视、主城区高档写字楼、住宅小区、餐饮场所集中播放。累计向市民推送防范非法集资宣传短信100万条。印制各类宣传折页及宣传海报35万份。召开市处置非法集资领导小组会议2次，安排部署全市处置非法集资工作，并与各区县政府签订处置非法集资目标责任书和防范化解金融风险攻坚战目标责任书，协调督促各区县落实属地监管职责，严守不发生区域性、系统性金融风险底线。全年全市受理非法集资案件34起，下降26.1%；立案31起，下降6%；破案24起，下降31.4%；涉案金额1.5亿元，挽回经济损失1722.57万元。

（宋子霞）

数字城市建设

【概况】 2018年，兰州市大数据社会服务管理局推进兰州市电子政务、信息惠民、智慧城市建设和大数据产业发展，建成兰州市电子政务外网、网络安全保障平台、大数据灾备中心等一批基础公共平台，为兰州市各部门、各单位信息化建设提供基础支撑。兰州市在获得2016年度智慧城市建设50强后，又荣膺2017新型智慧城市创新50强。

【完善顶层制度体系】 制定印发《关于进一步规范和加强兰州市政务信息化建设的实施意见》，明确兰州市政务信息系统整合共享、部门间政务服务相互衔接、协同联动的原则、目标和重点工作，成为兰州市政务信息化、智慧城市建设一个重要的政策制度顶层设计。制定印发《兰州市深入推进信息畅通建设实施方案》《兰州市推进公共信息资源开放实施意见》等政策文件，为加快信息基础设施建设、推进公共信息资源开放提供制度依据。对深圳市、济南市等城市及华为、浪潮、平安等知名信息化企业进行调研，向兰州市政府上报智慧城市考察报告，提出加快兰州市新型智慧城市建设思路。制定下发《关于进一步加强兰州市三维数字社会服务管理工作的实施意见》《关于印发〈12345民情通服务热线运行管理办法等四个办法〉的通知》和《关于印发〈兰州三维服务网运行管理办法等三个办法〉的通知》，为加强和巩固三维数字工作成果提供制度保障。

【推进数据资源整合】 依托兰州市大数据中心，构建6个基础信息资源库+7个主题信息资源库+55个部门信息资源库的数据库体系，完成55个单位的数据整合入库和23个单位的数据共享工作，实现公安、城管、交通等部门4.9万路视频资源的整合共享，数据共享量超过100PB。完成政务信息平台IDC升级和数据中心软件升级，建成数据中心应用级灾备中心，提升数据中心的存储、共享和安全运行能力。分别与省交通厅和兰州交大交通运输学院签订战略合作框架协议，实现数据信息的共享和互补；完成“天地图·兰州”与国家、省级节点接入，实现市级节点数据融合。建立12345民情通热线和网民留言数据定期分析机制，对重点、难点、热点问题及时进行科学分析，向市委、市政府领导及相关部门报送周分析39次，月分析18次，专题分析4次。

【深化“放管服”改革】 制定印发《关于深化“放管服”改革推进信息网络建设的通知》《兰州市提升民情通热线服务水平实施方案》《兰州市完善市县乡社区四级政务服务信息平台实施方案》和《关于推进电子证照应用的通知》，为推进“放管服”改革提供有力支撑。按照“统一规划、统一预算、统一建设、统一运维”要求，对各单位2019年度信息化建设项目进行审核、筛选和预算汇总编制工作，编制完成《兰州市2019年政务信息化项目计划》。加快推进四级网络覆盖工程，政务网络覆盖面和承载能力进一步提高；积极承接13个国家部委和9个省级厅局的200类数据，成功申请175类国家和省级数据，进一步拓展数据资源共享的广度和深度；完成市大数据中心与甘肃省投资项目在线监管系统的对接和甘肃政务服务网兰州子站的升级改版，建成兰州政务服务网，实现市民政局、市国土局、市食药监局等9家单位自建的业务系统与兰州政务服务网和兰州市行政审批服务系统的互联互通；在全省率先建成开通兰州政务服务网手机APP和微信公众号。发挥兰州行政审批系统的功能优势，将线下办理的30个部门365项事项统一纳入行政审批系统进行网上办理，实现事项、业务和数据集约化建设和管理；建立兰州市政务服务网网上办事情况排行榜，按照国家、省上考核要求和市政府部署安排，对照《兰州市政府部门群众和企业到政府办事事项目录》，加快推进各部门政务服务事项在兰州政务服务网的加载和开通在线办理工作。至年底，兰州市政务服务事项实现在线办理658项，网上可办率由9月底的10.84%，提升到96.48%，超出国家和省上对兰州市的考核指标。在兰州市门户网站建设行政执法公众监督平台受理转办行政执法投诉的工作机制和流程。通过整合12345民情通服务热线、网民留言、行政执法监督平台、微信等咨询投诉渠道，初步建成兰州市统一的政务服务咨询投诉受理平台，多渠道受理解决市民在政务服务方面的咨询、建议和投诉，提高政务服务水平。

【推进信息惠民便民】 巩固提升热线服务水平，每月对限时办结率和市民满意度较低的5家承办单位进行督促提醒，配合完成第二批省级环保督察热线接听工作。全年受理各类诉求83.6万余件，办结率99.98%。持续优化三维服务网操作界面和系统功能，新增公示公告信息378条、一点通信息220条，社区站点更新信息33.9万余条，网站访问量229万人次。制定印发《关于进一步做好网民留言办理工作的通知》，不断加大督办、审核力度，累计受理网民给省市主要领导留言4424条，回复率99.75%，荣获人民网“2018年网民留言办理先进单位”称号。优化完善网格化信息管理平台运行机制，新增网格82个、网格员573名，完成网格化平台与数字城管12319、微信随手拍业务对接，累计受理网格化办件190.1万余件，办结率94.76%。兰州三维数字社会服务管理标准化试点项目高分通过国家标准委组织的验收，成为全省首个国家级社会管理和公共服务标准。

【强化网络安全保障】 完成电子政务外网终端防护及无线上网实名认证部署工作，兰州市政务外网互联网出口带宽从3G提升至7G，全面增强网络带宽、上网速率和溯源能力，在全国省会城市中达到先进水平。认真做好政府门户网站群的安全监控、内容审核及更新工作，在全省政府网站抽查中连续四个季度合格率100%，位列全省第一，荣获“2017年度中国政务网站优秀奖”。强化网络安全保障，与安恒、华为等国内具有重大活动保障经验的企业重塑信息系统安全技术监督和管理架构，构建远程支持和现场处置相结合的运维服务体系，有力保障兰州市政务网络的安全稳定运行。认真做好政务网络、政府网站群及视频会议系统等平台的运维保障工作，累计处理各类网络系统故障780余起，保障国家和省、市各类会议100余场。

【重点项目建设】 实现交通大数据公共平台上线试运行，采用国内领先的全量数据、多源异构设计思路，整合车辆、手机信令、气象、道路施工等10类数据，对主城区路况信息进行实时和预警发布，为城市交通建设、智能指挥调度、交管警力分配、公众出行、城市管理、公共安全应急指挥等提供精准的数据支撑，得到国内同行业的高度认可，成为大数据服务民生的典型应用。提升完善信用信息公共服务平台和“信用中国”（甘肃兰州）网站，整合47家市级信源单位信用信息数据，基本形成“征、管、用、控”的信用体系，使兰州市在全国城市信用监测排名实现跨越式提升，从上的第34名，至本年底的第12名。2017年、2018年连续2年荣获“全国信用信息共享平台和信用门户网站一体化建设特色性平台网站”，荣获“2018年中国政府信息化管理创新奖”，国家发改委致函兰州市人民政府表达感谢。在全省率先建成电子证照管理系统，完成甘肃省工商数据库与市大数据中心的数据对接，实现兰州市范围内省、市平台登记的工商营业执照数据共享交换，及市工商、教育、建设等52个部门的营业执照、教师资格证、建设工程规划许可证等电子证照的在线颁发。截至年底，梳理证照目录155类、颁发电子证照146万余册，其中45类电子证照可应用于已开通在线申报的658项政务服务事项中。不断优化扩大免费WIFI应用，协调运营商对马拉松沿线WIFI站点进行优化升级和布点增设，市民的体验感和实用感进一步增强。

【大数据产业发展】 深入调研和考察论证，研究编制《兰州大数据产业园建设总体思路》，12月14日经专家论证通过，提出以建设“中国·兰州中药材健康大数据中心”为支撑，加快推进兰州大数据产业园建设的新思路。制定印发《兰州市数据信息产业专项行动方案》，为推动数据信息产业发展明确发展方向、目标和具体措施。编制完成《兰州市大数据产业扶持资金管理办法及流程》《兰州市促进大数据产业发展专项扶持政策（初稿）》和《兰州大数据重点企业名录》；对荣程创新、嘉元数字、图博网络、睿创波迪等近百家信息化企业进行深入调研，对接联系15个“兰洽会”签约项目，协调推进丝绸之路西北大数据产业园、中科曙光甘肃先进计算中心、三维大数据物联网智能制造产业园等园区建设，推动大数据相关产业加快发展。截至年底，兰州市信息化企业总数为7600家，新增1200家，增长20%，产业规模达到400亿元。

（陈德全）

市政府驻北京联络处

【概况】　2018年，发挥驻京联络处窗口和桥梁作用，加强政务联络和信息传递；完善后勤保障，做好联络接待服务工作；拓展宣传方式渠道，多方宣传推介兰州；积极配合和推进招商引资工作，邀请客商参加第24届“兰洽会”。

【招商引资】　依托北京首都信息、资源集中优势，积极配合全市在京招商工作，在做好全市在京开展的各类招商引资活动协调服务保障工作的同时，自身也积极开展多次招商引资工作，如积极拜访对接北京嘉寓门窗幕墙股份有限公司、东旭蓝天新能源股份有限公司、北京富华置地有限公司、北京中之成有限公司等企业；邀请中信集团、北京方圆平安生物科技有限公司、山东凤凰生物有限公司等企业代表团参加第24届中国兰州投资贸易洽谈会。截至年底，向市经合局报备润泽科技有限公司、嘉寓门窗股份有限公司等线索项目5个；报备恒裕星级酒店开发有限公司、福田房地产开发有限公司等落地项目2个，签约投资额9亿元，实际到位资金2亿元，圆满完成全年招商引资工作任务。

【外宣工作】　4月，联络处作为北京市外埠驻京联络处十四小组的组长单位，组织十四小组20家其他城市驻京机构，参加由楚雄州委、州政府在北京民族文化宫举办的“楚雄彝族自治州成立60周年成就展”及系列活动。活动期间，还组织北京市外埠驻京联络处十四小组座谈会，向其他城市驻京机构负责人推介兰州市情概况，包括招商环境、风景名胜、特色美食等，扩大兰州影响力。

【“兰州之窗”搭建】　兰州宾馆地处北京市繁华的购物、商业和政府办公区，毗邻中国铝业大厦、首钢国际大厦、国际商会大厦、太平金融大厦、北京大学人民医院、北京火车北站等，可步行至动物园、北京展览馆等知名景点和凯德MALL（西直门嘉茂店）、枫蓝国际购物中心等商业中心，具有良好的区位优势；同时由于宾馆的入住率长期保持高位，拥有大量的长期商务合作伙伴，已成为西北地区特别是兰州市开放交流的重要窗口。优化兰州宾馆宣传功能，积极对接中共兰州市委宣传部，由兰州宾馆与市委宣传部外宣办合作开展“兰州之窗”宣传阵地项目，利用宾馆餐饮部公共就餐区域、包厢，大厅、走廊灯公共活动区区域，宾馆客房等空间，展示由数百名甘肃省著名书法家、画家和国内知名摄影家联袂创作的书法、绘画、摄影等艺术作品338幅，宣传兰州市经济发展、自然景观、人文特色等，塑造兰州的良好形象。

【政务联络服务】　紧紧围绕服务中心工作理念，对外建立政务联络合作机制，主动加强与中央国家机关、国家部委、有关单位；在京津冀地区全国500强企业、民营500强企业、世界500强企业；东北三省、内蒙古、山西联络片区企业及各类驻京单位的联系交流，实现信息互动，提高服务精准性。拜访北京市政务服务管理办公室、北京市协同发展领导小组办公室等行政单位9次，拜访辽宁松原市政府驻北京联络处、安徽池州市政府驻北京联络处、云南昆明市政府驻北京联络处等驻外机构13次，拜访嘉寓门窗股份有限公司、东旭蓝天股份有限公司等企业35次。

【服务接待】　在联络对接和招商引资接待方面，安排专人负责，做好接待工作的细节服务和对口服务。实现联络对接、招商引资接待等工作任务530余次，接待5500余人次，实现接待工作95%以上无失误，保障全市招商引资及对外联络的各项服务工作。联络处上下相互配合，团结协作，互为补缺，完成全国两会期间工作服务、第24届兰州投资贸易洽谈会宾客邀请、市委市政府主要领导赴外招商等重大活动的服务保障工作。

【人才服务】　集合各方力量，先后对国家科技部创新发展司、北京外经贸大学、解放军总医院、中国科学院重大任务局等兰州籍人才进行信息采集，完善兰州籍在京人才库及陇上青年人才库，为兰州各领域、各方面在京开展工作提人才保障。

【信息报送】　抓住经济发展和社会生活中重大事项和热、难点问题进行调研，收集、整理有参考价值信息，以《北京信息》形式上报市政府，为市领导决策提供第一手资料。向市委市政府报送《北京信息》48期，信息700余条。其中，市委采纳6条；市政府采纳8条。

（富　军）

市政府驻上海联络处

【概况】 2018年，市人民政府驻上海联络处以招商引资工作统领全局，加强合作交流、协调服务、信息联络、内部管理等方面工作，充分发挥驻外机构职能作用。

【招商引资】 发挥地域工作优势，开展企业走访活动，先后联系走访上海长宁区各地投资企业（机构）协会、上海百联集团股份有限公司、华顿经济研究院、阳光集团、宝武集团、上海户拓匹亚有限公司、加拿大亚洲商会、红星美凯龙集团、上海应用技术学院、全景影像中心、恒天财富、中国金融信息中心等20余家实力雄厚、有项目倾向的企业单位，跟踪回访重点企业，将项目线索落到实处。组织中建设计集团及中建照明规划设计院到兰州考察，年底参与兰州美化亮化项目；陪同美华国际绿色产业投资集团有限公司、上海石古投资发展有限公司、麦杰克金控有限公司、上海初华红缨投资有限公司考察兰州新区，推荐的“聚砜”材料项目与“哈雷摩托赛道”项目报市招商局；由方大炭素新材料科技股份有限公司投资3.9亿元建设的国家级企业技术中心建成落户兰州。

【接待服务】 做好政务协调与服务工作，全年接待市上四大班子领导及部门考察组、工作组、招商团组等30余批近200人次。联系上海市政府办公厅，安排上海市政府应急办专家谭维勇一行3人，于3月下旬在兰州市政府中心理论组做加强应急管理工作主题讲座等活动，受到好评。及时搜集长三角地区的成熟经验与先进做法，编写汇总后以信息、简报形式及时报送，报送《上海信息》5期50余条，向市委、市政府及园区报送专题信息6期。

【其他工作】 全年拟定各类发文和填报表格达120余件，加强文件起草和文印审签程序管理，特别是收发、登记、传阅、打印、归档工作，10月在市档案局技术人员指导下，进一步规范文件归档工作。为甘肃籍在沪人员做好身份认证及社保卡、工资卡申领、报销咨询工作；为来沪求医问药的人员提供及时有效帮助。

（钟　芳）

市政府驻厦门联络处

【概况】 2018年，市政府驻厦门办落实“转变作风改善发展环境建设年”活动，转变工作作风，对各项工作进行拉网式的大排查、大检修、大扫除，提高办事效率和服务质量，以作风转变促进各项事业发展，逐项落实工作职责。

【招商引资】 利用各种途径和方式，与区域内外企业进行对接联系，寻求投资线索。通过多渠道搜集信息，架设沟通桥梁，拜访各地市驻福建商会47家、拜访企业81家，商会及企业回访53次。期间向商会及企业宣传推介全市各县区和兰州新区、经济区、高新区项目建设和投资优惠政策，及时掌握投资意向和动态，已介绍15批次企业与相关部门和项目单位进行接洽。配合市上相关招商团队完成项目对接考察和洽谈16次，就双方优势互补，加强深度合作、促进互惠发展进行深入交流。逐一拜访福建省内党政部门、各地驻厦门商协会组织和行业内领军企业，邀请并当面送达第24届“兰洽会”邀请函，邀请福州市党政代表团、厦门市党政代表团、厦门市商业联合会、福建甘肃商会、福州市、厦门市及海外侨胞30余家企业参加“兰洽会”。邀请厦门网络科技领军企业——罗普特集团3次来兰州新区考察，洽谈投资项目，拟投资10亿元建设安全产业园，建设集安全软件研发、数据维护、安全设备制造为一体的产业园区；引进的线索项目华德钢板有限公司正在进行前期项目考察，计划在兰州投建材料生产线，项目总投资达20亿元；牵头引进的甘肃瀚盈金属循环科技有限公司清洁钢原材料加工生产线已在兰州经济技术开发区红古园区落地建设，项目投资总额4.6亿元，全年资金2亿元。

【其他工作】 严守纪律红线和财经工作要求，认真采纳市审计局对前任主任离任审计的建议，逐一对照审计报告进行整改，制订完善内部管理和控制制度、财务制度、资产管理制度、采购管理办法等管理制度，在工作中加以落实。公务接待服务方面，提倡勤俭之风，厉行节约，杜绝浪费，取消和缩减不必要的公务接待，严格控制接待用餐标准，不在高档酒店接待用餐。对重大活动的协调安排，做到一活动一方案，确保市上各个团组赴福建地区考察学习活动顺利开展。进一步强化财务管理，实行经费开支前置申请和审批，规范报销审批程序，努力按计划进度合理安排支出。

（桑　敏）

市政府驻深圳（珠海）办事处

【概况】 2018年，兰州市人民政府驻深圳（珠海）办事处按照市委市政府对驻外机构转变工作职能的新要求，全力以赴招商引资，认真做好对外宣传、信息反馈和接待服务等工作。

【招商引资】 全年报备招商引资项目线索6个，完成招商引资到位资金2.2亿元。报备项目有广亚铝业铝门窗加工基地项目，深圳和平伟业物流仓库项目，广东超华铜箔加工基地项目，上海华住集团华亿锦程酒店项目，兰园里购物广场有限公司的兰园里购物广场项目，深圳南海生物南海中医院制药公司以及细胞存储库、中心实验室项目。其中，华亿锦程酒店项目和兰园里购物广场项目完成建设。

【项目推介会】 3月21日—23日，在广州、深圳、珠海三地成功举办招商引资推介会3场，并安排参观考察当地重点企业，社会反响良好，达到宣传兰州、推介项目的目的。积极联合广东省甘肃商会、深圳市甘肃商会、珠海市甘肃商会、深圳市天水商会、潮汕商会、广州市工商联、深圳市工商联、珠海市工商联等多家机构和组织，筹备此次活动。主动走入在粤的世界500强企业和国内知名企业，邀请有雄厚经济实力和投资意愿的320余家企业参会，印发《项目介绍》《投资指南》等会议资料，有效保证本次推介会的质量和规模。集中安排考察当地知名企业，先后考察中兴通讯、三诺集团、格力集团、V12文化创意产业园、三口山中医药、深圳惠民制药、TIT创意园（微信总部所在地）、天河CBD管委会等8家企业，开阔眼界、感受新知、缔结友谊、促进合作。在推介活动中，主动联系当地媒体，宣传兰州形象，推介兰州好项目，当地主要媒体和今日头条、中国新闻网、腾讯、网易新闻网等主流网络媒体都对此次活动进行深入报道。兰州新区、兰州经济技术开发区、兰州市文化和旅游局以及红古区、榆中县、永登县根据本区域的招商需求和当地资源优势，精心提炼出装备制造、生物医药、特色农业、文化旅游方面60余个项目进行推介，发放各类招商引资资料2000余份，让粤港澳客商进一步了解兰州、走近兰州、投资兰州。

【粤港招商活动】 4月24日，甘肃招商推介会在广州举行，市委副书记、市长张伟文介绍兰州市的发展现状和投资环境，作重点产业项目推介。兰州市与广东省商业联合会和广东省制造业协会签署经济合作协议。兰州新区、兰州高新区、榆中县与恒大地产、深圳前海港口、深圳和平伟业等企业签约产业项目6个，投资额达102亿元。召开专题座谈会，与广东省商业联合会、广东省制造业协会、恒大地产、唯品会等签约商协会、企业及宝供集团等重点邀请企业代表就兰州市产业发展、项目建设和营商环境等进行深入交流和沟通。

在中国香港举行的甘肃省招商推介会上，作为唯一有签约项目的市州，兰州市城关区人民政府与华润置地有限公司、香港乐天发展有限公司、香港万泽投资有限公司签订兰州新城项目补充协议、华夏生态城项目战略合作框架协议；七里河区人民政府与华润集团签订200亿元的华润未来城项目投资协议。同时利用各种平台在广州和香港对特色农产品百合及产业链延伸项目进行宣传推介。

【招商引资数据库建设】 继续健全和完善驻地商会（协会）数据资料库、招商引资项目库，对招商引资项目进行相关的统计及数据收集、资料建档工作。至年底，驻地商会、协会数据资料库中，完整录入驻地商会（协会）8家，更新招商引资项目库中储备项目80余条。开展走访联络驻在地政府部门、商会、协会活动，建立稳定的沟通渠道和良好的合作关系。

【帮扶工作】 拓展兰州及其甘肃特色农牧产品销售渠道，助力农村脱贫攻坚，实现企地共赢。9月10日，联合中石化易捷有限公司，举办甘肃特色农牧产品展销订货会，邀请省内52家知名农牧企业参展，组织深圳大西北原生态土特产有限公司、珠海市鸿基伟业贸易有限公司等十几家企业参会，签订包括百合、土豆、白粉桃等土特产品的外销意向和供货协议。在推介兰州特色名优产品的同时宣传兰州。

【接待服务】 全年粤港澳地区安排接待全市招商引资、项目推介、会展参展600余人次。安排市人大常委会主要领导带队的学习考察团，市政府主要领导带队的粤港招商团，市委常委、宣传部长带队的文博会代表团，市委领导带队的高交会经贸团，市政府分管领导带队的重大项目考察团，兰州新区领导带队的招商考察团，高新区主要领导带队的招商考察团，市经济技术开发区主要领导带队的招商考察团及县区各类招商团组等重大活动。

（邓海燕）

市政府驻乌鲁木齐办事处

【概况】 2018年，兰州市人民政府驻乌鲁木齐办事处深入开展“维护核心、铸就忠诚、担当作为、抓实支部”主题教育实践活动，推进“两学一做”学习教育常态化制度化。持续深入学党章党规、学系列讲话，认真学习《习近平——新时代的领路人》《习近平谈治国理政》第二卷，及时收看《将改革进行到底》《不忘初心 继续前进》等专题片，进一步筑牢党员干部的“四个意识”。强化政治意识、政权意识、阵地意识，恪守党性原则，积极构建党政齐抓共管的工作格局。

【招商引资】 截至年底，完成招商项目2个。北京连华永兴科技发展有限公司水质监测设备生产项目，申请总用地30亩（含代征用地），建设水质监测实验办公楼，监测中心楼，仪器组装、试剂及配件3条生产线，库房6座及其他配套设施。项目签约投资总额10000万元，到位资金4000万元。甘肃石门生态园林工程有限公司石门沟农业生态修复项目，申请农业用地2500亩，主要建设林海（生态林种植）、经济林种植、生态农业采摘体验园、水养殖观光体验区、蓄水池、花海（婚纱摄影基地）、写生基地等，项目签约投资总额24000万元，到位资金9000万元。结合新疆区域经济实际，抢抓新一轮西部大开发和“一带一路”建设机遇，拜访数十家疆内外大中型企业，重点对接新疆甘肃企业商会、新疆大湾房产（集团）有限公司、新疆百成投资有限公司、新疆七一投资集团有限公司、新疆北新路桥集团股份有限公司、乌鲁木齐金邦伟业交通设施有限公司等，搜集建立商业综合体、节能环保、绿色餐饮、特色农产品深加工等重要线索项目。

【接待服务】 协调各方力量，加强两地政治经济文化的交流与合作。衔接邀请乌鲁木齐市政府组团参加“兰洽会”，联合乌鲁木齐驻外机构联合会等单位，重点拜访和邀请国内有些省市与企业部分驻疆机构负责人组成代表团参会。多次协助市直有关部门赴疆开展招商引资洽谈工作，完成各种公务接待任务。在兰州市天然气供给紧张，供应十分严峻的形势下，竭力衔接联络，协同市直有关部门与新疆当地有关单位接洽，积极争取上游供气资源和指标，确保民生用气，最大限度降低供气紧张对群众生活带来的影响。

【政务信息】 结合办事处实际，与市就业局紧密配合，搜集就业信息，落实就业岗位500余个，向新疆输转大中专毕业生和各种劳力800余人次，进行跟踪服务管理。紧盯新疆工作亮点，为市委市政府和各县区、市直有关部门提供各类信息24期100条，实现信息共享。

（魏含虎）

政协兰州市委员会

重要会议

【市政协十四届二次会议】 1月5日上午，在宁卧庄宾馆大礼堂召开。应到委员339人，实到318人。

2018年1月5日上午，中国人民政治协商会议甘肃省兰州市第十四届委员会第二次会议

开幕大会由市政协副主席李彦龙主持。受政协兰州市第十四届委员会常务委员会委托，市政协副主席严志坚代表政协兰州市第十四届委员会常务委员会作工作报告，市政协副主席姜晓红作政协兰州市第十四届委员会常务委员会关于十四届一次会议以来提案工作情况的报告。会议通过政协兰州市第十四届委员会第二次会议政治决议；通过政协兰州市第十四届委员会第二次会议关于第十四届委员会常务委员会工作报告的决议，通过政协兰州市第十四届委员会提案审查委员会关于十四届二次会议提案审查情况的报告。

【市政协十四届五次常委会议】 2月27日上午召开。市政协主席李宏亚主持会议并讲话；副主席严志坚、蒙自福、苏广林、戈银生、李彦龙、王璇、滕耀文、张永财、姜晓红、杨衍佐，秘书长敬国华出席会议。会上传达学习习近平总书记在打好精准脱贫攻坚战座谈会上的重要讲话精神和省委常委会扩大会议精神；传达学习省政协十二届一次会议精神；通报市政协党组2017年度民主生活会情况；审议通过《政协兰州市委员会2018年工作要点》。

【市政协十四届六次常委会议】 7月11日召开。市政协主席李宏亚主持会议。市委常委、常务副市长胥波应邀出席会议。副主席严志坚、苏广林、王璇、滕耀文、张永财、姜晓红、田明、杨衍佐，秘书长敬国华参加会议。上午，会议听取市政府关于2018年上半年全市国民经济和社会发展情况的通报；审议通过《关于黄河风情线核心区优化美化亮化改造提升的建议案》；通过人事事项。下午，市政协党组书记、主席李宏亚围绕贯彻落实习近平总书记关于加强和改进人民政协工作的重要思想，全国政协系统党建工作座谈会精神，做题为《学习新思想、实现新作为、开创新局面》专题辅导讲座。

【市政协十四届七次常委会议】 11月7日召开，市政协主席李宏亚主持会议。市政协副主席蒙自福、苏广林、戈银生、王璇、滕耀文、张永财、姜晓红、田明、杨衍佐，秘书长敬国华出席会议。会议审议《关于推进我市科技创新发展的建议案》和《关于加快商品交易批发市场转型升级的建议案》。

【常委会建议案】 把“黄河风情线核心区优化美化亮化改造提升”列为常委会2018年度重点调研课题，组织力量专门攻关，力图通过对黄河风情线规划、建设、管理的深入调研，寻找有价值的思路对策，为市委市政府决策和实际工作提供有益参考。从年初开始，市政协主席李宏亚带队，副主席李彦龙、王璇具体组织，组建由政协委员、政协机关工作人员和实际工作者参加的调研组，深入开展实地调研，并外出学习取经，多视角学习借鉴东、中部地区城市滨水景观带建设的实践经验，在此基础上，系统分析黄河风情线发展现状和问题，提出推进黄河风情线核心区优化美化亮化改造提升的思路和具体对策建议。

组织科技界部分委员深入到兰州大学、中科院兰州分院、甘肃省科学院、兰州交通大学等地进行详细调研，并召开座谈会，了解兰州市科技创新的现状。形成针对兰州科技创新存在的问题提出“关于推动我市科技创新发展的建议案”。“关于加快商品交易批发市场转型升级的建议案”。5月，市政协经济委员会组织部分政协委员，按照年初市政协主席会议的安排，紧紧围绕市委市政府关于全市商品交易市场实施转型升级的决策部署开展专题调研。这次调研采取现场实地察看、听取区县和部门意见、赴外地学习考察、召开座谈会和专题协商议政会等方式进行，在此基础上，系统分析商品交易批发市场发展现状和问题，提出加快商品交易批发市场转型升级的具体对策建议。

主要工作

【专题调研】 党组书记、主席李宏亚任组长，带领由市政协秘书长、有关政协委员、相关专家学者及市政协相关工作人员组成调研组，深入榆中县、永登县深度贫困乡镇开展全面调研，重点了解集中安置点、易地扶贫搬迁安置点及人饮项目建设工程、危房改造、双垄沟玉米种植、“三化”工程建设情况，随机走访贫困村的部分贫困户，召开座谈会，对脱贫攻坚中存在的困难问题进行深入探讨，提出意见建议形成“打开精准脱贫攻坚战”监督性调研报告。

8月，兰州市政协党组书记、主席李宏亚跟随省政协“推动传统产业转型升级”调研组赴内蒙古、黑龙江学习考察，先后实地考察包钢集团、稀土研究院、包头铝业集团、中环多晶硅项目、和林云计算基地、哈尔滨飞机工业集团、哈尔滨锅炉厂、哈尔滨电机厂、中国一重机械集团、北满特钢集团等企业和项目，详细了解内蒙古、黑龙江传统产业发展情况，学习两省区推动传统产业转型升级的主要做法和经验，感到受益匪浅，结合学习考察的收获，借鉴先进经验、推动兰州传统产业转型升级形成“推动传统产业转型升级”的调研报告。

为加快解决兰州市停车难问题，市政协将“加快解决我市停车难问题”列入是年的重点调研课题之一，成立调研组，先后赴城关区、七里河区中广都市花园停车库、红旗服装厂立体停车库、甘肃省中医院停车场、兰州西站综合交通枢纽配建停车场以及部分路内路外停车设施进行实地调研。听取城关区政府、七里河区政府以及市公安局、市发改委、市城乡建设局、市规划局、市房管局、市人防办、市物价局相关工作情况，其他区县也提交书面材料，并与与会的有关领导和相关工作人员进行座谈，在认真分析、研究、讨论的基础上形成“关于加快解决我市停车难问题”的调研报告，对当前加快解决兰州市停车难问题提出建设性意见和建议。

组成调研组，深入市直有关部门及职业教育培训机构，采取实地

2018年8月3日，提案委员会对兰州市规范机动车停车场统一标志放置电子导向牌的重点提案进行督办

查看、听取汇报、座谈讨论相结合的调研方式，开展“加强职业培训，助推精准扶贫”的专题调研活动，主要就工作基本情况和存在的问题开展调研形成“关于加强职业培训助推精准扶贫工作”的调研报告。

由田明副主席带队，市政协人口资源环境委员会组织部分政协委员及相关部门、主城四区政府负责人，深入城区各污水处理厂，通过实地查看、座谈交流、听取汇报、专题协商等形式，重点对兰州市城市污水处理情况进行了深入调研，剖析查找兰州市城市污水处理存在的问题，并就如何提高污水处理能力提出建议形成“兰州市污水处理情况”的调研报告。

将《关于加大美丽乡村建设力度推进实施乡村振兴战略的调研》列为2018年重点调研课题之一，由市政协副主席杨衍佐组织部分政协委员、专家、有关部门负责同志，深入到市农办、市农委、榆中县、永登县、皋兰县、红古区开展专题调研究，并从市发改委、市科技局、市统计局及各区县进行材料、数据的搜集和研究，召开专题协商会，通过听取汇报、座说、实地考察，专题协商及对重点问题的分析探讨和研究形成“打造农业强农村美农民富的美丽乡村振兴战略”的调研报告。对于通过加大美丽乡村建设力度，推进实施乡村振兴战略有更深的认识和较为明确的思路。

随着“一带一路”倡议建设的推进和向西开放力度的加大，兰州的战略定位发生新的变化，中国经济昔日的战略大后方正逐步转变为向西开放的前沿地带。作为多民族聚集的城市，民族特色产业是兰州经济的重要组成部分，站在新的历史起点上，培育壮大兰州民族特色产业，发挥其辐射带动作用，对扩大向西开放、更好融入“一带一路”倡议建设，加快兰州经济发展、建设现代化中心城市有着重要的意义。为此，市政协把“进一步发挥省会城市民族特色产业辐射带动作用”确定为2018年调研课题，组织政协委员和专家学者进行了深入调研。形成“关于进一步发挥省会城市民族特色产业辐射带动作用”的调研报告。

【视察活动】 为进一步打击整治兰州市农村赌博违法犯罪活动，政协将“关于打击整治兰州市农村赌博违法犯罪活动”调研课题列入是年的调研工作重点，成立调研组，在蒙自福副主席带领下，深入城关区、榆中县、永登县、皋兰县所辖乡镇（街道）、村社进行实地调研，听取区县政府及相关部门的汇报，并与市公安局、区县公安分局以及青白石街道、西岔镇、石洞镇、河桥镇、和平镇和平村、袁家营村、沈家河村等乡镇（街道）、村社的相关领导、干部和辖区公安干警及部分群众进行座谈，在认真分析、研究、讨论的基础上，按照优先发展教育事业的原则，根据市政协年初工作安排。4月，由副主席戈银生带队，组织部分政协委员、教育专家赴安宁区就群众普遍关注的普通高中教育资源短缺情况进行视察。社区卫生服务是城市卫生服务的重要组成部分，是城市公共卫生和医疗服务体系的基础。为更好的推进兰州市社区卫生服务机构的发展，为建设健康中国提供有力保障。根据年度工作计划安排，组织医疗卫生界政协委员对兰州市社区卫生服务机构建设发展情况进行深入了解和视察。将“发挥我市军工企业优势、加快军民融合产业发展”列为是年调研视察的专题，4月开始开展调研活动。调研中，先后组织经济界别部分政协委员和相关专家学者深入兰州市5家军工企业、民参军企业进行现场视察，赴天水市、陕西省宝鸡市4家军民融合企业进行学习考察，听取两市军民融合产业发展情况介绍，召开专题座谈会进行研讨交流。市政协副主席田明带领部分政协委员，对市供热情况进行视察。采取实地查看、听取汇报、座谈交流的方式，实地视察国电兰州热电联产“上大压小”异地建设项目、隔压换热站，以及红山热力中心、郑家台供热站、联泰牟家庄供热站等，召开座谈会，听取全市供热情况的汇报，深入分析存在的问题，广泛征求委员及相关部门、部分城区政府对供热工作的意见建议。政协对市农业供给侧结构性改革工作情况列为2018重点调研视察课题之一，由市政协副主席杨衍佐组织部分政协委员、专家、有关部门负责同志，深入到市农委、榆中县、皋兰县开展专题调研视察，从市发改委、市统计局及各区县进行材料、数据的搜集和研究，通过听取汇报、座谈、实地视察，专题协商、学习兄弟城市的做法以及对重点问题的分析探讨和研究，对于推进城市农业供给侧结构性改革工作情况，有更深的认识和较为明确的思路。为进一步发挥市港澳台侨社会群众团体作用，加强同港澳台侨同胞大团结大联合，汇集推动兰州经济社会发展合力，凝聚致力于祖国和平统一、民族伟大复兴的正能量，按照《2018年工作要点》安排，从6月开始，组织部分委员，通过走访了解、实地查看、听取汇报、协商座谈等形式，对兰州市港澳台侨社会群众团体工作进行视察。

【专题报告】 10月，市政协提案委员会与市政府办公厅商议，11月组织开展提案双向评议工作，协商确定市城管委、市房产局为被评议承办单位，制定评议工作方案，通知相关承办单位做好准备。11月9

日，承办单位由主要负责人带队，组织本单位内部相关人员20名组成承办方评议组。市政协提案委员会组织20名委员组成提案方评议组，由姜晓红副主席带领，邀请市政府督查室负责同志参加，赴市城市管理委员会、市住房保障和房产管理局就市政协十四届二次会议以来政协提案和政协提案办理工作进行双向评议。

【民主协商】 开展监督性调研，助推脱贫攻坚。组成11个调研组深入深度贫困乡镇，进村入户、走访座谈，全面了解扶贫脱贫工作情况。指导各区县政协、各民主党派、工商联同步开展监督性调研。向市委报送《“打好精准脱贫攻坚战”监督性调研报告》，对照国家扶贫标准和脱贫验收目标，梳理出产业带动、集体经济、基础设施、项目进度、人居环境、内生动力、帮扶能力7个方面问题，提出23条对策建议。积极开展和不断加强专题协商工作，紧紧围绕年初协商确定的9个专题，先后召开科技创新、高中教育、美丽乡村建设等月专题协商会9次，在深入调研的基础上，组织政协委员、专家学者同政府部门领导面对面交流协商。利用政协全会集中协商，组织政协各参加单位和各界委员踊跃提交协商发言材料，市政协十四届二次全会上，20名委员围绕小康村建设、技术创新、职业教育、农村环保等问题进行大会发言，40余名委员做书面交流。召开专题议政性常委会议2次，围绕黄河风情线建设等三个议题进行专题协商，有效推动相关工作的落实，促进了政协协商民主建设。加强提案工作，强化协商办理。加强提案者、承办单位、党政督查部门、政协提案委四方联动，健全完善协商选题、审查、办理、成果转化、考核评估“五个机制”，推进提案全程协商、多方协商、开放协商。广泛征集提案，加强审查把关，切实提高提案质量，并向68家承办单位转交422件提案。做好重点提案递选和协商督办工作，主席会议成员带队，提办双方共同参与，完成“优先解决三类老人养老服务”“农产品线上线下互融发展”等11件重点提案的现场督办，推动一批民生和发展问题的解决。协调政府有关部门召开提案办理座谈会，通报提案办理情况，征求委员意见，加强沟通协调。参加省政协举办的提案工作培训，联合民主党派开展提案知识培训。组成政协委员评议组，赴市城管委、市房管局等提案办理较为集中的部门开展提案双向评议，提办双方相互评议，找差距、商对策，推动政协提案工作创新发展。经过提办双方共同努力，市政协十四届二次会议以来委员提案全部按期办复，办理质量明显提高。扩大团结联系，凝聚各方力量。以政协例会为平台、调研视察为载体、界别活动为纽带、走访联谊为抓手，加强与党派团体和各界人士的团结合作。认真落实党组成员联系民主党派和党外代表人士制度，深入走访市级各民主党派和工商联，现场调研座谈，听取意见建议。以界别工作组和专委会为依托，组织开展大型界别活动10次，通过参观学习、实地考察，帮助委员开阔履职视野、提高履职能力。举办纪念改革开放40周年座谈会、书画笔会和征文活动，为推进改革开放渠念案力做好政协港澳台侨工作，举办中秋节港澳台侨界联谊座谈会，组织对外友好、港澳台侨界委员和“三胞”亲属参加调研视察、学习交流、参观考察活动，凝聚力量，激发热情。推进上下联动，增强工作合力。配合全国政协来兰开展历史文化名城建设等调研考察，配合省政协来兰开展历史文化保护、发展循环经济、改善营商环境、加强生态治理等调研视察。加大对区县政协和党派团体的指导、协商、协作力度，主席会议成员多次深入区县政协调研，分别参加各区县政协举行的理论研讨会，邀请区县政协委员参加市政协举办的学习辅导、调研考察等履职活动，推动市政协和区县政协工作增强合力、突出实效。拓宽交往渠道，加强文化交流。加强横向交流，配合北京、上海、山东、广西等地城市和省内其他市州政协来兰开展环境保护、中医药产业、美丽乡村建设等调研考察工作，相互交流、取长补短。参加“城市政协‘一带一路’倡议建设协商合作联盟”会议，赴香港参与甘肃文化旅游推介活动，助推兰州市对外开放。扩大文化交流，积极承办省政协主办的“讴歌新时代聚力新征程”系列书画摄影展，开展书画笔会交流活动；组织兰州市书画艺术家赴安徽、福建、广西参加政协书画联展，同“一带一路”沿线城市政协进行书画艺术和文化交流，不断拓宽工作视野，助力“一带一路”倡议建设。

【调研视察】 聚焦全市改革发展，深入调查研究，全年开展调研视察18项，向市委市政府报送调研视察报告和建议案18项，工作触角涉及城市发展、经济建设、深化改革、社会治理、教育卫生、生态环保、扶贫脱贫等领域，提出许多有价值的意见建议，有效发挥献计献策、助推发展的作用。开展“黄河风情线核心区优化美化亮化改造提升”专题调研，组织政协委员察实情、理思路、商对策，向市委市政府报送《建议案》，提出6个方面的总体思路和37条具体建议。组织开展“推进科技创新发展”调研，深入兰州大学、中科院兰州分院及省市科研单位、企业调研，分析兰州市在科研成果转化利用、科技创新发展环境等方面存在的问题，提出一系列针对性的意见建议。针对兰州市传统产业转型升级这一难点问题，积极参与省政协组织的“推动传统产业转型升级”调研，向市委市政府报送《调研报告》，分析兰州产业转型升级中的困难和问题，从发展理念、目标、业态、方式、环境等方面提出建议。着眼市委关于促进军民融合产业发展的决策，开展专题视察，深入了解分析兰州市军民融合产业发展问题，从机制、政策、环境、服务、载体等方面提出意见建议。抓住农村脱贫攻坚面临的劳动力素质短板，深入农村、政府主管部门和职业教育培训机构，开展“加强职业培训助推精准扶贫”专题调研，提出精准实施贫困地区劳动技能培训的相关建议。视察兰州市港澳台侨群团组织工作，提出促进港澳台侨界人士来兰州市投资兴业、扩大对外开放的意见建议。开展“农业供给侧改革”“民族特色产业发展”等调研视察，从不同角度为促进改革发展建言献策。紧盯突出问题建言社会治理。结合党中央、国务院关于扫黑除恶专项斗争有关通知精神，针对兰州市部分农村地区赌博现象，开展“打击整治全市农村赌博违法犯罪活动”专题视察，抓住城市污水处理问题开展专题调研，通过实地查看、座谈交流、专题协商等形式，分析问题，查找原因，并就进一步做好雨污分流、加强沿黄河村镇污水收集处理、加快污水处理厂提标改造等工作提出建议。着眼美丽乡村建设开展调研，针对兰州市乡村治理中的差距和短板，提出振兴产业、生态宜居、民生保障、科学治理等7个方面30余条建议，为促进乡村振兴、实现全面小康提供工作参考，跟进重点工作服务发展大局，主动向市委请示汇报，加强与市政府沟通协调，围绕重点工作和热点问题，开展服务发展、引导群众的工作。认真学习贯彻习近平总书记“两个毫不动摇”的重要指示精神，深入开展新一轮“千企万商大走访”活动，班子成员带领政协委员和机关干部深入一线，先后走访兰州铝业、红楼时代广场、五星坪棚户区改造、兰州理工大学、江苏商会等67家企业、学校、科研单位和商会，了解情况、反映诉求，多方协调解决问题。认真贯彻落实市委“招商引资百日大会战”安排部署，发挥政协联系广泛、智力密集的优势，动员政协委员特别是企业家委员，想办法、找路子，努力引进客商来兰州市投资兴业。把招商引资同支持民营企业发展结合起来，利用协商会议、反映社情民意信息等履职平台，提出发展实体经济、扩大招商引资、优化营商环境等方面建议，努力为企业发展排忧解难、帮忙助力。积极投身创建全国文明城市工作，开展送文化下乡进社区进企业促创建、“兰州人·百姓讲堂”“保护母亲河志愿行动”等活动。

【其他工作】 加强基础性工作，推进协商民主建设。深入贯彻中央关于加强人民政协协商民主建设的意见和省、市委实施意见精神，调研全市政协工作，深入区县政协、党派团体，与基层干部群众和政协委员共同研究推进政协工作的思路举措。认真贯彻落实市委《关于加强和改进人民政协民主监督工作的实施意见》，开展政协民主监督工作专项调研，召开专题协商会协商交流兰州市政协民主监督工作的做法和经验，分析存在的薄弱环节，探索开展监督性调研视察、加强提案监督、利用社情民意信息开展经常性监督、通过委员民主评议进行专项监督等方面措施办法，推进协商民主建设基础性工作。提升委员履职能力，发挥委员主体作用。采取多种形式加强委员培训，对100余名委员分层次集中培训，在全国政协干部培训中心举办培训班，听取习近平新时代中国特色社会主义思想、经济高质量发展、政协参政议政和民主监督专题辅导，帮助委员提高理论政策水平和履职能力；在贵州政协委员培训中心举办委员履职能力提升培训班，开展现场教学，切实增强培训实效。邀请委员参加政协机关举办的辅导讲座和其他教育活动，利用政协网站、手机客户端、《诤友》《学习参考资料》等平台，帮助委员学习理论、知情明政。进一步加强委员管理，在赴外培训班成立临时党支部，充分发挥中共党员委员的带头示范作用；开展委员履职量化管理考评，对委员履职情况进行记载通报。切实发挥委员主体作用，政协会议、调研视察、专题协商、提案督办等重要活动都以委员为主体，广泛听取委员的意见建议；进一步完善大会发言、专题协商、提案、社情民意等平台，为委员履职提供良好条件；招商引资、扶贫脱贫、文明创建、民主评议、特邀监督等工作，都发挥委员特长、挖掘委员资源，动员委员积极参与，形成强大的工作合力；表彰优秀提案和优秀社情民意信息，进一步激发委员履职热情。全年委员参加调研视察334人次，参加月专题协商活动134人次，参加提案督办和评议124人次，参加大型界别活动300余人次，参加行风监督45人次。加强政协宣传工作，牢牢掌握意识形态主动权。构建立体宣传网，采取有效措施宣传理论政策、报道政协工作和委员风采。积极协调国家级、省级媒体开展政协宣传，全年在《人民政协报》《民主协商报》刊登35篇、在《兰州日报》刊登127篇兰州政协工作新闻报道，提升宣传层次；在省市媒体制作6个专版集中报道，增强宣传实效。制作画册、拍摄专题片，用图文音像结合的方式，记录委员履职工作、传递政协声音。建设政务新媒体，在政协网站发布信息近200篇、在手机客户端推送信息125篇，大量、快速发布理论政策知识、工作动态、工作经验、议政建言成果和社情民意信息，用正能量占领网络阵地。落实意识形态工作责任制，严格执行信息发布制度，开展网络安全和保密教育，净化网络环境，筑牢思想防线。加强政协机关建设，不断夯实履职基础。不断深化对政协工作特点规律的认识，切实加强政协机关政治、思想、组织、纪律、作风建设，把制度建设贯穿其中，努力提升机关工作水平。

（武小祯）

重要会议

【中共兰州市纪委十三届三次全体会议】 2月2日召开，出席会议31人，列席200人。省委常委、市委书记李荣灿出席全会并发表讲话。会议传达学习习近平总书记重要讲话、中央纪委全会精神和省纪委全会精神，通报2017年兰州市纪检监察机关纪律审查情况，观看《金晋哲陶军锋严重违纪案件警示录》，总结2017年党风廉政建设和反腐败工作，部署2018年主要工作任务，审议通过市委常委、市纪委书记、市监委主任苟海龙代表市纪委常委会所作的题为《以习近平新时代中国特色社会主义思想为指引，一刻不停歇地推进党风廉政建设和反腐败斗争》工作报告。

主要工作

【兰州市监察委员会成立揭牌】 1月9日，省委常委、市委书记李荣灿与市委常委、市纪委书记、市监委主任苟海龙为兰州市监察委员会揭牌。挂牌后，即召开兰州市纪委监委全体干部职工大会，省委常委、市委书记、市深化国家监察体制改革试点工作小组组长李荣灿出席会议并讲话。

【从严治党】 围绕学习贯彻习近平新时代中国特色社会主义思想、党的十九大精神、党章党纪党规和《宪法》《监察法》，开展警示教育和知识竞赛等活动，引导全体党员干部筑牢忠诚干净担当的精神内核和廉洁底线。积极协助市委落实主体责任，出台《巡察工作实施办法（试行）》《作风建设监督检查办法（试行）》，完成年度全面从严治党考核。进一步规范党员干部任前廉政审查工作，建成领导干部廉政档案库。聚焦“两个维护”，强化政治监督，查处全面从严治党不力问题24起，问责38人。持续推进肃清虞海燕、金晋哲流毒影响工作，依纪依规严肃处理18人。

【体制改革】 依法产生市县两级监委，全面完成挂牌运行、人员转隶工作，构建起党统一指挥、全面覆盖、权威高效的监督体系。积极探索纪法、法法有效衔接机制，严格执行上级纪检监察机关各项新的制度规定，借鉴外地经验，结合兰州实际制定《调查措施运用规定（试行）》等13项制度措施和执纪执法文书，纪委监委运行机制和工作流程步入规范。突出政治监督，严格履行监督第一责任，推动监督工作更加聚焦、更加精准、更加有力。市级实行监督检查和审查调查部门分设，从事监督检查的机构和干部是审查调查部门的1.5倍左右。市纪委监委标准化留置场所建设项目进展顺利。

【重点领域专项治理】 狠抓扶贫领域腐败和作风问题整治，查处问题59起，处理138人。积极开展扫黑除恶“破网挖伞”行动，排查督办问题线索177件，查实4件，处理13人。深入开展村级财务专项整治，督促完成问题整改率86.9%。开展农村饮水安全督查整治，狠抓问题整改和核查。开展城区义务教育阶段入学不正之风整治，督促市教育局制定“十项禁令”，遏制了教育领域的不正之风。在监督执纪中，准确把握运用“四种形态”处理2890人次，其中第一、二种形态占89.8%，体现“惩前毖后、治病救人”的方针。对反映失实的1005件问题线索办结后予以澄清。

【作风建设】　通过日常监督、节点提醒、明察暗访等，持续推动中央八项规定及其实施细则精神落实落细，查处问题119起，处理184人，通报曝光典型问题24件、40人。推进“转变作风改善发展环境建设年”活动，大力开展不作为、慢作为、乱作为和吃拿卡要等问题治理，查处作风类问题368件、处理525人。

【反腐败成效提升】　全年受理信访举报3541件，处置问题线索2579件，立案824件，结案694件，给予党纪政务处分782人。查处涉嫌贪污贿赂、失职渎职等职务犯罪案84件、87人，移送检察机关43人，同比增长7.6倍。配合省纪委监委查处秦华、王永生、刘斌、杜枝贤等大案要案。严肃查处十八大以后不收敛、不收手、不知止的典型——杨红心巨额受贿案，形成有力震慑。规范使用十二项调查措施9434人次，采取技术调查、限制出境等34人次。

【巡视巡察】　高度重视中央巡视“回头看”移交问题线索，按照4类处置方式，办理完毕。全力支持配合省委巡视组对市本级和6个区县开展的两轮巡视工作，紧跟省委巡视步伐，在全市同步开展巡察，释放“双剑合璧”的震慑效应；办结省委巡视移交问题线索390件，办结率84%。完成市县两级党委巡察机构组建工作。稳步推进常规巡察，选派23个巡察组，采取“一拖二”或“一拖三”方式，对27个市直部门单位、12个区（县）直部门、22个乡镇、44个村开展三轮巡察。建立巡察问题“双反馈”、线索移交及“回头看”等工作机制，做深做实整改“后半篇文章”，移交问题整改率95%，问题线索核查率70%，立案31件、处理105人。

【自身建设】　严格落实党内政治生活制度，把党建要求落实在办案一线，成立6个临时党支部，保障执纪监督审查调查工作始终在党的领导下开展。立足岗位练兵，注重实战需要，进一步健全完善“重点调训、集中轮训、以干代训、课题研训、交流互训”五位一体的干部队伍教育培训机制，全年兰州市纪检监察干部有计划、分批次受训90%以上。坚持刀刃向内，完成对区县纪委和兰州高新区、经济区纪工委的内部巡察，督促整改各类问题158个；办结反映纪检监察干部问题线索26件，诫勉谈话3人，告诫约谈6人，提醒约谈1人，党纪处分3人。

（刘心刚）

中国国民党革命委员会兰州市委员会

【概况】 2018年，全市有民革党员931人（其中女党员358人），平均年龄58岁，60岁以下党员617人，占比66.3%。在职党员中大学本科以上学历506人，占比53.4%，在职科级及以上干部81人（县级13人），中高级以上职称249人（高级职称66人），各级人大代表17名，各级政协委员77名，党员分布以经济、教育、卫生、文化、科技、政府部门以及法律、非公经济界为主。有各级基层组织51个。其中，基层委员会2个（民革兰州市城关区委员会、民革兰州市榆中县基层委员会）；总支7个（七里河总支，安宁总支、西固总支、永登总支、红古总支、皋兰总支、经济总支）；支部42个。专门工作委员会7个（参政议政工作委员会、法律工作委员员会、经济工作委员会、祖统工作委员会、妇女青年工作委员会、三农工作委员会和科教文卫工作委员会）。机关编制12人，下设组织处、宣传调研处、办公室。

【思想建设】 市委会始终把政治理论学习放在首位，健全领导班子学习会、常委学习座谈会、委员培训学习班等相结合的学习体系。班子成员率先垂范，带头学习，撰写发表多篇理论文章。严格落实民主集中制，制定《民革兰州市委员会议事规则》《民革兰州市委员会委员履行职责管理办法》，明确主委会议、常委会议、全体委员会议等组织形式、议事程序、讨论决定事项和委员管理规定等。建立机关干部服务常委及常委联系支部制度，加强常委对基层组织的联系和指导，班子成员坚持以普通党员身份参加支部活动，加强同基层党员的沟通联系，团结和带领广大党员增进政治共识，坚定理想信念。

【宣传工作】 开展“不忘合作初心，继续携手前进”主题教育活动。围绕中共中央“五一口号”发布70周年、改革开放40周年、民革成立70周年、纪念孙中山先生逝世93周年等系列活动。邀请民革中央副主席刘家强来兰州为中山大讲堂揭牌并作《光明礼赞——从五一口号到协商建国初探》专题辅导。领导班子成员参加中共兰州市委纪念中共中央“五一口号”发布70周年座谈会，在《兰州日报》发表《不忘初心谱华章同心筑梦新时代》的署名文章。选送党员分别参加民革中央、民革省委会和市级统战系统庆祝改革开放40周年、纪念中共中央“五一口号”发布70周年主题征文和演讲活动，1名党员文章荣获民革中央庆祝改革开放40周年主题征文三等奖，2名党员演讲获市级统战系统二等奖和优秀奖。建立兰州民革微信公众平台，利用《兰州日报》《团结报》、团结网、《甘肃民革》《净友》《兰州统一战线》等主流媒体和统战、民革微信公众号等新媒体，宣传民革履职尽责的成功实践，讲好多党合作故事。全年报送各类工作信息20余条，推送各类信息稿件308篇，编印《兰州民革工作简讯》29期，改版《兰州民革》杂志，提升刊物编印质量。《团结报》征订量达453份，上升30.2%，荣获2018年度《团结报》发行征订工作全国先进集体三等奖。

【组织建设】 以“质量建党、质量强党”为目标，实施高素质人才定向发展计划，探索试行入党积极分子“积分制”、高层次人才入党“一事一议”制，党员发展质量不断提高。2018年发展新党员31名，平均年龄39岁。其中，本科以上学历23名。中高级以上职称3名；主任科员1名；副主任科员3名；市人大代表1名；行政事业及国企单位人员19名。制定基层组织工作细则、专门委员会工作条例等制度，进一步提升组织工作的规范化、制度化、科学化水平。召开基层组织工作会议，对新形势下如何提升基层组织建设的科学化水平，提高民革党员履职尽责意识进行了交流探讨。规范组织程序，严格按照民主推荐、民主测评、个别谈话程序对申请届中调整的支部班子人选进行考察。通过举办市民革新党员培训班及骨干党员综合素养与业务能力提升培训班，推荐参加省民革新党员培训班、新的社会阶层人士培训班、参政议政青年骨干党员培训班，培训党员140人次。开展“党员看望月”“关爱特困党员”活动，召开座谈会9次，发出情况调查表200余份，征集意见建议200余条，并对3县5区基层组织和市直支部的20名生活困难党员、老党员进行走访慰问，通过民革中央中山博爱基金会向兰州市2名特困党员发放慰问金2万元。各专委会、基层委员会、总支和市直支部开展义务植树、慰问轨道交通建设者、健康环保徒步行、金城文化名家进社区、小街巷文化工程改造调研、创建全国民族团结进步示范区主题演讲和知识竞赛、慰问抗战老兵、与青海民和支部举行两省三地联谊活动、参加皋兰县水阜镇“7·22”暴雨洪涝灾害一线抢险救灾、“慰问城市夜晚守护者—市政、环卫、交警”等组织活动。

【内部监督】 召开内部监督培训会，邀请专家为骨干党员解读《中华人民共和国监察法》，严格按照民革章程和纪检监察相关要求，立足纪检约谈登记和“三重一大”情况报备，加强内部监督，从源头预防违规违纪。严格落实中共中央八项规定精神，组织开展宪法、监察法宣传教育，加强机关干部监督管理。

【机关建设】 贯彻落实“转变作风改善发展环境建设年”要求，从学、查、改、建四个方面推动机关作风转变。制定、修订《民革兰州市委员会印章使用管理办法》《民革兰州市委员会机关干部考核办法》《机关部门工作职责》等12项工作制度，形成用制度管权，按制度管事，靠制度管人的有效机制。坚持每周办公会议，组织机关干部开展政治理论学习，推荐机关干部参加各类学习培训，组织开展撰写纪念中共中央“五一”口号发布70周年理论研讨文章，锻炼提升机关干部政治理论水平和文字写作能力。选送优秀作品参加省委会和市委统战部征文演讲活动，其中8篇文章被《甘肃民革》刊载。

【民主协商】 参加中共兰州市委、市人民政府召开的人事安排、经济工作、脱贫攻坚、重点调研、党风廉政建设和反腐败工作协商座谈会6次，围绕全市经济社会发展和2018年目标任务、脱贫攻坚工作中存在的问题及历史文化名城建设等方面提出系列意见建议。参加人大、政协和法、检两院等各类座谈协商会和征求意见会，围绕经济建设和社会管理中的突出问题积极建言献策。

【参政议政】 充分用好“两会”履职平台，发挥民革党员中人大代表、政协委员作用，提高提案质量。在市政协十四届二次会议上，市民革提交大会发言6篇，集体提案12件，委员个人提案49件，其中《关于兰州市农产品线上线下互融发展的建议》《关于进一步解决好劳动纠纷的提案》被市政协列为主席、副主席督办提案。围绕甘肃省学前教育资源配置情况、兰州市创建国家历史文化名城和物业公司不作为现象开展调查研究，形成调研报告、市政协十四届二次会议大会发言和提案。县区基层组织也积极开展调查研究工作，撰写调研报告10篇。按照市委统战部安排部署，市委会对口永登县民乐、七山、通远3个乡镇开展脱贫攻坚民主监督工作，围绕精准识别、精准脱贫、贫困县摘帽、脱贫攻坚责任落实、政策执行、扶贫资金项目管理使用等方面问题，提出意见建议，形成调研报告。

【社情民意工作】 挖掘社情民意信息，提高信息的“含金量”。在酒泉路街道畅家巷社区建立兰州民革“民声所响”工作室，建立市委会定期走访调研和民革组织对口联系工作机制，使工作室成为民革工作宣传点、社情民意采集点、为民办事服务点、基层文化建设点。全年城关、七里河、安宁、西固、红古、永登、榆中等县区基层组织建立社情民意联系点15个，围绕城市管理、食品安全、污染防治、文明执法等方面，采集报送各类社情民意信息60余篇，其中10篇被市政协采纳并在《净友》杂志刊载。

【脱贫攻坚】 全年组织机关干部和民革党员12批300人次到永登县柏杨村开展帮扶，为在柏杨村投入资金、物资折合价款约59.5万元。其中为柏杨村协调解决自来水入户、小学操场塌陷、中湾坝口排洪工程修建等筹集基础设施建设资金20.5万元，民生问题。经济、三农、法律工作委员会、永登总支、经济一支部、经济二支部等基层组织和广大党员也纷纷在柏杨村扶贫攻坚工作中倾力相助，捐款捐物总价值达19万余元，为困难群众捐助矿物肥、冬炭、护眼灯、书籍、粮油、厨具、衣被等生产生活物资。注重激发柏杨村群众内生动力，机关干部认真开展困难群众大走访、大排查活动，帮助建档立卡户全面制定完成“一户一策”精准脱贫帮扶计划，组织开展农业技能知识培训和法律精准扶贫培训。

【社会服务】　弘扬孙中山博爱精神，发扬扶贫济困优良传统，西固总支、八支部、九支部、文化支部以及广大民革党员在兰州市及庄浪、临洮、榆中、皋兰、漳县等地捐助困难儿童和贫困群众累计达3500余人次。发挥志愿服务优势，市委会与3县5区民革组织联动，以“精致兰州，绿色出行，低碳生活，碧水蓝天”为主题，开展环保公益宣传活动，向市民广泛宣传垃圾分类的重要性，提高市民环保意识，助力兰州市打好打赢污染防治攻坚战。发挥民革法律工作特色，开展法律“四进”（进社区、进校园、进企业、进军营）活动60余次，为街道、社区群众提供义务法律咨询和法律宣讲活动。积极探索基层组织开展社会服务新形式，七支部利用网络媒体传播率广、及时高效等优势，吸引全国爱心人士参与民革网络公益活动，为临夏州东乡县高山乡洒勒村特困家庭和小学生筹集现金和学习生活用品价值达5.8万元。

【祖国统一工作】　举办“弘扬黄河文化促进两岸交流—黄河母亲文化研讨会暨何鄂雕塑人生八十载”“全国台联台胞青年千人夏令营甘肃分团座谈会”“百里黄河翰墨添彩精致兰州共建共享促进兰台文化交流”活动。邀请南开大学城市文化研究院副院长、历史学教授、博士生导师侯杰就当前台海形势作专题报告。广大民革党员对当前中共中央对台工作精神，台湾问题的历史、台海局势的现状、对台惠民的政策等多层面、多角度深入了解当前和今后一个时期两岸关系发展的新趋势。

（王一雯）

中国民主同盟兰州市委员会

【概况】　民盟兰州市委员会是中国民主同盟在兰州市的地方基层组织。2018年是第八届委员会。内设办公室、组织部、宣传部、社会服务部。机关编制15人。其中，行政编制13人；工勤编制2人。年底在职人员12人，退休人员7人。全年新发展盟员77人。其中，大学及以上学历比例为94.8%；党政机关、事业单位比例为31.17%；新的社会阶层人士比例为15.58%；平均年龄为34.4岁。截至12月底，全市有盟员1604人。

【思想建设】　举办《新时代新思想新征程》中共十九大精神学习辅导报告会；学习习近平总书记关于新型政党制度的重要论述专题讨论会；组织“我与改革开放”主题征文活动和“将改革开放进行到底”学习研讨会，举行“庆祝改革开放40周年”文艺晚会；参加中共甘肃省委、中共兰州市委和民盟省、市委纪念“五一口号”发布70周年座谈会。挖掘兰州地区民盟组织历史资料及盟员先辈的光辉事迹，与盟省委在兰州烈士陵园共建“民盟传统教育基地”，举行缅怀革命先烈盟员英烈祭奠仪式和“民盟传统教育基地”揭牌仪式；举办线上线下“兰州民盟·朗读者”——纪念“五一口号”发布70周年诗歌朗诵会；举行“走进新时代开启新征程再展新风采”全市盟员运动会；参加市委统战部纪念“五一口号”发布70周年演讲比赛。1篇理论文章荣获全省统战理论政策研究成果优秀奖和全市统战调研优秀成果一等奖，多篇被《团结》《甘肃统战理论研究》等刊登，3篇入选市政协理论研讨论文集。“兰州民盟”微信公众号在全国民盟市级组织影响力排名中连续8个月名列前十名。

【参政议政】　班子成员参加省、市各类协商民主会、情况通报会、专题座谈会和调研考察活动等30余次，就提高政务服务效能、开展田园综合体建设、脱贫攻坚工作等内容协商建言。对榆中县3个乡镇“精准扶贫”进行民主监督，监督调研报告上报市委、市政府。推荐盟员参加各类调研、评议和专题协商会，发挥民主监督作用。加强同市级对口联系部门的工作对接开展调研。全年完成上下联动、左右互动、联合调研、重点调研课题20项，1项课题被市科技局列为科技计划项目。广泛收集和反映社情民意，征集各类信息、线索、素材50条，整理上报信息20条，1篇得到市委书记批示。发挥群体作用，通过健全完善机制、加强统计考核、兑现奖励激励、细化服务保障调动盟员广泛参与的积极性。市“两会”上，盟市委提交党派提案12件，大会发言2篇，盟员提案和建议案40件，大会书面发言3篇，1提案被重点督办。

【自身建设】　发挥领导班子和常委会的检查督促作用，确保各项工作按计划优质高效推进。提升基层组织活力，组织基层组织建设交流。成立民盟兰州市文化支部。在城关区等创建4个各具特色的“盟员之家”，举办“庆祝改革开放40周年”纪念活动、书画交流笔会等各具特色盟务活动，市委统战部组织秦皇岛市委统战部、凉山州委统战部及各民主党派负责人到“盟员之家”参观考察；河南、广西、大同、咸阳等地民盟组织也先后到“盟员之家”参观学习交流。在重庆大学举办盟市委成立以来首次集体外出培训，30名骨干盟员参加为期一周的学习。组织专委会开展迎新春联谊、观看民族舞剧《孔子》、走进甘肃科技馆、妇女节插花、“重阳节”登高等特色活动。组织书画社为社区、扶贫村、招商引资企业书写春联、创作书画作品，并向民盟中央、各省市有关书画展览递交参展作品60件。建设档案室，规范档案工作，开发档案资源。

【社情民意联系点工作】 打造盟市委“和美行动，同心共进”品牌，在和政东街社区开展社情民意直通车等“六大”主题活动。春节前为社区居民书写春联；书画社与社区艺术团举行笔会切磋交流；端午节组织盟员与社区各族群众开展“粽叶飘香暖心端午”联谊活动；暑假为社区群众和学生免费教授围棋；举办“庆祝改革开放40周年”文艺晚会；“冬至节”给空巢老人包饺子、送祝福。拓展社情民意联系点的作用，分别在白银路街道、土门墩街道举行“民族团结进步宣传月”宣讲；组织在城关区和政东街社区、团结新村社区，七里河区雷坛河社区，安宁区费家营社区等5个社区召开座谈会征集社情民意信息，征得近百条信息。

【招商引资】 盟市委招商小组先后赴重庆、四川、长三角、珠三角等地洽谈对接项目线索。全年报备招商引资线索10余条，完成到位资金3亿元。连续4年超额完成招商引资任务。

【其他工作】 积极开展盟务交流，参加2018年民盟西部城市盟务工作会，提交交流材料3篇，以《打造兰州城市标识，增强时代文化自信》为题作大会交流发言。应邀参加民盟武汉地方组织成立70周年纪念大会。参加民盟第4届“一带一路”文化与产业发展研讨会，提交论文2篇。组织机关干部到深圳、咸阳、庆阳、大同等外地盟组织学习考察，与来兰交流的广西、大同、陇南、平凉、庆阳等民盟组织代表开展盟务工作座谈，汲取在自身建设、参政议政、社会服务和机关建设等方面的好经验和好做法。

【获得荣誉】 2018年，民盟兰州市委员会荣获盟中央“民盟思想宣传工作先进集体”“民盟社会服务工作先进集体”荣誉称号；“盟员之家”被盟中央授予“优秀盟员之家”荣誉称号；荣获盟中央群言杂志社2018年度发行工作突出成绩奖；荣获盟省委“2017年度参政议政工作模范集体”荣誉称号；连续三年荣获兰州市档案工作考核优秀等次；荣获全市统战信息工作先进单位一等奖。

（陈　璟）

中国民主建国会兰州市委员会

【概况】 2018年，中国民主建国会兰州市委员会有基层委员会3个，总支13个，支部55个，另有专委会9个。截至年底，有会员1053人，平均年龄50.61岁，大专以上学历845人，占会员数的80.25%，经济界会员817人，占会员数的77.59%。获评2018年度档案工作考核优秀。

【参政议政】 兰州市民建会员中省市县（区）人大代表、政协委员117名在2018年的各级人大、政协会议上提交提案、议案221件，人均1.89件。在市政协十四届二次会议上提交集体提案8件，大会发言2篇。《关于加快我市小康村建设的建议》被列为市政协重点提案；《关于加快智能制造发展的调研报告》调研课题，列为市委统战部调研选题，组织专家学者结合乡村振兴战略的实施，就“三农”问题开展调研，形成《“农地出让”新土改》的调研报告，作为社情民意呈报给民建中央李世杰副主席及省委会领导参阅。

【宣传工作】 全面改版会刊《兰州民建》，强化宣传工作力量配置，加强对外宣传力度，扩大宣传优秀会员和优秀会员企业家的先进事迹，激励会员干事创业热情，体现会员主体地位，在《甘肃民建》《民主协商报》《兰州日报》《净友》《兰州统战》等报刊杂志上发表理论文章9篇。注重发挥新媒体作用，开通“民建兰州市委员会”微信公众号，升级改版市委会网站，栏目设置合理、内容新颖，及时发布市委会工作动态，截至年底，发布消息150余条。向民建中央、省委会、市委、市委统战部等部门报送信息200余条，被民建中央采用近90条，省委会采用近百条，市委采用6条，市委统战部采用10余条。

【学习培训】 主委会议集体学习，常委会议集中学习，会员培训推动学习，机关干部主动学习等相配套，形成内容丰富、方式多样的学习制度体系，推动以市委会领导班子和基层班子为重点的学习全覆盖，坚持理论联系实际，把理论学习同视察、调研、考察等履职实践结合起来，领悟新思想。向各基层组织发出通知，号召广大会员深入学习宣讲中共十九大精神、习近平新时代中国特色社会主义思想、全国“两会”精神以及会史和新会章，用科学思想、先进文化、民建优良传统强化对会员的意识形态引领。组织会员参加中央社会主义学院、上海社会主义学院；对2016—2017年度新发展会员进行培训；9月，在浙江大学举办委员暨骨干会员综合能力提升培训班。在中央社会主义学院网站发表理论文章2篇。

发挥人大代表政协委员作用，全市有117名会员担任各级人大代表、政协委员，在各级人大、政协会议上提交提案、议案221件，人均1.89件。推荐会员参加有关政策、重大决策部署执行和实施情况的调研视察；人大代表、政协委员调研视察；专项执法督查检查；法检两院开放日活动，提出意见建议。向市效能办推荐10余名骨干会员担任效能督查员，按照市“转变作风改善发展环境建设年”活动的部署和要求，积极投入到监督工作当中，拓展民主监督的内容和形式，探索经验，发挥骨干会员重要作用。

【民主监督】　在榆中县上花岔乡、园子岔乡、贡井镇3乡（镇）积极开展脱贫攻坚民主监督工作。邀请专家对扶贫监督工作进行的专项培训得到市委统战部的高度认可，并且提升为全市统战系统民主监督培训会。选调十余名机关干部和得力会员，分3个组先后3次深入乡、村、户及田间地头、企业等脱贫攻坚第一线调研；把宣讲党的脱贫攻坚政策贯穿民主监督的全过程，让群众了解富民政策，增强脱贫致富信心；坚持履职与服务相结合，在参与中支持，在支持中服务，在服务中监督；在中共兰州市委召开的全市脱贫攻坚民主监督协商座谈会上提出的10条意见建议，得到市委肯定，相关单位部门积极采纳；形成较高质量的调研报告。

【组织工作】　结合市委会实际，研究出台《民建兰州市委员会关于会员发展若干指导意见》，规范会员发展方向，确保会员发展质量。全年批准入会27人，平均年龄37.89岁。经济界会员27人。截至年底，市委会有会员1053人，平均年龄50.61岁，大专以上学历845人，占会员数的80.25%；经济界会员817人，占会员数的77.59%。根据民建中央组织部及民建甘肃省委的要求，完成全市1050名会员的简历、联系方式等10余项指标的录入，建立完整的会员信息系统，会员管理步入信息化、规范化、系统化轨道。根据属地管理原则，将皋兰支部从市直属总支划出，隶属于市委会管理，独立开展工作。加强对基层组织换届的指导，向基层组织下发《关于民建兰州市委基层组织换届工作安排意见》，对支部换届工作进行详细的安排，截至年底，19个届满亟需调整的支部全部完成换届。建立主委班子、常委会成员和机关干部联系支部制度。完成市委会主要领导对区县基层组织的调研工作和拜会走访区县统战部的工作。

【社会服务】　在市委会社情民意联系点——城关区皋兰路街道詹家拐子社区，通过创新社情民意工作机制，打造社情民意联系点品牌。在社区建立社情民意联系会议机制、多源信息采集机制和“1+N”信息处理反馈答复机制，收集社情民意信息，为了解社会、化解矛盾、理顺情绪畅通渠道。设置社情民意信箱、社情民意专线等；通过法制进社区、文化进社区、健康进社区等系列活动，创建社情民意联系点品牌工作。法制委员会在社区举办法律讲座，普及法律知识，增强居民守法维权意识，加强情感交流，促进社会和谐，在宣传民建的同时，畅通社情民意渠道。成立由25人组成的社情民意信息采集队伍，形成常年采集与集中采集相结合的创新工作方式。年底，市委会及各县区基层组织社情民意点征集各类信息90余条，通过归类、整理等方式，整理社情民意37条。其中，协调有关部门解决7条，向市政协和市委统战部报送12条，现场解答信息18条。通过各种渠道和形式，创新社会服务工作，组织活动中涌现出很多有特色的社会服务活动典型：如城关基层委开展的物业管理进社区、教育支部慰问子弟兵活动；西固基层委“敬老”活动；七里河总支开展“扶贫帮困献爱心”活动；榆中总支与驻地官兵开展“连心桥”活动；皋兰支部慰问洪涝灾害群众；永登基层委员会“一碗饺子温暖一座城——冬日送温暖”活动等。

【招商引资】　组织会员企业家参加本年度中国非公有制经济发展论坛和风险投资论坛，先后前往西安、无锡、武汉等地开展招商引资工作。借力“兰洽会”推介甘肃省和兰州市招商引资的重点项目，推进“兰洽会”三个重点签约项目开工建设。主动做好服务协调工作，推动6000万元新项目落地。

（石　磊）

中国民主促进会兰州市委员会

【概况】　2018年中国民主促进会兰州市委员会有基层支部55个，基层委员会8个，会员1075名。其中，非公经济人士75人；新的社会阶层人士23人；归国留学人员6人。担任各级人大代表、政协委员88人。市委会机关设有办公室、组织处、宣传处，在编干部9人。秉承“以党为师，立会为公，参政为民”的优良传统，讲实话、做实事、重实效，提高自身建设水平，认真履行参政议政、民主监督和政治协商职能，为促进兰州经济社会发展建言献策。

【思想建设】 召开座谈会，邀请新老会员共叙多党合作的光辉历史，学习领悟“五一口号”的重要意义，巩固多党合作的思想共识；举办主题征文活动，选送优秀征文作品参加市委统战部主办的征文演讲比赛，取得优异成绩；参与协办“共筑心梦”兰州市民主党派纪念改革开放40周年书法美术摄影展，20名会员的作品参展。加强会刊、网站、微信公众号“三位一体”的宣传思想主阵地建设，建立多层次、全方位、立体化的宣传格局，营造良好的舆论氛围，提升社会影响。结合会内工作主线，加强栏目策划，全年编辑印制会刊3期、撰写报送信息50余条，会中央、省委会、市委统战部等均有采用。加强同常委、基层组织负责人的经常性沟通联系，拓展信息收集渠道，全年向市委统战部、民进省委会等单位报送社情民意信息20余条。

【参政议政】 以中药产业发展和高原夏菜发展作为重点调研课题，组织会内外专家在安徽亳州、河南禹州、定西市、兰州新区、榆中县等地开展专题调研，形成《兰州市中药产业发展的调研报告》《兰州市高原夏菜发展调研报告》。关注新型服务模式，参与兰州市“互联网+政务服务”调研。关注传统文化传承，协助皋兰基层委员会开展非遗传承保护调研，为兰州市非遗传承保护献策出力。教育工作委员会《关于兰州市学前教育发展的调研》、文化工作委员会《关于乡村文化的调研》在题材上有新意，内容上有深度。2018年，在中共兰州市委召开的政党协商会上提交专题发言3件，在市政协专题协商会上提交发言材料4篇。在市政协十四届二次会议上，提交党派提案10件，大会发言2件，政协委员个人提案27件。其中《关于促进我市实体经济健康发展的建议》被列为主席重点督办提案，《关于城区义务教育资源均衡发展的建议》《关于我市交通拥堵治理的建议》被列为市政协重点督办提案。在委员建议方面，《关于加快兰州市停车场建设管理的建议》《关于建设兰州市智慧停车系统的建议》得到市委李荣灿书记的批示。帮助和扶持西固区基层委、七里河区基层委做好社情民意联系点的建设。在南山社区、秀川社区召开“与社区居民面对面社情民意座谈会”，组织会内各级人大代表、政协委员参加座谈，对社区居民提出的问题进行现场答疑和解决，对于难点问题交由人大代表和政协委员通过议政建言渠道进行上报解决，有效化解基层矛盾。城关区基层委根据区委统战部统一安排，在辖区4个街道社区建立社情民意联系点，组织区政协委员作为社区联络员，在做好社情民意收集的同时，定期开展各项公益活动，化解基层矛盾，增进社会和谐。

【民主监督】 在2018年10月召开的中共兰州市委脱贫攻坚民主监督座谈会上，就监督过程中发现的相关问题向市委进行汇报，得到市委领导高度重视，并责成市政府相关部门对提出的建议逐项进行落实改进。在做好本级组织民主监督工作的同时，根据省委会工作要求，全面参与民进甘肃省委会在陇南市武都区和文县的兜底保障民主监督调研工作，并形成《在陇南市开展脱贫攻坚重点任务中兜底保障监督工作的调研报告》，得到省委会及陇南市政府的高度重视。各县区基层委员会按照县区统战部的安排部署，深入开展脱贫攻坚民主监督工作。对永登县武胜驿镇、坪城乡脱贫攻坚工作开展民主监督。各基层委员会深入村镇入户走访，并形成相应的调研报告提交县区党委，切实履行党派在基层的民主监督职能。

【组织建设】 三八国际劳动妇女节举办女会员保龄球比赛；教师节组织教师会员以“走进高科技，建功新时代”为主题，参观甘肃科技馆，鼓励广大会员践行新思想、建功新时代、展现新作为；在创建文明城市系列活动中，组织会内优秀书法家走进盐场路街道开展送文化进社区活动，现场创作书法作品，助力社区文化建设；在国庆、重阳双节前夕，以“共话改革开放40周年”为主题，开展“庆国庆，迎重阳”座谈会。指导基层组织以参政议政、社会服务为主要内容，充分发挥会员的专业特长和智力优势，激发会员履职主动性。七里河基层委举办“同心书话”阅读沙龙，引导会员修为修身，提高个人素养和实践能力；城关区基层委参与协办“传承中华文化，启智崇德尚武”金塔路小学第3届武术节，旨在传承传统武术文化；西固区基层委围绕教育帮扶，组织各支部开展形式多样的助学活动，鼓励会员积极投身双岗立功。市民进先后邀请福州、江门、大连市委会在兰州市开展调研和机关建设交流，同时也主动走出去，和郑州、许昌、禹州、亳州等地民进组织进行交流和调研，相互学习，取长补缺，助力提升自身建设。在基层组织交流中，七里河区基层委与武威市古浪县支部展开基层组织交流；西固区基层委员会走访张掖市委会，并就《积极促进民族交往交流交融，构建中华民族共同体意识研究》课题在肃南县开展专题调研。认真贯彻民主集中制原则，全年召开办公会46次，常委会6次，对重大事项进行讨论，发挥领导集体的核心作用。加强机关干部队伍建设，吸纳高素质、高学历人才充实机关干部队伍，2018年新调入和考录研究生学历干部2名。

【社会服务】 兰州民进企业家联谊会开展多次捐助活动，捐助善款2.5万元，补齐帮扶村自来水入户建设的资金缺口；开展“庆六一暨爱心捐赠”活动，为帮扶村小学捐赠运动服和文具等物资计4500元；联系协调社会爱心人士为帮扶村农家书屋捐赠课外图书及书柜。城关区基层委响应区政协号召，组织委员捐款，并在嘉峪关路街道开展慰问困难群众活动。金塔路小学支部组织教师会员开展社区少年宫特色微公益活动。会员周照林筹集60余万元物资及资金，多次向区教育、医疗、公安等部门进行义务捐赠，并且在永登县牌楼村捐建扶贫车间一座。七里河区基层委六年如一日，坚持开展“同心四点半”微公益活动，并将此活动打造成兰州市的“志愿服务品牌”，在秀川社区建立的“同心文化工作室”成为社情民意联系点建设的亮点。西固区基层委深入福利路街道南山社区对20户贫困居民进行慰问、对兰州市第二十八中学的贫困学生进行捐助、组织兰化四中教师会员在金沟乡中心校开展送教下乡等多项活动，全年累计捐赠物资和现金达30余万元。皋兰县基层委助力皋兰“7·22”灾后重建，筹集12万余元救灾物资，帮助灾区人民重建家园。永登县基层委联合兰州“爱易帮”慈善团体，通过爱心众筹的方式，筹资1万余元，赴通远乡开展帮扶活动。榆中县基层委捐资10万元，用于修缮村委会和建设自来水工程，还捐资进行爱心助学活动。安宁区基层委组织非公经济界会员为柏杨村捐助1万余元。红古区基层委主办“关爱儿童共助成长”主题活动，为社区留守儿童捐赠学习书籍。

（倪　玲）

中国农工民主党兰州市委员会

【概况】 2018年，农工党兰州市委会团结带领全市各基层组织和广大农工党员，开展“不忘合作初心、继续携手前进”主题教育，履行参政党工作职责，加强参政党自身建设，助推兰州决胜全面小康、建设现代化中心城市贡献力量。全年发展新党员50名，截至年底，全市有农工党员900人。

【政治建设】 组织和选派班子成员、机关干部及部分党员，先后赴重庆大轰炸惨案遗址、中国李庄抗战文化陈列馆、中国工农红军西路军纪念馆、遵义会议会址、娄山关战斗遗址等处参观学习，重走农工党先辈与中国共产党走过的历史道路。在重庆大学举办骨干党员综合能力提升培训班，先后赴中国民主党派历史陈列馆——特园、爱国主义红色文化教育基地——白公馆、渣滓洞、重庆黄山抗战博物馆等处进行参观学习，重温民主党派老一辈领导与中国共产党风雨同舟、患难与共的伟大历程，接受爱国主义和多党合作的教育和洗礼。组织开展纪念“五一口号”发布70周年主题征文活动，对28篇优秀征文予以表彰，并集结出版征文作品集。积极参加全市纪念“五一口号”发布70周年座谈会，魏丽红主委代表市委会作《重温“五一口号”光辉历史，共同谱写新时代多党合作事业新篇章》的发言，并在《兰州日报》刊发。积极组队参加农工党省委会纪念“五一口号”发布70周年健康徒步行活动、农工党省委会成立30周年庆祝活动；参与全市纪念“五一口号”发布70周年演讲比赛，胡晓燕荣获演讲比赛一等奖，刘岩获得优秀奖，市委会荣获优秀组织奖。

【学习实践】 印发《关于开展“三学一讲”专题教育活动的通知》，就“三学一讲”专题活动进行安排部署。召开“三学一讲”主题教育活动推进会，市委会魏丽红主委以

市民建、市农工党、市九三学社“快乐童年、共筑梦想”庆六一捐赠活动

“深入开展不忘合作初心、继续携手前进主题教育活动，不断提高履职尽责能力”为题作专题党课辅导。举办“共筑心梦”纪念改革开放40周年书法、美术、摄影展，组织开展纪念改革开放40周年主题征文活动，参加农工党省委会纪念改革开放40周年演讲比赛，魏家琦、把连霞分获二、三等奖。

【政党协商】 积极参加中共兰州市委、市政府、市民政协以及市委统战部等组织召开的全市民主协商会、政党协商会、政府有关部门与民主党派工商联对口工作推进会暨民主党派调研协商座谈会、党风廉政建设和反腐败工作通报座谈会、全市经济工作通报座谈会、脱贫攻坚民主监督政党协商座谈会等。围绕“全市两会重要人事安排，加大扶持力度、做大做强中医药产业，建立容错机制、重塑担当精神，推动多党合作事业发展，加强全市党风廉政建设，促进民主党派党内监督，开展脱贫攻坚民主监督、推动乡村产业振兴，强化分级诊疗制度落实、推动双向转诊有效运转”等议题，精心准备协商建言材料，认真梳理对策建议，切实履行政党协商职能。

【调研工作】 主动承担市委委托调研课题，不断强化自主选题，确定“强化分级诊疗制度落实，推动双向转诊有效运转”“落实乡村振兴战略，建设美丽乡村”“推动农业结构调整，推进兰州市乡村产业振兴”等重点课题，并赴平凉、天水、陇南等地和永登县、榆中县及市第一人民医院开展调研，形成《关于强化我市分级诊疗制度落实，推动双向转诊有效运转的建议》《关于推进我市美丽乡村人居环境建设工作的建议》《关于推进我市乡村产业振兴的建议》等调研报告。召开2018年参政议政工作会议，对上年度调研及参政议政工作中的7篇优秀调研报告、21篇优秀提案、5篇优秀社情民意信息进行表彰奖励。加大对参政议政骨干人才的培训工作，举办2018年参政议政骨干培训班，邀请兰州市社会科学院经济研究所所长、研究员牛铮超作“中美博弈的实质是人类发展方向的斗争”专题辅导报告。积极引导各专委会确定年度重点调研课题，分别围绕着力破解“空壳村”加快推进强村富民、全市农民专业合作社发展现状、推进兰州市医联体工作进程等，开展专题调研。《加强政府主导用活社会资源，推进我省医养结合发展的建议》《关于大力发展我省现代装备制造业的对策建议》等7篇优秀调研报告受到农工党甘肃省委会表彰。

【参政议政】 开展“一人一建议、一支部一提案”活动，紧紧依靠全体党员智慧参政议政，在市政协十四届二次会议上，提交政协大会发言4件，提交并立案党派集体提案15件，委员个人及联名提案52件。《关于推进职教资源出城入园后释放空间用于城区义务教育发展的建议》《关于加快促进兰州会展产业发展的建议》作大会发言，《关于加强我市背街小巷综合治理的建议》《关于加强我市农村集体经济发展的建议》被列为大会书面交流材料。市第十六届人民代表大会第二次会议期间，向大会提交议案6件。各县区基层组织提交立案提案议案73件。

【民意反映】 印发《关于征集2018年度社情民意信息的通知》，引导全市各基层组织和广大党员积极撰写和报送社情民意信息，先后征集报送20篇。其中《关于加强我省基层医疗机构信息系统平台整合的建议》受到副省长何伟重视并批示：“请省卫健委阅研，吸纳合理建议。”《关于加强西部省份城镇生活垃圾焚烧发电项目推广支持力度的建议》《严厉打击欺诈骗取行为，进一步加强和规范医保基金监管使用》等5篇社情民意信息被农工党甘肃省委会、市政协采用。积极关注提案办理落实，《关于推进职教资源出城入园后释放空间用于城区义务教育发展的提案》被确定为市政协主席重点督办提案，进行现场督办和办理答复。市公安局消防支队、市机关事务管理局、市房产局还就提案办理情况，开展登门答复“回头看”。

【民主监督】 围绕“转变作风改善发展环境年”活动，参与省市区和各单位部门开展的各种评议、约谈活动。市委会主委魏丽红被甘肃省工商局聘为“作风建设年”活动监督员，党员王玉贵被“聘任”为兰州市人民检察院“特约检察员”，党员张勰、周万银被聘任为全市“转变作风改善发展环境年”活动监督员。市委会机关还对市政协、市委统战部开展“作风建设年”情况，进行评议并积极反馈意见建议。开展对榆中县银山乡、马坡乡开展脱贫攻坚民主监督，先后4次赴对口乡镇进行座谈交流和实地调研，全面了解对口乡镇脱贫攻坚工作，围绕健康扶贫、扶贫产业发展、农村公路建设等开展民主监督和专项调研，梳理对策建议，形成《关于加快推进兰州市健康扶贫工作的调研报告》，反映的《关于加快省道S229普银公路榆中段建设进度的建议》得到认真办理落实。

【文明创建】 制定《农工党兰州市委会2018—2020年创建全国文明城市工作总体实施方案》，先后召开机关工作会议、常委会议、专题推进会议，及时传达学习市文明委全体会议暨新一轮创建全国文明城市工作启动大会精神，并就做好创建文明城市工作进行安排部署。充分发挥先进典型引领示范作用，党员朱天垣荣获兰州市“兰州人·百姓讲堂”汇讲十佳模范事迹，先后有5名党员荣获“兰州好人”荣誉称号，2名党员入选“中国好人榜”。积极引导基层组织开展各类志愿服务，编辑刊发“创建全国文明城市系列报道”23期。

【和谐共建】　推进七里河区西园街道工林路社区“民族团结和谐社区”创建工作，举办手工制作亲子活动，走访慰问社区生活困难群众，举行“融情联谊迎端午”活动，认真倾听群众诉求，参与社区基层协商，广泛收集社情民意，先后征集反映社情民意信息10篇。工林路社区被授予“市级文明社区”荣誉称号。引导县区基层组织开展社情民意联系点建设，通过举办健康讲座、义诊咨询、送医送药、捐资助学、走访慰问等形式，在服务社区发展、创新社区管理中发挥农工党的优势和作用。

【思想建设】　动员广大党员参与统战理论课题研究工作，组织开展“习近平总书记关于加强和改进人民政协工作的重要思想理论研讨”，推荐报送17篇理论文章到市政协，市委会被农工党甘肃省委会授予2015—2017年度理论研究先进组织工作奖；《依法依规推进和加强中国特色社会主义参政党建设》《民主党派基层组织发展存在问题及对策建议》等9篇理论文章分获一、二、三等奖和优秀奖。兰州中医骨伤科医院总支魏周福撰写的《立足传统、创新发展，助推中药走向国际化道路》荣获农工党中央2017年度《前进论坛》杂志“好文章”奖，《浅谈农工党党员的理想信念与责任担当》刊登在《前进论坛》2018年第8期；主委魏丽红撰写的《聚焦十九大，开启新征程》刊发在《团结报》上，《充分发挥人民政协在推进国家治理中的重要作用》入选省政协理论文集。西固区基层委副主委柴晓芸撰写的《民主党派履行民主监督职能的思考》被市委统战部评为优秀理论征文三等奖。完成《深入贯彻新型政党制度重要论述，不断夯实新时代民主党派调研工作能力》统战课题研究，被推荐报送到农工党甘肃省委会和市委统战部。

【信息宣传】　强化信息宣传阵地建设，进一步突出“大宣传”工作态势，编辑出版《兰州农工》杂志4期，先后向农工党甘肃省委会、市政协、市委统战部报送活动信息200余条篇，编辑刊发“兰州农工”微信公众号信息106期，在全国民主党派微信公众号市级组织排行榜长期位居前列，荣获全市统战系统优秀统战信息工作先进单位二等奖。继续做好农工党中央党刊《前进论坛》、省委会党刊《甘肃农工》杂志征订工作，被农工党中央授予“2018年度《前进论坛》发行工作先进单位”荣誉称号。强化信息宣传激励机制，进一步培育“能宣传”人才队伍，召开信息宣传工作表彰会议，对28篇主题征文、15篇理论文章予以的作者表彰奖励。强化信息宣传工作效能，进一步营造“会宣传”工作氛围，紧紧围绕全市中心工作和阶段任务，牢固树立“抓重点、抓亮点、抓热点、抓难点、抓焦点”的信息宣传工作理念，先后围绕“‘五一口号’发布70周年”“纪念改革开放40周年”“创建全国文明城市”“转变作风改善发展环境年”“开展‘三学一讲’主题教育”等专题，引导基层组织围绕主题开展各类活动，刊发相关信息。

【组织建设】　突出重大事项集体进行审议、集体做出决策、集体接受监督，先后召开2017年度领导班子年度考核会议和机关干部考核会议，在兰州市市直部门领导班子2017年度考核评比中，市委会领导班子被评为优秀等次。推动星级基层组织创建常态化，召开星级基层组织创建表彰大会，表彰奖励2017年度创建达标的1个五星级基层组织、8个四星级基层组织、13个三星级基层组织，印发《2018年度继续开展创建星级基层组织达标评优活动方案》，就2018年度创建工作做出安排部署，创建星级基层组织建设，推动基层组织建设规范化。加大对优秀党员和代表性人士的培训工作，举办骨干党员、参政议政培训班2期，积极推荐50余名党员参加农工党中央、省委会和省、市委统战部组织的培训学习。

（王汝勃）

九三学社兰州市委员会

【概况】　九三学社兰州市委员会是九三学社在兰州市的地方基层组织，2018年是第七届委员会。内设办公室、组宣处。机关编制5人，其中行政编制4人，工勤编制1人；至年底在职人员4人，退休人员3人。

【思想建设】　2018年，选派2名新任副县级干部参加市委党校的新任县级干部培训，2名市政协委员参加市政协组织的政协委员培训，3名机关干部分别参加社中央组织的社员信息培训、第4期省级以下专职机关干部培训和新闻骨干培训。选派59名骨干社员和新社员参加社省委举办的新社员培训。上报九三学社甘肃省委员会、市委信息处、市委统战部各类信息近80条，采用60余条。积极参加改革开放40周年和中共中央“五一口号”发布70周年系列活动，社市委荣获集体奖项——“优秀组织奖”；110名社员参加社中央“社员之家杯”社章社史知识竞赛，被授予“优秀组织奖”，13名社员获优秀个人奖。赴会宁红军会师园开展“回顾历史不忘初心同心前行”的红色主题教育活动。

【参政议政】 利用“两会平台”积极参政议政，充分发挥人才优势，提交兰州市十六届人大二次会议议案15件，立案2件。《关于巩固和保持全市创建文明城市结果的议案》被列为市人大重点督办议案；提交兰州市十四届政协二次会议集体提案14件，个人提案37件，大会发言2件。《关于科学推进兰州全域旅游发展的建议》被列为政协督办提案。开展专题调研，完成关于全市人才工作和餐厨垃圾资源化处理工作调研报告2篇。班子成员及社员代表、社员委员出席参加协商会、情况通报会、座谈会等各类会议，就《市政府工作报告》、市政府市政协主要领导任职人选、“全市经济工作情况”、协商民主、脱贫攻坚中的民主监督、党风廉政建设和反腐败工作、重点调研课题等主题协商建言。召开参政议政工作会议3次，征集信息和线索，完善信息内容、充实信息素材80余条。赴榆中县新营镇、龙泉乡抽取13个重点贫困村、51户制定“一户一策”精准脱贫（巩固提升）计划的建档立卡户及4家农民专业合作社开展民主监督脱贫攻坚工作并完成监督报告。

【自身建设】 加强自身监督工作，对3个基层委员会及29个支社开展新一轮全覆盖巡察督导，加大后备干部队伍建设，建立后备干部队伍人才库。加强机关建设，健全完善工作制度，档案管理工作考核连续3年荣获优秀等次。积极开展志愿服务活动，与多地九三学社组织开展学习交流。提高基层组织建设活力，深入县区统战部门及社员所在单位，开展走访调研活动，开展成立安宁区基层委员会的前期工作，全年发展新社员71名。

【社会服务】 争取九三学社品牌和资源，联合九三学社甘肃省委会，在兰州新区舟曲中学开展科普讲座暨科普基地授牌活动，并捐助价值3000元的学习用书。携手北京康牧兽医药械中心、北京康牧众诚动物药品有限公司，赴榆中一中开展捐资助学活动，向27名高一学生每人资助2000元。组织22位书画家社员31件作品参加社省委“沧桑巨变·新时代的中国”为主题的庆祝纪念改革开放40周年书画展。联合社天水市委在天水市举办“纪念改革开放40周年”书画展，展出9名书画家社员的12幅作品。“熊猫血”社员闫生谦连续2年无偿献血累计1000毫升。

【社情民意联系点】 把握社情民意工作的着力点，拓宽社情民意工作渠道，组织开展坚持医疗、法律咨询进社区活动，举办健康讲座2次；邀请社员人大代表、政协委员与基层群众多次座谈交流，听取社情民意。将城关区靖远路街道九州大道社区、临夏路街道绣河沿社区等7个社区设为社市委社情民意联系点。

（刘　锐）

2018年6月19日，九三学社社委会组织义诊活动

兰州市工商业联合会

【概况】 市工商联（总商会）围绕中心、服务大局，发挥桥梁纽带助手作用。2018年，新成立兰州南昌商会、兰州洛阳商会等5家商会组织，新发展会员630余名。完成十五届二次会员代表大会，对243名非公经济人士开展综合评价，选举产生执委193名，常委93名，副主席14名，副会长14名。

【自身党建】 联合“两新”组织党员，开展法律、政策进企业活动，夯实党执政的群众基础和社会基础。以党章为根本遵循，贯彻落实《关于新形势下党内政治生活的若干准则》，严格规范支部工作报告、审议党员发展、民主评议党员、主题党日等各项党内政治生活，召开党员大会20次，党小组讨论学习12次，召开主题组织生活会1

2018年3月13日，兰州市工商联（总商会）结对帮扶甘南州深度贫困村工作推进会

次，领导干部讲党课4次，组织开展“庆七一颂党恩”主题党日活动。

【学习教育】 开展党组理论中心组学习30次。学习《习近平总书记系列重要讲话》和《习近平谈治国理政》（第一卷、第二卷）开展“解放思想大讨论”活动，组织“习近平总书记10月20日给‘万企帮万村’行动中受表彰的民营企业家的一份回信”“习近平总书记11月1日在京主持召开民营企业座谈会并发表重要讲话”“习近平总书记12月18日在庆祝改革开放40周年大会上的讲话”学习交流座谈会。运用党建网，兰州组工微信公众号，为党员干部及时推送党的十九大和习近平总书记重要讲话精神，解读新党章和《中国共产党廉洁自律准则》等党内法规，把学党章党规、学系列讲话融入每个党员日常、抓在经常，切实提高党员干部的思想政治保证。

【意识形态工作】 意识形态领域工作是党的统一战线工作的重要内容，落实《关于做好全省意识形态工作专项检查各项工作的通知》精神，建立工商联“一报一网六群”等公众平台，把握市工商联意识形态工作的正确方向。全年收集、分类、汇总县区工商联、基层商会和企业信息133条，在中央、省、市媒体刊发报道50篇次，引领促进非公有制经济健康发展和非公有制经济人士健康成长。组织市工商联执常委及县区工商联主席100余人赴武威开展理想信念教育活动；组织会员和商会组织企业观看爱国主义教育电影；持续抓好非公经济代表人士培训班5期，组织开展兰州市工商联大讲堂系列活动，邀请城关区人民检察院为民营企业家作“法律与企业的距离”专题讲座。引导商会和会员企业自觉做爱国敬业、守法经营、创业创新、回报社会的表率和践行亲清新型政商关系的典范。

【作风建设】 精准把握监督执纪“四种形态”，加强对“关键少数”经常性监督，坚持抓早抓小，及时发现和纠正存在的问题，主要领导全年开展约谈14次。积极配合市纪委、市纪委第五派驻纪检组开展市工商联机关政治生态研判、关于开展贯彻落实中央八项规定及其实施细则精神、关于扶贫领域工作及作风问题、关于开展领导干部利用名贵特产类特殊资源谋取私利、关于对照十九届中央第一轮巡视反馈问题和关于学习贯彻落实习近平总书记视察甘肃重要讲话和“八个着力”重要指示精神情况等方面自查自纠工作。紧盯春节、国庆等重要节庆假日，严纠“四风”新动向，推进标本兼治，不断拧紧作风建设“螺丝钉”，在机关全体党员干部中树立“作风建设永远在路上”的思想自觉性和主动性，不断强化全体干部的政治纪律和工作作风。

【招商引资】 开展2018年“中外知名商会进甘肃暨民企陇上行”活动，积极参加第24届中国兰州投资贸易洽谈会，发挥好协调、联络、服务纽带作用，邀请省内外商会和企业团队20余个，宾客人数达230余人，参加项目对接考察、签约仪式、交流论坛、展会参观等20余场次，引进蓝盾信息安全技术股份有限公司投资4.2亿在兰州新区建设蓝盾网络信息安全学院。截至年底到位资金2.31亿元。积极落实兰州市“招商引资百日大会战”，赴外地开展经贸交流活动，参加省工商联组团赴马来西亚、泰国经贸交流，组织机关干部赴上海、重庆、广州、珠海、西安等地开展招商引资活动5次。

【会员服务】 联合市体育局举办庆“五一”劳动光荣第6届商会组织运动会，县区工商联、会员企业、商会组织的37支代表队1200余名运动员参加比赛。开展“商会进县区”活动，带领省市近30家商会70余名非公企业负责人考察红古区和兰州新区重点建设项目。联合副主席、副会长企业家开展主席会长活动3次。开展“千企万商大走访”活动，走访结对企业“中国石油天然气有限公司西北销售分公司”和“兰州石羊饲料有限公司”，配合市委、市政府督促安宁区政府和皋兰县人民政府帮助企业解决问题2件。主动联系对接“12345”服务管理中心，努力为会员企业、商会排忧解难。配合省社会主义学院组织召开兰州市改善营商环境交流座谈会；配合市委组织执委195人参加全市非公经济发展工作会议（暨市工商联十五届二次执委会议）；配合市政府组织32家商会企业家召开非公经济代表人士（商会会长）座谈会和非公经济发展交流座谈会2次；联合市政府金融办组织召开兰州市中小微企业融资对接会。

【参政议政】 把调研工作作为密切联系民营企业、了解和反映企业问题、提出政策建议、推动改善营商环境的重要抓手。在坚持对商会和会员企业“大调研、大走访、大联系”常态化基础上，严格规范调研工作。陪同省委统战部主要领导赴兰州市调研2次，陪同省工商联调研组赴兰州市调研重点非公企业发展情况，开展“进民企、听民声、送服务、解难题”重点调研活动5次，配合省工商联实施“双百千”培育工程，发放征求意见表79份，发放兰州市营商环境调查问卷200份。完成《2017年兰州市民营经济发展情况调研报告》《2018年兰州市构建营商环境情况调研报告》《非公经济人士履行社会责任情况调研报告》《商会组织对新的历史时期开展党建工作的思考》4篇调研成果。上报市政协十四届一次会议市工商联团体提案7件，大会发言1篇。

【其他工作】 对基层商会党组织入党积极分子进行摸底，组织36名党员发展对象参加市委组织部的培训，完善2017年预备党员转正及2018年发展新党员的档案材料，申报党建示范点1家，向市社会组织党委推荐先进基层党组织3家和优秀党务工作者3名。推进“五好”县级工商联，在七里河区工商联、城关区工商联、榆中县工商联和永登县工商联被评为全国“五好”县级工商联的基础上，推荐皋兰县工商联和红古区工商联为2018年全国“五好”县级工商联。广泛开展“四好”商会创建，命名19家商会为首批市工商联“四好”商会，表彰祝福祖国喜迎党的十九大文艺汇演先进单位31家，配合省工商联实施“双百千”培育工程，向全国工商联推荐2位企业家为“双创导师”人选。推荐2家民营企业作为履行社会责任典型单位。通过不断完善自身建设，增强工商联领导机构成员进步性、广泛性和代表性，进一步激发组织活力。

（娄光明）

兰州市总工会

【概况】 2018年，全市工会组织涵盖独立法人单位1.45万个，工会会员71.44万人，其中农民工会员20.46万人，较上年增长12.81%。

【理论学习】 举办“习近平新时代中国特色社会主义思想和党的十九大精神”宣讲报告会，开展“习近平新时代中国特色社会主义思想”应知应会知识测试，深入区县总工会、部分基层工会开展“宣传党的十九大精神，推动改革任务落实”主题宣讲调研活动，通过中心组学习、党课报告会、专题辅导课、专题学习会、支部学习交流会、班子成员宣讲和讲党课等形式，加强政治理论学习。整理汇编各级纪委通报的典型案例2册近300个案例，干部职工人手一册学习警示，时刻警醒，严守纪律。认真落实“三会一课”、民主生活会、组织生活会、谈心谈话等制度，深化“两学一做”学习教育常态化、制度化，举办“不忘初心、牢记使命、做新时代工会干部”专题研讨会、书画展等。

【作风建设】 开展“转变作风改善发展环境建设年”活动，领导班子及班子成员查摆整改各类问题33条，科级及以下干部职工问题321条，全年领导班子约谈149次，约谈干部职工468人次。

【工会改革】 印发《市总工会改革方案任务分解落实责任清单》，明

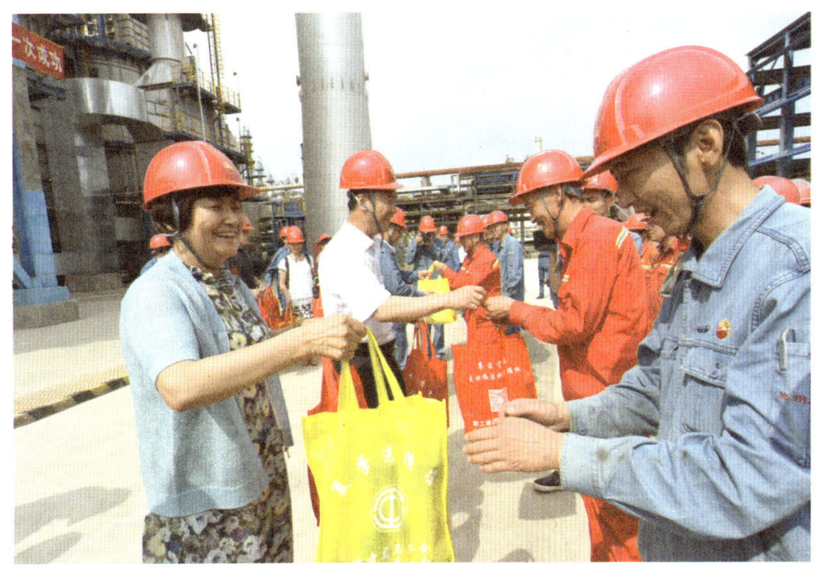

2018年7月20日，市人大常委会副主任、市总工会主席段迎存到兰州石化公司看望高温岗位的一线职工

确责任人、牵头部门和完成时限。优化工会领导机构组成结构，提高劳动模范、一线职工、基层工会工作者在工会领导机构中的比例，市总工会副主席中兼挂职副主席比例达到了50%，劳动模范、一线职工、基层工会工作者在市工会十六次大会上代表的比例由十五次代表大会的55%提高到65%以上，在市总工会第十六届委员会委员的比例由十五届的45%提高到57%以上，在常委会委员中的比例由十五届的31%提高到50%以上。指导区县总工会制定改革方案，召开专题会议对8个区县总工会改革方案进行逐一审议并反馈修改意见，全市8个区县总工会改革方案全部通过同级党委审议并印发。牵头研究起草《兰州市新时期产业工人队伍建设改革实施方案》，经市委全面深化改革领导小组第八次会议审议通过，市委、市政府9月底正式印发。

【困难职工解困脱困】 成立困难职工精准识别和解困脱困工作领导小组，不定期召开领导小组会议，对识别后困难职工档案注销、脱困和识别后保留或新建档的困难职工名单进行集体审议。牵头起草制定并由市委市政府办公厅印发《脱困解困三年规划》，明确职责和任务。与市民政局联合印发《加强全市困难职工家庭数据比对和信息共享工作实施方案》。与市大数据局联合对352户初步识别后满足建档条件的困难职工是否拥有车辆、是否有注册企业等信息再次进行核查。通过提升职工技能水平推动解困脱困，组织150名职工进行新能源汽车电工等工种的培训；连续7年组织“中级育婴师”培训，累计培训下岗职工400余名；兰州天庆集团捐资近400万元连续12年支持工会开展金秋助学；创维集团甘肃公司捐赠洗衣机等价值20万元的家电用品帮扶困难职工，发放工会会员家电普惠卡5万张。集中开展解困脱困攻坚行动以来，脱困7077户、精准识别注销6371户，全国级建档困难职工户数由去年底的1.4万户减少到773户。

【深化“十大行动”】 举办“弘扬劳模精神、争当时代先锋”为主题的劳模、工匠图片展。组织开展“弘扬劳模精神，助推‘八个着力’，在脱贫攻坚发展现代农业中建功立业”劳模宣讲活动。开展“迎新春、送春联、送文化”“同庆元宵佳节，共竞古韵灯谜”、职工乒乓球、职工读书会、“中国梦·劳动美—颂歌献给党”首届职工大合唱等活动。举办全市职工“学习宣传贯彻习近平新时代中国特色社会主义思想和党的十九大精神”主题演讲比赛，选树10名“工人演说家”。开展“服务春运，工会在行动”“3·5”学雷锋志愿服务日、“助力垃圾分类全市职工在行动”、创建全国禁毒示范城市健步行等志愿服务活动。建成市级“职工书屋”29家。制定《兰州市2018年职工职业技能素质提升活动实施方案》，举办“昆仑燃气杯”安装维修工、船舶驾驶、城乡公交驾驶员等14场次涉及29个工种的职工职业技能竞赛。全市近20万职工参与，其中非公企业职工参与达6万余人。7611名职工通过岗位练兵、技能培训、技能比赛活动提升技术等级。征集先进操作法596个，发明创造350项，技术革新1712项，提出职工合理化建议16841项，累计产生经济效益35948万元。推荐上报10项职工优秀技术创新成果参加甘肃省第10届职工优秀技术创新成果评选。组织推荐16个“创新型班组”参加评选，兰州水上公共巴士有限责任公司轮机班组等11个班组被评为甘肃省创新型班组，中国石油兰州石化公司炼油厂催化二联合车间催化一班被命名为“甘肃省十佳明星班组”，并被授予“甘肃省工人先锋号”。兰州石化公司石油化工厂乙烯联合车间裂解区域负责人孙青先、兰州兰石集团装备公司邹斌劳模工作室负责人、车工首席操作师、车工高级技师邹斌荣获“陇原工匠”荣誉称号，中铝兰州分公司焊工高级技师刘志勋荣获“陇原工匠”提名奖。研究制发《关于建立兰州市“金城工匠”人才库的通知》，建立220人的兰州市“金城工匠”人才库。兰州市第十九中教师丁学廉荣获“全国五一劳动奖章”，兰州威特焊材科技股份有限公司生产设备部荣获“全国工人先锋号”称号，兰州国器装备制造集团有限公司等3个单位荣获“甘肃省五一劳动奖状”，皋兰县第一中学教师魏列金、方大炭素公司压型厂主管工程师张想想等6人荣获“甘肃省五一劳动奖章”，兰石集团有限公司邹斌劳模创新工作室等7个集体荣获“甘肃省工人先锋号”称号。新建“劳模创新工作室”11家。组织开展“安康杯”竞赛、安全隐患大排查和职业危害排查等活动。开展“确保春运安全、确保春运秩序”为主题的温暖农民工平安返乡活动。开展职业病防治工作专项整治，督促指导企业签订劳动安全卫生专项集体合同，全年签订劳动安全卫生专项集体合同3976份，落实职工健康体检30.18万人，建立职工健康档案21.8万份。建立兰州新区中川医院等7个“爱心妈咪屋”标准化母婴室。新建25个户外职工服务站点。安排资金36万余元用于扶贫村开展扶贫工作。开展送文化进贫困村行动，评选“精准扶贫五星文明户”“参与公益事业关心村集体村民”。

【兰州市工会第十六次代表大会】 3月12日上午，在省政府礼堂召开。团市委、市妇联、市科协、市文联、市工商联、市侨联、市残联、市红十字会等单位领导应邀到会。来自全市各行各业396名代表、13名特邀代表、16名列席代表和300余名职工参加开幕式。市人大常委会副主任、市总工会主席段迎存主持大会，省委常委、市委书记李荣灿，省总工会党组书记、常务副主席刘为民分别讲话。市人大常委会副主任、市总工会主席段迎存代表兰州市总工会第十五届委员会作题为《适应新时代、彰显新作为，团结带领全市广大职工为建设现代化中心城市而奋斗》的工作报告。市妇联主席刘世英代表人民团体向大会致辞。市总工会党组书记、常务副主席巩田龙，市总工会经审会主任周大亨分别作兰州市总工会第十五届委员会财务工作报告（书面）、经费审查工作报告（书面）。在召开的兰州市总工会第十六届委员会第一次全体会议上，选举段迎存为兰州市总工会第十六届委员会主席，巩田龙为常务副主席，朱本祖、康灵娜、贾冬梅、张雪梅、贾鸿武、邹斌、曹玉梅、韩永辉等8人为副主席，葛春晖、周大亨、王哲一、卢坤忠、祁军玲、李春玲、李继祖、肖迎珺、张文玮、张爱玲、陈建信、郑向先、贾挺明等23人为常务委员。在召开的兰州市总工会第十六届经费审查委员会第一次全体会议上，选举周大亨为兰州市总工会第十六届经费审查委员会主任。

3月14日上午，兰州市工会第十六次代表大会闭幕，市人大常委会副主任、市总工会主席段迎存主持大会闭幕式。会议宣布新当选的兰州市总工会第十六届委员会主席、常务副主席、副主席、常务委员会委员名单和兰州市总工会第十六届经费审查委员会主任名单；通过《关于兰州市总工会第十五届委员会工作报告的决议》《关于兰州市总工会第十五届委员会财务工作报告的决议》《关于兰州市总工会第十五届经费审查委员会工作报告的决议》。市总工会党组书记、常务副主席巩田龙致闭幕词。

【兰州市人大常委会开展《工会法》执法检查】 兰州市人大常委会12月初下发执法检查通知，12月中旬组织开展执法检查。检查过程中提出的选树先进模范典型激励和调动广大职工劳动积极性、加大政府支持力度解决工会场地人员及文化事业单位改革困难等问题有望得到较好解决。

（于　伟）

2018年3月12日，兰州市工会第十六次代表大会召开

共青团兰州市委员会

【概况】 2018年，中国共产主义青年团兰州市委加强青少年思想政治引领，深化改革攻坚，推进全面从严治团。在《兰州青年》杂志、《金城团说》栏目、《兰州青年》网站、微信、微博等对外宣传平台，有针对性地向团员青年宣传党的重要战略、政策及理论；成立兰州青年宣讲团，面向各行各业青年广泛开展学习宣讲、理论研讨、演讲比赛和摄影（抖音）大赛等形式多样的学习教育活动，全年新发展团员1.25万名。

【换届工作】 2018年3月1日，在宁卧庄宾馆大礼堂召开共青团兰州市第十六次代表大会，总结市第十五次团代会以来的工作，研究确定今后五年全市共青团工作的指导思想和奋斗目标，选举42名团兰州市第十六届委员会委员、20名候补委员。完成代表大会、委员会及机关干部队伍和内设机构的调整选配工作。进一步改进团的领导体制，规范干部协管工作，指导8个县区团委完成换届工作，保持市县两级团委班子及机关干部配备率达到90%以上。

【团干部教育管理】 推动各级共青团机关干部到基层一线开展工作，了解青年真实诉求，解决青年现实困难；抓好县区及直属团组织协管工作，协调中共榆中县委对榆中团县委书记班子进行调整，指导西固、榆中团委完成挂、兼职副书记选配工作；着力提升团干部能力素养，推荐1名团市委副书记、8名县区团组织负责人参加团中央集中培训。申请团干部培训经费30万元，在重庆团校培训全市团干部160名。

【团员先进性建设】 抓好团员队伍和团员先进性建设，印发《共青团兰州市委关于进一步落实从严治团有关规定转变和改进会风的意见》，进一步健全完善团内制度。集中力量先后3次深入各县区及直属企事业单位团委开展从严治团督导推进工作，进一步严肃团内政治生态。坚持团员标准，严格入团程序，加强团前教育和推优入团工作，做好团队衔接，提高团员发展质量，清理整顿违规发展团员117人。强化团员意识教育，落实“三会两制一课”制度，引导团员成为注册志愿者、争做网络文明志愿者。5月3日，在中山桥南广场组织100余名新团员开展入团仪式集中示范活动。

【生态建设】 深化“保护母亲河行动”，开展以“保护生态环境，建设绿色家园”为主题的环保宣传实践系列活动9场；开展2018年全市共青团春季植树活动，种树1100余棵；开展“学雷锋、树新风，保护生态环境，建设绿色家园”大型宣传活动，在27条公交线路1450辆公交车、6700辆出租车LED显示屏上24小时滚动播放环保标语，树牢“绿水青山就是金山银山”意识。

【创新创业创优服务】 在全市范围内开展申报创建青年创业园区工作，对符合创建条件的企业、孵化园进行考察筛选，回访共青团“青年就业创业见习基地”，调整不适应青年就业创业的见习基地和见习岗位；提供见习岗位630个，新建见习基地5家。开展“农村青年致富带头人”各类就业技能培训25场，培训青年668人次；开展“电子商务”培训班5期，培训青年430人，推荐见习200余人；争取“青年创业小额贷款”贴息政策和绿色通道，帮助96名青年贷款498万元。组织43名优秀青工参加全省“振兴杯”青工技能比赛，取得4个第一名和2个第二名的好成绩。

【法制宣传】 成立兰州市青年禁毒志愿服务队，指导各县区团委成立青年禁毒志愿服务分队，号召青年志愿者投身禁毒宣传教育实践中，联合开展禁毒宣传活动4场；从公检法司及高校选拔5名女性专业法律工作者和心理学专家，成立“青春守护者”兰州市青少年法治教育宣讲团，为全市未成年人进行法律、心理宣传教育30余场，参与办理未成年人法律援助案件与维权工作20余次；组织开展“轻松备考·12355与你同行”中高考减压讲座4场，参加学生达2500人次；将12355青少年服务台与兰州市民情热线12345双线合并，实现为全市青少年进行维权服务的“全方位”和“广覆盖”。

【教育引导工作】 开展“兰州市第9届中学生模拟联合国大会”活动，市属20余所中学近400名学生参加；开展“学雷锋树新风、好队员在行动”主题月教育活动，学校覆盖面达100%，近20万小学生参加活动；开展“习爷爷的教导记心间争做新时代好队员”为主题庆“六一”系列活动，在城关区水车园小学举办甘肃省庆祝“六一”国际儿童节主题队会活动；在榆中县博雅小学开展“争做新时代好队员·集结在星星火炬旗帜下”主题队会活动，优秀少先队员代表、辅导员代表、博雅小学全体师生1500余人参加活动。组织69名优秀少先队员代表，开展“感悟革命精神，传承红色基因——优秀少先队员代表红色寻访”活动，参观张一悟纪念馆，重温入队誓词，教育少先队员争做新时代的好队员。开展“红领巾动感假日”活动，组织来自3县和兰州新区的103名留守儿童参加兰州共青团助力脱贫攻坚·关爱农村留守儿童公益夏令营活动，带领孩子们参观省科技馆、省博物馆、中川机场，体验西部恐龙水乐园、兰州极地海洋世界、观看3D电影及参加足球运动培训；开展“七彩假期”“快乐足球伴我成长”系列公益支教、“争做红领巾小健将”少年足球邀请赛等活动，组织志愿者在3县农村留守儿童较为集中的中小学校，开展支教活动60余场、参与学生3000余人次。联合市卫计委开展艾滋病防治知识竞赛活动，向青少年尤其是大学生群体进行艾滋病防治知识、政策普及灌输，同时唤起社会对艾滋病感染者及艾滋病人的关心和关爱。

【基层组织建设】 指导8家直属团组织完成换届工作，指导4家单位成立团组织。印发《关于进一步完善机关干部密切联系青年机制的实施方案》，建立委员重点发言制度、委员提案制度，促进委员更好地代表和反映团员青年的意见。落实常委会议制度，召开常委会议3次，开展调研活动32场次，收集梳理基层意见建议72条。指导并推动县区团组织落实“党建带团建”工作责任，进一步加强基层团组织经费、人员和阵地保障，各县区团委及乡镇街道团组织干部配备率达到90%以上，采取强化责任领导、理清团组织关系、理清团员身份等方式，对全市机关事业单位、学校、国有企业、非公企业、农村社区等领域基层团组织进行全面调查摸排，统计在册，录入“智慧团建”管理系统，高质量高标准完成团员团干部信息采集录入工作，完成下级组织录入4642个。

【评优选先】 推荐2名个人和1个单位参评"中国青年五四奖章"，推荐2个团组织参评2018年度全国"两红两优"集体荣誉，2人荣获"甘肃省青年五四奖章"，1人荣获"全国向上向善好青年"，1人入选第2届"中国青年好网民"优秀故事，24个单位和个人获评甘肃省"两红两优"荣誉；表彰市级"五四红旗团委""五四红旗团支部"各20家，优秀团员、优秀团干部各20人。推荐28名少先队员、16名辅导员、14个少先队参加甘肃省优秀"少先队员""少先队辅导员""少先队集体"评选，进入公示阶段，并推荐2名优秀少先队员、2名优秀少先队辅导员、4个优秀少先队集体参加全国评选。开展"动感中队"创建活动，有36个中队荣获全国"动感中队"荣誉称号。

【阵地服务】 加强市级青少年综合服务平台（青年之家）建设，依托"青年之家"云平台推动全市青少年综合服务平台标准化建设。雁宁路"青年之家"开展各类活动50余场，参与青年1500余人次。加强各级"青年之家"建设推进工作，根据各自特点，将团务咨询、关系转接、团费收缴、项目指导、就业帮助、心理咨询、法律援助、困难帮扶、活动培训等综合业务整合到"青年之家"平台之中。利用"青年之家"平台，在寒暑假开展"假期小课堂"，免费为孩子们开设沙画创意、机器人、插花、演讲主持等课程16场。

【新闻宣传】 在中央、省市等新闻媒体播发新闻稿件60余篇。其中，《甘肃日报》《兰州晨报》《兰州日报》头版头条各1篇；《兰州晚报》头版头条3篇。撰写《团市委简报》23期，被《兰州信息》采纳8篇。筹建"青年新媒体联盟"，"青春兰州"头条粉丝量1.2万，阅读量206.3万，发布量801篇；"兰州青年"微博粉丝量7.7万人，发布量2769篇；发布抖音作品171篇，粉丝1.2万人，获赞12.3万；微信发布图文消息975条，粉丝1.4万余人，点击量约66.3万；网站发布1.16万篇。

【志愿服务活动】 2月1日—3月12日，组织动员全市青年志愿者在中川机场、兰州火车站等客运流量集中地，开展志愿服务工作，参与人数1760余人次，帮助旅客190218人次，在团中央"志愿汇"的"春运服务"温暖榜上，志愿服务时长在全国334个地级行政区中排名第二；组织全市志愿者1000余人在万达广场开展以"弘扬志愿精神助力脱贫攻坚"为主题的志愿服务活动，弘扬"奉献、友爱、互助、进步"志愿服务精神；高考期间，组织850辆爱心送考车辆为全市的高考生送去贴心服务，并为60余名特殊考生开通"一对一""点对点"专门接送服务；"兰州国际马拉松赛志愿服务项目"荣获兰州市志愿服务十佳志愿服务项目；组织广大团员和青年志愿者130余人参加无偿献血启动仪式，并在采血现场提供志愿服务、现场秩序维护等；组织志愿者在安宁区万里小学开展"创建全国文明城市——垃圾分类知识讲座"；组织城关区、安宁区58名小小志愿者及家长向市民分发垃圾分类环保袋，宣传垃圾分类知识；组织11个公益团队的59名志愿者走访雁南路社区、滩尖子社区的40户贫困老党员、孤寡、残障、空巢老人，送去价值2万余元的米、面、油及过冬棉被等物资；组织在兰7所高校、8个区县团委、中央在兰企业和志愿服务中心等15家社会组织申报的57个项目参加志愿项目服务大赛评选，甘肃蓝天救援队选送的"三防"进校园—儿童防走失、防拐骗、防性侵教育项目获得金奖。由兰州市推报的"无偿捐献器官遗体志愿者关怀体系建设项目""小手牵大手拯救斑马线"项目、爱的呵护—流产后女性关爱项目、喜洋洋—甘肃"两州一县"深度贫困区寒羊助学项目4个项目分获第4届中国青年志愿服务项目大赛金银奖。

【青联组织建设】 开展省青联委员"大走访"活动，组织委员参加各类集体活动，督促委员履职；引导和鼓励委员积极建言献策，严格

团市委志愿者七一期间慰问老党员

执行委员履职考核制度；加强青联委员思想政治引领，引导他们主动承担社会责任。召开十二届二次常委（扩大）会议暨兰州青年助力脱贫攻坚工作座谈会，组织30余家单位和70名青联委员为旧庄沟村捐款40余万元。发挥青联的爱国统一战线功能和民间外交作用，8月，组织兰州市青少年传统文化交流代表团一行16人赴台进行台湾传统文化交流活动。12月，组织兰州市优秀青年代表交流团一行10人赴台湾进行交流活动。

【招商引资】 以“机关人员调动起来、全市青年发动起来、每个关系运用起来”的工作思路，赴上海、浙江、重庆等6个地区，拜访企业40家，积极宣传推介兰州，至年底，建立联系达成投资意向项目6个，引荐项目1个，建成甘肃众享精准医疗中心项目，落实到位资金2.6亿元。

（刘佳丽）

兰州市妇女联合会

【概况】 2018年5月底，全面完成市、区（县）妇联换届工作。根据《中华全国妇女联合会章程》的规定，7月，召开兰州市第十七次妇女代表大会，会议选举产生兰州市妇联第十七届执行委员会、常委和新一届领导班子。选举主席1名，专职副主席2名，兼职副主席3名，常委15名，执委59名。

【社会宣传】 开展“十百千巾帼大宣讲走基层”活动，数十名巾帼英模人物、数百名巾帼志愿者、数千名妇女党员积极响应，深入兰州市农村、社区群众中现身说法，生动具体地宣传党的十九大精神和习近平新时代中国特色社会主义思想，引导广大妇女坚定不移听党话跟党走。全市组织开展活动1300余场，受益人数近10万人。协调社会资金100万元分别举办以“巾帼心向党・建功新时代”为主题的金城各族各界女性宣传贯彻党的十九大精神文艺演出和以“建功新时代・巾帼绽芳华”全市各族各界妇女助力脱贫攻坚为主题的三八国际劳动妇女节108周年大型活动，发动全市各族各界妇女不忘初心跟党走，以实际行动建功新时代。联合《兰州日报》专版刊发《坚持以习近平新时代中国特色社会主义思想为指导，团结动员广大妇女建功新时代奋力谱写兰州妇女儿童事业发展新篇章》《传承好家风・幸福一座城》为主题的全市各族各界女性学习习近平总书记重要讲话和中国妇女十二大精神的宣传专版10期，在“金城女性之声”微信公众平台发出“学习十九大・建功新时代”金城女性话发展专题栏目20期。

【思想建设】 利用报纸、电台、电视台、新媒体网站等大张旗鼓地进行中国妇女十二大精神宣传宣讲活动，在“金城女性之声”微信公众平台和兰州妇女网创新推出“学习妇女十二大・金城女性话发展”热议栏目15期，第一时间组织数百名金城各族各界女性精英开展对习近平总书记重要讲话和中国妇女十二大精神进行大学习、大讨论的热议活动。

【搭建创业平台】 女性“双创”培训工作和“春风送岗”女性创业就业工程，帮助全市城镇妇女近3000人实现创业就业，为近1000名女大学生提供创业岗位平台。协调解决妇女创业担保贷款1.5亿元，帮助支持城乡妇女在参与特色农业、庭院经济、乡村旅游、文化创意、电子商务等新业态中实现创新发展。加大对巾帼家政服务、妇女手工产业的扶持力度。全年全市培树“巾帼创业致富带头人”100名，“陇原巧手”女经纪人100名。

【助推乡村建设】 抓好农村妇女素质提升工程，组织动员农村富余女劳动力积极参加乡村振兴技能培养和以发展农家乐、手工产品制作、特色种养殖加工等富民产业培训，举办培训班20期。开展“美丽庭院”创建工作，教育引导农村妇

2018年7月24日，兰州市第十七次妇女代表大会召开

女从家庭做起，从改变生活和卫生习惯入手，积极参与农村人居环境整治三年行动，共建美丽乡村，共享美好生活。

【家庭文明建设】　推进百场家庭教育公益讲座、百场母亲讲堂进农村、进社区、进校园活动。在三八节、六一儿童节、母亲节、重阳节等节日，开展以“传承好家风·幸福一座城”为主题的系列家庭文明创建活动。推进“最美家庭”“文明家庭”“最美母亲”“廉洁家庭进机关”创建评选及“邻里守望·姐妹相助”巾帼主题志愿服务活动，组织广大巾帼志愿者积极参与“保护母亲河·巾帼志愿在行动”美丽兰州建设和创建全国文明城市工作，引导广大妇女践行文明观念、争做文明市民。全年全市开展各类家庭教育讲座240场次，受教人数近8万人次，荣获“全省第4届未成年人工作先进单位”。

【妇女合法权益】　履行妇联职能，主动参与关乎妇女儿童切身利益的妇女参政议政、劳动就业、司法援助、女职工权益保护等法律法规的执法检查，切实发挥“12338”妇女维权热线24小时线上作用和“维权中心+工作站+服务点”三级法律援助服务网络的线下功能，推动市、区（县）、乡镇（街道）、村（社区）四级妇联信访维权网络互联互通。发挥平安综治成员单位有效作用，利用三八维权周、“国际家庭日”等重要节点，组织开展以禁毒、打拐、反邪教、防艾等为内容的“建设法治兰州·巾帼在行动”大型社会宣传活动10场。按照全市信访维稳工作要求，及时做好日常接待接访工作。全年受理来信、来访接待案件1072件次，结案率达95%。

【关爱困难群体】　实施“恒爱金城·姐妹相助”“金城天使·圆梦明天”全市城乡困难妇女儿童关心关爱工程，开展“两癌贫困家庭救助”“城乡困难留守流动儿童救助”等系列接地气、暖人心的社会化帮扶救助行动。协调各类社会帮扶资金近100万元，对兰州市基层一线环卫女工、城乡特殊困难妇女和家庭、农村困境留守儿童给予爱心帮扶救助和贴心关怀。争取全国妇联“贫困母亲两癌救助”中央专项彩票公益金95万元，为榆中、永登、皋兰3个县的农村“两癌”贫困母亲每人发放1万元的生活救助金。

【“两规划”实施】　组织开展“两规划”实施情况督查，推进农村妇女“两癌”免费检查工作，通过层层宣传发动、广泛调查研究、定期督导检查，及时掌握了解兰州市35~64岁适龄农村妇女人员情况，协调专项资金124.8万元，已为全市54473名农村适龄妇女进行“两癌”免费检查。

【妇联组织改革】　坚持党建带妇建，深化妇联改革，拓展组织覆盖，夯实基层基础，从制度设计上推动解决妇联改革中的重难点问题，“小机关、大网络、强基层、全覆盖”的“坚强阵地”和“温暖之家”基本形成，基层组织健全壮大，出经验、创品牌，影响力大幅提升。基层妇联执委人数倍增至近万人，专、挂、兼职相结合的妇联干部队伍和“上面千条线、下面一张网”的妇联基层组织新格局初步形成。狠抓党政机关、非公经济组织、社会组织等重点领域的阵地建设和“两新组织”中妇联组织建设，进一步补齐基层组织建设短板，架起与妇女群众之间的“连心桥”。

【网络建设】　健全完善市、区（县）、乡镇（街道）、村（社区）四级网络新媒体矩阵，深化拓展网上妇联、网上“妇女之家”建设，按照全市意识形态总体部署和要求探索创新“互联网+妇联”服务内容，切实狠抓“金城女性之声”品牌建设，在新媒体网络平台新增“学习时光”“金城女性学法”“金城女性话发展”“金城佳人·书香女子”等专题栏目，在全社会产生强大的影响力和正能量，发布相关信息190期，建立“网上妇女之家”工作群1200余个，“金城女性之声”微信公众平台发布信息近千篇。

【党的建设】　开展“巾帼心向党·建功新时代”学习教育，“争当一面旗、胸中一团火、谋事一盘棋”的“三个一”机关党建活动，定期组织召开专题组织生活会，切实将常态化制度化开展“两学一做”学习教育活动。抓好以党的优良传统为主题的践行“四讲四有”“不忘初心·牢记使命”和“党员先锋岗”载体创建活动。开展“坚定跟党走·建功新时代”学习教育活动，教育引导广大妇联干部在思想上政治上行动上同以习近平同志为核心的党中央保持高度一致，坚定理想信念，树牢“四个意识”，增强“四个自信”，做到“两个维护”，筑牢听党话跟党走的思想根基。全年召开党员大会28次，党组理论中心组（扩大）学习13次，开展“主题党日”活动12次。严格履行“一岗双责”，认真落实约谈制度，层层传导工作压力，细化市妇联领导班子成员、部门负责人的岗位职责、岗位风险点及防控措施。严肃党内政治生活，严格落实组织生活会、“三会一课”、民主评议党员、谈心谈话等基本党内生活制度、领导干部个人重大事项报告制度和“三重一大”集体决策制度。牢固树立“抓党建就是最大政绩”的意识，充分发挥党组书记“关键少数”作用，全面深化“一把手抓党建工程”。

【作风建设】 落实机关干部双月下基层工作周、基层联系点、妇女需求调研月等制度，健全直接联系服务妇女群众长效机制，真正把功夫下到查实情、出实招、办实事、求实效上。结合“妇女面对面·群众心连心”走基层活动，定期组织机关干部深入基层一线，广泛开展“下基层、访妇情”妇女工作专题调研。解决妇联组织在“服务大局、服务基层、服务群众”中存在的突出矛盾和问题，坚持领导班子带头，调动各级妇联干部扑下身子、沉到一线，聚焦民心、凝聚人心，实现妇联直接联系妇女群众常态化、制度化的良好发展局面。

（魏芳玲）

兰州市残疾人联合会

【概况】 2018年，残疾人联合会落实《兰州市残疾人事业发展“十三五”规划》，制定《2018年兰州市助残扶贫康复项目实施方案》，成立市残联助残扶贫康复项目督导组，及时协调解决困难问题，定期督导进度。市、区县积极配套项目资金，投入项目资金610.21万元，完成140名残疾儿童康复训练、2221户托养残疾人补贴发放及550户重度残疾人家庭无障碍改造目标任务。

【残联第七次代表大会】 7月17日在西北宾馆召开兰州市残联第七次代表大会，特邀代表和来宾共230余人参加会议，全面总结过去五年工作成绩，选举出新一届市残联第七届主席团、执行理事会和专门协会，谋划未来五年残疾人工作。省残联党组书记、理事长华文哲到会致辞，市四大班子主要领导和在家常委全部出席开幕式，省委常委、市委书记李荣灿出席开幕式并讲话。

【基层组织建设】 落实《兰州市残联系统干部培训规划》（2017—2022年），举办新任乡镇（街道）残联理事长、新任残疾人专职委员业务、专门协会工作者、残疾鉴定师能力提升培训班，提升全市各区县残联进行干部和残疾人工作者综合素质和能力水平。出资50万元购买14家助残社会组织的助残服务项目，出台支持视力、听力、言语残疾人信息消费的特惠政策。全年专门协会开展大型活动5次，组织志愿助残团队开展市残联志愿助残大型活动4次，各类助残公益活动80余场次。

【康复服务行动】 开展“精准康复服务行动”“七彩梦行动计划”“彩票公益金”等康复项目，开展社区、视力、听力语言、智力、精神、肢体、辅助器具、人才培养、残疾预防、心理健康等10项康复业务。全年争取资金1062万元，为22758名残疾人提供各类康复（及医疗康复）服务，康复服务率达到81.04%；免费提供各类辅助器具4603件，辅具适配率达到61.36%。出台《兰州市贯彻落实国家残疾预防行动计划（2016—2020年）的实施意见》，配合卫生部门做好残疾预防工作。

【残疾人就业】 联合市民政局、财政局、人社局制定印发《兰州市发展残疾人辅助性就业扶持实施方案》，建立残疾人辅助性就业机构4个。全市各区县举办残疾人职业能力培训班22期，培训残疾人1657人次。对初次自主创业从事个体经营的残疾人，投入资金65万元，扶持129名残疾人实现自主创业。联合组织百家企业举办2次“残疾人就业”招聘会，116名残疾人签订就业意向合同。打造省、市级残疾人就业创业基地，扶持盲人按摩示范机构扩大规模、提升服务水平，安排801名残疾人就业，公益岗位安排510名残疾人就业，集中就业257名，其他就业321名，全年实现新增残疾人就业2018人。审核全市重度残疾人护理补贴发放对象18507名，特困残疾人生活补贴发放对象12117名。为7179名贫困老年残疾人发放生活补贴计215.37万元。

【残疾人助学】 贯彻落实《兰州市残疾学生和困难残疾人子女就学补助办法》，发放资金415万元，对1826名残疾学生及困难残疾人子女进行资助。

【东西部扶贫协作】 榆中县、永登县和皋兰县分别与天津市宁河区、宝坻区、东丽区残联签订帮扶协议，建立互访交流、联席会议、结对帮扶等工作机制，接收帮扶资金536万元。

【托养关爱救助项目】 实施“阳光家园”托养关爱救助项目。对3家托养机构给予资金扶持，为4976人次分别发放寄宿制、日间照料和居家托养服务补贴。

【文化宣传】 在《兰州日报》《兰州晚报》刊登全国助残日活动和“爱耳日”活动宣传专版10期，在兰州市电视台播出“手语新闻”48期，电台播出96期；组织全国助残日活动。5月18日，省、市残联在市金轮广场和省人力资源和社会保障中心共同开展甘肃省第28次全国助残日活动暨省政府为民办实事“助残扶贫康复项目”启动仪式与全省残疾人就业现场招聘会。成功举办兰州市第2届特奥运动会、残疾人歌手大赛、残疾人相亲联谊会等大型活动，推进残疾人融入社会，丰富残疾人文化体育生活。投入资金25万元，扶持建立6个残疾人文化创意产业实体。投入资金25万元，为500个残疾人家庭配备康复体育器材。

【体育竞技】 组队参加甘肃省第10届残疾人运动会，获得金牌43枚，实现金牌总数第一、奖牌总数第一和团体总分第一。成功举办首届全市残疾人职业技能竞赛，组队参加第6届全省残疾人职业技能竞赛，取得团体总分和金牌、奖牌数三个第一。

【信访维权】 开通12385残疾人服务热线，全年全市残联系统接待来电、来信、来访872件次，办结率达98%以上，省残联和省、市信访局转办件13件，12345民情通服务热线转办件16件，全部办结。全市为来信、来访贫困残疾人85人次提供临时性救助经费9.7万元；为149名残疾人专用机动车驾驶员办理2018—2019年度尾号限行免于处罚的相关手续，方便他们的出行。市、区两级落实资金341.28万元，完成城4区711名原残运人员就业补助金发放工作。

（杨　磊）

兰州市科学技术协会

【科普行动】 促进当地农村经济发展、带领农民群众致富的榆中县农村专业技术联合会等7个农村专业技术协会、甘肃康源现代农业有限公司基地等3个农村科普示范基地、兰州植物园等2个科普教育基地进行表彰，下达奖补资金74万元。推荐优秀农村基层科普组织参加省级“基层科普行动计划”评选。其中甘肃榆兴生态农业科技开发有限公司农业基地、安宁堡街道桃子协会、红古区花庄镇设施农业协会、永登县药材产业协会、西固区西柳沟街道上坎社区、城关区铁路西村街道和政西街社区、城关区临夏路街道桥门社区被评为2018年甘肃省“基层科普行动计划”先进集体，获奖补资金95万元。

【科技扶贫】 开展“集智聚力谋发展，科技扶贫促小康”活动12场次，组织150余名科普志愿者为农民提供科技、健康咨询服务，展出展板500余块，发放科普书籍1.5万余册、挂图1500余份、光盘300张，表演人形机器人8场次，展示展品105件次。协调2套中国科协流动科技馆设备在兰州新区和永登县、榆中县巡展6场次，受众4万余人次。在永登、榆中、皋兰3县及七里河区举办培训25场次，培训5000余人次。坚持把科技下乡与“科技宣传周”“全国科普日”等常规活动和精准扶贫相结合，不断丰富农村科普的内容和形式。开展“大手拉小手”科普讲座和贫困家庭学生“一日游”科普参观，组织120名农村小学生参观兰州极地海洋世界、兰州地震博物馆2家科普教育基地，邀请中科院兰州分院、兰州大学、航天510所的科技人员深入皋兰、榆中、永登3个贫困县中学做科普讲座。

【科普宣传】 开展“科学破除愚昧”“科普教育基地联合行动”“科普大篷车巡展”等宣传活动，活动中，发放科普书籍0.84万余册，展出展板200块、展品100件，科普大篷车行驶4600余公里、巡展128场次，受益6万余人次。举办反邪教宣传教育活动20场，发放宣传资料3000余册、宣传品1000余份，展示展板200余块。加强城市科普信息化建设，采购30台全媒体科普阅览屏安放在公共场所及居民小区。向中国科协申请，为榆中县、皋兰县各配备1台价值30万元的科普大篷车，为永登县、榆中县、皋兰县各配备1套价值30万元的中国科协农村中小学科技馆设备。联系北京金墨书香文化传播有限公司向兰州市部分中小学校捐赠科普书籍7500套、科学实验用具900箱。评选命名“科普教育学校”13所、“科普教育

中国科协流动科技馆在农村巡展

基地”3家。在兰州电视台公共频道和甘肃移动电视播出科普节目104期473次，在《兰州日报》《兰州广播电视报》刊发科普知识104期。

【科技竞赛活动】 举办首届兰州市青少年机器人竞赛，全市有135所学校、788名学生参加，评出奖项222项。举办第34届兰州市青少年科技创新大赛，征集作品1497项，评出奖项247项。组队参加第33届全国、全省青少年科技创新大赛，获得省级奖项100项、国家级奖项6项。组队参加全省中小学科学表演大赛，获得奖项6项。组队参加全省、全国机器人竞赛，荣获省级奖项144项、国家级奖项13项，兰州市第三十三中学代表队荣获全国FGC项目冠军。组队参加APRC亚太青少年机器人竞赛中国区甘肃省赛区竞赛，获得奖项134个，评出优秀组织单位14个，优秀教练员9名，兰州市获奖数量全省排名第一。组织开展“体验生活快乐成长”——2018年兰州市青少年科学调查体验活动，向全国组委会提交活动成果1000余项。推荐兰州市60名优秀高中生参加2018年全国高校科学营活动。

【创新驱动发展】 举办以“新时代人工智能发展”为主题的兰州市科技辅导员专家学术研讨会。推荐兰州和盛堂制药股份有限公司申建中国科协“海智计划”甘肃基地工作站，获得资助8万元。西固区被省科协确定为助力地方创新驱动发展工程示范区，协调市财政局拨付资金20万元开展城市转型和城市修复研究。举办创新管理培训班2期，培训企业技术及管理人员190余名。组织省内水务行业专家赴企业开展智慧水务咨询服务活动。推荐获批7个甘肃省院士专家工作站和1个甘肃省院士专家服务中心，辖区内甘肃省院士专家工作站达到20家、甘肃省院士专家服务中心达到2家。评选出守望乡村电商人才培训等企会协作项目5项，资助25万元。评选出精品陇菜研发推广等重点学术、科普活动10项，资助10万元。

【社会组织指导】 兰州老科技工作者协会邀请专家为兰州三中、兰州三十五中等学校的师生作专题讲座2场，与武威市老科协进行互动交流。兰州市心理健康工作者协会举办第2届“正党风·促家风·扬正气——构建新时代的健康和谐社会”高端论坛，承办兰州市青少年成长教育公益大讲堂，联合主办“关爱生命、预防艾滋、共建美好家园”城关区流动人群艾滋病知识宣传活动启动仪式。兰州烹饪协会在甘肃省第二人民医院举办药膳食疗科普讲座，在肃南县针对农民工举办民族特色餐饮烹调技能培训。兰州化学会举办初中化学同课异构专题讲座。兰州风景园林协会在甘肃农业大学举办兰州风景园林百家讲坛第一讲。兰州市青少年科技教育协会举办以“新时代人工智能发展”为主题的兰州市科技辅导员专家学术研讨会，举办首届兰州市青少年国防教育工程挑战赛。督促21家社会组织开展2017年年检，批准注销1家。

【联系沟通服务】 开展走访调研，主动到中科院西北生态环境资源研究院、近代物理研究所、化学物理研究所和兰州空间技术物理研究所、兰州大学、兰州大学第一医院、甘肃省农科院、甘肃省机械研究院有限责任公司、国信安全甘肃中心、兰州爱尔眼科医院等20余家科研机构、高校、医院、企业，上门征求意见、提供服务，发现和掌握优秀科技工作者，建立定期联系沟通机制。精心组织开展新时代首个“全国科技工作者日”活动。提请省委常委、市委李荣灿书记，张伟文市长为全市科技工作者致节日慰问信。遴选出22名科研人员、医务工作者、农技推广员、科技辅导员在《兰州日报》《兰州晚报》、兰州电视台宣传报道他们的先进事迹，印制《弘扬爱国奋斗精神、建功立业新时代——兰州科技工作者风采录》。兰州老科协李廷群被授予2018年度中国老科学技术工作者协会奖。

（柴军荣）

兰州市文学艺术界联合会

【概况】 2018年，兰州市文联发挥各文艺家协会作用，搭建宣传交流平台，持续开展文艺创作、城市宣传、人才扶持、文化交流、文化惠民、文艺扶贫等活动，重视青少年教育和文化传承，支持和帮助文艺家开展文艺创作。在兰州市开展的“双为一评”活动中，评议为“好”等次。被省文联评为2017—2018年度基层文联先进集体。

【获奖作品】 电影《丢羊》荣获电影华表奖优秀农村题材影片奖，并获得市委市政府贺信表彰。党组书记、主席汪小平策划拍摄的电影《丢羊》《丢心》、作词的红色歌曲《不忘初心》，编辑部主编任红创作的散文集《风情》，市书法家协会副主席汪志刚创作的书法作品《原道训篇》（汉简）入选第9届敦煌文艺奖。

【搭建平台】 发挥“兰州文联网”的平台作用，主办《金城》文艺杂志6期，编写《兰州文艺通讯》6期。每月与《兰州日报》联办《文艺周刊》，每月定期开展摄影月赛活动，推介宣传兰州文艺人才和优秀文学作品，扩大兰州文联及文艺工作对外影响力和知名度。与兰州广播电视台共同主办《兰州文艺之窗》广播特别节目，依托甘肃文旅网络电视媒体，开办《兰州文艺家》专栏，整体推介兰州市近年来在音乐、戏剧、美术、电影、书法、曲艺、舞蹈、文学、摄影等领域的杰出作品，展示文艺创作的整体品质。

【意识形态工作】　将意识形态工作纳入文艺家协会理事会议内容，建立完善《党外知识分子政治引领工作制度和政治教育制度》，加强对文艺工作者的教育引导和组织协调。引领文艺界“金城文化名家”面对群众关心的热点问题，敢于发声、主动发声，坚持正面舆论导向，凝聚社会发展力量。通过推荐优秀人才、培养人才工程、扶持项目资金和落实政策支持等方式，做好新文艺组织和新文艺群体的政治引领。通过系列主题文艺惠民活动，做好广大群众的教育引导工作。

【文艺创作】　1月8日，由兰州市人民政府、中共兰州市委宣传部支持，兰州市文学艺术界联合会、兰州浩发影视传媒有限公司共同出品的“丢系列”第三部作品《丢人》开机拍摄。1月10日，甘肃省第8届敦煌文艺奖经严格评审后正式颁发，产生10个艺术门类的优秀作品141项，文艺突出贡献奖11名，文艺终身成就奖10人。甘肃省文联副主席、兰州市文联党组书记、主席汪小平获得文艺突出贡献奖；弋舟、赛音、王彬、汪志刚、巫卫东、曾红兵等各协会副主席分获文学、音乐、书法、美术、摄影等类奖项一等奖；任向春、阳飏、苏玮、白恩平等各协会副主席分获文学、音乐、美术等各类奖项二等奖；金吉泰、王琰、徐新平、李卫东等各协会副主席分获文学、美术三等奖。

【文化惠民活动】　组织80余名文艺家志愿者，分别在火车站街道、城关区环卫局、城关区消防大队、人员密集场所开展“我们的中国梦”——文化进万家暨陇原“红色文艺轻骑兵”惠民文化活动系列之文艺汇演、幸福拍万家、送万福进万家、写春联送万福等活动，送文艺进社区、进机关、进军营。组织文联各协会文艺家、各区县文联及文艺家志愿者360余人，分别在榆中县城健身广场、榆中县三角城乡高墩营村、甘草店镇东村、新营乡新营村、城关镇李家庄村、小康营乡浪街村、三角城乡詹家营村、清水驿乡孟家山村、来紫堡乡冯湾村、金崖镇高沿坪移民安置点、皋兰县六村、红古区红古广场、西固社区、西固张家川村、红古区花庄镇、七里河区西果园镇西果园村、阿干镇大水子村、安宁区培黎广场、永登县连城镇永和村、柳树镇等地组织开展“我们的中国梦”——文化进万家暨陇原“红色文艺轻骑兵”惠民文化活动、“礼赞十九大，唱响新时代”新春写春联送万福、摄影家志愿者新春幸福拍万家及文艺汇演等文化惠民志愿服务活动。

【文艺扶贫】　8月16日，兰州市文联、中共永登县委宣传部、永登县通远乡在永登县文化馆共同组织“文艺助力永登县通远乡边岭村精准脱贫”书画义卖活动。甘肃省64位知名书画艺术家，捐赠书法、绘画作品114幅，筹集资金15.9万，将全部用于通远乡边岭村“三化一建”“饮水工程”“住房改造”等项目建设。

（付桂林）

兰州市红十字会

【概况】　2018年，全市红十字系统实推进人道传播和“三救”“三献”等红十字核心业务建设，在红十字基层组织建设、应急救护培训、人道救助、志愿服务等方面取得新的进展；主动融入脱贫攻坚、文明城市创建等中心工作。全市红十字工作总体水平稳定保持在全省市州前列，荣获2018年全省市州红十字会目标管理考核三等奖。

2018年5月8日，红十字会举行世界红十字日大型主题宣传活动

【人道传播】 利用学雷锋纪念日、世界红十字日等时机，开展以传播红十字文化、引导群众参与的主题宣传活动，有效提高群众的知晓度、参与度。全市开展各类宣传活动150余场次，印发各种宣传品5万余份，受众达11.6万人次。5月8日，举办"人道——为了你的微笑"世界红十字日大型主题宣传活动，百余名红会工作人员、红十字志愿者和市民零距离互动，宣传《红十字会法》和有关知识，动员引导市民积极参与无偿献血、捐献造血干细胞、捐献人体器官和遗体。全年在媒体刊播红十字工作报道40余条次，市级以上媒体刊播15条次。组织协调省、市媒体对志愿者张建军捐献眼角膜和遗体的事迹进行系列报道，并推荐参选"兰州好人"。利用网站、今日头条及时发布有关信息50余条次。

【应急救护培训】 结合实施"健康兰州2030规划"，开展红十字应急救护培训工作，全市开展各类应急救护培训、演练活动645场次、74068人次，分别比上年增加53.5%、30.2%。其中开展普及性培训353场次、52390人次，分别增加16.5%、18.8%；开展应急演练40场次、8040人次。提前两年超额实现"健康兰州2030规划"确定的2020年目标。

【红十字救护员培训】 推进救护员培训，年内全市培训红十字救护员250班次、13548人次，分别增加317%、443%，培训人数为2014—2017年培训总人数的1.59倍。将红十字应急救护培训引入兰州国际马拉松赛志愿者培训。专门筹资配备培训所需教具、教材和耗材，调集全市近20名优秀骨干师资组建教学团队，精心备课，统一教学标准和考核要求。经过2批次10个班次培训，500余名志愿者全部通过考核获得救护员证，首次以红十字救护员身份走上"兰马"赛场为选手提供救护甘肃服务。安宁区、七里河区红十字会在甘肃政法学院、兰州理工大学、西北师范大学等高校连续开展大规模培训活动。组织委托具备培训资质、组织能力较强的志愿者、志愿服务团队开展救护员培训。团体会员单位兰州永安减灾服务中心充分发挥职业资格培训积累的资源和经验优势，在省政府应急办等单位支持下，在兰州新区职教园区各高校开展大规模培训活动，培训救护员2700余人。

【人道救助】 投入和争取救助款物总价值达78.35万元开展人道救助工作，救助困难群众1546人户，缓解群众困难。组织各县区红会统一开展"博爱送万家"活动，在春节前夕将价值25.8万元的米面油等慰问品发放到1500余户五保户、残疾人、低保户等困难群众手中。连续4年组织开展"红十字圆你大学梦"助学行动，对受理的58例申请进行逐人实地严格审核，按照困难程度筛选20名高考录取的本科贫困新生，分别给予一次性资助5000元，发放助学金10万元。对罹患大病、重大意外伤害或生活极度困难的9人户分别给予临时救助5.4万元，缓解救助对象的困难。协调申报争取中国红十字基金会儿童先心病、白血病救助12例35万元。

【志愿服务】 全市年内发展各类志愿者近3000人。志愿服务活动日趋活跃，广大红十字志愿者积极参加文明城市创建、免费义诊及大型文体活动服务等志愿服务347次，直接服务群众3.7万余人次。

【造血干细胞捐献】 组织城关区、安宁区、七里河区红十字会开展捐献造血干细胞志愿者招募及血样采集活动，招募采集志愿者血样800余人份，并录入中华骨髓库。对部分志愿者进行回访，巩固捐献意愿，更新入库资料。对2名初配成功的志愿者及时开展走访动员，组织进行体检和高分辨率配型（均因患者原因未进行移植）。

【人体器官和遗体捐献】 加大人体器官、遗体捐献宣传动员工作，线下接待登记人体器官捐献47例、遗体捐献42例；协调完成眼角膜、遗体捐献各2例。截至年底，全市在中国人体器官捐献管理中心登记人体器官、遗体捐献志愿者累计达1155例。

【"博爱家园"项目建设】 市红十字会申报的榆中县韦营乡黄家岔村"博爱家园"项目获得中国红十字会总会批准。项目主要包括防灾避险设施建设、红十字文化传播、应急救护知识普及、应急救援志愿服务和助力脱贫攻坚等内容。项目总投资40万元，其中专门安排20万元生计发展基金，以小额无息贷款的形式支持村民发展生产、助力脱贫攻坚。至年底，项目硬件部分黄家岔村防灾避险广场建设已完成，项目工作有序推进。

（王明杰）

公 安

【概况】 2018年，兰州市社会治安呈现“两降两升”良好态势，即刑事警情下降5.6%，刑事发案下降5.4%；群众安全感93%，提升4个百分点，满意度97%，提升3个百分点。

【维稳工作】 建立健全维护政治安全工作机制，坚持风险防范和打击治理两手并重、同步强化，确保大事、小事都没出。坚持情报导侦，注重专案攻坚，搜集各类情报线索，核查涉恐线索，侦破邪教案件；开展网上24小时巡查，侦办网络维稳情报专案。加强首脑机关重点保卫，打造平安核心区，政治严防、治安严控、交通严管、火患严治，核心区接警量、发案数均下降31%。在全市宗教场所安装视频监控，设立宗教场所警务室。建成西北民族大学（榆中校区）派出所和兰州大学（城关校区）派出所。建设非法集资监测预警系统，排查企业3158家，破获非法集资案件23起，严防经济风险向政治风险传导。强化矛盾纠纷排查化解，办结重大疑难信访案件106起，稳妥处置群体性上访事件446起、下降5.4%。突出网络安全，有效应对高校学生涉及政治有害信息、个别人员以敏感话题炒作维权活动，确保各个敏感时期平稳度过。

【打击犯罪】 强力推进扫黑除恶，建立扫黑除恶基础信息库，构建“半月一专报、一月一调度”督导推进和线索核查“343”工作机制，逐级负责、分级主办，有黑扫黑、无黑除恶、无恶铲霸、无霸治乱，梯次开展“亮剑”“挖掘”“清扫”三大行动，打掉黑恶犯罪团伙56个，破获刑事案件167起，抓获犯罪嫌疑人452名，分别提升151%、150%和264%，专项斗争取得阶段性成效。以“龙头警务”为牵引，推动合成作战中心与指挥中心一体建设、错位运行，实现专业打防，争取“发一破一、发一防十”，全年立“两抢一盗”案件4652起，下降33%；破获“两抢一盗”案件1783起，破案率38.3%，提高7个百分点。组织开展“猎犬”“反扒”和打击入室盗窃专项行动，抓获网上逃犯156人，上升29%；破获扒窃案件218起，上升230%；攻破入室盗窃案件472起。发挥监所“第二战场”作用，协破刑事案件136起。严厉打击“食药环农烟”领域违法犯罪活动，查处“黄赌毒”违法案件4095起，配合环保部门查处破坏环境资源案件23起，破获全省首例废铅酸蓄电池污染环境案，查缴废铅酸蓄电池7.22吨。推动反诈中心与合成作战中心捆绑作业、无缝对接，破获电诈案件477起，止付案件2464起，提高50%；止付金额5612万余元，提高18%，特别是侦破“5·03”“5·23”“9·28”等一批“套路贷”跨省特大电诈案，守住群众的“钱袋子”。全市合成作战体系运行以来，通过研判形成指令破获刑事案件3448起，占破案总数的48%，抓获犯罪嫌疑人2802人，占全市抓获人数的25%以上。八类案件破案率达到90.3%，提高13个百分点，为近5年最高；45起命案全部侦破，其中39起当日攻破，破获命案积案6起，破案攻坚能力提升。

【禁毒工作】 深化“大禁毒”“大缉毒”构建，破获毒品案件711起，强制隔离戒毒2461人，吸毒人员脱管失控率低于全省1.5个百分点；查缴海洛因142公斤，合成毒品14公斤，上升68%，毒品价格上涨80%，局部地区无毒可售、无人敢售态势得以巩固，特别是破获的“2·09”部级毒品目标案件，打掉贩毒网络9个层级、17个分销团伙，抓获249名违法犯罪人员。推进“两打两控”专项行动、治理外流贩毒3年行动，查处吸毒人员4202名，新发现吸毒人员884名，打击临夏籍外流贩毒犯罪嫌疑人84人，其中东乡籍62人。

【社会面防控】 研发“雪亮云眼”可视化立体防控系统，构建派出所、交警、卡口点、PTU、TPTU+视频巡查的“5+1”巡防体系，编建1640人的应急队伍，采取“轮训轮值+驻勤备勤+实战实训”等方式，联勤快反，确保随时响应、及时出击、专业处置，社会面可防性案件下降60%。推动重大节会、敏感节点期间情报研判会商常态运行，精准布警、精确指引、精致安保，一体化、可视化、智能化指挥，圆满完成“兰马赛”“兰洽会”等253场次节会警卫安保任务。

【交通秩序整治】 开展“文明畅通攻坚提升年”行动，建立交通管理“三同时”（同时设计、同时施工、同时投入使用）联审联批机制，组建“金城快骑”，倡导“礼让斑马线”“避让救护车”，持续深化“三反一查”（反超速、反疲劳、反酒驾、查隐患）“七个一律”（对饮酒驾驶机动车的，一律依法从重处罚，暂扣机动车驾驶证；对饮酒驾驶受到行政处罚后再次饮酒驾驶机动车或者饮酒驾驶营运机动车，应当予以行政拘留的，一律依法行政拘留，吊销机动车驾驶证；对醉酒驾驶机动车的，吊销机动车驾驶证，涉嫌构成危险驾驶罪，应当予以刑事拘留的，一律依法刑事拘留，以危险驾驶罪移送起诉；对党员或者行使公权力的公职人员酒驾醉驾的，在依法从重处罚的同时，一律通报同级党委组织部门、纪委监委；对查处酒驾醉驾工作一律全程录音录像，现场录入公安交通管理综合应用平台；对阻碍民警依法执行职务，构成违反治安管理行为的，一律依法行政拘留；对以暴力、威胁方法阻碍执行职务，涉嫌构成妨害公务罪，应当予以刑事拘留的，一律依法刑事拘留，以妨害公务罪移送起诉。），整治“四乱”（行人、自行车、三车、机动力不遵守交通安全法律法规的随意无序通行），每月“向人民汇报”，查处交通违法行为169万余起，文明交通蔚然成风，四项指标（经济指标、死亡人数、伤残人数、事故起数）稳中有降。围绕冬季道路交通事故预防，组织开展百日专项行动，全力投入国道212线保通保畅工作，依法查处严重交通违法行为3.5万起，查停来兰违规运砂车25辆，执勤发放6000余份交通安全提示卡，沿线悬挂安全交通宣传横幅80余条，分流路段没有发生交通事故，没有出现交通拥堵现象。

【科技信息化建设】 加强数据整合，推动全网共享，加快推进市公安局大数据应用中心建设，加强与政府相关部门的沟通，打通信息壁垒，畅通交换渠道，融合公安内部和社会信息91亿条，为一线实战提供数据支撑。组织开展警综平台全案件全要素全流程信息补录攻坚行动，累计补录案件4.7万余起，补录信息13万余条。促进移动警务终端深度应用，支撑“一标三实”采集维护，采录标准信息660万余条。其中，标准地址223万余条；实有房屋147万余条；实有人口283万余条；实有单位7.2万余条。强化系统落地，推动全警应用。围绕“人、物、房、点、路、网”，采用信息技术，借助多种渠道，织密智能感知网络，逐步推动风险隐患和公共安全的全域感知。启动“智慧警务联合创新实验室”，开发应用27个警务APP，实现六大类基础工作一键查询。人脸排查等10个基础工作APP上线运行以来，访问量突破140万人次，科技信息化实战效能逐步释放。推进“雪亮工程”，推动全域覆盖。新建高清视频监控1万个，改造标清探头2800个，整合社会二类监控资源1.96万个，全市公共场所一

2018年9月6日，城关公安反恐特警开展反恐怖应急队伍拉动处置演练

类点位高清监控视频达2.52万个，覆盖率100%。特别是增设1500路卡口摄像机，动态开展人员信息比对、核查和查缉工作。全年利用视频破获各类刑事案件3800余起，占破案总数的50%以上，利用人脸识别抓获犯罪嫌疑人170人。建设智慧交通，推动全线联动。构建“情指勤督服”一体化勤务体系，推行“路长制”新型勤务模式，试点运行智能停车系统，备案登记各类停车场733处，泊位99463个，其中32处、6092个泊位实现停车信息实时动态联网。开发“兰停序”微信小程序，依托PDA平台，将城关区5条道路的157个泊位信息联网接入智能停车管理平台，方便群众实时了解停车泊位信息。

【公安改革】 聚焦“警务”优化配置，坚持“三淡化、三强化”理念，推进“深化改革年”，市公安局“五办”（网上办、就近办、自助办、上门办、一次办）实体运行，扫黑除恶转隶重组，反恐卡口属地管理，消防转隶、窑街、金湾分局体制改革顺利完成。加快交警支队“去机关化”警力下沉和特警支队专业化建设，有效提升实战能力。重塑县域警务机制，优化县局勤务流程，学习借鉴新时代“枫桥经验”，创新四色纠纷调处机制，榆中县发案下降3.3%，皋兰县破案率提升5.8个百分点，永登县涉稳警情年下降16%。聚焦“民生”便民利企，做实“放管服”改革，落实省公安厅“双十条”精神，制定出台优化营商环境、服务经济发展15条措施。推行“互联网+公安政务”服务平台，整合职能“一窗办”、优先推进“一网办”、规范流程“简化办”、提升效率“马上办”，新推一批便民利民服务举措，“一表式”网约驾考85万余人次，“一站式”办理出入境证件25万件，办理居住证9.3万余张，切实做到“让群众少跑腿、数据多跑路”；放宽落户条件，新增户籍人口2.9万余人，农业转移和其他常住人口落户城市7.5万余人，城镇化率达70.4%，城市人口吸附能力不断增强。印发《兰州市养犬管理条例》，加强犬只信息化管理，“一站式”服务，办理养犬登记证5998个。

聚焦“基层”减负提效，突出基层减负实际，分流非警务警情2.45万起，上升338%；按照“集中清理一批、分层填报一批、电子生成一批”原则，梳理整合、统一归口，清理报表台账，取消派出所填报的110份报表、7种台账，清理比例分别为87%、54%，改变以往基层考核看报表、查文档、手工计算数据的传统模式；依托市公安局数据资源服务平台，开发全市公安统计报表自动生成系统模块，24张刑事类、行政（治安）类报表数据自动提取统计，基层单位68%的报表自动生成。

聚焦“社区”做实基础，推进“社区警务”工程，创新社区警务模式，推动社区民警专职化，全市有社区民警766人，配备辅警1008人，城区社区民警占派出所警力的40%。推动社区管理网格化，采取“1+1+N”模式，积极整合辅警、协管员、治安信息员及社会综治力量，形成“社区布网、网中有格、格中定人”的社区警务模式。推动社区警务实体化，依托街道（乡镇）和社区（村），打造“矛盾不上交、平安不出事、服务不缺位”的兰州特色社区警务，全年排查化解矛盾纠纷1893起。

【党建工作】 开展“缅怀公安英烈、铸就忠诚警魂”、七一会宁红军会师旧址党性教育等活动，在兰州大学举办领导干部创新能力培训班，上线运行“智慧党建”APP，拓展“党建+”的学习模式，推动基层党支部标准化建设，打造兰州公安党建“星”品牌。健全完善动态廉政风险防控机制，建立1608名科级领导干部廉政档案，完成对10个单位的政治巡察，发现问题184个，督导评议514个基层党支部组织生活会和8516名党员。

【其他工作】 全面构建“两责”“五察（查）”大监督格局，推荐选任、交流县级干部36名，选拔、交流科级干部97名。组织开展全市公安机关观摩活动，总结固化成功经验、特色亮点。特别是坚持战训结合，按照“请进来、走出去”方式，建立教学练战一体化教育训练机制，开展专业警务技能训练356期、2.9万余人次，有效提升队伍实战能力。严格法制、督察部门网上实时监督，开展受立案突出问题专项整治，督导整改问题警情88件。开展“转变作风改善发展环境建设年”活动，建立“立项立办、跟踪督察、到期问效、通报批评、追责问责”闭环机制，先后集中督查20次，发现查纠问题160余个，受理办结投诉事项259件，推动作风实现大转变。以作风建设助推精准扶贫，建立扶贫乡村警务室12个，引进脱贫扶贫项目11个、资金230万元。推进“基础警务”工程，加快落实基层派出所办公用房和“五小工程”建设，市警校新校区落成启用，11个无房派出所开工建设、29个派出所落实租借办公用房，解决基层所队民警备勤休息用房317间，建成155个基层所队小食堂、133个文化健身室、134个洗浴室（洗衣房），建设市公安局警保中心，提供洗衣、健身、理发等便利服务。深化警察公共关系，注重“三同步”，把好“时度效”，国内主流媒体集中报道9000余条，唱响一线主旋律，传递基层正能量。完成4579名警员和210名技术人员职务序列套改工作，落实“两个”津补贴、健康体检，推进民警“团圆”计划；与8家省市定点医院签订紧急医疗救治“绿色通道”协议，向全警提供优质高效医疗救治服务；推动出台辅警管理办法，明确“7级35档”岗位等级工资标准，建立动态增长机制，全额缴纳“五险一金”，并根据工作年限、年度考核情况发放岗位层级津贴和年终奖。对辱警、袭警的坚持第一时间到场维权、顶格查处、慰问保障，坚决维护民警执法权益，全年办理民警维权案件68起，妨碍公务违法行为下降9%。

（闫　燕）

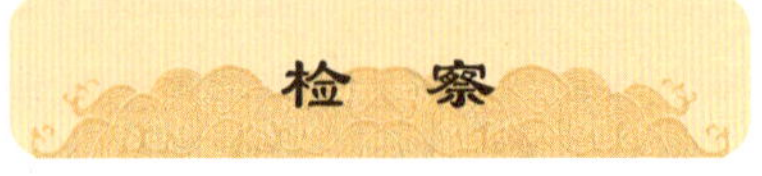

检　察

【概况】　2018年，兰州市检察工作强化以人为本的思想和群众观念，围绕民生民利推进检察工作。全年审查批准逮捕各类刑事犯罪2729件3454人，提起公诉4624件5957人。其中，严厉打击故意杀人、强奸、抢劫等严重暴力犯罪，批捕931人，起诉1137人；从重从严打击成年人侵害未成年人犯罪，批捕37人，起诉53人；依法严惩非法集资、电信诈骗、传销等涉众型经济犯罪，审查起诉涉案金额5.4亿元、集资参与人达5000余人的弘泰集团非法集资系列案和邮政储蓄银行武威文昌路支行王建中等人特大票据诈骗、合同诈骗案。

【法律监督】　从严惩治教育医疗、食药安全、社会保障等领域犯罪，开展“乳制品及饮用水”“网络餐饮”专项监督行动，保障千家万户“舌尖上的安全”。践行新时代“枫桥经验”，加强矛盾纠纷排查化解，开展检察官以案释法，维护司法权威。筹建青少年法治教育暨心理干预基地，落实领导干部兼任法治副校长制度，开展“法治进校园”巡讲活动。打造集检察服务、检务公开、监督评议为一体的“12309”检察服务中心，提供更加高效、便捷、优质的“一站式”“智能化”服务。

【检察职能】　开展涉黑涉恶犯罪线索“大排查大核查大督查”行动，发现案件线索13件，监督公安机关立案3件，追加遗漏犯罪嫌疑人3人，移送有关部门处理10件。受理移送审查逮捕涉黑涉恶案件52件199人，批准逮捕133人；受理移送审查起诉涉黑涉恶案件39件213人，经审查提起公诉30件169人。依法办理彭亮等23人黑社会性质组织犯罪案、常进元等14人村霸恶势力犯罪案等一批有影响的案件，有力震慑了黑恶势力犯罪。树立人权保护意识和“少捕慎捕”理念，坚持疑罪从无、非法证据排除等原则，依法不批准逮捕1015人，不捕率为22.71%；依法决定不起诉467人，不诉率为7.22%。审查羁押必要性案件141人，变更强制措施76人。坚持“教育、感化、挽救”方针，落实犯罪记录封存等未成年人特殊保护制度，依法不批准逮捕未成年犯罪嫌疑人81人，不捕率为41.54%；不起诉32人，附条件不起诉40人，不诉率为30.9%。强化对侦查活动的法律监督，向公安机关发出说明不立案理由通知书49件，公安机关立案42件。监督撤案32件。纠正漏捕142人，纠正移送起诉遗漏罪行245起、遗漏同案犯103人。建议行政机关移送刑事案件69件，公安机关立案40件。强化对审判活动的法律监督，对认为确有错误的刑事判决提出抗诉15件，法院改判6件。对认为确有错误的民事行政生效裁判提出抗诉1件，提请抗诉6件。强化对执行活动的法律监督，审查提请减刑、假释、暂予监外执行1935人，监督纠正143人。纠正社区矫正违法47人，纠正脱管、漏管23人。加强财产刑执行监督，促使302名罪犯主动履行财产刑571.7万元。对民事行政生效裁判执行活动发出检察建议222件，法院已采纳198件。

【服务保障】　依法惩治涉产权涉企业犯罪，审查起诉破坏市场经济秩序犯罪250件395人、侵犯知识产权类犯罪21件40人。慎重选择办案时机和方式，慎重使用强制性措施，保护企业家专心创业、放心投资、安心经营。在兰州新区综合保税区、生态产业园等重大项目、企业设立检察服务室，贴近服务、保护发展；在办理甘肃省核工业地质局与王某某拆迁纠纷民事监督案中，深入调查核实证据，耐心释法说理，促使双方当事人达成和解。精准打击，批捕危害农村稳定刑事犯罪206人，起诉299人。精准保护，从严从快办理侵害农村特殊群体犯罪案件，批捕41人，起诉70人；将因案致贫、因案返贫的困难群众作为重点救助对象，办理司法救助案件27件，发放司法救助金12万元。精准服务，建立建档立卡户涉检信访“绿色通道”，接待来访群众445人次，主动上门提供法律服务664人次；开展侵害农民工权益犯罪立案监督专项活动，帮助1859名农民工追回欠薪1287万元；在贫困地区开展以案释法等法治宣传活动，受众2.7万人次。积极服务保障打好污染防治攻坚战，批捕破坏环境资源犯罪8件11人，起诉36件50人，监督公安机关立案13件，建议行政执法机关移送涉嫌犯罪案件36件。坚持打击与修复并重，督促恢复被污染或非法占用的耕地林地559.81亩，处置违法堆放的垃圾、固体废物6027.26吨。针对永登、皋兰2县104家砖瓦企业非法占地、严重破坏生态环境的问题，发出检察建议7份，监督移送涉嫌犯罪案件13件。与国土、食药和大数据局等部门建立联系协作机制，建成行政执法与行政检察衔接信息平台。立案公益诉讼案件178件，发出诉前检察建议159件。其中，环境资源领域75件；国有财产保护和国有土地出让领域11件；食品药品安全领域73件。提起行政公益诉讼12件，收到法院胜诉判决6件。督促行政机关依法追缴国有土地使用权出让金、人防易地建设费等2.94亿元。开展“公益诉讼宣传月”活动，召开新闻发布会，拍摄《公益诉讼在身边》等宣传片，积极争取全社会对检察公益诉讼工作的理解和支持。

【司法改革】 落实检察官办案责任制，194个检察官办案组在授权范围内依法独立办案、承担责任。建立入额院领导办案情况定期通报制度，两级检察院入额院领导带头办结重大、疑难、复杂、新类型案件828件。坚持放权与强化监督制约并重，开展案件质量评查1719件次，纠正处理不规范问题49个。落实检察官单独职务序列等级评定晋升、人员分类绩效考核、人财物省级统管等配套制度17项。贯彻新修改的刑《事诉讼法》，发挥审前主导和过滤作用，通过加大与公安、法院的沟通力度和落实检察长列席审委会等制度，提升司法办案质效。探索推进轻微刑事案件速裁和被告人认罪认罚从宽制度，办理“轻刑快办”案件943件，占基层院一审案件的20.93%。顺利完成职能、机构、人员转隶。制定与监察委员会办理职务犯罪案件衔接办法，组建专门机构对接办案工作，与监察机关加强衔接配合。决定逮捕职务犯罪嫌疑人28件34人，提起公诉21件23人。依法审查起诉中共庆阳市委原常委、政法委原书记秦华涉嫌受贿，兰州市国资委原党组书记、主任杨红心涉嫌受贿等案件。

【其他工作】 开展习近平新时代中国特色社会主义思想大学习大研讨大培训，推进“两学一做”学习教育常态化制度化。加强机关党支部建设标准化工作，打造一支部一特色。落实意识形态工作责任制，开展专家讲座12期。举办庆祝改革开放和检察机关恢复重建40周年书画摄影展、文艺汇演等系列纪念活动，激励干警敬业奉献、开拓创新。对检察官、检察辅助人员、司法行政人员进行分层分类教育培训，开展业务研讨、学训赛考、新进人员到一线锻炼等岗位练兵活动。深化检校合作和业务研修，与复旦大学、西南政法大学等合作举办公诉、侦查监督、公益诉讼、党建纪检培训班，培训业务骨干240人。依托“中检网”培训干警392人次。以考促学，组织全市检察业务素能考试，925名干警分条线参加考试考核。组织征文、演讲比赛、学雷锋志愿服务等活动，深化文明单位建设。市检察院被评为“省级节约型公共机构示范单位”。严格落实全面从严治党、从严治检主体责任，强化压力传导，层层签订《全面从严治党重点工作责任书》和《检察人员廉洁从检承诺书》，开展工作约谈1190人次。加强内部监督，常态化开展检务督察、巡察和会风会纪检查。扎实开展“转变作风改善发展环境建设年”活动，推动机关纪律作风持续好转。组织开展基层院“十化”建设评估“回头看”。积极发挥派驻乡镇（街道）检察室作用，受理来信来访276人次，发现各类案件线索111件，化解矛盾纠纷133件，开展法治宣传409次，“老百姓家门口的检察院”深入人心。积极推进现代科技与检察工作深度融合，建成视听资料实验室和以大数据采集、智能研判、案件管理调度为主要功能的公益诉讼调查指挥中心，智能语音会议、远程接访和远程提审系统上线运行。城关区检察院被授予“全国模范检察院”称号，安宁区检察院被评为全国检察宣传先进单位。两级检察院主动向同级人大常委会报告工作情况30次。落实检察官联系人大代表制度，通过登门走访、邀请座谈等方式征求意见建议。提请人民监督员监督评议案件24件35人。深化检务公开，依托门户网站对外

2018年5月3日，兰州市检察机关新任命检察官宪法宣誓仪式

公开案件程序性信息7575件、法律文书4885份、重要案件信息2617件。依法保障律师执业，办理律师业务网上预约565件。通过新媒体工作室多层次、多角度加强检察宣传。举办“检察开放日”18次，邀请全国、省市县（区）人大代表、政协委员和人民监督员、特约检察员及妇联、共青团、教育界等同志视察工作，真诚听取意见建议，不断改进检察工作。

（王 剑 张小红）

法　院

【概况】　2018年，全市法院受理各类案件84920件，审（执）结70147件，同比分别上升16.8%和18.3%，审限内结案率97.4%，其中市中院受理14138件，审（执）结12287件，同比分别上升21.2%和29.3%，审限内结案率98.2%。

【审判工作】　全市法院受理刑事案件8019件，民商事案件48525件，行政案件927件，审结刑事案件7319件，民商事案件37720件，行政案件746件，法定审限内结案率分别为98.2%、98%和98.9%。市中院受理刑事案件2475件，民商事案件7078件，行政案件174件，同比分别上升20.2%、20%和2.4%，审结刑事案件2433件，民商事案件5685件，行政案件138件，分别上升22%、16.2%、下降8%，法定审限内结案率分别为98.7%、98.2%和97%。成立领导小组及办公室，制定工作方案，设立专门合议庭，坚持依法严惩，严格法定标准，严厉打击黑恶势力犯罪，审结涉黑涉恶案件8件，对常进元等14人“村霸”恶势力和王佐良等15人、孙发明等34人涉黑案件依法审理和宣判。建立军地法院协作机制，成立专业涉军停偿法庭，开通绿色通道，创新审判方式，提高审判质效。审结涉军停偿案件76件，依法保护了军队利益和当事人权益，保质保量完成政治任务。

【市场秩序维护】　审结买卖、服务、承揽等各类合同纠纷案件19198件，审结传销、金融诈骗、非法吸收公众存款等案件292件，严厉惩戒危害市场秩序的违法行为，公开开庭审理被告人赵勇集资诈骗案、兰州科达房地产开发有限公司非法吸收公众存款案，开庭宣判弘泰集团集资诈骗案。

【供给侧结构性改革】　审理企业破产、股权转让、化解产能过剩等各类经济纠纷案件212件，组建企业清算与破产审判庭、合议庭，探索执行不能转破产机制，推动破产重整，促进市场出清，为全市供给侧结构性改革提供司法保障。在审结兰州通用机械制造有限公司破产重整案件期间，加强府院协作沟通，推动设立破产费用基金，制定破产重整方案，对抵押担保人、职工债权全额清偿，解决了712名职工欠发工资及就业问题，使这个涉及40余起、金额达10余亿元、多年难以执行案件得到有效解决。

【营商环境优化】　制定出台《兰州市中级人民法院服务经济发展优化营商环境实施方案》，新设立“兰州知识产权法庭”，完善知识产权审判体系，实行知识产权案件省内跨区集中管辖。审结知识产权案件408件，对侵犯商标、不正当竞争行为严厉制裁，在华润（集团）有限公司诉甘肃省城市房地产开发公司侵害商标权及不正当竞争纠纷一案中，对侵犯商标行为判处赔偿损失80万元。充分合理地保护原告的商标权益，打击房地产市场领域“搭便车”“傍名牌”等侵犯商标权及不正当竞争行为。

【社会诚信建设】　认真兑现人民法院“用两到三年时间基本解决执行难”庄严承诺，打通司法公正“最后一公里”，扎实开展基本解决执行难百日会战、达标冲刺等专项活动，坚持外抓协调联动，内抓规范管理，清积案，执现案，举全院之力破解执行难。全年受理执行案件26301件，执结23273件，同比增长28.6%、15.3%，执行到位金额43.5亿元。发布失信被执行人信息4016人次，司法拘留682人，对16人判处拒不执行判决裁决罪，初步形成失信执行人一处失信，处处失信的局面。

【司法体制改革】　加强审判资源的优化配置，审判团队结构是1∶0.6∶1，执行审判团队结构是1∶3∶1，实行独任法官、合议庭办案责任制，完善独任法官、审判长、合议庭成员责任清单。至年底，独任法官、合议庭裁判的案件占案件总数的95%以上，员额法官人均结案达到126.2件。全市法院院庭长办案14829件。按照人员分类管理要求，将法院人员分为法官、审判辅助人员、司法行政人员三类，并确立36%、44%、20%的配置比例，建立分类管理框架。完成法官单独职务序列改革，首批入额法官单独职务序列等级评定已结束，法官等级晋升步入正常轨道。市中院未入额法官、原政法编制内书记员全部转任为法官助理，新聘用书记员144人。完成人事和财务省级统管工作，并按照三类人员、两种待遇的要求，落实法官、审判辅助人员、司法行政人员工资待遇。全省家事审判方式和工作机制改革工作会在榆中县法院召开，市法院作交流发言。以审判为中心的诉讼制度改革深入推进，庭审实质化，律师辩护率不断提高，一审被告人律师辩护比例达到100%；落实认罪认罚从宽制度正在实施；各基层法院“轻微刑事案件快速办理”机制试点步伐加快，当庭宣判率达100%，服判率99.8%，呈现出服判息诉率高、上诉率低、无抗诉、无信访投诉的特点。繁简分流、多元纠纷化解、诉调对接等工作进展顺利。

【智慧法院建设】 投入220余万元，构建人力与科技深度融合的司法运行新模式。修改完善兰州市法院司法数据集中管理平台，实现对两级法院司法数据、信息的互联互通；完成法院执行系统与兰州市大数据社会服务管理局的数据对接，实现各单位之间的数据资源共享，提高执行效率。建成审委会会议管理系统，并在审委会会议系统和部分科技法庭中成功部署语音智能识别系统，快速准确将语音转换为电子文档，提高会议和审判效率。健全完善审判流程、裁判文书、执行信息、庭审直播四大平台建设，采取逐月数据审核、重点督办、情况通报等方式，加大公开力度，提高公开效果，全市两级法院公开裁判文书34304篇，同比增长59.2%，其中市中院公开7408篇，同比增长111.5%；庭审直播3681件，同比增长173.2%，其中市中院603件，同比增长154.4%。以“最多跑一次”的便民利民为目标，畅通立案绿色通道，提升电话立案预约率，网上立案比率，截至年末网上立案455件，当场立案率达到95%以上。畅通12368诉讼服务热线，办理群众来信来访787件次，接待群众咨询、查询和投诉等1092件次，办结交办重点信访案件37件。电子卷宗录入率达到100%，实现当事人和代理人随时随地查阅诉讼档案。建立诉调对接工作平台、律师接待室、法律援助工作站，确定工作人员，明确工作时间，为诉讼与非诉讼相衔接的纠纷解决开辟新的途径。

【司法能力建设】 加强分级分类培训，举办或参加培训班64期，培训553人次。组织183名干警前往厦门大学、中山大学、国家法官学院等参加审判业务和政法干部能力提升班学习培训；相继开展134名聘用制书记员、新录用公务员等人员培训；深化法治人才联合培养机制，建立进修学习、法律实习生制度，与兰州大学等高校建立“院校法律人才交流共建机制”，25名法官被聘为研究生导师。全市两级法院评查案件41871件，一级案件40363件占96.4%。

2018年6月27日，兰州市中级人民法院举办“不忘初心 奋进新时代”文艺汇演

【文化建设】 市法院年初被兰州市文明办评为“兰州市级精神文明先进单位”。先后举办“不忘初心、奋进新时代”文艺汇演、“我们的节日·元宵节”党支部书记灯谜竞猜活动、首届全市法院系统“天平杯”乒乓球比赛和全市法院“不忘初心，牢记使命，迈进新时代，勇做新法官”演讲比赛；积极参与省法院、省市法学会征文活动，改造图书馆，购买各类图书千余册，丰富干警生活，提高干警工作积极性。组织开展普法宣讲、法官志愿服务等活动20余次，强化干警依法依规履行职责的自觉性。

（张诗昕）

司法行政

【概况】 2018年，全市司法行政系统聚焦司法行政重点工作和司法行政体制机制改革，推进平安兰州、法治兰州、过硬队伍、智能化四大建设。截至年底，全市8个区县建成县级公共法律服务中心8个，乡镇（街道）司法所115个，公共法律服务工作站112个；1107个村（社区）建成村公共法律服务工作室759个。建成的公共法律服务中心、工作站、工作室全部完成挂牌工作。

【人民调解】 联合信访局成立信访事项人民调解委员会，择优推选出100余名具有一定法律专业知识、调解经验丰富的人员，通过工作派驻、购买服务等方式担任信访事项人民调解员，开展信访矛盾纠纷调处和信访积案化解工作。全年全市各级人民调解组织排查出各类信访积案70件，受案人民调解组织参与化解信访积案70次。其中，调解成功24件，占34.28%；调解不成功41件（含建议导入仲裁、诉讼等程序的案件），占58.5%；调处中5件，占7.14%。全市各级人民调解组织调解矛盾纠纷18940件，调解成功18025件，调解成功率达95%。

【“七五”普法】 开通由全市119家律师事务所1000余名律师组成的“法律直通车”，创建“诚信守法企业”，深化“法律进企业”活动。全年开展普法宣传110场次，发放法制宣传资料8万份，接待法律咨询人数4800余人。设立“兰州金城普法”微信公众号及全市普法微信群。借助影像故事立体说“法”，实现“互联网+法治”服务全覆盖。利用公交车流动性强、覆盖面广、乘客在车内停滞时间相对较长的特点，打造2977辆“公交法治文化车厢”，1250辆“法治文化公交出租车”，设计制作宣传图案3500余幅，每天滚动播出100次。在写字楼、住宅楼及酒店宾馆的2300余部电梯播放普法宣传片，单机每天播放84次，全市每天播放19.9万次。建成城关区酒泉路广场、兰州火车站站前广场、永登县人民广场和红古区法治文化广场4个新媒体WiFi普法广场，安宁区都市春天公园、皋兰县什川梨园等法治文化广场、公园、长廊。

【律师管理】 成立中国共产党兰州市律师行业委员会，指导全市律师行业党的建设工作。成立兰州市律师行业扫黑除恶专项斗争工作领导小组。截至年底，兰州市律师行业代理涉黑及可能涉黑案件33起。其中，4个已经结案；8个处于审判阶段；1个检察院提起公诉；其他20起处于侦查阶段。推动“一村（居）一法律顾问”工作的全覆盖，打通服务群众“最后一公里”。全市115家律师事务所与5区3县115个乡街及下辖的420个社区、730个村建立法律服务“一对一”，实现村（居）法律顾问的全覆盖。为村（居）委会提供法律顾问免费服务，为村民提供法律咨询、起草法律事务合同的免费服务。截至年底，各律师事务所到基层农村社区提供法律咨询1200场次，受理微信、QQ、手机等网络咨询700人次，各律师事务所发放宣传资料1200册，接受委托担任村（居）民诉讼的代理人9人次。全市律师办理各类案件11460件，比上年增长5.3%。

【公证改制】 2018年，新设立甘肃省首家合作制公证处——兰州飞天公证处。推广应用“互联网+”公证服务模式，在实现同国家和省市公证业务的互通互联的基础上，全面实行公证业务网上办理，实现“让信息多跑路、让群众少跑腿”的服务目标。贯彻落实司法部关于公证领域“放管服”改革的要求，推行对于法律关系简单、事实清楚、无争议的出生、生存、死亡等30项公证事项，只要申请材料齐全、真实，符合法定受理条件，通过在网上受理、主动改变核实、送达等工作方式，实现让当事人“最多跑一次”。积极探索“告知+承诺”或提供证人证言等方式代替当事人无法提供的证明材料。开通“绿色通道”服务，对老弱病残当事人优先受理、优先审批、优先出证。截至年底，公证机构办证34114件，增长2%。

【法律援助】 加大重点人群法律援助力度，开辟法律援助“绿色通道”。与信访、劳动监察、劳动仲裁、残联等部门和机构协作，通过调解、仲裁和诉讼等方式，办理一大批农民工群体性讨薪案件。截至年底，全市受理指派法律援助办案6288件，增长48%。全市设立法律援助工作站256个。其中，县区154个；市级102个；律师所70个，司法鉴定机构及公证处22个，工青妇老残及高校、劳教所等10个。设立法律援助工作联络点675个。

【社区矫正】 推行刑罚执行一体化工作，完善兰州市社区矫正工作机构和监狱刑罚执行一体化建设工作机制。稳步实现刑罚执行工作从底线安全观向治本安全观的转变，形成具有兰州特色的刑罚执行一体化工作模式。推进兰州市驻地监狱、戒毒警察参与社区矫正执法工作，选派监狱、戒毒所人民警察到市、县区司法局社区矫正机构参与社区矫正执法监管工作。开展社区服刑人员入监接受警示教育活动，组织社区服刑人员赴甘肃省女子监

2018年12月4日，兰州市举办宪法宣传周暨“12·4”国家宪法宣传日活动

狱、兰州监狱等开展入监警示教育活动，使社区服刑人员亲身体验监狱服刑人员生活。开展涉黑涉恶线索排查，开展社区服刑人员摸底排查活动，做到“底数准、情况明、去向清”。通过排查，兰州市社区服刑人员中无涉黑涉恶人员及线索。截至11月底，兰州市接收社区服刑人员11781人，解除社区服刑人员9573人，在册2208人。

【司法鉴定】 加强司法鉴定管理和监督，严肃查处违法违规鉴定问题，积极推动司法鉴定资源有效整合。向甘肃省司法厅上报2家环境损害类司法鉴定机构：甘肃省环境科学设计研究院环境损害类司法鉴定所和甘肃中检联检测有限公司环境损害司法鉴定所，实现兰州市环境损害类司法鉴定机构零突破。加强司法鉴定质量建设，建立司法鉴定评审员和内审员队伍，加强资质认定结果运用，建立常态化的司法鉴定能力验证工作机制，不断提升司法鉴定工作的权威性和公信力。截至年底，全市司法鉴定机构达到35家，司法鉴定人员388人，办理各类鉴定案件12771件，增长10%。其中，行政初审事项30件，增长3%；受理咨询案件6524件，增长10%；处理投诉案件7件，下降20%。

【安置帮扶】 加强安置帮教工作信息化建设，建立健全刑满释放人员信息核查和衔接、刑满解除社区矫正人员衔接制度。解决刑释人员子女就学、医疗保障、创业就业等方面困难，完善出狱所人员接送及补助经费制度，防止刑满释放人员、社区服刑人员脱管漏管。截至年底，衔接刑释解教人员2106人，安置1896人，安置率90.03%，重新违法犯罪率控制在2%以下。

【国家统一法律职业资格考试】
2018年兰州考区报名7128人。客观题设10个考点（8所高校），122个考场，7486台机位，成绩合格2423人，其中放宽619人。主观题兰州考区并入白银、定西、甘南、临夏4个考区考生，报名2656人，设3个考点，89个考场，主观题兰州考区成绩合格1672人，其中放宽573人。

【其他工作】 坚持以“以德为先、实干实绩、群众公认，重视基层”为正确的选人用人导向，兰州市司法局机关10名正科实职干部予以轮岗交流，对10名干部予以推荐、考察、任用；对市公证处改制分流到机关的9名干部、2名工勤人员予以妥善任用和安置；对兰州市司法局强制戒毒所19名干部予以推荐、考察，4名干部予以轮岗交流和转任，力促人岗相适、用当其时、人尽其才，力争选拔出对党忠诚，个人干净，敢于担当，勤勉实干的干部，积极为司法行政事业的扬帆起航提供人才保障。全年组织全市司法系统干部参加各种学习培训30期77人次，干部能力素质不断提升。

（景昱清）

兰州警备区

【概况】 2018年，兰州警备区坚定举旗铸魂，聚焦备战打仗，聚力国防动员，全面夯实基础，强力正风肃纪，依法从严治军，圆满完成年度各项任务，推进部队建设全面发展。

【理论武装】 学习贯彻军委主席负责制，邀请国防大学教授进行专题辅导授课，官兵“四个意识”更加牢固、“四个自信”更加坚定、“三个维护”更加自觉。抓好“传承红色基因、担当强军重任”主题教育，开展“学优良传统、做红色传人”主题实践活动，组织官兵、职工参观会宁会师楼、开展入党宣誓，引领深化红色基因传承实效。始终坚持问题导向，全面肃清郭伯雄、徐才厚流毒，以房峰辉案为反面教材，开展“严守政治纪律，严格制度规定，树好军人形象”专题教育整顿，解决政治纪律不严肃、执行号令不坚决、担当作为不主动、教育管理不严格等倾向性问题，受到省军区蒲永能政委的批示肯定。扎实抓好军委党的建设会议精神学习贯彻，专题召开党委会分析党的建设形势，对照“四个不纯”“七个弱化”深入查找问题，研究制订问题整改总台账。

【军事准备】 树立练兵备战鲜明导向，专题学习习近平主席训令，坚持党委议战议训，组织“聚焦主责主业、破除和平积弊”大讨论，围绕“八查”剖析列举问题清单，制订整改措施36条，修订3类64种战备方案计划，完善作战值班信息系统建设，部队战备水平得到提升。大抓实战化军事训练，广泛开展“学研训考评”活动，邀请国防大学教授进行基本技能辅导授课，从难从严组织战备训练检查考核，警备区机关接受省军区年度战备训练考核成绩较好，民兵教练员骨干集训的做法被省军区转发。组织现役官兵、民兵军事训练，永登县人武部现役干部训练、七里河区民兵分队训练尤为突出。推进民兵调整改革，起草印发《兰州市后备力量建设“十三五”规划》，依托七里河区人武部召开民兵整组点验现场观摩会，警备区领导分片包干指导人武部民兵整组，分静态和动态现地检查考评，圆满完成普通民兵、基干民兵及民兵分队调整改建任务。组织兰州市国家国防动员委员会各专业办公室参加“金城—2018”军地联合演练，安宁区、西固区、永登县、榆中县政府为过境部队提供有力保障。皋兰县民兵应急分队圆满完成“7·22”特大洪涝抢险救灾任务，动员支前能力稳步提升。

【国防动员】 围绕组织领导、工作运行、综合保障、科技创新等5个方面30项具体内容，梳理影响动员发展的6类瓶颈问题，研究制订整改措施。发挥军民融合牵头协调职能，配合筹备兰州市军民融合发展委员会，组织驻军单位开展需求提报工作，协调推进重大项目和基础设施建设。在全省率先将国防动员建设纳入地方各级党委领导班子绩效考核，健全完善后备力量建设考核目标体系。发挥兵员征集主阵地作用，深入19所高校开展大学生士兵典型进高校巡回宣讲，会同市委宣传部召开征兵宣传推进会，调动高校学生参军热情。坚持“一季征兵、四季准备”，广泛发动人武、专武干部和民兵骨干，进村入户进行思想动员，通过会议讲评、约谈主官、通报进展等方法，深入推进兵役登记工作，全区兵役登记率100%。着眼“五率”目标，严密组织体检、政审和面试，七里河区、红古区、皋兰县人武部被省征兵办表彰为“先进单位”。

【党风廉政】 全员参加军委国防动员部、省军区纪律教育党课辅导，警备区党委、纪委书记带头落实纪律教育专题党课辅导。坚持按照民主集中制原则加强党委班子建设，认真对照“六个必须”要求，逐级召开党委民主生活会，分析查找矛盾问题，研究制订整改措施。始终把纪律规矩放在前面，原原本本学习新修订的《中国共产党纪律处分条例》《军队实施党内监督的规定》等党内法规，及时传达学习违规违纪问题的通报，组织观看《回望延安》《铁纪强军》专题教育片，达到汲取教训、警示部队的目的。严格执纪问责，严肃认真快查严处，采取纪律处分、提醒谈话、停止并清退违规领取发放奖金等措施，防微杜渐体现严管，以严格纪律体现厚爱。分析部队作风建设形势，制订警备区党委机关加强作风建设《措施》，建立2个基层风气监督监察联系点，下大力纠治身边的“微腐败”和不正之风。

【基础建设】 研究制定《兰州警备区全面建设三年规划》，被《解放军报》《国防报》头版头条报道。全面规范人武部“四个秩序”，安宁区人武部在全省军区会议上介绍了经验做法。开展“安全教育月”活动，紧盯17个关键要素，过细组织“拉网式”“兜底式”安全风险评估，排查纠治安全隐患52个，部队连续38年无事故无案件。开展“贯彻落实新条令、塑造军队好样子”学习教育活动，完成省军区赋予的7项制度、2项重点课题研究。坚持聚焦“能打仗、打胜仗”的保障，修订2类19项后勤和装备预案计划，精细做好经费、物资、军需、装备保障，严肃依法处理停止有偿服务项目遗留问题、房地产租赁等问题。着眼安全顺利这个底线，集中2天时间、动用车辆60余台次、兵力300余人次，完成报废弹药调运销毁任务。

【双拥共建】 推进党管武装工作落实，召开议军会专题研究驻军部队的矛盾问题。皋兰县人武部选址重建破土动工，永登县人武部营房改造圆满峻工，驻军部队战备、训练、生活难题得到妥善解决。开展全民国防教育宣讲活动，组织军地领导开展八一建军节活动，高标准完成首届中非防务安全论坛的保障任务，落实军人免费乘坐公交车制度，妥善安置25名随军家属就业，协调对接86名军人子女入学。充分发扬拥军优属光荣传统，军地联合开展尊崇军人“五项”制度、善待功臣“五项”活动，形成了全社会尊崇军人的良好氛围。积极投身脱贫攻坚行动，接续帮扶皋兰县2个帮扶村，投入80万元筹建二期种羊养殖基地，投入20万元捐资助学，协调45名师生体验军营生活、参观省科技馆、兰州战役纪念馆。

（李宗林）

武警兰州市支队

【概况】 2018年，中国人民武装警察部队甘肃省总队兰州市支队各级紧跟习近平主席强军思想步伐，坚持以训词训令为根本遵循，紧扣“一条主线”（学习贯彻十九大），着眼“两个维护”，贯彻“三个全面”，实现“四个突破”（备战打仗、改革转型、现代化建设、基层基础），建强“六种力量”，推动部队全面建设稳步协调发展。

【政治学习】 按照学懂弄通做实要求，学习贯彻习近平新时代强军思想，深化固化“读习主席的书、听习主席的话、做习主席的好战士”教育实践活动，推动内化于心、外化于行。执勤十七中队用习近平强军思想建队育人的做法先后被《解放军报》《武警报》报道，被兰州市评选为学习习近平思想先进示范单位。注重大课辅导提认知，小课串讲纠偏差，难题会诊解疑惑，班排讨论求深化，扎实抓好“传承红色基因、担当强军重任”主题教育和6项经常性基础性教育。突出以文化人、以文励志，广泛开展强军系列文化活动，将红色基因和“思想红、作风硬”总队精神融进血脉、植入灵魂。为榆中县韦家营乡韦家营帮扶村建成党员活动室，收购四类农产品。紧跟演训和任务，坚持“八个到现场”，把精神食粮送上竞技场，把奖杯证书赏给尖子兵，把先进典型宣扬活起来，支队被总队表彰为新闻宣传工作先进单位。

【自身建设】 贯彻习近平主席备战打仗重大战略思想，开展和平积弊大起底大扫除活动，坚持力量分配、经费使用、立功受奖向练兵备战倾斜。参与“卫士”演习，加强指挥推演和行动演练，接受军委备战打仗专项巡视，精细规范战备值班力量运行。贯彻总队“智慧磐石”工程部署会精神，建设7个中队8处目标，深化勤务专项治理。全年完成大型活动安保、专机警卫、调犯专列地面警戒、抢险救援、押解押运等各类临时勤务，处置执勤险情9起。坚持向战斗力聚焦，完善补齐场地器材短板，维修新建训练场和购置训练器材，自制20类训练器材。聚力真训实练，真打实备，严密组织支队军事体育运动会，开展群众性练兵活动，常态组织战备拉动演练。在总队特战专业和“创纪录、当尖兵”比武中，支队分别获得团体第一、第三名，支队为在总队比武中拿到名次的十余名官兵记三等功。

【从严治军】 学习贯彻新一代共同条令，采取原文辅导、录像讲解、知识竞赛、会操评比、突击检查等方法，狠抓日常养成，强化官兵条令法规意识。以首长机关、直属队、偏远中队和单独执勤点为重点，下大力纠治“松散虚软”和不配套不规范等问题。常态落实安全工作“八个规范”，开展安全大检查活动，先后排查整治6个方面问题隐患。制定《基层军需工作规范》，对经费管理、物资采购、工程建设等难点工作进行规范。积极配合兰州审计中心开展领导干部经济责任审计，传导压力，整改落实，规范运行。

【精准帮带】 坚持按纲谋划、按纲规范、按纲指导。认真落实“三个层面、一个争创”、领导机关“1111”挂靠帮带机制和大队“一三”、卫生队“121”工作法，实施“三帮一带”，全面全程全责对基层大中队进行精准帮建，配齐配强大队、中队主官，组织参加总队三级主官《纲要》培训和新条令集训，持续深化支队按纲建点成果，把驻点干部与执勤点绑在一起建、一起考、一起评，强化以点为家意识和按纲抓点能力。全力打造“六型”后勤，加强“后勤装备”专业队伍建设，巩固深化“伙食微信群管理”模式成果，着力提升保障质效。全力推进支队指挥中心、机动大队和教导队选址迁建项目，地方政府的建设资金已拨付到位。完成公寓房改造、训练馆新建、训练场修缮、温棚搭建等工程建设，配备更换各类给养器材400余件套，基层整体建设质量明显提高。

【荣誉展示】 是年，支队获得“甘肃省维护稳定工作先进集体”“甘肃省学雷锋活动示范单位”“甘肃省绿化模范单位”“兰州市拥政爱民模范单位”“兰州市综治维稳反邪教目标考核先进单位”“兰州市禁毒工作先进单位”“兰州市平安建设工作先进单位”等荣誉称号。

（郭建伟）

甘肃陆军预备役高射炮兵师

【概况】 2018年，甘肃陆军预备役高射炮兵师深刻把握预备役部队改革过渡期形势特征，学习贯彻党的十九大精神，坚持举旗铸魂、抓训备战、从严管治、正风肃纪、强基固本，完成各项任务。

【党委工作】 完成“坚持根本制度，强化党委领导”4个专题理论培训，进行2次集中检查考核。围绕“六个必须”，师团党委自上而下召开民主生活会，修订《党委班子加强自身建设措施》。学习贯彻军委党建工作会议精神，专题查改党建问题9个，制定本级贯彻落实《措施》，不断促进两级党委班子的创造力、凝聚力、战斗力提升。修订《关于加强干部日常管理的措施》，按季度从政治标准、军事素养、工作实绩、品德修养、廉洁自律等方面考评干部，全方位考察选拔使用干部。

【宣传教育】 完成6个专题党委中心组带机关理论学习和主题教育5个专题大小课辅导。开展“和平积弊大起底大扫除”讨论交流，分专题组织民主集中制、军委主席负责制“两项”学习培训考核，定期召开党委常委民主生活会。围绕重点工作在中央级纸媒刊稿33篇、上级要讯8篇，刊稿数量位列全区预备役部队榜首。

【战备训练】 贯彻战区陆军“四个一体”建设指导，规范各级各类值班，按照要求分3种规模组织拉动演练4次，常备200人规模队伍做好遂行抢险救灾任务准备，围绕“五个不会”组织5个专题授课。组织2批现役官兵指挥技能轮训，完成11个建制连整组点验和2个月分队训练，同步组织11个专业比武竞赛，全体现役和预任官兵受训，评选出训练尖子。组织新交流干部、全师政治干部、财务装备骨干集训各1次，预训团执行各类集训保障任务获上级好评。严格落实军事训练“一票否决”，取消军事训练成绩未达优良的干部调整晋升，成绩突出的获得表彰奖励。

【作风建设】 常态组织党纪法规学习、重要通报传达，围绕部队倾向性问题和隐形变异苗头，有针对性组织反腐倡廉“每季一课”；围绕房峰辉、张阳典型案例，组织团以上干部开展专题警示教育，流毒肃清持续向纵深推进。开展重点领域和行业系统风气专项整治，查摆纠改6个方面49个具体问题。自下而上开展“三清”和固定资产核销，一些遗留问题隐患基本归零。接受军委专项巡视、陆军和战区陆军作风建设督查5次，整改巡视指出问题4个，调查核实移交线索3起，问题存量持续减少，正风肃纪向纵深推进。依法治军持续深入，以创“三无”为目标，以“六项整治”为抓手，广泛开展“行法治、抓从严”大讨论，常态抓好安全教育、隐患排查和形势分析，学习贯彻新条令，狠抓日常养成和部队管理，全师正规化水平不断提升。

（潘俊伊）

人民防空

【概况】 2018年，全市人民防空会议首次以市委、市政府、兰州警备区名义联合下发《关于深入推进人民防空改革发展的实施意见》，对全市人防工作进行安排部署，推动全市人防工作迈上新台阶。

【项目建设】 市级人防“719”工程项目完成土建工程，信息系统总体设计方案正在报审施工图设计。指挥所综合管控系统向市政府上报立项报告。市人防疏散指挥中心及人防博览馆项目完成初步设计审查，项目用地正在拆迁。安宁区基本指挥所土建工程正在施工，信息系统项目正在编制总体设计方案。七里河区和西固区基本指挥所正在开展项目前期手续报批。红古区和永登县建成地面应急指挥中心，榆中县和皋兰县正在开展地面应急指挥中心立项等前期工作。西固区和安宁区开展人防机动指挥所建设前期工作。

【组织指挥】 开展省、市县两级指挥所政务专网传输设备升级改造和线路扩容。定期开展市区（县）人防通信专网试线训练、组网演练。组织参加西部战区国防动员指挥要素训练3次。组织参与人防机动指挥所组网演练、全省机动指挥所跨区域联合训练、跨区域拉动训练。结合“5·12”防灾减灾日、“9·18”防空警报试鸣日，组织区县8所中小学8600余人参加防空袭人员应急疏散演练。编制完成早期人口疏散方案2个。采取合作方式与甘肃省蓝天救援队共建人防志愿者队伍60人。

【《规划》编制】 完成《兰州市市域人防体系规划》编制招标工作，编制部门已编制《规划》大纲，调研采集人防工作数字资料，编制初稿。

【信息保障】 完成市级和城关区人防机动指挥所信息系统升级改造。全面完成防空警报设备建设和防空警报网改频升级任务。指导2个区建成多媒体防空防灾预警报知系统区域分控站。组织实施全市“9·18”防空警报试鸣工作。

【防护工程】 严格落实“结建”政策，全年审批新报建项目130个。推进“放管服”和“四办”改革，简化行政审批流程。对兰州轨道交通一号线一期工程人防建设放假度进行首次验收。配合开展地下停车场建设调研、整治工作。

【平战结合】 完成新增人防工程平战结合利用面积12万平方米。规范人防工程平战结合使用管理，审批拆除报废人防工程1209平方米。通过靠实责任、完善机制、开展巡查、督促整改等措施，落实人防工程消防、防汛及安全监管工作。

【法治建设】 通过制定计划、组织学习、网上培训、落实法律顾问制度，增强依法行政能力。完善行政处罚自由裁量权实施标准，全面推行“双随机一公开”制度。2018年对拖欠人防易地建设费21家单位及永登县2013年以来的审批项目落实“结建”政策情况开展综合执法检查。

【宣传教育】 推进人防宣传教育进机关、进学校、进企业、进社区、进媒体活动。建立20个社区人防工作站，配套完善相关设施。积极借鉴外地经验，扩大人防宣传阵地，首次创办《兰州人防》杂志，向社会各界宣传兰州人防工作。

【从严治党】 传达学习中共中央和省、市纪委全会精神，安排部署全面从严治党和党风廉政建设重点工作，逐级签订2018年全面从严治党和党风廉政建设重点工作责任书。认真履行管党治党责任，加大典型违纪案例警示教育力度，及时通报违纪违规典型案例和全国人防系统典型腐败案例，组织党员干部观看警示教育片，推动全面从严治党向纵深发展。对重点工程项目建设有关施工安全责任事项、审计反馈应收未收防空地下室易地建设费和人防工程平战结合使用费问题，通过提醒约谈、告诫约谈、通报等形式对相关责任处室进行执纪问责。坚决落实“管党治党、全面从严治党”各项要求，对审计反馈的问题和市委第六巡察组反馈的问题全面进行了整改落实。

【其他工作】 组织召开全市人防办主任暨党风廉政建设会议。结合推进“两学一做”学习教育常态化制度化和开展“不忘初心、牢记使命”专题教育，学习贯彻习近平新时代中国特色社会主义思想和党的十九大精神。通过党组中心组学习、周二政策理论学习、邀请专家辅导，组织各类学习56次。严格规范党内政治生活，认真落实“三会一课”制度，定期召开党课教育活动和主题党日活动。各支部召开会议和开展主题党日活动59次。推进党支部建设标准化，不断提高机关党建工作质量和基层党建工作水平。认真贯彻落实中央八项规定实施细则和省、市委实施办法，严控“三公”经费支出，严格文件审核和印发数量，严格会议管理，注重工作实效。重视加强作风建设，深入开展“作风建设年”活动，查摆整改作风问题430个。

（冯 晶）

新区·开发区

兰州新区

【概况】　2018年，兰州新区实现地区生产总值205亿元，增长16%；固定资产投资308.3亿元，增长19.4%；社会消费品零售总额36.6亿元，增长14.8%；一般公共预算收入15.2亿元，增长15.6%；政府性基金收入30.8亿元，增长46.5%。

【改革创新】　充分发挥先行先试政策优势，制定出台“1+5”综合改革方案(“1”指1个综合改革方案，即兰州新区深化改革推动高质量发展实施方案；“5”指5个专项方案，分别是深化干部人事制度改革实施方案、深化投资项目审批改革实施方案、深化政务服务事项改革实施方案、深化商事制度改革实施方案、深化项目招投标和政府采购管理改革实施方案）统筹推进全系统、全流程、全覆盖改革。持续深化“放管服”改革，企业投资审批事项由24项精简至13项，审批时限由137个工作日压缩至30个工作日，招标时间由23个工作日压缩至20个工作日，企业开办时间由5个工作日压缩至1～3个工作日，307项服务事项实现“最多跑一次”，营造公平高效透明可预期的营商环境。

兰州新区大数据城市运营管理中心

【招商引资】　重点发展大数据和信息化、先进装备制造、新材料、精细化工、新能源汽车、生物医药、商贸物流、文化旅游、现代农业九大产业。全年引进产业项目105项，签约资金556.33亿元，引进到位资金301.09亿元。其中第24届“兰洽会”签约项目59个，总投资356亿元，已开工项目39个，开工率66%，产业框架基本形成。

【精细化工】　紧抓石化产业向西部转移机遇，依托新区远离江河和人口聚集区、空气干燥、无自然保护区、环境容量大等天然优势，与中科院、兰州大学等一流科研院所合作，高标准规划建设100平方千米绿色高端化工园区，一期精细化工园区30平方千米的总体规划、规划环评已批复，征地拆迁和土地报批工作基本完成，水电路气和通信等基础设施基本建成。截至年底，引进产业项目49个，总投资106亿元，首批7个项目开工建设。

【大数据建设】　截至年底，累计引进落地国网云计算、润泽科技大数据中心、拜尔云计算等大数据产业项目27个，计划投资260亿元，完成投资60亿元。全面建成国际互联网数据专用通道，建成新区大数据产业园一期项目，中科曙光先进计算中心、北科维拓物联网智能制造基地已完成基础建设，华为、清创、未来新影等云计算启动运营。中国兰州数字经济论坛在新区召开。

【商贸物流】　截至年底，累计建成运营各类宾馆酒店70家，建成奥特莱斯、瑞岭国际、京都等大型商业体41家424万平方米。全年新注册市场主体3947个，比上年增长23.8%。限上批发业、零售业销售额分别增长128%、219%，住宿业营业额增长186%。国家多式联运示范工程、现代供应链试点项目加快推进，铁路、公路、机场及综合保税区智慧物流水平进一步提高。中川机场执行国际国内航线达到205条、旅客吞吐量1385.85万人次（系统计公报数），大宗商品交易额突破800亿元。中川北站物流园跻身全省百亿元物流园区，新区商贸物流集团被评为“西部物流百强企业”。

【文化旅游】　累计培育文化企业80家，文化产业增加值增长138%。成功举办第3届金网电影节、“美好未来”音乐节、群星演唱会等大型活动18场次。建成秦王川国家湿地公园、晴望川民俗文化村等7大旅游景区，开发精品旅游线路10条，全年接待游客393万人次、增长180%，旅游综合收入13.6亿元、增长185%。西部恐龙园被评为国家4A级景区，荣登“中国主题公园品牌影响力排行榜50强”。

【城市建设】　建成朱中铁路正线，加快推动中兰客专、景中高速、中白高速、中通道等重大交通项目建设，完成中川机场三期改扩建、兰张三四线等项目前期工作。新建城市道路25条84千米，改造提升城市主干道12条、交叉路口11处。完成综合客运站主体工程，建成公交场站9个，新开公交线14条、新增公交车120辆。敷设雨污、中水、热力、电力等各类市政管线528千米，改造提升街头公园40万平方米。依法拆除中川街两侧商铺和经营场所125万平方米，拆除道路沿线广告牌2.7万平方米，城市形象明显改观。建成7号湖、西岔调蓄湖等生态水系工程，新增绿化面积1.6万亩，建成区绿地率达到35%，环境空气质量优良天数达306天。生活垃圾无害化处理率、污水收集处理率达到100%。加快以“一云、二网、三平台+N个应用”为核心的新型智慧城市建设，电子政务外网、市政无线专网、城市运营指挥中心、智慧医疗、协同办公等平台上线运行，荣获“2018中国智慧城市创新奖”。

进境粮食指定口岸

【科技创新】　兰州新区是兰白科技创新改革试验区的重要组成部分。全年新区兑现科技奖励资金1.13亿元。建成李灿院士专家工作站等创新平台29个，人才培育平台11个，产业孵化大厦跻身国家级科技企业孵化器A类行列，荣获“科技创业孵化贡献奖”。二氧化碳加氢制甲醇、同位素药物研发生产等重大科技成果落户新区，科技成果转化率23.6%。新引进科技型企业127家，新培育国家高新技术企业13家，有研发活动规上工业企业占比40%，科技进步贡献率58%，全社会研发投入占GDP比重3.06%。

【对外开放】　西北最大的跨境电商监管平台建成投运，冰鲜水产品、肉类、种苗、粮食、木材等口岸全面运营。在英国、俄罗斯、巴基斯坦、哈萨克斯坦设立海外保税仓，建立商贸直通渠道。与“一带一路”畅议沿线16个国家建立经贸关系，形成综保区、航空、铁路、公路立体物流通道。全年实现进出口贸易额52.4亿元。

【乡村振兴】　完成脱贫276户986人、贫困发生率下降为0.5%。实施现代农业项目12个、总投资105.5亿元。规划建设现代农业养殖园、现代农业公园和示范园，引进中天羊业、天兆猪业、天欣猪业等4个养殖项目，加快建设百万只羊、百万头猪的养殖产业集群。实施现代农业种植项目7个，培育黑罗汉仙人掌、甘露（中药名）、索邦百合等特色品种37个。引进省农校实验基地、农业民俗文化博览园等5个项目，完成投资6.2亿元，加快打造具有新区特色的田园综合体。建成美丽乡村15个，完成改厕5630个，全域美丽乡村建设取得阶段性成效。

【教育卫生】 新区拥有中小幼各类学校100所，中小学和幼儿园总学位3.5万个。改造薄弱学校17所、新建小学2所、新开办幼儿园5所、建成“金城名师工作站”17个，学前教育三年毛入学率93%、九年义务教育巩固率99.57%、高中阶段毛入学率97.7%、舟曲中学高考二本上线率67.11%。科教城一期入住5所院校5万人，二期甘肃政法学院、兰州工业学院等8所院校加快建设，甘肃省产教融合基地、甘肃省智能制造综合实训中心、甘肃省职业教育工业4.0实训实验基地基本建成。新区各级各类医疗服务机构122家。其中，一二级医院10家；社区卫生服务中心4家。床位816张，卫生从业人员740人（不含村医和个体诊所人员）。建成新区首家二甲综合性医院——兰州新区中川人民医院，引进医疗卫生人才296名，设立院士、外籍专家、名中医工作室，与兰大二院建立紧密型医联体、区域内医共体，有效解决群众“看病难”问题。实行“双向转诊”“先诊疗后付费”“一站式”结报、异地结报，新区住院平均费用控制在1945元、门诊平均费用100元，比全省平均水平低30%左右。中川、秦川和西岔3所卫生院被评为全国群众满意乡镇卫生院，居民电子健康档案建档率91.6%，家庭医生签约率46.4%。

【民生保障】 实现城镇居民人均可支配收入30792元、增长10%；农村居民人均可支配收入11020元、增长10.5%。新增城镇化就业1.54万人，城镇登记失业率控制在2%以内。城乡居民养老、医疗保险参保率分别达到98.3%、99.2%，困难群众参保缴费补贴全覆盖。新建社区服务站9个、社区日间照料中心6家、农村老人互助幸福院5家、社会福利院1家、救灾物资储备库1个。建成省体育馆和新区图书馆、档案馆。新区车管所建成投运。建成公租房、保障房、商品房等各类住房1.9万套，销售面积115万平方米，现房销售率98%以上。妥善解决历史遗留问题，为11587户拆迁农民提供安置住房19578套，筹资15亿元为5992户25232名征拆农民兑现还建商铺。

（鲁贤德）

兰州高新技术产业开发区

【概况】 2018年，兰州高新区完成地区生产总值258亿元，增长6.5%；第二产业增加值完成185亿元，增长6.3%；规模以上工业增加值完成160亿元，增长6.6%；第三产业增加值完成72亿元，增长7.3%；固定资产投资额增长13.62%；非公经济增加值完成49亿元，增长20%；战略性新兴产业增加值完成46.8亿元，增长13.3%；高新技术产业增加值完成80.1亿元，增长37.4%。在科技部发布的2018年157个国家高新区（包括苏州工业园）综合排名第60位，在上年全省35个各类开发区中综合排名第1位。在自然资源部发布的2018年度国家级开发区土地集约利用评价情况通报中，兰州高新区位列全国产城融合型开发区综合容积率第二名（《自然资源部通报》第1期）。

【自创区建设】 2月1日，国务院批复同意兰州、白银高新区建设兰白国家自主创新示范区，兰州高新区按照国务院批复精神和省、市部署要求，聚焦“五区”定位，提出实施以“一城一心四平台”为核心的创新引领工程、“一主一特三集群”为导向的产业跃升工程、“陇原英才”计划为依托的人才聚集工程、“东西合作”为主题的开放链接工程、“生活生产生态”融合为核心的生态建设工程为内容的“五大”支撑性工程。10月11日，召开兰州高新区建设国家自主创新示范区政策发布暨产业研究院成立大会，向社会发布兰州国家自创区“1+4+7”政策体系。“1”即《兰州高新区建设国家自主创新示范区实施方案》；“4”即科技成果转化、协同创新、科技孵化和科技金融四大平台；“7”即建立人才培养与引进、促进产业发展、瞪羚企业认定及培育、招商引资、生态建设等扶持政策以及优化政务服务和项目落地的7个实施办法。

【产业培育】 聚焦发展以生命健康为主导的领跑产业，大力发展以智能制造为特色的前沿新兴产业，加快发展以新材料、节能环保、大数据应用为代表的“一主一特三集群”产业工程，打造“兰州肽谷”、中以（兰州）绿色产业园、军民融合产业园、生物产业园、纳米新材料产业园、新能源产业园为主要内容的“一谷五园”，培育产业集群。获批工信部“生物医药—兰州高新区”特色示范基地。

【项目建设】 开工建设中农威特生物医药产业基地、中牧实业股份有限公司兰州生物药厂生产区整体搬迁项目、西脉新材料产业园等重点产业项目，稳步推进兰州航天高新产业基地、兰州航天真空装备产业基地、甘肃路桥智慧制造产业园等项目前期工作。加快实施定连园区棚户区改造1号安置区（一期）工程。在第24届“兰洽会”签约项目34个。

兰州高新区定连园区重点地区城市设计

【平台建设】　召开国家自主创新示范区建设推介会暨协同创新座谈会，举办第24届“兰洽会”生物医药高层论坛、稀土功能材料研究与产业发展研讨会等活动。新成立产业研究院和科技创新工作站8个，新增孵化器13家，孵化面积达到70多万平方米。创业服务中心被科技部评为国家级科技企业A类孵化器。新增省级工业设计中心1家、省级企业技术中心1家、省级生产性服务业示范企业2家、省级知识产权优势企业4家。

【企业发展】　新增企业1039家，注册登记企业达到1.15万家。新增甘肃省战略性新兴产业骨干企业5家、高新技术企业79家、上市公司2家，高新技术企业、战略性新兴产业骨干企业、上市公司分别达到254户、27户、25户。265家企业入库科技型中小企业，新增19家兰白试验区科技创新型企业。

【开放合作】　筹备建设美国硅谷兰州科技创新工作站，建立美国硅谷兰州籍、甘肃籍专家库。加强与上海张江自创区合作，引进6家高科技企业入驻。新设立1亿元的中农创锐专项基金投资中农威特项目。留创园引进入驻企业（项目）41户。其中，留学人员创办企业15户；技术类企业26户。百营智能、中安恒、英乔等32个项目进驻留创园。

【基础配套】　对定连园区产业布局、公共设施、管线网络等进行优化设计，完成《定连园区总体城市设计》。全面拉开35平方千米核心区城市建设，完成8条道路续建工程，新开工建设5条道路，启动16条道路的前期工作。完成定远污水处理厂（一期）项目施工，开工建设长河一支渠、麻黄沟防洪工程。

【民生改善】　编制“一户一策”脱贫计划，完成418户建档立卡未脱贫户的户容户貌改造，实施农村危房改造141户，209户498名贫困人口达到贫困退出标准，贫困发生率下降至0.98%。9个小康村建设项目有序推进，完成农村改炕400个、改厕370个。开工建设连搭镇、定远镇山区村安全饮水工程。完成21所中小学校供暖设备改造（煤改电）项目。

【营商环境】　启动“综合受理、受审分离、联审联批”行政审批制度改革，建设60个办事工位、2000平方米的现代化行政服务中心，建立投资项目在线审批平台。清理规范行政许可事项94项，建立自创区收费目录清单。“开办企业”审批环节由原来的5个减少为3个，工商登记受理时间由原来的15天压缩为3天。

（薛锦霞）

兰州经济技术开发区

【概况】　2018年，完成地区生产总值255.16亿元，同比增长8.7%。第一产业增加值3.25亿元，第二产业增加值101.73亿元，第三产业增加值150.18亿元，工业增加值61.12亿元，规模以上工业增加值60.30亿元，建筑业增加值40.70亿元，固定资产投资189.58亿元，社会消费品零售总额109.83亿元。被甘肃省开发区建设发展领导小组评定为2017年全省开发区优秀等次。

【空间优化】　6月，市委、市政府出台《关于促进兰州经济技术开发区加快发展的意见》，在经济区现有“一区五园”布局基础上，将位于皋兰县尼麻沙沟以东、段家沟以西、连霍高速以南、北环路以北的皋兰生态修复与产业发展示范区纳入经济区管理范围，实现经济区“向北拓展”，形成“一区六园”的空间布局，规划面积由165.32平方千米增至265.32平方千米。成立以党工委书记为组长，经开区、皋兰县相关领导和部门负责人为成员的示范区指挥部，制定示范区建设前期工作方案，提出“1年起步实施、3年拉开框架、5年初见成效”的发展思路。

【科技创新】　新认定高新技术企业28家，全区高新技术企业达到59家。新认定省级科技创新型企业3家，认定省级知识产权优势企业1

家，入选2018年甘肃省技术创新示范企业2家。筹集资金130万元，与甘肃农业大学、西北师范大学、兰州交通大学、兰州职业技术学院分别联合举办“经开杯”大学生创新创业大赛，表彰创新项目131个，并组织召开经开区科技创新表彰大会，表彰优秀企业46家、省级大学科技园2家，奖励金额530万元。有效利用2.5亿元兰州生物医药创业投资基金，与兰州和盛堂、甘肃赫博陇药、天水长城果汁3家企业签订股权投资协议，分别注资3000万元、2000万元、4000万元，助推生物医药产业发展。

【项目建设】 推行项目团队管理模式，对西部药谷、慈济药业等4个项目组建项目管理建设团队，实行倒排工期、挂帐销号等制度。全年有各类建设项目205个，纳入全市投资项目清单项目24个，总投资167.54亿元，完成投资21.74亿元。其中，续建项目17个，完成投资19.12亿元；新建项目7个，完成投资2.62亿元；机场北高新园区建成投产及试运营项目16个，在建项目17个。2018年省列重大项目1个(西部药谷)。市列重大项目2个（中海·华庭、西部药谷)，其中，西部药谷完成投资1亿元；中海·华庭完成投资3亿元，均完成年度投资。向上争取资金2812万元。

【开放合作】 全年引进慈济药业、绵阳天鸿、国药集团等项目15个，签约资金约20亿元，其中，第24届“兰洽会”市专场签约项目5个，签约额6.07亿元，全部开工建设，开工率100%，资金到位率31.79%。全年实现省外招商引资到位资金23.29亿元，完成年目标任务的101.3%。在“招商引资百日大会战”工作中，组建5个招商小组，凝练项目21个，投资金额26.74亿元；与赫博陇药、上海韬臻等5家企业签订框架协议。与以色列尼奥特霍夫工业园签订友好合作协议，与广州南沙开发区签订战略合作协议，与北京中关村生命科学园建立长效合作机制。

【环境优化】 走访联系企业、项目76家，征求意见建议86条，经开区层面解决24条；构建亲清政商关系，邀请辖区50余家民营企业以及金融机构和工商、税务、质监、供电等服务单位召开座谈会；提升政务大厅服务质量，办公面积由原有的430平方米增至1384平方米。按照“最多跑一次”的要求，根据业务类型重新调整大厅窗口布局，实现登记、交易、税务、公积金、公证、银行六联办公。

【党的建设】 及时传达中央、省市重要会议精神46次，全年组织理论中心组集中学习13次、党工委扩大会议学习6次，开展《宪法》《习近平谈治国理政》《监察法》等专题辅导讲座5期，举办“领导干部上讲台”活动7期。制定《经开区党工委2018年度意识形态工作计划》《贯彻落实党委意识形态工作责任制实施方案》，修订完善《意识形态工作报告制度》《意识形态工作分析研判制度》等8项制度，全年接转民情通、网民留言、舆情信息等平台反映问题510条、办结率100%。先后13次召开党工委会议，推进党支部标准化建设，印发《经开区党支部建设标准化工作推进方案》《党支部建设标准化手册》，建成280平方米的党群活动中心，严格执行《领导干部报告个人有关事项规定》。开展转变作风改善发展环境建设年活动，梳理汇总党工委、管委会领导班子及班子成员作风问题47条，全部完成整改；各党（总）支部班子及干部职工作风问题1107条，已整改1098条。全年受理各类问题线索12件，办结12件。

【法治建设】 举办法制专题讲座2次，宪法宣传活动1次。同时充分发挥法律顾问建言献策作用，为经开区重大决策提供法律参谋和服务，全年为各部门提供法律咨询审查服务10余次。

【安全责任】 制定2018年安全生产工作要点，全年召开安全生产专题会议5次，及时传达国家、省部署要求，做到精神全传达、工作全过程、园区全覆盖、任务全落实、检查全到位。结合重要节会、汛期和国家、省市安委会会议等重要节点，协助园区所在县区做好安全生产工作，完成“安全生产月”和“安全生产金城行”等活动。

【文明创建】 通过多种形式营造氛围，利用一楼大厅LED电子大屏滚动宣传社会主义价值观，在各楼层宣传展板张贴悬挂“图说我们的价值观”、诚信建设、文明城市创建等为主的公益广告。各党（总）支部结合清明、端午、中秋、重阳等节日组织开展“我们的节日”主题活动，全面弘扬中华民族传统文化。在全区开展积极向上的倡议号召活动，号召全区全体党员干部签订《拒绝高价彩礼推动移风易俗承诺书》，开展“节俭养德、职工节约”行动等。

【对外宣传】 制定经开区《2018年宣传思想工作要点》《建区25周年纪念活动实施方案》等，全年在《甘肃日报》《兰州日报》晚报发布新闻36条，专版报道7次；今日头条发布信息78条，中国新闻网（甘肃）发布新闻20条，爱兰州现场云图文直播2次；兰州人民广播电台新闻之声播放新闻3次，兰州电视台新闻频道播出新闻9次，兰州电视台综艺体育频道播出2次。特别借建区25周年之际，由兰州电视台负责录制播出由经开区干部职工倾情演出的建区25周年文艺演出，制作了专题宣传电视片《蝶变》。

（张晓龙）

甘肃（兰州）国际陆港

【概况】 2018年，兰州陆港实施核心功能项目、基础道路设施及物流配套项目27个，累计完成固定资产投资273亿元。打通南亚公铁联运等四大国际贸易通道，国际班列发运见成效，货运量累计达880万吨，货值60亿元。兰州陆港与天津港、钦州港、果园港等9家海港、陆港开展合作，成为沿海港口在内陆经济中心城市的支线港口和现代物流的操作平台，成为兰州发挥后发优势、实现换道超车的最大机遇。在第16届全国物流园区工作年会上被评为全国优秀物流园区。9月，兰州陆港成为国家指定的3个对尼泊尔开放的国内陆港之一；10月，国务院正式批复兰州铁路集装箱场站为汽车整车进口口岸。截至年底，兰州陆港完成地区生产总值31.9亿元，增速9%；完成第一产业增加值1.87亿元，增速4.4%；完成第二产业增加值12.26亿元，同比下降24.5%，其中规模以上工业增加值完成1.42亿元，同比下降58.6%；完成第三产业增加值17.74亿元，增速13.5%；完成固定资产投资66亿元，增速3.7%；完成社会消费品零售总额13.87亿元，增速5.8%。累计发运国际货运班列181列6722组，货重约15.3万吨，货值约45.6亿元。

【五大核心功能】 五大核心功能项目是兰州陆港实施的重点项目。东川铁路物流中心（铁路集装箱和货运中心）的货运作业区项目占地约3000亩，建成运营；兰州铁路口岸项目占地约50亩，全面建成，海关入驻开展报关业务，同时正申报整车进口指定口岸；保税物流中心（B型）项目占地约474亩，已建成，正向国家部委申办启用手续，提升现代物流竞争力；多式联运项目占地约453亩，列入全国首批多式联运示范工程，物流配套设施和信息平台全面启动建设；智慧陆港物流信息占地约90亩，纳入全省“十三五”信息化建设规划，“一主五辅”政务服务综合体基础工程正全面推进。

【四大国贸易通道】 积极组建国际陆海贸易新通道（南向通道）省级物流平台（甘肃省国际物流有限公司），创新通关机制，搭建国际贸易“单一窗口”，实现“口岸一站作业”，加大国际陆海贸易新通道、中亚、南亚贸易通道建设力度和国际货运班列频次，促进国际国内资源要素流动和融合协同发展。国际陆海贸易新通道国际货运班列发运39列1056组，货重约3.5万吨，货值约5.2亿元，初步实现每月2～4列的常态化发运。中亚班列累计发运99列4581组，货重约9.16万吨，货值约25.76亿元。南亚班列发运发运6712车、货重约12.7万吨。中欧班列累计发运5列，货重约6400余吨，货值约1000万元。7月，组织首发中欧国际货运回程班列。10月，开通兰州—伊斯兰堡（巴基斯坦）南亚公铁联运班列。四大国际贸易通道都实现了高效双向发运，大物流通道全面形成。

【项目建设】 全年，兰州陆港建设项目37个，项目总投资约266亿元，年度计划投资约65亿元。其中，续建项目9个，总投资167.7亿元，年度计划投资36.3亿元；新建项目28个，总投资97.8亿元，年度计划投资28.6亿元。新建省列重大项目1个，市列重大项目2个。由兰港投公司实施项目25个，配合省交通厅实施的项目1个，市建投公司项目2个，西固区城投公司实施的项目3个，其他企业投资项目6个。

【招商引资】 坚持边建设边运营的发展思路，主动走出去对接开拓市场，先后与营口港务集团、广西北港物流企业、大陆希望集团、中

兰州铁路口岸

中亚国际班列兰州——阿拉木图首发

新庆丰等30余家国内知名企业开展招商洽谈与投资考察互访，引进中外运、重庆中集等国际物流企业参与陆港运营发展；与阿里巴巴、大陆希望、上海宇培、京通易购等知名企业签订入驻投资协议，开发建设中国智能骨干网甘肃枢纽中心、新能源丝路智汇港、冷链物流产业园、电商物流园和商品车物流集散中心产业园区，稳步提升物流服务功能。年底，京通易购电商产业园项目落地建成，投入使用。在第24届“兰洽会”上，签约无水港类项目5个，战略合作项目3个，产业类项目7个，招商类项目8个，总投资46亿元。通过积极对接洽谈，获得兰州银行、交通银行、浦发银行10.3亿元银行贷款。

【对外宣传】 在第24届“兰洽会”期间邀请国内外嘉宾300余名，成功举办兰州·中新互联互通项目南向通道国际合作对话会议。先后参加东盟（曼谷）中国进出口商品博览会、第8届亚洲物流及航运会议、甘肃文化旅游产业推介及特色商品展览活动、敦煌国际文化博览会、上海进口博览会、“慧眼中国环球论坛”、2018东盟（曼谷）中国进出口商品博览会、“一带一路·兰州走进北部湾”城际交流活动等系列经贸对接洽谈，不断提高兰州陆港的知名度、美誉度及影响力。

【运营平台】 兰州国际港务区投资开发有限公司是兰州陆港领导下的重要发展平台，承担着兰州陆港土地储备、规划建设、国际贸易、班列发运、供应链金融、基础配套、房地产开发、物业管理等职能。该公司下辖多式联运、国际商贸、国际物流、跨境电商和物业管理等5家分子公司，投资建成陆港铁路口岸、保税物流中心（B型）等功能项目和部分基础配套设施项目，正在加大投资建设多式联运、智慧陆港 等其他功能项目和基础配套设施项目。1月，荣获“甘肃省最佳国际物流企业”“甘肃省物流行业重大贡献奖”称号。

9月，兰州国际港务区投资开发有限公司分别获得“中国多式联运竞争服务品牌”“中国多式联运创新实践企业”和“西部物流百强企业”称号。

【体制机制】 为充分发挥兰州陆港对外开放服务平台功能和区域经济辐射带动作用，6月，市委、市政府出台《关于促进甘肃（兰州）国际陆港加快发展的意见》，明确兰州陆港为市委、市政府派出机构，享受市级经济管理权限，并在机制体制、土地政策、财政支持等方面提供强大保障。同时将兰州陆港规划控制范围扩展到73平方千米，增强兰州陆港的发展动能。

（杨志军）

甘肃（兰州）陆港全貌

城乡规划

【概况】 2018年，兰州市规划局履行城乡规划管理职能，全年核发市政类“一书两证”106件。其中，道路类《建设工程规划许可证》30件，长度约36.68公里；人行过街通道1个，总长度376.8米；桥梁4座，总长度3.113公里，地下管廊1条，总长度6.6公里；管线类《建设工程规划许可证》23件，长度约64.37公里。

【总体规划编制】 完成第四版城市总体规划的实施评估，5月省政府上报国务院。根据市委市政府安排，组织起草《兰州市新一轮城市总体规划（至2035年）编制工作方案》，经2018年1月22日第31次市政府常务会议和2018年3月16日市委常委会研究通过。组织开展《兰州市空间发展战略》《兰州城市副中心空间发展战略规划》编制工作，11月11日，市委市政府主要领导听取阶段成果专题汇报。组织召开《兰州黄河北部生态修复试验区发展》研讨会，开展《兰州市人口规模发展趋势研究》《城市东扩战略研究》研究，编制完成《兰州城市副中心规划方案》，为新一轮总体规划编制奠定坚实基础。

【规划编制工作实施】 指导编制并参与审查《永登县城市总体规划（2017—2030）》《皋兰县城乡统筹总体规划（2015—2030）》（修改）两个县的总体规划。指导编制并组织审查《兰州市七里河区八里镇总体规划》《兰州市七里河区黄峪镇总体规划》和《兰州市西固区河口镇总体规划》，完成《近期建设行动规划》编制，做好四版总规的实施工作。开展《兰州市历史文化名城保护规划》和《城市双修规划》编制，不断发掘城市文脉，推进宜居城市建设，“城市双修”规划成果已按程序进行公示，广泛征求社会各界意见建议，《兰州市历史文化名城保护规划》成果通过省级审查。编制《兰州市主城区仓储物流与商品批发市场搬迁改造用地规划》《兰州市工业企业“出城入园”实施评估》《兰州市中心城区道路微循环规划》以及《兰州市中心城区道路交叉口专项规划》，发挥城乡规划战略引领，提升城市品质。

【城市设计】 加强东岗CBD商务区、安宁中央商务区、彭家坪核心区、高新区定远园区、西客站南广场等重点片区的城市设计，强化城市设计的刚性约束和可操作性研究，实现城市设计全覆盖。

【依法行政】 健全各项规章制度，推动出台《兰州市城乡规划条例》《兰州市地下管线管理办法》，按程序开展审核报备工作；制定完善《兰州市城乡规划管理技术规定》《兰州市中心城区控制性详细规划修改暂行规定》《兰州市建设项目配建公共服务设施规划建设管理办法》等法规制度，为城乡规划管理提供有效指导和技术支撑。

【依规审批】 开展中心城区控制性详细规划编制工作，《兰州市中心城区控制性详细规划》通过市政府批复实施，报省住建厅备案，实现中心城区控制性详细规划全覆盖的法定化，使控规真正成为规划管理和城市建设的法定依据。

【行政执法】 强化规划刚性约束，依法从严查处各类违法建设行为，全年立案调查处理违法建设22起，下达违法建设案件行政处罚决定书16份，下达行政处罚（听证）告知书12份，查处率达到100%。

【依法管控】 落实《城乡规划法》关于城乡规划管理权限的有关规定，规划全域管控，将原由榆中县人民政府管辖的和平片区、金崖片区和原由皋兰县人民政府管辖的九合片区及盐池片区部分区域的城乡规划管理职能，由规划局统一收回管理，统一执行城市总体规划，实现“一支笔”管理。

【问题整改】 落实省委巡视、市委巡察和规划督察的各项任务要求，整改存在的问题。对省委巡视组反馈意见中涉及兰州市城乡规划工作存在的问题进行全面整改，全年反馈的4项具体问题全部整改完成，构建规划长效机制。对省住建厅《关于对兰州市城乡规划工作的督察意见书》反馈全市的6方面50个具体问题，整改完成48个，其他2个问题按要求整改。对市委第六巡察组巡察规划局反馈的15项具体问题已整改完成12项；其余3项问题按要求整改。推进“抽疏”战略，以规划引领撑开“城市骨架”，推动城市建设规模与集聚人口相适应，优化城市功能布局，促进新老城区相向错位互补发展，加快形成均衡发展、集约紧凑、疏密有致的空间格局。

【规划督察】 开展区县城乡规划督察工作，查找县区规划工作存在的问题和不足，督促各县区政府加强规划管理；指导县区做好乡镇规划管理工作，指导县区开展全市4个历史文化名镇《保护规划》的编制、审批和报备工作，加快推进“美丽乡村”建设。搭建城乡规划技术支撑体系，结合机构改革加快设立兰州市城乡规划编研和信息中心，开展兰州市“智慧规划”平台建设，打造“多规合一”的信息化管理平台，为规划工作提供有力支撑，实现一本规划，一张蓝图干到底。

【公共服务设施规划建设】 全年推进实施棚改、城改项目14个，保障房项目10个；审批医院项目3个，面积30801平方米；审批中小学校项目3个，面积26717平方米；幼儿园项目20个，面积40032平方米；停车位54959个；养老设施11个，面积3839平方米；社区用房、居委会等其他配套设施58589平方米，提升城市宜居度和综合服务水平。

【党建工作】 局党组每月召开一次专题会议，研究部署局系统党建工作，每季度听取一次局重点工作推进落实情况汇报，坚持将党建工作与规划业务工作有机融合，相互促进，推动新一轮总规修编、控规维护、各类专项规划和城市设计编制、历史遗留问题解决、城市双修、历史文化名城保护、理顺规划管理体制等重点工作开展，统筹推进全局各项工作。制定并落实干部教育培训计划，开展以“不忘初心、牢记使命”为主题的系列主题党日活动，组织参观八路军兰州办事处、省博物馆“红色甘肃·走向一九四九”主题馆等红色教育基地，接受革命传统教育，截至年底，召开党组学习会议7次，集中学习研讨4次，邀请专家授课辅导讲座4次，党员干部的党性修养和思想政治素质显著提高。

（乔亚兰）

城市建设

【概况】 2018年，市建设局系统各级党组织认真履行管党治党政治责任，紧扣建设现代化中心城市和打造“都会城市、精致兰州”的目标定位，围绕强功能、抓基础、补短板、创品牌，狠抓责任落实，各项工作取得成效。

【道路通行能力】 轨道交通1号线一期工程车站主体结构完成99.1%，附属工程完成88.3%；2号线一期工程5个站点已开始主体结构施工，完成42.5%。实施东岗立交桥拆除重建工程，建成S417号、T636号、S633号3条未建成规划路，改造提升主次干道8条，维修道路路面18.03万平方米。新增天桥地道10座、公共停车泊位7000个以上。

【城市有序运转】 完成国电兰州“上大压小”异地建设项目配套长输供热干线工程建设，实施供热“跑冒滴漏”项目，城区按时供热率达99.4%。完成北滨河DN1200东段供水管线工程，启动盐什公路二期配套给水管线工程。加快国际港务区天然气供气工程、中心城区天然气改扩建工程。建成综合管廊主体6.66公里。

【城市人居环境】 完成城区7条黑臭水体治理，顺利通过国家专项验收。加快推进七里河、安宁污水处理厂提标改造项目，推进盐场、雁儿湾污水处理厂提标改造工程前期手续办理工作，完成西固污水处理厂除臭设备改造工程，基本建成污泥集中处置项目。完成张掖路、南昌路、中山路等47条道路线廊建设。启动改造城关黄河桥下等15处积水点。完成黄河风情线2.6公里示范段亮化提升工程。推进雁滩雕塑公园、“情系母亲河”黄河雕塑长廊项目，建成黄河楼主体工程。完成老旧居住建筑节能改造100万平米。推进国家历史文化名城申报工作，加大历史建筑、历史街区修缮保护力度，夯实申报基础。

【行业发展环境】 开展安全生产大检查7轮次，全市建筑领域安全生产基本稳定，未发生较大及以上生产安全和公共安全事故。扎实开展“放管服”工作，47个事项实现网上办理和“最多跑一次”。严肃查处城乡建设领域违法违规行为，全年受理行政处罚案件60件，结案41件，行政罚没款总计4587万元。

【村镇建设】 全市全有乡镇61个。其中，建制镇47个；乡14个；行政村730个。有中国历史文化名镇4个：青城镇、金崖镇、连城镇、红城镇。2018年红城镇、河口镇河口村被列为中国历史文化名镇（名村）。有全国重点镇10个：红古区海石湾镇，永登县城关镇、河桥镇、秦川镇，皋兰县忠和镇、什川镇、石洞镇，榆中县城关镇、和平镇、青城镇。有中国传统村落4个：榆中县青城镇城河村、金崖镇永丰村，永登县连城镇连城村，西固区河口镇河口村。

【特色小城镇】 兰州市被列入国家级特色小镇3个：榆中县青城镇、永登县苦水镇、皋兰县什川镇。省级特色小镇3个：榆中县青城镇、永登县苦水镇、皋兰县什川镇。市级特色小城镇12个：5个试点镇：榆中县青城镇、西固区河口镇、皋兰县什川镇、永登县武胜驿镇、西固区达川镇，7个培育镇：永登县红城镇、连城镇、苦水镇，榆中县金崖镇，红古区平安镇，七里河区阿干镇、西果园镇。编制印发《兰州市特色小城镇发展战略规划》《兰州市特色小城镇规划编制技术导则》《兰州市特色小城镇创建细则》和《兰州市特色小城镇规划建设评估标准体系》。

【农村危房改造】 完成农村危房改造省级计划2018户，实现全市建档立卡贫困户等“4类重点对象”现有存量危房清零的目标。按照“应改尽改，不漏一户”原则，全年改造农村危房4544户。

【市政设施运行维护】 南北滨河路维修工程全面完成，委托专业检测公司对南北滨河路进行全方位立体式的病害现状调查及检测，制定周密完善的维修方案，确保兰州国际马拉松赛事的顺利举办。作风建设助推市政设施巡查维修活动，启动“转作风、细管护、保质量”市政设施巡查维修活动。市政设施精细化管护水平提升，弘扬“工匠精神”，提高设施管护精细化程度，全年完成油路修补1143398平方米，人行道板208563.8平方米、道牙67490.57米，洪道清淤21015.35立方米，维修路灯线路35621米，疏通雨、污水管线1583964米，清掏收水井63466座，维修更换井盖井篦9566座，污水提升2.3亿吨。

【市政设施管理】 全年组织各类市政设施移交39次；建立完善建设——运营——养护管理机制和市政公共设施的设置管理机制，设施移交至市政工程服务中心后，按照市政养护划片分区原则，由各对口管护所介入正常管理养护；养护维修城关、七里河两区主次干道222条299.56公里，污水管网320.48公里，雨水管网403.89公里，路灯90594盏，全市四区各类桥隧190座，涵洞29座，污水提升泵站13座。

【供热行业】 截至年底，兰州市近郊四区总供热面积为9339万平方米，集中供热面积6650万平方米（住宅面积5159万平方米）。另有天然气壁挂炉供热面积约3000万平方米。主城区有供热单位623家。其中，热电联产3家，供热面积2842万平方米，占30.43%；天然气供热单位606家，供热面积5907万平方米，占63.25%；高效煤粉、水煤浆、地源热泵等准清洁能源供热单位14家，供热面积590万平方米，占6.32%。有供热管网总长度约5094公里。其中，一次管网约1974公里；二次管网约为1370公里。

【供热设施建设】 全年核准供热方案13项、入网8项，审批新建、改建、扩建或自建临时性锅炉房11家，容量250.7兆瓦。稳步推进城区集中供热老旧管网改造。完成主城区30家供热单位集中供热老旧管网改造130公里。不断提升供热计量面积，新增供热计量收费面积147.56万平方米，供热计量收费住宅面积达到1494.9万平方米，占主城区集中供热住宅总面积比例35.2%。落实“冬病夏治”。供暖前安排供热保障金2988万元，完成31项“冬病夏治”项目，改善热网安全运行水平。

【城市供热】 2018年国电兰州热电联产“上大压小”异地建设项目在榆中县金崖镇建成投产。兰州市投资建设配套长输供热干线工程及其附属设施。沿东金公路及南山路敷设DN1200供热管网2×24公里，新建隔压换热1座，占地面积2713.40平方米，建筑面积3747.02平方米（共4层），站内设隔压泵房和消防水池及泵房。项目计划总投资79862万元，资金全部由市级财政承担，市建设局牵头，市热力总公司承建。项目建成后，供热能力达1678万平方米，集中供热面积增加；减少城区大气污染，环境效益增升。编制完成《兰州市中心城区供热专项规划（2016—2035）》。《规划》配合兰州市第四版城市总体规划，以城区单元控制性详细规划为依托，统筹安排，分期实施，合理调整划分供热区域，优化供热管网布局，加大集中供热服务范围，确保供热安全、环保、高效。修订《兰州市供热突发事故应急预案》，细化应急突发事故分级与应急响应标准，明确应急指挥体系，完善预防预警机制，规范应急处置流程，健全成员单位、专家组、应急储备物资及抢修人员等信息，增强可执行性。修订《兰州市城市供热保障金统筹管理办法》，明确供热保障金使用范围、资金来源、监管责任，优化资金拨付程序。

【行业监督管理】 现市、区（县）、街道、社区四级监管，落实属地化监管职责。价格监管方面，对超出成本部分进行补贴，2018—2019年度补贴资金4000余万元；市场准入监管方面，全年发放《供热经营许可证》3个；质量和服务监管方面，建成并投运兰州市智慧供热监管平台，对接入系统的供热锅炉房实行在线监控；在12345设立供热专席，及时转发群众投诉；设立供热投诉监督电话，24小时值守。

【供水行业】 兰州市主城区现有供水企业2家，兰州城市供水（集团）有限公司和兰州水务建设管理有限公司（未建成运营）。兰州城市供水（集团）有限公司有四座公共水厂（西固区2座、七里河1座、安宁区1座），日生产供水能力138万立方米，城市直径75毫米以上的供水管道740.89公里，附带23座加压站和33座清水库，日调蓄水能力7.5万立方米。全年公司供水量完成24554万立方米，上升4.46%；售水量完成23097万立方米，上升4.73%；水质检测项目综合合格率99.99％、管网压力合格率97.56%；城市公共供水普及率95.04%，城市公共供水管网漏损率为8.4%。2018年，全市节水型生活器具普及率（含公共建筑、生活）98%；工业用水重复利用率94%；全年节水量7413.8万立方米。

【行业监管】 完成当年度黄河枯水期联防联控工作任务，确保枯水期自来水水质稳定，出动502人次，112车次，累计上报督查日报144期。6月，实施兰州市水源地特许经营咨询服务项目，通过公开招标方式引进专业咨询服务公司，对兰州水源地项目提供特许经营服务，制定特许经营实施方案，解决兰州城市供水（集团）有限公司和兰州水务建设管理有限公司发展运营问题。制定创建Ⅱ级节水型城市实施方案并上报市政府；联合物价部门联合下发《加快建立健全城镇非居民用水超定额累进加价制度实施方案》。报请市政府印发《兰州市住宅建筑供水一户一表及二次供水工程技术导则》。督促兰州城市供水（集团）公司在碧桂园小区4486户居民开展二次供水试点工作，开启城市二次供水“统建统管”新模式。

【水质检测】 兰州城市供水（集团）有限公司水质中心是国家城市供水水质监测网兰州监测站—水质中心，2018年，水质检测综合合格率为99.98%，达到相关标准要求。

【供水工程】 完成北滨河DN1200供水管线项目（小西湖桥至雁盐大桥）路面工程，敷设DN1200管线2.27公里；投运新建的8公里北滨河路（银滩桥至小西湖桥）DN1200管线，增加黄河北地区输水量，缓解向东市区输水“卡脖子”的问题。完成拱星墩加压站第二路进水工艺改造，加大末梢水库调蓄能力；打通管网末梢东岗东路至段家滩地区的联络通道。投资1070.99万元，完成城关区九州S459#路DN400等7条5213米老旧供水管网的更新改造。2018年开始在兰州城市供水（集团）有限公司范围内推广使用智能远传水表，为实现远传抄表收费打下基础；在推进管网GIS地理信息系统建设方面，城区大部GIS外业探测工作已完成，探测范围达到兰州市总面积的80%。

【燃气行业】 截至年底，兰州市有管道燃气经营企业2家（甘肃中石油昆仑燃气有限公司、兰州市红古区鑫源天然气有限公司），汽车加气站35家（其中含3家LNG—CNG混合站），液化气站25家，LNG工厂1座（日处理能力30万立方米/小时，供气量为2万立方米）。天然气居民用户115.10万余户，公福用1.6万户，工业用户307家，接气门站和配气站12座、阀室8座、调压站101座，调压箱（柜）6285余个，阀井4800余个，拥有各级压力管线4615.41余公里，燃气管网已遍及全市8个县区。形成具有南北高压输气干线、市区次高压—中压—低压三级压力供气管网以及接气门站、配气站、调压站（箱、柜）等为一体的较为完善的供气格局，天然气输供气能力达1397万立方米/日、60万立方米/小时。兰州市冬季最高日用气量为1106万立方米，夏季日用气量为150万立方米，冬夏用气峰谷差高达7倍以上。

兰州主城区天然气由涩宁兰管道供应、兰银线补充；经过多年来持续不断地扩容改造，促使管网设施的日供气能力由原来的600万立方米提高到了1300万立方米左右，形成了管道天然气、压缩天然气、液化天然气“三气”并存的天然气保供格局，有效提高城市燃气的应急调峰和供应保障能力。城市居民燃气普及率达到95%。

【供气设施建设】 当年新发展天然气居民用户7.6万户，商福用户

1444户，工业用户25户；新敷设燃气管线约29.6公里；累计销售天然气约15.07亿立方米。持续推进天然气工程项目建设，努力促进市场发展，强化城市用气保障。加快推进天然气管网设施建设工程。2018年度完成了兰州中心城区天然气管网改扩建工程安宁片区9.6公里管线敷设工程和彭家坪片区天然气调压站建设主体工程。完成榆中县中心城区天然气供气工程14.8公里管线建设。抢抓北滨河东路市政项目建设机遇，随自来水管线同步敷设管线120米，打通该区域供气瓶颈。全力推进兰州国际港务区天然气供气工程，已完成90%的建设任务。统筹推进兰州新区、榆中、永登等周边区县区域供气管网建设，其中榆中县中心城区天然气供气工程全面完工，建成管线14.8公里，永登、皋兰、合作等地天然气管网建设工程在努力推进。

【燃气市场管理】 办理燃气经营许可证30个。其中，天然气加气站21个；液化气站9个。根据年度宣传培训计划安排，利用短信平台向用户发送安全用气常识60万人次、120万条；开展燃气安全知识竞赛活动，共收到答题卡1200人次，对参与者进行抽奖并对获奖者进行物质奖励；在报刊刊登燃气设施保护、违法行为承担法律后果、燃气安全知识系列宣传等28次；深入场站对安全用气知识进行宣传；联合甘肃中石油昆仑燃气公司喷涂上车，开展为期一个月的燃气安全用气知识宣传，发放燃气安全手册及宣传彩页5000余份。全年举办燃气经营企业安全运营培训班2次，培训200人次。开展兰州市天然气产供储销体系建设相关前期工作，配合《兰州市天然气供应保障规划》前期选址等相关工作；与甘肃中石油昆仑燃气有限公司积极对接，要求有序实施“煤改气”，合理控制非居民新增用户；督促管道经营企业做好今冬明春供暖季天然气需求基础数据的统计上报，组织签订今冬明春供暖季天然气供气合同，并组织编制《2018年兰州市天然气冬季调峰供气应急预案》。修订并印发《兰州市城镇燃气突发事件应急预案》，编制完成《兰州市燃气突发事件应急处置手册暨工作流程》。6月6日，在甘肃中燃百江能源有限责任公司召开了全市液化气事故应急演练及现场观摩会。

【建筑市场管理】 全年依法核发《施工许可证》123项，受理招投标项目备案760个标段，监督开标、评标667个标段。受理诚信信息系统信息确认4188家，审核项目管理机构人员变更申请64件。解屏项目管理机构156个。受理诚信信息系统屏蔽信息解锁2629家。核查《甘肃省建筑市场信息网》企业申报建设工程业绩4085项，企业申报监理工程业绩119项。下发《兰州市建筑市场管理办公室违法违规告知书》16份，办理移送违法案件15件。办理建设工程施工合同备案79项，合同总价439141.82万元。

【施工质量安全监管】 截至年底，市建设局监督房建在建工程781个，建筑面积1540万平方米；在建市政公用工程67个，轨道工程59个分项工程。办理房建工程监督申报注册、安全备案手续80项，建筑面积398万平方米，造价85.88亿元；办理市政基础设施工程监督申报注册、安全备案手续8项，造价3.6亿元。办理房建工程竣工验收备案手续67项，建筑面积321万平方米；办理市政基础设施工程竣工验收备案手续16项。房屋和市政基础设施工程监督覆盖率、新开工建筑工程节能标准执行率、一次验收合格率均为100%，与上年持平。全年市级监管范围内发生建筑领域安全生产事故4起，死亡4人，与上年同比分别下降2起、2人，未发生较大及以上生产安全事故，安全生产形势总体平稳可控。

【建筑业企业资质管理】 审核通过建筑业企业资质488家。办理市属建筑业企业资质变更事项338件。受理外省进甘信息登记企业147家。完成131家外省进兰企业新增人员登记注册。对20家建筑企业进行资质动态核查，下发整改通知书14份，对3家情况严重的下发停产整改通知书。

【房地产开发】 全年完成房地产开发投资449.22亿元，同比增长22.34%；新开工面积726.23万平方米，同比增长5.14%；竣工面积100.01万平方米，同比下降2.74%。

（段群策　张巧稚）

招投标管理

【概况】 2018年，兰州市公共资源交易中心完成进场交易项目5716项，完成交易金额743.5亿元。其中，工程项目921项，交易金额152.03亿元；政府采购项目1680项，交易金额499.33亿元；国有建设用地使用权出让29项，交易金额35.48亿元；县区分中心3086项，交易金额56.66亿元。

【深化改革】 深化“一窗办、一网办、简化办、马上办”改革。推行提前介入、即时受理、限时办结、提醒办理、跟踪服务等行之有效的工作方法，及时发布招标公告、发售招标文件，对进场交易项目实行优化管理和标前、标中、标后全流程服务。认真落实“加减乘除”工作法。即在提升服务质量上做“加法”。严格执行首日开评标承诺、一次性告知等行之有效的制度规范,提升进场交易项目服务水平;在规范权力和交易权限上做“减法”。起草拟定《关于进一步加强和规范市县公共资源交易工作的意见》，对8个县区分中心下放交易权限，确保县区交易平台规范高效运行；在信息化建设力度上做“乘法”。加快推进“市县一体化”交易平台建设，加大对区县交易平台信息化、标准化、法治化建设力度，提升公共资源交易服务效率；在风险管控上做“除法”。深化党员干部思想教育和党性锻炼，优化廉政风险防控，消除管控死角盲点，真正把作风建设引向深入。加强工作衔接和咨询服务，重视市委市政府督办件和领导批示件办理工作，做到不误时、不误事，件件有落实。完成市级机关事业单位物业服务企业资质入围、榆中县脱贫攻坚农村饮水安全巩固提升工程、兰州市中医医院异地搬迁项目等重大项目的招投标交易工作。

【制度建设】　重新修订《学习制度》《中心组学习制度》等20项内部管理制度和15项全面从严治党主体责任制度，细化职责分工，规范工作纪律，提出“刚性”要求，把“软任务”变为“硬约束”，提高中心党员干部综合素养和服务水平。修订印发《工程建设项目业务受理细则》《政府采购集采项目进场交易细则》等7项业务管理制度，规范市中心和县区分中心业务受理范围、工作流程等具体工作环节，确保公共资源交易活动公开、透明、阳光运行。通过建立健全各项制度规范,建立工作标准,提出工作方法,扎紧作风建设的制度笼子,增强和激发中心党员干部的创造力和活力。

【信息化建设】　建立并启用全市统一、终端覆盖市县（区）的电子服务系统，实现市县区公共资源交易平台统一报名入口、统一交易流程、统一专家库资源、统一信息发布渠道和统一代收代退投标保证金的目的。实现房建市政、园林绿化等工程建设项目注册报名、标书下载、开标评标等交易全过程电子化。实现与省市电子证照系统的对接，使投标企业无需提供纸质证照进行审核，提高投标企业在注册环节填报信息的准确性，变企业“跑路”为数据“跑路”中心通过建立虚拟的网络交易空间，采取在线报名、网上竞价、在线签订合同等方式,实现国家规模标准以下的工程建设项目、通用类和小型政府采购项目进入“阳光采购”平台的要求。对中心“国土资源网上交易系统”进行市县(区)一体化升级改造,使区县分中心同样具备全程网上挂牌出让国有建设用地使用权、采矿权的条件，为方便区县竞买人、降低竞买成本。

【作风建设】　对照“作风建设年活动”6个方面和作风顽疾的28个排查重点，聚焦突出问题，建立问题清单和整改台账。梳理查找问题245项，整改245项。撰写剖析材料，逐条逐项查摆思想观念方面产生问题的原因,制定整改落实台账,逐条整改,确保问题整改落实到位。中心在对上年工作“回头看”的基础上，多次到联系企业进行沟通、上门服务，与企业一起分析企业发展面临的问题和所需解决的具体事项，明确责任主体和解决时限，帮企业排忧解难。

【依法行政】　制定下发《兰州市公共资源交易中心2018年依法行政工作要点》，将工作任务层层分解到各处室和分中心，形成党组成员齐抓共管，各处室（分中心）相互配合，逐项落实的工作格局。学习新修订的《宪法》《法治政府建设实施纲要（2015—2020年）》《招标投标法》等相关的法律法规知识，参加市政府组织的各类法制培训班，提升中心党员干部应用法治思维解决问题的能力。落实政府重大决策法制审核制度，聘请专业的法律顾问为中心重大决策提供有力的法律支持，在中心重大决策时听取法律顾问的意见建议，在重大项目建设、招投标合同、政府采购项目质疑解答等事宜中，先由法律顾问把关，再通过党组会、业务会等会议集体研究，民主决策，防范法律风险。

（唐仲虎）

城市公共交通

【概况】　2018年，兰州公交全年总收入达到7.49亿元。其中，运营收入6.53亿元；客运量7.82亿人次；运营公里1.91亿公里；车厢服务合格率96.03%；车辆整洁合格率98.87%；车辆完好率99.23%；行车安全保障率93%；行车责任事故间隔里程295万公里；乘客满意度测评指数97.35分，全面完成全年目标任务。城市公共交通体现出“线网覆盖惠及城乡、品质提升惠及百姓、公益为民惠及社会”的特征。

【保障市民出行】　全年优化调整公交线路34条，临时调整线路20条；优化调整公交站点36处，撤消30处。实现兰山6个行政村、市三院至黄裕新区等“村村通公交”的愿景，完成市区最后一条民营公交华林路304路国有化改造，全年新开线路6条，打造微线、附线2条。启用雁滩路万达广场至雁滩乡政府路段2公里公交专用道；扩大主城区站点公交专用停车标线施划范围，新增570处、1230余个公交专用停车位；

建成公交港湾式停靠站点8处。新建5处始发场站及配套站房，提升公交服务硬件。通过高峰快线、商务通勤、节假日购物专线、租车业务等点对点接送的“定制公交”模式，提高车辆利用率，实现社会效益和经济效益的有效结合。增开多条线路区间车、直达车，绕开拥堵点，减少大客流时段站点乘客的候车时间，提高运营效率。

【打造诚信品牌】 加大对驾驶员和一线服务管理人员的培训力度，组织服务业务培训433期。全年以创建“品牌线路”5条、“诚信服务线路”16条、“文明示范岗”5处为目标，塑造品牌效应；开展“诚信员工”评选表彰活动，共表彰奖励2745人。携手甘肃交通广播电台、道路客运企业成立了“帮忙侠”公益联盟，提高失物归还效率。在“每日两保洁”及“一分钟”保洁的基础上，持续开展“周末卫生大扫除”活动49次，清洗车辆14.8万台次；全面更换新一代组合式站牌217处、单杆站牌270处，更新组合站牌玻璃100块、站牌线路信息画面1100余幅，积极创造城市公共交通优美的视觉印象。全面推行生活垃圾分类，在公交场站放置四色垃圾筒26组104个，在公交车尾屏、出租车顶灯播放关于垃圾分类的公益广告2500万频次。

【强化技术管理】 投放银隆纯电动公交车69台，更新109路、2路公交车，购置22辆11座轻型客车投入兰山750路运营，完善城乡线路车型，提升车辆品质。举办为期10天的新能源公交车技术培训班，各工种参训人员2000余人次，对车辆的“三电”系统、发动机、燃气系统、底盘等维保进行全面培训；同时采取“请进来、走出去”的方式，根据培训考核和单位推荐，组织各单位优秀修理工到郑州宇通和郑州公交进行交流学习、开拓视野。以客运公司为单位，突出新能源公交车维修特点，开展不同形式的技能比武竞赛活动和新能源公交车突发状况应急演练，举办全司新能源公交车维修技能比武大赛，提升维修保养水平。

【迈入“扫码”时代】 兰州公交集团与腾讯公司、支付宝公司签订商务合同，经前期小批量测试后，12月24日起在除多票制线路外的所有线路和车辆全部实现微信、支付宝扫码乘车功能，兰州公交一举迈入“扫码”时代。此前全部线路也实现了“甘肃一卡通”IC卡及二维码乘车支付功能。10月起各IC卡客服部实现支付宝、微信扫码支付充值和云闪付等支付功能。集团公司对智能调度系统进行较大规模的升级改造，通过平滑过渡到企业私有云平台，数据分库存储，使得系统运行更加稳定可靠；对车载设备软件和调度员使用的车辆调度软件也进行升级，新增了图像抓拍、驾驶员签到等多项功能。为助力“兰马”双金赛事，点靓赛道风景、提升城市形象，对南、北滨河路赛道沿线及主城区150处站牌全部更新为智能电子站牌。

【安全主体责任落实】 完成和市国资委、市交通委、市城运处签订的安全生产目标责任。全年组织召开各类驾驶员培训会529次，累计培训12万余人次。组织举办16场“平安公交大家谈”主题教育活动，印制2500余份《安全文化手册》分发到部门、车队及全体驾驶员。建立覆盖集团公司、客运公司、运营车队的三级微信群安全教育平台，在全司55个主站点安装多媒体播放设备。开展警示教育27场次，参加7050人次。开展“礼让斑马线、文明公交人”，春季、夏季百日安全竞赛，“三反一查”“安全生产月”“安全生产七进”“平安交通百日行动”等阶段性重点活动。严格落实“两个必须，四个一律”的管理制度，购置酒精测试仪做好出车前的酒驾防范工作。制作134张“线路风险四色图”覆盖到全司所有运营线路并上墙明示，制作发放4475份驾驶员《岗位责任卡》《岗位操作卡》《风险告知卡》《应急操作卡》，落实“一岗四卡”安全预防管理模式。组织开展节假日及重要节会期间站点、线路、车辆安全隐患排查与督查。

更新后的新能源公交车

组织安管人员观看培训讲座视频，对在执行操作层面推进"遏重"和双重预防管控方面工作给予启发。开展专项活动，提升全员安全防范技能和岗位安全责任意识。强化运营车辆及BRT站台、大型公交枢纽的安全监控，落实首末站"三品"检查制度。强化应急管理，锻炼应急队伍。在过桥、高坪地区运营的49条线路，968台运营车辆设立"守护员专座"，倡导乘客第一时间做出响应，及时劝导、制止影响和骚扰驾驶员正常工作的违法行为。坚持对车辆、站房、车间等重点要害部位落实安全操作规程、安全防范措施进行周检月查。加大对加气站的安全管理，以技改、检测和培训为基础，认真落实好各级人员的安全责任制。通过安全评估公司对加气站进行专业检测，建立加气站定期检测安全评价制度；购置先进的检测设备，定期对各加气站进行自查巡检；对三公司、四公司加气站进行维修整治，消除站内安全隐患。提高"三项岗位人员"(企业负责人、安全管理人员、特种作业人员)的培训率和培训质量，持证上岗率达到100%、从业人员教育率达到100%。加强应急培训教育，使员工能够熟练掌握小型工伤的紧急处理措施，将伤害控制在最小程度。兰州公交集团将智能调度监控系统平台平滑过渡到企业私有云平台，使得系统运行更加安全可靠。持续开展网络和网站安全自查。升级改造集团办公电话模式，提高通信安全性。

【管理稳步提升】 规范劳动合同管理，落实劳动合同首签前的体检和涉毒涉案查证工作，按时对调整岗位的人员变更劳动合同，保障劳资双方的合法权益。建成兰州新区公交综合车场项目、兰州新区舟曲新苑公交首末站项目。九州主食厨房公交首末站已交付使用。九州公交停车场完成建设项目选址意见书，已开始地形图测绘。完成绿色交通城市重点支撑项目中太阳能照明项目和空气源热泵项目资料的申报。继续实施站点形象提升工程，完成了4处调度站房和16座BRT站台的维修整治工程。结合新版GB/T19001-2016标准和重新修订的质量手册，对质量体系涉及的记录表格进行了重新梳理，组织开展质量管理体系内审和第三方监督审核，持续提升企业内部管理效率。理顺企业法人治理结构，完善集团公司董事会、监事会机构。持续推进企业改革，启动由国有控股向国有独资企业深化改革的进程；结合"三项制度"改革，积极推进和探索集团公司"三供一业"方面的改革，促进企业发展新活力。完善和规范集团公司法律顾问工作制度和部分常用合同范本，对《兰州市城市公共汽电车乘坐规则》进行修订，运用法律武器承办诉讼事宜，维护企业合法权益。组建审计部门并制定集团公司内部审计制度。

【争取政策资金】 积极争取各类政策扶持资金，全年取得财政补贴资金4.46亿元；在财政资金不能及时足额到位的情况下努力做好融资工作，保证企业正常运行，维持企业良好信用，为持续融资创造必要条件。全年新增融资6.56亿元，按计划偿付银行贷款5.19亿元。

【维护职工权益】 为全体职工提高工资标准，每月普调300元。按期足额缴纳职工"五险一金"2.8亿元，为全司9200名职工调整核定社保缴费基数，为3657名退休职工做了医疗保险基数变更工作，为250人办理发放身份置换金，置换金总额478.2万元，为83名因工受伤的职工审核提交了工伤申报手续，为27名工伤职工办理伤残劳动能力鉴定。

拾金不昧的兰州公交集团出租车司机苏祥

清退"公交开发建设费"这一历史遗留问题，清退127人，金额63.242万元。为职工生日送蛋糕8614个，投入金额79.14万元；开展夏季"送清凉"，为职工购买西瓜、矿泉水下发到各基层单位，集团公司投资10.83万元，购买风油精、藿香正气滴丸分发到每一名职工手中。春节为全体职工发放米、面、油等福利，并做好新形势下困难职工帮扶、慰问等工作。集团公司为2018年133名考取二本以上大学的职工子女发放助学奖励26.6万元，并印制贺信，以示祝贺，把企业的温暖送到职工心中，形成厚重的企业人文关怀。

【社会责任】 继续落实国家优抚对象免费和优惠乘车政策，全年免费及优惠达4.88亿人次，免费及优惠金额达1.67亿元。对在兰现役军人实行免费乘坐市内公交车优待。为保障"兰马赛"顺利进行，无偿提供赛事用车430台，开通3条免费接送运动员专线，并组织300余人在赛事期间进行公交站点安保执勤。在中、高考期间安排市区所有公交线路、公交出租车对考生提供免费乘车服务，并在市区各考场附近公交站点安排200余人进行现场疏导，保障了考生及家长的乘车需求。全面完成民营公交改造任务，按照市交通委相关文件精神，对314路剩余3台公交车辆以及304路12台车辆完成国有化改造。全面完成全市“3”字头民营公交改造。

【审核程序简化】　兰州公交集团按照“最多跑一次”要求，推行“一窗办、一网办、简化办、马上办”改革措施，对各类公交卡的新办、审核、挂失、退款、自行车业务等所需的各种证件和手续进行全面梳理和简化。尤其是简化敬老卡新办、挂失、年检手续，在兰州新区推行学生卡数据共享，简化办理手续，提高工作效率和乘客满意度。

【精神文明建设】　多名职工入选“甘肃最美人物”“兰州好人”等评选榜单。广泛开展网络文明传播活动，及时推送企业好人好事和先进人物事迹。践行社会主义核心价值观，借助公交报、公交网、数字移动电视、车载显示屏、公交车站等对社会主义核心价值观进行大力宣传。积极推进创建全国文明城市工作，召开新一轮创建全国文明城市动员会、迎检推进会等，推动创城工作落实到位。做客兰州广播电视台“落实进行时”节目，认真严谨回答每一个问题，使每一位市民都能得到满意的答复，进一步树立企业诚信形象。配合上级部门完成2018年公交出行宣传周系列活动，营造市民了解公交、支持公交、选择公交的浓厚氛围。

（李凯丽）

城市供水

【概况】　兰州城市供水始建于1955年，1957年9月建成投产，是国家“一五”期间投资建设的供水企业。2007年8月由兰州供水（集团）有限责任公司与法国威立雅水务（黄河）投资有限公司组建成立的中外合资企业——“兰州威立雅水务(集团)有限责任公司”国家主管部门审定为大型二类供水企业。2017年4月6日，经甘肃省商务厅批准，甘肃省工商行政管理局核准，兰州威立雅水务（集团）有限责任公司更名为兰州城市供水（集团）有限公司。

制水供水生产工艺流程由黄河地表水和少部分地下水，经取水、一次沉淀、混凝加药二次沉淀、过滤、氯（氨）消毒进入清水库、一次加压输送、高坪边远区域给予二次加(补)压，通过用户二次供水设施使用，具有分质(工业专用水和生活饮用水)分压统供方式的特点。按照供水服务标准规定，管网水水质综合合格率一直保持在99.98%，管网水压力合格率达到98.78%，管道故障抢修及时率达100%，水表计量强检率达100%，地表水源水防护取得国家II级标准。

【水量销售】　2018年，公司有4座公共水厂（西固区2座、七里河1座、安宁区1座），日生产供水能力138万立方米，供水量完成24554万立方米，同比上升4.46%；售水量完成23097万立方米，同比上升4.73%；水质检测项目综合合格率99.99%、管网压力合格率97.56%。供水服务热线接听来电42355次，处理“12345”民情通转办件3615件，处理市民各类书面供水服务投诉件414份，处理及时率100%。城市直径75毫米以上的供水管道740.89公里，附带23座加压站和33座清水库，日调蓄水能力7.5万立方米。

【安全供水】　采取多项措施，全力以赴做好城市安全供水。积极采取措施，在坚持行之有效的工作方法基础上，优化了活性炭和高锰酸钾投加方式，建立水样留样制度，并对制水一、二水厂系统部分自动化控制装置进行改造，提升制水操作控制效能，保证城市供水水质安全。加强生产科学调度，根据供水管网运行及压力变化特点，合理调整生产及管网运行工艺，保障生产设备安全平稳运行。利用各水库加压站增加夜间低峰期蓄水量，采取错峰调蓄、分时供水等工艺调控手段，有效缓解盐场、九州和段家滩

黄河顶管工程管内作业

现代化水质检测

等重点区域供水矛盾。从黄河原水到各工序水实现水质在线监测全覆盖，严格执行国家水质检测标准，按照最新制订的水质检测规范，强化对源水及出厂水的水质检测频次，确保水质安全。满足公众知情权提高企业公信力，兰州城市供水（集团）有限公司每月水质检测结果可登录网站查询，或通过纸质媒体进行关注。不定期组织由各行各业市民代表参加“水厂开放日”活动，向社会展示兰州城市供水企业加强企业管理，优化供水工艺，提升供水服务窗口建设水平的成效，同时促进水资源保护的宣传，树立公司良好的社会形象。

【供水客户服务】 供水客户服务热线“96766”全天24小时开通，为广大客户提供新用户申请接水，老用户增容管道改造、工程设计、用水咨询、投诉、来信、来访等全方位服务。集团公司客服热线“96766”并入市政府“12345”民情通热线完成服务热线体制改造升级，对热线条目进行优化组合，新增停水语音播报功能，提升对外服务水平。2018年处理及时率100%，用户满意率占90%以上，办结率达到90%以上。组织开展“志愿服务进社区”活动，主动走进社区，向小区居民宣传安全用水、节水常识、二次供水清洗消毒及城市供水法规政策，为用户提供上门免费小修、维护水表、更换故障水龙头、预约上门收缴水费。

【水质检测】 作为国家城市供水水质监测网兰州监测站——水质中心，2018年水质检测综合合格率为99.98%，各项服务质量指标均达到《兰州市城市供水特许经营权协议》第15条兰州市人民政府对兰州城市供水（集团）有限公司的水质考核要求。8月10日，省住建厅为公司水质中心举行甘肃供水水质检测中心揭授牌仪式，标志着公司水质中心成为全省水质监测权威机构，更好的担负起全省水质监督监测的职能。

【供水工程】 投运新建的8公里北滨河路DN1200管道，增加黄河北地区管网的输水量，缓解向东市区输水“卡脖子”的问题。顺利完成拱星墩加压站第二路进水工艺改造，加大末梢水库调蓄能力；在管网末梢打通东岗东路和段家滩地区的联络通道。对城关区九州S459#路DN400等7条5213米老旧供水管网进行更新改造，累计完成投资1070.99万元。配合政府起草下发《兰州市住宅建筑供水一户一表及二次供水工程技术导则》。碧桂园4486户居民率先成为公司二次供水的试点用户，开启了城市二次供水“统建统管”新模式。

【智慧水务】 从2018年开始在全司范围内推广使用智能远传水表，为实现远传抄表收费打下基础；在推进管网GIS地理信息系统建设方面，城区大部GIS外业探测工作已完成，探测范围达到兰州市总面积的80%。

【科技工作】 公司通过政府科技计划项目立项及验收6项；受理及授权发明、实用新型专利4项；获得省、市科技进步奖励6项；入选兰州市国资系统科技领军人才第一层次人选2人；完成2018年度《兰威城镇水务科学技术奖》评审工作，13项成果获奖。

（黄　杰）

城市供气

【概况】 甘肃中石油昆仑燃气有限公司是一家以天然气营销为主，集天然气管网运行管理与设施建设、天然气利用与技术开发、天然气设计监理与建筑安装、压缩天然气（CNG）与液化天然气（LNG）生产销售、燃气器具生产与销售、燃气PE管材生产与销售、燃气职业培训与职业技能鉴定以及物业管理为一体的国有合资企业。累计建成高中低压天然气管网干线898千米、庭院管线3655千米、门站7座、城市配气站5座、调压站（含区域调压柜）100座、调压箱（柜）6468台。经营业务范围覆盖兰州市、定西市、甘南州等3个市（州）及皋兰、永登、榆中、临洮、夏河和兰州新区等5县1区。累计发展居民用户115.50万户，商福用户15608户，锅炉用户1885户，工业用户301户，加气站用户34户。销售天然气15.06亿立方米，实现销售收入30.32亿元，继续保持昆仑能源有限公司排头兵地位。

【企业经营】 全年累计销售天然气15.06亿立方米，实现销售收入30.32亿元，新发展天然气居民用户8.18万户，商福用户1557户，工业用户20户；居民用户累计达115.50万户。安全环保工作保持健康稳定，未发生安全环保责任事故和人身伤亡事故。企业改革发展方向进一步明确，工作新思路基本形成。积极应对冬季“气荒”严峻挑战，有效保证高峰期天然气平稳供气工作。

【安全生产】 不断加强安全管理制度机制建设。修订完善公司安全管理制度及职业卫生制，建立安全生产责任清单、职责清单“两个清单”制度，安全管理制度体系进一步完善。构建风险分级管控和隐患排查治理双重预防机制，安全风险识别、评价、分级、管控和隐患排查治理能力有效提升。甘肃昆仑燃气公司始终坚持把安全生产作为一切工作的重中之重，全面贯彻落实国务院及省市《关于推进安全生产领域改革发展的意见》，落实“五落实五到位”要求，落实企业安全生产主体责任，完善安全生产管理制度机制，强化安全培训教育和安全隐患整治，提高安全应急保障能力，全力确保安全稳定供气的良好态势。修订完善安全生产管理制度49项，逐级签订了《安全环保目标责任书》，落实安全生产责任。严格执行“三个亲自”“六级安全检查”要求，开展公司级安全大检查4次，对查出的问题及时完成整改。推进安全隐患排查整治，重点对天然气管位地基沉降、庭院燃气引入管受外力撞击等隐患进行及时全面整改，自筹资金按计划实施老旧管网改造和到期燃气表改造。推进QHSE体管理体系建设并通过认证。预防第三方施工破坏燃气设施事故联防联控机制进一步完善，事故发生的频次明显降低。加强应急演练和应急救援力量，先后开展各类应级演练80余次，应急保障能力和水平持续提高。第三方破坏联防联控机制不断完善，事故预防进一步加强，事故频发的势头得以有效遏制。落实安全生产“三同时”制度，推动本质安全持续向好。开展第十七个安全生产月活动，以安全生产主体宣讲等七项活动为重点，通过现场咨询、发放资料、移动宣传等方式广泛宣传安全用气常识和安全法律法规，累计接收群众咨询960人次，发放宣传材料近10万份。

【重点项目】 甘肃昆仑燃气公司兰州中心城区天然气管网改扩建工程铺设完成安宁片区天然气管线工程9.6千米；彭家坪片区天然气调压站及维抢修基地项目主体已封顶、库房封顶；完成高新技术产业开发区榆中园区综合楼工程项目建设。完成甘肃昆仑燃气公司天然气公共基础设施项目（即东岗骆驼滩维抢修服务基地项目建设）。完成甘肃昆仑燃气公司马滩综合服务基地及调压站工程项目建设。完成兰州国家港务区天然气供气工程建设4.86千米管线。完成北滨河东路（人民路东口至雁盐黄河大桥）0.12千米管线敷设。完成榆中县中心城区天然气供气工程建设14.8千米管线。完成永登县天然气供气工程管网扩建项目建设1.74千米管线。

【企业管理】 积极应对天然气价格政策变化，完成2018—2019年度非居民用户天然气推价顺价工作。推进科技信息技术应用，通过对SCADA系统、燃气智能收费系统的升级改造，以及对燃气管网智能巡检系统、燃气阀井可燃气体检测系统、调压箱柜压力数据监控系统等的推广应用，信息化管理水平提升。完善职工补充医疗保险机制，全年通过商业保险索赔和报销累计429万元、受益职工近1355人次。面对全国性冬季天然气资源持续趋紧的形势，通过全力争取气源、高价购气的方式确保了冬季高峰民生用气。根据甘肃昆仑燃气公司机构调整后的生产经营需求，对两级运行管理流程进行全面梳理和调整，充实4个

调压站一角

区域化分公司维抢修力量，基层单元运营能力和水平不断提升。标准化场站建设深入推进，31个基层站点顺利达标。内控体系建设再显成效，通过测试发现例外事项69项，同比减少71%。资产管理系统再次升级改造，资产管理信息化水平提升。通过劳务派遣和业务外包方式有效缓解困扰甘肃昆仑燃气公司多年的辅助岗位和部分业务单元用工紧张的问题。推进“三供一业”分离移交工作。甘肃昆仑燃气公司科技创新取得新成效。开发完成集管网巡检、入户维修及安全检查等业务信息处理为一体的手机APP技术，在兰州七里河分公司投入试用，实现管网隐患排查、第三方施工现场监护及用户安检、维修等信息的适时上传功能。承担阀井远程切断技术、阀井泄漏检测报警技术、楼栋调压箱（柜）数据远程监控技术等三个昆仑能源有限公司科技项目课题的研究，完成课题开题的相关工作。燃气智能收费系统再次升级，实现发票打印和手机扫码支付功能。对视频会议系统进行扩充，实现从昆仑能源有限公司到三级单位多级联通的视频会议功能。配合兰州三维大数据标准化研究院完成三维云缴费平台自助终端缴费功能的调试和投运。

【优质服务】 结合市委、市政府“三纠三促”“治转提”专项行动，以及文明城市创建和“四诠释四合格”活动，组织制订改进服务举措方面的整改措施114条，开展专项检查6次，下发通报4个，纠正服务意识不强、工作纪律不严、服务态度不端等问题。“一站式”服务不断完善，燃气工程设计、安装进度和质量得到不断提升，特别是往年反映相对集中的改线、补装等业务时效性较差的问题得到有效解决。针对采暖锅炉、工业、壁挂炉等大气量用户，形成业务部门联合现场勘查、专人负责流程办理的工作机制，简化流程，提高效率。增补“96777蓝焰热线”电话坐席人员，全年答复用户咨询、解决用户报修等问题8.8万余个。结合兰州市“民情通”服务平台的升级改造，进一步畅通与用户沟通渠道，全年办理转办件1200余件。投入140余万元用于社会化服务宣传，企业形象品牌实力增强，服务投诉实现连年下降。

【党建工作】 深入推进“两学一做”学习教育常态化制度化，突出“学、做、改、创”核心要求，精心设计载体，制订推进方案，常态化举措，推动学党章党规、学系列讲话、做合格党员，融入日常、抓在经常。通过各种形式对习近平总书记治国理政新理念新思想新战略学习研讨，促进全体党员牢固树立“四个意识”，认真践行“四个合格”要求。学习贯彻习近平新时代中国特色社会主义思想和党的十九大精神，先后召开4次专题学习会议并制定2个学习贯彻实施方案，累计配发学习教辅资料460余套、3500余本；组织全体党员开展十九大知识测试答卷，对学习宣贯情况进行督促推进。组织开展4次中心组学习，围绕“学习宣贯十九大精神、推进企业发展”开展学习研讨。成立宣讲组，由班子成员带头赴联系支部、基层单位等开展宣讲辅导，做到对所属单位和党员的全覆盖。层层签订全面从严治党工作目标责任书、责任制，召开年度全面从严治党工作会议等有力举措，层层传导压力、压实责任。按照“议事范围科学、议事事项细化、议事程序规范”要求，对公司“三重一大”集体决策实施细则和党委议事规则等进行修订完善，公司和所属法人单位党建进章程工作要求全面落实。突出一级抓一级，层层传导压力，主体责任履行签字背书、工作约谈等工作、规范化，班子成员全年开展约谈378次1508人次。强化监督责任落实，及时传达落实上级反腐倡廉建设决策部署，加强执纪监督，坚持领导干部廉政情况报告制度，及时掌握领导干部履行主体责任和个人廉洁自律情况。积极运用监督执纪“四种形态”，对苗头性、倾向性问题，坚持开展约谈，全年开展提醒约谈38次88人次。认真开展内部巡察，对所属6个分公司以落实主体责任和监督责任为核心，围绕发现违反党的“六大纪律”方面的问题线索开展巡察。坚持党建工

抢险队伍

作“四个同步”要求，制订23条推进措施并全面督导实施，党风廉政建设主体责任、意识形态工作责任、维稳防恐机要保密等要求得到全面贯彻落实。坚持开展党组织党员承诺和党组织书记抓基层党建述职评议，深入推进“破解难题”、争创“共产党员先锋岗”等一系列主题实践活动。

【企业文化】 不断推进燃气公司企业文化建设。围绕贯彻落实“12333”工作思路，通过甘肃昆仑燃气报、企业网站深入解读并广泛宣传年度工作会议精神。加强与省市级媒体沟通交流协作，强化舆情监测，及时对外宣传政策导向、中心工作完成情况，努力为企业发展营造良好内外部舆论环境。充分发挥工团作用，组织参加昆仑能源有限公司举办的“巾帼建功文明岗”和“最美巾帼人物”评选活动，经常在职工中开展足球、篮球、乒乓球、羽毛球比赛等文体活动，展示职工风采，增强文化活力。坚持开展帮扶慰问活动，全年救助困难职工65人次，发放慰问帮扶金9.5万余元。坚持开展节假日慰问，将组织关怀送到基层一线，努力使全员分享到企业发展的成果，有力保障队伍的和谐稳定。履行企业社会责任，参与地方政府脱贫攻坚、精准扶贫、精准脱贫工作，全年为帮扶乡村投入50余万元精准扶贫项目资金，履行甘肃昆仑燃气公司政治责任和社会责任。

（路有为）

城市供电

【概况】 2018年，国网兰州供电公司全口径用工3619人，其中长期职工2805人、劳务派遣用工244人、三新职工570人、11月接收省检修公司412名干部员工；服务用电客户96.46万户，其中6千伏及以上20277户、0.4千伏及以下95.44万户；运行变电站147座，其中330千伏变电站13座、220千伏变电站（开关站）4座、110千伏变电站（开关站）70座、35千伏变电站60座。输电线路319条、长度5013.881千米。其中330千伏线路48条、长度1220.702千米；220千伏线路16条、长度274.295千米；110千伏线路152条、长度2307.60千米；35千伏线路103条、长度1264.489千米；110千伏电缆线路59条、长度53.293千米；35千伏电缆线路26条，长度6.042千米。

全年售电量264.81亿千瓦时、同比增长1.75%，线损率1.64%、同比降低0.60个百分点，城、农网供电可靠率分别完成99.9642%、99.8989%，综合电压合格率分别完成99.998%、99.6003%。

2018年，兰州电网集中式电源项目新增装机规模410兆瓦。新投产万达农业兰西光伏电站装机10兆瓦、刘家峡洮河口排沙洞水电站装机300兆瓦、兰州热电新厂装机700兆瓦，同时连城电厂2×300兆瓦机组停运。至年底，兰州电网电源装机总容量7160.4兆瓦，包括水电厂38座，火电厂7座，集中式光伏电站3座，余热余气等其他类型电厂13座，分布式光伏电站2856座66.6兆瓦。水电、光伏等清洁能源装机3440.9兆瓦，占比48.05%。

2018年投运的新增变电站为110千伏祁家坡变、马滩变，扩建110千伏源泰变、水挂庄变、空港变及35千伏坪城变。至年底，兰州电网有750千伏变电站2座，330千伏变电站13座，220千伏变电站3座、开关站1座，330～220千伏主变40台，容量9900兆伏安。兰州配电网共有110千伏公网变电站67座、开关站4座，主变137台，容量6115兆伏安；35千伏公网变电站59座，主变115台，变电容量708.9兆伏安。电网最大负荷3673兆瓦，电网整体供电能力充裕。

【电网建设】 完成三版电网规划编制，最终形成兰州地区0.4~750千伏电压等级全覆盖的电网发展规划。规划330千伏电网通过新增布点提升安全水平，保障用电需求，至2020年兰州新区扩建中川1号主变，新建元山、甘露变，市区新建中心变，红古区新建湟兴变。规划110千伏电网结合新增主网电源支撑，调整强化网架结构，新增布点保障用电增长需求，至2020年市区新建青白石、九州、东岗、北面滩、盐池、崔家大滩、西柳沟变，扩建马泉变，增容改造雁滩变；新区新建胜利、马家山变；榆中县升压城关变；红古区新建平安变。投产110千伏线路长度116.34公里，投产110千伏变电容量502兆伏安。投产35千伏变电容量20兆伏安。投产10千伏线路长度269.41公里，投产10千伏配变容量57.04兆伏安。实施易地扶贫搬迁、光伏扶贫和“煤改电”配套供电三大重点工程。全年电网扶贫投资6200万元，完成41个村级光伏电站的接入电网改造，解决榆中县60个易地扶贫搬迁集中安置点的配套供电，对国家贫困县27个乡镇、57个行政村、111个自然村的电网进行供电能力提升改造。帮扶临夏公司实施脱贫攻坚电网改造，投资7855万元，完成东乡县、积石山县共计49个行政村的电网改造。完成“煤改电”配套供电工程32项，新增电供暖面积19.83万平方米，满足2253户电采暖项目用电需求。帮扶临夏公司储备项目3.01亿元。

【经营管理】 做好一般工商业电价调整后的核算工作，让利客户，积极配合政府改善中小企业营商环境，彰显企业责任。1项管理创新项目分获国网公司2018年度管理创新推广成果三等奖、省公司2018年度优秀管理创新成果一等奖，2项管理创新成果获甘肃省企业联合会企业现代化管理成果二等奖，1项优秀卓越管理案例获省公司2018年优秀卓越管理案例二等奖。

全年物资管理同业对标综合排名A段第一位。物资和服务采购集中管控范围达到100%，领用完成率达到63.87%，物资配送按期到货率98.5%以上，物资从业人员廉洁教育覆盖面保持100%。开展电商化看样选购工作，加强物资履约过程管理，提高需求响应速度。进一步深化仓储信息化系统应用，推广应用省公司仓储WM新系统；优化库存结构，规范ERP系统实体库、虚拟库应用、业务操作和单据管理，做实库存“一本帐”管理，做到物资供应链的全过程“管控无缝隙”。提高仓库利用率和库存周转率，加强库存一本帐管理，全面应用ERP系统规范仓储作业。

落实《国家电网公司法律风险管理办法（试行）》，完成2018年度法律风险控制计划编制工作，征集法律风险控制计划6条（公司本部3条，各县公司3条）。常态化印发法律风险提示书，年内针对合同基础管理、欠缴电费高危客户签署的《高压供用电合同》电费支付及结算条款修改、公司发明专利权许可、制度废改立不及时等法律风险易发高发领域印发提示书4份，营造良好的法律风险管理氛围。把电网设备隐患排查整治作为触电人身伤害案件压降的重点，排查并整治房线矛盾、跨越距离不足安全距离隐患655处、拉线伤人隐患2296处、设备警示标示不全隐患4234处。认真开展下厂检查，协助客户整改未采取规范断电隔离措施隐患4646项、低压用户私拉乱接隐患24126项。

高压输电线路

完成任期经济责任审计5项，专项审计及审计调查3项：国网永登县供电公司营销专项审计、业扩报装及业务费管理专项审计、集体企业承揽客户工程专项审计调查。

参与省公司数字化审计模型编制工作，编制营销类数字化审计模型6项，其中“无功电量计算不规范，影响力率调整电费”的数字化审计模型，由省公司推送为管理创新成果。

开展办公楼宇消防整改，公司10栋办公楼安装全套的火灾监控报警系统设备，14处办公区域建设安装消防监控物联网，消防设施运行情，实现实时远程监控，完成6栋办公楼的消防整体验收备案。

公司“两供一业”分离移交总协议签订率100%，职能移交确认书签订率100%，资产移交清册签订率100%，供热、供水改造资金支付率100%，完成供热移交改造18个小区，永登属地化移交供热改造工作也基本完成。梳理、分类涉及物业分离移交的物业资产明细及佐证材料。对具备条件的12个家属区成立了业主委员会。

开展后勤服务采购规范招标工作，落实后勤专业化合同管理要求，规范公司房屋（土地）租赁、体检、车辆等后勤服务采购。履行相关审批程序，做到应招必招，规范招标管理。规范公务用车管理，利用车载GPS监控系统，实现车载GPS上线率100%。完成全年公司官方微博的发布任务，微博粉丝数同比上年增加10%；邀请市委宣传部及8家媒体记者，走进供电企业对电力工人战酷暑进行主题采访，通过省市级主流媒体、新媒体形成良好的舆论导向。开展工程档案专项治理，提高工程档案归档及时率、完整率，开展档案日主题宣传活动，开展公司档案管理兼职员培训，提升公司档案管理综合水平。建立低压电力电缆实训基地，改善职工教学硬件设施；赴基层单位进行现场培训督导，提升专业人员解决现场实际问题的能力和安全防范能力；配合组织部开展公司全员应知应会考试。推广甘肃省电力行业住房公积金个人网厅支取业务及公积金手机APP业务；依照相关政策稳妥解决上划县公司职工社保断缴遗留问题。公司后勤配套保障同业对标指标连续位居全省A段并列第一。

【安全管理】　全年召开7次安委会会议，研究部署安全生产重大问题和事项。坚持日、周、月安全生产例会，监督指导基层单位规范开展安全生产基础工作。完成县公司和集体企业安监机构设置及安全总监配备，组建75名队员的现场安全专职督查队伍。强化安全教育培训，分四批开展《安规》及应知应会抽考746人，安全警示教育12期450余人次，完成3个专业安全技能素质测评。参加2018年甘肃省百万职工职业技能素质提升活动，获电网运行、电力电缆、安全技能、保护监控自动化二次运维技能竞赛团体一等奖开展安委会成员安全述职，领导参加班组安全活动及安全生产调研131次，管理人员基层检查指导1164人次。

完成110千伏东南线、东桃一线、桃建一二线等4条线路迁改，成功解决重要用电客户供电风险和原兰西化一二线用户线路跨越公网线路隐患。完成原桃开二、三线21#号塔重大基础失稳隐患治理，消除影响北三环主网线路运行风险。开展反措排查治理，完成20条线路“三跨”隐患治理，10条线路杆塔基础、复合绝缘子大修，13台断路器、21座变电站电子围网、8座变电站消防报警装置等更换。开展电缆隧道火灾隐患专项治理，完成110千伏雁滩等7条高压电缆通道在线监测系统安装调试。排查变电站防火隐患1102个，安装18座变电站电缆夹层自动灭火装置。开展配网“三线”搭挂、防外力破坏、人身安全等隐患专项排查，制止、拆除新上杆光缆879次，治理人身安全隐患5400处，消除外力破坏隐患78处。整改落实“六查六防”“电气火灾综合治理”等发现问题隐患852项，快速处理输配电防汛隐患144处。2018年，落实强化集体企业、三新公司安全管理要求，全面开展同质化管理问题排查完善，严格集体企业分包队伍和人员资格备案、审查、准入。逐项完成301项各类消防问题整改，多方配合，顺利完成59座变电站和6幢办公楼消防合法合规性验收任务；配合省、市政府完成国务院消防工作考核检查。

补充完善市、县两级公司应急基干分队装备2200余件，完成公司应急救援队伍仓库标准化建设。成功承办2018年兰州市大面积停电事件应急演练，开展2018年永登县大面积停电事件应急演练。加强迎峰度夏应急值班工作，高效完成7月下旬兰州电网局部地区强降雨等极端天气下设备抢修和供电恢复工作。圆满完成马拉松、文博会等重大活动、重要节日保电145项，参与保电9570人次，出动保电车辆1415台次，出动发电车86台次，使用发电机57台次，受到政府部门高度评价和致信感谢。

完成兰州城市电网和兰州城郊、永靖、榆中3家县公司安全性评价专家复查评。通过成立三年脱贫攻坚配农网建设改造办公室（简称“配改办”）统抓配农网工程建设管理工作，并在城区客户供电服务中心和县直供供电公司（一县两公司）综合组下成立配改组、县公司成立三年脱贫攻坚配农网工程改造建设专项工作小组，负责本公司配电网工程、配网业扩配套、三供一业电网建设全过程管理，实现配、农网台区和拉线预装全覆盖，并全面推广工厂化预装，革新配网施工方法。按照《10千伏柱上变压器标准化建设手册》要求，在兰州区域内全面实施装配化施工，减少施工现场和高空作业量，降低施工作业风险。

【电力设施保护】　强化电力设施保护宣传。通过各种形式在全公司各级部门单位、各县公司、各城郊公司、倚能集团等集体企业范围内全面开展“安全生产月”活动的主题宣传活动。在机关大楼内的大屏幕连续滚动播放安全月宣传知识，各单位、班站、营业窗口共张贴“安全生产月”主题、安全管理等宣传招贴画2360张；在公司和各基层单位办公场所、变电站、营业窗口、基层班站、汽车班组，各生产、基建施工现场悬挂安全月主题横幅（条幅）136条，制作安全生产月主题展板85个。认真谋划、精心准备以“生命至上、安全发展”为主题的全省第17个“安全生产月”暨“安全生产陇原行”启动仪式。组织10余名人员，在东方红广场参加了活动，公司人员积极向社会群众宣传安全用电、节约用电知识，发放各类安全宣传资料、安全用电手册1.2万余份，配合省能监办、省公司做好各类电力安全知识的咨询服务。

【电网调度管理】　强化同期线损过程管控，提高电网经济运行水平；加强检修计划的刚性管理，确保电网运行可控再控；开展电网安全校核常态化分析管理，确保电网安全稳定运行；夯实AVC系统运行管理基础，提高电网经济运行水平；强化新设备启动管控，确保电网设备有序投运；强化监控信息缺陷整治，提升集中监控效能；夯实自动化专业管理基础，提升技术支撑和保障水平，兰州电网实现了安全、稳定、经济运行。

全面完成AVC系统发电厂站100%接入、闭环工作；兰州地调调管110~35千伏变电站均已实现AVC系统闭环运行，闭环率100%；榆中、永靖县供电公司35千伏变电站均已实现AVC系统闭环运行，闭环率100%。2018年充分利用AVC系统开展主变调压及电容器投退工作，全年共进行电容器投、退15088次，主变调压8457次。针对兰州电网运行特性，调整主变压器无载档位2次。

【电网运行】　兰州电网涉及750千伏、330千伏、220千伏、110千伏等多个电压等级。其中，330千伏海石湾—新庄—炳灵三角环网运行，先锋变通过先武三回与武胜变相连，海石湾变通过海先双回与武胜—先锋系统有连接，但均开环运行；刘家峡电厂3#、4#、5#机通过刘厂开关站—炳灵—光辉构成的三角环网并入系统；新庄—炳灵—桃树村—兰州西四角环网运行，海石湾—新庄—兰州西三角环网运行；兰州西—桃树村—炳灵—光辉—彭家坪—和平—上川—银城—子城环网运行；兰州东—卧龙川—和平三角环网运行。220千伏电网由连海网、兰州网组成，海石湾—张家寺—炳灵变构成环网接线，开环运行。110千伏电网依据330千伏变电站及发电厂等电源点布局形成十二个相对独立的子网，依次为：榆中网、和峡网、兰州北网、西桃网、彭柳八网、兰州西网、兰州新区网、盐新网、红古川网、永登网、连海网、永靖网。

【调度运行】 甘肃省调、兰州地调共同调管兰州电网内兰州供电公司所属330千伏变电站13座，主变32台，容量8850兆伏安；220千伏变电站3座，开关站1座，主变8台，容量1050兆伏安。兰州地调调管兰州电网内兰州供电公司所属110千伏变电站67座，110千伏开关站4座，110千伏地区变2座，变压器140台，容量6166兆伏安；35千伏变电站14座，变压器28台，容量172.9兆伏安。调管220千伏用户变电站3座，主变20台，容量1720.4兆伏安；110千伏用户变电站54座，主变121台，容量4382.9兆伏安；35千伏用户变电站66座，主变174台，容量1392.9935兆伏安。兰州电网内省地调共管水、火电厂（站）9座，其中水电厂7座，机组32台，容量1479.6兆瓦，火电厂2座，机组5台，容量575兆瓦；兰州地调调管水、火、光伏电站共计51座，发电机组120台，总容量673.266兆瓦；其中火电站1座，发电机4台，容量100兆瓦；水电站27座，发电机71台，容量297.13兆瓦；光伏电站10座，容量91.636兆瓦；其他类型电站13座，发电机45台，容量184.5兆瓦。

【输电专业管理】 完成64条220千伏及以上超高压输电线路属地化接收，制订接地网金属锈蚀检查计划，更换接地网43基、测量杆塔接地电阻235基；拆除鸟窝325个，安装鸟刺1200余支、防鸟挡板600余副，全年未发生因鸟害造成的线路故障；梳理风害区域杆塔，安装紧固螺栓229基；开展线路通道隐患专项治理，清除山火隐患25处、砍剪树木4.7万余棵；完成线路绝缘改造3条，更换复合绝缘子1642支、安装防污绝缘子2234片；管控外破隐患632项，大型施工现场派人蹲守1451人次，及时制止违章施工62处次，签订安全施工协议99份。110千伏输电线路故障跳闸率同比降低13.6%。

【变电专业管理】 完成17座330（220）千伏超高压变电站属地化接收，完成35千伏罗城、大有、民乐、魏岭、大同等5座无负荷老旧变电站退运；完成110千伏祁家坡、马滩变电站验收启动工作；完成27座变电站精益化建设；落实设备运维检修责任制，提高变电精益化工作质量，形成“运维班组五通管理实践”创新管理成果；制订下发《国网兰州供电公司变电站两票管理规定》，印发《两票规定》口袋书310本；开展标示标牌专项治理，完善更新设备标识5792块、安全警示牌260块、修订《变电站现场规程》47册，印制三图一表85份；依据“五通”编制下发《国网兰州供电公司关于进一步规范变电专业验收工作的通知》。

【配电专业管理】 开展地理图、站内一次接线图、配网单线图及相关专题图的核查整改，基础图形和现场设备一致率达到100%、系统图和电网运行状态一致率达到100%；完成8条四星级以上线路、25台配变和35台开关的标准化创建；对124条线路进行整线整治；排查人身安全隐患9551处，治理7583处；开展配网“三线”专项治理，阻挡、剪除新上杆光缆879次，与移动、广电、联通公司分别签订《弱电线路交越、搭挂电力线路安全协议书》；排查外破隐患187处，治理78处，签订安全协议187份，办理《电力设施保护内部联动工作联系单》11份，安装限高门8处，防撞墩28处。深入推进配网标准化建设，结合重过载配变台区整治、标准化台区整治等项目实施，已现场安装完成106台。组织完成电缆头制作、配变台区标准化安装、配网不停电作业项目的技能竞赛，完成2018年省级二类竞赛（电缆专业技能竞赛）和全省职工技能运动会的组织、保障工作。

【状态检修工作】 全年完成20座变电站3712台设备例行试验，18座变电站防污闪监测点设置，26座变电站户外设备防污闪涂料喷涂，81串变电站丙外合成绝缘子更换；20座变电站接地网例行测试，15座变电站接地网开挖检查，810只氧化锌避雷器阻性电流和全电流测试，219站次避雷器红外成像检测；132座变电站、19482台套变电设备定期评价工作；完成所辖变电站574样次绝缘油色谱检测，308样次SF6气体微水检测，327样次绝缘油简化试验，63样次油色谱跟踪测试；16座变电站第二轮环境噪声监测。

【运维检修信息化建设】 金属铠装柜一体化验电接地手车装置研发、线路鹰眼卫士等两个成果在国网公司第4届青年创新创意大赛荣获金、银奖；创新“输电线路可视化立体巡检平台”，将重要输电通道纳入视频巡检范围、改造无人机通讯链路、实施线路通道高精度三维全景建模，助推线路巡检模式由“人工密集型巡检”向“智能化、协同立体化巡检”转变；开展变电站“一键顺控”“主辅设备全面监视”项目建设，完成4座变电站一键顺控技术方案编制，主设备监视和智能巡检机器人项目立项；完成58座变电站视频系统上传，建成公司变电站视频统一平台，实现变电站远程巡视、远程安全监控；完成28座变电站、1498台配电变压器实物“ID”赋码贴签工作，贴签覆盖率达到21.37%，同时配网贴签覆盖率达到15.98%，变电与配电贴签覆盖率均超过省公司要求的10%目标值。

【防汛管理】 组建防汛工作领导小组及防汛办公室，与各专业部室及县公司签订2018年防汛责任书，汛期执行24小时值班和即时汇报制度。年内公司所辖输变配电设备未发生因暴雨、洪水、恶劣天气造成的大面积停电事故、电网瓦解事故。

【可靠性管理】 开展配网不停电作业5682次，减少停电时户数约32.228万时·户，提升可靠性指标0.18个百分点。大力开展频跳线路治理，减少故障跳闸影响的可靠性指标，统筹生产改造、基建工程、配农网工程、设备缺陷（隐患）消除等统筹考虑，全年开展联合检修51次，减少设备停电63次，减少平均停电次数0.15次。城市用户供电可靠率99.9642%，农网供电可靠率99.8989%，电网系统可靠率99.587%。

【市场营销】 营销多项工作取得突破提升，营销同业对标排名保持全省A段第一位，各项任务目标全面完成。全年累计售电量264.81亿千万时，同比增加4.56亿千瓦时，上升1.75%；同比增加7.6元/兆瓦时。大力推广线上办电与低压接电“零上门、零审批”服务。截至年底，高低压线上办电率99%和97%。累计新装增容5.58万户，同比增加108%；新增容量246.2万千伏安，同比增加84%。电能替代电量23.9亿千瓦时。充电设施累计充电次数1.19万次，充电量8.41万千瓦时。高效完成“十三五”第一批34座光伏扶贫村级电站并网发电。引入第三方光伏开票辅助系统，优化光伏结算流程。

持续推进营销异常数据超前预控常态化管理，整改关键业务异常数据21万条，提前预控维护数据1.5万条。持续开展“计量在线监测”“量价费损”“用电异常”等系列主题监控活动，查处计量异常及违约用电问题1.7万余条，累计追补电量37.40万千瓦时，查获窃电及违约用电461户，追补电量254万千瓦时、。

智能周转柜、智能表库正式投运。省内首家开展电能表状态检验、分拣台应用，完成率100%，有效避免设备的重复检定与带病运行，提升计量精益化管理水平。购置中压载波中继35台、北斗终端86套、信号转换器116个，有效解决采集死角、盲区问题。截至年底，公司采集成功率98.84%，全省A段第2位。

【抄表收费】 “互联网+营销服务”方面，“互联网+”交费比率达57.41%，较年初上升27.71个百分点；省内率先实现政企客户“电e宝”线上缴费，市场及大客户服务室推广成效显著。细化电费回收“一厂一策”风险预案，将电费催收风险预案和电费催收过程资料纳入客户基础档案管理，切实加强电费风险管控，全年电费回收率100%。

【农电管理】 启动县公司和供电所达标创优工作，县公司、供电所管理水平不断提升。台区经理制、综合柜员制、台区线损责任制全面推广，形成以“片区经理”为依托的网格化管理模式。开展专业帮扶、送培上门，加快“全能型”供电所员工队伍建设。智能交费、电能替代等新型业务在供电所全面推广。三角城、马坡、连城供电所营业厅“三型一化”完成转型升级。创建四星级供电所5家，打造了3个全能型供电所。

【科技创新】 全年组织开展5项省公司计划内科技项目和45项管理创新项目建设，项目覆盖公司所有部门和单位，研发费计划、项目验收计划、专利工作计划、重点工作任务计划等各项年度计划及各项指标完成率100%。修订公司创新成果奖励办法，突出正向激励作用发挥和创新氛围营造，申请专利25项，获得专利授权9项，专利申请和授权数量创历史新高，超额完成省公司年度专利计划任务，获得省公司科技进步奖4项、专利奖2项。全年公司实施管理创新项目45项，其中省公司重点示范项目12项、省公司推广项目5项、省公司安排项目28项，获得国网公司管理创新推广成果三等奖1项，甘肃省企联管理创新优秀成果奖励4项（一等奖1项、二等奖3项），省公司优秀管理创新成果奖励10项（一等奖4项、二等奖5项、三等奖1项），获奖数量较上年有大幅增加。

【环保工作】 紧紧围绕省公司下达的年度环保工作目标、重点工作任务，严格落实环境影响评价制度和“三同时”制度，规范项目环评、竣工验收、规模变更等环保手续履行，各项工作均取得良好效果。甘肃兰州九州110千伏输变电工程、雁滩110千伏变电站改造工程、马泉110千伏变电站扩建工程均已取得环评批复。开展全过程技术监督精益化管理，结合重点项目开展专项环境技术监督，完成110千伏焦家湾变、龚家湾变等16座变电站噪声监测，完成黄峪（彭家坪）、姚家川110千伏送变电工程等9项电网建设项目竣工（环保）验收。配合省公司科信部等职能管理部门，在“世界环境日”期间，参加了由兰州市环保局联合城关区环境保护局主办的世界环境日系列宣传活动，大力宣传国家环境保护政策，积极履行央企社会责任。开展变电站电磁环境有关知识的宣传讲解工作，兰州公司在供区内77个营业厅同步开展宣传工作，发放《电网环保ABC》《输变电环保典型问题沟通手册》宣传手册约2000份。通过各种活动加强了政府、企业与公众三者间信息的沟通与交流，宣传了电力环保、清洁能源知识，实现信息对称，消除了部分公众对于“电磁辐射”的认知误区，营造电力建设的良好氛围。

【信息化建设】 优化通信网结构。永登、榆中地区通信容量提升至2.5G升级工作。开通榆中县公司（城郊公司）、国网永靖县供电公司、红古供电服务中心、国网新区供电公司和国网兰州市城郊供电公司100兆综合数据网通道，开通14个变电站10兆综合数据网通道。综合数据网改造项目实现信息网络带宽市至县千兆、县至末端百兆的目标。开辟8条直达供电服务指挥中心的信息网络专用线路（包括7条内网线路、1条外网线路）。完成超高压输电、超高压变电运检中心网络开通、调试工作。完成8座省调直调电厂，10座公司直调电厂，4座公司直管用户变，共计22座电厂的电力监控系统安全防护专项检查治理工作。110千伏变电站统一视频覆盖率达到在线率100%。2018年信息通信同业对标指标在省公司范围内排A段第1。2018年在省公司组织开展的专业能力提升统一评价工作中，被评为A级地市级单位。竞赛创新成果斐然。2人被授予“甘肃省技术能手”称号；在国家级“网鼎杯”网络安全大赛获得小组三等奖。省级二类暨信息通信运维及安全攻防技能大赛团体三等奖；代表省公司参加国网公司网络安全攻防总决赛获得优秀组织奖。

（陈　媛）

城市管理与执法

【概况】 2018年，兰州市城市管理委员会打造“市民城管”品牌，紧贴市情民意，突出重点抓管理，实施城市管理攻坚行动，城管队伍形象持续改善，市容市貌、人居环境改观，市民满意度提升。全年督导城管执法部门查处各类占道摊点20万个次、露天烧烤4923起、施工噪声1935起、商业噪音3284起、餐饮污染221起、二次扬尘703起，捕捉移送流浪犬5000余只。

【市容秩序管理】 突出“兰洽会”“兰马赛”等重大节会、赛事市容环境保障，集中开展市容环境综合整治。探索推行电子围栏、设置禁停区域等措施，加强共享单车秩序维护。完成20条背街小巷提升改造任务。督促产权单位束理、清理南昌路等17条道路空中线缆23.6千米。在背街小巷及小区院落内设置瓜果自产自销临时便民摊点134处、1221个，市容秩序精细化管理水平提升。

【环境卫生管理】 编印、推行西北地区第一个地方环卫作业标准，开展道路清扫保洁、定期冲洗等标准化作业，城区道路机械化清扫率达87%、清扫保洁率达98%以上，10月，兰州市环卫一体化工作被中国城市环境卫生协会评为环卫管理十大示范案例之一。“清明节”“中元节”“寒衣节”期间为市民群众提供770余处祭祀场所，引导11.2万多人次到指定场所祭祀。推行城区环卫公厕24小时免费开放，推进母婴活动空间规划设置等工作，为512座环卫公厕安装免费共享纸巾机，在国内率先建立运行城市公厕云平台，为广大市民游客提供全天候“如厕”及公厕快速查找、精准定位等服务。重点监管89家土方工地，督促严格落实“六个百分百”标准。督促42家公司对1200台车辆实施建筑垃圾规范运输服务，在城市主要出入口设置14处渣土运输检查点，最大限度减少路面遗撒、降低扬尘污染。开展“月（周）末大扫除”活动19次、约28.5万人次参加，全民参与、共治污染的氛围日益浓厚。

【违法治理】 按照“五个一批”（拆除一批、处置一批、整改一批、没收一批、诉讼一批）的工作要求，督导城管执法部门联合公安、建设等部门力量，依法查处城区存量违法建设220.64万平方米（查处385.32万平方米，占五年行动存量违

环卫工人进行雨天道路保洁

法建设查处任务的32.4%）。

【广告牌匾治理】 按照“五个一律”的原则（即楼屋顶高空户外广告设施一律拆除；楼面影响市容市貌、存在安全隐患的广告设施一律拆除；城区地面擅自设置的各类指引牌等广告设施一律拆除；一店多牌门头牌匾一律拆除；城区乱挂横幅一律拆除），推进户外广告清理整治，督导城管执法部门依法拆除违规户外广告36.1万平方米，其中拆除城区楼顶招牌字948块、约16.3万平方米。集中力量对大砂沟、鸿运润园等重点区域户外广告及门头牌匾的清理拆除及更新、更换。建成门头牌匾示范街15条。修改完成《兰州城市广告牌设置规范及样板街广告牌匾视觉改造规划设计》《兰州机场高速公路户外广告牌规划设计》。

【生活垃圾分类】 在146个小区、8个示范片区开展垃圾分类试点工作，在1002家医疗、教育机构等公共机构推行生活垃圾分类模式；协调改造再生资源回收网点120个、建成垃圾分拣中心8座；推动出台《兰州市城市生活垃圾分类管理办法》。8月，兰州市被住建部专家组确定为国内首批5个城市生活垃圾领域国家适当减缓行动项目（NAMA项目）试点城市之一；10月，协调举办由国家节能中心主办、兰州市人民政府支持的2018中国（兰州）垃圾资源化利用产业创新发展论坛，兰州市垃圾治理工作得到国内相关专家、单位充分认可。

【全域无垃圾工作】 常态化监管生活、建筑、餐厨垃圾无害化处理设施，不断完善生活、建筑、餐厨垃圾收运体系，逐步健全经费、法规、项目保障等机制，城市垃圾处理水平提高，为国内外城市垃圾处理工作提供可供复制、借鉴的“兰州模式”。8月，兰州市餐厨垃圾和建筑垃圾综合处理厂，被科技部列为国家重点研发计划定向专项项目《生活源有机废弃物转化有机酸土壤调理剂的技术集成与利用示范》课题的研究对象和实验支撑，为兰州市推进城市垃圾处理工作提供技术支撑。推行城区生活垃圾“不落地”收运工程，设置生活垃圾压缩车辆收集点69个，规划定时定点收集线路131条，日产日清生活垃圾约2500吨，1620个小区院落实现生活垃圾不出院收集，主城区生活垃圾收运体系初步建立。整治城乡堆积垃圾，每周利用无人机航拍4天，发现、督促清理垃圾堆放点2400余个，清理城市出入口、河洪道、铁路沿线及农村堆积垃圾80万余吨，城乡环境不断改善。

【城管队伍建设】 组织开展“五看五谈五戒”“解放思想大讨论”等活动，查摆委系统作风问题111个并全部完成整改，制定落实八项规定精神具体措施等70多项制度措施。探索实施“一线工作法”“四清”工作法。深入实施“强转树”行动，积极倡导“721”工作法、全面落实城管执法教育培训及全过程记录等要求，兰州市城市管理委员会被住建部评为2018年度全国城管执法队伍“强转树”行动表现突出单位。在主城区推行以“一长六员”为基本内容的“街长制”管理模式。申请成功并组织实施3项市社科规划课题研究，在兰州市城管系统广泛开展城市管理执法研究并形成98篇论文。探索以“为市民服务、请市民参与、让市民满意”为核心内容的“市民城管”，坚持共建共治共享原则，开展“市民城管”相关教育、宣传及实践活动，“打造‘市民城管’、推进社会治理”工作被人民网、中共中央党校（国家行政学院）联合评为2018年全国“社会治理创新优秀案例”。落实城市管理绩效考评工作，对主城四区、高新区及黄河风情线大景区管委会城市管理工作考核11次。

【脱贫攻坚】 落实精准脱贫“一户一策”计划，脱贫攻坚实现新突破。协调落实资金20万元，为帮扶村配备垃圾运输车1台，为200户群众每户配发垃圾桶2个，打造全域无垃圾示范村，推动帮扶村“美丽乡村”建设。协调改造危房3户，并均配置高科技环保厕所。筹措资金5万元，为34户贫困户每户购置洗衣机及节能环保烤箱各1台。举办“脱贫励志”大讲堂讲座4期，邀请16位专家讲授相关知识、技能。评选出3批34户“奋斗之星”，引导示范贫困群众转变思想观念、改善行为习惯。制作习近平总书记“要幸福就要奋斗”语录、《给奋斗的你》（励志诗歌）宣传牌各200块，营造“脱贫励志”的浓厚氛围，增强扶贫村贫困群众脱贫致富的决心和信心。

【文化建设】 组织编写《学思践悟城管人》一书，编制《兰州城市管理》月刊12期，联合出品《向城管致敬》微电影，组织创作歌曲《我们是光荣的城市管理工作者》，开办《今日城管》电视专栏并播出7期，推动发展积极健康的城管文化，为做好城市管理工作提供强大的精神动力。对接、协调兰州市歌舞剧院，组织城管执法干部职工7000余人次、免费观看演出35场次，广泛宣传城管系统12个单位、李留根等43名个人的先进事迹，不断弘扬特别能吃苦、能忍耐、能奉献、能战斗的城管作风，增强城管队伍团队精神、集体荣誉感和工作落实力。

（杨玉山）

兰州黄河风情线大景区管理

【概况】　兰州黄河风情线大景区管委会是市政府直属参公事业单位，县级建制，财政全额拨款，核定编制40名，领导职数3名（主任1名、副主任2名），内设机构6个，科级领导职数12名。2018年，下辖兰州黄河风情线执法支队、兰州市民公园、兰州市百合公园、兰州黄河风情线大景区园林绿化所、兰州市绿色公园、兰州廉政文化公园6家事业单位。

【黄河风情线大景区改造提升计划】　研究上报《黄河风情线大景区改造提升三年行动计划》，包括建筑外立面装饰、河道驳岸治理、码头改造提升及新建、河道健身步道维修贯通、基础设施维修整治提升、绿化景观提升、灯光夜景亮化、公共卫生间维修改造及新建、违建拆除、商业网点清理整治和规划提升、理顺体制机制等方面。组织编制黄河风情线景观带改造建设、黄河风情线景观带慢行系统、沿河生态旅游景区景点建设等规划方案。

【执法整治】　整合景区执法力量，加强重点区域巡查，制止乱扔垃圾、摆摊设点、占道经营、违章建筑、侵占绿地、破坏树木等行为。依法拆除大名城售房部、水车博览园、人文始祖园等处违法建筑8851平方米，拆除水上清真寺西侧、兰州演艺集团、云峰酒店、省科学院能源研究中心楼顶及沿线护栏广告3855平方米，清理各类乱设摊点9581处、各类设施783台套，捕获遣送流浪犬320余只。

【设施维修改造】　对黄河两岸西游记、双拥之花等10处破旧雕塑和破损游览道、健身步道、喷泉、公园廊亭、中山桥石碑等114处破旧景观设施进行维修加固。完成空竹园环境整治和龙源喷泉改造提升任务，完成硬化景观铺装2700平方米。更换安装沿线电线1.22万米、上水管线3.35万米、高压射灯230套，修复景观灯208套、破旧垃圾箱及座椅300余个、绿地破损井盖300套。启动实施黄河北岸水上清真寺至马拉松公园段健身步道贯通、兰州港码头改造提升、公共停车泊位新建项目在抓紧实施。

【园林景观改造】　将沿线绿地、分车带、行道树划分为17个标段，通过公开招标引入专业化管护队伍。改造沿线斑秃裸露绿地和马拉松公园绿化带2万平方米，栽植各类乔木758株、灌木72万株、草坪7.6万平方米，喷洒防虫灭病药剂180万平方米，维修更换绿地护栏16700米，摆放石桌石凳40套。在沿线21个点位，摆放绿雕33组、花钵25组、花柱38个、盆花100万盆。

【卫生保洁】　在全线范围内，通过公开招标，引入7家物业公司，执行全天候精细保洁作业，做到垃圾随产随清，不落地收集，全密封收运，确保风情线干净整洁。全年日清扫保洁面积246万平方米，日清运垃圾约23吨，日清洗路面、桥面、护栏、环卫设施20万平方米。全年整治卫生死角8万平方米、清理枯枝80多吨、杂物230多处，平整河滩地2000余平方米。

【旅游宣传】　征集评选出大景区旅游标志，制作旅游宣传画册、宣传片、微电影。安装大景区简介和指示牌51块。在“黄河母亲雕塑”及中山桥南、北广场试点无人售货机3台。协助配合兰马赛、兰洽会和省市机关单位举办各类公益活动169次。

【防汛及清淤】　严格落实24小时防汛值班和领导带班制度，对马拉松公园、龙源、滩尖子湿地公园等地势较低区域设立警示标志、安全警戒线进行封闭，要求沿河茶摊全部停止经营，组织人员不间断巡查，禁止游客进入临河步道。汛期过后，组织人员5995人次、机械车辆697台次，清理淤泥4.3万立方米、垃圾235.9吨，清洗路面广场3.2万平方米、健身步道32千米，平整河滩4500平方米，清理共享单车1091辆、各类设施1116套，维修新建步道500余平方米，恢复了风情线的面貌。

【创建工作】　重视创建全国文明城市工作，成立领导小组，制定实施方案，召开专题会议进行安排部署，组织工作人员学习相关知识，营造良好的创建氛围。完成全国志愿者网上注册工作，全年开展“保护母亲河”等志愿服务活动24次。在沿线公园景点等20个点位投放公益广告牌736个。

（李　萍）

住房公积金管理

【概况】　2018年，兰州住房公积金管理中心全年归集住房公积金53.66亿元，完成目标任务45亿元的119%；新增缴存职工6265人，完成目标任务6000人的104%，缴存职工达到54万人；发放个人住房贷款40.97亿元，完成目标任务28亿元的146%；个贷率达到95%，超出85%的控制目标10个百分点；个贷逾期率0.29‰，低于1.5‰的控制目标；贷款风险准备金充足率100%。在2018年全省住房公积金工作考核中，中心被评为住房公积金工作先进单位。

【住房公积金归集】 住房公积金归集总额达到388.20亿元，归集余额186.45亿元。缴存单位共9247家，缴存职工人数达54万人。将在全市就业的港澳台同胞和部分区县行政事业单位聘用人员纳入缴存范围。坚持依法行政，对51家单位启动行政执法程序，督促13家被执法单位为503人建缴公积金。全年新增缴存单位764家，新增缴存职工6265人，让更多的群体，更多的职工享受到住房公积金政策红利和发展成果。对422家市直行政事业单位干部职工的公积金缴存基数予以规范，将年终一次性奖励金和扣缴的养老保险、职业年金纳入公积金缴存基数，对欠缴的公积金予以补缴，补缴总额9373.27万元，涉及干部职工30835人。在市人代会上提出《关于为兰州市各区、县属单位临聘人员建缴住房公积金的议案》，推动有条件的区县为其临聘人员建缴住房公积金，切实保障职工合法权益。全面贯彻落实党中央、国务院关于降低实体经济成本、减轻企业非税负担的决策部署，允许困难企业可按规定降低住房公积金缴存比例或者缓缴，从根本上减轻企业负担。充分借助报刊、网络、电视等平台开展多种形式的宣传工作，在兰州电视台新闻频道、公共频道、综艺频道及兰州广播电台每日滚动播放住房公积金公益宣传片10次，深入企业开展政策宣讲和座谈30次，开展国家宪法日集中宣传1次。

【住房公积金提取】 全年办理住房公积金提取业务10.13万笔，提取公积金39.64亿元。落实国家宏观调控政策，在广泛调研、讨论的基础上，结合中心实际情况，4月、6月先后两次修订中心的住房公积金提取业务操作规程，减少要件资料，方便职工办理住房公积金提取业务，使操作规程更加符合实际，公积金提取更趋向于职工住房消费。制定《兰州住房公积金管理中心老旧住宅小区增设电梯提取住房公积金业务操作规程》。协调软件公司在系统中开发该提取情形的备案、办理系统，全面开展“老旧住宅小区增设电梯提取住房公积金”业务，减轻职工家庭增装电梯的经济负担。结合中心出台的各项政策规定，配合铁路分中心对铁路分中心的提取业务操作规程和档案管理规范进行修订，保证铁路分中心归集、提取政策的一致性。

【住房公积金贷款】 全年为全市1.07万户职工家庭发放住房贷款40.97亿元，贷款总额达到293.60亿元，累计助11.65万户职工家庭圆安居梦。坚持“保一限二禁三”贷款政策，对首套房贷款支持力度不减，全力保障缴存职工基本住房需求；从严控制二套房贷款，提高限购区域首付比例；严禁三套及以上购房贷款，确保贷款资金投放公平合理。调整关于首套房及二套房认定规则、共同申请人制度、个人征信考察时限、购房时限及贷款资金用途等规定，取消“商转公”、二手房（后）等贷款品种，贷款政策适度从严，回归住房公积金制度保障和互助性质。全力维护职工公积金贷款权益，严厉打击房企拒贷限贷公积金行为，切实维护缴存职工合法使用公积金的权利，约谈督促12家房企限期进行了整改。走访调研对象700人，深入了解新市民的群体特征、住房状况和住房需求，完成相关数据的统计及上报工作，撰写调研报告，为住房公积金制度改革提供基础资料。开展银行授信贷款和“公转商”贴息贷款业务，全年办理银行授信贷款6亿元，贷款23.5亿元，贷款余额6亿元。全年受理并签约“公转商”贴息贷款223笔，贴息贷款金额8517万元，受理并签约贴息贷款795笔，贴息贷款金额3.39亿元；当年支付贴息资金463.37万元，支付贴息资金649.98万元。

【住房公积金风险防控】 定期分析公积金收支情况，科学预测资金走势，合理制订资金使用计划，实时掌握银行存款余额及变化，保障提取贷款资金及时发放。及时调整定期存款结构，与多家银行签订协定存款协议，在基准利率基础上至少上浮40%，极大实现资金保值增值，流动性与收益性有机统一，全年实现增值收益2.38亿元。每周召开系统运维工作联席会议，会诊系统运行中存在的隐患和问题并积极解决，确保系统安全。严格执行数

2018年6月2日，兰州住房公积金2018年健步登山活动

据备份和管理制度，保证当地系统和异地灾备系统备份数据完整。每周进行系统关键参数检查，有效防止系统风险。围绕资金安全体系建设开展多项核查，保证数据的准确性。坚持以内部审计为手段，以内审促规范防风险，聚焦缴存登记、提取审批、贷款审批等关键环节，完成七里河、红古、西固、安宁、皋兰管理部2017年度业务的内部审计和“公转商”贷款的专项审计。做到“贷前调查、贷中审查、贷后监管、逾期即催”，特别对逾期贷款不断加大催收力度，实现逾期贷款催收全覆盖。全年开展电话催收1.6万人次、上门催收965人次，短信服务平台发送逾期催收短信1.23万条、发送还款提醒短信65.43万条，法律诉讼逾期借款人18名，其中有9名借款人偿还逾期贷款。

【住房公积金服务】 全面建成集门户网站、网上业务大厅、微信公众号、手机APP、自助终端、12329服务热线、微博等服务渠道于一体的综合服务平台，于8月20日上线运行，11月19日顺利通过部省两级的联合验收并获得省内唯一优秀等次。职工可根据个人习惯选择微信公众号、手机APP或网上业务大厅办理相关业务，特别是职工可通过微信公众号直接刷脸登陆，实实在在地体验到指尖上的公积金，服务更加高效便捷，“让数据多跑路，职工少跑腿”的服务目标在中心落地生根。截至年底，登录综合服务平台40余万人次，通过综合服务平台办理业务1.67万笔。及时公布22项群众和企业到中心办事事项，并在甘肃政务服务网兰州子站上进行加载，实现办事事项100%“一网通办”。不断优化压缩办理资料，办理公积金任何业务不再提供身份证明材料复印件，二次办理偿还本中心以外的住房贷款提取的不再提供购房合同、借款合同等证明资料，办理贷款时借款人及共同还款人不再提供单位工资收入证明。强化服务监督，采用电子监控、定时检查、预警提醒等方式，全方位监督窗口人员服务行为，提升服务质量。严格落实《窗口规范化服务标准》，全面打造标准化服务，邀请专业礼仪老师开展大型服务培训1次，铁路分中心和各管理部自行开展服务培训均在5次以上，服务类投诉较上年明显下降。推行服务承诺、首问责任、一次告知、限时办结等服务制度，全面提升服务效能，提取业务实现当天办结，贷款业务办理时限较上一年度平均压缩1.5个工作日。不断提升行业形象，积极引入VI导视系统，完成VI视觉和SI品牌形象设计，并逐步应用于服务大厅装修建设，以实现所有服务大厅有行业代表性的统一风格。

【其他工作】 把全面从严治党任务和党建任务分别细化分解为34项和40项具体任务，细化量化为责任清单，形成党组、第一责任人、班子成员和党支部四级责任体系。全年党组会议研究全面从严治党工作7次，对落实全面从严治党主体责任情况进行督查4轮次，下发督查通报3次，确保全面从严治党工作落到实处。全年邀请省、市委党校教授等专家开展理论辅导培训6次，中心组学习26次，视频专题学习培训14次，每个党支部集中学习均在20次以上。全年中心党组召开民主生活会1次，各党支部分别召开组织生活会2次。各党支部组织全体党员分别到兴隆山革命烈士陵园、张一悟纪念馆、八路军兰州办事处纪念馆、西路军纪念馆等场所开展主题党日活动，开展志愿服务进社区送温暖、义务劳动、文明城市创建、助力脱贫攻坚等活动。获兰州市直属机关诵读比赛优秀组织奖，榆中管理部职工马永亭家庭被市妇联授予兰州市2018年度“最美家庭”荣誉称号。制定《兰州住房公积金管理中心支部建设标准化实施方案》，党支部标准化建设做到安排部署、学习培训、打造亮点、开展活动、督促检查和资料收集的“六个到位”。领导班子成员严格落实“一岗双责”不松手，每位班子成员具体部署分管领域党风廉政建设工作4次，与分管领域负责同志约谈4轮次，每季度向党组汇报工作1次。严格落实工作约谈制度，尤其对苗头性、倾向性问题早发现、早提醒。全年开展约谈225次456人次。其中，提醒约谈10次；鼓励约谈5次。大力开展“转变作风改善发展环境建设年”活动，以多种形式开展问题查摆及整改，促进干部职工转变作风，改善发展环境。利用“互联网+”技术，开发建成在线考试系统，建立考试题库，每季度组织干部职工参加学习教育考试，达到以考促学的目的。支持干部职工开展调查研究，撰写研究论文，并通过《住房保障和住房公积金》《中国建设报》《甘肃建设报》《兰州日报》等报刊宣传报道60余篇，省政府信息刊物采用2篇，《中国建设报》刊登1篇，省政府《发展》杂志刊登1篇，市委《兰州工作》杂志刊登1篇，市委和市政府《兰州信息》采用20篇。兰州电视台对中心党建及业务工作进行专题采访，制作长达20余分钟的专题片，在兰州电视台《先锋引领》栏目专题进行报道。

（卢声白）

环境保护

【概况】 2018年，兰州市环境空气质量优良天数213天，剔除沙尘天气后空气质量达标率70.2%，环境空气质量综合指数5.99，同比下降7.1%。PM10、PM2.5、SO_2、NO_2日均浓度分别为96微克/立方米、44微克/立方米、21微克/立方米、53微克/立方米；O_3日最大8小时滑动平均第90百分位数为166微克/立方米，CO日均值第95百分位数为2.6毫克/立方米。二氧化硫、氮氧化物、化学需氧量、氨氮四项主要污染物约束性指标减排量分别为12983吨、12251吨、6430吨、803吨，较2015年分别下降18.6%、15.2%、14.82%、10.43%，全面完成甘肃省下达的目标任务。国控空气自动站联网率100%。污染源自动监控数据传输有效率、企业自行检测各季度公布率、监督性监测结果公布率均达到考核要求。黄河兰州段水质达到国家三类标准，市区集中式饮用水源水质和3县1区（榆中县、皋兰县、永登县和红古区）饮用水源水质达标率均为100%，水质自动站联网率和有效率均为100%。全年未发生重大环境事件及核与辐射安全事件，无严重环境违法行为。

【特色与亮点】 多措并举深入推进环评“放管服”改革，在全省率先实施环评告知承诺制，彻底为环评审批“瘦身”，进一步优化营商环境；不断加大环境监察执法力度，在全省率先开展的“铁拳”专项行动初战告捷，有力震慑环境违法行为，切实改善群众生活环境质量；全面提升环境应急管理水平，在全省建成第一个专业环境应急物资储备库，标志着兰州市在环境应急管理工作上又上一个新的台阶；不断升级水污染防治联防联控能力，不断加强甘青两省、兰海两市的联合监管，构成多层次、全方位的监管责任体系；不断深化政校联合，聘请中国工程院院士、国家大气污染防治攻关联合中心副主任张继航为主任委员、马建民、安太成等知名重量级专家等担任委员。签署《治污战略框架合作协议》，全市生态环境保护“智囊优势”明显提升；优选强化大气污染技防体系建设，建立健全环境监管常态化机制，对重难点问题持续攻坚，巩固扩大治污成果；切实转变“以罚代管”的传统思维，树立“服务式监管、执法就是服务”的监管理念，推动简政放权与加强监管同步推进的体制机制创新。

【环境信访及政务信息】 全年受理12369环保举报电话投诉2954件，其中电话投诉件1448条、微信投诉件1299条、网络投诉件203条、来信来访等4条，均已及时办结及时回复，办结答复率100%。全年在兰州市环境保护局政务网站发布各类信息960条，编发《舆情信息》简报34期；累计发布政务“头条号”信息521条，阅读量751682次；累计发布微信公众号信息616条，政务微博信息627条，聚集关注粉丝数60874个。积极组织开展网络评论工作，完成网评13次88条，发布网评员文章5篇。

【环境影响评价】 牢固树立“不做孤独赢家、把困难留给政府，把方便让给企业”的服务意识，坚持“刀刃向内”，深入推进环保领域

“放管服”，不断推动兰州经济高质量发展，结合实际出台11项放权措施，在全国首创“环保部门不再组织专家技术审查”的措施，在强化建设单位环境保护主体责任的同时落实企业环保主体责任。进一步压缩审批时限，对重大项目、民生工程、扶贫项目的审批过程开通“绿色通道”，报告表类项目时限当日受理、当日办结，报告书类审批时限由法定60个工作日缩短为15个工作日，报告表类审批时限由法定30个工作日缩短为10个工作日。进一步优化审批形式，通过“互联网+”，实现“零跑路”和不见面审批。全年完成网上备案各类项目1526件，建设项目审批115个，其中报告书58个、报告表57个，办理率、完成率、群众满意率均为100%，做到零投诉。

【环境监测】 完成兰州市国控点样品环境空气降尘、降水例行监测及省控空气自动监测站、超级站和预警站的环境空气监测工作；完成兰州市饮用水水源地例行监测任务以及全分析监测任务，并及时汇总上报和审核县区饮用水源地和乡镇饮用水源地水质监测结果；制定实施《2017—2018年兰州市饮用水源安全监管水质监测方案》，对在兰承担监测工作的监测机构进行质量考核；制定实施《2017—2018年度兰州市环境监测站“冬防”期间工作方案》，定期对兰州市重点污染源、行业进行监督监测；编制完成5本1908种常见危险化学物品的参考资料；对西固区有机物背景值进行监测，并对背景数据进行全分析，全面掌握兰州地区主要污染源企业对于整个兰州市环境质量的影响，为环境管理者决策提供数据支持。

【反馈问题整改】 推进中央环保督察整改工作，中央环保督查反馈问题涉及兰州市的共21项，其中17项整改任务已按要求整改完成并对账销号，4项跨年度问题正在按计划逐步进行；512件信访投诉转办件，办结509件，3件跨年度任务正在推进中。为持续巩固整改成效，防止污染反弹，在对中央环保督察指出问题积极开展整改的同时，建立“后督查”台账，对完成整改的问题进行“回头看”。

【水环境管理】 深入贯彻落实《水污染防治行动计划》，制定《兰州市2018年度水污染防治行动工作方案》，持续推进2018年度水污染防治各项目标任务，确定的29项年度重点工作任务已全部完成，18个重点工程已完成13个、剩余5项属跨年度任务正在稳步推进；稳步推进污水站治理改造，兰州市榆中县和平污水处理厂建成投运，截至年底，该厂处理量9000立方米/日，出水水质稳定达标排放；完成兰州雪顿有限公司、兰州伊利乳业有限公司、兰州大学第二人民医院污水站提标改造治理工程；开展黑臭水体排查整治，兰州市被列入国家建设部具体监管的大金沟、甘沟、左家沟、鱼儿沟、阳洼沟、雷坛河、寺儿沟7条河洪道黑臭水体已消除黑臭，黑臭水体整治完成率100%。持续推进水污染联防联控工作，制定《兰州市2018年度枯水期水污染联防联控专项行动工作方案》，成立市级领导小组，组织开展2018年度枯水期岸门桥水源地上游水污染联防联控工作，有效保障黄河干支流水质安全；加强科研院校战略合作，与兰州交通大学签订《战略合作框架协议》，聘请中国工程院院士、兰州交通大学双聘院士王浩，张国珍教授等18名知名专家为“兰州市环境污染防控专家委员会”委员，开展黄河兰州段水环境承载能力评估研究，从科技层面对兰州市水污染防治工作提供指导和支持。

【大气环境管理】 全市大气污染防治工作重点从机动车尾气污染监管、燃煤及四烧面源污染整治、扬尘污染监管、工业企业监管等4方面入手，通过实施工业污染治理、机动车尾气达标检测、城区燃煤小火炉改造、施工工地“6个100%”无死角检查、工业企业VOCs（挥发性有机物）集中排查整治等一系列措施，全力展开蓝天保卫战。制定《兰州市2018年度大气污染防治实施方案》《兰州市打赢蓝天保卫战三年行动计划实施方案（2018—2020年）》，明确细化各区县政府、各部门及各企业工作职责；完成西固热电有限责任公司9#、10#机组超低排放改造，兰州石化公司VOCs综合治理LDAR项目；国电兰州热电厂有限公司“上大压小”异地搬迁项目供

喷雾抑尘车进行作业

热管网、中水回用、管网敷设全部建成，正在调试阶段；加强散煤管控，按照“宜气则气、宜电则电、居民可承受”的原则，采取煤改气、煤改电、棚户区改造自然消除、禁燃区内强制取缔等四项措施，完成城区居民6万台燃煤小火炉取缔改造工作、区县1.5万个农村土炕改造，冬季城市居民散煤用量可控制在15万吨之内，较2016年减少50%；强化依法治污，制定实施《兰州市大气污染防治“1+8”地方性管控标准》《兰州市机动车排气污染防治条例》，机动车环保定期检验率达到辖区应检车辆的100%；深化科技治污，充分发挥网格化微观站、无人机航拍、扬尘智能监测、移动式走航雷达、农村秸秆焚烧远程监控等技防手段，提高面源污染管控水平，实现“人防”与“技防”的有机结合；全市32家重点排污企业污染物排放在线监控系统、5家企业全过程工况监控系统、535套覆盖主城区所有街道和远郊区县乡镇的网格化监测设备、重点土方工地在线视频监控及PM10监测设施、6个进城主要卡口固定式红外遥感设备、2台流动检测车等正常运行，对扬尘和尾气实施全时段、全方位、无死角管控。在全国率先推行网格化监测公众版手机APP，发动群众共同参与坚决打赢“蓝天保卫战”；深化政校合作，与兰州大学签订《大气污染防治战略框架合作协议》，聘请中国工程院院士、国家大气污染防治攻关联合中心副主任张远航为主任委员，为兰州市与兰州大学在大气污染防治科学研究、技术咨询、人才培养、科研成果转化等方面的深入合作提供有力支撑，实现资源共享，优势互补，合作共赢。

【土壤污染防治】　全年未发生因耕地土壤污染导致农产品质量超标、疑似污染地块或污染地块再开发利用不当且造成不良社会影响的事件，土壤环境总体安全。有序推进兴隆山、连城自然保护区整改工作，全年各部门开展联合检查26次、专项检查50余次，累计出动执法人员300余人次。初步完成整改问题91个，剩余问题正在严格按照要求依法依规进行整改中；认真贯彻执行“土壤污染防治行动计划”，制定《兰州市2018年土壤污染防治工作方案》，对全市土壤污染状况进行详查，完成24个疑似污染地块、900余个土壤样品的采集分析评价等工作，初步掌握兰州市农用地污染状况分布；全面开展土壤污染防治工作，投入290万元开展废旧农膜回收补助及站点建设工作，形成兰州市重点地膜使用回收站点全覆盖。以生猪、奶牛等中大型畜禽养殖为重点，推广雨污分流、干湿分离和设施处理等污染防治技术，完成新改扩建标准化养殖场50家；开展化肥农药“零增长”行动，实施测土配方施肥工程，推广双垄全膜沟播技术53.31万亩，超额完成年度任务；积极开展农村环境综合治理，共投入资金720万元，对永登县、榆中县、皋兰县、红古区40个行政村开展农村环境综合整治项目；有序推进生态红线划定工作，与甘肃省环境科学家设计研究院签订《工作技术协议》，联合相关部门对永登县、榆中县等生态红线范围逐一核实定界，完成《兰州市生态红线划定方案》的修编和第三次意见征求反馈工作。

【危险废物安全监管】　制定实施《兰州市“清废行动2018”实施方案》，多部门联合开展2018年固体废物清理“铁拳”专项行动，对涉及固体废物、危险废物的产生点、堆存点进行全面核查整治清理，全市排查461家企业，处罚7家企业罚金33.9465万元；启动实施区域危险废物处置项目建设，选址在位于永登县的兰州红狮环保科技有限公司和皋兰县康顺石化公司，两家公司将按照国家法律法规要求待各项资质、手续办结完成后，挂牌确定为市级危险废物处置中心。

【环境执法】　强化监管执法，严厉打击环境违法行为。制定《兰州市继续开展打击破坏环境资源违法犯罪专项活动实施方案》，并多次与市检察院、市公安局、市国土局等部门召开联席会议；全年查办非法占用农用地6起、非法采砂4起、非法占用林地50起、环境违法企业82家，移交移送公安机关行政拘留9件，办理行政处罚案件36起，罚款总额为310余万元，有力地打击了各类环境违法犯罪行为；深入开展各类环境执法专项行动，切实维护群众合法权益，组织开展为期3个月的打击违法排污“铁拳”专项行动和遏制环境违法行为保障人民群众合法环境权益“重拳”专项行动，共出动检查人员3700余人次，检查企业1051家次，发现193件环境问题，立案查处48家，罚款金额219.01万元，查封扣押6家，责令改正85家，移交移送10家，停产整治3家。

【环境应急监管】　按照甘肃省政府公布的全省24家企业的57个环境隐患问题名单，组织开展重大环境风险、企业环境安全隐患排查和治理，完成涉及兰州市的9家企业各类环境隐患问题的销号工作；严格落实应急值守制度，全力保障环境安全，逢重大节会、汛期等重要节点，及时组织开展对隐患的排查和环境安全的监管行为，严格落实24小时环境应急值守、领导带班制度，全年妥善应对处置突发应急事件16起，均不属环境事件，未对环境造成次生污染；环境应急水平不断提升，组织全市环保系统及重点企业100余人参加环境应急管理工作培训，与市直有关部门召开联席会议签订联动协议；在西固区河口镇开展2018年度水源地保护专项应急演练；建成全省首个环境应急专项物资库，启动全市区域风险评估工作，环境应急管理水平、应急响应能力不断提升；全面排查核技术利用单位，建立完善核与辐射管理台账，确保所有核技术利用单位纳入监管。突出对高风险单位的监督检查，严格查处违法违规行为并限期整改落实，其中核技术利用单位监督检查率、整改完成率均为100%。

（张炳乾）

南北两山绿化

【概况】　南北两山林木生长良好，重点区域景观显著提升，水利改造力度加大，两山林地环境改善，林地资源管理规范，新增南北两山林地2万亩，连续18年未发生较大以上森林火灾，两山生态建设迈入新的发展轨道。

【规划编制】　开展两山民宿旅游、投资运营、绿化亮化美化发展规划编制工作，编制完成《兰州市百里黄河风情线两山亮化美化工程总体规划》《兰州市南北两山绿化美化行动方案》《兰州市南北两山生态文化旅游民宿产业发展投资运营方案》。组织实施兰州市南北两山生态景观提升项目编制工作，编制完成《兰州——机场通道面山及陡坡治理项目设计方案》《兰州市城区六大出入口绿化景观提升工程方案》《兰州市九州台面山景观改造提升项目方案》《兰州市南北两山绿化水利工程维修改造项目方案》，规划利用三年时间，做绿通道，做美入口，扮靓两山，提升景观，打造城市生态屏障。

【景观提升】　九州台景区总投资为1.1亿元，实施罗九公路9.45公里景观道路提升改造工程，建成九州台登山健身步道2240米。开展大兰山景区建设，建成小游园2处，绿化治理面积1万平方米；建成2084米观景栈道，实现人车分流，为游客营造一个安全、通畅、舒适的步行通道，提升整体景观品质。实施建设安宁区十里桃花项目146亩，补植补栽山毛桃、新疆杨等苗木10万株。实施建设西固马耳山、莱家山景观提升二期工程建设项目，完善公共服务设施建设，提升区域生态景观。

【绿化管护】　实施南北两山增容扩绿项目，完成封山育林项目2.6万亩，其中新增绿化面积2万亩，两山绿化面积由58万亩增加到60万亩。组织“省门第一道”强化补植1848亩，实施高陡削坡绿化试验3处8900平方米，完成兰州—中川城际铁路沿线绿化900亩。组织实施徐家山陡坡的绿化治理项目、三台湾区域绿化强化补植项目、骆驼岘山片区面山绿化整治项目等城市北出入口绿化综合治理项目，实施绿化治理陡坡面2000平方米，绿化治理13.5万平方米，治秃除斑强化补植面积350亩。加强绿化管理管护，完成南北两山天保二期工程的年度建设任务，实施森林抚育项目4000亩，组织实施三水区1000亩红柳扦插试验，扦插红柳8万株，补植苗木45.3万株，播种柠条籽种1380公斤，清淤复整15750亩，全力构筑城市生态安全屏障。

中川绿色通道

【水利工程】　实施兰州中川城际铁路沿线生态景观工程刘家湾至茅茨段东侧面山绿化水利配套工程，完成投资3246.12万元，建成山顶水池10座，安装配套管线35公里。实施“省门第一道”皋兰段绿化景观提升水利配套建设，完成水利管网配套1848亩。加大水利工程维修改造力度，投入维修资金1714万元，实施维修项目20项，有效确保水利工程安全运行。强化水利工程运行管理，全面完成各季灌溉23.4万亩，灌溉水量2410万立方米。全力做好大气污染防治工作，实施“喷灌降尘”面积13.4万亩次。

【科技兴林】　加强与兰州市农科院合作，开展生土熟化种植花卉试验研究项目、西北野生花卉采种育苗试验研究项目，提高完成互叶醉鱼草、灌木铁线莲、红花岩黄芪等西北野生花卉5种容器苗1.8万袋，培育西北野生花卉实验材料容器苗1000袋。改善南北两山土壤条件，与甘肃驰耐生物能源有限公司合作开展有机沼肥应用试验项目，确定液体沼肥试验区100亩，对两山土壤进行施肥改良试验。扩大适生花卉种植面积，引种定植适生花卉6种3830株，丰富坡面色彩。

【依法治林】 围绕《兰州市南北两山绿化管理条例》《兰州市南北两山总体规划》的实施，规范开发项目审批，严格审批程序，年内审批项目15项。加强后期整改跟踪落实，配合完成中央环境保护督察第八批239号信访投诉问题的复查复核和国家土地督察兰州陇奇山林场整改问题的回头看工作。开展两山违法建设摸排工作，对1984年—2016年两山范围内属于城市建成区的各类违法建设进行认真甄别和摸排。全面对南北两山绿化承包单位绿化面积、建筑面积、人员构成等进行调查摸底，积极探索尝试运用市场化手段加强对承包单位管理的新思路。加强对绿化承包单位的管理，对存在问题的38家绿化承包单位列出整改清单，督促落实整改。开展全域无垃圾三年专项治理行动，推行垃圾源头分类减量，清理垃圾150吨，开设防火隔离带229千米。

【护林防火】 坚持把护林防火工作作为重中之重，形成纵向到底、横向到边的护林防火管理管护体系。在春节、元宵节、清明等关键时期，建立防火责任区域网格化防控体系，划片划段进行责任落实，将护林防火任务落实到“四头”（人头、地头、山头、坟头）。加大宣传力度，向扫墓人群发放《致扫墓者的一封信》，教育引导扫墓者用压纸、献花、植树等文明方式进行祭奠，逐步改变焚香烧纸等传统习俗。市、县（区）两级指挥部全体干部职工，放弃节假日休息，坚持工作重心下移，深入防火一线，蹲点守护，开展防火督查。积极应对人民清明期间严峻的护林防火形势，组织森林火灾应急扑救演练3场次，切实提高森林火灾应急扑救处置能力。南北两山取得连续18年未发生较大以上森林火灾的成绩。

（陈东亮）

园林绿化

【概况】 2018年，兰州市全力推进国土绿化行动，努力巩固“国家园林城市”创建成果，积极参与美丽乡村建设，全面确保森林资源和绿地安全。开展“百万鲜花靓金城”活动，举办兰州金秋菊花展，在城市主次干道和黄河大桥摆放、悬挂鲜花330万盆，重要节点设置绿色雕塑60组、花架184组，为讴歌改革开放40年、迎接第24届“兰洽会”和兰州马拉松赛等活动营造良好氛围。兰州市园林绿化局获得“全省绿化模范单位”荣誉称号。在第11届中国（郑州）国际园林博览会上，兰州市人民政府荣获国家住建部颁发的博览会“组织奖”、兰州市园林绿化局荣获“展园建设优秀单位奖”；在第8届中国（德阳）月季展上兰州市园林绿化局荣获“优秀组织奖”。

【城市园林绿化】 集中力量实施城市增容扩绿、提质增效和生态景观工程及大景区建设，加快城市生态建设，城市建成区绿地率、绿化覆盖率、人均公园绿地、公园绿地服务半径覆盖率等重点绿化指标进一步得到提升。生态增容扩绿方面，城市建成区新增、改造绿地81.29公顷（新增39.34公顷），超出年初计划1.6%；推动彭家坪中央生态公园、雁滩雕塑公园、金城公园二期等主题公园建设；着力“三小”绿地建设，新建小游园6处，改造小游园改建13处；编制完成甘肃省地方标准《兰州市屋顶绿化技术标准》，完成立体绿化9.5万平方米；实施了南山路、天水北路等一批城市主次干道绿化提升改造，栽植苗木15.52万株。

【生态景观建设】 实施黄河风情线景观改造提升，重点落实马拉松公园改造提升、绿地景观改造、节日美化装点三个绿化提升项目。推进九州台、大兰山、仁寿山景区等大景区建设，重点打造九州台森林文化景区；推进安宁区十里桃花项目，实施西固马耳山、莱家山景观提升二期工程；完成永登县城西山、城区两山、榆中北部山区等两山生态修复和植被恢复1.7万亩。

九州台小游园

【规范化管理】 以社会化购买服务为主要模式，引入专业化管护队伍实施园林绿地的物业管护工作，不断提高园林绿地精细化管养水平；严格按程序落实市政工程建设占用绿地、移植树木的审核报批工作；加强公园规范化管理，认真推进公园和景区“厕所革命”，对现有厕所进行全面改造提升；完成古树名木普查，完善古树名木后备资源库，古树名木保护率达到100%；注重城市历史风貌保护与恢复，实施一批文物保护项目，包括金天观、白塔山公园、五泉山公园等古建筑修缮工程。建成第12届中国（南宁）国际园林博览会兰州展园并竣工参展。

（吴建明）

农业·林业·水利

农业

【概况】 2018年，市农委实施乡村振兴战略，推进农业供给侧结构性改革，加快农业发展方式转变，优化农业产业体系。全年实现第一产业增加值42.98亿元，增长6%，农村居民人均可支配收入12368元，增长9.4%。草原综合植被覆盖度57.02%。全年全市农作物总播种面积238.99万亩。其中，粮食作物播种117.29万亩；经济作物播种121.7万亩。粮食作物：种植脱毒马铃薯32.2万亩，种植小麦35.52万亩、玉米38.03万亩、豆类9.8万亩，粮食总产量29.77万吨。经济作物：全市蔬菜种植面积77.92万亩，中药材种植面积11.78万亩，玫瑰1.97万亩。

【产业扶贫】 成立高原夏菜、百合、玫瑰、中药材、马铃薯、草食畜、猪禽渔、休闲农业8个产业兴旺小组，制定《兰州市培育壮大特色农业产业助推脱贫攻坚实施方案》《兰州市发展果蔬保鲜库助推精准扶贫三年行动实施方案》和各产业三年行动计划，推进产业扶贫。建立产业扶贫工作台账，落实种养殖产业需求3819户、13336人。落实农牧产业精准到户养殖肉牛1652头、肉羊28191只，种植蔬菜4697.69亩、中药材9575亩、马铃薯3217.75亩。建立156个农业产业发展项目库，集中实施21个农业供给侧改革重点项目，以永登县坪城乡、民乐乡等为主的半牧半农区，推广高产燕麦、饲用玉米和优质苜蓿等牧草，草产业合作社40家，比上年新增12家，草产业种植面积8万亩，比上年新增3万亩。在榆中县北山、永登西北片等贫困片区推广种植优质种薯，建成5万亩种薯基地，全市马铃薯合作社50个，比上年新增7家。在榆中县贡井镇吕家岘、青城镇新民村、永登县七山乡苏家峡村、柳树镇教场村实施4个产业脱贫“一村一品”项目。新培育发展省级龙头企业13个，引进培育“国字号”企业3个，新培育市级农业产业化龙头企业16家。新认定市级农民合作社示范社48家，市级示范性家庭农场17家。组建肉羊产业、蔬菜产销、中药材产业和马铃薯产业、百合、肉牛等6大产业联合体。至年底，融入产业扶贫龙头企业140家，带动贫困户1873户、4346人。全市256个建档立卡贫困村有合作社1664家，实现每个贫困村有2个合作社覆盖的目标，带动贫困户数7207户、2.34万人。

【畜牧业】 引进重庆天兆、四川新希望等国字号生猪养殖龙头企业在兰建场，总投资20亿元以上；北京德青源金鸡产业扶贫项目落户榆中。全年新改扩建标准化养殖场53个，创建标准化示范场20个，生猪、奶牛、肉羊、家禽四大养殖行业的规模化程度分别达到68%、96%、65%、96%，畜牧业综合生产能力提升，肉蛋奶总产量14.43万吨。实施畜牧业全产业链建设项目15个，生猪家禽奶牛标准化养殖项目18个。

【休闲农业】 成立兰州市休闲农业和乡村旅游产业协会，制定出台《兰州市休闲农业示范点创建办法》，安排180万元资金，扶持休闲农业园区6个和休闲农庄10个。推荐兰州市休闲农业精品企业5家和重要农事节庆活动2个，丰富休闲农业发展内涵。成功举办首届农民丰收节，榆中、永登、西固等县区以农民丰收为主题，借助当地休闲农业园区，开展主题鲜明的节庆活动。

【农村改革】　全市确认承包耕地332.28万亩，签订合同24.12万份，发放农村土地承包经营权证书24.04万本，发证率98.25%，全市7个区县全部通过国家初检。全市农村土地流转面积92.17万亩，流转率37.29%。50亩以上规模经营大户1302个，流转面积59.38万亩，占土地流转总面积的64.42%。探索推行财政补贴资金入股经营主体资金变股金模式，在全市34个村开展农村“三变”（资源变股权、资金变股鑫、农民变股民）改革试点，推动试点村产业发展壮大、集体经济增收、农户分红收益，打造永登大涝池村、榆中县李家庄村、皋兰县钱家窑村等一批“三变”改革典型。清理资金45.65亿元，资产87.58亿元，资源766.69万亩，完成县区自验和市级抽验。市级财政投入1.28亿元，扶持256个建档立卡贫困村发展村集体经济，通过“三变”+企业（合作社）、“三变”+休闲旅游等方式，消除村集体经济“空壳村”221个（其中贫困村114个），彻底消除建档立卡贫困村集体经济“空壳村”。

【农业服务】　完成日常检测样品21.5万例，合格率99.1%。畜禽产品2.25万个，合格率100%，全年未发重大生农产品质量安全事件。全市认证有效“三品一标”（无公害农产品、绿色食品、有机农产品和农产品地理标志统称“三品一标”）农产品390个，种植面积213.83万亩。其中，无公害农产品有249个；绿色食品认证128个；有机产品3个；农产品地理标专产品10个。全市举办各类农业科技培训班600余期，建成12个农业科技试验示范基地，完成

甘蓝新品种引进试验田

各类农民科技培训4.5万人次，发放各类培训资料15万余份。全市农机总动力完成115万千瓦，主要农作物机械化耕播总面积553万亩，综合机械化水平48.5%。落实农机购置补贴资金1283万元，全市农机安全生产形势稳定。2018年，兰州市被授予甘肃省“平安农机”示范市（州），永登县、红古区被授予国家级“平安农机”示范县（区）。落实农业信息化补助资金100万元，扶持12家农业企业及农民专业合作社开展“互联网+”现代农业试点工作。组织企业参加国内举办的农产品及品牌宣传推介会、博览会等11次，参加“一带一路”沿线国家举办的农产品及品牌宣传推介会、博览会3次。

【生态绿色农业】　建成废旧农膜回收站50个，扶持回收企业6个。采取专业化组织收购、经营主体收集、加工企业处理等多种回收方式，全年回收利用废旧农膜4640吨，回收利用率80.8%。在生产环节，示范推广堆肥、半堆半沤、直接还田等技术；在流通环节，扶持菜库引进粉碎、压榨设备，建成日处理尾菜500吨固液分离加工生产线1条，发展养殖场13家、肥料加工企业3家，对尾菜进行资源化利用。全年处理尾菜64万吨，利用率46%。扶持秸秆回收综合利用企业20个，为秸秆饲料化、肥料化、能源化、资源化利用提供支持。积极向种养结合、粮草兼顾的农业循环模式转变，全年综合利用秸秆近50万吨，综合利用率83%。以有机肥和沼气利用为主要利用方向，重点支持以畜禽粪污为原料的新兴加工产业，构建种养结合、农牧循环的绿色可持续发展新格局，畜禽规模养殖废弃物综合利用率85%。

【农业保障】　全市落实中央省级财政支农项目资金11803.71万元，扶持农业项目40个；下达市级农业专项扶持资金9346.95万元，扶持农业项目49个，撬动社会资金大量投入农业发展。继续推行高原夏菜、玫瑰、百合政策性保险试点，生猪价格指数保险试点启动，出台农业保险助推精准扶贫工作方案，在全市推开肉羊、中药材、设施农业政策性保险。

【其他工作】　开展以“尊崇宪法、学习宪法、遵守宪法、维护宪法”为主题的宣传教育活动，利用“放心农资下乡进村宣传周”“农产品质量安全宣传周”“3·15”“12·4”等活动，开展法律法规宣传教育。举办各类培训班13期，培训1200余

人，发放各类法律法规资料9.6万份。坚持“着力治本，标本兼治，打防结合，综合治理”原则，提升行政执法规范化水平，打击制售假冒伪劣农资产品的违法行为，全市出动检查人员3205人次，车辆862台次，发放各类农资打假资料9万余份，检查各类农资经营门店2280家次，查处各类违法违规案件60起，开展“一窗办、一网办、简化办、马上办”各项工作，推进“一站式”服务和“一网通办”。新增审批事项3个，向县区下放1个。全年受理审批事项36件，均做到按时办结，办结率100%。全面推行双随机抽查、重大执法决定法制审核等制度，加强执法监督，规范执法行为。

（李文涛）

林 业

【概况】 2018年，全市生态建设工作，坚决贯彻“绿水青山就是金山银山”理念，坚持奋发有为的精神状态，市县共同推进以榆中县贡井林场为核心的兰州北部山区生态植被恢复示范区建设，经过多年持续绿化，形成连片规模化面积23万亩，改善区域生态环境，《甘肃日报》以《陇上塞罕坝》为题进行全方位报道；国有林场改革工作通过省国有林场改革领导小组评估验收，被评定为全省集体林权制度改革先进集体，局分管领导和业务处室负责人被评为全省集体林权制度改革先进个人，兰州市生态局荣获国家林业和草原局颁发国家三北防护林体系建设工程（1978—2018）先进集体奖。向上争取资金6762万元。

【重点林业工程】 全年度目标造林任务12万亩，完成12.3万亩（人工造林10.3万亩，封山育林2万亩）。其中，退耕还林工程6.1万亩；三北工程2.4万亩；重点区域生态修复造林1.15万亩；造林补贴项目造林1.85万亩；新增经济林面积0.8万亩。建成千亩以上规模经济林基地4个：永登县龙泉寺镇山楂产业基地、大同镇樱桃产业基地，皋兰县黑石镇软儿梨产业基地、榆中县和平镇核桃产业基地。新增林业科技示范园6个，全市林果经济等收入30亿元。

【全民义务植树】 开展植树节公益宣传活动，指导建设兰州新区义务植树基地，组织开展兰州地区党政军领导机关义务植树活动，指导各县区完成全民义务植树825万株。

【林业生态小康村建设】 根据市政府小康村建设总体安排，坚持因地制宜，建成2个生态小康镇（红古区花庄镇、七里河区彭家坪镇）、10个生态小康村（永登县中堡镇大营湾村、柳树镇孙家井村、苦水镇新屯川村，榆中县中连川乡中连川村、甘草店镇钱家坪村、贡井镇佐堤村，皋兰县石洞镇明星村、九合镇钱家窑村，西固区河口镇石圈村，红古区花庄镇洞子村）。向35个村调运各类苗木15万株，实施村庄绿化。

【林业体制机制改革】 全市国有林场机构由原来的21个（林场、苗圃、森林公园）整合减缩为16个，精简23.8%，在册人员由原来的945名减为795名，缩编16%，对全市所有参改国有林场重新进行定性定编定职责，11月30日，初步通过省级评估验收。集体林权配套改革稳步推进，提请市政府审定并印发《兰州市完善集体林权制度实施方案》，召开现场推进会，年内新增林业专业合作社14个、家庭林场11个，新增林权抵押贷款4650万元，实现林下经济产值2.57亿元。

【依法管护森林资源】 全面落实152万亩天然林资源保护和153万亩国家级重点公益林管护责任。完成上年度卫片执法工作，对排查出的各类违法使用林地、毁林开垦、擅自改变林地用途及乱砍滥伐林木等，进行依法严厉打击，年内查办各类违法案件49起。配合划定全市生态保护“红线”。更新全市林地“一张图”数据库，完成古树名木普查工作。开展重大项目建设征占用林地的审核报批工作，保证省、市列重大项目顺利推进。紧盯安全生产不放松，深入贯彻落实《甘肃省

矿山生态修复造林工作

兰州植物园金秋菊花展

党政领导干部安全生产责任制实施细则》，坚持关口前移排查隐患，预防为主化解风险，开展“两会一节”安全生产专项检查、“生产经营单位安全生产主体责任落实年”活动、2018年防灾减灾宣传周活动、2018年“安全生产月”和“安全生产金城行”等活动。靠实护林防火责任制，有效处置林区和林缘区火情4起，全市未发生重特大森林火灾；有序开展林业有害生物检疫检测和防治工作，全市未发生大面积林业有害生物灾害。

【自然保护区生态环境保护问题整改】 连城和兴隆山2个国家级自然保护区13类123个生态环境保护问题，完成整改109个（含划转武威市落实整改4个），正在推进整改14个（兰州市6个，划转武威市整改6个，2市共有2个），正进行市级复核。同时，对中央第七环保督察组和“绿盾2017行动”“绿盾2018行动”反馈的、国家遥感监测提出的疑似问题以及省整改办通报的涉及自然保护区范围的相关问题，逐一调查核实，并同步整改，及时报送整改落实情况。

【招商引资】 通过与上海浦东发展银行等对接和股权融资，为兰州市动物园易地搬迁建设项目和永登县树屏镇岩棉生产项目融资3亿元。

【脱贫攻坚】 依托林业政策，把退耕还林、生态公益林和天然林管护等国家重点林业工程建设向贫困乡村倾斜，资金向帮扶村聚集，助推贫困村产业发展、群众增收，在榆中、永登、皋兰3县落实退耕还林工程3.14万亩，461个建档立卡贫困户家庭获得国家政策性补贴2310万元；落实重点公益林资源管护90万亩、天然林资源保护60万亩，向建档立卡贫困户兑付生态补偿资金400万元；从贫困户中选聘生态护林员665名，年增加收入530万元。扶持林业专业合作组织发展林下经济示范点21个；为17个市级单位的帮扶村调运村庄绿化苗木，完成14个易地搬迁安置点村庄绿化工作。年内，全市3.2万户建档立卡贫困人口收入中林业生态行业增收贡献率达到三分之一。积极发挥中连川乡帮扶组长单位职责，如期实现局系统12个帮扶村整村脱贫目标。

（吴建明）

水　利

【概况】 2018年，兰州水利争取到位国家和省上水利资金1.74亿元（占目标任务1.5亿元的116%），推进黄河干流兰州段防洪治理工程、农村饮水安全巩固提升工程等18项年度总投资7.36亿元的水利项目建设，完成水利投资7.55亿元，占年度任务7.36亿元的102.6%，水利补短板、强基础工作有新进展，在全省2018年水利发展资金绩效目标考核中，兰州市位列全省前三位，省水利厅下达奖励资金90万元。

【水利工程建设】 持续强化项目谋划凝练和报批工作，编制完成兰州市防洪综合治理项目可研及7个专题报告、《兰州市城市供水应急备用水源建设工作方案》《兰州市黄河南岸城区典型河洪道生态水系建设工作方案》，完成2018年度实施项目的初步设计和实施方案的审查批复。根据水利部《防汛抗旱水利提升工程实施方案编制大纲》要求，认真梳理、上报总投资264亿元的大江大河减灾能力提升、江河支流治理、中小河流治理、备用水源建设等项目，进一步争取国家项目、资金支持和加快实施水利项目建设。

【水利重点领域改革】 水权制度改革稳步推进，市级财政列支节能减排专项资金986万元支持兰州市水权交易试点项目建设，年底完成软件系统开发，正在开展试点地区和试点行业水权分配。农业水价综合改革取得重大进展，市政府常务会审议通过《兰州市推进农业水价综合改革工作方案》，市委深化改革领导小组会审定实施。规划通过5年时间的努力，完成规划总投资6.01亿元总面积65.43万亩的改革任务，安装计量设施3013处，配套完善末级渠系1662千米，新成立协会110个。

【防汛抢险应急工作】 入汛以来，全市雨情、水情遇到多年来少有情况，降雨量比历年同期偏多54%~75%，发生引发洪水的强降雨14次。全局动员、全员参与，全面落实防汛工作责任制，着力强化工程治理、责任落实、预警检测、监督检查、值班值守等重点任务落实，保障全市安全度汛。全年市县两级坚持以防洪项目建设为重点，分层次抓好黄河干流、江河支流、中小河流以及重点河洪道防洪工程建设，完成总投资16.79亿元的黄河干流兰州段防洪治理工程建设任务，完成湟水河红古段防洪治理、皋兰县水阜河水阜村至长川村段堤防工程、皋兰县磨峡沟文山至马家坪段堤防工程、榆中县苑川河夏官营清水驿金崖段堤防工程、榆中县县川河兴隆峡河道治理工程年度建设任务，安宁呢嘛沙沟、咸水沟洪道治理项目完成所有前期工作，并开工建设。年初，完善《兰州市防汛应急预案》，制定《兰州市2018年度度汛预案》，督促各成员单位落实保障服务责任，督促在建施工单位落实防洪安全责任，切实靠实工作责任。入汛以来，依托四级山洪灾害防御非工程措施平台第一时间发布暴雨监测预警信息55013条次，启动应急响应4次，准确及时地传达雨情、汛情，在防汛关键时期，省市领导先后37次对防汛工作作出批示，市防汛工作指挥部先后11次历时35天，督导检查全市防汛工作。全局上下严格落实24小时值班、领导带班和“零报告”制度，市防指科学调度、靠前指挥，受灾区县政府迅速行动，第一时间启动应急抢险预案，全力保障群众生命安全、减少洪水灾害损失。

【水资源管理】 强化最严格水资源管理，严格落实水资源开发利用“三条红线”管控，编制完成《兰州市地表水功能区限制纳污红线方案》，强化水资源承载能力刚性约束，完成8家市管取水单位的延续换证评估，对纳入取水许可管理的单位和用水大户实行计划用水管理，全年核减空占用水指标613.4万立方米。完成最严格水资源管理制度控制指标，农田灌溉水有效利用系数0.5533，重要河流水功能区水质达标率91.7%。完成对各县区上年实行最严格水资源管理制度的考核，完成水利部对兰州市实行最严格水资源管理制度的考核和省级考核。强化涉及环保相关工作，开展入河排污口摸排和水质监测，全市53个入河排污口，监测全市27个规模以上入河排污口主要污染物和14个水功能区水质，水功能区水质达标率91.7%。

【水生态文明建设】 强化水生态文明建设，兰州至中川城际铁路沿线水利配套工程已完成输水管道干管15.8公里、分干管4.4公里，安装闸阀井20座，完成投资4682万元。完成水土流失综合治理面积40.91平方公里、小流域综合治理面积15平方公里、梯田建设1万亩。

【水利脱贫工程】 2018年，市水务局荣获全省帮扶工作先进单位“民心奖”。完成总投资2.67亿元的33项农村饮水安全巩固提升工程建设任务，通过工程配套、改造、升级、联网等方式，解决了19.62万人的饮水不稳定问题，全市农村饮水集中供水人口比例达95%以上，自来水普及率90%以上。加快重大民生水利工程建设，全面完成引洮榆中县配套工程一干渠封闭保温改造、一干渠延伸、管理局（所）建设、北部供水工程建设任务。西部供水工程4.5公里穿管隧洞顺利贯通，敷设安装输水管道10.49公里，正在试通水。加快实施边远山区和贫困地区扶贫脱贫，完成3处大型泵站更新改造、2.9万亩高效节水灌溉、库区移民后期扶持等一批水利项目建设。

【依法治水管水】 成立以局主要领导为组长，班子成员为副组长，各处室、各单位主要负责人为成员的法治政府建设领导小组，研究制定落实《兰州市水务局系统法治宣传教育第七个五年规划》《兰州市水务局2018年依法行政工作方案》，全年组织部门学法13次，举办水利科技、水土保持等培训班4期，培训人员3384人次。开展“世界水日”“中国水法宣传周”等主题宣传，完成兰州市干部教育培训和市行政执法人员综合法律知识培训学习。强化制度建设，健全完善领导干部法制讲座和法律培训制度、重大事项决策法律咨询制度等系列制度；推进水行政审批制度改革，全面清理审核水行政权力清单，最终确定权力清单55项，新增行政许可1项，减少行政许可2项，取消无法律依据证明事项1项。推进公共资源配置市场化改革，凡是投资额大于30万元以上的建设项目全部进入市公共资源交易中心公开招标。建立完善水利建设项目专家评审论证机制和借助社会中介力量决策机制，推行落实执法决定法制审核制度，严格落实“三重一大”事项局党组会议集体研究决策机制，全年办结行政审批事项67项。强化执法监督检查，查处苑川河清水驿段非法采砂行为1件，并处罚款10万元。强化河道监管，各区县开展联合执法9次，下发责令停止违法行为通知书78份，查处涉河案件7起。对连霍国道主干线兰州南绕城高速公路项目等9个生产建设项目水土保持工作进行现场监督检查，配合省水利厅对新建铁路兰州至重庆线（甘肃段）、兰州市水源地建设工程等7个生产建设项目进行土保持现场监督检查，依法征收水土保持补偿费788万元、水资源费363万元。强化项目管理，在全市开展水利建设领域拖欠农民工工资清理检查工作，切实保障农民工合法权益。强化质量监管，对60个项目开展103次质量巡检，在建续建的60项工程未出现质量事故，强化安全生产监管，开展水利安全生产大检查和安全隐患督查整改，全市水利系统开展安全生产专项检查347次，检查水利运行单位和水利工程建设项目132个，发现各类大小工程安全隐患756处，及时采取措施整改462处，下发各类安全隐患整改通知书294份，全部按期完成整改。开展社会信用体系建设，依法加强水利建设市场监管和查处，严禁存在违法违规行为的甘肃锦绣水利水电工程公司、陕西省金泰水电工程有限责任公司等9家市场主体在兰州市从事水利经营活动，维护水利建设市场良好秩序。

（王正东）

扶贫开发

【概况】　全市有国家六盘山片区贫困县3个（榆中县、永登县、皋兰县），插花贫困县（区）1个（七里河区）。根据2011年国家2300元的扶贫标准，当年全市有建档立卡贫困村256个，建档立卡贫困人口31.79万人，贫困发生率24%，主要分布在榆中县北山和南山、永登县西北、七里河区后山四大连片特困片区。截至2018年底，全市累计减贫30.32万人，剩余建档立卡贫困人口0.49万户1.47万人，贫困发生率1.22%。全年实施易地扶贫搬迁863户3045人；农村安全饮水巩固提升工程33项；危房改造4544户，全面消除C、D级危房；培训建档立卡户1833人，输转建档立卡贫困户3985人，新建7家“千人就地转移劳务基地”，打造18家镇级“百人劳务基地”；义务教育阶段无因贫失学辍学学生，贫困人口全部参加城乡居民基本医疗保险，符合大病保险和医疗救助政策等条件的均享受有关特惠政策。七里河区和皋兰县经省上和国家验收达到贫困县退出标准，经省政府批准退出，永登、榆中2县通过市级2018年度贫困退出验收，185个贫困村、0.65万户、1.78万人达到贫困退出标准。

【组织领导】　先后召开扶贫开发领导小组会议11次，不断增强抓好脱贫攻坚工作的政治自觉、思想自觉和行动自觉。市委市政府与县区和市级部门负责同志签订脱贫攻坚责任书，立下军令状；调整加强市扶贫开发领导小组，市委、市政府主要领导任组长，市人大常委会主任、市政协主席、市委常委和市政府副市长等担任领导小组副组长；市委市政府主要领导亲历亲为，重大事项亲自协调，重点工作亲自上手，同时强化督查督导，及时发现问题、纠正偏差，确保各项工作落到实处。县级承担脱贫攻坚主体责任，担负“一线指挥部”职责，县委书记、县长作为前线总指挥，把主要精力用在脱贫攻坚上。乡村有效发挥基层党组织在脱贫攻坚中的引领作用，用好包村干部、驻村帮扶工作队和第一书记三股力量，驻村入户加强扶贫政策宣传，与贫困群众面对面做工作，持续推动、跟进落实，确保各项扶持政策和帮扶举措真正到村到户。市扶贫开发领导小组11个专责工作组和市直相关部门承担议定事项落实责任，围绕全市脱贫任务目标，制定专项工作目标，建立任务清单，支持和保障贫困县、贫困村、贫困人口如期脱贫退出。

【动态管理】　兰州市把建档立卡作为脱贫攻坚最关键、最基础的工作来抓，每季度开展贫困人口动态管理1次，剔除不符合条件的人口，及时纳入符合条件但遗漏在外的贫困人口和返贫人口，确保应纳即纳、应退即退。对已摘帽贫困县、退出贫困村和脱贫人口实施跟踪和动态监测，定期开展“回头看”核查，存在潜在返贫风险的，制定“回头帮”措施，建立风险防控机制，确保持续稳定脱贫。按照甘肃省脱贫攻坚领导小组办公室《关于开展全省建档立卡问题核查整改工作的通知》要求，全市按照核查整改标准和贫困人口识别、返贫相关要求，开展建档立卡动态调整工作，重点把责任靠实在行业部门和乡镇干部、驻村帮扶工作队队员身上，力争做到不漏一户、不漏一人。经核查比对后，全市新识别贫困人口66户222人，返贫12户39人，剔除不准重新纳入2户12人，自然增减6025人（其中增加2838人，减少3187人），已脱贫户和新识别人口有贷款需求但未落实精准扶贫专项贷款农户4021户。

【资金支持】　全年兰州市投入中央和省级财政专项扶贫资金2.92亿元；市级财政在脱贫攻坚专项资金、小康村建设资金、村级集体经济建设资金、脱贫摘帽资金4个方面安排资金总量7.17亿元。总体来看，中央和省级财力投入比上年增长47%，市级资金投入比上年同期增长128%。重点补齐安全饮水、安全住房、到户产业发展、人居环境改善等方面的短板。

【一户一策】　由市级领导带头，组织各级干部以全市11422户、

32515人建档立卡贫困人口和已脱贫但仍需巩固提高的1428户、5238人为重点，逐家逐户摸情况，与贫困群众共同商议脱贫路径和方法，量身定制脱贫套餐，重视抓好义务教育、基本医疗、危房改造、易地搬迁、安全饮水、稳定就业、基础设施、产业培育等方面政策的完善和落实，彻底改变过去大水漫灌为精准滴灌，提高帮扶的精准性和可操作性，贫困群众知道怎么脱贫，帮扶干部明白如何帮扶，攻坚对象更聚焦、帮扶措施更清晰、干群关系更密切，"一户一策"已经深入人心。

西红柿丰收

【东西部扶贫协作】 市县两级与天津市结对帮扶区沟通对接，制定《兰州市东西部扶贫协作三年行动实施意见》和《2018年扶贫协作实施计划》，签订《协作框架协议》，多次赴天津接洽项目，在产业开发、劳务输出、人才支援、资金支持等方面，做大量务实有效的工作。天津市向兰州市派出挂职干部4名，选派11名中级医师、2名副高级医师到榆中县开展业务指导工作，兰州市派出3名县级干部和9名科级干部、51名教师、12名医生赴天津市挂职学习；协调组织天津市多家企业到永登、榆中2县召开扶贫协作劳务对接招聘会，劳务输转建档立卡贫困户38人，就近就地就业80人；天津九园工业园区与兰州新区树屏产业园，新开口镇与武胜驿镇向阳村，牛家牌镇与民乐乡卜洞村，八门城镇与坪城乡三岔村分别签订《结对帮扶协议》，至年底，落实资金7050万元，3县分别得到2350万元资金支持，建设项目28个。

【驻村帮扶】 2018年，兰州市对驻村帮扶力量进行3次评估调整，把最强的工作力量、最优的帮扶资源、最有实力的帮扶单位调整配置到建档立卡贫困村。调整充实262支驻村帮扶工作队，向每个工作队增派农业技术人员1名，对驻村工作队长进行集中培训2次。采取明查暗访等方式，加大对全市帮扶责任落实情况的督查，对发现的问题及时整改处理，通报3次46个问题，对能力不突出、群众不满意、考核不称职的355名驻村干部进行调整，撤换不胜任、不合格、不尽职的村党组织书记22人。帮扶单位发挥各自优势，挖掘各方资源，坚持从实际出发，研究并着力解决当地脱贫攻坚关键性问题，围绕脱贫致富出谋划策、牵线搭桥并亲自推动，发挥帮扶作用。

【贫困退出验收】 严格落实《甘肃省精准脱贫验收标准及认定程序》，制定《兰州市2018年度贫困退出验收和扶贫对象动态管理工作实施方案》。市级验收核查行政村187个（其中贫困村185个，非贫困村2个），累计入户抽查3497户。经考核验收，全市6610户18028人达到贫困退出标准，全部符合"两不愁、三保障"要求，安全饮水达标，义务教育阶段无因贫失学辍学学生，贫困人口全部参加城乡居民基本医疗保险，符合大病保险和医疗救助政策等条件的均享受有关特惠政策，全面消除C、D级危房。全市剩余185个贫困村全部达到退出标准（其中永登县100个，榆中县85个），贫困发生率全部低于3%。各村都培育主导产业，村集体经济收入达到2万元以上，并建立2个以上农民合作组织；通村公路全部实现硬化，所有自然村全部通动力电，村村都有卫生室，基本养老保险实现全覆盖，最低生活保障实现应保尽保。永登县、榆中县均达到贫困县退出标准。

（王化雨）

综 述

【概况】 兰州市是“一五”“二五”期间国家重点布局建设的12个工业城市之一。经过多年的发展，已形成以石油化工、有色冶金、装备制造、能源电力、生物医药、农产品加工为支柱的工业体系，全市工业有石油化工、新材料、装备制造、电子信息、有色冶金、建材、烟草、生物医药、新能源、节能环保、食品及轻工业等11个行业。工业经济的地位举足轻重。2018年，全市有规模以上工业企业350户，非公经济市场主体30.6万户，信息产业企业4000余户。全市轻工业完成增加值145.8亿元，下降2.4%；重工业完成增加值462.7亿元，增长9.3%。轻重工业比重为23.96:76.04。

【主要指标】 2018年，兰州市规模以上工业增加值实现614.98亿元，增长6%；战略性新兴产业增加值增长12.1%，占GDP的比重为14.7%；电信业务总量增长166%。单位生产总值能耗下降1.02%。规模以上工业非公企业233户，完成增加值87.4亿元，增长16.3%；非公税收完成144亿元，占税收比重36.74%；城镇新增就业94485人。

【工业运行】 持续落实企业联系帮扶制度，围绕强化政策支撑、降低企业成本、实施复产措施，精准施策解决企业困难。多次赴京协调央企总部增加原油加工量、卷烟生产指标，争取项目，调整优化产品结构，2018年原油加工量927.9万吨，甘肃烟草生产卷烟94.3万箱。赴外招商40余次，征集招商线索项目21个，报备签约项目16个，方大炭素10万吨超高功率石墨电极、新合制罐等项目落地。着力推进兰州石化公司周边安全卫生防护距离居民搬迁，谋划建设西固区化工园区和新区精细化工园区，为石化产业延伸发展拓展发展空间。强化协调服务，协调各区县及市直部门帮助企业解决在生产经营和项目建设中存在的困难问题203个。协助全市68户企业签订直接交易电量138亿千瓦时，为企业节约成本约4.3亿元。

【战略性新兴产业】 调查摸底战略性新兴产业发展情况，梳理建立并完善全市战略性新兴产业企业库和项目库，入库企业186户、重点项目140项，产业规模不断扩大。解决企业融资难题，按照《扶持战略性新兴产业发展项目贷款贴息管理暂行办法》，确定兰州电机、中核、亚太澳泊、路桥养护、宏森新材料等11个战略性新兴产业重点项目，支持资金2394万元。及时协调兑现各类科技创新奖励补贴、项目建设贴息政策，帮助企业解决实际困难。推荐亚兰药业、金川贵金属等11户企业成功申报省级战略性新兴产业（第五批）骨干企业累计48户，占全省总量的46.6%。认定兰州高压阀门、太宝制药等6户企业为市级战略性新兴产业重点企业。积极组织推荐企业申报省级技术中心及创新示范企业，认定国家级企业技术中心2户、省级技术创新示范企业3户、省级工业设计中心5户、省级企业技术中心4户，兰州众邦电线电缆、中农威特、和盛堂等7户企业技术中心被评为全省优秀等级。由中科院近物所、化物所和行业骨干企业发起建设的甘肃省羰基金属、矿物功能材料、重离子、表面润滑工程材料等4个创新平台被列入2018年省级制造业创新中心培育计划。

【项目建设】 广泛征集项目，建立项目静态、动态台账，深入开展重大项目前期准备攻坚战行动，落实项目包抓责任制、项目月例会制，坚持一月一跟踪、一月一调度，组建项目建设管理团队，组织召开工业固定资产通报会暨统计业务培训会，全年建成63个项目，完成投资112亿元。中国中车集团兰州公司整体搬迁转型升级、中农威特生物医药基地等11个项目获批省级工业转型升级专项资金1810万元；圆满完成第24届“兰洽会”兰州展区展务工作，兰州市及兰州新区代表团被中国兰州投资贸易洽谈会组织委员会评为优秀组织单位；“兰洽会”期间成功签约兰州航天真空装备产业基地项目、中牧股份兰州药厂总部项目、宝方炭材料年产10万吨超高功率石墨电极生产线（一期）项目、日昌升绿色环保高端骨料生产基地建设项目。全年招商引资实际到位资金21.15亿元。

【两化融合】 提前完成国家工信部“宽带中国”示范城市规定指标任务，建成开通兰州新区国际互联网数据专用通道。2018年发布的“宽带中国”示范城市创建成果显示全市在基础设施和宽带普及水平排名中处于优秀行列，基础设施建设水平领先指标和宽带普及水平领先指标分别居西部城市第3位和第8位。三维大数据物联网智能制造产业园、正威兰州新区电子信息产业园等重点项目加快建设，产业发展规模不断扩大，发展基础和优势进一步增强。《紫塞秋风》获得第22届中国国际软件博览会优秀案例奖。甘肃万维医疗影像云平台获得2018互联网医疗健康行业“墨提斯”奖，甘肃百合物联入选三部委（工业和信息化部、民政部、国家卫生计生委）2018年度智慧健康养老示范企业。国网甘肃电力、连城铝厂2家企业通过国家两化融合管理体系贯标评定，甘肃奇正藏药、兰州庄园牧业等10户企业被工信部认定为国家两化融合管理体系贯标试点企业。

【绿色发展】 推进“城市矿产”建设，16个重点项目建成6个、在建9个、选址1个，完成投资11.9亿元。积极准备国家节能减排财政政策综合示范城市建设三年终期验收，各项工作基本达到验收要求。大力实施节能技改项目，组织推进西固热电10号汽轮机低压转子修复、腾达西铁利用电炉余热供暖改造等技改项目。制定《兰州市节能降耗预警调控方案》，对钢铁、冶金、建材等行业企业采取预警措施。加大新能源汽车推广应用力度，推广应用2901辆。严格落实工业治污措施，对水泥等行业在“冬防”期间全面实施错峰生产措施，对小污散乱的小型工业企业加大检查，发现一户，取缔一户。对三大电厂、煤炭市场加大监管力度，“冬防”期间三大电厂入炉煤煤质达标率100%。严格落实24小时专营市场驻场监管制度，从源头严把质量关，杜绝不合格煤炭产品进入流通环节的渠道。

【安全生产】 把安全生产贯穿于中心工作，建立三级责任体系，定期安排部署。印发《兰州市工业和信息化委员会关于推进安全生产领域改革发展的工作方案》，进一步明确安全生产管理承担的职责。会同省工信厅、市安监局及民爆行业专家开展民爆企业安全生产检查25次，发现并整改问题隐患57个。会同相关企业开展大面积停电应急演练、民爆行业应急事故演练、通信应急演练，提高政府及企业应急处置突发事件的能力。加强宣传培训，组织开展2018年兰州市大面积停电事件应急处置暨工信系统安全生产培训班，140人参加培训，发放学习资料280余份。

（贺　欢）

石油化工

【概况】 兰州是国家“一五”期间布局的大型石油化工产业基地之一，石油化工产业是兰州工业发展的第一大支柱产业。经过60余年建设发展，2018年，全市有石化化工企业50余家，形成了炼油、有机化工基础原料、三大有机合成材料、精细化工、塑料加工、化工机械和化学清洗等23个行业，可以生产25大类，380余种产品，石油化工产业已具备产品较为齐全、规模效益较为明显的发展基础。

【主要产品产量】 生产汽煤柴油总量648.9万吨，生产乙烯64.4万吨，生产合成树脂106.5万吨，生产合成橡胶16.5万吨，生产炼油催化剂5万吨。

【骨干企业】 中石油兰州石化分公司、兰州润滑油厂、兰州科天环保节能科技有限公司、兰州中石油润滑油添加剂有限公司、兰州三叶公司、西北永新涂料有限公司、甘肃兴荣精细化工有限公司、兰州助剂厂、甘肃鸿丰电石有限公司。

（贺　欢）

有色冶金

【概况】 有色冶金产业是兰州市工业经济重要的支柱产业之一，主要产品包括电解铝、钢铁、铁合金、炭素、镍钴新材料等。2018年，全市现有规模以上有色冶金企业64户，从业人员1.99万人，拥有1亿元以下企业23户、1亿元以上企业41户、10亿元以上企业13户、50亿元以上企业2户。重点企业有中铝兰州分公司、中铝连城分公司、榆钢公司、腾达铁合金、兰州金川科技园、方大炭素等。

【电解铝及铝加工】 是年，中央直属电解铝企业2户，合计电解铝产能97万吨。其中，兰铝设计产能43万吨；连铝设计产能54万吨。初级铝加工企业11户，设计能力139万吨，主要分布在连海地区。

【钢铁】 有钢铁冶炼生产企业2户，生铁产能合计305万吨，粗钢产能合计355万吨。其中，榆钢公司设计生铁产能234万吨，粗钢产能255万吨；兰鑫钢铁设计生铁产能71万吨；粗钢产能100万吨。

【铁合金】 铁合金产业是兰州市重要的传统原材料产业，经过近几年的淘汰落后及产业升级改造，截至年底，全市纳入生产序列的铁合金企业16户，有铁合金矿热炉52台，总产能65万吨，主要产品有硅铁、硅钡等，龙头企业有腾达西铁厂、蓝星硅材料有限公司。

【镍钴新材料】 镍钴新材料产业依托兰州金川科技园，重点研究发展了二次电池及电池材料、高纯金属、贵金属深加工、银材料等。截至年底已形成8500吨/年四氧化三钴、4000吨/年电积钴、1万吨/年镍钴锰三元前驱体、1300吨/年氧化亚镍、240吨/年高纯金属、500吨/年银产品、3000公斤/年贵金属材料的生产能力。兰州金川科技园的钴年产能（按金属量计）1万吨，位居世界第二，是中国最大的钴产品生产商。

【炭素】 炭素行业龙头企业主要有方大炭素和兰州阳光炭素。方大炭素已成为亚洲最大的优质炭素制品生产企业，形成年产19万吨石墨电极、年产3万吨炭砖和年产1万吨炭素新材料的生产能力。兰州阳光炭素已形成年产30万吨电极糊的生产能力，是全国最大的专业电极糊生产企业，其生产的阳光牌节能自焙电极糊产品成为国内电石、铁合金、有色金属及黄磷四大行业的矿热电炉企业首选品牌。

（贺 欢）

建 材

【概况】 建材产业是兰州市重要的基础原材料工业。2018年，有规模以上企业69户，其中水泥企业5户、水泥粉磨站5户、玻璃及玻璃制品企业4户、商品混凝土企业28户、新型建材企业27户。建材产品主要包括水泥及水泥制品、玻璃、商品混凝土、新型建材等。

【水泥】 水泥是全市建材工业的主导产业，全市有生产企业5户，全部为新型干法水泥生产线，水泥产能达到700万吨以上。企业主要有永登祁连山水泥厂、甘肃京兰水泥厂、兰州红狮水泥厂、兰州甘草环保建材厂和甘肃永固特种水泥厂。

【玻璃】 全市平板玻璃生产企业仅兰州新蓝天新材料1家，拥有日熔化量1000吨的太阳能浮法玻璃生产线和年产100万平方米的Low-E低辐射节能镀膜玻璃生产线，年产平板玻璃设计能力为600万重量箱。

【新型建材】 产品主要包括新型墙体材料、节能保温材料、防水密封材料和装饰装修材料，企业主要有甘肃建投建材、兰州源聚保温材料、雨中情防水材料、科天环保节能科技和宏建建材集团兰州新区新材料科技产业园。 （贺 欢）

装备制造

【概况】 装备制造业是兰州市工业的重点支柱产业之一，也是军民融合产业的重要组成部分。2018年，围绕军民融合、先进制造、智能制造等发展方向，创建智能工厂（车间）12户，培育兰石集团、广通汽车等一批拥有自主研发专利、市场开拓能力强、产品占有率高的重点优质企业，推进产业转型升级，提高产业发展的

2018年11月2日，兰州广通新能源汽车有限公司车辆投产暨甘肃省新能源汽车产业技术创新战略联盟成立仪式在兰州新区举行

质量和效益。

【石化通用装备】 依托兰石集团、蓝科高新、海默科技等企业，发展以钻采为重点的海洋石油勘探开发配套设备，促进海洋板块石油钻采装备智能化升级，加强深水海洋油气钻采装备的研制和技术储备，促进制造业向制造服务业、设备供应向工程承包经营模式转变。兰石集团对石油钻采板块原有产品进行开发，建成3000马力压裂车组项目，实现钻采、压裂装备产业化，标志着兰州市石化通用装备产业在压裂装备领域实现重大突破。

【电工电器装备】 依托兰州电机，发展大中型电机、中小型发电机、特种及伺服电机、新能源装备电机。兰州电机基于个性化定制的大中型高效智能化电机数字化车间建设项目，针对智能制造关键技术装备、智能产品、重大成套装备、数字化车间的开发和应用，获得2018年国家智能制造新模式应用项目立项批复。正威（甘肃）铜业科技有限公司高导新材料建设项目开工建设，项目总投资12.43亿元，项目建成后，可向铜加工市场提供高附加值高速铁路用铜合金接触线、电气化铁路用铜及铜合金绞合线、精密高导超细线等高新材料，满足国民经济中各消费领域对高导铜产品的需求。

【军民融合高端装备】 依托兰飞、万里、长风等企业，发展自动驾驶仪、电动舵机、航空电机、机外照明、机载计算机等产品。甘肃长风电子科技与中国电子信息产业集团围绕智能机器人、健康医疗、新能源等领域开展合作，全方位搭建军民融合合作平台。

【汽车制造业】 9月，广通汽车通过工信部道路机动车辆生产资质认定，正式取得客车生产资质。11月2日，广通汽车车辆投产暨甘肃省新能源汽车产业技术创新战略联盟成立仪式在兰州新区举行。兰州亚太新能源汽车有限公司场（厂）内专用机动车辆制造项目建成投产。

（贺　欢）

生物医药

【概况】 经过多年的培育和发展，兰州市医药制造业依托资源优势、科技优势，形成以生物技术药物、现代中（藏）药为重点的产业体系，部分领域关键核心技术达到国内领先水平。依托兰州生物制品研究所、中农威特等企业研发生产了疫苗等生物制品，依托佛慈制药、陇神戎发药业等企业发展了中医药产业。截至2018年年底，全市拥有A型肉毒毒素、口服轮状病毒活疫苗、口蹄疫疫苗、六味地黄丸、元胡止痛滴丸、当归腹痛宁滴丸、奇正消痛贴膏等具有一定知名度的“拳头”产品。全市规模以上医药生产企业实现工业增加值24.27亿元。

【骨干企业】 兰州生物制品研究所、中农威特生物科技股份有限公司、中牧实业兰州生物药厂、兰州佛慈制药股份有限公司、甘肃陇神戎发药业股份有限公司、兰州和盛堂制药有限公司、甘肃奇正藏药有限公司。

【产业园区建设初具规模】 建设兰州新区现代中药产业精深加工园。佛慈、和盛堂、兰药、普安康、尚方堂、安泰堂、大得利、九州通、禾仁、申联、凯博等一批医药企业落户兰州新区。兰州西部药谷产业园29栋标准化厂房全部建设完成。建设兰州高新区医药产业创新研发孵化园，园区一期1#、2#、3#楼已建成。陇神戎发药业投入生产，中农威特、中牧、西脉等项目落户高新区榆中园区，全部开工建设。

（贺　欢）

食品轻工业

【概况】 兰州是甘肃省重要的食品工业基地。2018年，兰州市食品生产企业积极调整产品结构，不断延伸产业链，加快发展安全、营养的功能食品和绿色食品，形成涵盖烟草制品、农副食品加工、食品制造、酒饮料制造等产业体系。“黄河”被认定为中国驰名商标，“庄园”系列乳品、“雪顿”酸奶、“爱里”蛋糕、“安旗”蛋糕、兰州百合、苦水玫瑰等一批地方特色食品。

【骨干企业】 兰州顶津食品有限公司、甘肃中粮可口可乐饮料有限公司、华润雪花啤酒（甘肃）有限公司、兰州黄河嘉酿啤酒有限公司、兰州庄园牧场股份有限公司、兰州爱里食品有限责任公司。

（贺　欢）

信息产业

【概况】 2018年，电信业务总量增长166%，其他营利性服务业收入增长10.9%，高于全市三产平均指标。

【通信行业】 积极推动“宽带中国”示范城市、“光网城市”建设，全市城市家庭20Mbps及以上宽带接入能力达到99.96%，100Mbps及以上宽带用户渗透率达到77.66%，行政村光纤网络通达率达到100%，提前完成国家工信部“宽带中国”示范城市规定指标任务。2018年发布的“宽带中国”示范城市创建成果显示兰州市在基础设施和宽带普及水平排名中获得优秀，基础设施建设水平领先指标和宽带普及水平领先指标分别居西部城市第3位和第8位。建成开通兰州新区国际互联网数据专用通道，园区企业经过专用通道核心路由器可以直接通达全球互联网，网络平均往返时延下降20%。成功举办首次“兰州地区通信应急演练活动”，提高通信应急保障能力。

【电子制造业】 初步形成以兰州新区电子信息产业园、兰州高新区科技产业园区发展的产业格局。兰州新区正威电子信息产业园、紫光智能产业园、四联光电蓝宝石产业基地等一批电子制造产业园建成，三维大数据物联网智能制造产业园、正威兰州新区电子信息产业园加快建设，产业发展规模不断扩大，聚集度不断提升，发展基础和优势进一步增强。培养了兰州三磊电子、兰州全志电子等一批电子制造业企业，企业产品在行业具有领先优势，兰州三磊电子产品广泛应用于航空航天、军工、核工业、锅炉压力容器等多个行业，并为钢管、压力容器、汽车零部件等检测领域提供了完整的X射线数字化检测解决方案；兰州全志电子全工艺无人值守豆腐制作机器人（DFM）研发成功。加快“两化深度融合”发展，国网甘肃电力公司、中铝连城分公司2家企业通过国家两化融合管理体系贯标评定，甘肃奇正藏药、兰州庄园等10户企业被工信部认定为国家两化融合管理体系贯标试点企业。

【软件及信息服务业】 全市系统集成资质企业数量达到150户，占全省系统集成资质总量的80%以上，其中二级以上资质企业11户。通过信息技术服务标准（ITSS）符合性评估企业20户。甘肃嘉元原创研发的大型丝路文化系列单机3D武侠游戏《紫塞秋风》获得第22届中国国际软件博览会优秀案例奖。甘肃万维医疗影像云平台获得2018互联网医疗健康行业“墨提斯”奖，年末该平台广泛应用于全国24个省、市、自治区的近千家医院。甘肃百合物联科技信息有限公司入选三部委（工业和信息化部、民政部、国家卫生计生委）2018年度智慧健康养老示范企业。甘肃万维数据中心云主机服务获得数据中心联盟组织评测的“可信云服务认证”，并且通过中国电子工业标准化技术协会信息技术服务分会授予的国家标准《信息技术服务数据中心服务能力成熟度模型》二级符合性评估。

（贺 欢）

公路

【概况】 2018年，市交通委完成公路运输总周转量208.9亿吨公里，增长15%，其他营利性服务业实现收入增速24.82%。完成交通固定资产投资85亿元。落实招商引资到位资金1亿元，完成年度向上争取资金7000万元的目标任务。办理落实市领导批示208件，市级责任清单10项，省市人大建议、政协提案58件。

【干线路网建设】 集中开展“交通项目攻坚年”行动，加快推进18项环城公路网重点项目建设进度。中通道高速公路前期手续基本完备，征迁工作全面启动；北绕城东段高速公路成功纳入“国高网”十三五实施类项目，争取国补资金；G341中川至永登公路、S103盐什公路、G109忠和至八里湾段改建工程、S103海岗公路川海大桥连接线工程、国际港务区山前路、京藏高速海石湾收费站连接线工程等重点市列项目，按计划完成年度建设任务；加快推进S103什青公路、S104沈家坡至阿干镇公路前期工作。强化协调，主动配合，推进省建项目实施进度，南绕城高速公路实现2年底通车；景中高速公路加快建设，G309、G312国道环线项目征迁全面启动，控制性工程先期开工建设。中川机场专用高速公路（中通道南延线）提上议事日程。围绕兰州城市副中心建设重大战略决策，主动服务，研究城市副中心外围路网规划思路，落实新建G312清水驿至来紫堡段“四改六”改建计划，提出实施G312、连霍高速青白石连接线，南滨河至夏官营机场快速通道，兴隆山旅游高速公路等谋划储备项目。

【客运站场建设】 完成新汽车东站车站主体工程，兰州汽车西站主体建成，榆中县客运北站顺利开建，红古区客运站开展征迁工作，安宁综合客运站、皋兰县“一站四中心”（即爱心加油站、党员服务中心、便民服务中心、老年人日间照料中心、文化娱乐中心）、永登县客运站和公交枢纽站等项目抓紧办理前期工作。

【“四好农村路”建设】 报请市政府印发《加快推进“四好农村路”建设实施意见》。全年全市完成农村公路建设项目98项544.6公里，完成投资45637.6万元。其中，国省投资16757.3万元；市县投资28880.3万元。全市农村公路总里程突破1万公里。

【黄河水上运输】 完成黄河大峡库区航运建设工程建设任务，启动竣工验收准备工作。争取将黄河兰州城区段航道改造工程列入交通运输部“十三五”规划，重新实施测量城区段38.4公里航道，采购60座水上巴士船舶2艘。加快船舶码头防污染设施项目建设，完成17座码头防污设施建设和油污水转运船建设任务，完工1艘100吨污油水收集船并下水作业。

【交通影响评价】 开展建设项目交通影响评价工作，完善在建项目交通影响初期设计审核、建成后对照落实追责机制，保障大型项目建成后，周边交通运输环境得到优化提升，先后完成7类38个项目的交通影响评价工作。

【交通拥堵治理攻坚战】 立足“321”环城公路网布局，谋划并加快实施一批提升兰州市内畅外通、互联互通能力的重大交通项目。立足“139”城市路网体系，配合建设部门加快实施主干道恢复改造提升工程，协调启动打通20条断头路，实施12个道路交叉口优化改造、新建20座过街天桥、新增1万个公共停车位等建设任务。配合公安、建设部门在主要道路探索应用“二次过街”技术，优化道路交叉口信号相位与配时。建成交通大数据平台及应用系统，初步实现数据集成、拥堵分析、交通影响在线审批等功能，交通拥堵指数发布平台上线运营。结合城市主干道提升改造工程同步规划建设港湾式停靠站、公交专用道和自行车道，协调建设部门新建港湾式公交停靠站10处。对中心城区主要公交走廊实施扩容提速，重点打造公交专用道网络，新增建成雁滩路（万达广场至雁滩乡政府）公交专用道。提前做好轨道交通运营准备工作，着手研究轨道交通开通后公交线路的调整优化及与其他交通方式接驳工作，委托专业机构编制《兰州市公共交通三网融合规划》，制定轨道交通、常规公交、公共自行车“三网融合”方案，出台《兰州市鼓励规范发展互联网自行车指导意见》。

【实施公交优先】 委托交通科研机构编制完成《兰州市城乡公交一体化规划》，不断加强公共交通政策层面扶持力度。制定《兰州市公交都市创建迎检验收实施方案》，按照方案中18个方面、67项考核攻坚任务，全面查漏补缺，做好验收准备工作。全年新开通公交线路6条，优化调整公交线路33条，临时调整线路20条，优化调整公交站点31处，撤消30处，打造H5路、F750路微线、附线2条。适度探索区间车、调头车以及公交车辆错时、错峰阶梯式停靠站点等方式，实现运力和运量的科学设置，满足广大群众不断变化的出行需求。成功收购304路民营公交车辆，完成16条线路365台个体公交车国有化改造，民营公交从此退出兰州历史舞台。以行车秩序、服务质量、安全管理、车辆技术、公交场站管理等为重点，组织开展公交运营服务绩效考核。同时，通过网络投票、现场问卷等形式，组织开展公共交通乘客满意度调查活动，最终测定全市公共交通满意度为94.14%。构建城乡公交一体化网络体系，陆续开通榆中、红古、永登至市区的9条城际公交线路，开通县区内公交线路13条、城乡公交3条，实现远郊3县1区城际公交全覆盖。开通安定门至兰山城乡公交线路，启动雷坛河至阿干镇及榆中北山地区和皋兰偏远山区“微公交”试点工作。全市城乡运输一体化水平90%以上。

【轨道交通试运营评审】 委托专业机构对轨道交通1号线一期工程进行试运营基本条件评审。结合试运营评审，细化标准化制度体系，针对操作规范和流程制度开展演练，确保联调联试顺利实施。制定《关于加强城市轨道交通安全运行的实施意见》，开展轨道交通1号线一期工程初期运营前安全评估检查，针对检查意见，督促轨道公司抓好整改落实。

【传统出租汽车改革】 健全以服务质量信誉为导向的经营权配置和管理制度，优化出租市场结构，推行出租汽车行业运营服务标准化管理。编制完成《兰州市出租汽车质量服务信誉考核办法》《兰州市出租汽车经营服务管理实施细则》《兰州市出租汽车经营权质量服务信誉招投标管理办法》，将进一步完善后报市政府审定。新增投放出租汽车800辆，全市出租汽车保有量10387辆。继续实施“三率”（违章率、投诉率、事故率）考核。创新完善出租汽车价格形成机制，建立层次清晰、灵活适用、便于调整的运价体系。强化出租汽车驾驶员行业审查，联合公安部门对41386名出租汽车驾驶员进行初审，对严重违规的52名驾驶员解除承租合同。针对高峰期打车难问题，在全市开展为期50天的出租车行业服务质量提升及非法营运整治行动。

【网约出租汽车改革】 向首汽约车、益民出行等13家网约车平台颁发网络预约出租汽车经营许可证，向3921名考试合格的驾驶员发放网络预约出租汽车驾驶员证，向908台符合条件的车辆配发网络预约出租汽车运输证。针对部分网约车平台公司未办理许可证、安全管理松散、违规派车等问题，及时组织召开约谈会，督促网约车平台公司规范经营行为，全市网约车市场实现持续健康发展。

【非法营运治理】 完善属地化联合打击非法营运工作长效机制，创新多部门联合执法方式，全年查处非法营运车辆7625辆，查扣未经许可从事网约车经营服务车辆1024台。保持严厉打击非法营运的高压态势，全年查处出租汽车违规行为1233起，行政处罚1057起。

【出租车管理】 建立行业管理部门、企业视频抽查制度，利用出租车内实时监控摄像设备全程跟踪检查，倒逼出租车驾驶员更加注意自身服务态度，出租汽车投诉率大幅下降。

【驾培行业管理】 打造“互联网+驾培管理”平台，推广“先培训后付费”服务模式。不定期开展行业教学活动大检查，下发21份整改通知书。复核市区55家驾培机构68个训练场，对新增的160辆教练车及4个新训练场地划定电子围栏，有效降低驾练过程中的安全隐患。启用教练员理论电子考试和培训全过程监控体系，培训305人次。

【智慧交通建设】 加快大数据在交通运输领域的推广应用，建成公共交通智能化应用示范工程，完成公交、出租、水运等行业智能调度平台数据衔接和功能整合，初步形成智能调度与应急指挥为一体的智慧交通平台体系。改革支付方式，加大高速公路ETC推广力度，加快公共交通移动支付等便民功能探索，大部分公交车辆实现手机微信、支付宝刷卡。

【绿色交通发展】 对照考核内容和要求认真查漏补缺，顺利通过绿色交通城市考核验收，兰州市成为西北地区第一个通过考核验收的绿色交通试点城市。推广投放新能源公交车1686辆、新能源出租车1328辆、新能源城市货运配送车辆308辆，在高速公路服务区、客货运输站场、商业区、居民小区等公共区域内建成充电桩2508个。强化营运性车辆尾气治理，完成兰州市“大气污染防治十条措施”和“水污染防治十条措施”考核任务。按照“6个百分百”要求，多措并举强化交通施工项目扬尘管控，加强公交车、出租车车身整洁监管，防止造成二次扬尘。完成5条穿越水源地道路、15条穿越自然保护区道路的环保整改工作。推进无车承运人试点企业业务发展，全市3家无车承运人试点企业通过国家物流信息平台业务联调测试并纳入检测范围。开展交通运输行业全域无垃圾治理和生活垃圾分类投放工作。开展“无车日”“节能宣传周”“低碳宣传日”“公交出行宣传周”等主题活动，加大“绿色交通、低碳出行”宣传力度，倡导低碳交通出行方式。

【法治交通建设】 对行政权力责任进行全面清理，最终确定行政权责9大类360项，经调整合并最终保留14项行政许可事项，全部在政务大厅交通窗口集中受理。推进行政许可标准化工作，着力压缩办理时限，承诺时限较法定时限压缩69%。精简申报要件材料，取消审批要件15件。组织开展证明事项清理，取消10类22项证明事项，进一步减证便民、优化服务。集中梳理自1980年以来制订的政府规范性文件36件，废止23件，继续有效11件，修改完善2件。出台《兰州市鼓励规范发展互联网租赁自行车指导意见》，修订《兰州市交通影响评价管理办法》《兰州市公共自行车管理办法》。健全依法决策机制，落实行政决策法定程序，推进政务公开，制定《重大行政执法决定法制审核和集体讨论决定制度（试行）》，完善行政执法内部监督制度。开展综合执法试点工作，召开全市治超治限工作大会，联合红古区、兰州公路路政、高速公路管理处等相关部门，组织开展红古区海石湾路段超限超载集中整治活动，单车超载率由原来的30%控制到4%以内。推行法律顾问制度，对重点公路项目和行业重点领域决策、合同等30余件事项进行合法性审查，再报市政府法制办审核，确保重大决策事项程序合法。

【平安交通建设】 健全安全责任、教育培训、监督检查、考核问责及应急救援五大体系，全面落实行业安全监管职责。按照管行业必须管安全的要求，全面强化“四张清单”监管责任机制，组织召开全市交通运输行业安全生产工作会议及4次安全生产专题会议，层层签订《安全生产目标责任书》，实施安全生产重点工作清单化管理，明确任务、靠实责任。汲取重庆万州“10·28”公交车坠江及兰海高速“11·03”重大道路交通事故教训，对全市“两客一危”（从事旅游的包车、三类以上班线客车和运输危险化学品、烟花爆竹民用爆炸物品的道路专用车辆）城市公交、出租客运、长途客运站场等企业，采取明查暗访、突击检查和“双随机”方式，开展安全大检查活动6次。推进风险防控及隐患排查双重机制建设，在重点运输企业开展试点，完成28家危化品运输企业、3家长途客运企业的风险点排查辨识、安全评估及相关图表的绘制。汲取折达公路安全隐患问题教训，开展全市交通工程质量“拉网式”排查，排查干线公路14条，农村公路247条，桥梁45座，查找隐患问题144个。所有隐患按照“一问题一方案”要求，全面建立整改清单，强化整改落实。防范应对汛期防洪抢险工作，“7·19”“7·22”强降雨引发洪涝灾害后，第一时间投入人力物力，抢通水毁公路和水淹码头等水运设施。汛期期间抢通水毁公路190公里，码头设施清理水淤2万立方米。针对黄河兰州段持续高水位运行情况，组织人员力量对沿线大型趸船、各类船舶、码头设施及水运企业24小时全天候跟踪巡查，及时排除缺陷隐患，确保黄河水运行业平稳度汛。组织开展较大规模安全培训班9期，培训1600人次，组织开展较大规模公共交通安全、水路运输安全、长途客运安全应急演练4次，全力保障年度安全生产教育培训全覆盖。

（郝万虎）

铁 路

【概况】 中国铁路兰州局集团有限公司（原兰州铁路局，简称兰州局集团公司）截至2018年年底，集团公司铁路营业里程5382.4公里，其中高铁1056.7公里，职工总人数80166人，机关行政管理职能机构26个、生产机构1个、附属机构26个，基层单位53个；管辖车站（线路所）299个，配属机车1346台、客车车辆2038辆、动车组47组；担当图定客车112.5对。其中，管内56对、跨局56.5对。

【基础设施】 截至年底，兰州局集团公司管辖线路延长总计11006.94公里。其中，正线延长8795.35公里；站特线延长2211.59公里。集团公司道岔总计7083组。其中，正线道岔2820组；站特线道岔4263组。受委托管理的太中银铁路太中线、定银线，兰渝铁路兰州北环线、兰渝线，敦煌线，西平线、中川城际线、天平（天华）线等普速合资铁路延长2686.88公里。其中，正线2147.30公里。站特岔线539.58公里；道岔总计1502组。其中，正线496组；站特线1006组。受委托管理的徐兰高速（宝兰高铁）、兰新客专线路延长2215.16公里。其中，正线2113.40公里；站特岔线101.76公里。道岔总计339组。其中，正线198组；站特线141组。接触网运营总里程5196.59公里（12977.31条公里），其中高铁接触网运营里程1104.6公里（3013.91条公里）；电力线路16227.2公里（高铁3680.24公里），集团公司接轨的专用线、专用铁路232条。其中，专用线206条；专用铁路26条。

【运输主要指标】 全年累计完成旅客发送量6049.5万人，日均16.6万人，完成年度计划5790万人的104.5%，同比增加1006.1万人，增长19.9%，超年计划259.5万人。完成旅客周转量412.78亿人公里，日均11309万人公里，完成年度预算397亿人公里的104%，同比增加37.55亿人公里，增长10%，超年计划15.78亿人公里。货物发送量7666万吨，完成年度预算7600万吨的100.9%，货物周转量完成1491.61亿吨公里，为年计划1425亿吨公里的104.7%。

【基本建设】 中国铁路总公司下达兰州局集团公司基本建设项目投资计划200.99亿元。其中，收尾销号项目2个，计13.41亿元；续建项目6个，计185.08亿元；新开工项目1个，计2.5亿元。2个收尾销号项目下达投资计划分别为兰州至重庆铁路13亿元、新建宝鸡至兰州客运专线甘肃段0.41亿元；6个续建项目下达投资计划分别为新建敦煌至格尔木铁路甘肃段8亿元、兰州至合作铁路0.01亿元、银川至西安铁路甘肃宁夏段143亿元、吴忠至中卫铁路29亿元、平罗铁路综合货场0.05亿元、平凉南铁路综合货场0.027亿元、中卫至兰州铁路5亿元；1个新开工项目下达投资计划为敦煌铁路提速改造工程2.5亿元。

【乌鞘岭隧道自动闭塞设备更新改造】 乌鞘岭隧道自动闭塞设备改造为ZPW-2000型无绝缘轨道电路自动闭塞设备，建成投用减少电务信号设备对运输安全生产的影响，保证兰新线铁路运输安全畅通。乌鞘岭隧道长20.05公里，工程批复总概算4806.9万元，改造工程于6月开工，12月竣工。

【国际运输】 响应国家“一带一路”倡议，配合地方政府“丝绸之路经济带”建设，开行经阿拉山口（霍尔果斯）口岸出入境，在中国与亚洲、欧洲国家间开行，固定发到站、车次和运行线，明确开行周期和全程运行时刻，按快运货物班列模式组织开行的集装箱国际联运货物列车。是年，兰州局集团公司图定列车开行每周4列，装车组织站兰州东川、中川北、白银市、武威南、迎水桥、银川南站，主要到达国家哈萨克斯坦、乌兹别克斯坦、土库曼斯坦、吉尔吉斯斯坦、塔吉克斯坦、尼泊尔、白俄罗斯。主要发送货物为建筑材料、瓷砖、石材、玻璃、机械设备、日用品、医药用品等。

【机车、乘务交路】 发挥和谐型大功率机车的效能，优化调整机车交路，客运机车交路通至北京、太原、集宁南、武昌、上海、成都、重庆、肃北、乌鲁木齐、西宁；客运乘务交路担当至太原、包头、西安（北）、广元、嘉峪关（南）、肃北、西宁。货运机车交路通至榆次、包头西、郑州北、千河、成都北、兴隆场、肃北、乌鲁木齐西、西宁货；货运乘务交路担当至惠农、靖边、新丰镇、广元南、肃北、柳园、西宁货。主要客运机车交路实现HXD1D、HXD3D型160公里/小时客运机车牵引，兰渝线货运交路牵引定数实现4500吨贯通，兰新线货运交路牵引定数实现5000吨贯通。

【移动支付】 为满足广大旅客使用微信、支付宝等移动端APP完成购票支付的需求，兰州局集团公司管内主要车站窗口、部分客票代售点、所有自助售取票设备以及担当主要列车的移动补票机均开通手机扫码支付功能，旅客购票支付更加便捷。

【临客及旅游列车开行】 全年组

织开行临客329列、旅游列车48列。春运期间，加开临客102列（其中兰州—北京西31列，银川—北京西37列，嘉峪关—上海34列）；暑运期间，加开临客155列（其中兰州西—北京西49列，嘉峪关—上海34列，兰州—平凉36列，平凉—兰州36列）；端午、“十一”期间，加开临客72列（其中兰州西—北京西18列，嘉峪关—上海18列，兰州—平凉18列，平凉—兰州18列）。全年开行跨局旅游专列17列、“环西部火车游”旅游专列24列、管内（列车运行区段不超载本铁路局管辖范围）旅游专列7列。

【人员培训】 全年举办“兰铁工匠”培训班219期，培训工匠式、高技能人才1951人，完成年度培训计划的134%；深化“实用人才”培训品牌，启动主要行车工种3年脱产轮训工程，举办培训班489期，轮训11745人，完成年度计划的106.8%；严把高铁岗位资格准入关，举办“高铁基石”培训班234期，培训2937人，完成年度计划的98.56%；举办“智慧蓝领”培训班217期，培训7238人，完成年度计划的100.11%；举办“管理精英”培训班24期，培训拟任班组长969人，完成年度计划的138.43%；深化“行家里手”培训品牌，举办“四新”（新知识、新设备、新技术、新工艺）知识培训班103期，培训关键岗位职工4979人，完成年度培训计划的106.85%。建立“每周一学、每月一练、每季一检、每年一评”日常业务培训制度，完成春暑运、调图、防洪等各类专项适应性培训31万人次，为安全生产提供素质保障。

【民生工程】 投入1亿元（工会配套3000万元），完成涉及兰新线、包兰线、天兰线等41个站区、212项“三线一场”（文化线、卫生保健线、生活线、职场）建设任务；提前介入同步做好新线职工生活设施的配套建设，按期完成宝兰高铁站区生产生活一体化管理相关配套改造项目；协调兰渝公司分2批次下达立项计划52项，投资估算3536.91万元，推动兰渝线职工生产生活建设项目落实落地；完成68个站区“互联网进站区”工程。

（杨雍梅）

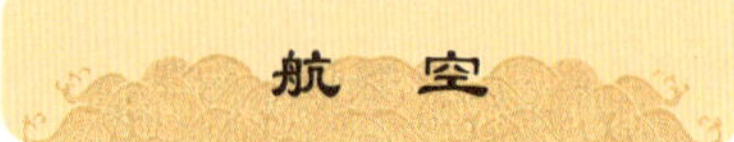

航　空

【概况】 2018年，兰州中川国际机场完成运输起降10.89万架次、旅客吞吐量1385.82万人次、货邮吞吐量6.15万吨，同比分别增长6.14%、8.13%、0.89%。全年完成中转旅客人数74万人次，同比增幅45%。

【市场开发】 新引进九元、金鹏和长安3家航空公司在甘肃航空市场投放运力，新增华夏航空驻场运力2架，全年驻场运力最多达到19架；新开航线70余条，支线通航点61个，累计通航城市112个，客运航线221条，货运航线6条，运营航空公司43家（含4家货运航空公司）；与中铁兰州局集团公司签署《空铁融合发展合作框架协议》，相继开通天水、定西、张掖至兰州机场的直达动车。以“双楼互设空铁岛”为基础，推进空铁通合作项目落地，实现交通运输一体化服务体验。

【运行安全】 修订安全生产责任制度、安全培训管理制度、安全生产值班管理制度等16项制度标准；自主研发值班巡检系统，建立91个巡查岗位，强化各级干部现场动态管控力度，组织修编54本《科室运行管理手册》；完成机坪及滑行道扩建不停航施工工程，停机位增至60个；组织残损航空器搬移、非法干扰事件等31项专项演练，开展应急救援相关培训21次，计1300人次；开展安全从业人员工作作风宣教100班次，培训2338人次。提升机场安检效率和安防能力；建设无线站坪调度系统，实现航班保障全链条的态势感知和安全管理的部分可视化、终端化；完成“两会”“兰洽会”“文博会”、军事航空运输等重大保障任务；在27个参评机场中，获得2017年中国民用机场服务质量评价“优秀机场”；“经兰飞·无忧行”获得2017中国民航创新服务奖。全年获得国家级奖项10项，省部级奖项24项，市级奖项5项，同行业奖项1项。

（杨晓磊）

中川机场T2航站楼

铁路枢纽建设

【概况】 兰州市人民政府铁路枢纽建设办公室成立于2011年，2016年加挂兰州市“一带一路”多式联运协调办公室。办公室成立以来组织协调各相关单位先后建设完成兰新第二双线兰州段（总投资20亿元）、兰州至中川铁路（总投资13.05亿元）、中川至马家坪铁路（总投资14.02亿元）、兰渝铁路兰州段（总投资829.16亿元）、宝兰客运专线（635亿元）、中川北至朱家窑（总投资14.8亿元）铁路，顺利通车。完成兰州西客站、东川铁路物流中心、南绕城高速公路各项基础设施建设。

【项目建设协调】 协调组织中卫至兰州客运专线（甘肃段）征地拆迁工作，组织铁路沿线各县区政府开展临时用地征用工作。协调甘肃省、铁路总公司对兰州至张掖三四线工程进行地质勘探工作，协调办理环评、水保、文保及道路、管线等交越框架协议签订等前置工作。联合七里河区人民政府、西固区人民政府、榆中县人民政府、市政府各有关部门、高新区管委会，实地现场办公及召开协调会议，解决征地拆迁中存在的问题，保障南绕城高速公路顺利通车运营。

宝兰客专甘肃段联调联试

【铁路沿线综合整治】 有序推进中川铁路沿线生态绿化工作，协调市生态局、市南北两山指挥部、市水务局等相关单位，完成平地绿化种植1811.86亩，两山绿化1000亩，封山育林6900亩，村庄、道路绿化797亩。

【多式联运】 协调开通（兰州至伊斯兰堡）南亚公铁联运国际货运列车，打通第二条南亚公铁联运线路，协调开通并常态化运营（俄罗斯至兰州）中欧回程进口木材班列。委托中国铁道科学研究院运输及经济研究所编制《中国（兰州）中欧班列编组中心可行性（前期）研究方案》。抢抓国家“一带一路”重大战略机遇，充分发挥兰州交通枢纽优势，通过市场化促进兰州市中欧班列长效健康的发展。开通“一带一路”国际班列包括中亚班列、中欧班列和南亚公铁联运班列、南向通道班列，其中中亚班列和南亚公铁联运班列（兰州至加德满都）常态化运营。中亚班列发运344列、16009车，货重317635.83吨，货值100884.24万美元。南亚公铁联运班列发运125列、5184车，货重72846.12吨，货值35397万美元。中欧班列发运10列、418车，货重10574吨，货值1309.63万美元。

（于　欣）

宝兰客专甘肃段联调联试

轨道交通

【概况】 2018年，兰州轨道交通工作围绕项目建设，推进工程建设，全年筹措资金94.46亿元。其中，项目资本金1.15亿元；项目贷款资金27.4亿元；银团贷款21亿元；融资租赁22.11亿元；发行企业债券15亿元；境外美元贷款1.143亿美元（折算人民币7.8亿元）；全国最大1笔2亿欧元德促贷款获国家批复。兰州轨道交通区间隧道暗挖施工变形控制及预测预警技术荣获2018年度全省职工优秀技术创新成果二等奖；兰州地铁隧道下穿黄河强透水卵漂石地层关键技术研究项目被中国城市轨道交通协会评为

“2018城轨科技进步二等奖”；3个“劳模创新工作室”申报验收为市级“劳模创新工作室”，2个工班分别被评为兰州市城建财贸系统“创新型班组”和2017—2018年度全国城市轨道交通行业先进班组；公司获得兰州市青年安全示范岗荣誉称号。

【项目建设】 1号线一期工程实现洞通、轨通和电通，进入全线联调联试阶段；轨道交通2号线一期工程全线8个站点开始主体结构施工，累计完成主体结构的50%；东方红广场东西口过街通道项目完成施工总量的65%；东方红广场枢纽站周边综合整治项目、1号线一期工程配套消防站和治安管理用房项目、S696号市政道路等项目完成前期手续办理，具备全面开工建设的条件。

【运营筹备】 加强运营人才队伍建设，持续推进持证上岗工作，技能人才持证上岗率91.2%；加强支付体系建设，完成交通部密钥卡申领和交通一卡通平台机房建设；运营人员深度参与工程介入和联调联试，确认整改综合联调发现问题1256项；先后完成正线、东岗车辆段、陈官营停车场和东岗主变电站外电源工程接管；修订完善试运营评审所需规章制度307项。

【项目管理】 建立招标代表人制度，规范和约束招标代理机构、造价咨询单位行为，确保招标工作公开、公平、公正。建立领导“分段包片”工作制度，强化施工管理，推动工程建设。推进工程档案管理，实现档案标准化、数字化管理。强化质量管理，开展专项质量“大排查、大整治”活动。强化安全应急管理，建立公司突发事件应急工作机制，全年监测预警61次，控制安全风险。认真开展QC质量创新活动，其中《降低轨道交通项目管理中计价出错发生率》《开发自动组卷工具》及《降低地连墙成槽塌孔率》QC成果获得甘肃省质量管理活动一等奖。

【多种经营】 全面推进资源开发项目建设，完成东岗车辆段上盖开发项目主体结构施工，优化轨道·城市曙光A、B区项目设计；加快轨道交通1号线一期工程附属人防工程建设。其中，奥体中心站附属人防工程完成主体结构施工；迎门滩站附属人防工程主体结构完成50%；西关什字站附属人防工程一期管线迁改和一期围护桩全部完成。推进资源开发招商工作，西站北广场登记意向性商户310家，启动东岗上盖及城市曙光C区招商工作；完成轨道交通1号线一期工程收款收单银行招标选聘，成功与甘肃银联和甘肃交通一卡通签约合作；盘活存量资产，依规出租获利，加强新区酒店和轨道百货便利店、停车场经营管理，开展物业服务，实现多种经营收入5769.06万元。

兰州地铁

【物业管理】 启动轨道交通1号线沿线各站点物业服务工作，完成1号线11个站点开荒保洁工作；建立应急保障机制，保障西站北广场秩序安全平稳有序运行；依托建成投用的西站北广场，为公交、电信等企业开展停车服务项目；规范物业服务标准，先后制定《兰州市轨道物业公司保洁作业规程》《设施设备维修管理办法（试行）》等10余套制度办法，建立完善的物业服务标准，提升服务质量。

【治理结构】 健全公司治理结构，成立4个董事会专业委员会和董事会办公室，设立资产管理处，加强财务管理信息化平台建设，提高财务管理水平；落实企业信息化发展规划，推进工程、运营、人力资源、财务信息管理平台和数据中心机房等信息化建设；推动人才项目建设，轨道交通BIM技术研究项目成功申报为陇原青年创新创业人才项目，8名技术技能骨干成功入选兰州市属国有企业2017年度科技领军人才和“金蓝领”高技能人才库，2项技术创新项目和1项管理创新项目入选2018年度兰州市属国有企业自主创新奖励项目名单，1项信息化成果荣获中国城市轨道交通协会信息化最佳实践优秀案例奖。

（李　鑫）

邮 政

【概况】 2018年，兰州市邮政管理局推进党的建设，优化行业发展环境，提升行业发展质效，创新行业服务模式，落实行业惠民举措，强化寄递安全监管。全年完成邮政业务总量11.64亿元，增长16.52%，完成业务收入14.6亿元，增长20.55%。其中快递业务量完成4610.25万件，增长24.76%。

【服务能力】 强化邮政、快递便民惠民公共服务功能，全市邮政建成村邮站643处，建制村直接通邮率100%；建成邮政电商便民服务站522个、“邮乐购”站点340个，搭载交费、购物等便民服务100余项，使得农村群众足不出村即可享受到一站式综合服务体验。坚持“分拨中心独立设置、分拣设备应配尽配、离地设施科学布设、电动三轮车改造升级”原则，推进快递服务升级，完成分拨中心安全改造2万平方米，铺设离地托盘1.38万平方米。加强宣传培训和执法检查，整治露天分拣等不规范操作行为。鼓励快递企业开展投递服务合作，促进快递末端配送、服务资源高效组织和统筹利用，建成智能快递柜1530组；加快“快递下乡”“快递三进”步伐，快递服务乡镇覆盖率100%，城区快递网点标准化率90%以上。加强消费者权益保护，及时处理消费者申诉，全年消费者申诉处理满意率98.8%。

【惠民作用】 发挥邮政快递服务优势，畅通城乡配送体系，拓宽民生服务领域，办实7件民生实事，助力“工业品下乡、农产品进城”。推行“互联网+政务服务+邮政快递”服务模式，面向群众提供政务事项办理寄递服务业务。拓展邮政网点功能，与税务部门开展“税邮合作”开办代开发票、代征税款等服务业务，与公安交通部门开展“警邮合作”代办12项车驾管业务，与兰州市政务服务中心合作开通“证照快递免费送达”业务，将证照“上门取”变为“送上门”，让快递多跑路、让群众少跑腿、让人民得实惠。拓展农产品寄递、冷链运输、生鲜速配等业务，服务“乡村振兴”战略，全年寄递农产品106.78万件，带动销售产值突破1.75亿元；服务制造业项目7个，寄递业务量240万件，直接服务制造业产值5118.98万元。

2018年6月20日—21日，全国邮件快件“三不”治理工作会在兰州召开

【行业安全运营】 加强邮政行业寄递安全、禁毒、反恐、“扫黄打非”、打击侵权假冒、综合治理等工作，编印《邮政行业安全管理制度汇编》，指导企业建立健全内部管理规章。组织开展寄递企业安全机构、安全人员、寄递协议客户备案工作，督导企业提高安全管理能力。联合安监部门集中开展快递企业突发事件应急预案及专项预案备案工作，督促企业健全应急预案、组建应急队伍、明确工程流程，提高应对突发事件处置能力。狠抓寄递安全“三项制度”（交接验收、勾挑核对、平衡合拢）落实，加强邮件快件实名收寄信息系统应用督导检查，寄递实名信息化率持续提升。加强与综治、公安、国家安全、“扫黄打非”、烟草等部门合作，开展寄递渠道涉枪涉爆、危险化学品专项整治及打击食品药品、农资环境、烟草领域违法犯罪专项行动，开展寄递渠道联合执法检查43次，侦破涉毒案件13起、涉烟案件386起。

【监管效能】 加强协调对接，优化营商环境，保障快递车辆便利通行。联合市发改委等7部门印发《关于协同推进快递业绿色包装工作的实施意见》，推动快递包装绿色化、减量化、循环利用。引导快递企业在校区等服务点以学生实践等形式开展快递包装箱回收宣传活动，邮政EMS、顺丰、中通等企业率先使用纯电动新能源厢式货车进行城市配送服务，全行业新能源车辆46辆。大力推进“放管服”改革，全面推行“双告知”（向企业告知审批许可事项，向审批部门告知登设信息）工作制度，简化优化快递末端网点备案手续。全年开展快递服务场所实地核查170人次，核查分支机构60个；落实“双随机一公开”（随机抽取检查对象，随机选择执法人员及时公布查处结果向审批部门告知登设信息）制度，加强行业执法检查，全年开展安全培训5期、2500余人，开展执法检查918人次，做出行政处罚7起。完成200处“扫黄打非”标准化基层站点建设，受到全国“扫黄打非”工作检查组肯定。推行邮政普遍服务网点分级监管模式，建立邮政普遍服务质量季度通报制度。健全快递市场主体名录库，推动快递业信用体系建设。开展“放心消费工程”，规范快递末端收投服务，邮件快件“三不”（不着地、不抛件、不摆地摊）治理“兰州模式”受到国家邮政局肯定，并在兰州召开全国邮政管理系统现场会进行观摩推广，兰州大学快递集中服务站建成并形成良好示范效应。加强邮政特邀社会监督员管理，提高社会监督工作质量。

（王　杰）

电　信

【概况】　2018年，电信兰州分公司主营业务收入同比增长10%，完成预算目标。全业务收入份额达到40.93%，列全省第3，市场话语权持续增强。移动过网用户份额35.87%，全年提升5.08个百分点；新增份额保持在42以上，高于主要竞争对手。业务结构不断优化，新兴业务（ICT）收入占比持续提升。

【重点市场】　基础业务领域，以持续推进销售组织模式转型为牵引，坚持积极进攻、流量畅享和极致融合发展策略，从红包卡、大流量套餐销售组织模式切换，逐步形成以流量畅享卡线上线下销售组织模式为基础和核心，新零售、政企战狼、雄鹰、猎豹、渠道飞跃、城市小区铸铅和零低攻坚、农村深耕、校园专项营销活动、存量经营、橙分期发展、智能组网、全光攻坚等12项重点营销工作为主的销售组织模式，有效拉动了规模发展。新兴业务领域，全力支撑“雪亮工程”项目建设，有效拉动收入增长；智慧区县、智慧乡镇、智慧酒店、物联网、企业上云、商机储备规模不断扩大，企业转型不断加快。重点市场持续深耕，校园市场超额完成大中专秋季迎新任务，创历史新高；客户服务稳步提升，工信部申诉率月均1.7次/百万人；网络能力持续提升，持续推进5G建设；不断深化改革，深化划小承包；强化管理提升效益，持续转作风、抓执行，做好风险管控，建设节约型企业。

（张　弘）

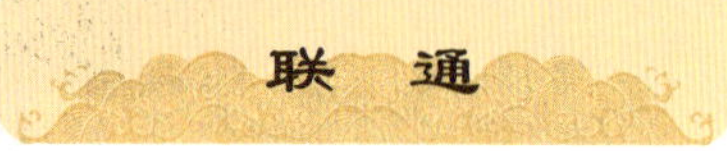

联　通

【概况】　2018年，联通兰州分公司落实集团及省分公司决策部署，贯彻新发展理念，聚焦创新合作战略，推进互联网化运营，兰州联通高质量健康发展迈出重要步伐。

【互联网化运营转型】　2I2C业务保持高速增长，2I线上订单综合转化率持续改善。以“轻触点”运营牵引实体渠道互联网化转型见到实效。提升政企客户运营能力和支撑水平，“云+网+X（应用）”政企新融合模式初步建立。推进智慧党建、智慧扶贫、智慧消防、工业云、智慧医疗、智慧教育、智慧旅游等平台类项目。家庭宽带坚持高带宽牵引，开展社会化合作。

【网络安全】　利用共建共享，4G网络人口覆盖率由2017年底的88%提升至93%，4G日均流量由2017年底的210太提升至313太。加强核心局房动力系统的隐患核查工作、完成两区三点建设、接入网优化工作，坚持网络瘦身简体。2018年兰州联通移动网NPS较上年提升5.1分，宽带NPS较上年提升10.6分，支撑业务发展，改善用户口碑。

【服务提升】　明确目标，加强管理，落实考核，加快转型，进一步统一思想提升能力素质。建立健全问题整改和内控优化机制。践行“三个一切”（一切为了群众，一切依靠群众，一切服务群众）的经营管理理念，开展“三心一快”（服务用心、体验舒心、消费放心，使用快捷）服务提升行动，开展“整顿机关作风”专项行动、“管理提升”活动和“明亮”工程。组织消防知识讲座和现场演练，对安全员进行安全生产专项培训和考试，确保安全员持证上岗，获得安监局检查好评。健全机制，完善制度流程，加强规章制度建设，落实法治建设和普法教育工作。落实内控自查和风险评估工作，确保企业健康发展。完善、落实“三重一大”选人用人决策制度，全面推进依法经营、依法治企，有效提升管理水平，形成风清气正、干事创业的良好环境。

（常　砲）

商务贸易

【概况】 2018年,兰州市商务系统突出主责主业,提升商务工作对全市经济社会发展的贡献度,各项工作稳步推进。全年第三产业增加值1751.97亿元,增长7.4%,占全市国内生产总值比重64.1%,比上年度提升0.9个百分点;社会消费品零售总额1352.09亿元,增长7.4%,占全省社会消费品零售总额的39.4%。

【消费促进】 制定消费升级行动计划和拓市场促消费实施方案,举办“畅享兰州·乐金城购”系列促销活动和“消费促进月”等活动,重点商场开展各类主题促销活动40余场。全市举办兰州年货会、甘肃国际汽车交易会、体育用品博览会等重点展会75个,会展业交易额100亿元。

【项目建设】 实施“指挥长”工作模式,组建项目建设服务团队,成立项目管理办公室。全年完成重大商贸物流项目投资152.67亿元,完成市定目标任务的119.5%;现代服务业产业组招商引资认定到位资金20.12亿元,完成市定目标任务的2.24倍,市商务局招商引资认定到位资金3.94亿元,完成市定目标任务的131.3%。

【市场转型升级】 按照“转型升级一批、改造提升一批、关闭撤并一批”的思路,稳步推进商品交易批发市场转型升级,在出台《兰州市商品交易批发市场转型升级实施方案》基础上,制定《兰州市市场转型升级专项资金管理办法》,全年完成转型升级市场14家。其中,关闭市场11家;转型升级市场3家。列入转型升级的其余31家市场按计划、分阶段、有步骤地推进。

【电子商务】 支持本地电商平台线上线下融合发展,拓宽消费供给渠道。至年底,本地重点电商平台累计60家,全年实现交易额35亿元;O2O线下服务网点、体验店、便民服务店累计500家,全年实现销售额10亿元;高新区电子商务孵化大厦、西固区丝路电商产业园等电商园区建设初具规模。全年电商交易规模1300亿元,增长25%。

【民生商务】 深化电商扶贫,兰州3县全部入围创建国家电子商务进农村综合示范县;全市电子商务乡镇覆盖率90%,行政村覆盖率70%;电商农产品质量标准化体系建设在永登县先试先行,品控溯源体系整体建设完成运行;农产品销售占兰州市网销商品的25%,农产品线上销售占全渠道销售额的15%。推进便民设施,新建(提升改造)商业网点16个,南关民族风味夜市启动运营;西部再生资源信息交易平台投入使用,新建(提升改造)回收网点120家,开通12345民情通、965955交废品预约热线和“兰州爱回收”“美好家园”“微环保”等微信小程序。保障市场供应,完成冬春蔬菜储备1万吨;全年开展“平价肉菜进社区”活动5000余次,销售肉菜3000吨左右。

【现代物流】 兰州市被商务部列为流通领域现代供应链体系建设试点城市,制定出台《兰州市流通领域现代供应链体系试点城市建设工作方案》以及17个配套文件,完成一期项目评审。制定《兰州市城乡高效配送行动计划工作方案》，围绕建设配送网络体系、健全配送组织体系、推进配送技术标准应用、发展绿色配送、提高配送服务水平等方面大力推进城乡高效配送。开展物流领域标准化推广，全年物流总额增长10%。

【商务诚信建设】 完善升级肉菜流通追溯体系，确保追溯体系正常运行。围绕市场秩序、安全生产，组织开展成品油、再生资源、汽车销售等专项整治，市、区县出动执法人员1万余人次，查获非法成品油80余吨，封存非法储油罐1座；查处酒类商品违法案件25件，查获违法酒类商品1.4吨。

（余国先）

外资外贸

【概况】 2018年，全市实现进出口总额133.18亿元，占全省进出口总额33.75%，增长23.92%，增速高于全省2.7个百分点，高于全国14.2个百分点。其中，出口额75.6亿元，占全省出口额51.84%，增长17.25%；进口额57.58亿元，占全省进口额23.14%，增长33.92%。

【对外贸易发展】 进口冰鲜水产品、进境水果指定口岸和进口肉类指定查验场建成并投入运营，汽车整车进口口岸获国务院批准，进口粮食指定口岸建成并通过兰州海关预验收。依托兰州铁路口岸，“兰州号”国际货运班列实现常态化运营，全年发运174列，货重12.09万吨，货值3.71亿美元。国际陆海贸易新通道（南向通道）自2017年9月首发以来，共发运国际陆海贸易新通道国际货运班列30列，货重2.57万吨，货值3.84亿元。兰州市被国务院列为全国跨境电商综合试验区。兰州新区综合保税区跨境电商监管中心、中川北站铁路口岸跨境电商监管中心、三维跨境电商服务平台正式运营，跨境电商监管场所首单通关，实现全省跨境电商交易零的突破。建成众聚优品跨境020精品体验馆、兰州新区综合保税区进口商品批发中心等进口商品城（店）。全年全市跨境电商直营店实现销售额1.9亿元。

【国际经济合作】 推进兰州市与白俄罗斯格罗德诺市互设商品展览中心项目建设，白俄罗斯甘肃（兰州）特色商品展览中心建设完成。与天津市签订《加强商务及口岸合作备忘录》《无水港合作框架协议》《促进兰州牛肉面在津发展合作框架协议》。首次以主宾城市身份参加“2018东盟（曼谷）中国进出口商品博览会”，达成10余个合作意向；组织122家企业（单位）、284人参加首届中国国际进口博览会，签订采购项目44项；同时组织200余家企业（单位）分别参加中国品牌（中东欧）展、法国巴黎食品展、莫斯科国际食品展、“广交会”“京交会”“高交会”等20余个国际国内展会，其中境外展会达成30余个贸易合作项目。新设立外商投资企业5家，投资总额5.89亿美元，增长66.88%，实现合同利用外资额1.8亿美元，增长176.62%，完成市定目标任务的185.18%；新设立对外投资企业12家，完成境外投资1.3亿元。

（余国先）

经济合作服务

【概况】 2018年，兰州市执行招商引资项目1171个，到位资金1469.47亿元，增长8.28%按照省上新统计口径，超额完成年度目标任务，。在全省年度考核中，兰州市到位资金总额超过全省的三分之一，是唯一完成年度目标任务且到位资金保持正增长的市州。

【招大引强】 兰州市新签约10亿元以上合同和协议项目59个，投资总额1853.87亿元。新签约百亿元以上投资项目4个，新引进“三个500强”企业和行业龙头企业投资项目40个，新引进杉杉集团、宝武钢铁、中国建材、国药集团、广药集团、京东集团等“三个500强”企业6家。

【第24届“兰洽会”】 7月5日—9日成功筹办第24届“兰洽会”，期间兰州市举办聚焦“一带一路”·500强企业高峰论坛、兰州·中新互联互通南向通道国际合作对话会、首届“一带一路”粮食安全高峰论坛等活动55项；邀请1081个团组、5123名宾客参展参会；签约合同项目109个，签约总额790.75亿元，超过全省签约总额的40%，位列全省第一。

【项目落地】 截至年底，第22届“兰洽会”签约项目开工117个，开工率80.14%，累计到位资金804.75亿元，资金到位率57.16%。第23届“兰洽会”签约项目开工83个，开工率80.58%，累计到位资金401.95亿元，资金到位率53.28%，较全省平均水平高11个百分点。第24届“兰洽会”项目开工84个，开工率77.06%，到位资金192.69亿元，资金到位率24.37%，较全省平均水平高4个百分点。

【体制机制】 制定出台《关于进一步加强招商引资工作的指导意见》，新成立由市长任组长、各副市长任副组长的全市招商引资工作领导小组，调整成立由市长任指挥、常务副市长任副指挥和办公室主任的市政府项目落地指挥部。

（乔延斌）

兰州海关

【概况】 2018年，兰州海关刑事立案6起，同比增长2倍，抓获犯罪嫌疑人6名；行政立案35起，同比增长52.3%，案值2.3亿元，同比增长12%，涉税1036万元，同比增长15倍，罚没入库67.92万元。侦破“2·06”走私毒品系列大麻案，被列为公安部毒品目标案件和海关总署二级督办案件，查获毒品大麻23.8公斤、毒资25.9万元。全年完成税收23.4亿元，同比增长1.2倍，税收入库增幅列全国直属海关第1位。内销征税7.18亿元，增长4.8倍。

【安全防控】 查获各类违禁印刷品和音像制品393份，旅检渠道首次查获入境航班旅客携带大量“心灵法门”宣传物品案件1起，查获书籍、画册图片、卡片、收音机等物品196件。防控埃博拉出血热、中东呼吸综合征、黄热病、寨卡病毒等重点疫情疫病，完成3080名朝觐穆斯林群众的体检、预防接种和出境保障任务。妥善处置甘肃口岸首次入境旅客群体性腹泻公共卫生事件，在入境的旅客中首次检出诺如病毒和沙门氏菌。组织专项督察，开展应急演练，严防重点口岸重点部位，防控口岸非洲猪瘟疫情。强化进境种子检疫监管，开展苗期和成株期田间跟踪调查，检出检疫性病害4种。开展“绿蕾4”专项行动，对兰州铁路口岸及其沿线外来杂草进行调查，筑牢国门生物安全防火墙。完成对进出口食用农产品和饲料80份样品1436个单项的安全卫生风险监控任务，全面掌握甘肃省进出口农产品质量状况。完成进出口食品75个样品147个项次的抽检任务，15个样品供港蔬菜专项监测任务，保障213吨进口冷冻牛肉、19吨进口冷冻水产品分别从指定查验场（口岸）入境通关，进出口食品未发生任何食品安全事故。开展进出口商品风险监测和缺陷消费品调查，加强对进出口危险化学品、出口危险货物包装等重点商品的检验监管，发现入境不合格货物13批次，出境不合格货物6批次。全年审核报关单18978份，监管货物165.8万吨，货值273.3亿元，增长18.9%。检验检疫出入境货物2.36万批，货值25.5亿元，同比批次增加44.9%，货值增加20.3%。监管进出境航班1446架次，验放进出境人员19.4万余人次。

【打击走私】 联合省环保厅对全省经营危险废物的20余家企业进行问题线索摸排，查处关区首起“洋垃圾”入境案。重点加强对涉毒涉枪、涉恐涉爆、濒危物种走私的风险分析，组织开展打击食糖、濒危物种、芬太尼类毒品、虚开骗税违法犯罪等多个专项行动。开展“国门勇士2018”缉枪专项集中行动，协同地方公安联合经营作战，发现并核查9条涉枪线索。推进全省反走私综合治理，破除省内涉枪涉毒涉及固废走私的渠道，切断寄递走私通道，对走私冻品、疫区产品、粮食的购运储销环节实施全链条打击，全面构筑反走私立体防线。

【综合治税】 坚持依法征税，既深挖税基，又涵养税源，自报自缴、关税保证保险等系列税收征管改革措施顺利运行，全年自报自缴税单778票，同比增加3.6倍，税款4589万元，同比增长3.8倍。汇总征税征收税款1.4亿元，同比增长2.8倍。11月，关区首票“关税保证保险担保”报关单在关区实现“即报即放、先放后税”的担保通关。以非贸易渠道付汇、特许权使用费为重点，部署开展系列专项稽查，完

2018年，兰州海关执行国际货运直航包机监管任务

成稽查补税1531.09万元，同比增长224%。开展税政税则调研，1篇提高羰基镍粉出口退税率的调研报告被国务院税则委采用，每年为企业节约支出900余万元。

【优化营商环境】 通过降低进出口环节合规成本、精简进出口环节监管证件、压缩整体通关时限、优化通关流程和作业方式、提升海关监管信息化水平、实施务实高效精准帮扶措施，优化甘肃省口岸营商环境，促进对外贸易便利化。12月，兰州海关出口整体通关时间1.2小时，较上年压缩98.75%，压缩比排名全国第1位；进口整体通关时间8.48小时，较上年压缩82.62%，压缩比排名全国第7位。主动担责，协调口岸各有关单位减免经营服务性收费，取消不合规收费。口岸整体收费下降10%以上，部分收费项目最大降幅50%。全面做好关区“多证合一”“多报合一”改革工作，“单一窗口”覆盖率100%。兰州海关促进口岸提效降费20条措施被省政府转发全省执行，改善营商环境的做法被评为全省“作风建设年”典型案例。

【服务经济发展】 落实“渝桂黔陇”省区市合作备忘录以及四地海关合作备忘录，支持“南向通道”国际货运班列常态化运行和中欧班列扩大运行。监管中欧货运班列91列，货运量5.6万吨，货值1.5亿美元；保障发运“南向通道”国际货运班列23列，货运量1.9万吨，货值4000万美元。支持甘肃“三大陆港（兰州、天水、武威三大国际陆港）、三大空港”（兰州、嘉峪关、敦煌三大国际空港）建设，指导甘肃（兰州）国际陆港兰州保税物流中心（B型）项目申报建设工作，推进进境木材检疫处理区项目署级验收进度。参与敦煌航空口岸建设，敦煌航空口岸旅检作业现场完成建设并投入使用，全年保障进出境航班52架次，验放进出境人员7564人次。完成丝绸之路（敦煌）国际文化博览会、“兰洽会”等国际会展的服务保障工作。推动指定口岸建设并投入使用，中川机场进口冰鲜水产品及进境水果指定口岸、兰州新区综合保税区肉类指定查验场正式运营，兰州至曼谷、河内国际货运航线正式开通，推动兰州铁路集装箱场站汽车整车进口口岸建设。指导全省创建10个国家级出口食品农产品质量安全示范区、3个省级有机产品认证示范区、2家国家级出口质量安全示范企业。推荐出口企业获得国外官方注册，帮助甘肃特色产品打开国外市场，共帮扶苹果等甘肃特色产品出口5.33亿美元。用足用好自贸区优惠政策，签发各类原产地证书5330份，为甘肃产品减免进口关税3003万美元。持续推进省内口岸功能拓展，开展“集拼集运”业务调研，推动跨境电商业务落地，累计办理跨境电商直购订单279票、网购保税订单18票。围绕甘肃外贸发展中的热点、难点问题，召开企业座谈会现场答疑解惑。开展中美贸易摩擦、稀土以及一带一路、改革开放四十年等专题分析，

兰州海关2018年主要业务指标统计表

项目		单位	2018年	比上年同期±%
进出口报关单		份	18978	-8.7
监管进出口货运量		万吨	165.8	-26.1
其中	进口货运总量	万吨	159.4	-25.8
	出口货运总量	万吨	6.4	-32.3
监管进出口货运值		亿元	273.3	18.9
其中	进口货运总值	亿元	238.3	28.5
	出口货运总值	亿元	35.0	-21.0
税收入库		亿元	23.4	123.51
其中	关税	亿元	0.06	-26.85
	进口环节税	亿元	23.3	124.75
上缴罚没收入		万元	67.92	-1.80
内销征税		亿元	7.3	431.1
审批减免关税		万元	1672.2	-23.9
审批减免进口环节税		万元	9538.9	-7.3
备案加工贸易合同		份	74	-7.5
合同备案金额		亿美元	21.1	41.3
监管进出境航班		架次	1466	-61.5
出入境人员		万人次	17.8	-3.8
稽查补税		万元	1531.09	224
刑事案件立案		起	6	150
刑事案件案值		万元	0	
行政违规案件立案		起	35	52.3
行政违规案件案值		亿元	2.3	12
货物检验检疫批次		批	23568	44.9%
其中	进口	批	12675	93.8%
	出口	批	10893	12.0%
货物检验检疫货值		亿美元	25.5	20.3%
其中	进口	亿美元	19.6	21.0%
	出口	亿美元	5.9	18.0%
出入境人员查验	出境	人次	96900	3.6%
	入境	人次	97244	3.4%
健康检查	出境	人次	8905	62.5%
	入境	人次	1374	55.8%
艾滋病监测	出境	人次	8905	62.5%
	入境	人次	1374	55.8%
发现病例	出境	人次	156	7.6%
	入境	人次	32	33.3%
预防接种	出入境	人次	17139	113.5%

撰写、报送监测预警专题分析报告12篇，中共中央办公厅采用1篇，海关总署《海关要情》采用4篇。向省委、省政府及地方部门报送贸易统计分析、支持开放型经济发展等研究分析报告10余篇，其中获得省政府主要领导批示9次。编制《甘肃主要出口国家和地区技术性贸易措施应对指南》，帮助企业合理规避风险、增强开拓国际市场的能力。

（丑永刚）

供 销

【概况】 2018年，全系统基层社总数48个，经营服务网点498个。其中，日用消费品网点349个；农业生产资料网点133个；农副产品网点12个；再生资源网点4个。各类协会55个，各类专业合作社165个。专业合作社入社成员16475人。全系统土地流转面积8324亩，土地托管面积3318亩；配方施肥、统防统治、农机作业面积10.67万亩；庄稼医院165个，农村综合服务社353个，培训农村实用人才11085人次，发放科技资料22051万份。全市供销合作社系统实现商品购进总额75.49亿元，同比增加绝对额7.21亿元，增长10.5%；商品销售总额76.5亿元，同比增加绝对额8.73亿元，增长12.88%。其中，农资供应2.88亿元，占销售总额的3.77%；农副产品销售6.81亿元，占销售总额的8.9%；日用消费品销售30.56亿元，占销售总额的39.95%；再生资源销售32.05亿元，占销售总额的41.89%；电子商务销售0.36亿元，占销售总额的0.49%；其他类销售3.83亿元，占销售总额的5%。全年实现利润873.8万元。

【综合改革】 榆中县供销社农村合作金融服务、永登县供销社恢复发展乡镇基层社改革、市级层面构建再生资源回收网络体系试点稳步推进。协调市编办同意，安宁区编委下发《关于兰州市安宁区市场管理所加挂兰州市安宁区供销合作社联合社牌子的通知》，恢复成立安宁区供销社，明确主要职责。红古区供销社争取区委、区政府加大支持力度，彻底解决93名职工社会保险欠费、职工到龄办不了退休、退休人员生活费没有着落的历史遗留问题。市供销社制定下发全系统落实乡村振兴战略和参与农村“三变”（指农村资源变资产、资金变股金、农民变股东改革）改革的实施意见等文件，永登县供销社吸收上川镇6个贫困村集体发展资金266万元为入股分红资金，每年按照8个百分点的年利率给予村集体定额分红；榆中县供销社探索建立“村集体+合作社+基地+农户”的发展模式，带动三角城村1024户村民加入“三变”改革。

【为农服务】 改造提升30个村级供销综合服务社，市级财政配套资金180万元及时拨付给项目建设单位，县区配套资金到位120万元。联合市工商局、质监局开展“2018兰州市春季肥料市场专项检查行动”，通过肥料质量安全宣传及联合检查等形式，抽查3县1区16家农资经营企业和网点，维护农资市场流通秩序，保障农业生产和农产品质量安全。全系统通过开展测土配方、电话预约、农资配送等精准手段，把农资和服务送到田间地头。储备各种化肥9.66万千克，农药464千克，农用塑料薄膜491千克，供应各种化肥11.57万千克，农药550.50千克，保障全市春耕备耕和农业生产需要。

【项目建设】 推进国家“城市矿产”示范基地项目建设。市回收公司承担的甘肃省首个国家级循环经济标准化试点项目顺利通过专家组评估验收，制定标准771项。其中，国家标准163项；行业标准46项；企业标准562项。兰州再生资源循环经济加工产业园完成投资8.2亿元，建成投产红安纸业、盛邦包装、艺祥塑料、利源报废汽车、西部再生资源信息交易平台等5个项目。金达商务大厦立体停车库项目通过甘肃省特种设备检测所的验收，完成消防设备的调试自检，开始试运营。市农副公司华泰农产品电商冷链配送项目建成体验中心和结算中心，生产加工的“亚兰鸿”产品依托“供销e家”等平台开展线上线下销售。市果品公司盘活小沟坪仓库空地，建设汇集全省乃至全国果品、茶叶、土特产名优精品的甘肃农副土特产品精品展销馆，完成棚户区改造立项、环评、稳评、用电、地质勘探、前期拆迁等工作。推进“两网融合”，搞好城市生活垃圾分类工作。筹资建成红山根西路再生资源分拣中心，完成63个再生资源回收网点的标准化提升改造工程，与环卫部门沟通衔接，将街道（社区）垃圾房、压缩站等设施资源共享，纳入废品分拣回收功能，在城关区环卫局永昌路中转站等11个垃圾中转站成立两网融合网点。

【服务平台建设】 搭建营销平台，拓宽农产品销售渠道。第24届“兰洽会”期间，精选全系统百合、玫瑰、白兰瓜、小杂粮、大红枣、和尚头面、“金惠达”三泡台、蜂蜜等8大类45种农特产品在兰州展区农特产品专柜展销，吸引嘉宾客商购买洽谈。组织参加2018年国际采购商大会暨中国（甘肃）供销农特产品产销对接活动，与省内外客商现场签约6份，金额9.4亿元。直属各公司通过市场、展会等形式举办“走进供销社·置办好年货”等迎新春年货展销活动。完成市土产公司定西南路二支路农贸市场和政路市场改造提升建设项目。开展招商引资和考察交流活动25人次。兰州再生资源循环经济加工产业园全年接待国家部委及全国各地相关部门、单位、企业到产业园学习考察和调研参观近2000人次，接待到产业园开展循环经济教育示范基地活动的师生500余人次。

（刘　蓉）

粮　食

【概况】　2018年，兰州市粮食局谋划建设粮食产业园，组建粮食产业“小航母”，将产业园扩充到1500余亩，总投资50多亿元。其中兰粮现代产业园开工建设，争取中央补助0.8268亿元，资金到位，累计完成投资1.5亿元；润民产业园主体完工；益海嘉里产业园开工；海大饲料厂建成。花庄粮库第3期仓房新建项目总投资3201万元，争取中央资金637万元，完成投资1010万元。粮库智能化建设项目总投资1543万元，争取中央和省级财政补助1232万元，市县和企业自筹311万元，完成投资530万元。提升改造50家放心粮店，总投资610万元，全部完工。

【电子商务】　大胆创新，把“中国好粮油”行动和主食厨房有机地结合，构建“线上线下”销售新模式和经济高效的“放心粮油”供应服务网络，投入资金2250万元（其中市财政1300万元，企业950万元）。吸引高校科技人员研发粮食物流配送中心及电子商务公共信息平台，构建全省粮油电商三级物流网络供应链体系，推进“互联网+粮食”行动，促进全省粮食全产业链发展，该项目已获批准，2019年将正式上线。

【粮食高峰论坛】　7月6日上午举办“一带一路”粮食安全高峰论坛暨“中国好粮油——陇上行”活动。来自白俄罗斯、哈萨克斯坦、阿塞拜疆、泰国、日本等5个“一带一路”沿线国家的嘉宾和企业客商代表、国内知名专家学者、20个省区市粮食系统代表团，以及130多家国内外知名粮油企业，1400余人在兰州参会参展。论坛会上，国家粮食和物资储备局党组书记、局长张务锋和甘肃省委常务副省长宋亮，在此间签署《共建区域粮食安全保障体系加快粮食产业高质量发展战略合作协议》。论坛中，同济大学经济与管理学院教授程国强、国家发展和改革委员会综合运输研究所所长王鸿、中国粮食研究培训中心主任颜波等国内知名专家学者围绕《国际环境变局下的粮食安全管理选择》《对兰州新区国家粮食物流枢纽经济发展的建议》《深化粮食产销合作提升区域粮食安全保障能力》发展演讲。白俄罗斯、阿塞拜疆等国嘉宾围绕《“一带一路”背景下的粮食贸易前景》《粮食安全是解决阿塞拜疆经济和过境运输发展问题的主要任务之一》发表了主题演讲。甘肃银行、甘肃清吉洋芋集团董事长围绕《强化金融服务支持、助力粮食经济发展》《马铃薯主食在产业发展》进行交流发言。

活动中，与12个城市达成合作意向，签约协议6个，贸易交易额3.36亿元。兰州市粮食局被“兰洽会”组委会授予优秀组织单位称号，被甘肃省粮食局表彰为先进集体和优秀组织单位，17名同志被表彰为先进个人。

【粮食安全省长责任制】　市委副书记市长张伟文主持召开市政府常务会，研究部署粮食安全工作；张伟文市长、刘荣副市长等领导先后多次调研粮食工作，对兰州粮食工作作出批示，充分肯定并提出表扬。多方争取粮食发展资金支持，中央资金由2015年的210万元增加至2018年的13514万元，省级资金由2015年的1358万元增加至2018年的1783万元，市本级财政投入由2015年的200万元提高到2018年的7000万元；企业自筹26.5亿元。在小西坪国家粮食储备库有限公司建成甘肃省中小学生爱粮节粮教育社会实践基地，弘扬爱粮节粮优良传统，引导市民健康消费，教育基地接待3批150人次。

【仓储管理】　储备粮178750吨、油5800吨，“十三五”期间新增市县级储备粮72500吨，储备总量251250吨，占全省增量的三分之一。加大市级储备粮油轮换力度，轮入市级储备粮标准由国家规定的二等粮全部提高到一等粮；推进科学保粮，科学保粮率92%以上。指导将现储存的40%市级储备成品粮（面粉）调整为大米，正在探索稻谷储备。将市级储备粮轮换全部通过甘肃省粮油批发市场公开竞价销售，并允许存放3年以上的市级储备粮由企业择机轮换，有效缓解储粮企业困难；探索异地储备模式。层层签订安全生产管理目标责任书，开展安全生产大检查活动。组织系统干部职工150余人开展消防和应急疏散演练。指导向农户配备科学储粮小粮仓，改善农村储粮“零、散、乱”现象。

【市场监管】　开展粮食产销合作，鼓励企业跨地区经营，发挥各自粮源、市场、交通、资金、信息、技术等优势，与国内外多地合作，通过建设基地、组织物流、拓展市场等方式，促进粮食余缺互补、产销平衡，实现互利共赢、双向受益。全市年均购进粮油约21亿斤，销售粮油约21.4亿斤，保障粮食市场供应平稳充足有序。加大粮油市场稽查和质检体系建设力度，市粮油质量监督检验中心被国家粮食和物资储备局授权挂牌为“甘肃兰州国家粮食质量监测站”；开展行业诚信体系建设，5家放心粮店获2018年度诚信“红榜”。全年出动执法人员588人次，出动车辆173台次，检查经营网点632个，抽检样品160个。

【军供保障】 推进军民融合战略发展，优化军粮供应质量，抽检军粮样品合格率100%，完成军粮供应保障任务；建设应急供应网点132家、配送中心11家、加工企业5家、储运企业10家，实现应急保障网点全覆盖。

（韩凌志）

【概况】 2018年，兰州市烟草专卖局（公司）下辖兰州新区、城关、七里河、西固、安宁、红古6个区级烟草专卖局（营销部）和榆中、皋兰、永登3个县级烟草专卖局（营销部），从业人员608人。

【卷烟营销】 立足营销网络提质升级，探索“互联网+卷烟营销”新模式，构建符合自身实际的工商零共同面向消费者的全新营销体系。“微商盟”订货平台、“新商通”系统、“陇之情兰州”微信平台的关注度上升。异型烟自动分拣线运行效率提高，配送车辆智能调度平台，探索工商卷烟同城共库建设，提升区域物流中心运行水平。

【专卖管理】 “3·30”非法经营走私雪茄烟网络案件，查获走私雪茄烟12万余支，实物案值2000余万元，抓捕犯罪嫌疑人10人，捣毁窝点4处，公安机关落实的涉案金额1.3亿元，实现全省查处亿元网络案件的新突破。推广网上申办和邮寄送达模式，零售许可事项实现一网通办，推行新办申请5日办结，其他申请事项当场办结，全面实现群众办证最多跑一次。截至年底，兰州市局及县区局正式进驻当地政府政务服务大厅。

【企业管理】 推进企业标准化（质量）体系落地运行，开展管理诊断基层行活动，集中解决基层管理工作中存在的共性问题和关键症结，推进创新管理及QC小组活动，在省质量管理小组竞赛中，获得2个一等奖和2个二等奖。组织开展不稳定因素排查，未发生安全生产责任事故和重大信访舆情事件。完成职工家属区“三供一业”（供水、供电、供热、物业管理）分离移交工作。各类应公开事项公开率100%。全年实现降本增效149万元。

【帮扶工作】 全年兰州市烟草专卖局（公司）共捐款570976元（党费捐赠4万元，个人捐款81276元），用于各项社会公益活动。

救济贫困。捐款44.97万元。其中，11月通过兰州市慈善总会向楼文燕、蒙建平等169户困难卷烟零售客户开展定向帮扶工作，帮扶捐赠资金总额23.97万元；帮扶红古辖区困难零售户1.5万元；脱贫攻坚方面，捐赠19.5万元，用于帮扶西固区东川镇下车村田间道路建设8万元；解决红古区洞子村环境卫生整治5万元，红古区红山村办公设施改造1.5万元；修建完善永登县帮扶村文化大戏台配套基础设施5万元。党建帮扶方面。捐赠4万元。其中，用于西固区东川镇筹建党建活动室1.5万元；皋兰县头沟村党建活动室2.5万元。

【公益活动】 组织广大干部职工开展“雷锋精神，一路有我”“与爱同行”“雷锋精神伴我行”“平安出行，做文明有礼的兰州人”“献爱心、捐衣物”“我爱碧草蓝天”等涉及志愿者服务、关爱孤寡老人和困难家庭小学生、帮扶走访慰问、植树绿化等内容的公益活动，参加职工逾百人，捐赠衣物19件，书本15册。捐款81276元。其中，城关区局（营销部）干部职工捐款400元，走访慰问辖区困难老人和儿童；七里河区局（营销部）工会组织全体会员为病重职工刘晶捐款56700元，为帮扶辖区困难客户捐赠1056元；永登县局（营销部）开展辖区助学扶残活动自发捐款4800元，为辖区临坪小学火星晨同学自发筹集3720元；榆中县局（营销部）自发捐款7000元，用于走访慰问辖区敬老院；皋兰县局（营销部）自发捐款4200元，用于救助当地遭受洪水灾害的部分卷烟零售户；欣大公司自发捐款3400元，用于走访慰问五泉街道老年日间照料中心的孤寡老人。

（康立中）

非公经济

【概况】 2018年末，全市各级工商登记机关累计登记各类市场主体突破31万户；规模以上工业非公企业累计233户，完成增加值87.4亿元，同比增长16.3%；非公经济缴纳税收144亿元，占税收比重36.74%；城镇新增就业94485人。

【政策支持】 制定出台《进一步优化营商环境大力支持非公有制经

济发展的实施意见》，进一步细化分解目标任务，靠实各级工作责任，确保政策扎实有效落实。定期梳理汇总企业生产经营过程中存在的问题，交相关部门、区县限时办理。累计征集中小企业困难问题148个，其中71个问题得到有效办理。威特焊材、西脉记忆合金等9户企业被认定为甘肃省“专精特新”企业。开展中小微企业融资贷款工作，全年为中小微企业提供互助贷款2.89亿元，小微企业信用贷款4570万元。

【平台建设】　开展中小企业公共服务平台建设，累计创建国家级、省市级中小企业服务平台78家，开展税收财务、法律服务、质量认证等专项培训400余次。按照部颁标准为近500户小微企业进行划型认定，帮助企业降低招投标成本。非公领域主板、新三板上市公司26家，甘肃民营“3个50强”中全市有21家企业入围。非公企业不仅扩展到石油化工、冶金建材、食品加工、商贸服务等多个传统产业，在高端装备制造、生物医药、信息技术、新材料、新能源、节能环保和生产性服务业等战略性新兴产业方面也不断突破，海默、西脉、阿敏等非公企业成功入选全省战略性新兴产业骨干企业。一批民间资本陆续投入教育、文化、卫生、体育等社会事业，一部分民营企业家捐资助学、扶贫济困，推动社会公益事业的发展。

（贺　欢）

财 政

【概况】 2018年，兰州市一般公共预算收入253.32亿元，增长8.87%，完成年初预算确定的8%预期目标。其中，市级121.26亿元，增长6%；兰州新区15.21亿元，增长15%；县区116.85亿元，增长11%。兰州市一般公共预算支出465.68亿元，增长11.35%。其中，市级174.69亿元，增长14%；兰州新区40.43亿元，减少5%；县区250.56亿元，增长12%。全年兰州市政府性基金收入121.14亿元，减少8%。其中，市级53.46亿元，增长14%；兰州新区29.11亿元，增长47%；县区38.57亿元，下降40%。兰州市政府性基金支出145.57亿元，增长10%。其中，市级66.94亿元，增长78%；兰州新区33.57亿元，增长17%；县区45.06亿元，下降31%。兰州市国有资本经营收入0.95亿元，上年结转1.51亿元，总收入2.46亿元。其中，市级2.29亿元；兰州新区0.17亿元；红古区74万元。全年支出2亿元，调入一般公共预算0.15亿元，年终结余0.31亿元，总支出2.46亿元。其中，市级2.29亿元；兰州新区0.17亿元；红古区74万元。全年，兰州市社会保险基金收入147.74亿元，上年结余收入113.59亿元，支出150.86亿元。滚存结余110.47亿元。

【财政管理改革】 出台《关于推进市与区县财政事权和支出责任划分改革实施方案》《兰州市基本公共服务领域市与区县共同财政事权和支出责任划分改革实施方案》，逐步形成依法规范、权责匹配、协调配合、运转高效的市以下财政事权和支出责任划分模式和分工体系，落实基本公共服务支出责任，提高服务供给率和均等化水平，促进市与区县两级政府更好履职尽责。出台《兰州市国有土地使用权出让收支管理办法》，规范和加强全市国有土地使用权出让收支管理，理顺土地出让收入征收体制，健全土地出让管理长效机制，实现区县均衡发展。筹建兰州金控集团，推进全市国有金融资本统一管理，促进国有金融资本布局优化、运作规范和保值增值，财政部门依法履行地方国有金融资本出资人职责，切实履职尽责，逐步增强投融资能力，优化投融资服务。市与区县政府和部门预决算公开率100%。

【预算绩效管理】 在全省率先推进财政绩效管理改革创新，研究制定《兰州市关于全面推进预算绩效管理实施办法（试行）》《兰州市扶贫项目资金全面实施绩效管理工作方案》，引入第三方机构参与市级财政预算绩效评价，规范市级预算部门预算绩效目标编报，构建全方位、全过程、全覆盖的预算绩效管理体系，着力提高预算管理水平和政策实施效果。组织开展脱贫攻坚政策落实、财政扶贫资金专项检查和村级财务专项整治，对兰州市60余个重点项目开展绩效评价，涉及资金67.83亿元；推进会计信息质量暨“小金库”专项治理监督检查，形成监管合力，检查发现问题23个，违规金额921.99万元，追缴财政资金719.45万元；开展日常监督检查，检查单位98家，项目90余个，涉及资金74.43亿元，发现问题单位58家，涉及资金5.51亿元。

【防范化解债务风险】 组织核查

区县和金融机构违法违规融资担保行为，坚决制止以政府购买服务名义违规融资。完善政府债务风险预警，拉网式开展隐性债务摸底排查，建立台账，掌握债务规模和结构，实行政府债务规模管控，遏制增量、化解存量，防范化解地方政府债务风险。争取省级增加兰州市政府债券额度，有序做好政府存量债务置换工作，2018年兰州市债券资金计70.62亿元。其中，市本级52.17亿元；县区18.45亿元。主要用于全市供热管网、道路改扩建、水源地以及综合管廊等重点基础设施建设。坚持谁举债、谁负责，严格落实属地管理责任，债务人、债权人依法合理分担风险，稳妥化解地方隐性债务风险。

【支持脱贫攻坚】 推进脱贫攻坚“一号工程”，落实市县增列财政专项扶贫资金预算政策，全年市县两级安排扶贫资金9.99亿元，均达到增列要求。加大涉农资金整合，统筹支持“三农”事业，推进“三农”全面发展，全年全市整合资金规模10.45亿元，统筹调度支出10.45亿元，重点用于农村基础设施、农业产业发展等方面。加大发展壮大村集体经济扶持力度，安排贫困村集体经济发展资金1.28亿元，持续向脱贫攻坚发力。依托乡村振兴发展战略，推进农村“资源变资产、资金变股金、农民变股东”的“三变”改革，投入市级财政资金1680万元支持试点县区“三变”工作，创新财政支农资金投入方式，在村集体、贫困户、村民之间进行有益合理分配。扩大市级政策性农业保险试点范围，投入1976万元对全市六大特色产业进行农业保险保费补贴。

【民生投入】 下达城乡义务教育阶段公用经费2.57亿元，受益学生30.74万人；下达城乡义务教育阶段寄宿生生活补助1436万元，获得补助学生14125人。提高城乡居民医疗保险筹资标准财政补助和个人缴费标准，拨付城乡居民医保基金8.45亿元，分别为每人每年480元和180元；拨付全市医疗救助财政保障资金8620万元；完成机关事业单位养老保险清算，清算单位468家，大病保险由人均55元提高到75元，农村建档立卡贫困人口、城乡低保、特困供养人员大病保险报销起付线降低至2000元。下达2018年度就业专项补助资金1.95亿元，普通高校毕业生求职创业补贴资金2129万元，省级创业带动就业扶持资金986万元，支持返乡创业示范（孵化）基地、返乡创业示范区县保障补助资金520万元。落实城乡低保、农村特困供养户提标，5区由每人每月612元提高到659元、3县由每人每月460元提高到495元，农村低保由每人每年不低于3500元提高至每人每年不低于3720元，城市特困供养标准由每人每年10161元提高到11853元，农村特困救助供养标准由每人每年6320元提高至6800元，全年下达困难群众基本生活救助补助资金5.74亿元、残疾人事业补助资金2448万元，下达“7·22”强降雨灾害市级补助资金2000万元；推进公立医院薪酬制度改革试点工作，下达计划生育补助资金3722万元，完成农村计生家庭奖励扶助、特别扶助、计生特困家庭救助任务，支持市中医院、妇幼保健院、口腔医院异地重建工作；推动创建国家食品药品安全城市工作，投入创建国家食品安全示范城市保障经费1.2亿元；多渠道筹措资金，及时下拨养老专项资金，支持卫生领域开展医养结合全市试点工作。

【重点项目建设】 筹措资金2亿元，推动兰州新区职教园区建设，拨付中石油集团安全卫生防护距离内居民搬迁补助资金2.5亿元，支付武威市异地占补平衡资金2.98亿元，偿还黄河干流兰州段防洪工程本金及利息4.4亿元。下达节能减排专项资金3.25亿元，国家节能减排财政政策综合示范城市顺利通过国家考核验收，超额完成“十二五”和“十三五”节能减排目标任务。投入资金7.18亿元支持的市中医院易地搬迁、109国道建设等重大项目顺利实施。安排北环路建设回购资金3.8亿元，交通发展建设集团注册资本金2亿元，银隆新能源公交车租赁资金1亿元，拨付公交公司政策性亏损补贴等财政专项资金4.2亿元；下达工业信息化及商务发展专项资金2.8亿元，支持企业创新改造、军民融合和战略新兴产业等重大建设，着力降低企业成本，推动三产发展。

【行政效能提升】 通过优化审批环节、调整审批流程、简化送审手续，“最多跑一次”或“一次不用跑”即可完成相关业务办理，兰州市成为全省第一个在市级全面实现国库集中支付电子化改革的市州。推进全市政府采购程序简易便捷改革，取消对采用公开招标方式进行采购的货物服务类项目和公开招标限额以内的项目采购方式的审批，实行网上备案审批和采购合同网上公告。优化全市免征城市基础设施配套费管理程序，将配套费的免征审批权限下放至区县，取消以往建设单位先将资料报送至财政部门后再现场查看的环节，做到让建设单位“只进一扇门”“只跑一趟路”，缩短办理时间，提高办事效能。同时，严格执行减税降费规定，凡未经国务院及省级以上财政部门、价格主管部门批准的行政事业性收费项目，均属于乱收费，一律予以取消。违反规定擅自提高行政事业性收费和政府性基金征收标准、扩大征收范围的，一律停止执行。从4月

1日起，残疾人就业保障金征收标准上限由当地社会平均工资3倍降低至2倍，停征首次申领居民身份证工本费2万余张，减免费用20余万元。

（贾海刚）

税　务

【概况】　2018年，兰州市税务系统完成税费收入628.11亿元，其中完成税收收入416.7亿元，同比增长10.12%。组织入库70.36亿元，同比增长10.3%。各项优惠政策全面落地，累计减免退税98.53亿元，惠及全市15万户纳税人。

【机构改革】　原兰州市国家税务局、兰州市地方税务局于7月5日正式合并，挂牌成立国家税务总局兰州市税务局，为正县级建制，实行以国家税务总局为主与地方人民政府双重领导体制。内设24个科室、5个派出机构，下辖7个县区局，各县区税务局于7月20日挂牌成立。

【税费改革】　落实增值税三项改革（适当降低税率水平、统一增值税小规模纳税人标准、退还部分企业的留抵税额），为全市1.49万户纳税人减税7.05亿元，减税政策全面落地见效；3156户一般纳税人转登记为小规模纳税人，为符合条件的9户企业办理留抵退税1.55亿元。个人所得税改革推进顺利。全系统建立“一把手”靠前指挥亲自抓，分管领导直接负责具体抓，相关部门统一联动、各司其责的工作体系，确定改革6大类26项目标任务，层层靠实了责任。组织各类培训1200余场，培训纳税人、扣缴义务人3.7万人次，培训面100%。主动向党委、政府汇报个人所得税改革推进落实情况，赢得了理解和支持。推广应用个税手机APP和有奖答题活动，开展个税知识竞赛，在全社会形成支持改革的浓厚氛围。坚持稳字当头，扎实推开社保费和非税收入划转工作。9月由市政府牵头组织召开全市社保费和非税收入征管职责划转动员部署会，明确了各单位工作职责。与市财政局、人社局沟通协调，建立了职责清晰、保障有力的制度机制。组织开展兰州市工伤保险费征缴工作和社会灵活就业人员征缴方式等专项调研，摸清工作底数。与兰州银行合作继续代征灵活就业人员社会保险费，确保非税收入征收工作长流水、不断线。加快推进金税三期系统并库，做好信息系统整合和运维保障，各类税费业务和信息系统运行正常。

【税收征管】　管理各类纳税人14.84万户，重点税源行业主要有烟草、电信服务、石油化工、金属冶炼和商贸零售批发、房地产建筑业等。国家税务总局和省税务局重点税源监控企业304户，其中年入库千万元以上企业288户。应用企业所得税综合管控平台，着力提高所得税管理质效，完成6.71万户纳税人企业所得税汇算清缴。做细消费税管理，全市878户成品油经销企业顺利纳入发票新系统管理。开出全省首张环保税税票，全年组织入库环保税2697万元，市税务局获评全国环境保护税先进单位。坚持抓大不放小，全面加强财产行为税管理。积极开展风险分析应对，提升大企业管理水平，完成上级推送风险应对任务6917户次，入库税款5.48亿元；自行开展风险识别2516户，入库税款2.2亿元，利用第三方数据查补税款2.89亿元。加强非居民税收管理，入库非居民税收6904万元，占到全省7成左右。落实影视行业税收专项治理自查整改工作，查补税款80余万元。

【纳税服务】　“放管服”改革持续深化，1.02万件行政许可事项实现“零超时”，6大类119项办税事项实现“最多跑一次”，13类153项涉税业务实现“全程网上办”。为新办纳税人推出“套餐式”服务，将12个办税事项和24张申请表单进行整合，一次性办理。推开电子税务局建设，推行车购税网上申报和无纸化试点，主动服务全市“一带一路”，为“走出去”企业及时提供税收政策支持和辅导。开展民营企业“大调研、大走访”活动，累计召开企业座谈会31场，走访民营企业147户，征集涉税问题19个，意见建议11条。制定《关于进一步支持和服务民营经济的若干措施》，推出34条措施服务民营企业发展。做实“银税互动”，累计发放信用贷款2.05亿元。

【税务稽查】　税收法治环境明显优化。持续推进“一把手讲法治”活动，在全系统形成尊法学法守法用法的良好氛围。机构改革以来先后开展6次税收规范性文件清理，确保税收执法公平透明，同时在全市“行政执法全过程记录”竞赛活动中市税务局荣获二等奖。税收稽查作用有效发挥，累计登记案源1337起，清理积案119起，入库稽查收入5.13亿元，移送公安机关54起。把扫黑除恶专项斗争与打虚打骗工作相结合，查办各类虚开案源139户，查补入库税款2120万元，公安机关立案侦查34户。

（王　涛）

中国人民银行兰州中心支行

【概况】　2018年，中国人民银行兰州中心支行在开展宏观审慎评估、制定信贷政策指导意见，发挥货币政策工具撬动作用、推进银企合作、完善利率定价自律机制、发展直接融资、降低企业融资成本等方面采取有力措施，货币信贷合理适度增长，支持重点更加突出。至年底，各项贷款余额19371.74亿元，增长9.4%；全省小微企业贷款余额4635.17亿元，增长10.27%，民营和小微企业金融服务工作得到省政协副主席郝远的肯定；推动非金融企业累计发行债务融资工具215.8亿元，同比增长64.61%，主要做法得到总行潘功胜副行长的肯定。

【普惠金融】　建档立卡贫困户扶贫小额信贷和贫困大学生助学贷款覆盖率居全国首位。金融精准扶贫"古浪模式"被总行宣传推广，全省精准扶贫贷款余额居全国第4位，"两权"抵押贷款余额居西北五省首位。依托在全国人民银行系统率先研发的农牧户信用信息管理系统，累计采集信用信息952.68万条，评定信用农牧户77.03万户，在普惠金融中的信用基础起到支撑作用。"普惠金融共享家园"微信服务平台用户数突破38万人，助农取款服务点2.22万个，农村支付体系建设工作得到总行范一飞副行长的肯定性批示。配合省上制定打好防范化解金融风险攻坚战实施方案，联合开展政府融资平台、影子银行等重点领域风险评估，对全省法人机构开展压力测试。成立农信合机构风险化解领导小组，对农信合机构开展资产质量真实性专项评估。按季对法人机构开展央行评级，对问题投保机构采取限期补充资本等措施，守住不发生系统性金融风险的底线。制定支持企业国际化经营工作指引，指导金融机构为14家重点企业提供"点对点"的外汇服务，开展"跨境人民币政策企业行"活动，与"一带一路"倡议沿线国家收支额占跨境人民币收支总额的46.7%。制定绿色信贷政策导向效果评估指引。推动531家企业环境违法行政处罚信息纳入金融信用信息基础数据库，468户企业"一考双评"（用工业企业环境保护标准化建设暨环境信用评价一套考核评分体系，分别评价工业企业环境保护标准化建设和环境信用评价两项等级）信息实现与银行机构共享。引导甘肃银行、兰州银行注册绿色金融债40亿元并成功发行20亿元。

【金融管理】　开展金融统计业务大检查，13篇政务信息被中共中央办公厅、国务院办公厅采用，8篇得到总行和省委省政府领导的肯定性批示。开展"支付市场监管年"活动，实现ACS综合前置子系统银行业机构全覆盖，企业开户服务流程进一步简化，支付结算工作全面强化。完成发行基金调拨、残损币销毁任务，无库县域现金供应覆盖面提高20个百分点，拒收现金专项整治工作受到国务院督导组的充分肯定。对代理支库和国债承销机构开展巡查检查，实现非税收入直缴入库，财政支出无纸化系统覆盖10个市州，15家代理支库上线运行TCBS系统，电子缴库业务比重96%。支持甘肃股权交易中心信用体系建设，对16家接入机构开展现场核查，19家地方法人机构上线征信查询前置系统，联合开展"诚信点亮中国"系列活动。兰州中心支行建成"安全高效、技术先进、功能完备、绿色节能"的省级数据中心机房，金融标准推广应用进展顺利，网络安全宣传工作在省委网信办考核中名列第一。反洗钱监管进一步深化，涉藏反分裂融资监测工作分别得到省委政法委原书记马世忠和副省长余建的肯定性批示。金融消费权益保护投诉咨询呼叫中心正式运行。

【内部管理】　在全省开展"安全风险我化解"活动，风险隐患化解率85.53%。完成11个单位保卫监控报警系统升级改造。兰州中心支行取得国家保密局颁发的涉密信息系统使用许可证。开展财务预算执行、房屋管理、车辆管理大检查，财务收支规范化水平持续提升。完成建筑绿色改造20余项。全省开展各类审计186项，发现问题1306个，提出整改意见479条。举办县支行青年业务骨干能力提升培训班，对12家县支行开展巡视，对7家县支行开展跟踪评估，县支行主动履职意识不断增强。

【法律服务与金融消费权益保护】
开展宪法普及宣传，营造宪法和法治学习氛围。把"七五"普法与金融知识宣传普及结合起来，围绕"3·15金融消费者权益日""普及金融知识 守住钱袋子"以及"金融知识普及月金融知识进万家"暨"提升金融素养争做金融好网民"主题活动，组成宣讲团深入农村、校园、街道、残联、老年大学开展形式多样的宣传活动。在170所小学实现固定课时授课，与18所学校签订合作协议，在17所学校挂牌建立金融知识教育基地，在辖内百余所大中专、职业技术学校及中小学开展近千场次现场宣讲，有效帮助学生树立基础金融理念，提升金融素养。

全年受理投诉咨询电话1110个，受理投诉335件，办结率100%。建立甘肃省12363投诉咨询电话呼叫中心，保证全省投诉咨询电话一点接入。制定印发呼叫中心管理办法、编制操作培训手册，全面启动银行业金融消费者投诉分类标准应用工作。积极推进金融消费纠纷非诉讼调解机制，探索开展金融消费纠纷第三方非诉调解工作，构建金融消费者多元化维权渠道。

对76家银行业金融机构和支付机构进行现场评估，实现评估工作全覆盖，对两家股份制商业银行金融消费权益保护工作进行现场检查，对一家地方性金融机构和一家支付机构支付服务领域金融消费权益保护工作开展现场检查，提升金融机构金融消费权益保护管理和服务水平。组织召开银行业金融机构和支付机构金融消费权益保护工作通报会，推动金融机构金融消费权益保护工作深入开展。对4家商业银行全省业务高管和相关人员近千余人进行现场培训，加强业务指导，促进履职绩效进一步提升。

协调申请加入甘肃省整治虚假违规广告联席会议，并与甘肃省工商局联合印发《整治虚假违法广告联席会议2018年工作要点》，对全省金融广告治理工作进行安排部署。对各种报刊、广播、电视、海报等传统媒体和户外金融广告进行监测，筛查线索47条，甄别并处置4条。

【货币政策工具】 探索“贷前审核、贷中监测、现场核查、贷后评估、正向激励”全覆盖的“五位一体”再贷款管理体系，创新推出“一次授信、分批发放、按月贷出”的管理举措，提高再贷款资金使用效率。制定加强再贷款管理、支农（扶贫）再贷款管理和再贷款政策效果评估实施细则。通过现场检查或核查、政策效果评估等手段，进一步规范央行资金使用管理，切实发挥再贷款、再贴现、常备借贷便利、PSL等货币政策工具杠杆撬动、激励引导作用，带动全省涉农贷款增加178.82多亿元、小微企业贷款增加377.54亿元，优先满足三农、小微企业融资需求，加大对精准脱贫的金融支持力度。

对农业银行达标县级“三农金融事业部”执行比农业银行低2个百分点的存款准备金率，增加全省8家达标县级“三农金融事业部”可用资金1亿元。对县域存款一定比例用于当地考核达标县域法人金融机构执行比同类金融机构正常标准低1个百分点的存款准备金率，增加其可用资金约22亿元。对全省相关金融机构是否满足普惠金融定向降准条件进行考核，累计增加相关金融机构可用资金28亿元。及时转发中国人民银行下调存款准备金率的相关文件，并认真向相关机构开展政策宣传和指导，确保存款准备金政策准确传导。同时，平均法考核存款准备金工作顺利实施，增加地方法人金融机构流动性管理的灵活性，促进其稳健经营，更好地发挥支农支小主力军作用。

推动辖内符合条件的金融机构参与发行、交易大额和同业存单，全省法人金融机构同业存单、大额存单分别发行626.9亿元和46.82亿元，实现全省农商行同业存单首发，金融机构市场参与面和参与度不断提升，有效扩大金融机构负债产品市场化定价范围和资金来源渠道。

全省非金融企业通过交易商协会注册，在银行间债券市场累计发行债券215.8亿元；金融机构累计发行金融债45亿元。建立非金融企业债务融资工具动态风险监测和预警机制，加强对辖内市场参与者债券交易行为监测，积极稳妥做好债券市场风险防范。

【金融市场管理】 全面做好同业拆借市场、债券市场、黄金市场、票据市场、外汇市场和衍生品市场等各金融子市场相关业务管理和监测分析工作，密切关注市场变化，加强风险防范工作。切实履行责任，优化审核流程，协助总行做好金融债券发行管理工作，推动甘肃银行当年发行15亿元“三农”专项金融债券，华龙证券发行证券公司短期融资券30亿元。加强金融债券存续期管理，督导金融债券发行人、主承销商、中介服务机构做好信息披露、还本付息等工作，重点监督小微企业、三农和绿色等专项金融债券资金用途，确保资金投入相关领域。

【金融稳定】 印发金融风险防范工程工作要点，督促各单位落实金融稳定“一把手”责任制。制定打好防范化解金融风险攻坚战实施方案，全面评估全省金融业风险状况，对全省金融业、影子银行、非法集资等7个主要领域风险情况进行深入排查，并制定风险处置预案上报中国人民银行。完善金融风险监测分析机制，重点监测法人金融机构核心指标变动情况，及时准确摸清风险底数。建立大型有问题企业监测台账和案例库，按季摸排风险、加强防范预警。在全省范围内推广流动性风险压力测试创新试点工作，组织对全省28家法人机构开展压力测试，加强对风险隐患的早期识别预警。

按季对全省114家法人银行业金融机构开展央行评级工作，组织对全省6家银行业金融机构开展稳健性现场评估，对83家法人机构开展资产质量真实性专项评估，对发现的问题及时进行风险提示并督促整改。督导金融机构严格落实资管新规，制定过渡期整改计划，稳妥有序整改存量问题，切实提升资管业务经营合规性。

督导金融机构做好加入人民银行金融管理与服务体系工作，全省共受理金融机构业务申请115项。对82家银行、证券期货和保险业金融机构开展年度综合评价，引导金融机构增强合规经营意识。强化落实重大事项报告属地管理制度，全省收到金融机构重大事项报告1048项。

督导国家开发银行、农业发展银行和进出口银行分支机构落实国务院批复改革精神，加大对重点项目、薄弱环节及涉农领域的支持力度。继续做好农行“三农金融事业部”改革季度监测工作，巩固事业部改革成效。不断健全农村金融服务体系，截至年底，全省有农村商业银行36家、农村合作银行5家、农村信用社42家、村镇银行24家，4类机构各项贷款3671.42亿元，各项存款4165.76亿元。

【农村金融管理】 构建“传统+现代”相补充、“数字支付+普惠金融”相融合的支农助农惠农支付服务体系，至年底，全省农村地区有3934个银行网点，累计布放ATM机1.14万台、POS机具22.19万台，发行银行卡9084.52万张，全年通过大小额支付系统办理跨行业务5148.17万笔，清算资金6.09万亿元。建成助农取款服务点2.24万个，消除金融服务空白村级行政区297个，打通农村支付服务“最后一公里”。加快移动支付便民工程在农村地区的推广和渗透，建成135个移动云闪付示范商圈和示范街区，实现水、电、燃气等34项公共事业缴费接入云闪付APP，高速公路服务区实现云闪付APP全覆盖，在20个县（区）218条线路2083台公交车开通云闪付乘车。手机银行用户1921.82万户，较上年同期增长25.8%，交易金额6296.28亿元，较上年同期增长36.2%。

全面上线推广“甘肃省农（牧）户信用信息管理系统”，建立以涉农金融机构为主、政府部门为辅、可持续的信息采集机制，采集98.08万农（牧）户的952.68万条信息，评定信用农户77.03万户。指导金融机构开展“三信”创建工作，全省组织评定信用户389.06万户、信用村6080个、信用乡（镇）418个，各金融机构对全省382.91万建立信用档案的农户累计投放贷款2617.06亿元。

【外汇管理与国际收支】 深入推进“放管服”改革，梳理形成外汇管理“放管服”责任清单。进一步简化办事流程，行政许可事项当日现场办结率99.1%。及时通过外汇局互联网分局子网站对外公布《外汇局行政审批事项公开目录》《现行有效外汇管理主要法规目录》等信息，方便经济主体业务相关办理。举办对银行、企业的外汇业务培训8期，培训银行、企业业务人员400余人次。

开展对工商银行甘肃省分行等4家银行63个网点的经常项目外汇业务专项核查，以及对进出口银行甘肃省等10家银行的资本项目重点业务核查，筛查出异常可疑交易线索779条和违规问题168个。做好资本项目外汇账户及非银行金融机构主体类型错误信息清理工作，实现了外汇政策与系统操作100%匹配。强化个人外汇业务管理，发现异常交易信息121组，涉及1562人、4343.05万美元。运用约谈、风险提示等措施，规范企业和银行外汇业务行为，全年约谈金融机构及企业8家，发送风险提示函12份及现场核查通知书7份。

及时预警处置跨境资金流动中出现的苗头性问题，全省进口付汇率和出口收汇率均达到100%的历史最好水平。督导甘肃银行将境外上市募集的3.01亿美元和甘肃公航旅集团境外发债募集的3.5亿美元调回境内并全部结汇。严格落实名录分类管理制度，筛查出连续2年未发生贸易外汇收支业务的名录企业448家，强制注销问题企业网上办理货物贸易外汇业务资格。引导企业增强报告主动性，73家新登记货物贸易名录企业高质量完成辅导期报告，企业贸易信贷报告主动提交率88%。

牵头完成国家外汇管理局2018年第一期非现场专项检查集中分析任务，发现12家分局辖属企业涉嫌“出口不收汇”异常行为。对中国银行甘肃省分行等4家银行和金川财务公司开展现场检查，立案查处案件8件，收缴罚没款87万元人民币，罚没款金额同比增长78.7%。配合公安部门调查“406骗取出口退税案”涉及的账户307户，协助兰州海关调查“206毒品走私案”涉及的账户5户，配合税务部门检查涉及偷逃税的企业18家，并向公安部门移交地下钱庄线索795条，涉及金额3459.12万美元。

【调查统计】 准确完成数据集中系统、理财与资金信托统计系统、标准化存贷款综合抽样统计系统涉及的各批次报表的数据收集、审核，及时准确上报相关数据；认真编制《金融机构货币信贷统计月报》《金融统计快报》等特色报表，确保各类金融统计报表质量。严格小额贷款公司数据审核，规范报送流程，强化辖内小额贷款公司的数据报送管理。加强专项统计工作管理。指定专人负责全辖专项统计数据核对工作，对于每一项数据变动较大的可疑指标，均要求金融机构上报详细原因。切实做好绿色贷款、金融精准扶贫贷款和“两权”抵押贷款专项统计工作。按月采集、编制和报送全省相关数据，保证全国社会融资规模数据统计和测算工作顺利开展。根据《甘肃省金融机构综合评价办法》，完成银行业金融机构金融统计评价工作，完成上年银行业金融机构评价报告调查统计部分，参加了兰州中支组织的对嘉峪关农商行的稳健性评估工作。组织完成上年度全省县域法人金融机构考核工作。及时向各级领导提供甘肃省及兰州市的各类金融统计报表数据，创新省、市、县三级报表结构，并形成制度化的数据信息共享模式。按照

《甘肃省地区生产总值统一改革方案》的要求，及时向省统计局提供全省分市州季（年）度信贷收支等金融统计资料，确保该项工作顺利开展。

严格按照金融统计检查的有关规定和程序，利用Excel随机函数编写双随机小程序，对检查人员及机构进行随机抽取，按照“双随机”结果，2018年兰州中心支行组织对兴业银行兰州分行、民生银行兰州分行和交通银行甘肃省分行进行现场检查；各市、州中心支行依据“双随机”原则结合本辖区实际制定检查方案，分别对辖内60余家机构的金融统计工作进行现场检查和跟踪检查，检查面30%以上，确保检查工作的针对性。

【征信管理】 组织开展“征信信息安全风险防控年”活动，成立征信信息安全工作领导小组，层层签订安全管理责任承诺书，开展征信信息安全专题培训、业务指导及知识竞赛200余次，各级责任主体对征信信息安全的认识有根本性转变，责任意识与合规理念明显增强。征信信息安全风险排查治理机制逐步完善。督促接入机构完善征信合规及内控问责机制，制定印发征信信息安全突发事件应急预案等制度规范5项，及时弥补制度漏洞。建立“日核查、月报告、季度自查自纠、年度考核评级”的风险排查治理机制，发现并整改各类安全隐患260余项。“技防”措施不断强化。大力推广查询前置系统，指导地方法人银行完善系统功能，督促16家村镇银行全部上线查询前置系统，有效改变查询用户分散、查询情况无法及时监控的被动局面。执法检查和问责处罚力度进一步加大。对28家接入机构122个网点开展现场检查，依法对4家机构实行“双罚”，罚款33万元，停止2家机构查询权限，约谈3家机构负责人，有效提升监管威慑力。

联合省发改委推进行业联合惩戒机制建设，签署联合惩戒备忘录15个、联合激励备忘录2个、联合奖惩备忘录3个。推进社会信用信息归集和共享，“信用中国（甘肃）”网站运行平稳，网站累计访问量553万次，信用信息查询41万次。农村信用体系建设扎实推进。全面上线推广“甘肃省农（牧）户信用信息管理系统”，按计划完成系统服务器购置、网络运行环境搭建优化、接口程序研发等基础工作，通过试点构建具有甘肃地域特色的农（牧）户信用评价模型和方法体系。截至年底，系统采集98.08万农（牧）户的952.68万条信息，评定信用农户77.03万户。积极指导金融机构开展“三信”创建工作，全省组织评定信用户389.06万户、信用村6080个、信用乡（镇）418个，各金融机构对全省382.91万建立信用档案的农户累计投放贷款2617.06亿元。中小企业信用体系建设取得新突破。贯彻落实《甘肃省中小企业信用体系建设实施方案》，甘肃股权交易中心研发建成企业信用信息数据库，实现与“全国社会信用信息共享平台（甘肃）”交换数据。截至年底，全省累计补充完善18.6万户小微企业信用信息，10.84万户获得授信，9.95万户获得银行融资，累计融资额6536.50亿元。

配合总行做好二代征信系统试运行工作。举办全省二代征信系统培训班，对二代系统试运行工作进行全面部署，及时完成全省人民银行二代系统用户重建、机构赋权、信息核对和计费对象申请等工作。征信系统覆盖范围进一步拓展。华龙证券正式接入系统并报送数据，信达金融租赁完成接口程序终验和数据报送申请，新华村镇等9家村镇银行完成接入程序，武威和酒泉2家住房公积金管理中心完成数据内部测试。非银行信息采集范围不断扩大。建立企业环保信息共享机制，推动531家企业环境违法信息纳入征信系统，468户企业“一考双评”信息实现与银行机构共享。征信服务水平继续提升。在实现自助查询县域全覆盖的基础上，选取6个交通不便、查询业务量大的乡（镇）布放自助查询设备，进一步延伸查询服务范围。在全省上线运行“信用小帮手”微信小程序，极大方便老百姓征信查询服务需求。全年分别提供个人和企业征信查询106万次、3.05万次，同比增长41%、15%。应收账款融资服务平台推广稳步推进。组织开展小微企业应收账款融资专项行动，积极打造“核心企业+平台+银行”的全流程线上供应链融资模式。截至年末，平台累计注册用户3278个，成交业务889.51亿元，累计为2000余家中小微企业提供了融资支持。

组织全省人民银行和金融机构开展专题宣传活动2133场次，发放宣传资料57.5万份，66家新闻媒体参与宣传报道，直接受众人数81万人次。把高校作为征信教育的重要阵地，联合共青团省委、省发改委在全省各高校开展“诚信点亮中国”系列活动。依托大学生助学贷款业务，先后深入兰州大学等8所高校开展征信知识专题讲座，实现全省高校征信知识宣传教育新一轮全覆盖。

【反洗钱工作】 组织完成对全省所有义务机构反洗钱考核评估；对民生银行兰州分行等69家义务机构开展综合执法和专项检查；对252家机构采取现场走访、约见谈话、书面质询等非现场监管措施；对110家地方法人金融机构实施分类评级；对40家非存款类银行机构和支付机构分别进行专门指导；对10余家在甘新设机构反洗钱资料核查备案和业务辅导，将新设机构纳入反洗钱监管；指导酒泉、庆阳、张掖、金昌市中心支行遴选20余家小贷公司、担保公司开展特定非金融机构反洗钱监管试点。依法对3家机构及高管人员实施行政处罚63万元。

全年接收处理义务机构上报重点可疑交易142份，经过研判分析后，向公安、国安等部门移送案件线索59起，同比增加26起，其中12起已立案侦查，18起线索正在持续经营，线索移送率、立案率均为历年最高。先后与省公安厅、安全厅签订新的合作协议。全年配合公安、税务等部门开展案件协查55起，涉及可疑主体600余个，可疑账户2500余户，可疑交易34万多笔，可疑资金约210余亿元。向省公安厅、省国税局移送涉嫌地下钱庄、涉恐融资、虚开增值税专用发票等专项行动可疑交易线索12起，协助配合对14起专项行动案件开展反洗钱调查，破获多起典型案件，对犯罪分子和非法势力形成强大震慑。

全年撰写完成调研报告4篇，向总行上报各类信息调研20余篇，专报7篇，4篇调研在《中国反洗钱实务》刊登，切实发挥调研信息在服务决策方面作用。积极跟进反洗钱国际组织最新动态，牵头编制《反洗钱专业英语词汇手册》，为中国人民银行国际合作提供信息和资料支撑。组织全省人民银行和义务机构开展以“警惕洗钱陷阱和防范洗钱风险，维护金融秩序”为主题的宣传月活动，拍摄《助力反洗钱 我们共行动》宣传微电影，扩大宣传覆盖面。组织全省法人银行机构参加第7期金融业反洗钱岗位培训，4000余人取得培训证书，组织全省人民银行监管人员200余人参加总行远程培训。成功上线甘肃省反洗钱监管系统，实现与金融机构间信息交互电子化处理，工作的便利化、精准化进一步提升。

【金融研究】 2018年，全省人民银行金融研究工作坚持“高标准、严要求、优管理、提质量、促创新”的思路，多项工作取得新进展。全省人民银行研究系统完成各类课题、调研报告、分析材料400余篇，其中2篇获得总行陈雨露副行长批示，15篇获得地方党政领导批示。2项课题分别获得2018年度甘肃省智库课题优秀奖和2018年度总行团委青年课题三等奖。2项研究成果获得甘肃省第十五次哲学社会科学优秀成果二等奖。成立甘肃省金融学会区域金融研究院，成功举办包括第5届西北金融论坛在内的9项论坛、研讨会、成果巡展和培训活动。金融研究处荣获2018年中国人民银行金融研究工作先进集体和兰州中支目标管理先进集体。

【金融信息化建设】 规范系统软件安装和参数配置，及时排查处理上线过程中数据传输、消息通道异常等问题，确保二代TIPS（国库信息处理）系统顺利上线。做好账户集中系统上线技术支持，完成基础运行环境搭建、数据传输通道测试、数字证书导入和消息中间件调试等工作，确保系统顺利上线正常运行。加强系统上线的技术支持，认真做好网间互联平台配置部署，有效保障二代反洗钱、存款保险、征信、货币发行在甘肃省顺利上线运行。开展OA系统升级优化和功能扩展项目建设，对OA系统基础软件进行升级换版，实现办文、办事、办会等各项事务线上快速处理，全面提升行办公效能。

组织辖内各银行业金融机构认真做好机房网络设施、核心生产系统的风险监测和应急保障，实施7×24小时值班和“零报告”制度，确保重要时期、重大节日的金融网络安全无风险、零事故。组织全省银行业机构大力开展网络安全周、科技活动周等活动，全省人民银行系统及4500余家银行营业网点参与，组织宣传活动270余项，摆放宣传展板1500余个，发放宣传手册40余万份，宣传受众220余万人。“网络安全宣传周”主题活动排名全省第一。

指导建设银行甘肃省分行积极开展银行网点服务国家标准推广认证实施工作，大力推进国密算法应用，督促辖内各金融机构扎实、有序、稳步开展国产密码应用推广，甘肃省农村信用社联合社、甘肃银行、兰州银行金融领域安全IC卡和密码应用试点项目任务完成情况良好，系统改造通过银行卡检测中心验收，支持双密码算法的金融IC卡累计发卡量584.8万张，ATM、POS等自助设备平均改造率分别达到80%、86%。

【货币发行与安全保卫】 按照“早预测、早计划、早安排”原则，提高预测调拨准确性，累计投放现金同比下降12.42%，回笼同比下降10.16%，净投放同比下降66.10%。在没有设立发行库的县域建立15个现金调剂中心，构建“发行库+现金调剂中心”的县域网络化现金供应保障体系，现金直接供应面从49%提高到71%，17个深度贫困县的现金直接供应面从35%提高到53%。积极开展拒收人民币现金治理工作，按照“管理+服务+引导”的原则，重点关注旅游景区、行政事业、公共服务3大领域，对群众投诉的有关情况及时处置，有效维护人民币的法定地位。制定《甘肃省硬币自循环基础设施建设工作规划》，在兰州市开发、上线运行硬币自循环管理系统，配备硬币自循环机具115台，开发推广硬币自循环手机APP，持续优化硬币使用环境。组织销毁残损人民币332.38亿元，完成总行下达的指令性销毁计划，进一步提高流通中货币的整洁度。

完成2018年贺岁普通纪念币、中国高铁普通纪念币、改革开放40周年普通纪念币、人民币发行70周年纪念钞的发行工作。督促金融机构做好1999年版5元以上面额纸币只收不付和第四套人民币部分券别停止流通后集中兑付工作。按季召开商业银行人民币流通管理联席会议，督促落实小面额现金备付制度、主办网点和主办银行制度，受理“12363”公众投诉，加强“反宣币”堵截，推进人民币净化工程深入开展。强化现场监管检查工作。对兴业银行、民生银行、交通银行、邮政储蓄、中信银行5家金融机构进行检查，对甘肃省10家办理外币业务的银行业金融机构开展外币现钞收付业务专项检查，对邮政储蓄银行进行行政处罚，组织暗访银行业金融机构网点571个，现金服务基础工作得到改进。组织全省人民银行、金融机构开展《不宜流通人民币标准纸币 硬币》的宣传贯彻工作，为行业标准全面执行奠定坚实基础。开发上线人民币流通非现场监管系统，优化完善人民币收付业务非现场监管指标体系，为推进非现场检查监管创造条件。

联合公安等部门开展打击假币犯罪专项行动，全年收缴假人民币51143张、398.7万元。按照工作重心前移的总要求，着重加强“金标”实施、机具合格名录情况解读，强化对金融机构支付现金质量的监督管理，做好银行业金融机构交存现金中发现假币、清分质量情况通报、监督、指导工作。开展反假货币宣传活动，组织7.38万人参与“反假小超人知识有奖答题”，发放宣传资料80余万份，接受咨询110万人次，被纸质媒体报道52篇，电视媒体报道78次，网络媒体报导1200次，营造全社会反假货币的良好氛围。

【国库组织与国债管理】 全省国库共办理公共预算收入1641.65亿元，实现地方预算支出4009.24亿元，同比分别增长6.56%、15.32%；组织发行凭证式国债8期6.01亿元，储蓄国债（电子式）10期7.65亿元，兑付无记名国债本息合计1.55万元。

3月，顺利上线二代TIPS，9月，海关正式加入财关库银横向联网，财政支出无纸化系统覆盖到10个市（州），电子退、更、免业务有序开展，全省电子缴税金额占比达到96%，实现“让数据多跑路，群众少跑腿”目标。与省财政厅联合推动实现非税收入直缴入库，联合白银市中心支行研发国库电子资料库系统并在全省推广实施。赴宁夏区分库观摩学习代理支库运行TCBS系统工作经验，采取现场培训、电视电话培训、现场跟班学习等多种方式反复加强代理国库业务人员培训，两次召开财税部门和代理银行参加的上线业务联席会，组织开展多轮模拟测试，确保2019年1月1日全省15家代理支库正式上线运行TCBS系统。

厘清国库监管权责，对13个市（县）国库进行现场检查和跟踪督改检查，参与行内对3家商业银行15个分支机构的综合执法检查，首次组织对兰州市4个代理支库开展国库专项执法检查，实地调研7家代理支库的风险管理及运行状况，督促其有效提升代理水平。落实“放管服”改革精神，进一步规范并优化国库集中支付代理银行资格认定有关事项，组织全省各级国库开展“2019-2021年国库集中支付代理银行资格认定工作”。全年完成13家国债承销机构1108家网点的国债巡查工作，有效维护了国债信誉，上报的4篇巡查案例被总行国库局《国库情况反映》采用。

开展省级国库现金管理操作4期、420亿元，收回操作4期、450亿元，实现利息收入3.07亿元，按需编报各类统计报表，聚焦热点难点问题开展分析调研，全年15篇调研信息被中国人民银行采用或兰州中心支行领导肯定性批示，为地方政府及相关部门提供数据支持和参谋服务。深入开展国际财税研究工作，全年编译报送国际财税动态信息39篇、专刊16篇，进一步提高动态信息和专刊编译的及时性和可参阅性。配合国税地税征管体制改革实施，保障全省税收征缴业务有序开展。全力支持精准扶贫工作，扶贫资金拨付实行特事特办、急事快办，各级国库通过“国库直通车”将120余项政府补助资金直接发放到群众手中，确保国家惠民政策落实到位。

【支付清算与电子结算】 开展“支付市场监管年”活动，统筹实施双随机抽查、重点检查、专项检查、案件调查等组合拳，对银行机构和支付机构检查面分别达到50%和100%，对违规问题严重的银行和支付机构处罚87.12万元，净化支付服务市场环境。完成22家支付机构分公司备案，审核认定5家网络预约出租汽车线上支付结算业务，跟踪督导3家支付机构有序退出甘肃市场，稳妥实施客户备付金集中交存，支付机构管理有序规范。联合打击治理电信网络新型违法活动，组织辖内银行机构开展为违法交易提供支付结算服务行为自查，建立对买卖银行账户、支付账户、冒名开户的惩戒机制和特约商户黑名单管理制度，切断违法交易支付结算通道，协助有权单位查询7万余笔，累计紧急止付、快速冻结2.02万笔、金额5.9亿元。

全面优化企业开户服务，建立“双查双访”工作机制，采取随机暗访和电话回访等方式，对辖内人民银行分支机构和银行机构进行督导，全省共开立企业银行账户10.41万户，日均开户约415户，银行开户时间由原来的6个工作日缩短至3个工作日，人民银行系统基本实现企业开户行政许可1个工作日办结，营商环境进一步改善，金融支持实体经济发展的能力进一步增强。严格落实账户实名制，对1.53亿个个人银行账户实施分类管理，及时进行风险提示，切实防范账户业务风险。圆满完成111家地方法人银行机构全国集中银行账户管理系统上线，报送率99%。

大力推动移动支付便民示范工程，推动云闪付APP在“十大场景”广泛应用，实现省内高速公路服务区全覆盖，水、电、燃气等34项公共事业缴费接入，在26个市、县218条公交线路开通云闪付乘车，建成135家示范商圈和示范街区、17家菜市场、多家大中专院校、医疗机构、超市及便利店线下支付，推动全省注册用户145.8万人，打造农村支付“畅通工程”，使现代化支付服务延伸到万村千乡，积极推广“助农取款服务点+云闪付APP”“助农取款+农村电商”等模式，力促助农取款服务点提档升级，建成助农取款服务点2.24万个，平均服务对象约650人；布放ATM机1.14万台、POS机22.19万台，银行卡人均持卡量3.63张，手机银行和网上银行用户分别为1921.82万户和1807.69万户，农民工银行卡特色服务成功交易40.01万笔、取款金额3.17亿元，减免手续费158.7万元，农村地区普惠金融服务水平进一步提升。

加大支付系统推广力度，完成ACS系统升级换版及相关子系统的推广和支付系统国产密码算法推广上线工作，审核批复省联社等3家银行机构加入网上支付跨行清算系统，日均处理业务6万余笔。组织开展支付清算、账户管理和会计核算数据集中等3个系统的应急演练，确保支付业务系统安全稳定运行。全年处理各类支付业务11229万笔，同比增长15.91%；金额41.63万亿元，同比增长12.81%；日均处理业务30.76万笔，金额1140.56亿元。

【会计财务】 与内审处双牵头对武威、金昌、定西等10家市（州）中心支行开展联合检查，并对被检查市（州）行辖内22家县支行开展检查；对全省13个市（州）中心支行和33个县支行开展房屋、车辆使用管理专项检查，在检查范围和内容上实现了全覆盖。组织开展“约法三章”执行情况、政府欠款及清偿自查自纠工作，进一步规范内部管理，确保各项制度规定落实到位。配合中国人民银行审计组开展主要领导离任审计、配合中国人民银行巡视组开展巡视工作，逐条对照审计、巡视发现问题进行全面整改落实，确保不存死角、不留隐患。

做好三年支出规划和2019年度部门预算编制、2018年预算调整工作，不断提升财务预算的前瞻性、统筹性与科学性。从严贯彻执行中央“八项规定”精神和人民银行正风肃纪“十条禁令”，加强“三公经费”、会议费、培训费、差旅费等重点支出项目的预算管理，牢牢把好资金审核关、费用报账关、项目执行关，确保各项开支依法合规。

严格落实“管采分离”，落实采购主体责任，通过完善规章制度、丰富信息数据库、严密内控监督、顺畅协调机制等措施，不断优化采购工作流程。全年完成兰州中心支行机关及辖属县支行集中采购项目22个，资金节约率2.1%；零星采购项目36个，资金节约率7.4%。

（宋雨瑶）

银保监管

【概况】 2018年，派出现场检查组67个，检查金额6133.40亿元，发现问题429个。对上年祁连山保护区有关信贷风险排查发现问题持续进行跟踪监测，督促银行业金融机构切实落实绿色信贷要求。严格落实“查处分离”，实施“双罚制度”，既依法对金融机构进行处罚，也对相关责任人一并问责，至年末，对银行业金融机构发出《行政处罚决定书》24份，处没罚金1.08亿元，取消银行业金融机构高管任职资格9人，禁止从事银行业工作6人。

【银行监管】 推进金融服务改革，强化窗口指导及监管服务职能，推动行政许可、现场检查、非现场监管的制度化、程序化、规范化、标准化，从提高办事服务效率入手，以一个窗口办理为原则，严格按照规章制度推动各项工作有序开展，坚持“应查尽查”“应罚尽罚”。严格规范行政许可，依托行政许可受理大厅，推动“一窗办、马上办、限时办”。至年底，收到银行业金融机构行政许可事项937件，办结933件。不断完善非现场监管工作机制，在日常分析研判机构、地区、行业趋势及单体风险的基础上，坚持季度分析例会制度，着重研究三农金融服务、表外业务、不良贷款、股东股权、票据业务，把住防范金融风险和服务实体经济的脉络，发挥非现场监管监测预警和监管引导作用。

【整治银行业乱象】 深化整治金融市场乱象，按照穿透式监管、实质性合规的原则，严查公司治理、影子银行和交叉金融产品风险、违法违规展业等方面的问题，督促银行保险机构厘清风险底数，增强合规经营意识，把整治市场乱象贯穿于经营管理全过程。严格落实《关于规范金融机构资产管理业务的指导意见》新规，严格委外（银行将自营资金或理财资金委托给公募基金、券商、信托的公司投资的模式）投资管理，加大债券投资和特定目的载体投资整治力度，继续做好非法集资处置工作，加强P2P网络借贷重点领域风险防控。结合2018年整治银行业市场乱象工作要点，制定专项检查方案，以服务实体经济为根本，严查资金脱实向虚在金融体系空转的行为，严查“阳奉阴违”或选择性落实宏观调控政策和监管要求的行为。派出检查组，采取进点会谈、现场查核账表凭证和档案资料、调查取证等方式，对辖内重点机构开展现场检查。全年对辖内重点机构和重点地区进行督促指导4次，整治领导小组办公室先后对6个分局39家银行机构进行重点督导。督查中重点查看领导重视程度和组织安排情况，查看整治工作是否实现网点、人员、业务全覆盖，是否对各岗位、各业务环节、各工作流程进行深查细摆，是否建立问题整改台账和问责台账，是否实行整改“销账制”，将风险自查与问题整改同步推进、即查即改等。督查中进一步强调乱象整治工作的重要性和长期性，对“实质合规”“自查自纠从宽、监管发现从严”等整治要求进行政策解读，引导机构对照2018年整治银行业市场乱象工作要点全面真实反映问题。

【风险防控】 强化信用风险防控，督促银行业金融机构做实不良贷款分类，加大不良贷款核销力度，严把新增贷款质量关，严控大额授信和多头授信，开展大客户授信专项检查。落实资本管理责任，督促法人机构认真贯彻落实《商业银行股权管理暂行办法》，强化风险资产扩张与资本补充协调发展能力。继续推进高风险机构处置工作，及时向银保监会和省政府专题汇报全省农合高风险机构处置化解进展情况，提请省政府成立全省农合机构风险处置工作领导小组，组织召开全省高风险农村信用合作联合社 机构处置工作推进会议，制定高风险农合机构三年处置规划（2018年—2020年）。加大案件风险防控力度，按照查防并举、注重预防的思路，建立健全案防工作机制，切实落实案防工作责任，强化案件风险排查，充分发挥案防非现场监测和现场检查作用，全面防范案件风险；按照“一案三问、上追两级、双线问责、顶格问责”的要求，依法进行严肃查处。开展扫黑除恶专项斗争，贯彻落实《中国银保监会关于银行业和保险业做好扫黑除恶专项斗争有关工作的通知》要求，将扫黑除恶作为一项重大政治任务，成立专项工作领导小组，制定工作方案，组织24个督导组对全省52家银行业金融机构开展重点督查，并就督查发现问题制定下发整改方案督促整改落实，顺利通过省委省政府督导组专项督导。

【支持实体经济】 至年底，全省银行业金融机构贷款余额19371.74亿元，较年初增加1666.45亿元，同比增长9.41%；电力、交通、水利等重大基础设施建设项目贷款余额4917.75亿元，较年初增加390.44亿元，同比增长8.62%。持续提升小微企业金融服务水平，结合省情实际落实差异化监管政策，召开民营企业暨小微企业金融服务工作推进会议，与省税务局等部门签订《支持民营经济发展战略合作框架协议》，小微企业、民营企业金融服务能力持续提升。全省小微企业贷款余额5747.04亿元，同比增长7.25%。持续改善“三农”金融服务，紧盯全省脱贫攻坚战略部署，集中力量发展农村小额信贷业务，不断加大涉农信贷投入。至年末，涉农贷款余额6808.48亿元，同比增长1.7%，涉农贷款实现持续增长。以推动临洮县、和政县普惠金融试点为突破口，全面提高试点县域金融服务覆盖率，切实解决县域发展金融需求。持续深化供给侧结构性改革，进一步健全债权人委员会和联合授信机制，腾挪信贷增长空间，助力政府“去产能”改革。全省存续债委会202家，贷款余额4514.42亿元，帮扶暂时困难企业88家，弱化风险金额84.68亿元，续贷87.33亿元。持续加强民生领域金融服务，保障性住房贷款1309.15亿元，同比增长29.94%，其中棚户区及垦区危房改造贷款1264.02亿元，同比增长30.79%。做好消费者权益保护工作，妥善处理消费者投诉，受理并处置银行业消费者各类信访投诉264件。

【金融扶贫】 制定出台《甘肃银保监局筹备组关于辖区银行保险业进一步支持脱贫攻坚的实施意见》。不断提升银行业扶贫工作质效，认真做好扶贫小额信贷的发放和到期回收工作，至年末，全省累计投放精准扶贫专项贷款500.14亿元，余额293.56亿元，累计惠及农户109.95万户。持续加大贫困地区基础设施建设、移民搬迁、生态保护等领域的金融支持力度，加快改善贫困地区生产生活条件。统筹推进全省行政村金融服务全覆盖，制定三年攻坚计划，累计消除基础金融服务空白村2870个，基础金融服务行政村覆盖率提升到98.84%。

（杨志鹏）

招商银行兰州分行

【概况】 2018年，分行实现营业净收入14.36亿元，较上年增长1.31亿元，增幅10%。其中，对公条线实现9.06亿元，较上年增长1.1亿元；零售实现营业净收入5.3亿元，较上年增长0.2亿元。实现EVA（考核利润）7.5亿元，较上年增长2.3亿元，增幅44%。

【风险管控】 提高员工风险管理意识和能力，实现风险主动有序管控。截至年末，分行不良率1.71%，较上年末下降0.3个百分点；不良贷款额4.74亿元，较年初下降0.53亿元，实现双降目标。清收存量不良贷款（含关注二级，下同）1.05亿元，超额完成总行计划；清收当年新生成不良贷款0.97亿元，无首贷不良贷款。

【市场攻坚】 分行批发条线获得30亿元交通系统建设项目配套资本金；独家协助政府发行收费公路、土地储备、棚户区改造专项债券，入账资金76亿元；成功营销18亿元西北最大规模跨境并购业务，落地金川、交建CBS业务等等，拉升分行整体存款企稳，实现稳步增长。零售条线在上半年实现结构性存款大幅增长的基础上，下半年全力推动一般性存款竞赛活动，最终实现年末时点超日均基差10亿元的目标，达13亿元。截至年底，分行人民币自营存款时点余额349亿元，较年初增长45亿元。其中，对公增长25.5亿元；零售增长19.5亿元。分行人民币自营存款日均余额327.6亿元，较总行锁定考核基数增长11.4亿元。其中，对公增长5.5亿元；零售增长5.9亿元。同时年末日均较年初日均增长16.2亿元。其中，对公增长9亿元；零售增长7.2亿元。

【结构调整】 截至年底，分行全口径融资规模652亿元，较年初新增74亿元，其中非传统融资规模351亿元，占融资规模的54%。在非传统融资中，87%的资金来自行外资金，规模达305亿元，略超传统融资规模。小企业贷款和小企业价值客户3年来首次实现正增长。全年新增小企业价值客户55户，完成率136%。正常类小企业贷款净增2.7亿元，超额完成全年计划。零售信贷当年累计投放45.5亿元，较上年同期多投放9亿元，当地市场占比6.15%，居股份制银行首位。截至年底，两小贷款占比显著提升，小企业贷款在一般性贷款的占比较上年末提升1个百分点，零售贷款在一般性贷款的占比提升3.6个百分点。截至年底，分行总体支持类行业资产占比72%，较年初提升5个百分点；两战客户（总行战略级客户、分行战略级客户）资产占比69%，较年初提升2.7个百分点。余额较年初下降12亿元，在一般性对公贷款中占比下降7个百分点。

【金融科技】 成功营销全国首家“Fintech智慧出行”项目--中川机场智慧停车，截至年末交易客户数近3000户，其中纯新增支付用户2432户。上线具有地域特色的“兰州牛大—面面俱到”项目，截至年底交易4203笔，签约用户1866户。同步“1元牛大”预热活动，5个月累计交易7万笔，体验人数1.2万人。开发交通出行、便民支付、优质餐饮、零售商场等众多场景，实现批量客户。截至年末，分行一网通支付交易客户数5.7万户，其中纯新增支付用户4.45万户，交易14.5万笔；新上线缴费云商户58户，排名系统前10；净增聚合支付商户4106户，交易笔数14万笔、交易金额2.23亿元。还聚焦分行APP运营专区，打造本地城市服务功能，上线“广场舞大赛”等小程序，并组织“兰州合唱节”等品牌活动，提升MAU（资产管理规模）月活指标。

（任　翔）

中国农业发展银行甘肃省分行营业部

【概况】 2018年，中国农业发展银行甘肃省分行营业部全年累计投放各类贷款71.35亿元，同比多投14.86亿元；年底各项贷款余额325.58亿元，较年初增加21.63亿元，其中精准扶贫贷款余额211.15亿元，占全部贷款余额的64.85%，继续发挥好支持省市脱贫攻坚和兰州市“三农”建设的骨干和支柱作用。

【保障粮食安全】 全年发放粮油购销储贷款3.9亿元，支持储备、轮换粮油2.9亿斤，确保中储粮下属企业2018年度跨省移库及其他企业轮换和指导性收购计划顺利完成。向兰州粮食现代产业有限公司发放粮食仓储设施固定资产贷款2亿元；受理花庄粮库和天润粮油生物公司仓储设施贷款1.5亿元。

【服务脱贫攻坚】 先后向榆中县土坯房改造、兰州新区美丽乡村工程项目发放贫困村提升工程贷款和扶贫过桥贷款26.36亿元，支持改善区域内村容村貌及落后基础设施建设，提升村民生活环境条件，8529户、32323人直接受益；解决148户、667名建档立卡贫困人口的就业问题。

【支持地方建设】 投放棚户区改造项目贷款30.94亿元，支持兰州新区方家坡、西岔园区、中川园区和榆中县城关、和平片区棚户区改造项目建设，安置8289户、26812人。

【完善市场调控】 向省食品公司和兰州联友食品冷藏有限公司发放储备肉贷款6333万元，支持购进肉类3300吨。主动与省农资公司衔接，发放国家化肥储备贷款2亿元，支持企业完成化肥储备计划10万吨。

【打造物流节点】 支持兰州打造物流节点中心城市。发放农村流通体系建设扶贫贷款4亿元，用于兰州公路港物流园项目建设。

【优化金融服务】 向甘肃亚盛国际贸易有限公司、甘肃科隆农业有限责任公司、兰州三鑫绿色食品有限责任公司等企业发放产业化龙头企业短期贷款1.5亿元。支持乳业、草食畜牧、种业、高原夏菜等地方特色优势产业发展。

（完颜鹏　陈　伟）

中国农业银行股份有限公司兰州分行

【概况】 2018年，中国农业银行兰州分行小微企业法人有贷客户数比年初净增124户，增长5.39倍。央行、银保监会口径普惠金融贷款分别净增2.73亿元、2.51亿元，完成全年计划的191%、418%，央行、银保监会口径普惠金融贷款增速31.51%，30.15%分别高于全行贷款增速20.83和19.47个百分点，小微企业贷款加权利率达到监管和控制要求。全行个人存款较年初增长9.18亿元，全省增量第一。一季度季末个人存款较年初增长6亿元，完成中国农业银行甘肃省分行“春天行动”计划的122.4%。二季度末个人存款增加4.1亿元，同比多增4.5亿元。年末增长2.4亿元，同比多增9.9亿元。

【对公业务拓展】 新落户中信环境等大中型国有企业15户，成功营销刚泰控股等上市公司，落地西脉记忆等三四板客户。与独角兽货车帮集团签订战略合作协议并成功开户，实现ETC资金归集。营销落地兰州润泽置地产（华润）、升融地产（保利）、永坤置业（世贸）等一批重点房地产客户。先后与市国资委等部门召开银政金融服务对接会，签订战略合作协议。落地开户国字头企业5户，上报授信63.5亿元，获批41.5亿元，投放5.5亿元。对接民营及小微企业186户，有效投放亚成生物等43户、金额4797万元。组织开展“大干90天，客户增1000”的专项营销活动，掀起“了解对公、营销对公”的良好营销氛围。活动期间，新增对公结算账户1324户，新增对公有效客户1143户，交易银行折效客户净增745户，企业金融服务平台新增活跃客户552户。顺利开立职业年金账户3户、3县1区法院“一案一账户”12户。落地黄河财险5类12个账户，并拓展现金管理、代发工资、资产托管和财险代理业务。强化业务联动，主攻重点客户，力促平稳续接，稳健增长。存量上，全力对接部队到期定期存款，实现续存累计12亿元。增量上，1亿元以上客户较上年增加10户，实现增存14.06亿元。成功入围兰大二院资金结算银行，中标一般户开户资格。高新支行、七里河支行成功上线“商品房交易资金监管系统”，填补全省农行在商品房交易资金监管业务领域的空白，分行成为全市同业中唯一有2家具备监管资格营业机构的商业银行，落地资金1.25亿元。上线甘肃省电力建设投资开发公司财务公司、省烟草银企直联现金管理平台以及代理财政国库集中支付电子化系统，提升资金体内循环和承接率。连续4次中标省级国库现金管理定期存款项目，累计中标资金55.3亿元。

【贷款投放】 投放对公贷款159.33亿元，余额327.27亿元，较年初净增22.57亿元。省市上下联动营销，成为兰州铁路局主要合作银行，整合报批集团授信280亿元，新增授信52亿元，投放10亿元。成功报批甘肃建设投资（控股）集团总公司21亿元、兰州市轨道交通有限公司28亿元综合授信，投放3亿元。为甘肃世贸城、中海、保利等一批行业内重点项目投放贷款7.8亿元。推进普惠金融贷款成功上报甘肃国投15亿元授信方案变更，兰州城投22亿元

中国农业银行甘肃省分行、兰州分行保护母亲河环保实践活动

增量授信。上报中兰客专、甘肃金控、方大炭素、宝方炭材、甘肃路桥、柴家峡水电等项目总计约87亿元增量授信业务。成功对接S104、中通道等优质公路PPP项目5个。紧抓棚改机遇，储备力行新村、地铁置业张苏滩批发市场和金昌路等棚改项目。

【新兴业务】 债券承销方面，成功发行首笔单笔金额最大的券商短融，为华龙证券发行两期30亿元。独家中标公航旅30亿元私募债主承销商资格，顺利实现首笔理财资金投资债券国家电力投资集团甘肃分公司中票3亿元，累计分销国家银行所发行的金融债券6.58亿元，占全省分销总额的41.41%，同比多销5.47亿元，增幅492.8%。实现中收713万元，同比多增541万元，增幅314.5%。累计销售对公理财产品69.6亿元，全省总销量占比59.2%。行司联动方面，联动农银租赁，落地兰州公交集团5年期3亿元新能源汽车售后回租业务，并延伸营销银赁通保（租赁项目融资业务）银行保理业务相结合，理业务2亿元已上报中国人民银行。联动农银投资，对接10亿元债转股业务。国际业务方面，代理兰州银行开立信用证额度大幅提升，代开兰州银行信用证11.94亿元。新开立兰州亚成生物科技股份有限公司等企业外币账户，成功落地中国甘肃国际经济技术合作总公司首笔涉外保函。

【零售客户建设】 逐户分析掌握客户的事业经营、投资偏好、近期资金使用方向等，通过系统每周定期了解客户资金变动情况，尤其是对金融资产减少的客户，约谈管户网点主任，强化工作措施，助力客户回调。私人银行折效客户较年初净增40户，计划完成率286%，全省贡献度28%。私行客户金融资产余额较年初净增48001万元，计划完成率236%，全省贡献度41%。制定《兰州分行个人客户包户维护管理办法（2018）试行》，将年日均金融资产、产品交叉销售率、包户人员管理情况等作为考核主要指标，逐网点将包户人员调整到位，不断提升包户管理实效。全行贵宾客户金融资产余额164.75亿元，较年初增长13.33亿元，全省贡献度22%。主动联系兰州市牛肉面协会、甘肃省湖南商会等组织，与甘肃省湖南商会签订战略合作协议，协调企业开户、发放小微企业贷款、办理信用卡等业务，以公促私、私私联动，有效带动和促进个人业务健康发展。

【个人储蓄业务】 年底，制定《兰州分行2018年个人存款激励方案》，从时点和日均两个纬度考核，从工资和费用两个方面激励，充分调动全员组织存款的积极性，实现个人存款业务可持续发展。组织开展年末个人存款营销竞赛，着力开展行外吸金，年末，1个半月吸引他行存款5357万元。重视代发工资业务，从存量中小企事业单位、有贷客户及个体经营户入手，逐户对接，全力拼抢，代发工资业务得到较快发展。截至12月底，全行新增代发工资客户604户，同比多增413户。实现代发金额30亿元，完成全年计划的121%。制定“普惠进金城 零售进万家”综合营销方案，对接劳动监察大队、拆迁办等单位，上门为进城务工人员营销，不断拓宽个人存款渠道来源，为全行个人存款组织管理工作打开新思路。

【产品营销】 紧盯代发工资户，私行客户、贵金属、基金等重要客户和重点产品，匹配相应激励措施，开展公私联动营销，以公促私的营销意识进一步强化。在开展“春天行动”“万马奔腾”等综合营销活动的同时，联合开展“高七争霸赛”“县域争雄赛”“金城争强赛”、重点产品网点PK赛、“三金一银”重点零售产品营销大比拼等活动，营造“比学赶超”的营销氛围，提升团队战斗力，有效提升产品营销成效。制定外拓营销实施细则，规范营销流程，常态化开展外拓营销。开展外拓营销活动6000余次。实现贵金属收入378万元，代理基金收入294万元，对私理财收入378万元，自助银行收入357万元，借记卡等业务收入936万元。全年实现网络金融收入2589万元，信用卡业务收入6305万元。在详细排查摸底基础上，按照“三减两增一改”（减网点面积、减柜员、减成本 、增营销能力、增风控能力、改运营制度流程）总体要求，在9个网点进行改造试点，推进网点向智能化、轻型化、营销化转型，释放人员加强“普惠金融”市场营销和外拓工作人员力量。网点建筑面积较年初下降9.15%。

【个贷业务】 住房贷款方面，对接中国农业银行甘肃省分行核心客户和优质房地产企业开发楼盘，全年准入新楼盘20个。上下联动，逐户走访，大力向辖内优质房屋中介营销，投放二手房贷款157笔，8396万元。驻点营销，加快公积金管理中心委托贷款业务发展。截至12月底，累计投放市公积金管理中心委托贷款5.34亿元，完成全年计划任务的142.04%。省公积金管理中心委托贷款7695万元，较上年增加6355万元。消费贷款方面，加大“网捷贷”白名单客户营销，拓展线上个人信贷客户。网捷贷正常类有贷个人客户数1023户，较年初净增579户。针对房贷、公积金、代发工资和金融资产4类核心客户，组织全员开展个人消费贷款专项营销活动。累计投放个人消费贷款2450笔、

2.56亿元，较上年多投1381笔、1.2亿元。经营贷款方面，加强与兰州市烟草局沟通，制定营销方案，清单式推动“烟商e贷”。累计投放“烟商e贷”99笔、1033万元。全辖所有支行实现破零。

【信贷投放】 对接市级以上农业产业化龙头企业和县级以上农业示范合作社，落地市级以上龙头企业38户、县级以上农业示范合作社52户。投放兰州伊利流动资金贷款2300万元。对接兰州亚成等3家新三板省级龙头企业，由甘肃省农业信贷担保公司提供全额担保，投放亚成生物1000万元农产贷款。截至12月末，累计拓展“陇原农担贷”客户72户，省农担公司出具担保函56份，金额7627万元。投放47户、金额5609万元。与兰州市文化与旅游局、市旅游协会及市农家乐协会对接合作，作为唯一金融机构受邀参加全市“农家乐”推介会、首届乡村旅游节等活动，营销休闲农业客户12户，投放贷款1212万元。

【金融扶贫】 抓好金融扶贫与普惠工作，对3个贫困县发放的贷款，逐笔进行调查摸底，对企业带动建档立卡贫困人口达到相应标准的6户贷款企业，对接与建档立卡贫困户签订帮扶带动协议，及时纳入精准扶贫贷款。截至12月底，扶贫重点县人行口径精准扶贫贷款余额18124万元，较年初增加5786万元，完成全年计划141%。普惠金融人行口径农户条线贷款余额25723万元，较年初增加6120万元，完成全年计划218%；普惠金融银保监会口径农户条线贷款余额16852万元，较年初增加1777万元，完成全年计划148%。

【惠农工程】 结合特色产业资源优势，制定惠农e贷“高原夏菜贷”“高原果蔬贷”及“百合贷”等特色产业贷整体服务方案，按照“一县（区）一快贷”模式，全年累计投放“惠农e贷”6615万元，其中特色产业贷2311万元。加快推进县域行聚合码注册，累计注册聚合码689户，占全行注册户的33%。拓展688个惠农服务点互联网升级，完成计划的101.18%。拓展龙昌石化、甘肃仕通等15家核心“惠农e商”商户，全年新增注册商户6034户。组织开展9次平台产品订货会，实现平台交易额23.8亿元，全省交易量贡献度超过30%。

【信用风险严控】 树立大信贷、大风险理念，组织开展整治信贷领域市场乱象、信贷业务交叉检查，加强排查成果的相互借鉴，强化放款中心合规建设，切实防控信用风险。认真落实农业业银行甘肃省分行信用风险管控相关部署，适当提高审批层级，将独立审批人审批的法人贷款提升为分管信贷副行长审批，将额度大的项目直接提交贷审会审议，有效把控信贷业务准入关口。进一步规范贷后管理例会，明确管户经理责任，做实贷后现场检查，规范例会流程，真正发挥贷后管理例会在风险防控中的重要作用。强化到期贷款管理，到期贷款偿还率98.32%，比年初提升2.97个百分点。对煤炭、钢铁等产能严重过剩行业，批发、低端制造行业，商业地产相关行业等设限行业落实限额管理要求，严格管控行业限额名单客户。编制信贷资产质量及风险管理指标监测表，涵盖各类客户信贷质量重点指标，全面及时监测反映资产质量和信用风险状况，为业务发展和风险防控提供翔实的决策依据。

【双基管理】 开展“双基管理深化年”活动，聚焦重点领域，实施专项治理，夯实控险案防基础。加强“账、证、印、库”管理，开展通用账户、集中作业、集中授权柜面业务综合治理及“定期一本通”可疑交易排查，顺利上线新一代超柜系统、柜面业务综合化改造，实现客户身份自动识别、代发工资等“一键式”签约、凭证电子化等功能。按月开展内控账款凭证突击检查、运营合规操作突击检查、安保“四不两直”（不发通知、不打招呼、不听汇报、不用陪同和接待、直奔基层、直插现场）突击检查，形成强有力震慑，强化合规行为自觉，始终绷紧安全运营防范之弦。全行运营质量考核较同期提升5.47个百分点。细化预防、发现、整改、跟踪四个环节工作，加大对重点时点、重点领域和风险部位监测检查力度，强化安防建设。加强应急灾备管理，规范网络准入控制，规范设备MAC地址例外白名单管理，全力保障安全平稳运营。

【案防机制】 将“三线一网格”（党建线、纪检线、运营线、行为管理网络）管理工作纳入综合绩效考核，加大督办力度，逐级压实责任，形成合力抓、联动推的良好局面。全行“三线一网格”系统共反映预警信息974件，其中属实和部分属实915件。产生好人好事241件，市分行层面公布推荐157件，省行层面公布31件，推荐上报中国农业银行23件，总行公布2件。以重点治理行为主要对象，以法人贷款、农户贷款、财务管理、员工行为为主要内容，扎实开展信贷风险排查和经济责任审计。配合银监局做好深化整治市场乱象现场检查，对检查发现问题及时整理反馈。全年开展21次专项检查，确认问题333个。其中，内控评价类68个；尽职检查类27个；责任审计类118个；专项检查类94个；其他综合类26个。

【标杆网点】 选择5家城区网点，聚焦营销能力提升、对公业务下沉、网点效能提升、干部队伍优化的主要任务，通过单列计划任务，加强营销力量，倾斜优势资源，优化信贷流程，统一后台支撑等措施，先行打造综合化经营标杆网点，推进营业网点资产、负债和中间业务一体化发展。在此基础上，全辖营业网点组建66个外拓营销团队，由176名客户经理组成，分区域、分客户、分业务开展常态化外拓营销，全面推进营业网点综合化经营。

【营销体系】 两级行班子成员担任组长，混编对公、个人客户经理289名，组建营销团队56个，对全辖重点法人、私行客户开展营销。整合优化市行前台部门，将普惠与公司、投行与国际、信用卡与网金分别集中于同一部门，将个人金融部自助银行、自助设备以及网点管理职能调至运营管理部，更加突出前台部门的客户营销职能。为强化市行本部直营职能，9月初调整组建市行营业部，与公司直营团队捆绑考核，落地直营重点客户、重点项目，提升集约化经营水平。营业部直营平台有效承接机关全员营销资源和成果，促动市行机关向经营管理型转变，引领全行紧扣市场营销，提升客户服务能力和综合竞争实力。

（李锦禄）

中国工商银行股份有限公司兰州分行

【概况】 2018年，中国工商银行兰州分行人民币存款余额753.09亿元，较上年净增46.2亿元，各项贷款余额715.56亿元，较上年净增76.87亿元。拨备前利润和净利润分别为15.99亿元和10.65亿元，实现营业收入、净利润双增长。

【普惠金融】 挂牌成立兰州分行普惠金融事业部，创新推出多款网络融资产品，例如经营快贷、e抵快贷和网上票据池质押融资等。全年新增小微企业贷款286户488笔、112181万元，其中发放惠农担保贷款23笔、5064万元。500万元以下新增小企业贷款中，207户执行央行贷款基准利率，贷款余额40192万元。

【客户基础】 个人客户净增24.03万户。其中，1万元以上客户净增1606户；100万元以上客户净增49户；私人银行客户净增16户。对公结算帐户净增4629户。其中，有效结算账户2279户；日均金融资产5万元以上公司客户净增227户。新开机构帐户101户，时点机构存款新增1.19亿元。

【智慧银行】 丰富融e行、融e联、融e购“三融”平台内涵，通过开展工银信用卡合伙人“码上赢”“码上荐”等活动，实现线上直营客户。与国芳、虹盛百货、王府井等商户开展深度合作，通过镶嵌办卡链接、布放二维码实现“线上+线下”模式获客，加快互联网获客引流渠道建设，构建获客新路径。在全国第一批投产“金闪借”项目，落地全国360融e借项目，仅1个半月，线上个人贷款投放额达2.96亿元。聚焦政务、交通出行、教育医疗和民生缴费四大领域，构建开放多元的场景服务生态，成功建设共享充电、金闪借、电子工资单、养老金信息推送等有效场景13个，场景获客数11.38万户，新增工银e缴费项目191个，缴费金额13559.79万元，缴费个人客户24.36万户。

【多方合作】 通过梳理兰州市现有三甲医院的基本情况，出台方案、制定分阶段营销目标，成功与4家三甲医院签订银医合作协议。周密部署“银校通”项目投产，成功新拓5家重点大中专院校，缴费客户数1.92万人，缴费金额1859万元。省级重点领域机构改革营销工作取得阶段性进展，成功营销多个重点领域机构的基本账户、零余额专户、质押金专户和代发工资户等。成功中标兰州市职业年金基金托管代理资格，在养老金和托管业务方面也获得多个集团公司客户。

2018年9月28日，工行兰州分行举办首届“迎国庆 歌颂党”文艺汇演

【稳健运营】 对“三违反”（违反金融法律、违反监管规则、违反内部规章），“三套利”（监管套利、空转套利、关联套利），“四不当”（不当创新、不当交易、不当激励、不当收费）市场乱象等专项治理及信用风险专项排查工作进行全面自查。对贷款质量、法人信贷业务档案管理情况等分析排查和专项自查，加以整改。全行业务量877.6万笔，年度可控风险暴露水平1.53‰，比上年同期降低0.7个万分点。认真履行反洗钱工作职责，确保各项反洗钱监管规定的落实。管好用好报警监控联网平台，开展金库“防胁迫管库员”“防盗”“防火”“防抢”应急演练，有效地防范盗、撬等外部欺诈案件和火灾事故的发生。

【品质服务】 坚持“撤、迁、改、建”并举，持续推进网点布局优化和功能提升，实现网点轻型化、智能化转变，全行有营业网点98家，自助网点37家，城关支行营业室被中国工商银行股份有限公司评为2018年度服务五星级网点，同时也是西北五省唯一一家率先建成的高标准化服务大型示范网点，中央广场第二支行被中国银行业协会评定为2018年度服务千佳网点，亚欧支行是全省首家离行式智能银行旗舰店。创建网点服务平台，形成网点网格化管理、客户群营销分布图，为网点开展精准营销提供最为直观的依据。围绕“智慧厅堂”建设，推行客服经理“一站式工作模式”，全面提升服务品质。

（陶明锐）

兰州银行

【概况】 2018年末，兰州银行资产总额3003.80亿元，净增325.47亿元，增长12.15%；各项存款余额2377.09亿元，净增137.22亿元，增长6.13%；各项贷款余额1640.18亿元，净增231.18亿元，增长16.41%；全年实现总收入140.95亿元，同比增长3.82%；实现净利润22.30亿元，同比下降5.51%；资产利润率0.79%，资本利润率11.31%，资本充足率11.95%，拨备覆盖率152.09%，不良贷款率2.06%，单一客户贷款集中度和最大十家客户贷款集中度均控制在规定范围内。在英国《银行家》杂志公布的“2018年全球银行1000强”排行榜中，按一级资本排名，兰州银行位列第364位，比上年提升27位；按总资产排名，位列第361位，比上年提升11位。安宁、西固支行荣获中银协文明规范服务“千佳”示范单位。连续七年荣获省长金融奖。王蔚民同志荣获“全国金融五一劳动奖章”，酒泉分行荣获“甘肃省五一巾帼奖”。

上年末，兰州银行资产总额2678.33亿元，较年初净增107.70亿元；各项存款余额2239.87亿元，较年初净增132.78亿元；各项贷款余额1409亿元，较年初净增181.28亿元；全年实现总收入135.76亿元，净利润23.60亿元；资本利润率13.61%，资本充足率12.02%，拨备覆盖率223.69%，不良贷款率1.65%，单一客户贷款集中度和最大十家客户贷款集中度均控制在规定范围内。在英国《银行家》杂志公布的“2017年全球银行1000强”排行榜中，按一级资本排名，兰州银行位列第391位，按总资产排名，位列第372位，均进入前400强。在中银协组织的2017年度“陀螺（GYROSCOPE）评价体系”评价中，兰州银行位列城商行组别综合评价第14位，位居西北省份城商行榜首。总行营业部以全省第一的成绩，荣获中国银行业文明规范服务“百佳示范单位”称号，开发区支行、嘉峪关分行营业部荣获“五星级营业网点”称号。荣获2017中国金融机构金牌榜“年度十佳城市商业银行”；连续六年荣获“省长金融奖”；荣获甘肃省住房公积金业务先进合作银行奖。

【风险防控】 2018年，开展兰银金租公司全面审计，实施村镇银行非现场监管，对村镇银行开展两次信贷业务检查，搭建将类信贷、跨市场金融市场业务全部纳入统一授信的基本架构，实现集团客户授信的全口径管理。优化信贷投向，出台制造业等重点行业风控指导意见，严格限制“僵尸企业”“空壳企业”及限制性行业企业授信，严格房地产贷款准入。强化信贷流程管理，规范调查行为，强化贷款发放管理，持续增强贷后管理的强度和力度，大力开展千万元以上客户专项检查，搭建智能行为风控平台。突出合规和道德风险管控，纵深推进干部任职廉洁谈话，深入开展异常行为排查，全面实施合规积分管理。加强信息安全管理，实施数据库备份项目，实现总行办公大楼双回路供电，开展ISO27001信息安全管理体系建设，搭建移动安全管理平台。进一步发挥稽核审计效能，完成39位中高级管理人员离任审计和8项专项审计，处理非现场预警线索50余万条，持续开展全行96家分支行内控评价工作，深化银行业市场乱象整治，先后开展1次评估、2次自查和1次专项检查。加强违约贷款压降工作，实施风险客户分层管理，分支机构包行、包户、包任务，逐户落实压降责任。全力做好清收保全，全年收回不良贷款5.37亿元，完成14.44亿元呆账贷款核销及责任认定工作。提升反洗钱能力，完善反洗钱基础信息，完成反洗钱系统改造。

上年，将村镇银行与兰银金融租赁公司纳入风控体系，强化对风险总监的考核与管理，加强信贷授权动态调整，完善金融市场和理财业务风控体系。全面落实监管新规，开展“三三四”及“银行业市场乱象”自查、信用风险专项排查、平台贷款风险排查等工作。继续做好信贷投向调整，做好重点行业风控工作。有效实施风险客户管理，上线对公客户信用评级与公开统一授信体系。强化道德风险管控，推进信贷文化建设，开展关键岗位人员道德风险评价，扎实开展异常行为排查。全力压降违约贷款，成立违约贷款压降工作小组，开展专题调研，从10月份开始，每月召开违约贷款压降工作专题汇报会。上下联动做好清收保全工作，推进清收团队包片清收制，紧盯大额不良清收，加强诉讼案件管理。健全追责机制，实行薪酬延期支付制度。加大内审稽核力度，开展44位中高级管理人员离任审计、2家异地分行常规审计和分支机构内控评价，对e融e贷、权限内贷款、信息科技外包管理、银行承兑汇票等进行专项审计。健全反洗钱工作机制，完善反洗钱监测系统自主监测功能。

【优化业务结构】 2018年，新签约集群客户38户，集群客户数量142户，存款余额235.38亿元，贷款余额388.21亿元。交易银行业务拓展顺利，推出“招标通”产品，共计接入重点客户255户，新增单位结算卡8022张，落地“票据池”业务。持续推动“摘牌”工作，全年“摘牌”819户，存款余额59亿元。创新推进个人负债业务，上线6类20种存款新产品，新存款产品累计余额104.14亿元。大力推动财富管理业务，新增专属理财、e融e贷产品，实现家族财富管理业务零的突破，营销落地3单1.13亿元家族信托业务。有效促进个人消费贷款增长，个人消费贷款净增33.35亿元，余额突破100亿元，e住e行融入汽车贷、家装贷、家居贷等产品，手机银行上线信用卡便民缴费功能，百合生活网推出信用卡“购易贷”功能。稳健推进三农业务，精准扶贫专项贷款回收贷款70.33亿元，续贷20.74亿元，逾期率控制在0.5%以内，特色产业发展工程贷款，建立特色贷款项目库，推出“陇原特易贷”专属产品，新增开展“农担加油贷”业务。审慎实施小微业务创新，推出无还本续贷小微专属产品“年审贷”，推广“政采贷”业务，优化升级“税e通”业务。加快金融市场业务、理财业务转型，顺势调整投资策略，稳健拓展公募基金、债券借贷等新型业务，理财业务严格按照资管新规要求，有序压降委外投资及集合资管计划，推出“天天盈”开放式产品。

上年，新签约集群客户73户，新增“摘牌”账户630户，新增公用事业渠道13个，现金管理平台全年接入重点客户71户，新增有效单位结算卡9810张。积极推动个人业务提速，新增个人存款134.36亿元，个人消费贷款净增31.86亿元，增长75%，开展120场特色沙龙活动和提供多项增值服务，发放信用卡3.14万张。扎实推进普惠金融业务突破，成功争取产业扶贫专项贷款工程与农村人居环境综合治理工程承办行资格，推出“税e通”业务，升级“政采贷”。着力拓展金融市场、理财业务空间，晋级进出口银行、农业发展银行2017年承销团成员，获得“金融债最佳承销新成员奖”。成功承销甘肃省地方债券26.28亿元，顺利完成10亿元绿色金融债券的发行工作。全年发行理财产品523期，代客理财资产规模473亿元。稳步推进创新业务，全年参与营销21支基金，营销落地8个PPP项目，投放5个项目，正式取得资产证券化牌照。

【完善平台布局】 2018年，农村产权信息化综合服务平台完成21个县区的上线工作，银医社签约医院23家，新增积分联盟商户116户，嘉峪关雄关便民卡顺利投产，实现正式发卡，16家学校接入学校缴费云平台。电子渠道持续完善，手机银行完成5次版本更新，百合直销银行上线3.4.0版本，微信银行上线2.0版本。支付场景更加丰富，上线甘肃高速公路移动支付、无感支付及ETC自助充值业务，推出兰州县乡公交云闪付受理、出租车扫码等交通出行快捷支付应用，在微信银行端实现扫码及无感支付停车费功能，百合收银通全面实现银联、微信、支付宝的聚合支付。新技术应用在加速，ATM机语音存取款业务正式上线。进一步推进大数据分析决策管理平台建设。百合生活网贡献度不断提升，高频多次开展平台营销活动，初步建立“客户存款+电商权益+优质服务”电商存款业务专属场景，打造百合生活网兰银专享频道，试点推动社区便利店金融功能融入。积极开展金融科技对外合作，相继与中央财经大学、华为、海致星图、神州数码等单位签订战略合作协议。

上年，发布全新5.0版手机银行，推出新版百合直销银行。平台推广取得重大进展，落实与21个县区政府的农村产权信息化综合服务云平台共建工作，探索银医社新合作模式，搭建省内首家医联体，新签约10家合作医院，e住e行陆续与白银等6地房管局对接，百合积分联盟完成与亚欧、海航、南京积生活等商户的对接。创新成果再添新丁，建立百合信用体系，开发“存款e折通”芯片存折产品，正式发布智能可穿戴设备，声纹识别实现与一户通用户体系的集成，完成大数据决策平台部署，建设大数据决策分析管理平台及客户营销和风险管控平台。线上线下融合更加紧密，完成百合生活网O2O服务体系建设，强力推进O2O实体店建设，建成实体店592家，积极拓展百合收银通支付场景，成功应用在出租车、菜市场、商圈等20余个场景中。

【管理和服务】 2018年，完成第2次反馈意见回复和材料更新，按时取得相关部门的合法合规性证明文件。深入开展"转变作风改善发展环境建设年"活动，在市效能办的测评中，兰州银行作风建设和效能工作现场满意度达100%。持续改善客户体验，组织开展"节日送祝福""我的幸福故事"等主题活动，持续开展明查暗访，对排名靠后的网点进行现场督导，开展行长站大堂、体验同业服务、观摩百佳网点等交流活动。加强消费者权益保护，董事会下设消费者权益保护委员会，制定《个人金融信息保护工作管理办法》，优化理财"双录"规范。扎实推动支行建设，完成2家支行、18家社区支行和5家小微支行的筹建开业。不断优化信贷调查审批流程，建立信贷审查、审批全流程时间管理机制，专人跟踪督办，实现90%的权限内业务在1天内完成。动态调整激励办法，增加存款类指标考核分值，加大对存款营销的费用支持力度。完善督查督办工作体系，系统汇总和整理重点工作任务，按时间节点反馈办理结果，初步完成督办系统开发。不断完善人力资源管理，信息科技、贷款审批人序列落地，启动业务主管序列建设；规范用工管理，首次实施劳务外包。

上年，完成反馈意见回复、申报材料更新、个别遗留问题解决等工作。贷款调查向规范化、精细化发展，制定《贷款调查七步法》《信贷调查笔记本》。贷款审批能效进一步提升，有序推进专职贷款审批人制度，根据业务的风险类型制定贷款管理方案。法律事务效率得到改进，进一步优化网络司法查控系统功能，上线法律文本审查系统。科技运维管理机制日益健全，完成IT服务管理体系ISO20000认证，开展标准化测试管理平台建设，落地IT服务管理平台，完成数据脱敏系统的应用部署，规范运维管理流程。考核体系更趋完善，全行重点工作全部纳入考核，制定分支机构一线员工绩效考核管理办法，实现线上"360全维度"考评。人才队伍建设持续深化，设立业务主管序列，实施岗位竞聘人员培养项目，扩大范围开展"订单班"培养，举办"兰银大讲堂"，加大外出培训力度，深入实施学习积分制。无纸化办公迈上新台阶，人力资源管理系统实现薪酬预览、移动端请休假及民主测评等功能，百合园新增人力系统及培训管理模块。深入开展"治转提"专项行动，在各业务条线、各层级开展作风问题排查，下大力气彻底整改，切实转变工作作风。完善服务细节，兰内网点实行双休日轮休，改造无障碍通道，开展"兰州银行 幸福银行"主题活动。加强监测评价，开展"神秘人"暗访和服务专项检查，深入推进标准化支行建设。提升网点形象，全面推广和应用第四套网点装修方案，加快打造兰州新区职教园区支行特色网点，逐步推进香氛机布放，打造兰州银行独特"味道"。加强消费者权益保护，健全消费者权益保护工作机制，落实"双录"工作规范，加强投诉处理，完成消保自评估工作。

（郭琳琳）

中国人寿保险股份有限公司兰州市分公司

【概况】 2018年，中国人寿兰州市分公司聚焦价值提升、狠抓队伍建设、夯实基础管理、防控经营风险、强化党建支撑。全年实现总保费收入14.87亿元，提供风险保障1.1503亿元。

【个人保险】 加强提升销售人员素质和提高服务质量的培训与教育，力求为更多客户提供更为全面、优质的保险服务和保障。强化制度经营理念和管理模式拉动业务发展。利用财务、人力、产品、客户、基本法5大资源，分层面、分职级对各级营销员进行针对性帮扶。以基层一线为发展重点，以客户需求为导向，不断提升销售队伍诚信销售和专业服务水平。

【银行保险】 各银行渠道不断加强合作力度和领域，关系进一步密切，合作进一步深化。后援服务支持强化，防范化解经营风险。在销售过程中倡导依法合规销售，并不断强化职场培训，要求销售人员在售前、售中、售后过程中，坚持诚信销售，为客户提供良好的服务保障，坚决维护职业安全，杜绝违规行为，有效化解经营风险，得到多方肯定。

【运营服务】 进一步强化提升柜面自主管理能力和工作执行力。运用科技赋能，简化业务办理流程，加快业务处理时效，提高理赔速度；加强培训、考核力度，提高员工业务素质；通过加强业务管理，规范业务流程，提高业务质量，支持业务发展；通过严格权限管理，强化监督检查，进一步提高风险管控力度，打造统一规范、出单迅速、理赔给付便捷及时的服务平台。

【合规经营】 推进风险防控，将防风险贯穿于各项工作中，对于银保监会、中国人寿保障总公司、中国人寿保险公司甘肃省公司的相关风险防控、市场乱象整治工作第一时间进行部署落实。全年针对非法集资、扫黑除恶、治乱打非、乱象整治、防范化解重大风险攻坚战、打击非法商业保险活动、自媒体保险营销宣传管理等专项工作，公司均制定总体方案和条线细化方案，并强化责任分工，层层细化落实。围绕客户投诉治理、销售误导治理、反洗钱客户信息治理等重点风险，深入开展排查治理。

（李　娜）

经济管理与监督

发展与改革

【概况】 2018年，兰州市发展改革工作扎实推进稳增长、调结构、促改革、防风险、惠民生等各项工作，改革开放力度加大，人民生活持续改善，全市经济社会保持平稳健康发展的态势。三次产业结构比为1.57∶34.32∶64.11，与上年的1.53∶35.26∶63.21相比，第一产业比重提高0.04个百分点，第二产业比重回落0.94个百分点，第三产业比重提高0.9个百分点。按常住人口计算，人均生产总值73042元，比上年增长5.8%。综合实力明显增强，发展动能持续增强，新区、开发区发展持续加快，项目建设进展良好，重点领域改革持续推进，对外开放水平提升，城市建管水平不断提高，社会事业全面发展。全力推进“招商引资百日大会战”，新引进招商引资项目667个，到位资金753.47亿元，增长7.4%。成功举办第24届“兰洽会”，签约项目109个，签约总额790.75亿元，占全省签约总额的40%以上。新引进“三个500强”企业6家。

【发展规划】 推动《兰州市国民经济和社会发展中长期规划（2020—2035）》《兰州市国土空间总体规划（2021—2035年）》《兰州—西宁城市群发展规划兰州市实施方案》《榆中生态创新城空间发展战略规划（概念性）》《兰州市全面对接“一带一路”建设发展规划》《环兰州城际铁路线网规划》《城市轨道交通第二期建设规划（2020—2025年）》等重大规划编制工作，着力构建现代化中心城市大格局。编制《黄河（兰州段）生态文明建设规划》总体规划、《兰州市生态空间管控布局规划》等6项专题规划和《黄河（兰州段）生态文明建设体制、机制及能力建设专题研究》。制定实施《做好黄河文章建设现代化都会城市三年行动计划（2018—2020年）》，全年实施总投资63.7亿元的各类项目15个，完成投资29.3亿元。建成2.6公里示范段美化亮化提升工程。在全面推进自2010年6月获批建设的51个国家级政策平台基础上，获批国家自主创新示范区、国家跨境电子商务综合试验区等政策平台9个。制定《加快推进县域经济发展实施意见》《促进兰州经济技术开发区加快发展的意见》《促进甘肃（兰州）国际陆港加快发展的意见》等政策。制定《构建生态产业体系推动绿色发展方案》《加快推进农业供给侧结构性改革大力发展粮食产业经济的实施意见》等产业推动政策。制定《加快推进大规模国土绿化的实施意见》《自然保护区生态环境保护问题整改工作方案》等生态建设政策。制定《脱贫攻坚就业扶贫三年行动计划（2018—2020年）》《消除义务教育大班额专项规划（2018—2020年）》《全市中小学校布局调整规划方案（2018—2025年）》《全面放开养老服务市场提升养老服务质量实施方案》等民生保障政策。牵头起草《兰州市国民经济和社会发展第十三个五年规划纲要实施情况中期评估报告》，综合评价和总结规划纲要实施以来各项目标、任务和政策措施执行情况、实施效果。针对国内外发展环境变化和国家宏观经济政策的调整，分析、评价《规划纲要》提出的经济发展、创新驱动、民生福祉、生态文明4大类37项目标完成情况、重点任务实现程度及重大项目实施情况。根据规划纲要实施进展情况，提出进一步推动全市“十三五”规划实施对策建议。

【国民经济运行与监测】 认真研究宏观经济形势，加强对兰州市经济社会各领域发展情况的跟踪监测调度，制定印发《兰州市经济运行工作调度办法》，统筹市直相关部门和区县抓好经济运行调度工作，重点对农业、工业、建筑业、服务业、固定资产投资、财政收入、城乡居民收入等指标进行逐月、逐季跟踪监测调度，掌握动态变化趋势，认真分析经济运行中的矛盾和问题，提出针对性工作措施。认真把握国家定向调控、微刺激等系列政策措施，明确兰州市向国家和省上争取支持的重点领域，加强对接，为经济社会发展提供新的支撑。

【目标管理】 编制完成2018年度目标责任书。按照市委、市政府确定的2018年度经济社会发展主要预期目标任务，遵循差异化分解原则，在综合考虑各区县总量基数、区位特点、发展条件基础上，测算分解2018年全市经济社会发展主要预期指标，组织编制完成各区县、各部门2018年度目标责任书。修订完善《兰州市贯彻新发展理念目标责任考核办法(试行)》，形成《2018年目标管理绩效考核办法》。制定上年度目标管理考核工作方案，全面考核全市8个区县、“三区”及89个市直部门和单位的上年度目标任务完成情况，通过对多项考核数据、考核资料的核查汇总，严格依照考核办法，客观公正地反映各区县、各部门目标完成情况。

【“丝绸之路经济带”建设】 兰渝铁路动车组正式上线运营，争取多年的兰州至张掖三四线铁路(中川机场至武威段)获得国家发改委批复，加快推进中兰客专、景中高速、国道环线、中通道等项目，启动建设兰州新区空铁海公多式联运工程，国务院确定兰州市为陆港型和商贸服务型国家物流枢纽承载城市。甘肃(兰州)国际陆港成为国家指定对尼泊尔开放的国内陆港之一，东川铁路物流中心集装箱等货运功能作业区建成运营，兰州铁路集装箱场站获国务院批复汽车整车进口口岸，全面建成兰州铁路口岸。加快推进兰州新区综合保税区建设，加快发展综合保税区—航空口岸—铁路口岸“区港联动”一体化融合，在白俄罗斯设立特色商品展示中心，在俄罗斯、巴基斯坦设立海外保税仓，复制推广自贸区制度18项。全面开展进口肉类、冰鲜水产品、水果、种苗等指定口岸业务。新设立外商投资企业5家，投资总额5.89亿美元，增长66.88%；合同利用外资额1.8亿美元，增长176.62%。新设立对外投资企业10家，投资额1667万美元。全市进出口贸易额完成133.18亿元，增长23.92%。完成境外工程承包营业额1.9亿美元。中亚、中欧、南亚国际货运班列常态化运营，中欧国际货运班列乌兰乌德—兰州新区木板专列实现通关，开通运营国际陆海贸易新通道国际货运班列，实现“一带”与“一路”的联通，首发兰州—伊斯兰堡第2条面向南亚的公铁联运国际货运班列。全年累计发运中亚、南亚、中欧班列516列，23255车，货重41.4万吨，货值141391万美元；发运国际陆海贸易新通道国际货运班列33列884组，货重2.9万吨，货值40722万元。建成是甘肃兰州跨境电商公共服务平台跨境电商服务平台。获批中国(兰州)跨境电子商务综合试验区，兰州新区综合保税区跨境电商监管中心、中川北站铁路口岸跨境电商监管中心正式通关并网运营，实现全省跨境电商交易零的突破。

【重点领域改革】 取消调整下放行政审批事项28项，取消行政审批中介服务事项67项、证明事项119项。稳步推进“四办”(一窗办、一网办、简化办、马上办)改革，政务服务线上“一网通办”应办事项682项，已办674项，办结率98.83%；“只进一扇门”集中办理事项512项，100%实现集中办理；“最多跑一次”应公布事项682项，公布625项，达到91.64%；全面完成“一网、一门、一次”改革年度目标。着力推动“三去一降一补”(去产能、去库存、去杠杆、降成本、补短板)任务落实，年内淘汰煤炭落后产能12万吨，有序推进节能降耗工作。全市商品住房销售面积完成680万平方米。加快工业企业去杠杆，全市规模以上工业企业资产负债率63%，下降2个百分点。严格落实国家降费减税政策，市本级累计减税24.3亿元。推广探索形成的“三变+特色种养业”“保底分红+收益分红”等6种“三变”改革模式，榆中、永登、皋兰3县在省政府考核中获评优秀等次。加快推动农业水价综合改革，启动3个万亩灌区水权水价改革试点、榆中县农业综合水价改革试点县建设和水权试点交易。推进土地所有权、承包权、经营权分置改革，农村土地流转面积92.17万亩，流转率37.29%。推进供销合作社改革，实施以流通为主导的村级为农综合服务平台建设，发展村级综合服务社259家，现代流通服务网络基本覆盖全市所有行政村。启动实施监管企业人事、劳动用工和收入分配3项制度改革。推动国有企业与民营资本合作，组建混合所有制企业2家；有序推进在兰央企和省属企业“三供一业”(供水、供电、供暖、物业管理)分离移交。全年发放多证合一营业执照6.62万户，新增市场主体近5万户，新增注册资本1234亿元，市场主体累计达到31.8万户。企业开办时间压缩至5个工作日。全面落实“先看病、后付费”和“一站式”结报。追溯补偿19348名建档立卡贫困户合规医疗费用报销比例未达到85%的部分。

（廉宝珍）

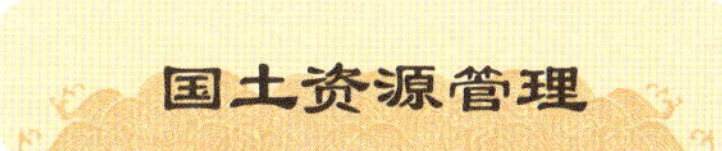

国土资源管理

【概况】　2018年，兰州市国土资源局完成8个县区、77个乡（镇、街道）土地利用总体规划调整完善和数据库建设工作，兰州市中心城区土地利用总体规划和城市总体规划建设用地重叠度83%；开展城市（城镇）批次建设用地报批项目规划符合性审核175个，审核面积3.3万亩；上报各类用地106宗2.24万亩，批复105宗2.06万亩；发行2018年土储专项债券21.5亿元（兰州市本级16.5亿元），比上年增长115%，占全省总额的20%；完成土地储备入库1591亩、出库3952亩，分别完成目标任务的132%、106%；兰州市供应土地2.5万亩，土地出让金81.76亿元（兰州市本级61.42亿元，超额完成全年35亿元的目标任务）；向上争取资金1.2745亿元，完成1.1亿元目标任务的116%；完成兰州市本级住宅用地供应三年滚动计划（2018—2020年），开展住宅用地中期规划评估工作；探索住宅用地多主体供地，办理原址土地自主开发用地39宗3119.63亩；开展住宅用地出让合同整改工作，梳理住宅用地236宗1.643万亩，清理规范53宗；兰州市供应各类住宅用地4.112万亩，保障棚户区改造项目用地约1050亩。

【集约节约】　9月，组织开展兰州市"五未"（批而未供、供而未用、用而未尽、建而未投、投而未达标等各类低效用地）土地专项清理处置工作，全市批而未供面积11.37万亩，处置完成2.01万亩。组织编制完成兰州市近郊4区城镇低效用地再开发规划，梳理排查低效再开发用地5406亩。完成6个国家级、省级开发区节约集约利用评价工作，并通过省级验收。对上年度兰州市单位国内生产总值建设用地使用面积下降情况进行年度评估考核，省自然资源厅下达兰州市"十三五"单位国内生产总值建设用地使用面积下降目标14%，年均下降率约2.97%；矿产资源有偿使用率100%，采矿权市场配置率100%。

【耕地保护】　完成兰州市土地利用总体规划调整完善工作，到2020年兰州市耕地保有量不少于371.51万亩，基本农田保护面积不低于279.61万亩；开工建设土地整治项目15个，总规模1.59亿元，9.6万亩，新增耕地1112亩；兰州市国土资源局上报甘肃省自然资源厅协调在武威市实施易地占补平衡指标有偿调剂3万亩；为88个项目补充耕地占补平衡指标1.07万亩；推进耕地数量、质量、生态"三位一体"管理，在8个县区全面开展耕地质量等级成果更新和质量监测评价工作，三分之二的县区开展耕地质量定级工作；组织完成兰州市市、县（区）两级"十三五"土地整治规划编制、审批及数据库建设工作。新申报并经甘肃省人民政府批准实施增减挂钩项目1个，复垦规模552亩；完成工矿废弃地复垦项目验收1个，复垦面积523亩。截至12月底，兰州市耕地保有量421.27万亩，永久基本农田保护面积279.77万亩。

【生态保护】　指导红古区编制实施绿色矿业示范区建设方案；基本完成兴隆山、连城2个国家级自然保护区矿山地质环境问题整改任务；完成上年度土地矿产卫片执法检查工作，系统显示全市违法用地690宗（不含兰州新区），面积5213.57亩（耕地2033.91亩），立案查处违法用地444宗，非立案处理246宗，结案416宗，未结案28宗，结案率93.69%；兰州市18个矿产违法图斑经合并后为15宗，伪变化2宗，非立案1宗，立案查处12宗，全部结案，结案率100%；按进度推进自然资源部永久基本农田全天候监测问题图斑整改工作，实地逐宗核查永久基本农田问题图斑44个，监测图斑面积1838.2亩，基本农田面积472.5亩；完成自然资源部2018年度第一期全天候遥感监测图斑核查工作。

【深化改革】　重新梳理行政许可事项6项，完成系统更新和服务指南印制；完善权责清单，在甘肃省政务服务网公布权力清单和责任清单69项；省级新下放的6项审批事项开通在线办理功能，并入驻市政务服务中心，政务服务事项网上可办率84%；《市级办事目录》中"最多跑一次"事项覆盖率100%。按照"三减一压缩"（减程序、减环节、减要件、压缩时限）要求，简化建设用地使用权供应方案审批程序，减少审批要件8项，减少权责事项6个。不动产登记窗口在推行交易、税收、登记"一窗受理、集成办理"基础上，优化工作流程、压缩环节时限；市级不动产登记信息平台实现省、市、县三级信息平台全面贯通；启动推进"互联网+金融服务"不动产登记便民服务；加快不动产登记分中心建设，建成运行高新区、经济区、九州、西固、安宁分中心，东岗分中心在建设。全年全市颁发不动产权证书22.4万本，不动产权证明19.3万份。

【民生工程】　组织查明并全覆盖监测地质灾害隐患点2463处，发布各类地质灾害预警预报136次，累计发布地质灾害预警短信14586条。处置地质灾情险情27起，突发地质灾害造成经济损失1016万元，人为因素造成死亡1人。组织实施2016—2018年地质灾害综合防治体系治理项目10个，到位资金1.243亿元；完成2016年搬迁避让项目，实施2017年搬迁避让项目，4个搬迁避让项目争取中央补助资金1836万元、市级财政投入527.1万元；争取并按计划拨付各区县2018年中央应急救灾补助资金500万元；争取省级综合防治体系治理、搬迁和防灾减灾教育基地建设项目经费4672万元，开展前期准备工作。兰州市农房一体调查任务约26.5万宗，全年完成调查16.9万宗，占总任务的63.74%（省自然资源厅要求完成总工作量的70%）；省级试验区榆中县全面开展农村房地一体调查工作，其他县区完成招投标工作；市级试验区项目调查任务2.18万宗，完成外业测量100%，完成入户调查登记93.8%。接待来访群众167人次。办理省自然资源厅和兰州市信访局转办信访件82件。

【基础管理】　完成兰州市第三次全国国土调查年度任务，试点区安宁区完成全部任务的80%。组织完成兰州市2017年度土地变更调查工作。完成国土资源空间数据向2000大地坐标系转换工作。开展基础测绘、兰州市生态文明基础数据库建设、地理空间数据库更新等工作，测绘地理信息全国甲级资质专业涵盖范围名列全省第一，3个项目分获省级测绘科学技术金奖、银奖、二等奖。办理省市人大建议和政协提案15件，按期办结率100%，满意率100%。制定印发《兰州市国土资源局信息公开工作规范》，办理依申请公开86份、主动公开156份；报送各类信息40余篇，上报调研报告2篇；网站发布各类信息610余篇。档案管理工作在兰州市2018年度档案工作考核中被评为优秀等次。

【问题整改】　开展中央环保督查及中央祁连山生态环境问题专项督查反馈问题整改工作，兴隆山、连城2个国家级自然保护区内的市县发证采矿权全部注销，投入2353.65万元开展矿山地质环境恢复治理，2个自然保护区内8个矿山环境恢复治理项目通过市级复核验收。7月25日，兰州市人民政府办公厅印发《关于印发〈兰州市各级各类保护地矿业权分类处置方案〉的通知》，各县区人民政府和市政府相关部门开展各级各类保护地内矿业权退出分类处置工作。按照中央环保督查及中央祁连山生态环境问题专项督查反馈意见，兰州市国土资源局在集中式饮用水水源一、二级保护区和自然保护区内严禁设置矿业权项目，依法依规规范其他市级发证采矿权的矿区面积、开采标高等，将不在水源保护地、自然保护区等范围的核查意见作为新立、延续、变更等矿业权审批的前置手续。永登县杜家湾水电站完成供地手续，连城一级、连城二级、永和3座水电站补办农用地转用和征收报批材料上报省自然资源厅。完成中央巡视"回头看"反馈的土地出让收入问题整改15.896亿元，整改率100%。开展专项审计发现问题整改工作，完成黄河兰州段防洪治理工程建设、2017年保障性安居工程建设运营等兰州市审计发现问题整改，完成重大政策措施落实审计所涉及的伏龙坪滑坡群治理项目和七里河香巴沟不稳定斜坡治理项目整改。开展扶贫政策落地"最后一公里"突出问题整改，支出扶贫资金2411.51万元。开展"大棚房"（以农业项目的名义建的违章房）专项清理整治，查处3类违法违规问题26个，完成整改11个，正在整改15个。

（赵国栋）

国有资产监督管理

【概况】　2018年，市政府国资委着力深化改革，加强监管，完成市政府下达的各项目标任务。42户监管企业实现营业收入175.6亿元，同比增长9.14%；实现利税11.63亿元，同比增长7.69%；向上争取资金1800万元；招商引资到位资金2.475亿元。

【国企改革】　指导兰州佛慈制药厂完成公司制改制；指导兰州能源投资集团等企业与民营资本、国有资本合资组建兰州中能新能源开发有限公司、甘肃佛慈生态农业股份有限公司2户混合所有制企业；推进"甘肃一卡通"整合运行；制定《深化市属监管企业劳动用工和收入分配制度改革的实施意见》，启动市属国企内部"三项制度"（劳动、人事、分配）改革；推进国企办社会职能和"三供一业"（供水、供电、供热、物业管理）分离移交，与70户在兰央企、6户省属企业签订职工家属区"三供一业"分离移交协议。其中，完成接收供水44户；供气28户；供电26户；供热50户；物业12户。制定《兰州市加快剥离国有企业办社会职能及"三供一业"分离移交工作方案》，由市政府印发实施。

【项目建设】　市属国有企业承担的兰州水源地工程、兰州市轨道交通工程、湿地修复、生态治理、北环线、现代粮食产业园等省、市重大项目135个，完成投资120亿元。其中，兰州新区佛慈制药科技工业园一期项目建成投产；兰州水源地项目建设工程主体完工；轨道交通1号线一期工程联调联试；兰州北绕城东段高速公路项目、黄河兰州段湿地修复和东段生态治理项目、兰州市北环线工程（北滨河路西延线）、兰州现代粮食产业园等重大项目均有序推进。

【创新发展】　创新融资方式，支持、鼓励市属国企灵活运用企业债券、股票上市、信托计划等多种融资渠道募集资金，审核批复企业融资方案69项,融资规模465亿元;按照市委市政府统一安排,为整合黄河及南北两山生态资源,助推兰州文化旅游产业快速发展,组建兰州黄河生态旅游开发有限责任公司;根据企业发展需要,批准成立兰州兰投水业有限公司等12家新公司。配合相关部门设立基金,服务城市建设和企业发展,完成兰州交通发展建设基金、兰州文化旅游发展基金、兰州城乡发展建设基金、兰州工业发展投资基金、兰州市农业发展投资基金的工商注册。激励企业创新发展,制定《兰州市政府国资委对市属企业自主创新奖励暂行办法》,对市属国企申报评选出的28个创新项目奖励200万元。

【国资监管】 进一步完善国资监管制度体系,制定关于市属监管企业负责人经营业绩考核、企业负责人薪酬管理等制度办法;加快推进国资监管职能转变,制定《市政府国资委以管资本为主推进职能转变实施方案》,梳理提出国资监管事项清单,取消、授权监管事项清单;加强企业财务监督管理,编制上报《2018年度国有资本经营预算建议草案》,上缴国有资本收益9115万元。委派中介机构完成14户监管企业的经济责任审计和专项审计;加强企业经营业绩考核管理,与国资系统36户企业签订2018年度经营业绩责任书,考核上年度36户市属国有及国有控股企业负责人经营业绩,对考核成绩优秀的10户企业分别给予优秀企业奖、创新发展奖、安全生产奖等表彰奖励;加强企业章程管理,严格按照《公司法》等相关法律法规,审核12户监管企业公司章程。

【监事会工作】 按照“外派内设”模式,向甘肃佛慈医药产业发展有限公司等11户企业委派改选监事会(监事);制定《关于加强市属国有企业集团公司监事会工作的意见》,推进集团公司向所属子公司派出监事会(监事)工作;完成31户市属国企上年重点项目建设专项监督检查情况汇总报告;专项监督检查监管企业执行中央八项规定精神、“三公”经费列支中存在的问题和风险。

【国企党建】 举办宣传贯彻党的十九大精神、提高党务干部业务能力等培训班5期;落实主体责任,强化政治担当。与42户监管企业和本机关各处室签订2018年《全面从严治党重点任务目标责任书》,召开党建工作推进会2次,配合市委组织部、市委宣传部组织开展督查调研4次。将党建工作重点任务责任清单的30项任务细化为70条,严格执行党委会议决策前置审议程序,完善“双向进入、交叉任职”领导体制机制,全面落实党组织书记和董事长“一肩挑”;树立先进典型,凝聚榜样力量。开展党建示范点和党支部建设标准化示范点创建活动,划拨28万元党费加强基层党组织阵地建设。在全系统开展“最美一线国企员工”评选表彰活动,充分发挥先锋模范带头作用。

【安全生产和信访维稳】 落实出资人安全生产监督职责,建立健全安全责任体系、检查指导体系、考核问责体系、培训教育体系、应急救援体系,全年未发生重大安全生产事故。做好信访接待,稳妥化解矛盾。协调处理信访件694件,接待群众上访216批次、684人次。信访件办结率99.75%。上级部门转来信访件、民情通、网上信访回复率100%。

【公共资源交易监督管理】 制定《关于加强和规范全市公共资源交易工作的实施意见》;组织各行业监管部门修订《兰州市市级公共资源交易目录》;在各县区交易分中心统一软硬件设施、统一制度规则基础上,经请示市政府同意,取消各县区公共资源交易限额;加强专家库建设,配合省发改委、省公共资源交易局完善全省综合评标(评审)专家库建设,实现省、市专家资源共享;通过现场监督、抽查监督、投诉受理等方式,切实加强对公共资源交易各环节及行业主管部门、公共资源交易平台的综合监督,保证公共资源交易活动依法合规开展。全年全市公共资源交易平台完成工程建设、政府采购项目招标及国有建设用地使用权招拍挂等公共资源交易项目3743项,交易金额670.1亿元。

(吴贵学)

工商行政管理

【概况】 2018年,全市工商系统创新服务机制,落实服务举措,提升服务效能。截至12月底,累计登记各类市场主体315282户,注册资本(金)人民币9234.98亿元。其中,内资企业130026户,注册资金7929.04亿元;外商投资企业688户,注册资金136.34亿美元;个体工商户179240户,注册资金242.83亿元;农民专业合作社5328户,注册资金122.38亿元。严厉打击违法违章行为,“双打”(打击侵犯知识产权、打击制售假冒伪劣)、红盾护农、反不正当竞争、打击商业贿赂、打击传销等专项整治行动取得明显效果,查处各类经济违法违章案件997起,入库罚没款758.86万元;为消费者挽回经济损失1692.44万元。

【注册登记管理】 营造良好投资环境,落实各项改革措施,服务全市经济社会发展。截至年底,全市新增市场主体48176户,注册资金12339882.4万元。全面推行“证照分离”改革,牵头制定《兰州市全面推开“证照分离”改革实施方案》,对106项行政审批事项按对应部门进行划分；开展全国统一的“二十四证合一”工作，截至12月底，全市发放“多证合一”营业执照66191户；压缩企业开办时间，完成企业开办时间压缩到8.5个工作日的目标任务；助力非公经济发展，完成“个转企”任务1070户，超额完成目标任务的111.46%；办理动产抵押登记314份，抵押金额18.9274亿元；全市企业应报109478户，实报101964户，年报率93.29%；推进电子营业执照工作，截至年底，发放电子营业执照969户。确定“最多跑一次”项目，实现“一窗受理、一次采集、一档管理、一网共享、一次办结”。

【市场监管】　围绕民生热点问题，加大执法力度，组织专项行动，开展节日市场监管、农贸市场计量器具与管理规范、粮油市场、网络市场、房地产中介市场等专项整治工作及打击侵犯知识产权和制售假冒伪劣商品专项行动。截至年底，全市经济检查系统查办各类经济违法违章案件997起，入库罚没款758.86万元。

【广告管理】　至年底，全市广告经营单位有11454户。其中，主营广告企业2500户；兼营广告企业8942户；兼营广告的事业单位12户。广告从业人员6万余人；广告经营额10.63亿元。截至年底，监测媒体广告72886条，受理广告信访举报件102件，交办案件31件。全年查处包括互联网广告在内的虚假违法广告案件49件，罚没款305.44万元。

【商标管理】　是年，全市商标申请量7450件，新增注册商标4788件，有效注册商标26774件，数量均居全省首位。拥有中国驰名商标17件，甘肃省著名商标203件，地理标志证明商标2件。建成商标品牌指导站50个。市工商局分别被国家市场总局、省知识产权战略联席会议办公室授予国家知识产权战略实施工作先进集体、甘肃省知识产权战略实施工作先进集体荣誉称号。

【消保维权】　在全市大型商场、超市建立106个先行赔付机制站点，解决消费纠纷25件，赔付金额23万元。加强12315“五进”（进商场、进超市、进市场、进企业、进景区）规范化建设，严格消费维权站设立范围和条件，26户企业申请加入市工商局12315“绿色通道”成员单位。精心组织“3·15”国际消费者权益日系列宣传活动，现场受理消费者投诉举报，多形式开展宣传服务，引导消费者理性消费，提高维权能力意识。截至年底，市工商局12315指挥中心受理、解答、登记消费者情况反映18451件，办结18018件，办结率97.65%。

【综合治理】　开展打击违法传销、“扫黄打非”、校园周边环境、安全生产监管、非洲猪瘟防控等专项整治活动，进一步提升市场秩序规范化水平。以规范市场经营行为为重点，加大对重点商品、重点市场及重点地区的监督检查，切实加强对农贸市场计量器具与管理规范、粮油市场、危险化学品、烟花爆竹、煤矿、砖厂等重点行业的监管和节日市场、文化市场、品牌汽车市场、通信市场等重点领域的整治，严厉查处各类违法行为，有力维护良好的市场环境。

【法治建设】　深化行政指导，对无主观故意、且未造成严重后果的轻微违法行为，采取行政建议、行政告诫、行政指导等柔性执法方式，提升规范市场秩序的效果。切实强化法治工商建设工作，全面落实行政执法责任制，严格规范执法行为，创新行政执法工作机制，进一步完善制度规范，明确岗位职责，细化工作流程，促进执法规范。

【非公企业党建】　贯彻落实省委省政府“兰白核心经济区”“兰白都市圈”战略定位，成功举行兰州白银两市工商行政管理机关全面战略合作协议签约仪式，举办“兰白自创区”非公企业党建工作经验交流研讨班；制定《关于建立非公企业党组织党群活动中心的实施方案》《兰州市非公经济组织党组织标准化建设实施方案》，在全市187家示范企业党组织试点进行标准化工作。制定《2018年全市非公经济组织“两学一做”学习教育常态化制度化督导方案》，组织开展2017年度非公有制经济组织党组织组织生活会和民主评议党员工作，并对安排和落实情况进行检查和督导；连续举办非公有制企业党组织十九大精神宣讲班，对800名非公企业党组织书记进行宣讲，发动非公企业党员、党建指导员（联络员）、党建专干3000余人，踊跃参加兰州市两新组织学习党的十九大精神知识竞赛活动在线答题。截至年底，兰州市非公企业10359个，有党组织1693个，党组织覆盖非公企业8232个，党组织覆盖率79.47%。

（王　伟）

价格管理

【概况】　2018年，兰州市物价局着力加强价格调控监管，保障和改善民生，市场价格基本稳定，全市居民消费价格指数累计上涨1.7%，在合理区间内运行。全年受理价格咨询、举报、信访13215件，全部按要求和时限进行办结，办结率100%。

【价格调控监管】　全年采集上报主要商品和服务价格监测数据4.12万条次，分析材料及动态信息21篇。向市委专题上报兰州市羊肉市场价格和9月份蔬菜价格监测情况分析汇报。正式启用省价格监测与预警信息系统采集上报平台和省价格监测与预警信息系统审核汇总平台，开展加强兰州市春耕春播期间化肥等农资市场动态反应的工作。发挥“12358”价格监管平台主渠道作用，及时监控市场价格变化，应对价格突发事件。监管重大节日期间市场价格、迎冬期间煤炭市场价格、化肥等农业生产资料市场价格、烟酒市场价格及加强相对封闭区域内商品和服务价格的行为。严格履行价格监管职能，开展机动车停车收费、涉企收费、邮政收费和城市供水、供气、供暖、转供电收费及电信领域价格专项检查和巡查。查处各类价格违法案件230件，实施经济制裁40.34万元。

【房地产价格监管】 审核审批8家经济适用房和限价商品房价格及8个小区的公有住房租金。集中开展全市房地产市场专项检查工作。备案50家房地产企业开发的新建商品住房价格，加强房地产市场监管力度，维护房地产市场秩序。审批物业收费标准，审核物业小区收费标准360个，面积3700万平方米。

【价格依法行政】 制定兰州市物价局2018年依法行政工作安排意见。加强对规范性文件的前置审查和监督管理，清理市物价局制定的各类文件。对清理出的规范性文件，进行修订和废止，使文件的报备率、及时率、规范率达到100%。建立规范性文件备案登记、情况通报和监督检查制度，定期向社会公布规章和规范性文件目录。进一步深化价格“放管服”改革，放开和下放收费项目2项，做到放得开、接得住、管得严。

【价格收费审批】 主要调整企事业单位幼儿园保育教育费收费标准，对全市公办幼儿园保育教育费进行成本监审；审批兰州一中等高级中学的国际班收费标准，将民办学历教育收费调整为市场调节价；会同市卫计委、市人社局出台《规范调整部分医疗服务项目价格》；制定2018年兰州市实行的政府性基金目录清单、行政事业性收费目录清单和涉企行政事业性收费目录清单。

【价格工作】 启动公交、西固区域出租车（燃油气附加费）定调价工作。批复K301路等14条城际公交线路票价。客运出租车燃油（气）附加费有关材料上报市政府，待市政府审议决定后择机发布。提交兰州市加快推进城乡公交一体化发展实施意见；针对全市道路泊位收费突出问题，及时与市交警召开道路泊位预收费问题专题座谈会。

【民用气、电、暖价格监管】 在冬季非居民天然气销售价格上浮期，督促检查燃气销售企业在3月31日后开展的降价、退费工作。为确保用气高峰全市天然气保供工作，制定《今冬明春非居民天然气销售价格上浮疏导方案》，待市政府批准后执行。国家发改委下发理顺居民用气门站价格通知后，全市出现市民集中排队购气现象，及时采取措施，平息“抢气风波”。修改完善全市集中供热计量收费暂行标准，并拟定《兰州市集中供热计量收费正式标准的方案》。根据国家《关于加快建立健全城镇非居民用水超定额累进加价制度的指导意见》，梳理全市《城市节约用水管理办法》内容，对其中与国家现行政策相违背的部分内容提出拟修改方案。

【调查和监审】 完成常规、直报、专项等各类农本调查工作任务，涉及5类50个品种，全年上报各类报表47份，分析材料和调查报告28篇。完成经济适用房销售成本、出租车运营成本、城市公交运营成本等10个项目成本监审任务，审核成本费用25.81亿元，核减不应计入定价成本的费用8.14亿元。有18个监审项目正在进行中。

（马　凌）

质量技术监督

【概况】 2018年，兰州市成功争创为“全国质量强市示范城市”。5月，通过国家市场监管总局的现场考核验收，成为全国180余个创建城市中第32个、全省第1个通过现场验收城市。组织开展各类专项整治工作10项，检查企业413家，抽检样品239批次，办理各类违法案件81起，重大案件11起，移送案件1起。

【质量提升】 组织召开全市质量大会，与各区县人民政府签订《2018年度兰州市质量工作目标责任书》。帮助11户企业（组织）申报2018年度甘肃省人民政府质量奖；25户企业的41个产品通过甘肃省名牌产品现场评审。全年累计对外公开行政许可和行政处罚信息16361条，25户企业通过甘肃省质监局质量信用等级评价。

【标准化发展】 向全市公开征集2018年甘肃省地方标准制修订项目5项，《马拉松赛事组织管理规范》地方标准通过省质监局评审并正式发布，成为国内首个马拉松赛事组织管理地方标准。兰州市再生资源回收公司等3个国家级试点项目通过验收，新推荐和申报试点项目5家。6家企业通过标准化良好行为企业确认。培育申报条件成熟的皋兰软儿梨、榆中娃娃菜2个产品申报地标保护；引导符合要求的5户兰州百合生产企业申请使用地理标志产品专用标志，助推品牌提升。

【特种设备安全监管】 全面启动兰州市特种设备应急处置中心信息化平台建设工作，搭建集合多项质监业务工作的“智慧质监”体系；指导县区和维保单位加快绑定贴牌工作，至年底，完成贴牌15023块。每季度组织召开全系统安全生产工作会议，从3个层次签订目标责任书，分解落实安全监管责任；在全省质监系统率先制定特种设备使用单位安全生产主体责任清单，将2018年确定为特种设备生产经营使用单位安全生产主体责任落实年，制定印发系列文件和方案，规范特种设备生产经营使用单位安全生产主体责任落实，防范特种设备各类安全生产事故发生。组织开展“两会一节”等各类安全检查6项，检查使用单位1593家，维保单位70家，督促整改隐患465项，责令停用特种设备15台套，约谈13家，立案查处违法违规生产使用单位21家。

【产品质量安全监管】 加强工业产品生产许可证证后监管，组织开展食品相关产品、危险化学品及包装物（容器）等获证企业的监督检查，检查相关生产企业33家。抽查电线电缆、建筑材料、日用消费等领域产品26种；开展对40个批次抽检的产品下发不合格产品处理通知单，督促进行整改，移交工商部门6份。完成对全市12家公路工程类检验检测机构的全覆盖监督检查，抽查建筑工程类检验检测机构11家；组织行业专家对32家机动车、食品等重点领域的检验检测机构开展监督检查，指导217家获证检验检测机构完成统计直报工作。

【计量服务】 牵头制定《集贸市场公平称设置与管理规范》地方标准，使市场主办方及监管部门对集贸市场公平秤管理有章可循。对全市农副市场、大型超市、加油站开展计量专项检查，抽查农副市场24个，大型超市6个，现场检查计量器具2000余件，完成计量器具强制检定12641台件，集贸市场免费检定计量器具5350台件。开展加油站及“民用四表”（水、电、暖、气表）的监督检查，随机抽查加油站27家，加油机70台，加油枪100把；“民用四表”70385块；检验检测机构74家，施工单位8家，混凝土搅拌站4家，计量器具7290台件，完成市级定量包装和过度包装监督抽查150批次。

【蓝天保卫战】 落实全市大气污染防治工作任务，做好3大电厂（西固电厂、范坪电厂、二热电厂）“冬防”期间和兰州辉能煤炭专营市场等批发市场及二级配送网点销售的煤质抽检和生产领域假冒伪劣不合格油品企业查处，配合市交通委、市建设局做好对黄河干流营运性机动船、非道路移动施工机械使用油品的抽检工作，抽检煤炭1823批次、汽柴油172批次。

（李青梅）

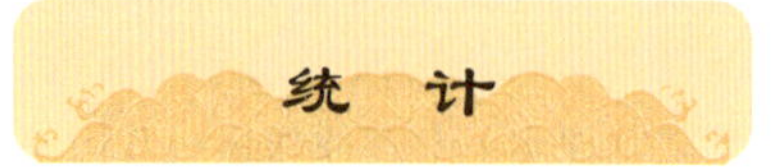

统　计

【概况】 2018年，全市统计系统贯彻落实省市经济工作会议和全省统计工作会议精神，强化经济运行预警监测及调度，应对经济发展中的不利因素，为经济社会发展做出积极贡献。

【统计改革】 跟进国家核算制度改革，规范核算和评估流程，核算数据与各专业、部门数据更加协调。推进固定资产投资试点改革工作，强化投资法人和投资项目双入库管理制度，及时做好项目核查、对比和数据分析。与省统计局对接构建十大生态产业统计指标体系，梳理全市十大生态产业企业名单，摸清全市十大生态产业家底。开展非公有制经济统计监测，构建责任明确、制度健全、管理规范的非公有制经济数据报送及审核体系。推进生态文明建设年度评价工作，联合市发改委等5部门发布《2016年生态文明建设年度评价结果公报》。探索实施“三新”（新产业、新业态、新商业模式）统计监测，统筹安排统计调查项目，优化统计指标体系。探讨研究现代化城市评价指标体系，完成兰州市经济高质量发展专题课题。建立健全社会民生指标统计监测，完成兰白试验区统计监测评价指标数据审核评估工作。

【统计服务】 加强主要经济指标监测，做好农业、工业、商贸、投资、文化、科技、人口、就业、服务业及能源统计工作，及时预警经济运行中出现的新情况、新问题。强化与经济指标牵头部门的联动合作，加强重点行业、重点领域、重点企业、重点项目的跟踪监测，做到早预测、早分析、早预警，着力增强对经济形势分析的敏锐性和主动性。加强每月网报期间的动态监测，抓好先行指标和关键环节监测，注重产业结构和重点行业企业的分析，密切关注主要指标的结构变动、速度升降、位次变化，超前发现经济运行中趋势性、苗头性问题，通过纵向分析、横向比较，及时解剖经济运行中存在的困难，揭示数据背后反映的问题，研判经济运行态势，提出经济运行意见建议。坚持每月向市委市政府主要领导和分管领导提供月度经济运行监测分析，定期召开经济形势分析通报会，对照全市目标任务的要求逐项进行梳理对比，为市委市政府把握经济走势、部署指导工作提供参考依据，编发《统计快讯》22期，《兰州综合统计信息月报》12期，《兰州市主要经济指标完成情况通报》12篇、《兰州市国民经济运行情况分析》12篇。充分利用网络、报刊等渠道，及时发布统计信息、宣传统计工作、传播统计知识，撰写统计信息964篇，分析报告67篇，推送《兰州统计微讯》36期，编印《党的十八大以来兰州经济社会发展成就》，为各级领导、部门和社会公众服好务。

【基层基础建设】 严格做好“一套表”调查单位审批入库，截至12月底，全市“一套表”调查单位网上直报单位数3112个。加强法制宣传，推进《统计法》进党校，组织全市统计系统学习《统计法》《统计法实施条例》，中央两办《关于深化统计管理体制改革提高统计数据真实性的意见》《统计违纪违法责任人处分处理建议办法》《防范和惩治统计造假、弄虚作假督察工作规定》和省、市贯彻落实的具体《实施意见》《通知》等统计法律法规、规范性文件。进一步规范统计违法举报的受理、核实处理程序，发布关于公布统计违法违纪举报电话邮箱公告，指定专人及时受理举报。按照《关于查处兰州市下辖三区统计违纪违法案件全省深入开展举一反三排查和自查自纠整改行动方案》精神，成立兰州市统计局专项整改工作领导小组，全面自查自纠全市规模以上工业企业、限额以上批发和零售企业、规模以上服务业企业2017年以来的统计数据质量和新增入库情况，并配合省统计局做好核查整改等工作。

【统计普查】 构建开通第四次经济普查网站，做好普查区、乡镇街道电子地图实地勘定，圆满完成永登县城关镇普查试点。开展单位清查，经与多部门资料比对，全市清查底册单位数160156个，个体经营141222户。强化领导，精心组织，无缝对接做好国家统计局兰州调查队调查业务交接。加强选点单位报表填报及录入程序培训，指导做好资料填报和审核等工作，完成全市第七次投入产出调查工作。开展企业创新调查、规模以上工业企业成本费用调查、限额以下抽样调查、游客抽样调查、人口变动抽样调查、企业用工调查、服务业调查、妇女儿童统计监测等专项调查。开展社情民意调查，完成创建文明城市工作群众满意度调查、城市园林绿化满意度调查、创建环保模范城市满意度调查、城市环境卫生状况满意度调查、未成年人思想道德建设满意度调查、营商环境满意度调查、创建“全国质量强市示范城市”市民满意度等调查。

【投资统计调研指导】 为全面掌握兰州市固定资产投资实情，更好地为市委市政府决策服务，做到准确预警、科学预测全市固定资产投资运行整体态势，4月25日，局分管领导及投资处主要负责人一行调研指导红古区固定资产投资统计工作。调研组深入兰州经济开发区红古园区污水处理工程等项目现场，详细查阅企业统计台账及相关凭据，了解形象进度法和财务支出法数据上报情况，对企业在数据上报中存在的问题进行现场指导，使项目统计人员进一步掌握投资改革制度方法，明确财务支出法和形象进度报送法的区别。要求统计人员进一步靠实责任，严格按照统计制度要求科学取数、严谨报数，坚决杜绝弄虚作假，确保统计数据真实有效。

【其他工作】 3月5日，开展“保护绿色家园 共筑美丽兰州”学雷锋志愿服务活动。局10余名青年党员班干部成立志愿者服务队，去五泉公园清理树池、路边垃圾和树枝悬挂物。落实干部驻村蹲点制度，协调落实到位自来水维修改造、村社道路硬化和路灯等项目资金350万元。开展环境卫生整治和城市网格管理化工作，累计组织1300余人次定期深入卫生责任区和雁南街道3个社区做好排摸整治、日常巡查和卫生清扫工作。

（王立杰）

【概况】 2018年，全市审计机关完成审计项目351个。其中，审计项目344个；专项审计调查项目7个。出具审计报告和专项审计调查报告406篇。审计提出建议1127条，被采纳1006条；提交审计信息396篇。

【荣誉表彰】 全年，兰州市审计局实施的市农民专业合作社政策措施落实和管理运营情况专项审计调查被评为甘肃省审计厅优秀审计项目；选送论文参加全省内部审计理论研讨荣获全省组织奖；档案工作年底考核为优秀等次；荣获市直机关先进党组织荣誉称号；连续三年被评为脱贫攻坚帮扶先进单位；荣获“巾帼展风采·建功新时代”市直机关女职工健身比赛优秀组织奖；荣获市直机关纪念改革开放40周年党章党规知识竞赛优秀组织奖。

【财政审计】 审计财政、地税、建设、规划等15个部门和单位财政预算执行和决算草案及其他财政收支情况。受市政府委托，8月向市人大常委会作同级财政审计工作报告，12月作审计整改情况报告。

【经济责任审计】 通过离任审计、任中审计、离任经济责任事项交接等多种举措，采取“1拖N”（经责审计和预算执行审计、专项审计、投资项目审计相结合）方式，开展对37名党政主要领导干部经济责任审计工作，完成省审计厅授权的省属2所高校党委书记、院长经济责任审计。

【固定资产投资审计】 跟踪审计列入计划的5个政府投资项目和历年结转的137个重大建设及民生项目，

2018年6月28日，兰州市审计局"忆党史 铭党恩 强党性 促党建"庆"七一"主题党日活动

出具投资审计报告55篇，揭示投资项目存在的问题108个，完成退件和移交项目37个；完成市级社会中介机构审计服务入围库的公开招标工作，建立中介机构备选库，规范社会服务机构选用。

【民生资金（项目）审计】 完成省审计厅交办的白银市保障性安居工程跟踪审计、"7·22"2县1区抗洪救灾款物跟踪审计；组织开展全市基本公共卫生服务政策落实及财政补助资金管理使用情况、市属公立医院医疗设备购置情况、市公安局信息化建设专项资金使用情况审计调查，实施全市村、社区办公活动场所建设资金审计。

【资源环保审计】 组织实施榆中县党政主要领导干部自然资源资产离任审计，同步指导开展7个区县所属乡镇或部门的领导干部自然资源资产离任审计。

【企业审计】 完成兰州市扶持企业挂牌"新三板"奖励资金管理使用情况、兰州市佛慈制药股份有限公司及8家国有企业资产损益情况审计。

【信息化建设】 投资建成大数据审计分析中心，大力推广运用数字化审计方式，在年内一些部门预算执行审计、扶贫审计、政策措施落实跟踪审计和资源环保、民生审计中有效发挥大数据分析作用。

【内部审计】 8个区县审计局已设内审科的有城关区、红古区、皋兰县，专职人员6人，其余5个区县虽然未设内审独立机构，但均有1—2人兼职从事内审工作。50余家市属行政事业单位及企业机构已建内审机构的18家。其中，行政机关5家；事业单位5家；企业8家。

【审计整改】 强力推进上级审计机关和市本级审计查出问题的整改监督，起草《兰州市审计整改协调领导小组工作规则》，以市政府办公厅文件印发，解决审计整改落实不到位、不彻底、不及时、屡审屡犯等问题。提请市政府审议并通过《关于进一步完善审计监督工作机制强化责任落实的意见》，进一步完善审计制度建设。

（张　文）

安全生产监督管理

【概况】 2018年，坚持完善责任体系与强化基层基础相结合，全面开展大检查与重点领域专项整治相促进，稳步推进安全生产各项重点工作。全年发生各类生产安全事故166起，死亡125人，受伤88人，直接经济损失4264.505万元，同比分别下降1.78%、17.22%、30.71%和5.08%；发生较大生产安全事故1起、死亡3人，与上年同期相比下降66.7%和72.7%。实现生产安全事故死亡人数和较大事故"两个下降"，安全生产形势整体平稳。

【总体安排部署】 制定印发《全市2018年安全生产工作要点》，明确7个方面26项工作任务。修订全市安全生产目标责任书，将推进安全生产改革发展、"遏重"等工作纳入考核内容，与8个区县、兰州新区、高新区及34个市级监管部门签订2018年全市安全生产目标责任书。市安委会办公室对照工作要点和目标责任书，制定《兰州市2018年安全生产重点工作任务分解表》《2018年月度业务重点工作计划表》《2018年每周重点工作计划表》，对具体工作任务实行"清单化"管理，建立周工作计划、月督促检查通报等制度，步步紧扣、统筹推进。针对岁末年初、两会一节、复产复工、"兰马赛"、中秋国庆、年度考核等重要时段安全生产特点，预先研判、及时防范，市安委会办公室先后组织开展持续不间断的安全生产大检查和多轮次全市性安全生产综合督查活动，督促各级各部门和重点行业企业落实好安全防范措施。

【改革发展】 提请市委市政府印发《兰州市党政领导干部安全生产责

任制实施细则》，进一步明晰各级各部门特别是各级党政领导干部的安全责任和奖惩细则。市政府16个负有安全生产监督管理职责的部门设置或明确安全生产监管机构，梳理制定本行业领域安全生产职责清单，兰州新区、高新技术开发区均设立独立的安全生产监管机构，进一步落实安全生产属地和部门监管责任。设置安全生产应急管理处，为兰州市安全生产监察支队增加编制5人，将市安全生产宣教中心划转公益一类事业单位，在永登等区县全面建立区县委托乡镇执法机制。

【依法行政】 成立由局主要负责人为组长，分管负责人任副组长，机关各处室（单位）负责人为成员的依法行政领导小组，定期研究、安排依法行政工作。制定《2018年安全生产依法行政工作要点》，落实依法行政责任。制定印发《2018年度安全生产监管执法工作计划》，确定全年对危险化学品、非煤矿山、煤矿、冶金建材、人员密集场所等重点行业领域的397户企业开展安全生产执法检查。其中，重点检查单位239户；一般检查单位和随机抽查158户。将《宪法》《监察法》《安全生产法》《甘肃省安全生产条例》《地方党政领导干部安全生产责任制规定》列入每月学法计划，通过举办宣传月、专题培训班、送法上门等形式，开展法制教育培训。对安全生产的9项行政许可项目、2项备案制管理事项及22项子项，逐一审核并全部加载至甘肃省政务网，实现“一窗受理、一网通办、简化办理、马上办”。印发《关于进一步规范调整部分行政审批事项的通知》，优化组合行政审批运行模式和工作流程，使办结时限在原来的时限基础上缩减了67%，所有审批时限均控制在15个工作日以内并实现“最多跑一次”。全年受理各类安全生产行政许可事项1417件。其中，危险化学品744件；非煤矿山45件；应急预案备案628件。全部按时办结完成。

【重点行业专项整治】 启动建筑施工“防机械伤害、防坍塌、防高坠”，道路交通“防事故、保畅通”，校园消防安全及周边环境，煤矿“四化”（煤矿机械化、安全质量标准化、自动化、信息化）建设，非煤矿山“五化”（加快工业化、提升产业化、打造生态化、加速城镇化、实现一体化）建设，危险化学品“反三违、除隐患、保安全”，醇基液体燃料生产、运输、使用安全，工贸行业作业条件确认，电动车消防安全综合治理、彩钢板建筑安全等专项整治活动。围绕危险化学品安全综合治理“三年攻坚”活动，提请市政府印发专项工作方案，全力推进人口密集区危化品企业搬迁等重点工作。8月22日，市政府主要领导召开全市危险化学品安全综合治理专题会议，提出明确工作要求。市安委会办公室梳理分解26项重点工作任务，明确责任单位和完成时限，推动工作落实。突出生态文明建设，清理整治榆中苑川河流域采砂企业7户，依法注销兴隆山国家自然保护区内所有非煤矿山安全生产许可证；公告关闭甘肃大有永兴煤业有限责任公司和永登县大有中川煤矿2户煤矿，压减烟花爆竹零售网点40户。

【宣教培训】 组织开展宣传咨询、电视专栏、知识竞赛、应急演练等宣教活动，在《兰州日报》等媒体刊发主题文章，在公交车、出租车上全天候滚动播出安全生产宣传片及宣传标语，向社会公众普及安全生产知识和安全生产法规知识，营造良好安全氛围。全年举办党政领导干部安全生产专题培训班2期、安全生产执法人员外地交流培训班1期、重点行业企业安管人员培训班1期和非药品类易制毒化学品安全培训1期，培训各级党政干部467人、执法人员及重点企业安管人员1120名。严格企业安全生产“三项岗位”人员培训考试，1.1万人通过考试持证上岗。针对有限空间作业事故多次反复发生，市安委会办公室聘请专家在8个区县和3个管委会巡回开展有限空间安全作业“送教上门”宣传培训10期。

【G75兰海高速兰临段“11·3”道路交通生产安全事故】 11月3日19时21分许，G75兰海高速兰临段兰州南收费站发生一起道路交通生产安全事故，造成15人死亡，45人受伤，33辆机动车受损，直接经济损失2355余万元。

事故发生后，党中央、国务院高度重视，李克强总理和孙春兰、刘鹤、郭声琨、王勇、赵克志等中央领导作出重要批示，要求做好事故善后、伤员救治、家属安抚、舆论引导工作，尽快查明原因，堵塞隐患，做好系统性管控，严防此类事故再发生，保持安全和社会稳定。公安部、交通运输部、应急管理部、国家卫生健康委及时派出工作组指导事故调查处置工作。

接到事故报告后，省委书记林铎，省委副书记、省长唐仁健，省委常委、市委书记李荣灿，市委副书记、市长张伟文等省市领导带领公安、应急管理、交通运输、医疗卫生等部门人员迅速分赴事故现场和救治医院，指挥救援处置和医疗救治工作。中共甘肃省委、省政府认真贯彻落实党中央、国务院领导重要批示精神，省委书记林铎、省委副书记、省长唐仁健多次召开专题会议研究部署事故救援和处置工作，研究制定了《事故应急处置和调查工作方案》，成立了省政府事故处置领导小组，有序组织开展信息发布、应急救援、伤员救治、善后处置和通行保障等工作，特别是为汲取“11·3”事故教训，采取了分流管控、全年排查整改全省道路隐患，加密警示提醒设施，增加公路养护和保畅力量、加大冬季道路交通事故预防等多项措施，切实提高道路交通安全通行水平。

（白建栋）

食品药品监督管理

【概况】 2018年，兰州市食品药品监督管理局接到“四品一械”（药品、餐饮食品、保健食品、化妆品、医疗器械）投诉举报2282件，受理行政处罚案件1140件，办结1760件。其中，一般程序案件1129件；简易程序案件631件。行政处罚信息公开1129件，案件公开率100%；移送司法机关32件，捣毁窝点3处，吊销许可证2件。实施行政罚没款1418.2602万元，全年全市未发生重大食品药品安全事故。

【创建国家食品安全示范城市活动】
在全市开展创建国家食品安全示范城市集中攻坚行动，制定下发《兰州市创建国家食品安全示范城市集中攻坚行动实施方案》《兰州市全域创建食品安全示范城市的实施意见》及8个区县、高新区管委会和33个部门创建国家食品安全示范城市责任清单。市食药安委办成立4个督查组，对全市、各区县和主要单位创建工作实行一月一督查，一月一通报。8月，兰州市通过省食品药品安全委员会办公室组织的国家食品安全示范城市中期评估。以市委市政府文件印发《关于进一步加强食品药品安全工作的意见》，以市政府办公厅文件印发《兰州市餐饮业质量安全提升工程和“地沟油”治理工作实施方案》，推动全市各级党委、政府认真贯彻落实食品药品安全“党政同责”“四个最严”“四有两责”，有力促进全市食药安全工作。

【生产环节】 开展食品生产许可、食品小作坊、食用植物油等专项整治，重点检查整治许可受理、现场核查、许可档案、许可时限及小作坊申请条件、现场核查、证书核发、登记建档等工作，提醒约谈存在问题企业，并督促整改。食品小作坊发证317户，约谈食用植物油生产企业23家。清理不达标小作坊30户，责令整改55户。

【流通环节监管】 开展学校内及周边食品安全、酒类食品市场、农村食品安全、清真食品标签清理规范、节日食品安全等专项整治。检查食品经营户36585户次，发放改正通知书746份，查扣假冒伪劣食品1060公斤，下架退市不合格清真食品10306公斤，没收假冒伪劣酒类产品298瓶。开展非洲猪瘟防控工作，制定防控预案，建立健全防控应急制度，落实日报告制度，加大猪肉及其产品批发商、冷库监管力度，严防问题猪肉产品流入市场。全市检查猪肉生产销售经营户14981户次，冷库303个次，超市363个次，排查冷鲜猪肉产品7808吨，销毁猪肉81.1吨。

【餐饮监管】 将农村餐饮市场、集体聚餐、早餐夜市、“三小”（人员规模、资产规模、经营规模比较小）行业作为重点进行监管，开展春秋季校园及周边、学生营养餐、餐具消毒、网络订餐和养老机构、农村市场治理、高温季节大型聚餐（含农村集体聚餐）、违法添加和滥用食品添加剂、餐饮业食品原辅料防控等专项整治，推进风险分级、量化分级、记分管理、明厨亮灶、电子追溯等互联网+食品安全智慧监管措施实施。监管节假日餐饮食品安全，保障大型集体聚餐、农村自办宴席3046家次，902267人次用餐安全。协助城管委、环保等多部门开展餐厨废弃物规范处置、油烟治理、控烟等工作。开展保健食品虚假和欺诈宣传专项整治，巩固、提升“陇原护老”专项行动成果，举办以预防老年群体上当受骗为主题的“七进”（进机关、进家庭、进企业、进村社、进社区、进学校、进景区）科普宣传活动，印发预防和抵制保健食品欺诈销售科普宣传材料6.1万份，组织开展保健食品科普大讲堂76场次。

【药品生产环节监管】 落实药械安全风险季度评估制度，定期分析评估检验监测、监督检查、稽查办案等环节安全风险。加强对原辅料供应链、处方工艺执行、中药前处理和提取、工艺稳定性、数据可靠性、管理规范性等重点环节及中药饮片、中药提取物、中药制剂、注射剂、疫苗、医疗机构制剂等重点品种的核查。加强特殊药品管理，对存在风险隐患的企业及时采取风险防控措施，涉及违法违规行为的，依法予以查处。开展基层用药安全保障行动，加大医疗机构，特别是城乡接合部和农村地区的小型医疗机构和药店终端环节药品质量安全检查，确保基层用药安全。全年检查药品生产企业203家次，申请注销药品生产企业1家、公示3家企业停产情况，约谈生产企业法人、企业负责人2家，现场帮扶指导生产企业8家。

【药品流通环节监管】 将日常监管中问题较多、投诉举报及外地监管部门核查较频繁的企业列为重点单位，实施靶向飞检。督促企业加强质量管理体系建设，对28家药品批发企业、3家连锁总部及83家零售企业进行飞行检查，建议省上撤销1家药品批发企业GSP认证证书，市级撤销1家、收回3家药店GSP认证证书。开展药品流通领域违法经营行为、基层用药质量安全、中药材中药饮片、“两票制”（购货商开具出厂增值税发票、运输商开具运输发票）执行情况、药学技术人员在岗履职、处方药凭处方销售等药品流通领域6大专项整治行动，检查药品经营企业5139家次，没收假劣中药材中药饮片9.5千克。开展净网行动，加大整顿规范互联网涉“药”违法违规行为检查力度，约谈9家兰州市非政府单位网站名称中含有“药”字的网站企业，坚决取缔涉嫌网上虚假宣传、网络销售处方药等违法违规行为。开展废弃药品回收活动，筛选并确定管理规范、信誉良好的178家药店和医疗机构作为家庭废弃药品定点回收单位，引导公众自觉清理家庭储备药品，提高居民安全、合理用药意识，全市回收居民家庭废弃药品3000余个品种，5200余盒瓶346.72千克，货值10万余元。

【医疗器械管理】　开展医疗器械集中整治和飞行检查，要求企业对照医疗器械经营质量管理规范进行全项目自查，依法公示原注册地址无法找到且无法联系的企业16家，并注销其《医疗器械经营许可证》。向社会公示27家医疗器械经营企业飞检结果。开展角膜塑形镜、体外诊断试剂及无菌、植入性医疗器械、定制式义齿、避孕套等高风险品种专项检查，没收违法经营“美瞳”1320支，抽验避孕套30批次。截至年底，2家企业取得第三方贮存、配送资格，1家顺利开展体外诊断试剂储存、配送业务。加强医疗器械法规宣传培训，采取请进来、走出去、集中培训、现场观摩等形式，专题培训医疗器械法律法规规章，不断提高企业管理水平。

【智慧监管体系】　打造“互联网+食品安全”监管模式，餐饮单位实施明厨亮灶22676户，实施率98%。全面推行量化分级、食品安全信息公示制度，落实食品安全状况“外置化”管理，全市餐饮企业量化分级管理率96.2%，食品经营企业食品安全信息公示率100%。广泛应用记分管理手段，通过网上巡查和日常巡查等形式，对食品生产经营违法违规行为记分全覆盖，全面加强食品安全的信用管理。

【安全防控】　建立食品生产经营风险管理清单，实施风险分级管理。落实《甘肃省食品生产经营自查管理办法》，督促、核查企业自查工作，并及时约谈提醒。深入开展体系检查，逐项列出检查中发现的问题清单，限期整改。突出食品重点领域风险防控，落实农村集体聚餐各项制度。加强中小学校、幼儿园食品安全监管工作，不断健全完善全市校外托护点多部门审查、综合监管机制。开展不良反应(事件)监测，收到药品不良反应病例报告4556例，百万人口上报数1259例；收到可疑器械不良事件报告1086例，百万人口上报数300例；收到药物滥用监测调查表3601份；收到化妆品不良反应报告187例。

【信息化追溯体系】　推广应用食品电子追溯系统，全市食品生产企业、批发企业、大型商场超市、中型以上餐馆和学校单位食堂、食品安全示范店及婴幼儿配方乳粉专营门店100%加入电子追溯平台。食品生产经营企业加入电子追溯平台45132户，整体加入率88.2%。

【检验检测体系】　突出检验检测技术支撑作用，不断健全完善以兰州市食品药品检验所为中心、各区县检验检测中心和乡镇快检室为辅助的食品药品检验检测体系。全年完成食品药品检验检测20330批次，全市农贸市场、商场超市完成食用农产品快检103311批次，食药基层监管机构完成快检40022批次。重点食品抽检合格率99.1%；基本药物质量抽检合格率100%。

【完善安全应急体系】　修订《兰州市食品安全事件应急预案》，组织开展市、区县食品药品应急培训、演练，及时处置食品药品安全舆情，督促食品药品生产经营企业制定食品药品安全事件处置方案，定期检查企业各项安全防范措施落实情况。制定下发《兰州市食品药品安全舆情监测应对制度(试行)》，进一步强化食品药品安全舆情管理。组织开展食品安全和药品不良事件聚集性信号应急处置演练2次。及时核查处置重要舆情，回复率100%。

【信息公开】　及时在网上公开工作文件、办事流程、三公经费、监管信息、审批公示、行政处罚、稽查打假等内容。不断促进企业诚信自律，公示诚信企业31家和失信企业12家，公开行政处罚案件1129件，推动企业落实食品药品安全主体责任，行政处罚信息公开率100%。

【安全示范创建】　经宣传动员、企业自主申报、县区遴选推荐，市食品药品监督管理局现场验收和综合评定，完成84家市级食品安全示范店、30家文明餐桌食品安全示范店，8家市级“放心肉菜示范超市”创建任务。

【安全宣传教育】　开展社会公益宣传，制作科普动漫5部、科普音频1部、情景短剧3部。向企业职工和社会居民发放《创建国家食品安全示范城市倡议书》27.3万份，印制发放企业应知应会的相关法规和内部管理手册4.4万份，制作悬挂广告牌6427块，横幅1975条，张贴海报7.9万份，发放宣传单12.8万份。开展“3·15”宣传、12331投诉举报宣传月、“走进直播间”、科技宣传周、大讲堂等集中宣传活动。拓展新媒体宣传途径，健全完善“两微一端”政务新媒体矩阵运营管理制度，推动县区新媒体采编运营步入常态化轨道。在报纸、电台发稿170篇，互联网发布信息2423条，“两微一端”发文1461条。建立兰州市食品药品安全有奖科普宣传平台,全市参与人数10.9万人。大力宣传12331食品药品投诉举报电话和12315消费者投诉举报热线。全市受理并办结12331投诉举报1609件,12315涉食涉药类投诉423件,办结及回复率100%。鼓励公众参与食品药品安全监管,市财政每年列支举报奖励资金20万元,累计兑现有奖举报案例50余起。

【服务质量提升】 严格实行“一个窗口对外”,除现场核查外,行政审批事项的咨询、申请、受理、审批、办结制证、取件等环节一律实行政务服务中心现场办理。落实“四办”(马上办、网上办、就近办、一次办)改革要求,进一步优化行政审批流程,取消所有行政审批事项的区县食药局初审环节,将《药品经营许可证》筹建办理的5个环节压缩至2个环节,办理时限从原来的7个工作日压缩为1个工作日,改为即办件。减少《药品经营许可证》筹建中重复提交的要件4项,减少《药品经营质量管理规范认证证书》(GSP)核发受理要件3项,减少《医疗器械经营许可证》核发、延续受理要件1项。至年底,市食药监局负责的14大项35子项行政审批事项,在甘肃政务服务网上均实现“一网通办”,除许可勘验现场事项外,其余全部做到“最多跑一次”,真正做到利企便民。

(张文耀)

中小学教育

【概况】 2018年，全市有各级各类学校1670所。其中，幼儿园882所；小学519所（另有教学点148所）；初中87所；九年制学校54所；十二年一贯制学校8所；完全中学31所；普通高中25所；中等职业学校59所；特教学校5所。在校学生549338人。其中，幼儿园119842人；小学226002人；初中99769人；普通高中65299人；中等职业学校37933人；特教学校493人。教职工49498人。其中，专任教师40535人；专任教师中幼儿园8538人；小学13466人；初中8357人；普通高中7505人；中等职业学校2537人；特教学校132人。

【学前教育】 实施全市第三期学前教育三年行动计划，投入1670万元奖补普惠性民办幼儿园290所，受益幼儿42166人，幼儿享受普惠性资源占比93.68%。创建标准化幼儿园30所，省级一类幼儿园2所，省级示范性幼儿园5所。依托东北师大教育部幼儿园园长培训中心实施学前教育改革发展实验区项目，专家入园开展指导和实训，参与园所26所。搭建幼儿教师发展新平台，组织100名园长赴重庆参加高端研修，举办首届幼儿教师技能大赛。开展幼儿园“小学化”专项治理，搭建游戏活动案例库，提高幼儿园管理水平和保教质量，学前教育公益普惠发展持续推进。学前三年毛入园率93.68%。

【义务教育】 制定《兰州市统筹推进县域内城乡义务教育一体化改革发展的实施意见》，召开专题会议安排部署义务教育优质均衡发展工作，明确目标责任，推进义务教育学校管理标准化，对照《义务教育学校管理标准》自查自评，达标率99.74%。市教育局制定《关于做好小学生课后服务工作的通知》，组织城区学校积极创造条件，为小学生提供课后服务。推进城乡名师资源共建共享，东郊学校与榆中山区的上花学校实现“异地同堂”教学。提高义务教育学校管理能力及教学水平，对兰州二十二中和兰州八中进行为期一周的教育教学督导工作。小学适龄儿童入学率100%，毕业率100%；初中阶段适龄人口入学率100%，毕业率100%；九年义务教育巩固率99.66%。初中毕业生综合素质评价合格率为99.9%，其中A、B、C等级分别占毕业总人数的89.85%、8.53%、1.52%。全市初中毕业生31378人。

【普通高中教育】 实施高中阶段教育普及攻坚计划，加强高中教育市级统筹，全市高中学校全部纳入“一体化办学”范畴，开展集体备课、研训交流、统一监测等活动。积极对接新高考，组织学习高考政策与策略、高中课程方案与课标。推进全员育人导师制，将学校选课走班实施情况纳入考核项目。开展市级示范性高中评估（复评）工作，兰州五十七中、兰州新区舟曲中学建成市级示范性高中，兰州六中、兰州十四中、兰州五十三中、兰州六十中建成特色示范性高中，其他学校通过以评促建、以评促改，提升办学内涵与发展水平。高中阶段毛入学率98.84%，其中普通高中入学率63.79%。中职就业升学率96.52%，专业对口率93%。普通高中学业水平考试A等率19.04%、B等率41.24%、合格率97.62%。全市参加高考人数26998人。全省文理科前一百名考生中，兰州市78人，占全省39%。600分以上882人，占全省总数的30%。一本上线率24.31%；二本及以上上线率51.66%；三本及以上上线率73.53%；总上线率99.33%。

【中等职业教育】 谋划兰州现代职业学院中长期发展规划，瞄准产业发展方向，加强网络应用、先进制造、卫生护理、家政服务、旅游服务、建筑装饰、轨道交通等重点专业建设。制定职业教育专业人才引进办法，引进人才44名；实施职业学校“双百”互动，100名职校教师赴企业实践，100名专业人员入职校任教。全力提升职校办学水平，女子中专、理工中专、城建学校建成国家级示范校。组织开展兰州市中等职业学校技能大赛，选拔市属职业学校136名选手参加省级职业学校技能大赛，获得一等奖25名，二等奖20名，三等奖21名的好成绩。选拔297件参赛作品参加省级文明风采大赛，9件获得一等奖作品，29件获得二等奖作品，21件获得三等奖作品。组织开展全国商贸职业院校专家论坛、全省商业与旅游服务业职业教育集团活动，锻炼教师和学生的职业技能，提高本市职业院校在全国的影响力。组织市属职业学校参加全省职业院校教学成果评选活动，推荐20件教学成果参与省级评选，获得3个二等奖。

【特殊教育】 组织50名骨干教师参加“融合教育”研训，在全省第5届特教学校青年教师优质课大赛中，取得7个一等奖，2个二等奖的好成绩。举办全市第3届特殊教育文艺展演，展示特殊教育办学成绩。义务教育阶段残疾儿童入学率90.80%。

【成人教育】 市政府印发《关于支持建设兰州开放大学的实施意见》，成立兰州开放大学，满足市民继续教育和终身学习的需求。拓展社区教育新领域，开展内容丰富的老年教育，开办音乐基础、舞蹈、隶书、楷书、牡丹基础、电子琴、英语基础、葫芦丝、合唱、模特、计算机与手机多媒体应用等23个班，参加培训学员1400余人。推进“精彩人生女性终身学习计划”项目，与市妇联沟通协作，依托全国“女性享学吧”平台，组织线上学习活动，线上注册学习人数已达8300余人。全年社会参加自学考试33994人、88801科次。

【民办教育】 制定《兰州市促进民办教育发展实施办法》《民办教育信用管理制度》，提出对民办学校实行分类管理，探索多元主体合作办学，落实同等资助政策，规范学校办学行为。推进校外培训机构专项治理，牵头发布四部门联合检查校外培训机构的通知，开展拉网式、全覆盖排查摸底。全力纠正校外培训机构开展学科类培训出现的“超纲教学”“提前教学”“强化应试”等不良行为。加强民办学校党建工作，制定《关于兰州市社会组织党建专干工作分配的方案》，选派5名党建专干，专职在民办学校开展党建工作，规范“三会一课”（党员大会、支部委员会、党小组会、按时上好党课）制度，使民办学校党员教育制度化。至年底全市有民办学校719所。其中，幼儿园700所；小学4所；初中5所；普通高中10所。在校学生52884人。其中，幼儿园38410人；小学2674人；初中7449人；普通高中4351人。教职工13583人。其中，幼儿园12049人；小学57人；初、高中1477人。

【教育科研】 围绕高效课堂模式构建，以课堂和教师为教学效益提升的基本生长点，开展多层面、多类别的教学评比活动，评出市级教学新秀304名、市级基础教育成果奖231个、初中学科命题竞赛奖211组；有187节优质课获得“一师一优课·一课一名师”省级优课，名列全省第一。持续推进智慧课堂融合应用试点示范项目，组织开展“名师在线”活动。成功承办教育部综合实践活动课程标准暨课程资源建设工作会。践行新课程理念，加盟引进“新教育”“自学·议论·引导”“情境教育”等教学实验项目，“情境教育”项目新增101所实验学校，将兰州新区确定为整体推进“情境教育”试点区。组织召开全市教科研大会，成立李庚南、李吉林

2018年12月26日，“家长好故事”颁奖晚会在兰州音乐厅举行

等国内名师兰州工作室，选派兰州骨干教师赴南通、北川、南京等地参加试点项目区举办的课堂开放周等活动，组织召开“自学·议论·引导”教学法全国第3期研修活动，全国31个省市区的近600名教师参加活动，并对活动进行网络直播，促进课堂效益提升，扩大兰州教育的影响力。市教育局内部刊物《兰州教育》发挥引领作用，每年刊印6期，近7年来在全国有好口碑，受到校长、老师们的钟爱。

【师资队伍】 各区县教育行政部门负责人和学校校长是师德师风建设工作的第一责任人，积极探索建立宣传、教育、承诺、考核、监督、奖惩六位一体的师德师风建设长效机制。利用一个月时间，通过专题学习、专题讲座、专题讨论和阅读经典、参加在线学习等方式，集中开展社会主义核心价值观教育、教师职业理想和职业道德教育、法制教育、中华优秀传统文化教育等为主要内容的师德教育。建立以学校为单位、每年一签的教师廉洁从教承诺机制，组织全市教职员工开展《兰州市教师廉洁从教公开承诺书》签名承诺活动，并将承诺书在学校校务公开栏、宣传栏公开张贴，在学校信息网站等媒体上向社会长期公开。组织开展“我的教育故事”征文，评选表彰优秀征文531篇，发掘57位“身边好老师”感人教育故事，在兰州教育微信公众号开设专栏集中展示，发挥榜样示范引领作用。完善名师培育和管理机制，发挥名师工作室的团队发展作用。举办名师大讲堂活动40期，培训教师9820人次。采取“全员培训和骨干研修相结合、集中培训和远程培训相结合、高端研修和校本培训相结合、专题培训和展示培训相结合、外出培训和送培进校相结合”多元培训方式，逐步满足教师个性化、多元化的培训需求。完成新入职教师培训、高中生物、化学、信息技术，初中外语、数学、历史、生物、体育，小学品德、体育等10个学科教师全员培训、书法教师专业素养培训、美术教师“创客新课堂”培训和“千进八百”农村教师进城培训、20个联校研训片区持续开展自主研训等，培训教师21833人次。配合完成国培省培项目中西部乡村教师访名校、高中课程方案和课程标准网络研修项目、乡村学校特岗教师成长论坛等，培训教师3209人。全年招录免费师范生122人，引进急需紧缺人才115人，公开招聘教师133人。全年全市招录同工同酬聘用制教师1149人，不断扩大优质教师资源。

【合作交流】 围绕“一带一路”倡议部署，推进“百校结好”项目。兰州东郊学校等6所学校与英国克里夫顿学院等学校结好，引进来与走出去共同进行。兰州外国语学校、兰州外国语高中参加教育部“中德学校塑造未来（PASCH）”项目，提升德语教学水平。深化友好城市建设，与日本八户等市互派青少年友好代表团，开展骨干教师交流研修，举办多项科技、体艺、传统文化等交流活动。引进北京八中王俊成名校长工作室，组织李烈“爱的教育”系列研修活动。

【体育与艺术】 作为全国青少年校园足球改革试验区，通过课堂、课程、队伍、活动、保障等方式全面普及校园足球。创建足球特色学校31所，举办全市校园足球联赛。在全省第1届中学生篮球、排球联赛中，取得3项冠军、1项季军的好成绩。兰州五十五中创建为全国软式棒垒球实验学校，兰州十中《利用社区体育资源开设游泳校本课程的实践与研究》课题获得全国体育教学改革优秀成果奖。依托美术名师工作室，组织兰州—深圳两地音乐骨干教师双向学习和交流展示。

【科技活动】 实施中小学科技创新教育五年行动计划，组织3000余名中小学生参观第3届兰州科技成果博览会，举办“科普大篷车”“全国科普日”“青少年科学调查体验”等9大主题教育活动，在第34届青少年科技创新大赛中，10个科创方案、10项科创活动、248个科技竞赛项目、360幅少儿科幻绘画作品获奖。举办首届青少年机器人竞赛，“五大项目”中获奖224项。兰州三十三中代表国家参加2018年世界青少年机器人锦标赛，获得亚军。

【卫生与健康】 落实中小学心理健康教育工作三年行动计划，举办全市中小学心理健康专兼职教师集中培训及“牵手未来”未成年人心理健康辅导教师培训，近千名教师参训。开展标准化心理辅导室建设工作，创建市级心理辅导室22所，预评省级26所。选派名师、骨干教师赴远郊县区开展“送研送教”心理健康教育巡回指导，460余名心理教师受益。完善心理健康教育网络服务平台，初步建立危机干预识别体系和心理危机预警机制。

【办学条件】 全面改薄（全面改善贫困地区义务教育基本半学条件）投入资金4.41亿元。其中，中央资金0.8亿元；省级资金0.93亿元；市县区资金2.68亿元。新建改扩建15.37万平方米。采取新建、配建、改扩建等措施，增加优质教育资源总量，兰州二中分校开工建设，兰州五十一中分校选址确定，北京八中分校年后开建；海亮、阳光、吉杰、碧桂园、大名城等配建学校移交县区正式招生；省市属职业学校“出城入园”，原土地房产符合办学条件的全部移交当地政府举办基础教育，新增学位1.9万个。兰州市中小学生综合实践基地建成为标准化的“全国中小学生研学实践教育营地”“全国中小学生国防教育示范学校”。校舍总建筑面积526.65万平方米，生均建筑面积小学6.77平方米，初中10.97平方米，普通高中18.81平方米，中职学校12.75平方米。

【校园安全管理】 完善由市教育局、各县区教育局、学校分级管理模式，认真落实“日排查、周汇总、月通报”隐患排查机制。加强对危爆物品、剧毒化学品和管制刀具等的管理。联合公安部门认真落实上、下学高峰时段“三见”（见警车、见警察、见警灯）行动，切实维护师生安全，有效预防和减少事故发生。3月，召开学校安全管理工作会议；9月，召开全市学校安全培训会，特邀教育部学校安全教育专家崔祥烈和北京教育学院李雯教授为全市学校安全相关人员进行专题讲座。联合相关部门开展校园安全专项检查3次，出动人力60余人次，查出安全隐患206处，下发限期整改通知书26份，按期完成隐患整改190处。1123所学校参加校方责任保险，参保学生466660人，参保金额7093547元，义务教育阶段学校校方责任保险实现全覆盖，学生参保率达到100%。参保教师42578名，参保金额2128830元。动态管理教育系统固定资产，上报固定资产决算数据，掌握固定资产存量、分布、结构及使用情况，报废资产23批次，金额1694万元；调拨资产9批次，金额96万元。严格规范校车档案“一车一档”工作，严格校车使用前置审批程序，完成校车标牌审批工作252批次。校车监控中心向各县区发布《校车监控通报》隐患问题34件次，所有问题都得到回复和整改。

【家庭教育】 开展智慧父母大讲堂、家校共育大课堂、家教知识大学堂、家庭美德大展堂、文明新风大颂堂“五堂”建设，举办家庭教育大型专题讲座4场次、走进学校家庭教育小讲堂活动19场，受众家长超过5千人次。邀请东北师范大学赵刚教授作为领衔专家设立兰州家庭教育名师工作室。评选并命名168名首届“兰州市百名好家长”，开展“兰州市百名好家长”感人故事、优秀案例和好家风、好家训宣传活动，与《兰州日报》《兰州晚报》等报纸媒体合作，对专家评定后重点推荐的32名“好家长”感人事迹、感人故事进行专业采写，并进行系列宣传报道，至年底登载宣传报道10篇；完成“好家长好故事”专题纪录片的前期录制工作和《好家长好故事》读本编辑工作。

【教育帮扶】 至年底，全市学前三年毛入园率达到93.68%，九年义务教育巩固率达到99.66%，高中阶段毛入学率为98.84%，全部完成省定任务要求，消除义务教育阶段辍学学生，有需求的农村行政村实现幼儿园全覆盖。及时组织召开全市教育扶贫工作推进会，建立建档立卡贫困受教育人口基本信息台账、教育扶贫基本情况台账、教育扶贫工作推进台账、因学致贫学生核查台账、本地户籍在外就学学生核查台账、辍学学生信息台账，更好地掌握受教育人口的各类信息，为兜底保障工作的开展提供基础数据支持。通过减免、奖补、“滋惠计划”“励耕计划”等工作，重点关注建档立卡家庭学生资助工作。全年有133829人次受到不同程度的资助，落实学生资助资金8452.99万元。兰州市农村义务教育学生营养改善计划涉及农村义务教育学校560所，受益学生86988名，实现全市农村义务教育学生营养改善计划100%全覆盖。

（王发强）

校外教育

【概况】 2018年，全市校外教育工作结合文化事业单位实际，发挥校外教育公益服务功能，开展主题教育、兴趣培训、图书借阅、社会实践等活动，为少年儿童健康成长提供优质校外教育服务。兰州市少年儿童活动中心荣获全国“双有”主题教育活动优秀组织奖，43所学校和52名教师获得先进集体和先进个人称号。

【主题教育活动】 组织开展以“童心筑梦新时代”为主题的系列教育活动，参与学生10万人次。4月—10月，组织开展“春风进我家”全国儿童图文创作大赛暨兰州市少儿绘画比赛，探寻改革开放40周年家庭、城市、环境、社会等方面发生的深刻变化，111所中小学校的2600名少年儿童参加比赛，收到美术和图文类作品2561幅。其中，260幅被评为等次奖；20幅优秀作品参加全国比赛；6人获等次奖；市少儿活动中心获优秀组织奖。9月6日，挑选300幅作品参加全国少年儿童图文创作大赛优秀作品展览，举行“新理念 新趋势”全国少儿校外美术教育论坛，邀请钱初熹、房斐、文化3位专家交流少年儿童美术教育创意思维、测量评价和理念目标等教育内容，200余名全市校外美术教育工作者参加。3月—6月，举办“传承优良家风 争做新时代好少年”兰州市青少年学生第26届作文比赛、第18届手抄报比赛、第2届硬笔书法比赛，300所学校的1.4万名学生作品参加全市比赛，2084名学生获得等次奖，1666名老师获得优秀辅导奖，60所学校获得先进集体奖。精选132篇优秀作文和103幅手抄报、硬笔书法作品，编印《文明兰州我的家——兰州市青少年学生优秀作文选（第九辑）》《兰州市青少年学生手抄报、硬笔书法优秀作品集》，赠送给2018年兰州市校外主题教育活动的获奖师生。

【庆“六·一”系列活动】 5月22日—6月3日，兰州市校外教育办公室、兰州市少年儿童活动中心组织开展文艺演出、公益讲座、图书阅读、城乡手拉手、作品展览等系列活动，为广大城乡少年儿童送上节日祝福。兰州市青少年成长教育公益大讲堂“六·一”大型讲座特邀全国青少年品格教育专家朱晓平老师为1000名青少年学生、家长及老师进行“我的品格 我做主”讲座。兰州市儿童艺术剧团创编的《熊仔奇遇》演出7场，通过儿童剧的形式与中华民族传统文化相结合，对广大未成年人进行寓教于乐的引导。6月1日，举行兰州市校外教育系统庆六·一文艺专场演出，兰州市少年宫“小飞天”艺术团的教师和小演员们演出《千手观音》《劳动最光荣》《牛角尖尖》《爱是我的眼睛》等节目，用歌声、舞蹈、演奏等形式展现自我，传递爱的力量。“春风进我家”全国儿童图文创作大赛暨兰州市少儿绘画比赛优秀作品及“传承优良家风 争做新时代好少年”主题教育活动手抄报、硬笔书法优秀作品展览同时开展，吸引众多学生、老师和家长参观。兰州市少儿图书馆举办英文绘本阅读分享活动，特邀兰州匠心育美工作坊夏莉娟老师讲解英文绘本《晚安，大猩猩》；举办“阅读中感悟经典、活动中展示才艺”少儿炫彩刮画比赛，评奖并颁发获奖证书、奖品；开展庆“六·一”签名留言活动，孩子们在许愿墙上留下美好祝福。

【生态道德实践活动】 在区县基层学校开展普及性生态道德实践活动，帮助少年儿童探究人与自然和谐发展的奥秘，了解生态知识，强化生态意识，树立绿色发展理念，全市80多所中小学校约3万名少年儿童参与，征集作文、绘画、摄影等成果作品5000件，490名学生获等次奖，246名教师获辅导奖。6月20日，来自城关、七里河、西固、安宁4区的近百名师生参加实践活动营。在甘肃农业大学，营员们观察实物标本，操作模拟仪器，参与感应游戏，了解甘肃特有动植物品种及地貌特点；在甘肃省农业科学院，营员们动手尝试小麦杂交实验，了解胡麻生长习性及营养保健功能，学习脱毒马铃薯原理和优点，学习蔬菜新品种的选育知识和栽培过程。7月17日—18日，40名中小学师生参加民勤治沙生态夏令营，在黄河母亲雕塑前举行开营仪式，参观亚洲最大的“沙海明珠”红崖山沙漠水库，在民勤治沙综合试验站参观科技成果展览室、沙漠动植物陈列室和沙生植物园，聆听专家讲解沙漠分布、分类、防沙治沙等知识，认识沙生植物的特性，开展沙海寻宝、拔河比赛、足球比赛等拓展活动，动手扎尼龙沙障。7月31日—8月7日，30名中小学师生赴北京、天津、北戴河开展生态道德考察交流活动。在中国儿童中心，参观老牛儿童探索馆，参加绘画、素描、书法、雕塑等校外课程，与北京的孩子互相交换书法作品。在北戴河民俗村落，参观女红馆、琉璃馆等场馆，了解中国传统民俗文化，学习传统手工制作工艺，向秦皇岛市妇儿中心赠送书法作品，观看高科技、传统农业、天文等展览，体验高科技带来的震憾与激情。

【未成年人心理健康辅导站】 辅导站面向全市少年儿童开放，开展心理健康知识培训、面询辅导、团体辅导、电影放映等活动，成为全市未成年人的童心空间，为他们塑造美好心灵护航。在少年宫网站公示辅导站邮箱与热线电话，实现网络、电话多渠道咨询，开展面询45例85次。开展团体辅导27期，参与受众3162人次。放映电影9场，观影人数450人；举办心理健康公益讲座3期，参与学生1598人；举办教师培训4期6场，参加培训教师890人。4月18日，邀请西北民族大学副教授高鑫为榆中县恩玲中学开展“扬帆起航，从心开始”高考心理辅导讲座。5月9日，在城关区民勤街小学开展以“见微知著，守正待时”为主题的亲子关系心理健康讲座。7月12日，举办兰州市未成年人心理健康辅导工作骨干培训班，“知心妈妈”彭霞为老师们传授“听懂孩子的七把钥匙”。8月23日，邀请南方医科大学公共卫生学院心理学系教授赵静波开展叙事疗法心理咨询专业技术培训，为广大心理健康教育工作者提供学习机会和交流。9月12日—13日，由市文明办、市教育局、市校外教育办公室主办，市未成年人心理健康辅导站、市少年宫承办的兰州市“牵手未来”未成年人心理健康辅导员技能培训活动成功举办，来自全市各县区辅导站及学校的未成年人心理健康辅导工作者250人参加培训。2月7日，4位心理辅导老师走进七里河区晏家坪南院社区，为社区孩子和家长送上“携手未来，共同成长”青少年寒假心理辅导活动。4月11日，20余人来到皋兰县什川镇，送上以“团结协作力量大”为主题的团体心理游戏活动。7月14日、15日，分别举办主题为“保护自我 呵护童年”和“孩子，让我和你手牵手”绘本阅读团体辅导活动。

【公益大讲堂】　大讲堂活动是由兰州市校外教育办公室、兰州市少年儿童活动中心主办的大型公益活动，突出立德树人教育目标，弘扬社会主义核心价值观，发挥校外教育独特育人功能，为广大青少年提升综合素质、健康快乐成长搭建平台。年初制定实施方案，确定经费、内容、形式、时间、场次等事宜，严格把关试讲老师的师资、授课内容，全程跟随讲座，无缝对接各个环节，确保活动质量和效果，邀请知名学者、主持人、专家走进校园、剧场，开展品格养成、行为礼仪、科技实践、心理辅导、国学知识、亲子教育等讲座55场，参与师生、家长2万多人次。10月20日，邀请旅居瑞典的盲人长笛演奏员吴晶、全国品格教育专家朱晓平，在兰州音乐厅举办“心怀祖国、心怀梦想、阳光成长”吴晶励志音乐会，1200名师生家长重要美妙的音乐，分享励志故事，感悟心灵启迪。19日上午，吴晶走进城关区水车园小学，与师生零距离交流。19日下午，朱晓平老师以“立德树人——如何塑造新时代青少年品格”为主题，举办兰州市青少年品德教育研讨活动，与兰州市校外教育工作者一起分享青少年品德教育经验感受。

【课题研究】　1月、3月，召开兰州市校外教育课题研究和课题申报工作培训会，邀请兰州市教育科学研究所专家介绍全市教育课题研究动态及评审要求，讲授教育课题申报规范程序，现场指导填写课题申请书。首次参与兰州市教育科学研究所课题申报工作，申报兰州市“十三五”2018年度教育科学规划课题10项、兰州市2018年度教师个人课题4项。其中，5项规划课题、3项个人课题获市级课题立项资格；4项规划课题获省级立项资格。1项课题获得5000元美育专项资助经费。本次课题申报工作，凝聚了一批校外教育理论研究骨干力量，带动了市级和区县级40余名校外教育工作者参与其中。12月，邀请专家评审27篇2017—2018年校外教育课题成果，提出鉴定意见，评出等次，完成结题工作。

【校外宣传】　完善信息发布登记制度，严格发布流程。组建兰州市少儿活动中心系统“兰州人·百姓讲堂”宣讲团，邀请西北师范大学马克思主义学院教授史小宁作意识形态工作专题讲座。组建系统网络评论员队伍，组织网评员撰写网评文章32篇。加强与新闻媒体联系，充分挖掘信息线索，及时宣传报道校外教育系统活动。在《甘肃日报》、中国甘肃网、每日甘肃网、《兰州日报》等省、市新闻媒体宣传135条。其中，省级以上18条；传统媒体45条；网络90条。宣传工作在互联网平台上取得突破，央视网、视觉中国、搜狐新闻、中国青少年宫协会等媒体转发和转载多条活动信息，北欧华人网对吴晶励志音乐会进行宣传，央视网2次转播兰州电视台“零距离”成长公益大讲堂报道。兰州人民广播电台在广播97.3频率广播直播、爱兰州APP现场视频直播5月27日举办的青少年成长教育公益大讲堂讲座，互联网新闻中心在中国兰州网视频直播6月1日文艺演出，新华网APP在现场云页面第二条推出直播，互联网新闻中心在中国兰州网现场图文直播少年宫小飞天艺术团教师原创作品文艺演出，《兰州日报》在6月1日当天整版宣传校外教育活动。邀请多家媒体报道基层单位组织的乡村学校少年宫教师培训、绿色环保作品展览、绘本阅读、小小图书管理员实践活动、寒暑假系列读书等活动。全年印发《兰州校外教育》4期1200册，赠送全国校外教育单位和省市相关单位。

【创建与督导】　起草创建工作计划和实施方案，落实新一轮创建全国文明城市工作要求。撰写《为青少年健康成长提供精神食粮——兰州市少儿活动中心创建全国文明城市侧记》，宣传报道校外教育系统开展的未成年人思想道德建设教育工作，10月17日在《兰州日报》刊登。完成中心系统160名志愿者网上注册工作，组织志愿者参加兰州市青少年成长教育公益大讲堂、“童心筑梦新时代”六·一文艺演出、“春风进我家”全国少年儿童图文创作大赛、重阳节慰问铁丰村孤寡老人等志愿服务活动。按照年初制定的督导工作计划，督导组通过听取汇报、全程观看、跟踪进程、查看资料、座谈交流等形式，专项督导兰州市青少年成长教育公益大讲堂、“我为兰州添一抹绿”兰州市少年儿童第9届生态道德实践活动、兰州市少年宫少儿美术和软笔书法教学工作、兰州市少儿图书馆馆内图书借阅工作、兰州市儿艺剧团自创剧目《熊仔奇遇》下基层演出、兰州市少儿图书馆榆中分馆图书借阅等工作，并及时反馈督导意见。

【流动少年宫】 赴偏远基层学校，开展艺术指导、科技体验、智趣游戏等活动，辅导教师80人，参加学生3000人次，获得2017年度全国青少年宫系统流动青少年宫先进单位称号。3月始，派骨干教师每周三固定时间到农民工子女集中的兰州市大砂坪小学和实施特殊教育的兰州市盲聋哑学校开展专业示范课辅导活动，让更多基层少年儿童享受到优质校外教育资源。3月21日，走入皋兰县石洞镇初级中学，为孩子们送上生动有趣的智趣体验及心理游戏活动。4月18日，赴红古区团结路学校开展美术等专业示范辅导活动与智趣体验活动。6月13日，赴兰州市第二十四中学开展Jimu机器人体验课程与智趣体验、电影放映活动。9月19日，到榆中县马坡学校开展智趣游戏体验、电影放映等公益帮扶活动。10月始，赴基层学校开展“我是小小传承人”非物质文化遗产进校园活动，邀请剪纸、泥塑、刻葫芦、兰州鼓子等民间艺人现场演示、制作，将非物质文化遗产保护传承的理念贯穿于课堂教学中，搭建青少年非物质文化遗产教育平台。

【“小飞天”艺术团】 7月27日—30日，赴江西南昌参加2018年中国青少年宫系统文化艺术节，选送的舞蹈节目《小骏马》、小合唱《爱是我的眼睛》夺得“芳林杯”银奖，指导教师获优秀指导教师奖，兰州市少年宫荣获优秀组织奖。9月30日，“守望童心 与梦同行”兰州市少年宫小飞天艺术团教师原创作品文艺演出在甘肃大剧院成功举行，为现场观众演出14个原创精品节目。

【乡村学校少年宫】 发挥省会城市少年宫辐射功能，拓展服务领域，赴七里河区晏家坪南院社区、皋兰石洞镇初级中学、皋兰县石洞小学、兰州市第二十四中学、榆中县马坡学校等地开展示范课辅导、心理健康辅导、智趣体验等活动，全年下基层辅导师生500课时。引导乡村（社区）学校少年宫开展丰富多彩的课外校外教育实践活动，动员乡村（社区）学校少年宫参与兰州市参加全国少年儿童图文创作大赛暨兰州市少儿绘画比赛美展、生态道德实践活动等全市校外主题教育活动，近60所乡村（社区）学校少年宫参加。

【儿童艺术剧团】 开展“大手拉小手 艺术伴我走”进校园公益演出活动，校园版《熊仔奇遇》赴县区40余所基层学校演出，观众4万人次。剧场版《熊仔奇遇》在六·一国际儿童节和十·一国庆节前后演出10场，4000名观众享受艺术盛宴。5月10日—21日，开展“戏剧零距离，传承无界限”儿童戏剧艺术知识进校园活动，走入红古区、安宁区、榆中县、永登县等地学校，讲授儿童剧的创作和编排方法，传授表演和朗诵技巧。配合学校艺术教育，开展艺术教师专业培训。剧团和城关区西北新村小学建立长期关系，指导排练儿童剧《淘淘和小萝卜头的故事》，参加城关区和兰州市中小学生文艺汇演，均获一等奖，入选甘肃省中小学生文艺汇演。剧团2位演员彭韧、吴尚泽参演的电影《丢羊》获中国第17届电影华表奖优秀农村题材影片奖。

【少年宫】 强化教学管理，开展“推门听评课”督查工作，全面提高教师备课、授课质量，举办培训班253个，培训学员5094人次。定期召开教学研讨会，交流教学方法，解决实际问题，编写美术教材（二）《丝路漫步》，提供教学参考。继续以创客类课程为载体，创建青少年创客基地，开设Makeblock课程，开展能力风暴机器人赛前集训，搭建STEM教育平台，培养青少年创造力和解决问题能力。6月9日—10日，由中国少年儿童发展服务中心、中国青少年宫协会主办，优必选旗下

2018年5月30日，兰州市儿童庆六一文艺演出

Jimu机器人协办的“青少年机器人教育实践体验计划”体验日第三站活动来到兰州市少年宫，300人亲身体验可编程Jimu机器人带来的无限乐趣。

5月，选送69件漫画作品参加第13届中国杭州国际少儿漫画大赛，在参选的30个国家和地区的42800件作品中，获得3金、8银、8铜及18个优秀奖的好成绩，1名美术教师获得优秀辅导教师奖，兰州市少年宫获组织奖。是月，组织650名学员参加第23届全国中小学生书画大赛兰州赛区比赛，130名师生获奖。7月，选送164幅作品参加第8届“牵手国寿 共创未来”少儿绘画活动比赛，25名师生获奖。6月—11月，开展第4届兰州市中小学生“绿色环保”废旧材料大赛，征集到48所学校800余件作品，包括环境保护类、科技实用类、工艺欣赏类等，回收的废旧物经过少年儿童的巧妙构思设计，以精美的艺术形象诠释了绿色可循环的环保理念。经专家评审，有250余件作品获奖，30家单位获优秀组织奖，40名教师获优秀指导一等奖。11月22日—25日，获奖作品在兰州市美术馆展出。

【少年儿童图书馆】　图书馆馆内和县区分馆接待读者8.6万人，参加活动人数5860人次，办理借书证731个，上架新书1.9万册，新建流动阅览站4个，为14个流动阅览站配送图书5334册。开展系列读书活动，以活动促阅读。评选“阅读小明星”12名，在微信平台和馆内光荣榜进行公示。寒暑假期间，开展小小图书管理员社会实践活动，学习图书管理知识，参加课外阅读知识竞答，引导读者文明借阅。与兰州匠心育美工作坊合作，举办绘本阅读分享会7场。联合爱迪生思维馆举办“空气大炮”和“水魔法”实验，培养科学素质，提高创新意识。春节期间开展少儿谜语竞猜活动，600余名少儿和家长参与。开展“培树良好家风·弘扬家庭美德”征文比赛活动，182份稿件参加兰州市第14届兰州读书节评奖活动。报送586幅作品参加2018全国少年儿童阅读年系列活动之经典阅读绘画大赛、最美图书馆摄影大赛，158幅作品获奖，2名老师获优秀组织奖，1名老师获优秀指导奖，图书馆及报送的分馆、流动阅览站获优秀组织单位奖。

（刘占爱）

在兰高校

【兰州大学】　兰州大学是教育部直属的全国重点综合性大学，是国家“985”工程和“211”工程重点建设高校之一，是“双一流”建设高校之一。校园面积3545.298亩，建有2个校区，3所附属医院。2018年，学校有本科生19775人，硕士研究生10572人，博士研究生2559人。有在职教职工3718人。其中，教学科研人员2135人；专职管理人员836人；在站博士后142人，师资博士后45人。教授等正高职588人，副教授等副高职927人，临床医学教授101人，副教授252人。研究生导师1695人。其中，博士研究生指导教师578人；硕士研究生指导教师1117人。两院院士15人，“千人计划”特聘教授11人，“万人计划”领军人才10人，教育部“长江学者奖励计划”特聘教授18人，国家杰出青年基金获得者22人，百千万人才工程国家级人选12人，“创新人才推进计划”中青年科技创新领军人才8人，教育部“高等学校教学名师”4人，“千人计划”青年项目人选6人，“万人计划”青年拔尖人才5人，“万人计划”教学名师3名，教育部“长江学者奖励计划”青年学者4人，国家优秀青年科学基金获得者23人，教育部新世纪（跨世纪）人才110人，甘肃省高等学校教学名师27人，甘肃省领军人才88人，国家自然科学基金委创新研究群体4个，教育部创新团队8个，国家级教学团队5个。学校学科门类齐全，学科特色鲜明，涵盖12个学科门类。有国家重点学科8个，国家重点（培育）学科2个，省级重点学科35个，省级重点（培育）学科3个。有国家重点实验室2个，国家地方联合工程实验室2个，国家联合实验室1个，国家国际科技合作基地5个，高等学校学科创新引智基地7个，教育部重点实验室6个，教育部工程研究中心4个，农业农村部重点实验室1个，甘肃省重点实验室17个，甘肃省技术创新中心2个，甘肃省临床医学研究中心4个，甘肃省科技创新服务平台4个，甘肃省野外科学观测研究站8个，甘肃省工程研究中心（工程实验室）9个，甘肃省高校重点实验室2个，甘肃省国际科技合作基地13个，教育部人文社会科学重点研究基地2个，教育部区域和国别研究培育基地1个，教育部国别和区域研究中心（备案）4个，省级2011协同创新中心1个，甘肃省高等学校人文社会科学重点研究基地5个，甘肃省哲学社会科学重大研究基地1个，甘肃高校精准扶贫智库1个，甘肃高校新型智库4个。学校是中国首批具有学士、硕士、博士学位授予权，首批建立博士后科研流动站，首批设置文、理科国家基础科学研究与教学人才培养基地，首批入选国家大学生创新性实验计划的高校之一，经教育部批准建有研究生院。是年，有本科专业100个，硕士学位授权一级学科45个，博士学位授权一级学科23个，硕士专业学位授权类型18个，博士专业学位授权类型1

个，博士后科研流动站19个。有国家级人才培养基地6个，国家级实验教学示范中心7个，国家级人才培养模式创新实验区2个，国家级特色专业16个，省部级基础科学研究和教学人才培养基地8个，省级实验教学示范中心11个，省级特色专业17个。2018年11月，科睿唯安发布最新基本科学指标数据ESI，兰州大学化学、物理学、材料学、地球科学、植物动物学、数学、工程学、生物和生物化学、环境和生态学、临床医学、药物和毒理学以及农业科学等12个学科进入ESI，全球前1%，其中化学学科进入ESI全球前1‰。2018年10月，自然指数出版集团更新自然指数排名（统计时间节点为2017年8月1日—2018年7月31日），兰州大学在自然指数所认定的82种期刊上发表论文209篇，位居全球高校第97位，国内高校排名第16位。

对外交流与合作 先后与世界40个国家和地区的189所高校及科研机构建立交流合作关系，合作伙伴遍布亚、美、欧、非、大洋洲。近五年来（2014—2018），接待来校访学交流外宾及港澳台地区客人7600余人次，教工因公出国及赴港澳台参加学术会议、合作研究等各类活动计3200余人次，派出3800余名在校本科生、研究生出国（境）交流、学习或攻读学位；招收培养1400余名留学生。在乌兹别克斯坦、哈萨克斯坦建有孔子学院2所，格鲁吉亚建有孔子学堂1所。

研究生培养 创新培养模式，制定《兰州大学研究生学籍管理办法》，将博士研究生基本学制调整为4年。规范研究生课程教学管理，制定《兰州大学研究生课程教学管理办法》，完成首批立项的7门全英文课程结项工作，启动第二期全英文专业和全英文课程建设。新增土木工程、基础医学、材料科学与工程、核科学与技术4个一级学科博士学位授权点和艺术学理论、水利工程2个一级学科硕士学位授权点；博士研究生招生指标增加160人。完成69个学位授权点的自我评估、2个硕士授权点的合格评估和3个专业学位点的专项评估工作。15篇博士、24篇硕士学位论文入选甘肃省2018年优秀学位论文名单。

教育管理服务 进一步完善“三部门、三中心”学生工作体系建设，逐步建立“大学工”格局。推动健全学校、院系、班级、宿舍“四级”预警防控体系，加强队伍和课程建设，不断完善普查、教育、咨询、危机干预、救助治疗一体化工作机制。优化资助育人工作机制，实施“成长加油站”系列培训计划，构建“四+”资助育人模式，开展“坚守·奋斗”励志成长成才典型人物评选工作。促进学工人员专业化发展，选派30余名专职辅导员参加教育部全国思政教育骨干示范培训班。不断提高学生就业质量，2018年总体就业率为89.92%。

科学研究 优化科学研究顶层设计。成立科学技术发展研究院、“一带一路”研究中心、生态学创新研究院，制定《横向科研项目及经费管理办法》《人文社会科学提升计划》等；修订《知识产权管理办法》。紧盯“大平台、大项目、大交叉、大成果”，获批国家重点研发计划重点项目1项、国际合作项目1项、课题12项，国家自然科学基金项目184项、国家社科基金项目23项、国防科研项目20项、教育部人文社会科学项目19项、甘肃省社科规划项目15项。首次主持生物医药领域国家重大项目，首次入选创新人才推进计划的团队项目。中亚研究所位居“一带一路”高校智库影响力排名第4位，“循证社会科学研究中心”和“阿富汗研究中心”入选中国智库索引（CTTI）来源智库。全年科研经费到账总额60859.13万元，较上年增长56.45%。以第一完成单位获国家科学技术奖3项、教育部高等学校科学研究优秀成果奖（科学技术）自然科学二等奖1项、甘肃省科学技术奖6项。获第15届中国青年科技奖1项、甘肃省青年科技奖4项。获批颁布国家标准10项，地方标准11项。申请专利296件。获授权软件著作权39件。

融入国家发展战略 建立泛第三极、引力波、厚普单分子、祁连山生态变化研究院（科学中心）等跨学科交叉平台，深度参与第二次青藏科考祁连山综合考察活动。顺利通过武器装备科研生产单位二级保密资格审查。入选教育部、国防科工局共建高校行列。获批“西部生态安全”省部共建协同创新中心。“草地农业系统耦合与管理”教育部创新团队通过建设论证。4个重点研究基地通过主管部门评估验收。新增省部级重点研究基地30个，入选甘肃省首批野外科学观测研究站建设序列8个，实现省级野外科学观测研究站零的突破。

服务地方经济 成立乡村振兴战略研究院，为甘肃省19个市县区编制经济和产业发展规划，提供决策咨询报告15份，7份咨政报告获批示。牵头组织省内相关高校和研究院所开展“甘肃如何融入‘一带一路’”专项任务研究项目，立项23项。与中核四〇四公司、中核龙瑞科技有限公司、中国生物技术股份有限公司、甘肃药业等单位签订合作协议。协助兰州市成立稀土功能材料研究院，举办稀土功能材料研究和产业发展研讨会；举办2018兰州自主创新高峰论坛，支撑甘肃省和兰白国家自主创新区的发展；积极发挥专业优势，驰援舟曲等地参与应急抢险救灾工作，参与兰州市北环路滑坡应急抢险工作。

队伍建设 积极构建党委统一

领导、党政齐抓共管、校院两级联动，主要领导身先士卒、广大教师校友广泛参与的全员人才工作格局。完善人才工作机构，增设人才引进工作小组和协调小组，提高引进人才的针对性和精准性，服务人才的高效率和高质量。创新人才培养引进机制，制定《兰州大学“萃英学者”发展计划实施办法》，修订师资博士后管理办法，启动国际师资博士后项目，修订外籍教师聘用管理暂行办法、语言类教师薪酬及住房管理办法。以不低于东部人才待遇标准，为人才提供具有竞争力的薪酬、科研启动费、住房补贴、安家费及研究生指标。建立“一人一册”服务档案和一对一“配送式”服务，为人才提供“拎包入住”式公寓。出台《兰州大学高层次人才医疗保健工作实施方案》，为人才建立医疗保健“绿色通道”；主动协调解决人才落户、子女入托入学等问题。先后赴美国、加拿大、新加坡、德国、瑞典、乌克兰、日本等国家进行海外招聘工作，与51名学者、留学生签署工作意向协议。1个团队入选“全国高校黄大年式教师团队”，1个团队入选科技部重点领域创新团队，21人次入选国家各类重大人才工程，引进副教授以上人才95人。

师德师风建设 成立学校师德建设委员会和各学院师德建设工作小组，制定《教师思想政治和师德师风考察工作细则》《关于加强和改进教师思想政治教育工作的实施方案》，建立“三谈三审”审查制度，明确教师思政的主要内容和职责分工，严格落实师德失范行为一票否决，着手建立师德师风档案，初步建成“三抓三促”师德长效保障架构。开展“四个主题”教育和骨干教师师德师风培训；挖掘并制作“萃英大先生”系列师德典范人物展，举办首届教职工荣休暨师德传承典礼；开展第5届“我最喜爱的十大教师”评选活动和首届研究生“十佳导学团队”推选展示活动。

“双一流”及学科建设 完善“双一流”建设协调推进机制，成立“双一流”建设机构，建立健全经费调配、项目评审、工作台账、组织保障和年度自查机制。编制“双一流”建设10个专项、7个学科群建设实施方案及《“双一流”建设实施方案（2018—2020）》等，建立校领导联系学科群制度，制定《兰州大学学科群工作组工作规则》，构建以学科为基础、学院为主体，学科群统筹、部门服务指导的协同管理体制与运行机制。加强“双一流”建设项目的进度监控和项目评审，做到月度有督查、季度有通报，确保项目执行进度良好。按照“兴文、厚理、拓工、精农、强医”思路，制定《推进学科交叉融合的指导意见》。全面系统总结第四轮学科水平评估及专业学位水平评估结果，制定印发《兰州大学第四轮学科评估分析报告》，为各学科发展规划提供有效参考。邀请上级主管部门及第三方评估机构专家，举办学科建设系列报告会4场。组织完成38个省级重点学科绩效考核自查工作和省级重点学科遴选新增与动态调整申报论证工作。通过动态调整增列博士授权一级学科点1个，撤销硕士学位授权二级学科点1个。

对外交流 积极推进与国外大学、科研机构的联系与合作，签署合作协议28份。顺利完成与美国德雷赛尔大学合作办学项目计划招生120人。举办“一带一路”高校联盟生态文明主题论坛，沈阳高校加入“一带一路”高校联盟，新增“一带一路”高校联盟成员单位25个，总数达到173个。获批教育部香港与内地高校师生交流计划项目11项、对台教育交流项目8项。全年邀请828人次短期外籍专家来校交流合作，聘请长期语言外教14名。639名学生赴47个国家交流学习，较上年同比增长4.4%；来校交流国际学生49名。留学生在校人数比2016年增加了17%。成功申报获批甘肃省第一个HSK网络考试考点。

医疗卫生工作 加强医教协同，深化医联体建设，持续为人民群众提供全流程、无缝隙、优质、高效的医疗服务。3个附属医院全年接待门急诊患者346.41万人次，住院患者19.41万人次，实施各类手术11.69万台次。口腔医院就诊人次比上年增长22%，患者满意度在95%以上。第一医院提出并开始推进“三个六工程”计划，入选国家心脑血管疑难病症诊治能力提升工程，获得建设经费1.5亿元。第二医院获得“2017（首届）中国医院百强院”、国家远程医疗与互联网医学中心甘肃协同中心等荣誉称号。

办学条件 修编校园建设总体规划，规划榆中校区7个组团方案，整体规划设计和启动校园文化景观提升改造工程，城关校区西区校史展览馆、校友广场主体施工初步完成。对改造维修43栋学生公寓、图书馆等进行节能，加装外墙保温层、更换窗户、粉刷内墙，改造学生公寓淋浴室、水房、卫生间等。一分部15—22号、二分部17号教职工公寓、医学教学实验楼、8号学生公寓等建设项目完工并交付使用，理工楼完成封顶工作。

（高　尚）

【西北师范大学】 2018年，学校有二级学院27个（65个系、3个教学部），独立学院1个，孔子学院3个。国家地方联合工程实验室1个，国家级人文社会科学重点研究基地1个，国家级研究院1个，国家级教学团队2个，教育部重点实验室1个，教育部创新团队2个，教育部研究中心2个，省高校人文社会科学重点研究基地6个，省级重点实验室4个，省级研究中心17个，省高校新型智库5个，省创新群体4个，省级工程研究中心（工程实验室）8个。有教职工2078人，正高级职称人员307人，副高级职称人员694人，具有博士学位人员586人，具有硕士学位人员913人。其中，专任教师1272人；教授280人；副教授519人。博士生导师123人，硕士生导师898人。双聘院士4人，国家“万人计划”领军人才2人，国家文化名家暨“四个一批”人才1人，“长江学者”特聘教授2人，国家级教学名师1人，全国先进工作者2人，全国优秀教师1人，“党和人民满意的好老师”1人，国家有突出贡献中青年专家5人，国家“百千万人才工程”5人，享受国务院特殊津贴在职人员12人，教育部“高校青年教师奖”3人，教育部“新世纪优秀人才支持计划”13人，甘肃省领军人才第一、二层次人选52人，甘肃省“飞天学者特聘计划”人选23人，省级教学名师19人。有博士后科研流动站9个，博士学位授权一级学科10个，博士二级授权专业57个，硕士学位授权一级学科30个，硕士二级授权专业164个，专业博士学位授权类别1个，专业硕士学位授权类别14个。有国家重点培育学科2个，省级重点学科32个，省级优势特色学科7个，2018年有普通本科专业77个。校本部占地面积960亩，新校区占地面积729亩、生态实训基地约1300亩。校舍总规划建筑面积83.3万平方米，其中各类教学及辅助用房27.5万平方米。各类教学科研仪器设备总值31052.3万元，各类文献资源403.9万余册。

教育教学工作　落实本科教学审核评估意见整改工作，进一步提升本科教学水平；出台《“新师范”教育创新行动计划》；启动学校师范专业认证工作；举办第5届青年教师教学大赛，表彰奖励优秀青年教师42人；举办师范类毕业生教学技能大赛，表彰奖励优秀师范类毕业生35人，组织教学观摩月活动，1000余名师生参与。积极推进本科教学质量工程项目建设，《交互式电子白板教学应用》课程被教育部认定为国家精品在线开放课程；获批甘肃省特色专业3个，省级教学团队2个，省级精品资源共享课6门，省级实验教学示范中心1个，创新创业教学改革项目7项；3项成果获省级教学成果一等奖、1项获二等奖，2人获省级教学名师。深入推进学生实习支教工作，制定《西北师范大学与阿克苏地区民族教育合作示范区升级版实习支教方案》，签署新一轮5年选派学生赴阿克苏地区实习支教工作协议；组织328名学生分赴新疆阿克苏地区中小学开展实习支教工作，组织近600名学生赴宕昌、礼县、会宁、靖远等深度贫困县农村中小学开展扶贫支教、实习支教工作。修订《博士硕士研究生学位论文评审及答辩工作实施办法》《学士学位授予实施细则》《博士/硕士研究生指导教师遴选工作实施细则》；推进卓越教师培养“本硕一体化”培养项目，首届选拔60名2019届毕业生进行本硕一体化培养；完成研究生培养方案修订工作；建成东莞研究生实践教学基地。完成2018年艺术体育类各专业省级统考和学校各类招生考试；采取多种有效形式开展招生宣传，提升生源质量；2018年，录取博士研究生124人，硕士研究生2680人，各类普通本科生4537人；普通本科生生源质量显著提升，甘肃省生源中，文史类录取平均分高于省一本线25分，理工类录取平均分高于省一本线37分。

学科建设与科研工作　加强高水平大学和优势特色学科建设。组织开展优势特色学科建设中期考核评估工作，材料科学首次进入ESI全球排名前1%；深入分析教育部第四轮学科评估结果，完成学校《第四轮学科评估学科分析报告》；组织学校优势特色学科负责人21人参加甘肃省高水平大学和一流学科建设培训班。推进博士点建设工作，制订《学位授权点建设发展规划》；召开博士点建设经验交流会，全面总结心理学、生物学、美术学三个新获批的博士一级授权学科的成功经验，讨论规划2020年拟申报博士一级授权学科相关工作；完成全部学位授权点自评估工作，动态调整生态学和环境科学2个一级学科硕士点；艺术硕士专业学位授权点整改后教育部复评合格。2018年，获得国家社科基金重大招标项目2项；国家自然科学基金项目58项，国家社科基金项目26项，各类科研经费5980余万元；申请专利198件，授权95件；获甘肃省第十五次哲学社会科学优秀成果奖72项，其中一等奖13项，位居全省首位；获第9届敦煌文艺奖3项，第4届全国民族研究优秀成果奖2项；获甘肃省科学技术奖4项，其中省自然科学一等奖1项；修订制定《高水平成果绩效评定办法》《教学科研项目成果分类办法》。获批立项建设省级科技平台7个，省级国际科技合作基地1个，省级研究中心1个，省级联合实验室3个，省级特色科普基地1个；“敦煌艺术传承基地”获批教育部中华优秀传统文化传承基地；与甘肃省治沙研究所签订合作协议并联合申报共建国家重点实验室；组织申报国家虚拟仿真实验教学项目等基地平台。先后举办中国与中亚人文交流与合作国际论坛、习近平新时代中国特色社会主义思想学术研讨会、全球华人探究学习创新应用大会、全国有机合成化学学术研讨会、中国诗经学会第年会、“一带一路”能源与环境材料高峰论坛、全国运动生物力学学术交流会等46场高层次学术会议；外请专家学术报告300余场。

队伍建设 引进各类人才81人；修订《引进高层次人才实施办法》，提高博士人才引进待遇，引进博士30人；完成上年入职的61名教师的入职培训；做好学校第3届“双星计划”资助项目90名教师的遴选工作；举办庆祝2018年教师节系列活动。完成各级各类人才项目的推荐申报工作；2人获霍英东教师基金资助，3人获“明德教师奖”，3人获甘肃省高校青年教师成才奖，1人获甘肃省青年科技奖；6人获准2018年国家留学基金委西部项目，2人获准中西部高等学校青年骨干教师国内访问学者，1人获西部之光访问学者资助，16名教师出国研修；获陇原双创个人项目资助1人、团队资助1项。召开以“深化人事改革、激发人才活力”为主题的人才工作会议，出台《关于进一步加强和改进人才工作的实施意见》等5项人事制度改革文件，起草制定《引进高层次人才实施办法》《“云亭学者（团队）培育奖励计划”实施办法》等制度，努力为人才引进和成长创造良好的条件保障和文化氛围。

学生工作 开展“我的中国梦”“四进四信”“最美青春故事”等主题教育实践活动；把本科生和研究生纳入一体化管理，积极构建“本硕博”一体化学生教育体系；推进学生“四自”（自我教育、自我管理、自我服务、自我监督）向纵深发展，深化学生宿舍、餐厅自治自管项目，开展党团组织进公寓、“党员先锋”进宿舍活动；完善网格化管理体系，畅通学生参与民主管理和监督的渠道；严格落实学生教育管理各项制度，抓好节假日及敏感节点的安全教育和维稳工作。举办大型双选洽谈会3场，专场招聘会426场，提供2万余个招聘岗位；是年，毕业生整体就业率在85%以上，灵活就业率下降13%。扶持培育创新项目300余个，学生创新创业团队30余支，88项学生创新创业项目被确定为省级立项项目；学校被评为甘肃省“创新创业教育改革示范高校”；为本科生、研究生发放奖学金1976.4万元，发放助学金5493.2余万元，学校被评为全国学生资助工作优秀单位案例典型；组织全校新生参加危机排查和建档工作，举办“5·25—我爱我”大学生心理健康节、“10·10世界精神卫生日”宣传等活动，积极构建“五位一体”的心理健康教育工作格局。开展以“不说再见”为主题的2018届毕业生离校系列活动，举办“诗与远方”端午诗会、“丁香花开”中国诗词文化节、“高雅艺术进校园”等校园文化活动；组建112支团队开展社会实践活动，“爱在远山”甘肃省深度贫困地区留守儿童艺术教育精准扶贫活动受到省委有关领导的关注和批示，3个实践项目入围第4届中国青年志愿服务项目大赛全国赛终评；志愿服务项目“爱尚微公益”孵化中心被中宣部评为第四批“全国学雷锋示范点”，8个实践项目在全省青年志愿服务项目大赛中获奖；阳光服务社“彩虹桥”阳光助残实践项目和三农产品双创加工社团分别被评为“全国学生优秀社团项目和活动”“全国学生最具影响力双创社团”。

交流合作 同韩国岭南大学、俄罗斯乌拉尔国立经济大学等5所国外高校新建合作关系；探索“N+N”校际本科人才联合培养模式，同韩国岭南大学签署1+2+1本科双学位联合培养协议，推进与法国瓦朗榭纳大学2+2本科双学位项目；有210名学生通过各类校际和公派项目赴境外交流学习，招生各类别留学生148人。完成暑期摩尔多瓦、苏丹和波黑3所孔子学院学员来华夏令营活动、海外华裔青少年“中国寻根之旅”语言文化营活动；成功举办“一带一路”高校联盟国际书画展和第2届中国与中亚人文交流与合作国际论坛。做好对口支援工作，完成北京师范大学定向培养博士生计划8个，申报2019年定向培养博士生计划14个。坚持教育扶贫，加强帮扶乡镇中小学师资培养力度，制定教育精准扶贫3年帮扶计划；选派19名学生赴礼县进行顶岗支教，38名当地中小学教师到二附中和附小进行专题培训；附中与东乡县民族中学结成对口帮扶学校，通过挂职交流、骨干教师驻校支教、开设“致远班”等方式助力东乡县民族教育发展。

公共服务保障 开工建设北校区教师公寓建设项目，新校区学生宿舍楼建设项目、文科实验实训中心建设项目和二附中教学楼建设项目全面完工并交付使用，部分老旧住宅楼第一批外挂电梯项目建成使用；完成东苑餐厅升级改造并投入运营，有序推进藏汉双语培训基地建设项目前期手续办理工作。做好部分教学楼、住宅楼维修粉刷，老化供热管网改造工程，完成兰苑宾馆装修改造、幼儿园消防设施维修改造工程；论证制定全校公房规划调整方案，完成部分学院、行政办公楼、学生公寓等调配和搬迁工作；完成新校区一台地简易操场建设、新校区一二台地建设方案设计等工作；做好校园及北山绿化、美化工作。完成兰州生态文化创新城中线连接线项目主干道征收学校土地及协商补偿工作；推进解决兰天学生公寓安全隐患整改工作；积极推进化解债务工作，争取财政补助收入为98937万元，其中争取政府债务救助资金27579万元。修订完善学校《财政票据管理办法》《政府采购管理办法》等制度；完善报账预约系统、科研项目经费预算申报系统和工资申报系统；做好公共教学设备智慧管理平台建设、移动式实验室废弃物中转系统建设的准备工作；完成图书馆RFID及电子阅览等基础设施升级改造项目、低值品统一采购平台、国有资产管理系统建设，持续推进数据资源整合与信息共享。校园数据中心全面建成，初步实现数据资源整合与信息共享；优化政府采购工作流程，改革创新政府采购工作制度；不断提升图书、档案、博物馆保障教学科研服务水平，进一步提高学术刊物和杂志办刊质量和影响力；稳步提升附属中小学、幼儿园办学水平和办学声誉，充分发挥附属单位在引进、稳定高层次人才方面作用。

（尚季芳）

【兰州理工大学】 省属本科院校，甘肃省人民政府、教育部、国家国防科技工业局共建高校，具有近百年的历史和良好的办学基础条件。2018年，学校占地面积2430亩，固定资产总值15亿元，校舍建筑面积107万平方米，图书馆馆藏图书239万册。下设18个二级学院，1个教学研究部，开设67个本科专业，有9个学科门类，涵盖工学、理学、管理学、文学、法学、教育学、医学、艺术学、经济学。全日制在校本科生22543人，全日制硕士研究生4075人，博士研究生428人。有专任教师1478人，教授、副教授等副高级以上职称869人，博士生导师156人。有共享院士4人，“长江学者”特聘教授2人，国家杰出青年基金获得者2人，中国科学院“百人计划”入选者3人，教育部新世纪优秀人才3人；有享受国务院特殊津贴30人，“百万人才工程”国家级人选2人，有“全国先进工作者”“全国师德标兵”“全国优秀教师”1人。有甘肃省领军人才35人、“飞天学者”33人，省级“教学名师”11人。有国家级教学团队2个、国家级实验教学示范中心3个。学校被甘肃省推荐申报教育部“三全育人”综合改革试点高校。心理健康指导服务中心被中国心理卫生协会大学生心理咨询专业委员会评为年度先进集体。制定《红柳一流专业建设实施与管理办法》《红柳一流课程建设与管理实施办法》，遴选8个红柳特色优势专业、8个红柳重点专业；截至年底，8个专业通过工程教育专业认证，3个专业获批省级特色专业，新增数据科学与大数据技术、机器人工程2个新工科专业。推进本科课堂教学改革，立项建设示范性混合式教学课程6门。获批教育部“新工科研究与实践”项目4项，获省级教学成果4项，省级教学团队1个、省级教学名师2名、实验教学示范中心1个、精品资源共享课程4门。“红柳创客梦工厂”投入使用，设立400多万元的创新创业专项基金，举办大学生创新创业竞赛120余项，360个科创项目获得立项，18项校级竞赛获得华为公司资助。获得国家级竞赛奖励69项。在第4届中国“互联网+”大学生创新创业大赛中获得银奖1项，荣获“青年红色筑梦之旅”先进集体称号。学生科技创新进入普通本科类高校团学创业教育工作指数百强榜。提升研究生培养质量，出台研究生招生、培养、学位授予、导师管理等制度14项，修订全日制研究生培养方案，制定非全日制专业学位硕士研究生培养方案，探索推行本硕博贯通培养机制，14篇研究生学位论文被评为省级优秀学位论文。加强继续教育工作，学费收入992.09万元，非学历教育培训进款198.56万元。新增省级实验教学示范中心2个，建成标准化实验室41个。在13个省份实现一本招生，本科招生5600人，硕士研究生招生1683人。授予博士学位40人、硕士学位1234人、学士学位5540人。截至12月1日，毕业生就业率达97.08%，全校500强企业签约率为55.36%。

学科建设 学校有一级学科博士点6个、一级学科硕士点23个，截至年底，获批省级重点学科20个。化学工程与技术一级学科博士点及建筑学、水利工程2个一级学科硕士点成功获得授权。增列“药学”专业学位授权点。18个工程硕士领域调整为8个专业学位类别。2018年，学校成立高水平大学和一流学科建设工作领导小组，大力推进“双一流”建设，制定《红柳一流学科建设实施与管理办法》等15个系列规章制度，明晰“双一流”建设思路、原则、目标和内容等。遴选8个一级学科、9个一流学科方向和14个扶持学科方向、4名红柳杰青、25名红柳优青，给予经费支持，为建设高水平学科群、学科团队奠定基础。工程学和材料科学在ESI全球前1%的排名较上年提升7.8%以上，高水平论文287篇，较上年增加100篇以上。化学学科距离在ESI全球前1%的接近度达74%。

科研项目 学校有教育部“长江学者和创新团队发展计划”创新团队2个，国家级科技创新平台（其中省部共建国家重点实验室1个）5个，省部级科研机构34个。截至12月，全校实现科技进款1.53亿元。其中，财政类项目进款7800万元；技术合同类项目进款7500万元。获得国家级项目75项，SCI收录论文483篇；授权专利193项，知识产权转让25项。获得其他省级科技奖励13项。“边坡工程灾害防控技术创新及应用”项目获得甘肃省技术发明一等奖，实现2007年以来省级一等奖的突破。制定对接甘肃十大生态产业方案，组织科技人员开展项目对接。国家重点实验室新实验大楼、甘肃最大环境风洞实验室落成使用，3个教育部科研基地通过评审验收，成功申报国际科技合作基地3个，获批建设甘肃省工程实验室。顺利通过“军工三证”现场审查，启动“甘肃省军民融合发展研究院”建设工作。承办国家自然科学基金委第205期“双清论坛”、第16届全国机械设计教学研讨会、2018年有色金属可持续发展与再利用全国博士后论坛等学术会议，柴天佑院士、周孝信院士、李天初院士等知名专家来校作高水平学术报告60余场。魏列江团队的《电液控制放大器及系统实验台》获第5届全国高等学校教师自制实验教学仪器设备创新大赛项目二等奖。5项示范性虚拟仿真实验教学项目获批省级项目并参加国家项目评选。全年大型仪器设备使用率达95.18%。

师资队伍建设 西北恶劣环境下土木工程防灾减灾教师团队成功入选首批全国高校黄大年式教师团队。新引进博士70人，16名教师取得博士学位，引进博士的数量和质量为全省高校第一。全校有博士学位教师512人。学校在全省组织工作会议上做人才工作交流发言。

国内外交流与合作 2018年，出国（境）留学、参加学术交流教师225人，学生340余人，来校交流与合作海外专家80余人次，与海外10余所高校签订校际教育交流协议或备忘录，部分学生国家公派留学项目获得突破。启动来华留学质量认证工作，423名国际学生在校学习。以百年校庆为契机，开展走访校友活动，出版《校友通讯》百年校庆专刊。作为独立办学单位，技术工程学院与北京爱因生教育集团签订合作协议。

内部管理 完善党委领导下的校长负责制实施细则，制定党委常委会会议和校长办公会议事规则，修订“三重一大”决策制度实施办法，出台学院党委会会议、党政联席会议议事规则，成立行政管理决策咨询委员会，设立基建修缮、实验室建设、信息化建设3个分委员会，为学校“三重一大”决策中专业性、技术性较强的事项提供咨询论证。组织修订学校章程，完成第二轮规章制度清理。

保障与服务 学校荣获“公共机构能效领跑者”荣誉称号，成为全国首批184家公共机构能效领跑者之一，是甘肃唯一一家获此殊荣单位。启用彭家坪校区图书馆，改造70余间标准化教室、彭家坪校区体育场等，完成105项校园公共基础修缮工程项目，建成教师教学发展中心场地。全面升级改造网络基础设施及机房，开通万兆无线网络，上线运行2018版OA系统。启动附属中学综合改革工作，加大对附中支持力度，幼儿园顺利通过“省级示范园”评审。档案工作在全省高校档案工作考核中获得优秀。

（马雪琴）

【兰州交通大学】 2018年，学校占地面积83.99万平方米，固定资产总值16.32亿元，教学科研实验仪器设备总值3.24亿元，图书馆藏书285.03万册。学科门类涵盖工学、理学、经济学、管理学、文学、法学、艺术学和教育学等8个学科门类，有博士后科研流动站4个、博士学位授权一级学科6个、硕士学位授权一级学科24个、硕士专业学位授权类别9个。有5个学科（群）入选甘肃省一流学科建设项目。其中，包括2个优势学科；3个A类特色学科。有省级重点学科24个。本科招生专业67个，在校本科生2.2万余人；研究生4871人。其中，硕士研究生4525人；博士研究生346人。高职学生2653人；留学生249人。有专任教师1618人，具有高级职称教师892人，占专任教师的55.12%。其中，教授303人；副教授589人。具有博士、硕士学位教师1369人，占专任教师的84.61%。其中，博士学位413人；硕士学位956人。有教育部长江学者创新团队4个、国家级教学团队1个、省级教学团队12个和省级教学名师11名。

学科建设 成立学科建设与学位办公室。召开2018年学科学位与研究生教育工作会议。学校新增测绘科学与技术博士学位授权一级学科，增列硕士学位授权一级学科6个、硕士专业学位授权类别3个，省级重点学科由19个增至24个。撤销5个硕士学位授权一级学科、2个硕士学位授权二级学科和3个工程硕士专业学位授权领域。化学学科首次进入ESI全球前1%，工程学学科进入ESI全球前1%的接近度达到95.1%。1名博士后获得第63批博士后科学基金面上资助。博士后在站人数13人。

师资队伍建设 制定实施《兰州交通大学柔性引进高层次人才暂行办法（试行）》《兰州交通大学人事代理工作暂行办法（修订）》《兰州交通大学专业技术职务任职资格评审条件》等人才管理文件，分批次引进博士30余人，硕士26人，柔性引进高层次人才2名，聘任兼职教授30名。遴选学校第二批“百人计划”科研型人才15人、教学型人才17人。8人获得国家留学基金面上项目、西部项目资助。

科研工作 申报国家自然科学基金项目338项，获批50项，直接经费1817.2万元，全国排名206位。学校纵向项目合同和到账经费均首次突破5000万元。横向科研项目138项，经费2748万元，各类资质技术服务合同218项。新增国家发改委“地理国情监测技术应用国家地方联合工程研究中心”1个，省级行业技术中心2个，新增校内优秀科研团队6个，资助经费950万元。获教育部高等学校科学研究优秀成果奖（科学技术）二等奖1项；省科技进步一等奖1项、二等奖2项、三等奖4项；省社会科学优秀成果二等奖3

项、三等奖4项。SCIE论文首次突破200篇，同比增幅33%；中国科技论文引文数据库（CSTPCD）论文被引用1172篇1930次，高校排名195名；科学引文索引（SCIE）收录202篇，高校排名179名；工程索引（EI）收录期刊论文247篇，高校排名139名。授权专利257件。其中，发明专利27件；实用新型206件；外观设计24件。计算机软件著作权登记94件。

教学工作 成立本科生培养质量督导委员会。制定实施《兰州交通大学本科生重开课管理办法》《兰州交通大学本科生〈大学英语综合〉课程成绩管理办法》等管理办法。停止新能源与动力工程学院6个专业在武威的招生计划，将大四学生迁回校本部接受专业训练。召开2018年本科教育工作会议。遴选认定专业及教研室负责人86人。完成车辆工程专业工程教育认证和英语专业省级综合评估，14个专业提交2019年工程教育认证申请。新增省级特色专业2个，教育部首批新工科研究与实践项目3项；省级教学团队2个，省级教学名师2名；荣获省级教学成果一等奖2项、二等奖1项。入选省级以上创业项目87项，资金支持325万元；学科竞赛获国家级奖90项，省级奖409项。新增创新创业基地11个。加入中国高校创新创业教育联盟。参加甘肃省第4届高校青年教师教学竞赛，获得工科组二等奖1名、三等奖1名，文科组三等奖2名，思政组三等奖2名，理科组三等奖1名，优秀奖1名。立项实验室建设项目34项，完成建设资金2800余万元。新增省级实验教学示范中心1个和实践育人基地1个。获得教育部“国防教育特色学校”荣誉称号。全年发放奖助贷勤补等各类款项约8千万元，受助学生达2万人次。建设继续教育云平台，引进课程110门，在线人数达到9300人。

校庆工作 发布校庆1号公告、校庆徽标和新版校徽、校旗，编纂《兰州交通大学校史》（一二卷）、《兰苑记忆》和《兰州交通大学60周年纪念画册》，筹建校史馆、天佑美术馆、科技成果展示厅、教学成果展示厅，发布校歌《天下胸怀》。举办高水平学术讲座135场次，邀请中科院、工程院院士14名、长江学者9名，成功举办“甲子校庆”——天佑论坛。开展全国高校“校长杯”乒乓球赛等多项体育赛事及文化活动。9月15日上午9时，校庆纪念大会举行，省委书记林铎为“教书育人特殊贡献奖”获得者颁奖，省委副书记、省长唐仁健讲话。部分省直机关主要领导，省内外兄弟院校，行业、企事业单位负责人，海内外校友及学校师生代表近1000人参加会议。校党委书记杨子江主持大会，校长李引珍做主题发言，黄民等7位嘉宾、校友代表致辞，兰州交通大学与天津大学、西南交通大学、北京交通大学共同进行“不忘初心，助推起航”新甲子年开启仪式。

对外交流与合作 开展首期土库曼斯坦青年教师研修团来华研修项目、马其顿信息科学与技术大学的国际科研合作项目、孟加拉国电力人才培训项目。新增能源互联网技术与装备研发省级国际科技合作基地平台。与马来西亚拉曼大学等境外12所高校达成合作意向，并与其中5所高校签订合作协议。32名学生赴美国依阿华州立大学等境外高校交流学习。全年接待来访国外团组13团次50余人，组织16个团组42人次赴海外交流访问。录取国际学生327人，招收国别增至57个国家和地区。成立国际学生管理处，启用国际学生《考勤手册》，建设国际汉语“金课”。获批甘青宁地区首个《国际汉语教师证书》考试考点。

（梁小虎）

【甘肃农业大学】 甘肃农业大学是农业部和甘肃省人民政府共建大学、国家重点建设的中西部百所高校之一。2018年，学校占地面积165.01万平方米，校舍建筑总面积66.18万平方米，固定资产总值8.93亿元，下设24个学院（教学部），新增森林保护、土地整治工程、数据科学与大数据技术3个本科专业，总数达到61个。在国内外学术刊物发表论文1366篇，其中SCI论文237篇。新增省级重点学科5个，总数达到18个。新增农业工程、林学2个一级学科博士学位授权点，化学1个一级学科硕士学位授权点，风景园林、应用统计、工商管理3个硕士专业学位授权类别。录取研究生821人。其中，博士研究生105人；硕士研究生716人。新增21个专业本科一批次招生，总数达到25个。录取本科生4450人。2018届本科毕业生初次就业率为92.22%，比上年增长11.2%。招聘各级各类人员113人。其中，编制内博士46人；硕士36人；岗位聘用人员31人。

教学工作 贯彻落实全国教育大会、全国高等学校本科教育工作会议和“双一流”建设推进会精神，召开学校本科教育工作大会，系统总结取得的成绩，明晰“坚持以本为本，推进四个回归，建设一流本科专业，打造一流本科教育”目标任务。印发一流本科专业建设实施方案，动物医学等5个本科专业获得立项建设，每个项目资助经费100万元。修订新增21个一批次招生本科专业人才培养方案。开展食品科学与工程等7个专业认证工作。新增森林保护、土地整治工程、数据科学与大数据技术3个本科专业。获省级教学成果奖4项。其中一等奖2项；二等奖2项。植物病理学教学团队，种子科学与工程、设施农业科学与工程专业，《动物繁殖学》《农业机械学》《有机化学》《设施园艺学》分别获批省级教学团队、特色专业和精品资源共享课。

科研工作 有191项科研项目获得资助，到位科研经费1.05亿元，连续3年突破亿元大关。在国内外学术刊物发表论文1366篇，其中SCI论文237篇。授权专利196项。获省科技进步二等奖6项、三等奖1项。充分发挥科研项目对人才培养和科学研究的支撑引领作用，制定学校科技创新基金管理办法。“甘肃农业大学现代农业技术推广转化中心”“甘肃省葡萄与葡萄酒工程学重点实验室”分别获批甘肃省技术转移示范机构和省级重点实验室。积极推进干旱生境作物学省部共建国家重点实验室建设，召开干旱生境作物抗逆机理及生产系统调控国际学术研讨会，完成共享平台功能室的改造评估，实验室进入2018年省部共商重点议题。

学科建设与研究生工作 召开学科建设和研究生教育工作会议，全面研判学科建设现状和存在的问题，确立一体两翼学科建设和发展格局，明确“放管服”改革、项目制管理、一流本科专业建设、学科建设规划、研究生培养和质量监控等五大重点工作任务。制定学科建设绩效考评、经费管理等制度，学科发展体制机制进一步健全，初步形成围绕高水平大学建设目标、以学科建设为统揽，统筹推进学校各项工作的建设发展局面。新增省级重点学科5个，总数达到18个。新增农业工程、林学2个一级学科博士学位授权点，化学1个一级学科硕士学位授权点，风景园林、应用统计、工商管理3个硕士专业学位授权类别。录取研究生821人。其中，博士研究生105人，硕士研究生716人。全面修订农业硕士7个领域的研究生培养方案，获批国家级专业学位研究生实践基地1个，确定研究生重点课程建设项目23个，获评省级优秀博士、硕士学位论文10篇。

师资队伍建设 招聘各级各类人员113人。其中，编制内博士46人；硕士36人；岗位聘用人员31人。完成高层次人才中期及绩效考核48人。其中，飞天学者17人；伏羲人才29人；柔性引进人才2人。制定《甘肃农业大学编制核定及管理办法》，合理配置和有效使用人力资源，促进办学质量和办学效益提升。进一步强化绩效工资导向作用，制定《甘肃农业大学校内绩效工资分配方案》，形成有效的激励及约束机制。

学生工作 制定学风建设实施方案，开展学风建设进展情况调研和阶段性工作检查。全面构建“五位一体”心理健康教育工作格局，形成学校、学院、班级、宿舍四级工作运行机制。召开2017—2018学年学风建设暨创优评优表彰大会，评选出30个先进班集体和2858名先进个人。积极落实资助相关政策，为1万余名学生发放各类奖助学金2500余万元。开展国防教育和大学生应征入伍工作，53名学生光荣入伍。开展“重走改革开放之路，砥砺爱国奋斗之情”暑期社会实践等主题教育活动。推进“第二课堂”学分制，全校13105名学生注册登记，举办各类活动4957项。荣获甘肃省第5届大学生艺术展演活动二、三等奖各1项。大学生青年传媒中心荣获甘肃高校“十佳校媒”称号，学生社团联合会荣获“全国学生最具影响力社团联合会”称号。1名学生当选共青团第十八次全国代表大会代表。新增21个专业本科一批次招生，总数达到25个。录取本科生4450人。2018届本科毕业生初次就业率为92.22%，比上年增长11.2%。

对外交流与合作 与埃及坦塔大学、巴基斯坦农业研究院、加纳发展大学3个国家的4所大学和研究机构签署合作协议，拓宽交流合作渠道。通过校派访问学者项目，36名教师赴美国、加拿大等国高等院校和科研机构开展访学研究。积极申报和开展引智工作，获批引智项目6项。1名专家获甘肃省“敦煌奖”。积极引进语言类外籍专家，增加外籍教师数量，制定《外语类文教专家聘请与管理暂行办法》，进一步规范外教的聘请、使用和考核，引进外教5人。着力扩大留学生教育规模，充分依托校长奖学金和甘肃“丝绸之路”奖学金，招收留学生31人，在校留学生人数达到43人。

办学条件 积极争取专项资金，扩大经费来源渠道，财政经费到账4亿多元，比上年同期增长3.57%。完成主数据管理平台、统一身份认证平台和网上办事大厅三大平台建设。推广使用学校OA系统，提升办公效率和工作质量。成立后勤社会化改革领导小组，制定《后勤社会化改革实施方案》，公共楼宇区域的环境卫生、绿化养护、安全保卫等实行物业化管理，进一步提升校园整体环境。建成阳光景观体育长廊、维修改造旧网球场。

社会服务 主动聚焦乡村振兴战略，制定《甘肃农业大学服务甘肃省乡村振兴战略行动计划》，助推全省农业农村发展。129名教师获批“三区”科技人才专项计划，多次赴兰州、定西、临夏、甘南等地开展科技服务。认真落实“1414”对口支援计划，组织专家多次赴阿克塞开展非洲猪瘟疫情防控等科技培训工作。积极推进校校、校地、校企合作，与兰州大学、西北民族大学，康县、白银市平川区，甘肃天耀草业科技公司等签署合作协议。制定帮扶岷县脱贫攻坚“4+6+X”工作方案和各村帮扶计划。积极开展党组织结对共建，建立当归熟地育苗和当归新品种示范基地，大力培育中蜂养殖、林下养鸡等新兴经济产业。举办岷县专业技术人员专题培训，组织专家举办13次现场培训，培训种养殖户1400余人。

（陈　炜　马文龙）

【西北民族大学】　西北民族大由国家民委主管，是国家民委与教育部、国家民委与甘肃省人民政府共建院校。学校遵循“以人为本，助人成功”办学理念，坚持“立足西北，服务民族”办学宗旨，形成以普通本科教育为主体，研究生教育、预科教育、继续教育、职业教育和国际教育协调发展的办学格局，具有学士、硕士、博士学位授予权，设有博士后科研流动站。2018年，学校有2个校区，校园总面积1776亩，总建筑面积约70万平方米；图书资料400万余册；博物馆馆藏文物2964件；教学科研仪器设备总值4.7亿元，固定资产总额36.4亿元。学校设有28个学院，学科涵盖11个学科门类，71个本科专业。3个独立建制的科研机构。有教职工1914人，其中专任教师1263人。专任教师中正高级职称人员265人，副高级职称人员489人，具有博士学位333人，硕士学位717人。博士生导师30人，硕士生导师456人。面向全国31个省、市、自治区、直辖市和香港特别行政区、台湾地区招生，本科招生6196人；预科招生390人;本科第一志愿录取5700人，第一志愿录取率为92%，与上年持平。此外在台湾地区招收舞蹈表演专业考生1人。招录博士研究生41名，硕士研究生618名。

学科建设　落实《一流学科建设实施方案》，从制度机制上保障和推进“双一流”建设，以“一优三特”（在甘肃省“双一流”建设规划中，民族学为一流学科建设优势学科，中国语言文学、计算机科学与民族信息技术和生物工程为一流学科建设特色学科）为龙头，制定民族学、生物工程、计算机科学与技术3个学科建设台账，整合科研平台和人力资源，提前谋划布局，推动下一轮学位授权点审核工作，为省级重点学科绩效检查和申报工作奠定了良好基础；与四川大学、西南民族大学、甘肃农业大学签订协议，学校教师参与合作院校博导遴选，探索校际全面合作新机制；提升专业建设水平，确定重点支持专业22个、一般支持专业42个、严控专业7个，主动布局数字出版、航空服务与管理等民生急需专业，文保技术获批为省级特色专业。

教学工作　制定《西北民族大学加快建设一流本科教育行动计划（2018—2022）》，系统地规划学校未来五年本科教育发展的主要任务和具体措施。推进本科教学审核评估整改工作，不断完善教学质量保障体系；选派45名师生赴对口支援学校川大访学进修、交流学习；强化实践教学，广电综合实验教学中心获批为省级实验教学示范中心；英语教学改革项目获批为省级重点立项项目，2项成果分获甘肃省优秀教学成果一等奖、二等奖；推进创新创业教育，获批为甘肃省创新创业教育改革示范高校，获得国家级竞赛奖项32项、省级竞赛奖项126项，学生就业率、考研率、相关职业资格证通过率都有所提升。加强研究生课程及教学项目建设，提升研究生教育质量；新聘硕士生导师107名。预科教育、留学生教育和继续教育稳步发展。

科研项目　获批省部级以上科研项目74项、到账经费近1700万元。其中，国家社科基金17项；国家自然科学基金16项；国家艺术基金青年艺术创作人才项目1项；教育部哲学社会科学研究重大课题攻关项目1项。中国民族语言文字信息技术委部共建实验室升格为教育部重点实验室，新增生物医药工程国际科技合作基地，获得甘肃省引导科技创新发展专项资金280万元；潜心20多年研究整理的《格萨尔文库》出版；在甘肃省第十五次哲学社会科学优秀成果评选中，获奖总数位列省内高校第三。

师资队伍　贯彻师德十项准则，开展“弘扬爱国奋斗精神 建功立业新时代”活动，弘扬高尚师德，入选首批全国高校黄大年式教学团队1个，获国务院政府特殊津贴1人，入选国家民委创新团队支持计划团队1个、领军人才支持计划4人、中青年英才培养计划8人，获批陇原青年创新创业人才项目1项，3名教师入选国家民委首届教学名师和青年教学标兵，7名教师被续聘为甘肃省领军人才。

对外交流与合作　获批外专引智项目65项，获得资金594万元；实际执行项目（包括调剂执行项目）64项，聘请长短期国（境）外专家114名。邀请35名来自“一带一路”沿线国家的长短期外籍专家来校任教、开展学术交流及科研合作活动。与5所国外大学积极接洽，选派10名学生出国（境）留学。其中7名学生分别获得“独联体国家互换奖学金项目”“中俄政府奖学金项目”“澳门特区政府高等教育委员会奖学金项目”全额资助。有5名汉语国际教育专业本科毕业生成为对外汉语志愿者，并被外派国外从事对外汉语教学。选派27名师生分别赴澳门参加文化交流活动；与澳门特别行政区政府高等教育辅助办公室、澳门中华民族团结促进会、中华青年进步协会联合举办2018年度澳门·中华民族文化周系列活动、中华青年民族学习交流营；协助甘肃省台办及台湾中国文化大学举办2018陇台大学生敦煌艺术交流营。

重大服务　依托双语培训基地，开展西藏自治区边境口岸社会用字现状调研，举办西藏边境地区藏汉双语翻译等干部培训班26期，助力和服务安边治边、固边强边。利用学校多学科协同优势，开展“中亚与中国西北边疆中心”等国别与区域研究工作，服务国家“一带一路”建设。致力教育扶贫，参与脱贫攻坚。选派20余名干部赴新疆、西藏、武陵山片区、“三区三州”、临潭县等民族地区挂职锻炼、驻村帮扶，挂牌成立“武陵山片区智力扶贫基地”，落实直供直销扶贫政策；组建农牧业和医疗专家团队开展定点帮扶工作；启动实施“一乡一村一特色”计划，完善“一户一策”帮扶工作，开展科技服务入村入户活动。

（刘　璇）

【兰州财经大学】　2018年，学校有甘肃省一流（特色）学科2个，省级重点学科10个，一级学科博士点1个，一级学科硕士点7个，硕士专业学位授权点10个，开设本科专业56个，涵盖经济学、管理学、法学、文学、工学、理学、艺术学等7个学科门类。建成国家级实验教学示范中心1个、省级实验教学示范中心3个、国家级大学生校外实践教育基地1个、省级人文社科重点研究基地3个、省级2011协同创新中心1个、省级重点实验室1个。全日制在校本科生17220人，硕士研究生1528人，继续教育学员3982人，留学生54人。教职员工1351人，其中专任教师1022人，具有教授、副教授职称教师567人，具有博士、硕士学位教师795人。有和平、段家滩2个校区，占地面积1700余亩，校舍建筑面积69.81万平方米。

本科教育教学　完成本科教学审核诊断性评估及正式评估专家进校考察阶段工作。税收学和投资学2个专业获得甘肃省高等学校特色专业立项建设，申报互联网金融和数据科学与大数据技术2个新专业。引进清华大学“学堂在线”、超星尔雅等教学平台，新开“慕课”选修课程50门，《区域经济学》《中国近代史纲要》获批省级精品资源共享课，《儒学复兴与当代启蒙》等15门课程获准省级优质在线开放课程立项。入选省级教学团队2个、省级教学名师1人、省级青年教师成才奖2人、省级教学示范中心1个。开设商道双创班，举办“专创融合”师资培训研讨会，立项建设大学生创新创业训练计划校级项目60个、省级项目34个，入选省级创新创业教学名师1人、创新创业教育“慕课”1门、创新创业改革试点专业1项、创新创业教学改革项目两项。在甘本科一批招生专业11个，本科招生4532人，毕业生就业率90.8%。

学科建设与研究生教育　获批博士学位授予单位，新增统计学博士学位授权点。新增马克思主义理论、设计学一级学科硕士点，税务硕士专业学位授权点。新增省级重点学科5个，省级重点学科总数10个。录取硕士研究生580名，与上年相比增长11.8%。入选甘肃省优秀硕士学位论文3篇，研究生毕业就业率稳定保持在94%左右。

科学研究　立项国家级项目11项、省部级项目34项、地厅级项目74项，纵向科研项目经费总额547万元。发表CSSCI、CSCD期刊论文102篇，人大复印资料8篇，SCI、EI论文6篇。获得甘肃省社科优秀成果奖18项。其中，一等奖4项；二等奖6项；三等奖8项。撰写咨政报告15篇，其中5篇在《甘肃信息》刊登。举办“庆祝改革开放40周年学术研讨会”等学术报告会103场次。甘肃区域发展创新团队入选甘肃高校科研协同创新团队，甘肃省电子商务技术与应用重点实验室顺利通过省级验收。

学生管理服务　开展2018级全体班主任和大学生兼职辅导员培训，获得第4期普通高等学校辅导员网络培训工作“优秀组织单位”称号。承办甘肃省高校第3期心理健康教育培训班，完成2018级4951名新生心理普查。组织“高雅艺术进校园”等成届次、有影响的校园文化活动。资助困难学生5700余人，资助金额达2000余万元，发放校级奖学金134.5万元。获得“甘肃省征兵工作先进单位”荣誉称号，1人获得“甘肃省征兵工作先进个人”荣誉称号。

师资队伍建设　建立健全“三纳入、两渗透、一否决”师德建设长效机制，入选“宝钢奖”优秀教师1人，入选陇原“四有”好老师1人。入选甘肃省宣传文化系统高层次人才资助项目3人，入选甘肃省领军人才第二层次2人，在甘肃省领军人才年度考核中被确定为“优秀”等次1人。自主评聘教授7人，副教授15人，聘任“兴隆学者”特聘教授8人。引进全职博士17人、项目博士20人、岗位博士267人，公开招录硕士研究生44人。7名博士完成学业按期回校工作，支持14名青年教师以定向（委托）方式攻读博士研究生，与21名优秀硕士签订博士毕业后回校工作协议。

对外合作交流　进一步深化与中国人民大学、对外经济贸易大学的合作交流，与中央财经大学签署校际战略合作协议。加入中国高等教育学会“一带一路”研究分会，参与“白俄罗斯教育年”活动，与白俄罗斯巴拉诺维奇国立大学签署校际合作备忘录。引进具有博士学位长期外籍教师3人，邀请外国专家来校讲座15批次，完成因公出访任务7批次，接待来访23批次。

基本建设与服务保障　全年新增固定资产4137.77万元，资产购置项目106项，总计4922.12万元，完成18.56亩教育用地划拨。和平校区三栋新学生公寓竣工并调整搬迁，专家教师公寓开工建设，教学实验实训中心室内外安装工程全面推进，10千伏主供电源线路工程顺利完工，完成和平校区教学区锅炉房清洁能源改造。获批“甘肃省档案工作规范化管理省特级单位”，完成两校区图书馆无线网全覆盖、校园网认证计费系统、网络安全设备的升级改造等项目。启动和平校区监控系统升级改造，实现学校、公安图像监控“双网联通”。

（杜　霈）

【甘肃中医药大学】 甘肃中医药大学是省属本科院校。2018年，学校占地1050亩。下设16个二级学院，开设27个本科专业，12个专科专业，有3个国家级特色专业、7个省级特色专业、8个省级教学团队，专业门类覆盖医学、理学、工学、经济学、管理学、教育学6个学科。全日制在校本科生1万余人，硕士研究生1千余人，博士研究生70余人。2018年本科招生2845人，硕士研究生403人，博士研究生29人，博士后2人，留学生85人。本科毕业生就业率为88.14%，硕士研究生就业率为80%。校本部有教职工892人，其中专任教师758人。有国医大师1人，全国名中医3人，双聘院士3人。博士研究生导师61人，硕士研究生导师448人，享受国务院颁发的特殊津贴17人，1人被评为卫生部突出贡献专家，3人被评为全国优秀教师，63人荣获甘肃省名中医称号，11人被评为甘肃省优秀专家，6人获甘肃省高校教学名师奖，12人获甘肃省园丁奖，26人获甘肃省高校青年教师成才奖，23人入选甘肃省“333”“555”人才工程，7人入选甘肃省高校跨世纪学科带头人，16人被选拔为甘肃省领军人才，27人被选拔为甘肃省卫生厅领军人才。

本科教学审核评估 根据《教育部关于开展普通高等学校本科教学工作审核评估的通知》要求，教育部于10月15日—19日组织专家组对学校进行本科教学工作审核评估现场考察。专家组通过听课、看课、走访、深度访谈、查阅试卷和毕业论文设计、考察实习基地等方式，全面了解本校的本科教育教学情况。访谈在校9位校领导、21个职能部门主要负责人73人次，15个教学单位主要负责人27人次，12个科研、教辅部门主要负责人22人次；走访学校15个二级学院和教学实验实训中心25次，21个职能部门38次，12个科研教辅部门25次；听课、看课127门次；调阅24个专业41门课程试卷2325份，13个专业毕业论文（设计）1146份；召开教师座谈会5次198人次参加，学生座谈会7次263人参会；考察走访了5个实习教学基地和用人单位；参加校友座谈会和用人单位座谈会，62人参加；实地考察学校图书馆、博物馆、教师教学发展中心、教学实验实训中心、网络与信息管理中心、师生活动中心、科研实验中心、学生和教工食堂、体育馆、运动场等场所和办学设施；查阅学校的发展规划、人事管理、教学管理、学生管理、科研管理、财务管理等文件和会议记录原始材料，核查有关数据的真实性。召开审核评估专家意见反馈会，提出整改意见，最终通过教育部专家组对本科教学工作审核评估。

学科建设及科研成果 配套经费192万元，加强33个校级及以上重点学科建设。新增3个省级重点学科，中医老年病学、敦煌医学、中药化学、中西医结合基础等4个学科通过国家中医药管理局“十二五”中医药重点学科验收。中医药科学研究立项40项，需投资3090.8万元。其中，国家自然基金项目18项，国家社科基金项目1项，国家重点研发计划子课题2项，省部级科研项目19项。甘肃省中医方药与创新转化重点实验室（培育基地）、甘肃省中药质量与标准研究重点实验室（培育基地）、敦煌医学与转化省部共建教育部重点实验室通过验收并正式更名。甘肃省中药制药工艺工程研究中心获批发改委省级工程研究中心，甘肃省中医药研究中心，甘肃省道地中药材种质资源库，甘肃省针灸临床医学研究中心和甘肃省中西医结合肿瘤临床医学研究中心列入省级平台建设计划。获甘肃

2018年9月28日，甘肃中医药大学举办建校40周年纪念大会

省皇甫谧中医药科技奖三等奖2项、甘肃省药学会二等奖1项、甘肃省残疾人康复学会科技进步奖一等奖1项。知识产权授权数量快速增长，取得授权22项。

国际合作与交流处 派出10批17人次专业教师赴美国、保加利亚等国进行学术交流及研修培训，接待国（境）外高校和卫生机构来访团组12批61人次。援摩二期技术合作项目通过验收，为摩尔多瓦国立医药大学的1名医师和1名临床医学专业研究生进行了1个月的中医针灸理论及适宜技术培训。深化岐黄中医学院和中医中心建设，完成巴西首期中医药研修班、俄罗斯第3期中医实践和中医理论研修班28人次培训；在亚美尼亚、新西伯利亚开展中医药培训、文化推广和义诊，累计培训"一带一路"沿线国家中医药工作者72人次。先后选派3名学生赴美国中央俄克拉荷马大学、独联体国家学习交流，选派15名学生参加香港交流访学项目，获得高校专业课程教师出国研修项目1项、访问学者项目1项。

特色帮扶 立足宕昌县实际，发挥中医药特色优势，在产业帮扶、医疗帮扶、教育帮扶等方面狠下功夫。引进赫博公司在宕昌县建立面积325亩的有机当归原药生产基地；投入近20万元购买中草药种植专用肥，选派学校中药材种植专家，采取办农民夜校的形式，帮助帮扶村农民掌握现代种植技术；向九台春酒厂无偿提供药酒配方，研制出归灵养生液并正式投产；同时投入34万元在八力镇（陇南宕昌县）发展养蜂业。协调教育厅拨付资金570万元建设八力镇9年制学校师生宿舍楼并翻修学校食堂，为八力镇石门小学建设机房，并帮助解决师资不足问题。推进健康扶贫，组织义诊6次，诊治患者1000余人次，第二附属医院与宕昌县中医院签订对口帮扶协议。

（陈晓强）

【甘肃政法学院】省属政法类普通本科院校，是全国最早建立的省属本科政法院校。2018年，学校设有12个二级学院，建有省级人文社科重点研究基地9个、省级重点实验室2个、省级科研创新团队3个、省级智库1个，省级实验教学示范中心4个、省级教学团队6个。有兰州市安宁西路、兰州市安宁万新路、兰州新区3个校区，占地面积1066.59亩，校舍建筑面积39.77万平方米，教学科研行政用房面积16.85万平方米，教学科研仪器设备总值6910.12万元，有纸质图书126.31万册、电子图书80.80万册，建有现代计算机网络服务系统，专业实验室46个，校内外实习、实训基地164个。能够满足办学需要。

师资队伍 有教职工894人，其中专任教师总数633人，高级职称教师414人，具有硕士以上学位教师513人，博士127人，博士在读67人，聘请兼职、客座教授282人。专任教师中享受国务院特殊津贴专家3人，全国优秀教师2人，入选教育部"新世纪优秀人才支持计划"3人，教育部高等学校教学指导委员会委员4人，甘肃省领军人才5人，甘肃省优秀专家2人，甘肃省"飞天学者"8人，甘肃省"555"创新人才13人，"甘肃省园丁奖"9人，陇原师德先进个人1人。

学科专业 有34个本科专业，涵盖法学、管理学、工学、文学、经济学、艺术学等6大学科门类，社会学科、管理学、工学、人文学科为学校主要学科门类。有法学、侦查学、边防管理等3个国家级特色专业建设点、13个省级特色专业。法学学科为甘肃省优势学科，证据科学、工商管理2个学科为甘肃省特色学科。有法学、工商管理、网络空间安全3个一级学科硕士学位授权点，17个二级学科硕士学位授权点，4个专业硕士学位授权点。

科学研究 获省部级以上奖励科研成果29项。其中，教育部高校社科优秀成果奖1项；国家民委优秀社科成果奖1项；甘肃省哲学社会科学优秀成果一等奖3项、二等奖6项。承担省部级以上科研项目118项，其中国家社科基金和自然基金项目38项。《甘肃政法学院学报》入选CSSCI扩展版来源期刊、北大中文核心期刊。

智库建设与社会服务 主动为全面依法治国和国家治疆治藏治边方略的实施提供有力的实用人才支撑；发挥人文社科研究基地的智库作用，为党委和政府决策提供智力支持；开展国别法治比较研究，积极服务"丝绸之路经济带"建设；发挥证据科学研究与应用重点实验室、司法鉴定中心、犯罪心理测试中心等科研服务平台功能，推进科研成果的转化和应用，为公正司法提供科技服务。

（张昊骏）

【兰州城市学院】 兰州城市学院是2006年2月经教育部批准设置的一所省属全日制普通本科院校，位于甘肃省会——兰州。学校前身是始建于1958年6月的兰州师范高等专科学校和新西兰友人路易·艾黎于1942年5月创办的培黎石油学校。2007年8月，经甘肃省政府批准，甘肃省幼儿师范学校整体并入学校。2018年，学校有3个校区，占地面积50.54万平方米，校舍建筑面积47.75万平方米，固定资产总值7.04亿元，馆藏纸质图书112万册、电子图书100万册、电子资源数据库29个。教职工1137人。其中，教授109人；博士103人；享受国务院政府特殊津贴专家2人；甘肃省领军人才4人；教育部"新世纪优秀人才支持计划”入选2人；全国优秀教师2人；全国师德标兵1人。本科专业52个，涵盖工学、理学、经济学、管理学、法学、教育学、文学、历史学、艺术学9个学科门类。拥有教育部“本科教学工程”地方高校第一批本科专业综合改革试点专业1个，教育部本科专业课程教学试点项目1个，省级特色专业8个、省级重点学科2个、省级工程研究中心2个，高校省级重点实验室2个、高校省级人文社会科学重点研究基地3个、高校省级新型智库1个。设有18个二级学院和甘肃省城市发展研究院、路易·艾黎研究中心、甘肃文化翻译中心等23个研究院（所）。学校是全国应用技术大学（学院）联盟成员、甘肃省首批应用技术大学试点高校和中国校企协同产学研创新联盟在甘肃省唯一一家理事单位。12月29日兰州城市学院荣获首届“甘肃省文明校园”称号。全日制在校生13600余人。

教学与育人 学校秉承路易·艾黎先生倡导的“手脑并用、创造分析”校训，致力于应用型人才的培养，形成“勤学、修德、明辨、笃实”校风，“学高为师、身正为范”教风和“乐学善思、学以致用”学风。2018年，4门课程入选省级精品在线开放课程与精品资源共享课，获批高等学校创新创业教学改革研究项目3个。学生在全国全省各类专业赛事中累计获得国家级奖励18项、省级奖励100余项。应届毕业生年终就业率达到84.68%，780人报考硕士研究生，录取235人，其中35人被“双一流”高校录取。

师资队伍建设 入选甘肃省领军人才1人，荣获甘肃省高等学校青年教师成才奖1人，荣获高等学校创新创业教学名师1人。柔性引进一流专家6人，吸纳引进40名博士。

学科专业建设 2018年，教育学、体育学、中国语言文学、石油与天然气工程、环境科学与工程获评省级重点学科，油气储运工程获评省级特色专业。

科研产出 全年教师公开发表学术论文477篇，其中SCI（E）等高水平论文83篇。出版专著教材46部，获批授权专利91项，软件著作权9项。获得各级科研项目150项，签订横向科研合同17项，获得甘肃省技术发明奖1项，获得省级哲学社会科学优秀成果奖16项。

合作交流 以努力建设成为国内知名有特色高水平的应用型大学为目标，立足兰州、服务甘肃，坚持产学研用相结合和开放式办学理念。与政府、高校、科研院所及企事业单位共建实习实训基地255个、实验实训室2个，与塞浦路斯欧洲大学等10余所海外高校和华东师范大学等数十家国内高校、科研院所建立了深度合作关系，与全国12所石油高校建立行业战略联盟。2月，学校与华东师范大学正式签订对口支援协议。

（刘建文）

2018年12月21日，兰州城市学院召开“改革开放40年，我与学校共发展”主题座谈会

【兰州职业技术学院】 2018年，学院设70个专业，9个院系，4个教学部，1个中心。建有130个校内实训中心（室）。在校生9059人，教职工747人。有4个校区，占地面积462亩，总建筑面积21.72万平方米，固定资产总值2.23亿元。

教学工作 学前教育专业是首批省级骨干专业，牵头组建甘肃省学前教育职教集团，学前教育专业张晓蓉老师团队作品《学前儿童负面情绪管理方法》在2018年全国职业院校教学能力比赛中荣获全国高职组课堂教学赛项三等奖。依托省级现代学徒制试点专业、省级特色和省级创新创业试点专业数控技术，建成为省级数字化设计与智能制造应用技术协同创新中心。率先在西北地区成立非物质文化遗产学院，重点建设了具有地域特色的唐卡、洮砚、砖雕、剪纸、珐琅彩绘画、葫芦雕刻等非遗专业，建成省级中华优秀传统文化传承基地，参加第5届中国非物质文化遗产博览会。与北京工业大学合作开展信息安全与管理专业建设；聘请网络空间安全学科建设指导委员会主任、国务院信息化专家咨询委员会委员、国家信息化专家咨询委员会委员沈昌祥院士担任专家顾问和名誉院长。连续承办4届甘肃省中等职业学校学生技能大赛，2018年承办甘肃省中等职业学校教师技能大赛、甘肃省高等职业院校学生技能大赛、第45届世界技能大赛甘肃选拔赛和2018年中国机器人焊接技能大赛，荣获2018年中国机器人焊接技能大赛杰出贡献奖和优秀组织奖。

科研工作 立项省市课题60项。通过省厅级课题鉴定12项，院内课题26项。获得发明专利2个，实用新型专利18个。出版《兰州教育学院学报》12期。与兰州经济技术开发区、兰州市科技局联合举办了4届大学生创新创业大赛，参赛项目累计310余个，参加学生1600余人次，投入经费210万元。学生创业团队项目连续3届参加“挑战杯——彩虹人生”全国职业学校创新创效创业大赛，荣获一等奖1次、三等奖5次，DBJ—3型多功能籽粒地膜点播机项目获甘肃省第3届“创新杯”工业设计大赛金奖，在甘肃省第9届大学生创新创业大赛中获得一等奖。

师资队伍建设 开展“借助在线课程，创新大学教学”专题培训和教师信息化教学能力提升培训工作。设立汽车车身修复专业工作室等21个专业工作室，发挥5个大师工作室职能开展学徒制培养试点，推进产教融合、工学结合，提升中青年骨干教师的专业技能和专业水平。省级教学团队6支，省级教学名师3人，省技术能手10人，省技术标兵4人，省“五一”劳动奖章获得者5人，省“园丁奖”获得者2人，省级创新创业名师1人，兰州市领军人才4人。

交流合作 依托太阳能技术示范与国际培训实习基地，完成“一带一路”沿线和非洲等30多个国家12期300余人次的太阳能技术人员培训项目；先后与德国麦特汽车服务股份有限公司完成教育部ARS校企合作项目，与德国巴斯夫公司开展巴斯夫汽车维修涂装职业教育项目，成立SGAVE现代学徒制试点班。与泰国南邦皇家大学达成共建泰语语言中心合作意向，并签订《高等教育合作框架协议书》；依托甘肃省商务厅和山东省商务厅国际合作项目，20名毕业生通过选拔赴新加坡联华电子（UMC）公司就业。学校连续3年参加丝绸之路（敦煌）国际文化博览会，2018年荣获最佳组织奖；婚庆服务与管理专业师生参加了2018中国·上海国际婚礼时尚周，在国际舞台上展示了裕固族婚俗传统文化。

招就工作 录取新生3304名。其中，普通高考招生1492人；单独测试招生1685人；中高职一体化联合培养招生127人。报到3106人，报到率94%。学院2018年高考分数线文科330分，高于省控线150分；理科314分，高于省控线134分，文理科高考招生分数线位列全省高职类院校第一；单独测试招生计划1685人，报名7097人，单独招生报考率位列全省前茅。完成工商技师学院招生178名。2018届毕业生2827人，毕业生就业率98.94%，位列全省高校第3。“3+3”毕业生跟踪服务工作稳步推进。

基础设施建设 学院投入2000多万元搭建数字校园，完成四校区有线出口IPv4带宽6.5Gbps，IPv6带宽1Gbps，无线网络全覆盖；拥有100余台虚拟化主机，数据存储总量达150T的数字化校园云平台。建设教务管理系统、招生管理系统、迎新管理系统、离校管理系统、宿舍管理系统、校情分析系统、后勤管理系统、国资管理系统、网上支付平台等管理系统，实现了智慧兰职App一站式服务。建成165间智慧教室和16间录播教室。学院总校区北侧9亩地的拆迁列入安宁区政府2019年重点工程。雁儿湾校区体艺馆前期手续办理完毕，“三通一平”地基工程已完成。投入5000万元的实训建设项目全部完成。

社会服务 承接2018国家统一法律职业资格考试、全国会计专业技术初级中级资格考试、兰州市事业单位公开招聘人员考试、兰州市机动车教练员培训项目等累计达1万人次。承接省运管局全国机动车驾驶教练员职业技能鉴定，每年完成1000人次以上；承接兰州市机关事业单位工勤岗位培训考核，涵盖汽车驾驶、电工等14个工种，每年培训1500人次。2018年为兰州国际马拉松赛、安宁区桃花会等活动选派志愿者近万人次。全年学院筹集资金39.2万元，为两帮扶村修建装机容量219千瓦光伏电站两处。筹集资金22万元，每户帮扶建房资金1万元，完成危房改造。筹集资金15万元，依托村上农民专业合作社，在前进村、饮马咀村建立两饮农坊小型制酒厂各一处。

（尹祥佳）

【兰州石化职业技术学院】 省属高职院校，是国家示范性高职院校。2018年，学校占地450亩（其中分部80亩）。下设12个二级学院和成人与职业培训学院，开设65个专科（高职）专业，专业门类涵盖工学、理学、文学、管理学、经济学5个专业门类。全日制在校专科（高职）学生14182人，成人教育和短期培训学员4000余人。专科（高职）招生5092人。毕业生就业率为98.86%。有教职工726人，专任教师564人。其中，263人具有高级职称；345人具有“双师型”教师资格。

专业建设 建有国家重点（特色）专业4个、省级示范专业5个、省级特色专业7个。2018年，工业自动化仪表、应用安全技术、建筑钢结构工程技术、空中乘务、大数据技术与应用5个新专业备案招生；石油炼制技术、应用化工技术、化工装备技术、工业过程自动化技术4个专业成为省级骨干专业。建成涵盖15个重点专业79门课程的专业教学资源库，其中煤化工技术专业教学资源库入选2018年度国家级职业教育专业教学资源库备选库。完善现

兰州石化职业技术学院实训教学

代学徒制工作，学校成为第三批国家现代学徒制试点单位。

教学工作 3项教学成果获省级一等奖、4项教学成果获省级二等奖，其中《基于产教协同发展的石油和化工类专业群拓展建设与实践》获国家级教学成果奖一等奖。争取各类专项资金8399.8万元，建设乙烯半实物仿真实训基地、工业机器人创新实训基地、热能动力实训基地等33个实践教学基地和教学专项项目。推进专业拔尖学生培养工作，师生参加2018年各类技能大赛获奖268项。其中，国家级一等奖1项；行业级、省级一等奖48项。荣获全国高职院校教学资源50强、职业院校实习管理50强。

师资队伍建设 新引进教师22人。获得高级专业技术职务自主评审权，首次开展高级专业技术职务自主评审工作，新晋升教授16人、副教授13人。加大教师培训力度，组织500余名教师参加技师培训、“双师”素质培训、企业实践锻炼。1个国家级技能大师工作室在人力资源社会保障部、财政部正式备案。新建甘肃省职业教育名师工作室2个、陇原工匠工作室1个。学校教师代表甘肃省参加全国职业院校教师教学能力大赛获国家级一等奖1项，实现甘肃省中、高职教师参加国赛成绩的历史性突破。

产教研融合 全年立项各类课题和项目111项，比上年增加31项，获资助经费748万元，比上年增加168万元。全校申请专利35项，公开发表论文443篇，其中权威期刊发表83篇。组建石化废气利用研发开发中心等校企联合技术研发中心8个、跨区域产学研技术研发中心1个。依托学校甘肃省精细石油化工行业技术中心、甘肃省高校石油化工科技成果转化孵化工程技术中心等技术研发平台开展联合项目申报和技术协作工作10余项。学校大学生创新创业教育服务中心成为甘肃省高职院校首家创新创业教育改革示范校。

国际化办学 服务“一带一路”建设，加强国际合作交流，与恒逸集团签署为期5年的中国—文莱“1+1+1”恒逸石化人才培养项目（培养规模预计600人），该项目入选外交部和教育部中国—东盟双百职校强强合作旗舰计划的首批20个中国—东盟高职院校特色合作项目，迈出甘肃省职业教育国际合作办学的坚实一步。与加拿大荷兰学院、阿塞拜疆国立石油大学、新加坡新思路能源公司签订国际合作办学协议。安排10名教师参加国际培训学习项目。招收来自巴基斯坦、哈萨克斯坦、塔吉克斯坦、吉尔吉斯斯坦、老挝、文莱的18名留学生来校学习，首次派出6名学生赴阿塞拜疆和波兰学习深造。

学生工作 2018届毕业生4387人，就业率98.86%，位居全省高校第一。其中，毕业生在规模以上企业就业占77.13%；在世界500强、全国500强、民营500强、化工500强企业就业占61.33%，实现了就业率高、就业质量高、就业对口率高、就业稳定性高及就业满意率高“五高”工作目标。实施思想政治教育“百千万”工程、学风建设促进工程、管理能力提升工程、精准资助育人工程、智慧学工建设工程、服务质量提升工程、青年国防教育工程七大工程，提升学生教育管理服务水平。学校在全国高等职业教育满意度调查10项主要指标中9项位

兰州石化职业技术学院教学实训场所

列全国第3、1项位列全国第4。推进校院两级辅助学习计划，充分发挥辅导员、班主任的导学、督学、助学作用，形成检查—通报—整改—检查循环管理机制。全年资助家庭经济困难学生8043人次，资助金额达1652.71万元。151名同学应征入伍，大学生征兵工作位居全省高校前列，获“甘肃省征兵工作先进单位”称号。

精神文明建设 深入学习宣传贯彻习近平新时代中国特色社会主义思想，学校机械工程学院教工党支部被教育部办公厅确定为首批“全国党建工作样板支部”培育创建单位。不断加强和改进思想政治工作，实施“课堂思政三分钟育人”工程和大学生思想政治教育“百千万”工程，完善“全员、全方位、全过程”三全育人体系。深入推进依法治校，提升内部治理能力，重新修订的《学校章程》获省教育厅批准实施；《学校学术委员会章程》印发实施。严格执行ISO9001质量管理体系，完成质量管理体系文件（第五版）改版。成立劳动教育研究中心和工业文化研究中心，分别被教育部职业院校文化素质教指委、工业和信息化部工业文化发展中心命名为全国首批“劳动教育研究中心”“工业文化研究中心”。荣获“中国石油与化工行业文化建设示范单位”荣誉称号。开展以支农支教等为内容的2018年全省大中专学生暑期“三下乡”社会实践活动，8个团队和16名师生获得省级表彰，学校被评为“省级优秀组织单位”。全校1万余名学生开展学雷锋志愿服务168项。通过“全国文明单位”复检验收，中央精神文明建设指导委员会颁发合格证书，再次确认学校“全国文明单位”荣誉称号。荣获第1届“甘肃省文明校园”荣誉称号。

社会服务 学校成为中国石油和化学工业联合会责任关怀工作委员会院校工作组副组长单位和国家开放大学石油和化工学院西北区办学站点。全年开展各类培训1.8万余人次，收入1000余万元。学校蝉联全国高职院校服务贡献50强。

（张建祥）

科学技术

【概况】 2018年，兰州市科技创新能力和科技发展综合水平取得长足进步。全市科技进步对经济增长的贡献率达到57.1%，增长1.5个百分点，综合科技创新水平指数达到75.68%，增长3.48个百分点。技术合同交易额达到62.76亿元，增长11.8%，占全省总量的34.69%。专利申请10708件，增长37.4%，每万人发明专利拥有量为12.07件，增长12%，比甘肃省平均水平高出9.45件。新增市级以上科技企业孵化器6家，新建孵化面积3.3万平米，新建各类新型众创空间14家。新增高新技术企业176家，占全省总数的52.7%；新增省级以上技术创新示范企业3家，有11家企业被认定为全省战略性新兴产业骨干企业，战略性新兴产业增加值占生产总值的比重达到14.7%。是年，兰州市科技局荣获国家人力资源和社会保障部、科学技术部颁发的“全国科技管理系统先进集体”荣誉称号，兰州市列科技计划项目“基于湿法凹凸棒石高值利用关键技术开发及应用”荣获2018年国家技术发明二等奖，“心脏瓣膜外科创新技术及产品的建立和应用”荣获2018年国家科学技术进步二等奖；兰州市人才创新创业项目“兰州地铁隧道下穿黄河强透水卵漂石地层关键技术研究”荣获中国城市轨道交通协会的“2018城轨科技进步奖”二等奖。

【科技创新】 推进兰白国家自主创新示范区和科技创新改革试验区建设。起草《关于支持兰州高新技术产业开发区加快建设国家自主创新示范区的实施意见》，以市委、市政府文件下发。挂牌成立稀土功能材料产业研究院、生命科学技术产业研究院等4个产业研究院，组建兰州大学工作站、西北师范大学工作站等4个科技创新工作站；完成兰白创新改革试验区“六个一百”工程任务，转化科技成果138项，开发新产品96个，培育高新技术企业91家，新建创新平台103个，引进及培育创新创业团队127个；兰州新区、兰州高新区、兰州经济区加快推进千吨级二氧化碳加氢制甲醇、中农威特产业基地、兰州西部药谷产业园等近30项重点科技产业项目建设。

落实《甘肃省支持科技创新若干措施》《兰州市支持科技创新若干措施》，牵头与12个市级部门和单位共同拟定《〈兰州市支持科技创新若干措施〉实施细则》，在高校院所、科技企业、各区县先后举办政策宣讲48场次，1500余家企业、20余所高校、30余所科研单位参加培训。全年市级各部门为落实支持科技创新若干措施，向各类创新主体提供扶持资金4.08亿元。

【科技计划暨成果管理】 按照创新链布局资金链的要求，组织开展2018年度兰州市市级科技计划项目及兰州市人才创新创业项目征集工作，征集到8大类市级科技项目1249项。按照“挖掘一批创新型企业、发现一批科技创新项目、征集一批企业关键技术难题、凝练一批科技成果和专利技术、组织一批对外招商引资合作项目和技术交易合同”要求，从中选列兰州西脉记忆合金股份有限公司“心外科可急救关胸器械应用于产业化”等10大科技项目，甘肃西北之光电缆有限公司“低烟无卤铝合金电缆关键技术研究与应用”等10大科技创新项目。全年全市安排市级科技计划项目318项，投入科技专项资金7323万元；安排人才创新创业项目134项，下达资金4000万元。这些项目涵盖了生物医药、装备制造、新型材料、节能环保、现代农业等领域。

【科技金融】 督促“兰州科技创新创业风险投资基金”“兰州科技产业发展投资基金”运营各方认真履职尽责，截至年底，两支科技基金完成70家企业的调研工作，对其中21家企业开展尽职调查工作，完成项目投资9项、投资金额2.65亿元，占实到资金的26%。组建并运营总规模1亿元的兰州重点产业知识产权运营基金，完成尽职调查企业3家，完成项目投资1项、投资金额100万元。

【科技服务体系】 科技创新券收券机构达66家；新增大型科研仪器10台，大型科研仪器达到935台；向798家企业和团队发放科技创新券3990万元。引进创客团队35家，引进企业9家，孵化人数为196人，推荐入驻科技企业孵化器1家；举办创新创业活动25场；产生创业成果3项，为9家在孵团队推荐申领甘肃省科技创新券计45万元。加强技术转移及技术交易服务，全年认定登记技术合同2181件个，交易额46.85亿元，完成45.5亿元的全年目标任务。

【成果转化】 兰州市科技局承办的第3届兰州科博会吸引参展单位319家，展出科技成果760项、展品1100种，与上年相比，分别增长25%、100%、12%；签订成果转化转移项目合同190项，签约金额15.34亿元，签约金额较上年增长25%；展会期间还举办“国家自主创新示范区建设与发展高峰论坛”等4个专业论坛及首届“活力金城”兰州市人才创新创业大赛、第5届“泛海扬帆”总决赛项目路演等8项创新创业活动。2018年，兰州市再次被国家科技部确定为“第3届中国创新挑战赛”的17个承办城市之一，本届创新挑战赛征集到企业技术创新需求216项，经专家评审、甄别、分析，向海内外发布企业技术创新需求118项，征集到解决方案136项，较上年分别增长71%、69%、46%；兰州赛区89个挑战团队挑战48项技术创新需求，签订合作协议43项，签约金额3791万元，较上年分别增长105%、6%。中国创新挑战赛兰州现场赛，已逐步成为本市以需求引导科技成果转化的新举措、新办法。

2018年9月15日，第三届兰州科技成果博览会开幕式

【产学研合作】 制定《在兰科研院所、高等院校产学研工作联席会议制度》，提交中共兰州市委人才工作领导小组会议审议通过。大力支持高校院所在企业建立科技成果转化基地、企业在高校建立研发机构，累计支持建立51家科技成果转化基地和20家企业研发机构，支持经费1280万元。兰州科技大市场遴选88家各类服务机构进入收券机构名录，共享大型科研仪器925台，为693家企业和团队提供检验检测、专利申请代理和委托研发服务8001项，全年开展技术对接会10场，促成新加坡南洋理工大学与甘肃省膜科院“油水分离膜”等项目达成合作，签订合作协议。

【知识产权】 推进兰州地区专利申请量稳步增长，发挥知识产权在创新驱动发展战略中的重要保障作用。全年专利申请量10708件，每万人口发明专利拥有量达到12.07件；发放资助资金180万元，资助专利3100件。开展专利权质押融资工作。完成上年全市专利质押补贴项目申报工作，组织拨付14家单位上年度甘肃省企业专利权质押融资贴息补助和评估费补贴及担保费奖励资金计218.1万元。组织兰州市14家优势企业和1家示范企业开展上年度国家知识产权示范企业、优势企业复核和考核工作。完善知识产权运营基金制度，推进此项工作有序开展。

【科技交流】 与美国中关村硅谷创新中心签署《合作备忘录》，就成立兰州硅谷工作站等相关事宜达成一致意见。与俄罗斯亚洲工业企业家联合会签订科技交流合作协议，开展北美和俄罗斯企业兰州行活动，推进科技交流合作。组织兰州市科技交流团参加在奥地利维也纳联合国会议中心举行的第3届“一带一路 发展绿色经济，搭建城市可持续发展之桥”大会开幕式及“地区影响力的全球目标”“为未来融资”“未来的城市”等高级别政策对话活动。落实兰州市人民政府与南宁市人民政府确立的《关于合作共建中新互联互通项目南向通道的框架协议》精神，兰州市科技局与南宁市科技局正式签订科技交流合作协议，双方一致同意进一步深化科技交流合作，将科技元素融入中新互联互通项目南向通道建设，建立更加紧密的战略伙伴关系。

【科普宣传】 开展以“科技创新强国富民”为主题的2018年科技活动周宣传工作；与市科协、教育局等单位，共同组织开展中国青少年机器人（甘肃赛区）竞赛兰州市选拔赛；投入资金280万元，首次在全市7所中小学试点建设高起点、高配置的青少年科技创新教育试验室，为中小学生传播科学思想，培养学生的创新精神和实践能力提供良好条件。强化报纸、网络等全媒体的宣传力度。3月14日，《人民日报》刊《兰州打造西北区域创新中心》报道，7月6日，《科技日报》在其区域创新版数说创新中刊《20类兰州“科技管家”服务企业有成效》报道，在中央主流媒体宣传兰州科技创新工作；与兰州日报社合作，创办每周一期“创新兰州”专版，刊发30余期；2018年在中央和省、市媒体刊发宣传报道500余篇条，在省、市两级电视台宣传报道科技工作10余次。

【招商引资】 按照《关于做好2018年度重点招商引资项目推进工作的通知》要求，市科技局对科技产业组2018年招商引资工作进行安排部署。截至年底，科技产业组报备签约项目13个，认定到位资金9.34亿元，其中市科技局报备认定签约项目3个（总投资12.8亿元），已认定到位资金3.5亿元。

（张克力）

气象·地震

气象

【概况】 2018年全市平均气温在6.6℃~11.0℃之间，较常年偏高0.5℃~0.8℃，年降水量在426.8毫米~641.0毫米之间，与历年平均值相比全市各地偏多6成~7成。年日照时数正常略少。年内冷暖起伏大，入秋晚，其余各季偏早；降水量偏多且雨日偏多。主要的气象灾害有暴雨洪涝、冰雹、大风、雷电等，造成部分地方农业损失，并导致人员伤亡，总体上看，2018年属于气候条件较好的年景。

【主要气象要素概述】 气温：全年平均气温正常略高。2018年全市年平均气温8.2℃，较常年偏高0.6℃，较上年均偏低0.2℃，按照气温等级评定标准，属正常年份。年内各月平均气温起伏较大，主要以偏高为主，其中3—8月平均气温偏高，特别是3月异常偏高，皋兰县创历史同期新高，其余各站为历史同期第2高值；2月偏低，其余月份接近常年。

冬季（2017年12月—2018年2月）：季平均气温-5.7℃，较常年同期正常略低，较上年同期偏低2.5℃。其中，市辖区-2.7℃；榆中县-6.1℃；皋兰县-7.2℃；永登县-6.8℃。全市各地比历年平均值正常略低，比上年同期值偏低2.3℃~2.9℃，按气温异常等级标准，全市冬季气温正常略低。

春季（3月—5月）：季平均气温11.4℃，较常年同期偏高2.3℃，较上年偏高1.5℃。其中，市辖区14.1℃；榆中县10.6℃；皋兰县11.1℃；永登县9.6℃。全市各地比历年平均值偏高1.9℃~2.7℃，比上年同期值全市各地偏高1.6℃~2.4℃，按气温异常等级标准，全市各地属偏高年份。

夏季（6月—8月）：季平均气温20.4℃，较常年同期偏高1.3℃，比上年同期偏低0.5℃。其中，市辖区23.1℃；榆中县19.2℃；皋兰县21.0℃；永登县18.4℃，比历年同期平均值偏高1.0℃~1.7℃，比上年同期值偏高0.3℃~0.7℃，按气温异常等级标准，全市各地属偏高年份。

秋季（9月—11月）：季平均气温7.3℃，较常年同期正常略低，与

2018年3月19日，榆中县气象局工作人员向小学生讲解气象科普知识

上年同期偏低0.9℃。其中，市辖区10.0℃；榆中县6.7℃；皋兰县6.8℃；永登县5.7℃，比历年同期平均值正常略低，比上年同期偏低0.8℃～1.2℃，按气温异常等级标准，全市气温正常。

2018年日极端最高气温：兰州市35.7℃（7月17日）、榆中县31.2℃（8月5日）、皋兰县34.8℃（7月17日）、永登县31.0℃（7月17日）；高温日数（日最高气温≥32℃）：榆中县、永登县未出现；兰州29天、皋兰14天。高温时段较为分散，虽然持续时间较长，但无长期晴热高温时段。

日极端最低气温：兰州市-13.5℃（1月31日）、榆中县-21.7℃（1月31日）、皋兰县-21.9℃（1月31日）、永登县-21.0℃（1月8日）。

降水：2018年全市年平均总降水量520.2毫米，较常年偏多211.6毫米（69%），与上年相比偏多172.1毫米（49%）。兰州市、榆中县、皋兰县、永登县4站年降水总量分别为457.1毫米、641.0毫米、426.8毫米、556.0毫米。按照降水等级划分标准，全市属于偏多年份。

各月降水量：除3、6、10月降水较常年同期有所偏少外，其余月降水均偏少。

兰州市全年平均雨（雪）日（R≥0.1毫米）97天，其中兰州市89天、榆中县102天、皋兰县85天、永登县112天。

冬季（2017年12月—2018年2月）：冬季降水量7.7毫米，较常年同期平均偏多1.7毫米（28%），比上年冬季偏多1.3毫米（20%）。其中兰州市4.9毫米、榆中县12.9毫米、皋兰县2.0毫米、永登县10.8毫米，较常年平均值市区正常略少。按降水量异常等级划分标准，全市冬季降水属正常。

春季（3月—5月）：全市降水总量88.3毫米，较常年同期偏多24.4毫米（38%），较上年同期偏多28.6毫米（48%）。其中兰州市95.8毫米、榆中县118.7毫米、皋兰县86.0毫米、永登县52.5毫米，按降水量异常等级划分标准，全市各地属偏多。

夏季（6月—8月）：全市降水总量301.1毫米，较常年同期偏多129.5毫米（75%），较上年同期偏多87.8毫米（41%）。其中兰州市254.9毫米、榆中县403.2毫米、皋兰县214.9毫米、永登县331.3毫米，与常年同期平均值比较，按降水异常等级标准，全市夏季降水属异常偏多。

秋季（9月—11月）：全市降水总量120.8毫米，较常年同期偏多53.7毫米（80%），较上年同期偏多52.2毫米（76%）。其中兰州市99.2毫米、榆中县102.2毫米、皋兰县121.9毫米、永登县159.7毫米，按降水异常等级标准，秋季降水全市属偏多。

日照：全市总日照时数2440.7小时，较常年偏少100.7小时（-4%），比上年偏多15.7小时（1%），按日照时数年度评定标准，全市日照正常略少。

各月日照时数：除2—5月、10月日照时数较历年平均值偏多外，其余各月日照时数以偏少为主。

相对湿度：2018年，兰州全市年平均相对湿度59%，较历年同期平均值偏高0.6%，较上年偏高2.4%。年内各月较历年平均值持平。

风：2018年兰州全市年平均风速1.7米/秒，与历年平均值（1.7米/秒）持平。其中兰州、榆中、皋兰、永登4站年平均风速分别为1.1米/秒、1.9米/秒、1.6米/秒、2.1米/秒。

【主要天气事件】 大风：年内兰州有3站出现大风天气，累计出现9站日。其中，市辖区未出现；榆中县3站日；皋兰县2站日；永登县4站日。

扬沙：年内有3站出现扬沙天气，累计出现9站日。其中，榆中县未出现；皋兰县5站日；永登县2站日；市辖区2站日。

浮尘：年内全市4站累计出现浮尘51站日。其中，市辖区17站日；榆中县13站日；皋兰县19站日；永登县2站日。

第一场透雨：4月20日（19日21时～20日20时）市区出现春季第一场透雨（15.2毫米），比历年同期（5月3日）提前13天。

4月20日（19日21时—20日20时）榆中县出现春季的第一场透雨（30.6毫米），比历年同期（5月16日）提前26天。

4月20日（19日21时—20日20时）皋兰县出现今春第一场透雨（16.8毫米），比历年同期（5月15日）提前25天。

6月27日（26日21时—27日20时）永登县出现今年第一场透雨（10.3毫米），比历年同期（5月29日）推迟29天。

暴雨、短时强降水：2018年，兰州全市短时强降水、暴雨频发，出现“4·19”“6·27”“7·1”“7·20”“7·22”等一系列天气过程，给群众财产和基础设施造成了重大损失。全市暴雨日数较常年同期偏多，为近5年最多。据不完全统计，年内受暴雨洪涝影响，全市受灾15.88万人，死亡6人，造成经济损失13.5亿元。

冰雹：年内冰雹仅出现在4月及9月，较常年同期偏少，为1961年以来最少。据不完全统计，年内兰州市冰雹灾害造成3.27万人受灾，农业受灾面积1584.4公顷，成灾面积1552.6公顷，直接经济损失8630.99万元。

【公共气象服务】 兰州市气象灾害防御指挥部召开气象灾害防御指挥部成员单位联席会，安排部署2018年气象灾害防御、防汛抗旱及人工影响天气工作。和市政府应急办及市国土局、市环保局、市民政局、农委等多部门联合发布自然灾害预警，提醒社会各界注意防范。

【气象现代化】　与兰州市大数据局合作，借助兰州“时空信息云平台”项目推进智慧气象建设；完善兰州市气象指挥业务平台，重大灾害性天气无漏报且提前24小时发布专报，预警信息发布精细到乡镇；完善环境气象预报预警流程，加强重污染天气监测预警服务评估体系建设；开发本地作业指挥系统；选派业务骨干到甘肃省气象局中心台、气候中心、信息中心学习交流，市县预报员交流40人次，通过局设科研项目培养业务创新团队，进入市级专家人才库5人；气象灾害防御方面，研发手机气象服务系统，实现主城区户外屏发布气象预警信号。

【气象服务决策】　成立春汛期气象服务领导小组，开展汛前检查。2018年发布预警信号100期，编发决策服务材料262期。其中，雨情快报160期；专题服务43期；中长期预测14期；气候评价11期；领导参阅16期；污染防治决策材料18期。

【为农服务】　制定《兰州市2018年农业气象周年服务方案》，开展春耕春播、夏收夏种气象服务，发布专题农气服务材料161期。编制“三农”专项建设实施方案，与市防汛办、市农委联合建成5个防灾减灾示范乡镇，8套设施及农田小气候示范地，6套自动土壤水份观测站。开展调查评估，向政府提供决策服务材料，并将农业气象服务信息通过广播、电视、短信、QQ群、微博、微信、手机客户端等多种渠道，向各类经营主体进行专题服务，发挥标准化现代农业气象服务示范引领作用。

【重大社会活动保障】　为兰州国际马拉松赛道布设区域站，为组委会提供逐10分钟实况和逐小时预报，为航拍兰州、电视直播赛事、体育竞赛等提供气象服务，赛事保障受到组委会的肯定。为安宁桃花会、“黄河奇峡·花漾什川”文化旅游节、“中国玫瑰之乡·兰州玫瑰旅游节”、榆中“奥跑中国”气象保障任务提供精准预报和气象服务。

2018年6月5日，市气象台召开高考暨兰州国际马拉松天气新闻媒体见面会

【依法行政】　“3·23”世界气象日、“5·12”防灾减灾日组织职工走上街头宣传气象法规、气象灾害防御知识，印发宣传单5大类8000余份。向甘肃气象政务网、中国气象报投稿多篇，2人参加中国气象局行政执法培训班，举办3期依法行政讲座，1期气象行政执法专题培训，编写《兰州市气象行政执法教材》1册。

气象服务窗口标准化、制度化、规范化，各许可和非许可审批事项全部进驻行政服务中心办理，行政业务流程均在网上操作，全程留痕，办理程序、承诺期限在服务窗口进行公示，接受社会监督。

【人工影响天气工作】　制订2018年人工影响天气作业计划，举办1期作业人员培训班。截至11月底，开展增雨雪作业22点次，发射火箭弹86枚；防雹作业105点次，高炮防雹弹1085发。地面碘化银烟炉播撒系统建成后，适时开展增雨作业36点次，燃烧焰条322支。

【气象应急响应机制】　与市政府应急办共同建立覆盖全市各行政村、社区的气象应急响应员工作机制，在1300余人钉钉工作群报送信息，有效解决上下信息不畅问题。

（詹玉辉）

地　震

【概况】　2018年，兰州市地震局落实第五代《中国地震动参数区划图》标准，抓好各类新建、改建、扩建建设工程抗震设防审批工作。截至年底，全市审批一般建设工程抗震设防要求60项。其中，市地震局审批5项（接件登记9项）；城关区2项；安宁区2项；西固区7项；红古区5项；永登县3项；榆中县30项；皋兰县6项。

【依法行政】 开展“每月一法”集中学习培训，督促指导8个区县地震部门加强“放管服”改革政策学习，妥善处理改革政策与涉法问题，规范基层干部行政执法行为，提高全市地震系统依法行政能力。聘请法律顾问，加强对全局各项工作的法律服务和保障，妥善解决安评机构撤销等工作中的一些涉法问题。督促指导区县地震部门开展抗震设防要求执法检查，掌握辖区建设项目动态情况，监督建设单位办理相关手续，向甘肃省地震局报送《关于开展抗震设防要求监管工作情况的自查报告》。规范建设项目抗震设防要求监管事项名称、流程、要件、时限等，制定办事指南和业务手册，向区、县地震部门下发《关于统一规范使用行政许可事项名称的通知》，将全市地震部门纳入网上审批平台，建立健全审批协作机制，形成建设项目审批“一盘棋”格局。

【地震监测预报】 树立“震情第一”观念，加强震情跟踪和宏观异常落实，执行24小时震情值班、宏微观异常报告等制度。截至年底完成周会商38次，月会商10次，编发月震情会商意见10期，组织召开半年震情趋势会商会1次，提交震情趋势报告1份，落实宏观异常1次。严格数据信息收集、报送、分析，充实完善地震观测资料数据库。进一步科学规范地震监测预报和信息发布业务流程，着力应用好甘肃省地震局监测数据信息共享成果，快速、准确地为政府决策和社会公众提供信息保障服务。推进台网优化升级，进一步完善全市新建地震深井观测台配套设施，完成台站周边环境整治等工作。完成兴隆山地震观测台站、永登民乐地震观测台站的维修改造，提高台网运行效率和速报能力，推动全市地震观测台网实现全面优化升级。加强台网管理保护，加强地震监测设施和地震观测环境保护工作。定期不定期组织对全市测震台站和前兆台站进行全面检查，及时处理问题隐患，根据台站运行情况，对老化设备进行更新维护，确保地震观测设备正常运行、观测数据连续完整。督促指导各区县地震部门，结合实际及时调整充实群测群防队伍，强化培训管理，落实经费保障。组织对全市60个宏观观测点重新进行核查认定，对不满足观测条件的观测点取消或调整，对数据报送不及时的观测员予以调整更换，与重新认定的观测点签订《地震宏观观测委托合同》，明确权利义务，严格规范工作制度和程序。

【震害防御】 对列入《需开展地震安全性评估确定抗震设防要求的建设工程目录（暂行）》的重大建设工程，督促指导建设单位开展地震安全性评价强制评估，对兰州市中医医院异地新建项目（三甲医院）、兰州市动物园异地搬迁、兰州新区地震小区划等项目开展地震安全性评价工作。指导区、县地震部门网上审批管理、组建项目建设管理团队。

配合民政部门做好安全示范社区创建的审查推荐工作，七里河区土门墩街道建西西路社区、城关区张掖路街道山字石社区被甘肃省减灾委、甘肃省民政厅评为省级综合减灾示范社区。巩固原有“地震安全示范社区”的建设成果，在地震科普宣传、地震应急避险、地震安全服务等方面加大指导支持力度，切实发挥好示范带动作用。加强农村建房抗震设防指导服务，全年全市完成农村C级危房改造2018户，农村危房基本消除。有计划、有重点地开展农村建筑工匠抗震设防技术培训200余人次。做好地震安全隐患排查，全年全市近郊4区排查存在安全隐患的社会房屋333处。其中，鉴定为危房86处。排查国有直管公房20526户，其中，存在严重安全隐患173栋，占公房总面积18%。2所小学房屋建筑工程采用了推广的减隔震设计。积极配合建设、水务、安监等部门，组织开展对建筑领域、地下管网、水库塘坝以及油库、气库、化工厂等重点设施的地震安全隐患排查，着力防范地震安全隐患。

2018年5月8日，市政府应急办、市地震局、城关区地震局、城关区教育局联合在正宁路小学举行城关区中小学校地震应急演练启动仪式

【地震应急准备】 完成《兰州市地震应急预案》的修订工作。修订《兰州市地震灾害应急处置操作手册》，印发至市抗震救灾指挥部各成员单位遵照应用。对《兰州市突发事件应急体系建设实施方案（征求意见稿）》《兰州市轨道交通运营突发事件应急预案（修订稿）》等10余件突发事件应急预案提出修改建议。与兰州消防支队签订《关于建立地震灾害应急救援战略合作的协议》，通过定期会商、召开专项会议、组织业务培训、联合演练等形式，加强相互间信息沟通与资源共享，强化交流合作，共同提高应急处置专业化水平和能力。完成兰州市地震应急指挥大厅的升级改造，优化地震应急指挥技术系统，强化数据资源更新、整合和应用。加强应急设备维护管理，完成8个区县地震应急无线电台的维护更新工作。与甘肃省地震局视频会议连线联调，对地震应急装备进行日常维护和保养，做好通信、设备、网络等地震应急保障工作。配合做好全市应急避难场所建设和救灾保障体系建设，指导各区县地震部门做好地震应急避险场所标示牌的维护工作。组织开展全市地震系统应急桌面演练、地震应急现场工作拉动演练和全市地震系统应急工作及应急指挥技术平台操作培训，提升市、区县地震部门的应急联动和协同能力。在学校、医院、社区等人员密集型场所，组织开展形式多样的地震安全教育培训和应急避险演练工作。在甘肃省公路航空旅游集团、兰州交通大学机电学院等10余个单位，开展防震减灾地震应急知识培训和地震应急疏散演练，参与“国家陆地搜救兰州基地公开日”相关活动。

【防震减灾宣传教育】 利用“5·12”防灾减灾日、“7·28”唐山地震纪念日等重点时段开展宣传。组织参加省、市、区三级联合举办的防灾减灾日大型宣传活动，发放各类宣传资料和宣传品5万余份，利用移动公司短信平台向市民发送防震减灾知识宣传短信40余万条。推进防震减灾知识“六进”（进机关、进农村、进企业、进社区、进学校、进部队）活动，联合兰州市广播电视总台安排黄金时段面向社会公众播放防震减灾公益宣传片，播出150次250分钟；联合兰州人民广播电台联合开办“防震减灾科普”栏目，播出防震减灾科普知识49次147分钟；联合甘肃飞天广电数字移动电视传媒在全市36条公交线路的1000余辆公交车车载电视、甘肃省广播电影电视总台官网、甘肃省广播电影电视总台手机APP客户端3个平台同步播放“防震减灾你我同行公益宣传片”，播放180次；在《兰州日报》科普专栏刊登地震科普知识6期；在近郊4区200个社区电子条屏连续1周滚动播放防震减灾科普知识。利用全市教育系统短信应急平台和微信公众平台，发送防灾减灾信息20条5000余则。

指导各区县地震部门、有关学校和社区开展形式多样的防震减灾系列主题活动，举办基层防震减灾知识培训讲座20余次，指导街道、社区、中小学校以及相关单位开展地震应急疏散演练与宣传活动30余次。为全市28所防震减灾科普示范学校、8个示范社区赠阅防震减灾知识读本、防震减灾科普杂志400余册。向省市相关部门，省内外有关城市地震部门赠阅2017年《防震减灾》杂志1900余本，利用兰州市地震局官方微信、微博推送防震减灾科普知识100余期。

开展纪念汶川地震十周年系列活动。组织代表队参加全国防震减灾知识科普大赛取得优异成绩，兰州市永登县第八中学代表队获甘肃赛区初中组一等奖、西部赛区初中组一等奖、全国总决赛优秀组织奖，兰州市榆中县恩玲中学代表队获得甘肃赛区初中组二等奖。

联合兰州市教育局、兰州市科协举办第1届市级中小学生防震减灾知识手抄报创作大赛，参与学生1.5万人次，获奖作品同时在兰州市地震局网站展示和兰州市地震博物馆展览。组织开展第7届平安中国防灾科普千城大行动暨防灾科普文化影视季多媒体放映活动，在全市中小学放映2000余场次。积极组织和指导各区、县开展省级科普示范学校的创建申报工作，成立检查组实地检查创建工作开展情况，皋兰县第四中学被推荐命名为省级防震减灾科普示范学校。发挥防震减灾科普基地作用，利用现有资源开展多形式、多渠道、多层次的宣传教育，结合“世界地球日”“防灾减灾日”“国际博物馆日”“文化和自然遗产日”等重点时段，开展形式多样的宣传活动。截至年底，兰州市地震博物馆接待观众2.3万人次。

（张建华）

文　化

【概况】　2018年，兰州实施重点文化产业项目65个，完成投资37.25亿元。建立完善重点项目台账，实行项目月报制度，组建重点文化旅游项目团队。申报国家文化产业专项资金项目3个，省文化产业专项资金扶持项目9个。成功申报兰州创意文化产业园为第1批国家级文化产业示范园区创建单位。同时，实施旅游厕所革命，新建改建旅游厕所98座。创建乡村旅游示范乡镇4个、旅游示范村10个、星级农家乐400户。

【公共文化服务】　建成城市街道（社区）综合性文化服务中心130个。建成兰州市图书馆青少年数字分馆、中央广场青少年图书馆（一期）并开馆。在全市在建工地建立农民工阅览书屋。坚持“补齐短板、融合共享、全域覆盖”，推进旅游公共服务转型升级。加快景区快速通道及景区连接通道建设，完善交通主干道旅游标识标牌，开通重点旅游景区旅游直通车，全面提升景区可进入性。文化旅游产品日益丰富、品质全面升级、服务水平提升，基本形成吃、住、行、游、购、娱与体验互动相结合的文化旅游黄金链条，初步实现了游客“赏敦煌乐舞、品甘肃美酒、淘陇原特产、鉴丝路珠宝、观黄河全景、尝特色美食”的愿景。

【行业监管】　深化“扫黄打非”专项行动，认真开展文化市场背街小巷、噪音扰民等专项整治，着力营造平安、诚信、和谐、繁荣的文化市场。深入贯彻落实《旅游法》，认真开展旅游行业利剑行动，严厉打击黑车、黑导和消费欺诈行为，维护旅游市场秩序。认真开展行业安全大检查，确保文化旅游行业无安全生产重大事故发生。强化广播电视行业监管工作，坚持把直接关系人民群众健康安全的医疗、药品、食品等广告内容作为整治的重点，认真开展专项整治活动，全力查处整改违规广告。加强广播电视

2018年7月5日，第六届兰州国际鼓文化艺术周暨第七届兰州国际民间艺术周开幕式

播出机构管理，严格规范电影市场秩序，做好网络视听广播电视节目监管，整治非法卫星地面接收设施。

【城市宣传营销】 成功举办第6届“中国（兰州）国际鼓文化艺术周”、第8届“兰州黄河文化旅游节”、第2届“黄河之都”音乐节等重大活动。在罗马举办“兰州牛肉拉面牵手意大利面”暨兰州市文化旅游推介活动，在汉堡举办“见证中德友谊”兰州百年中山铁桥建设历史图片展，设立兰州文化旅游（罗马）和（汉堡）推广联络处。组织《大梦敦煌》剧组赴意大利进行交流演出。先后赴武汉、长沙、太原、香港等城市开展文化旅游宣传推介。启动“丰收了、游甘肃、品兰州”淡季旅游宣传推广活动。积极参与深圳文博会、敦煌文博会、厦门文博会等展会活动。

【广播电视事业】 推进广播电视高清化技术改造工作。实施3县1区中央人民广播电视节目无线数字化覆盖工程。实施数字微波传输网升级改造工程。实施县级广播电视制播设备数字化改造工程，实现3县广播电视台制作、播出全数字化，形成中央、省、市、县4级数字化制作播出体系。加强广播电视优秀节目的创作生产，推选出一批优秀广播电视节目及论文，有8件作品获甘肃广播影视奖一等奖。纪录片《决战兰州》获得第24届中国纪录片系列片十佳作品奖。原创故事影片《丢羊》获电影华表奖。《西北花儿王朱仲禄》入选国家广电总局网络视听节目内容建设扶持项目。

【舆论引导】 全市播出机构坚持聚焦中央治国理政新理念新思想新战略主线，统一思想、聚焦共识，精心安排，做好正面宣传，与中央要求保持高度一致，坚决做到向中央“看齐”，严格遵守政治纪律、宣传纪律。坚持以社会主义核心价值观为引领，弘扬中华民族优秀传统文化，不断提高正确舆论的引导力，组织全市2017年度广播电视优秀节目评选工作。坚持把“讲文明、树新风”弘扬“遵德守礼、文明风尚”和“社会主义核心价值观”公益广告及创建文明卫生城市的活动深入到各企业、各影院，弘扬社会公德，不断提升文明窗口形象。

津巴布韦演员表演的《鼓动非洲》（张耘　摄）

【文物保护和非遗】 落实《文物保护法》，组织开展第8批全国重点文物保护单位遴选申报工作。推进重点文物保护工程，完成金天观、城隍庙等重点文物修缮工程。组织开展“5·18国际博物馆日”、第2个文化和自然遗产日宣传活动。加强非遗传承保护，组织非遗传承项目赴外参加展演展示活动，参加全国非遗曲艺周展演，组织兰州刻葫芦手工艺人参加在蒙古国乌兰巴托举办的甘肃文化旅游周活动，组织非遗项目参加敦煌文博会展演，组织高高跷参加山东济南第五届非遗博览会。

【安全播出】 召开安全播出保障工作专题会议，研究部署安全播出工作。组织全市范围内开展安全播出大检查，排除安全隐患。发挥广播电视安全播出监管平台作用，全面加强广播电视监测监看监听。常态化做好值班值守工作，认真落实“双人双岗”24小时值班值守制度和领导带班制度，圆满完成元旦、春节、“两会”“上合峰会”“进博会”等重要时间节点的安全播出保障工作。同时，加强对各播出机构和各区县的督导检查，严格属地管理、分级管理和谁主管谁负责、谁主办谁负责的原则，全面落实安全播出责任。

（魏尚雄）

旅　游

【概况】 2018年，全市共接待国内外游客5975.1万人次，同比增长22.7%，实现旅游总收入530.3亿元，同比增长28.9%。全市55个重点文化旅游产业项目完成投资24.7538亿元。33个续建项目完成投资19.2675亿元，其中树屏小镇山居别墅旅游度假村项目完成主体工程。18个新建项目完成投资3.7739亿元，其中兰州树屏丹霞旅游景区项目完成总体规划，4个拟建项目完成投资1.7124亿元。

【旅游示范乡镇创建】 对上年4个市级旅游示范镇进行考核验收。积极组织各区县申报2018年市级旅游示范乡镇创建单位，指导七里河区魏岭乡等6个乡镇开展创建工作，力争再创建4个市级旅游示范镇。推进“一部手机游甘肃（兰州）”项目。

【项目招商】 实行重点项目调度机制，先后组团赴宁波、深圳、广东等城市开展项目推介及招商活动，有针对性地开展一对一推介洽谈，提高项目的签约、履约和资金到位率。完成招商引资目标任务的66.7%；市文化旅游产业组招商引资任务到位资金5.3亿元，完成目标任务的65%。

【文化旅游宣传】 编印《兰州文旅》杂志，开辟“相约兰州”电视栏目，赴武汉、长沙、太原等城市开展文化旅游宣传推介，开通“视讯屏媒”全数字化多媒体，在央视综合频道（CCTV-1）等央视频道、甘肃卫视、兰州日报、中国自驾游杂志及香港《经济导报》、香港商报网等媒体网站，全面展示兰州城市魅力，扩大兰州城市影响力。

【监督管理】 积极推进电子导游证更换工作。加强旅行社、星级宾馆、A级景区（点）、网吧、娱乐场所、影院等监督管理工作。推进行业诚信体系建设，建立旅游行业诚信企业“红黑榜”制度。开展旅游市场秩序整顿“利剑行动”，检查旅游市场及旅游车辆和带团导游771家/次，处理案件45起，及时办结举报投诉案件244起。

（魏尚雄）

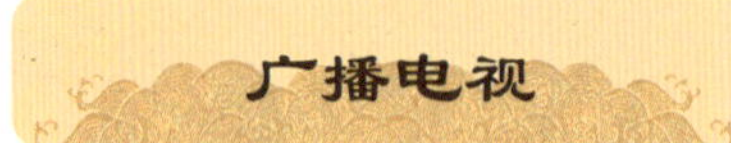

广播电视

【概况】 2018年，兰州广电总台切实增强政治意识和责任意识，围绕市委、市政府的中心工作和重大决策部署，坚持正确的舆论导向，提升新闻宣传水平和舆论引导能力，大力推进广播电视事业转型升级。

【意识形态】 落实全面从严治党主体责任，开展约谈482次，969人次。推进“两学一做”学习教育常态化、制度化，强化全台党员宗旨观念。参加市直机关工委组织开展的各项党建主题活动。结合“转变作风改善发展环境建设年”活动，强化正风肃纪，紧盯重要时间节点，开展经常性效能作风检查，通过明查、暗访、提醒等多种方式，加强监督执纪问责，进一步增强干部职工的规矩意识。认真贯彻落实中央和省、市委关于意识形态工作的决策部署及指示精神，牢牢掌握意识形态工作领导权，坚持“播前三审”和“重播重审”，完善意识形态工作方面相关管理制度，加强舆情应对守牢网络阵地，有效防范干部职工发布错误和不良言论。

【主题宣传】 全年制定40个宣传方案和报道计划。在全国两会、省两会、“三年决战奔小康”“申报国家历史文化名城”“2018年重大项目进行时”“创建国家食品安全示范城市”“兰州·扫黑除恶专项斗争”、2018“兰马赛”等主题和节会方面开展宣传报道。开设“在习近平新时代中国特色社会主义思想指引下——新时代 新气象 新作为”“壮阔东方潮 奋进新时代庆祝改革开放四十年”“创建全国文明城市”“转变作风改善发展环境建设年”“重大项目巡礼”、精致兰州等专栏。

【节目质量提升】 兰州台新闻综合频道组织开展“戌狗旺春2018春节”、红古山地马拉松赛、“三年决战奔小康”、2018中国热气球俱乐部联赛兰州安宁站、第3届兰州科技成果博览会暨发展论坛等20场直播特别报道；兰州台综合广播《落实进行时》栏目，截至12月2日播出148期，222家单位走进直播间，接（收）到听众热线电话3056个、微信1162条。通过回访，参与节目单位对听众及网友问题的回复率97.1%，满意率97.3%；兰州台党建频道《党建播报》《先锋引领》节目积极关注党建动态，传播党建理论，展示党建工作成果，大力宣传兰州市各行各业涌现出的先进基层党组织和党员干部典型。同时突出政治定位，引进播出《东学西渐·党员大课堂》《纪录时间》《档案》《党员大课堂》等专题节目和十九大系列专题片；7月7日，台交通音乐频率创新融合宣传新模式，与市公安局交警

2018年9月5日，第八届兰州黄河文化旅游节发布会现场

支队合作，共同打造“兰州交通应急广播”，紧紧围绕兰州市交通现状及机动车限行规定等内容进行及时跟进报道，发布机动车行驶规定和实时路况上万余条；台生活文艺广播完成妇女儿童专栏294期，《爱心相伴》《1008防灾减灾科普》《仲裁时间》《宪法宣传》等联办节目92期。纪录片《四十城 四十年》完成后期制作；记录电影《踢球吧 孩子》完成后期制作并通过省广播电影电视局终审；记录电影《西北孔道》完成材料上报及备案立项。2018年，在各类广播电视节目评奖中，获得省级以上的奖项85件，其中甘肃新闻奖15件，一等奖2件，二等奖5件，三等奖8件；甘肃广播影视奖42件，一等奖8件，二等奖15件，三等奖19件。纪录片《决战兰州》获得第24届中国纪录片系列片十佳作品奖。

【外宣工作】 2018年，兰州台电视在《甘肃新闻》发稿678条，在全省14个市州排名第一。在央视发稿158条（新闻联播发稿36条）；广播在省级媒体发稿507条，在中央人民广播电台发稿82条，在央广网发稿118条。同时，还制作各类公益广告190条，滚动播出44000次，安排播出各类宣传片270个，下发各类宣传通知400份，编辑、安排左飞字幕6000次。

【媒体融合】 进一步推动媒体融合工作，将2018年定为“媒体融合突破年”。在组织架构方面，由台总编室协调，组织周例会和日策划会，在第一时间通报宣传要求，加强节目质量跟踪和监评，督促外宣上推工作，提升宣传的针对性、时效性、专业性。在宣传报道方面，在改革开放40年、扶贫攻坚、重大项目建设、创建全国文明城市、2018“兰马”赛等重点宣传战役中的宣传安排上，全方位运用全媒体宣传模式，通过现场云、趣看等直播平台，大力开展融媒体直播，形成全媒体宣传格局。截至11月底，兰州台通过新华社现场云平台制作各类图文+短视频直播2016场，累计浏览量超过737万。在硬件建设方面，台融媒体指挥调度中心系统平台搭建完成，已正式启动运行，节目生产从线索汇聚、选题、报题到采、编、审、发的各个环节进行统筹调度，实现新闻一次采集、云共享生产、多屏发布的流程重塑。同时，为激发业务骨干创新创优活力，深化台融媒体机制改革，设立视觉设计、活动策划、文化创意等3个个人工作室，作为兰州台媒体融合突破试点并给予资金扶持，开发制作有创意、有特色的媒体融合拳头产品。10月22日，“爱兰州”5.0版正式发布，界面导航明晰、频道分类醒目，视频新闻即点即播、清晰流畅，首页资讯内容丰富、形式多样，用户体验全面提升。

【社会活动】 截至11月底，成功举办“声动金城”——2018兰州广播电视台听播见面会、“同心志愿 文明兰州”——兰州市第2届志愿服务“四个十佳”评选先进典型与市民见面交流活动、“文泗声阙·悠诵流香”首届金城诵读会、大型网络公益《圆梦》救助行动、“传承好家风 做美丽母亲”主题插花活动、“庆‘六一’少儿足球联谊赛—甘肃省兰州实验小学VS榆中县中连川小学比赛”“夏天的礼物”爱心公益活动、“2018兰州国际马拉松赛体育嘉年华”系列活动、“最美一线国企员工”颁奖活动、全市纪念改革开放四十周年优秀舞蹈作品展演等140项市民参与的活动。

【技术保障】 完成广播县区覆盖维护、广播电视技术系统和广播电视发射系统的日常管理及维护、4+1频道高清播出系统改造、综艺演播厅录制高清化升级改造、电视播出网络安全三级等保设备、卫星车讯道改造、微波铁塔维护等技术服务保障和项目建设工作。6月19日，台电视4频道高清制播一体化网络系统搭建全面完成并正式启动，电视节目播出质量从720×576提升到1920×1080，信号质量提升，节目流程方面发生根本性变化，节目管理更加规范化。同时，加强广电大院的安保、消防工作，认真落实上级有关规定，严格执行机房值班制度、零报告制度、完善安全播出应急预案；加强设备日常的检测以及重要播出保障期前的大检查，使设备始终处在最佳的运行状态。通过安全播出的日常运行和应急保障的有机结合，形成安全播出综合防范机制。2018年，台没有发生重大停播事故，完成百小时二十秒的安全播出任务，安全播出停播率达标。

【产业经营】 电影公司开展点播影院推广工作及加盟连锁品牌搭建工作，西固点播影院项目完成施工建设并正式投入运营。百安概念影城整体运营状况良好，在前期充分评估和考察的基础上完成扩建，观影人数接待量进一步提升。星广电影视传媒集团有限公司创新经营理念，创新活动方式，拓宽经营渠道。报业公司加强对外拓展，与新区保税区开展宣传合作。台属各企业单位，依托全台综合资源优势，进行相关业务合作，收到良好的经济效益。同时，强化对广告经营、播出的统一协调管理，加强与工商等广告管理部门的沟通协调力度，了解掌握广告管理政策和监管信息。

（刘　杰）

报社工作

【概况】 2018年，兰州日报社在办报、经营、管理等方面都有新的进展和提高。3月份荣获中国报业融合发展创新单位称号。两报全年共推出“改革开放40年报道”“扶贫攻坚入村蹲点”“重大项目建设巡礼”“我奋斗，我幸福”“亚太救助”等200余组重点策划报道，其中改革开放40年报道、脱贫攻坚驻村日记、两山生态建设、农村三变改革等策划报道被国内重点网站、新闻APP转发。

【新闻宣传】 《兰州日报》《兰州晚报》紧扣党的十九大精神和省市各类重大会议的宣传重点，及时反映党和政府重大政策的落地动态，紧盯社会关切，把握民生热点，瞄准发展亮点，以党报视野和百姓视角，点面结合、深挖典型，展示改革开放40年来兰州市发展变化以及上年各方面工作的特色和亮点。有规模、声势大，让党报声音真正传进千家万户。“指点兰州”“ZAKER兰州”各项运营数据进入良好表现期，资讯数量和质量稳步攀升，用户粘度进一步增强，用户数量特别是作为关键考量的日活跃用户大幅提升，带动直播、活动、社区等流量持续攀升。“指点兰州”位列新华社现场云全平台第二名。“ZAKER兰州”在被列入国家新闻出版改革入库项目的基础上，被评为2017年度全市网信工作先进单位、2017中国传媒融合发展十大城市党报，在甘肃新闻奖媒体融合奖项评选中，收获1个一等奖，2个二等奖，并成为甘肃省首批获批互联网新闻信息服务许可的融媒体平台。

【经营创收】 在纸媒广告持续下跌的态势下，全社干部职工顶住压力、积极谋划，采取多种措施，下滑势头初步得以遏止。发行中心完成年初制定的任务目标。经管办与印务中心密切配合，印刷生产线环保改造项目正式启动。物业中心成立房产管理小组，进一步理清报社房屋情况，确保物业管理保障有力、规范有序。

【重点工作】 在报社党委和驻村工作队的努力下，黄蒿湾村引进“万亩高原艾草产业园”项目。协助帮扶村完成3000亩土地的流转，成立5个合作社和1个劳务服务公司，全村人均纯收入达到7000元，村集体经济收入达到7.1万元，“万亩高原艾草产业园”项目在全省推广。驻黄蒿湾村第一书记杨贵智被授予“甘肃省抓党建促脱贫攻坚致富带头人”荣誉称号。文化体制改革有实质性的进展。兰州日报报业集团及广告、发行子公司试运行正式启动。在配合创建全国文明城市工作方面，充分发挥“指点兰州”和“ZAKER兰州”新、亮、快的特色，与各报网形成网上网下联动，确保对全市创建工作的报道准确、及时、全方位，形成文明创建的强大舆论声势。

（闫龙龙）

卫生健康

【概况】 截至2018年末，全市有各级各类公立医疗机构908家，民营医疗机构1303家。专业公共卫生机构103家；公立医疗机构共有床位25101张。从业人员35135人；卫生技术人员28606人。全年建成各类医联体114个。其中，医疗集团2个；专科联盟34个；县域医共体3个；其他形式的医联体75个；县级以上综合医院远程会诊覆盖率80%以上。

【医药卫生体制改革】 推进医疗服务价格改革，在公立二级以上医院制定医院章程，科学规范的公立医院管理制度体系和医院治理体系初步确立；在兰州市第一人民医院探索建立适应医疗卫生行业特点的公立医院薪酬制度改革试点，落实公立医院经营管理自主权，加强社会监督和行业自律，实现医院治理体系和管理能力现代化。全市各级医疗机构全部落实分级诊疗制度，县级分级诊疗病种增加10种、乡级增加5种。城乡居民参保患者门诊和住院报销比例全部上调5%，重大疾病、分级诊疗病种支付限额提高5%，乙类药品和诊疗项目自付比例下调10%；建档立卡贫困人口在各级定点医疗机构就诊均不设起付线，个人自负年累计3000元以上的部分由民政部门通过医疗救助兜底解决，落实“先看病、后付费”和“一站式”结报，城乡居民参保患者个人支出比例由2017年的37.02%下降至27.85%，下降9.17个百分点。

【医疗服务】 持续推进10个临床医学中心建设，开展县级医院重点学科建设，组织专家对全市2个省级重点学科、1个省级重点学科建设单位及20个拟申报的省级重点学科进行复评和推荐评审，推选市级医疗机构中有技术优势和发展潜力的14个学科参加省卫计委组织的省级医疗卫生重点学科评审。提升卫生计生科技创新能力建设，全年组织申报兰州市人才创新创业项目14项、兰州市科技计划项目22项、甘肃省医学科技奖10项。其中兰州市科技计划项目立项19项，获得甘肃省医学科技奖二等奖1项、三等奖2项。通过引进急需紧缺高层次及实用性人才的平台，公开招录、引进专业技术人员78人，柔性引进专家52名。选派77名队员参与全省万名医师支援农村卫生工作，对254名村医进行进修培训。全市27家市、县区级医疗机构通过市级全民健康信息平台虚拟平台稳定向省级全民健康信息平台上传数据，数据上传质量在全省排名第一。

【公共卫生服务】 全市无甲类传染病报告，全市免疫规划疫苗接种率以乡为单位持续保持在95%以上，疫苗扫码出入库制度全面实行。推进基本公共卫生服务项目，通过发放宣传印刷品、张贴标语等方式扩大项目受众面，针对重点人群开展专项服务，大力推进项目管理。2018年，全市居民电子健康档案建档率80.15%，老年人接受健康管理184497人，健康体检184849人，高血压患者健康管理194957人，2型糖尿病患者健康管理59129人，榆中县、皋兰县“老、高、糖”患者健康管理达到100%。落实河长制工作职责，着力加强市、县疾控机构生活饮用水实验室检验能力，设置生活饮用水末梢水监测点103个，市级实行月监测月公示、区县实行月监测季公示制度。采取“双随机”抽查模式，对全市各级医疗机构非法行医行为进行严肃查处，全年取缔“黑诊所”28家、流动非法行医摊点37处，查处违规执业机构22家。加强突发公共事件医疗卫生救援及应急处置能力建设，实现卫生应急队伍装备规范化、标准化管理，处置突发事件医疗救援12起，完成卫生保障31项，派出现场保障人员1133人次，出动救护车291台次。

【基层工作】 基层医疗卫生机构废除“收支两条线”、实行财务预算制度、乡村医生养老政策有效落实。实行乡镇卫生院院长、副院长，社区卫生服务中心主任公开选拔，目标责任制管理和考核体系正在逐步建立。招录大学毕业生、执业医师到乡镇卫生院工作，补充基层卫生人才队伍。兰州市社区卫生服务机构和乡镇卫生院标准化建设100%，村卫生室标准化建设94.6%，县区医院与乡镇卫生院全部实现远程会诊，100%乡镇卫生院和社区卫生服务中心设置中医科和中药房，能够提供6类以上中医药技术方法。100%社区卫生服务站和82%村卫生室能够提供4类以上中医药技术方法。至12月末，全市总人口410.5万人，常住人口398.95万人，户籍人口352.09万人，出生28121人，人口出生率7.05‰，自增率4.63‰，出生人口性别比107.60，总出生符合政策生育率98.6%，各项指标在预期范围内。计生特殊困难家庭扶助政策机制不断完善，市政府出台《兰州市计划生育特殊家庭扶助工作实施办法》，将特别扶助标准由每人每月500元/400元提高到每人每月1000元/800元，养老补贴由每人每月50元提高到100元，将符合条件的计划生育特殊家庭成员全部纳入城乡医疗救助范围，开通计划生育特殊家庭成员医疗服务“绿色通道”。获得甘肃省第2批流动人口健康促进示范企业3家、示范学校2个、健康家庭5户，获得省级优秀流动人口卫生计生健康示范点3个、获得2018年全国流动人口动态监测调查优秀单位荣誉称号。

【健康扶贫】 组织实施健康扶贫五大先锋行动，“组团式”健康扶贫、签约服务提质增效、基层用药安全保障行动、干部包抓政策落实行动和监督检查“五督”行动等重点工作任务。完成3.25万建档立卡贫困人口的调查和信息录入，抽调市、县、乡、村1513名医务人员组建555个家庭医生签约服务团队，分片包干、“一对一”为建档立卡贫困人口因病致贫返贫户提供个性化的、全方位“一人一策、一病一方”服务，做到入户、上门、见人。完成3.19万人家庭医生签约服务包签订，签约率98%；完成转诊服务406人次，送医上门35118人次、送人就医862人次，完成兜底保障1551人次。编印健康扶贫工作指导手册等各类宣传品10万余份发放到建档贫困户手中，开展健康扶贫政策宣传服务活动，举办健康扶贫群众看病7个知晓集中宣传活动和健康扶贫政策宣传进校园活动，在传统媒体及新媒体上刊发健康扶贫政策及相关知识，并采取记者专访、领导访谈等形式对政策进行详细解读。

【行业作风】 在全系统开展安全隐患排查治理和扫黑除恶专项斗争，开展专项督查23次，消除安全隐患，全系统无重大安全事故发生。全年受理群众维权406起，调解成功384起，调解成功率94.6%。受理各类信访件22件、网上留言和民情通热线1920件，均做到及时办结。办理提案议案37件(人大10件、政协27件)，按时办结率100%。

（杨晓飞）

【概况】 2018年，全市体育系统推动群众体育率先发展，竞技体育稳步发展，体育产业加速发展。制定200个城乡全民健身场地和8个五人制笼式足球场，完成器材的安装工作。加大国民体质监测力度，推进国民体质监测网络体系建设，全年监测3万余人次。完成二级社会体育指导员培训工作，举办科学健身讲座13期，培训骨干2000余人，培训二级社会体育指导员302人。

【全民健身】 全民健身网络平台推进，市、县、乡三级全民健身网络体系不断强化。11月24日开幕以“欢乐运动嘉年华”为主题的赛事，开展气排球、武术、街舞、围棋等15个项目，8000余人参赛，参与群众2万余人，实现全民参与、全民运动。全年开展各类全民健身活动168次，参与群众75万人。

2018年5月1日，兰州市举办第一届锅庄舞大赛

【竞技体育】 参加第14届省运会，兰州市代表团青少年组345名运动员参加16个大项、294个小项的比赛，获得金牌106枚，银牌58枚，铜牌52枚。大众组148名运动员，参加11个大项、108个小项的比赛，获得金牌31枚，银牌24枚，铜牌24枚。青少年组和大众组取得金牌数、奖牌数均获全省第一，兰州市代表团获得甘肃省第十四届运动会体育道德风尚奖代表团称号。本届省运会是兰州市参赛项目最多、参赛运动员最多、奖牌分布面最广、综合成绩最好的一次省运会，兰州市金牌和奖牌连续5届获全省第一。积极开展第十五届省运会的各项承办工作，草拟《兰州市举办第十五届省运会筹备方案》，并报市政府审定。编制并发布《马拉松赛事组织管理规范》地方标准，根据兰州国际马拉松赛的工作经验，通过征求兰州市财政局等15个相关工作部门的意见建议，认真汇总专家标准修订意见，全票通过由甘肃省质监局召开的标准审定会，于6月7日发布实施《马拉松赛事组织管理规范》甘肃省地方标准。

【品牌赛事】 金标赛事2018兰州国际马拉松赛于6月10日7：30在甘肃国际会展中心鸣枪开赛，赛事以“美好生活从跑步开始”为主题，共含“一赛”（国际马拉松赛）、“一会”（中国西部体育产业博览会）、“七活动”（体育文化嘉年华等7个配套活动），设置5公里、半程、全程3个项目，共有34个省、28个国家和地区的133210人参与报名，通过两轮抽签，有42200人中签参赛。2018兰州百合之路百公里城市山地越野赛于9月15日在兰州市五泉山公园广场启动，这是全国唯一城市山地越野赛。比赛设置3公里组，25公里组，50公里组和100公里组共4个组别。吸引来自8个省市的5000余名选手报名参赛。

【体育产业】 加快“十大户外基地”建设，发挥赛事对基地建设的推动作用，围绕兰州龙山冰雪运动基地、七里河山地越野自行车运动基地、安宁区中国青少年户外营地、红古区户外运动基地、兰州市体育公园全民健身运动基地建设开展各类赛事活动20余次。榆中登山运动基地、永登全民健身户外活动基地、兰州关山山地运动基地正在逐步完善，城关区、兰州新区运动基地正在规划建设中。兰州奥体中心项目可行性研究报告编制和PPP咨询机构服务招标工作按计划有序进行。兰州奥体中心建设项目概念性建筑方案设计竞赛征集项目招标公告发布，相关资料提供投标人。兰州奥体中心项目宣传活动暨奠基仪式正在筹备之中。根据市政府对崔家大滩片区控制性详细规划进行的修编，崔家大滩原有体育用地界限发生改变，委托兰州市勘察测绘研究院进行兰州奥体中心项目建设用地界限及拐点坐标现状地形图的测绘出图工作。2018年全市体育彩票销售额15.44亿元。

（张泽栋　牛淑梅）

社会保障

【概况】 2018年，兰州市城镇职工基本养老保险征缴收入53.45亿元，增长4.9%，基金支出71.19亿元，增长10.56%；城镇基本医疗保险征缴收入38.81亿元，增长11.23%，基金支出41.13亿元，增长17.34%；失业保险、工伤保险和生育保险征缴收入9.72亿元，增长39.85%（其中失业保险征缴收入3.37亿元，增长10.13%；工伤保险征缴收入2.23亿元，下降9.35%；生育保险征缴收入4.12亿元，增长188.11%）；基金支出7.59亿元，增长1.87%（其中失业保险支出2.1亿元，下降5.41%；工伤保险支出2.33亿元，增长13.1%；生育保险支出3.16亿元，同比下降0.32%）。全年兰州市城镇居民人均可支配收入35014元，增长8.3%。规范查处和防范社保欺诈涉嫌犯罪案件移送程序，开展内审监督和专项检查11项，发现问题152个，督促整改完成97个；开展业务风险点排查，完善制度规定32项，清除风险点4个，相关工作通过省际互查抽检。

【养老保险】 全市企业退休职工养老保险平均增幅121.84元，同比上年增长5.68%。推进被征地农民参加基本养老保险细则措施，启动机关事业单位养老保险正常征缴。优化社会保险经办服务，取消基本养老保险待遇领取资格集中认证，改造优化服务大厅功能，增设温馨服务“一对一”咨询室，扩大自助服务区面积，窗口标准化“先行城市”试点工作通过人社部达标验收；与税务部门组织社保征缴移交业务培训，完成政策、流程、数据移交。同时，建立建档立卡贫困户参加城乡居民养老、医疗保险政府代缴、费用减免等机制，方便贫困人口享受社保政策。

【医疗保险】 完善医疗保险政策体系，提高城乡居民基本医疗保险财政补助标准，优化职工医保长期门诊结算方式；按要求将29种康复项目纳入医保报销范围，启动医保支付方式改革，优化备案服务，在全省率先实现城乡居民医保基本医保、大病保险、医疗救助“一站式”结报。调整提高城镇居民基本医疗保险政府补助标准，由年人均490元提高到550元。

【失业保险】 发挥失业保险保生活、促就业、防失业的功能作用，提高失业保险金发放标准，落实阶段性降费政策，扩大失业动态监测范围，向各区县下放稳岗补贴审核发放权限，方便企业就近办理；统筹实施失业保险援企稳岗“护航行动”和失业保险支持技能提升“展翅行动”，截至12月末，发放稳岗补贴1.4亿元，惠及企业1430户、职工41万人，发放技能提升补贴441.95万元，涉及职工2780人。

【工伤保险】 推进工伤保险参保扩面，按要求降低缴费费率，为1.36万户企业减负5180万元；推进小微企业和有雇工的个体工商户参保，指导各区县落实建筑业按项目参保政策，全市在建、新建项目321家，参保率100%；推动国家机关和参公事业单位参加工伤保险，参保465家、5.95万人。

【居民增收】 巩固推进公立医院

薪酬制度改革试点、法检两院津贴补贴、增加城镇居民经营净收入、增加城镇居民财产净收入等17项增收政策措施，实现城镇居民收入的稳步增长。根据国家统计局兰州调查队提供的数据，2018年兰州市城镇居民人均可支配收入35014元，增长8.3%。

（张晓燕）

劳动就业

【概况】　全年全市城镇新增就业94778人，完成年度目标任务的105%；城镇登记失业率2.09%，低于4%的年度控制指标。就业技能培训37311人，完成年度目标任务的124.4%，岗位技能提升培训7318人，完成年度目标任务的126.2%，创业培训6258人，完成年度目标任务的104.3%；脱贫攻坚劳动力培训15605人，完成年度目标任务的181.5%；劳务输转30.7万人，完成年度目标任务的102.4%，创劳务收入75.6亿元，完成年度目标任务的107.6%。

【高校毕业生就业】　健全未就业毕业生实名数据库，推行国有企业招聘应届高校毕业生信息公开制度，引导1268名高校毕业生进企业和基层就业，高校毕业生就业率92.99%。

【就业创业工作】　推动创业带动就业，开展创业推动工程，加强创业孵化平台建设，认定市级创业就业孵化基地（园区）29家；全年新发放创业担保贷款851笔、1.57亿元，“万企计划”贴息贷款36笔、1342万元；新增创业主体1.38万家，带动就业3.68万人。探索建设兰州人力资源服务产业园，牵头完成部分前期工作。促进重点群体就业，以“五进活动”为载体优化就业服务，召开用工洽谈会265场，发布用工信息16.2万条，达成意向性协议3.9万人；指导各区县加大就业困难群体援助帮扶力度，完善下岗失业退役士兵实名制管理机制。加大资金监管力度，强化就业补助资金动态监管和绩效评价，科学合理确定全市就业补助资金绩效目标，及时指导督促相关区县，脱贫攻坚全市支出就业补助资金3.12亿元。深化就业扶贫行动，实现基础数据动态管理，大幅超额完成脱贫攻坚劳动力培训任务；全面启动东西部扶贫劳务协作，巩固就近就地转移劳务基地，推荐省级返乡人员创业示范县（区）1个、省级农民工返乡创业示范（孵化）基地7个。

2018年4月15日，市人社局举办农民工法制宣传日活动

【职业技能培训】　创新职业培训模式，组织赴省外开展“双创”异地深度培训，邀请国内知名创业导师来兰讲授指导，组织深度创业培训班8期，累计培训416人；同时，指导各区县实施培训机构政府购买模式，确定34家优质培训机构承担职业技能培训工作，实现“培训+就业”的深度融合。

【劳动关系】　全年劳动合同签订率96.73%；集体合同签订率91.23%；劳动保障监察举报投诉案件结案率100%，分别超过94.1%、85%、96%的年度目标。

【劳动监察】　全面打造“无欠薪”城市，健全联合治理机制，持续完善农民工工资保证金、应急周转金、欠薪预警监管、拖欠工资企业“黑名单”等23项制度；市本级收缴农民工工资保证金151户、5.16亿元，返还161户、2.83亿元；指导区县建立农民工工资专用账户管理、企业守法诚信管理及失信联合惩戒机制等6项制度，形成责任靠实到位、日常监管有力的欠薪问题治理机制；配合部际联席会议办公室完成对农民工工资支付专项审计，工作经验得到人社部的肯定，在省政府考核中被评为A级。履行劳动保障监察职能，建立全市建筑企业信用等级分类管理台账，确定A类企业1941户，B类企业1666户，C类企业34户；落实属地监管责任，加强监察执法力度，持续推进专项整治，受理农民工欠薪案件262起，追发农民工工资2227.39万元，涉及农民工1407人，处理突发事件33起。劳动保障监察立案数同比下降58.4%、民情通服务热线转办件同比下降40.5%、群体性突发事件同比下降43.1%、拖欠劳动者工资金额同比下降27.9%、人数与上年同比下降57.5%。

【劳动争议仲裁】 建立接待受理服务大厅、法律援助中心、调解室，面向社会招聘兼职仲裁员。建立各类调解组织269家，乡镇街道调解组织覆盖率96%，300人以上企业调解组织覆盖率50%。全面推进"互联网+调解仲裁"，实现网络咨询服务多样化和办案信息公开处理劳动人事争议案件2000余件，仲裁效率和质量不断提高。

（张晓燕）

民　政

【概况】 2018年，兰州市民政工作在社会救助方面，为4.1691万户9.7627万名城乡低保对象，发放生活保障资金34484.2893万元，为全市4435户4730名城乡特困对象发放供养保障资金3292.8664万元。在防灾救灾减灾方面，争取省级冬春救助资金1063万元，协调市级配套115万元，督促区县列支13.97万元，救助受灾群众61739人次，紧急下拨"7·22"洪涝灾害市级救灾资金2000万元。

【医疗救助】 社会救助与扶贫攻坚有效衔接，将全市建档立卡贫困户全部纳入医疗救助范围，完成全市医疗救助"一站式"即时结算系统升级改造，实现定点医疗机构全覆盖，全年累计支出医疗救助资金7468.5214万元，救助50.4465万人次；严格落实资助城乡困难群众参加基本医保的政策，支出资金1226.9365万元资助全市38.2790万人参保。

【临时救助】 制定《兰州市困难群众基本生活保障工作协调机制》《关于进一步加强和完善临时救助工作的实施意见》，细化急难性救助与支出型救助方式，优化救助程序，为困难群众提供救助服务，为各乡镇（街道）拨付临时救助预备金451.87万元，支出4172.4358万元，救助62449人次。

【"两保一孤"】 完善"两保一孤"（农村低保户、农村五保户和农村孤儿）商业保险项目，优化承保方案，将非初次罹患对象理赔金额由1500元提高至2000元，因病身故对象理赔金额由2000元提高至2500元。为全市1.7445万名农村困难群众及孤儿购买重特大疾病商业保险，已赔付408笔200.7万元，保障困难群众的基本生活。

【低保复核】 印发《关于在全市范围开展农村低保专项治理工作的实施方案》，对全市农村一、二类低保和特困救助供养对象进行反复核准，及时调整保障类别；对递交申请但未纳入、动态管理中已退出低保家庭、因病因学因残因急致贫返贫的建档立卡贫困家庭、低保经办人员和干部近亲属进行逐户排查，通过信访举报、明察暗访等形式，整治"关系保""人情保""错保""漏保"等低保领域作风腐败。

【防灾减灾救灾】 全年全市因灾造成65个乡镇（街道）473个村（社区）6.73万户25.21万人受灾，因灾死亡7人，紧急转移安置2601人；倒塌房屋1485间，损坏房屋5404间；农作物累计受灾1.42万公顷。其中，成灾1.168万公顷；绝收2519公顷；直接经济损失11.93亿元。提请市委、市政府出台《关于推进防灾减灾救灾体制机制改革的实施方案》和《兰州市自然灾害救助应急预案》，完成2017年自然灾害综合保险项目评估及2018年续保工作，市、区县各级举办"防灾减灾日"宣传活动10余场，培训基层灾害信息员721名，3个社区被评为省级综合减灾示范社区。

【救灾物资储备场所建设】 投入176万元完成市救灾物资储备中心消防改造，完成皋兰县、红古区救灾物资库中央资金争取，指导榆中县

福利院爱心超市

完成救灾物资储备库主体建设。

【居家社区养老服务改革试点】 完成"幸福兰州·为老驿站"市级运营平台硬件配套及软件设计；列支729.1万元为全市老年人购买意外伤害保险，完成理赔1084起635万元；列支968万元新建64个城乡社区日间照料中心；对符合条件的经济困难高龄失能半失能老人提供养老服务补贴261万元；落实1家新建社会办养老机构一次性建设补贴300万元、27家养老机构运营补贴361万元、660家城乡社区日间照料中心运营补贴430万元；投入34.126万元为全市养老机构及农村养老服务机构购买养老机构综合责任保险和养老机构雇主责任保险。

【残疾人两项补贴】 督促指导各区县做好两项补贴发放工作，2018年，共发放困难残疾人生活补贴11470人1431.42万元，重度残疾人护理补贴6842人804.68万元，叠加享受两项补贴6961人1473.22万元。

【慈善事业】 2018年，慈善总会筹集款物1221.52万元，筹集善款1040万元，筹集物资折合人民币价值181.52万元，完成"安老、抚孤、助残、助医、助学、环保、文化"等多领域系列慈善救助活动项目75个。其中，基金救助项目34个；其它慈善项目41个。救助大病医疗患者98人次，帮助109名贫困学子圆梦大学，定期为红古区社会福利救助中心68位老人捐赠棉衣、米面油等物品。开展慈善义诊、慈善义演、志愿者服务活动等，支出457.654万元。

【优抚对象抚恤补助】 提高优抚对象抚恤补助标准，拨付区县优抚对象医疗补助资金396.8万元，抚恤补助资金8321万元。

【安置权益保障】 接收2017年秋季退役士兵1272名，转业士官144名。安置符合安排工作条件的退役士兵158人（含转业士官144人），解决历史遗留问题56人，安置率100%。自主就业退役士兵1209人领取兵役优待补助金6177.72万元，组织733人进行免费技能培训。

【城乡社区治理】 市委、市政府印发《兰州市关于加强乡镇政府服务能力建设的实施方案》《兰州市关于加强和完善城乡社区治理的实施方案》。指导红古区探索村务公开标准化规范化建设试点，打造"特色化""创新型"村社自治服务体系。积极开展扫黑除恶专项斗争，坚决防止"村霸"和宗族恶势力干预操纵村级事务，保障农村基层民主健康发展。

【殡葬改革】 完成全市火葬区和土葬区改革调整工作，重新确定城关区、七里河区、安宁区、西固区、皋兰县的48个街道、10个镇、360个社区、75个村为火葬区范围，覆盖面积842.69平方公里，覆盖人口269.45万人。火化遗体11426具；依法查处殡葬违法违规行为，对各类公墓进行现场检查；充分运用各类媒介推送绿色文明祭扫信息560万次、短信100万条、播放短片20天，全市文明低碳殡葬蔚然成风。

【爱国主义教育基地活动】 弘扬革命烈士精神，举办省市各界2018年烈士纪念活动。全年为300余家各界团体近5万人次提供烈士祭扫服务，接待参观者1002次36万余人，创造了第一次走出兰州走出甘肃办展，第一次入选游客喜爱的兰州十大精品线路等10余个省内第一，是唯一一家行业博物馆入选全省博物馆社会教育示范项目，荣获全市十佳志愿者组织称号，充分发挥了爱国主义教育基地作用。2018年第一部由兰州战役纪念馆编写的《兰州战役史》向社会发放，参与拍摄的第一个《兰州战役》专题片在央视播放；在《兰州晚报》开设《捍卫英雄 追忆烈士》专栏，融媒体发稿11篇，报纸刊出10期。

【社会组织登记】 坚持培育发展和监督管理并重的方针，全市依法登记新成立社会组织148家，对1280余

兰州战役纪念馆瓮志义馆长为来馆参观的学生宣讲英雄故事

条社会组织名称及信息进行规范。

【社会组织执法监察】　完善社会组织执法监察机制，排查梳理异常社会组织276家，依法查处非法社会组织9家，20家社会组织开展第三方评估。

【社会组织党建】　提升社会组织党建水平，新招录党建专干19人，组建党组织82家，全市社会组织党组织覆盖率85.13%，党的工作实现100%覆盖。

【婚姻登记和收养管理】　提升婚姻登记和收养管理水平，办理结婚登记23578对，离婚9501对，补发结婚证5644本，补发离婚证580本；国内收养登记14例。

【"尊崇军人、善待功臣"活动】　开展"尊崇军人、善待功臣"军人荣誉制度落实年、助推优抚对象率先脱贫攻坚等活动。协调兰州公交集团，出台《现役军人免费乘坐市内公交车实施细则》，全市自8月1日起现役军人凭现役士兵证、士官证、现役军官证免费乘坐市内公交车。组织国防教育、双拥晚会等活动1250余场次，军民共建活动300余次，走访慰问兰州舰、驻兰部队及优抚对象800余次，全力做好双拥"九连冠"目标冲刺。

【农村社区示范单位建设】　在全市指导128个村有序推进农村社区综合服务站、信息平台和城乡社区服务均等化工作，其中榆中县冯湾村等3个农村社区被命名为全省第二批农村社区建设示范单位。

【社区服务体系建设】　完善社区服务体系建设，为405个社区居委会和676个村民委员会颁发"基层群众性自治组织特别法人统一社会信用代码"，为354名离退职居委会主任发放生活补助金39.69万元，增强社区自治和服务功能。

【地名命名及门牌号牌编排】　完成《中华人民共和国标准地名词典（兰州部分）》第一部分的编纂工作；开展对全市城镇构筑物、建筑物命名及门楼号牌编排设置工作的规范整治，提请市政府办公厅印发《关于集中开展全市道路标识设置整改工作的通知》，协调市交警支队对全市市政道路标识带字母"S、T"加数字的交通指示牌进行清理整改；完成近郊城关区1座桥梁9条路，七里河区6条路，西固区6条路，安宁区21条路的实地踏勘、专家论证，提请市政府常务会议研究审定通过并命名。

【孤儿保障】　协调建立孤儿基本生活最低养育标准自然增长机制，2018年度发放孤儿基本生活保障金126.72万元。

【流浪救助】　扩展流浪救助模式，开展"寒冬送温暖"和"夏季送清凉"活动，将救助超过24小时未查明流出地的流浪乞讨人员，全部录入民政救助寻亲网络，将滞留7天以上的协调公安部门采集DNA信息，对所有入站的流浪乞讨人员严格登记，统一进行尿检。救助流浪乞讨人员4171人次。其中，男性3218人次；女性953人次。未成年人179名，危重病人10人次，精神病患者345人次，肢体残疾175人次，护送返乡746人次。DNA数据采集28名，通过今日头条等发布推送寻亲公告28人，成功寻亲13人，确保城市街面无流浪未成年人。

【农村留守儿童和困境儿童】　建立农村留守儿童和困境儿童基础信息库并实现动态管理，录入全市农村留守儿童3017人、困境儿童14694人，通过低保、医疗救助和临时救助给予充分救助保障；同时，配齐配强街道（乡镇）、社区（村）儿童工作力量，录入乡镇督导员115人，村儿童主任1080人，实现专兼职全覆盖；通过政府购买第三方服务，对全市11300名农村留守儿童、困境儿童保障工作开展评估，为全市儿童关爱保护工作提供强力的支撑和保障。

【城乡低保、特困供养提标】　印发《关于做好2018年提高城乡低保、特困救助供养保障标准工作的通知》，从1月1日起，全市城市低保标准提高7.6%，实行差额保障（5区由每人每月612元提高到659元，3县由每人每月460元提高到495元）；农村低保标准提高6.3%（由每人每年3500元提高到3720元，其中一、二类对象月补助水平分别由292元、275元提高到310元、292元，三、四类对象补助水平不再提高）；全市特困供养标准提高7.6%（城市由每人每年11016元提高至11853元；农村集中供养由每人每年6320元提高至6800元，分散供养由每人每年5155元提高至5548元）。截至5月底，提标工作全面完成，累计为5.18万户11.88万名城乡保障对象发放生活保障资金1.68亿元。

（周晓霞）

民族事务与宗教工作

【概况】 2018年，兰州市民族宗教工作以发展促团结，以团结保发展，统筹推进“两个共同”示范区建设和民族团结进步创建活动，完成年度民族团结进步宣传月工作，采取“互观、互帮、互学”等方式，推进兰州市民族团结进步创建理念、形式、载体等方面的创新。

【民族工作】 加强宣传，提高清真食品相关法律法规的普及率和知晓率。开展“创建国家食品安全城市集中攻坚行动”，组织力量对经营肉食类产品的企业和个体商户进行全面检查。落实民品企业优惠政策和特色企业扶持政策，确定兰州庄园等10家企业为甘肃省“十三五”期间民族特需商品定点生产企业，对甘肃国府一品餐饮公司等具有一定知名度和特色品牌产品，具备发展潜力，实施项目更新和技术改造。落实清真牛羊肉价格补贴和少数民族生活困难群众救助政策，对全市保持食用清真食品习俗的10个少数民族中近8000名享受政府最低生活保障及特困救助供养对象发放市级牛羊肉价格补贴。

【民族团结创建】 2018年，打造全国、甘肃省民族团结进步示范区（单位），完成兰州市推荐评选甘肃省第五批民族团结进步创建和全国第六批民族团结进步创建示范区（单位）申报工作。兰州市城关区、七里河区、安宁区安宁堡小学等9家单位获得甘肃省第五批民族团结进步示范区（单位称号）。打造全国民族团结进步创建示范区，七里河区开展民族团结进步感人故事演讲、民族团结进步先进典型事迹征文活动、民族团结进步知识演讲比赛、以民族团结进步思想为主题的民族歌舞文艺汇演等一系列宣传活动，开展民族团结进步创建活动，为创建全国民族团结进步示范区开展一系列工作。2018年，兰州市七里河区被评为全国民族团结进步示范区，兰州市城关区被评为甘肃省民族团结进步创建示范区。兰州市组团参加甘肃省第九届少数民族传统体育运动会，获得“体育道德风尚奖”，取得4金、7银、11铜的成绩。

【民族团结宣传活动】 2018年，兰州市民族团结进步宣传月活动以“加强民族团结进步宣传，铸牢中华民族共同体意识”为主题，利用电视、网络等载体，宣传兰州市民族团结进步成果，制作民族团结进步宣传片，在辖区街道、社区及民族团结进步示范单位滚动宣传报道，依托“城市公交车流动广告”，在兰州市1300辆公交车尾荧屏滚动播放党的民族团结进步标语口号，广泛宣传，营造民族团结进步创建活动的浓厚氛围。

【民族经济工作】 2018年，落实民品企业优惠政策和特色企业扶持政策，确定10家具有一定知名度和特色品牌产品的企业为甘肃省“十三五”期间民族特需商品定点生产企业，并实施项目更新和技术改造，给予200万元贷款贴息补助扶持。落实清真牛羊肉价格补贴和少数民族生活困难群众救助政策，对兰州市保持食用清真食品习俗的10个少数民族中近8000名享受政府最低生活保障及特困救助供养对象发放市级牛羊肉价格补贴94.3万元。

【清真食品管理工作】 2018年，开展“创建国家食品安全城市集中攻坚行动”，组织专项检查组对130余家清真食品经营单位开展“清真不清”和“清真”概念泛化的专项督查，严格将清真食品限定在含有动物肉类及其衍生物的食品范围之内，不含肉类、动物油脂、乳类成份的食品，不得冠以“清真”字样。对兰州市清真食品加工企业、清真食品屠宰厂、重点地段的餐饮、经营商铺、摊点进行了集中治理，切实排查和消除清真食品存在的安全隐患，切实维护少数民族合法权益。

【宗教工作】 2018年，依法加强宗教场所、教职人员、宗教活动管理。在全市宗教领域组织开展“三学一做”学习教育活动和宗教活动场所“四进”活动，印制发放《宗教事务条例》5000册，《读者丛书核心价值观读本》450套，《读者》杂志“四进”活动专刊1万册。成立“四进”主题教育宣讲报告团，开展法律法规宣讲4场次，中华优秀传统文化与核心价值观宣讲11场次，涉及120个场所近千人次听取宣讲。通过部门分工合作、协同联动，对宗教领域出现的矛盾纠纷做到早发现、早处置，建立县乡村三级宗教工作网络和网格员、信息员队伍，形成主体在县、延伸到乡、落实到村、规范到点的宗教事务管理体系，宗教工作属地管理责任得到落实。在佛道教领域，倡导“文明敬香”“合理放生”，推动建设“生态寺观”“文化寺观”建设。在基督教领域，排查治理私设聚会点。在天主教领域，加强天主教爱国团体建设，在伊斯兰教领域，开展治理“沙化”“阿化”“清真”概念泛化问题。指导完成市级宗教团体换届工作。对全市教职人员持证、认定备案情况进行全面清理核查，完成1053名宗教教职人员的自查清理工作。举办市级宗教教职人员培训班2期。

(马俊生)

人物与荣誉榜

人物

【敬业奉献的老特警】 黄跃金 男，汉族，1965年2月出生，四川资中人，中共党员，本科文化程度，1983年10月入伍，2002年从部队转业到兰州市公安局经济犯罪侦查支队，现任兰州市公安局特警支队政委，三级警监警衔。

面对各种危险，他勇于冲锋、敢于亮剑；面对群众危难，他挺身而出，义无反顾。因工作成绩突出，先后荣立一等功1次、二等功2次、三等功4次；被公安部授予“灾区群众满意的公安特警”荣誉称号；被国务院军队干部转业领导小组安置办公室、中共中央组织部、人力资源和社会保障部、中国人民解放军总政治部联合授予“全国模范军队转业干部”荣誉称号；2014年7月，被兰州市文明办评为“兰州好人”；2015年1月入选“中国好人榜”，个人事迹被列入《中国好人传》（2014年卷）；2015年4月被中共兰州市城关区委评为敬业奉献“道德模范”荣誉称号；参加了“9·3”中国人民抗日战争暨世界反法西斯战争胜利70周年纪念日首都阅兵仪式观礼活动；2016年11月被中共甘肃省委、甘肃省人民政府授予甘肃省首届丝绸之路（敦煌）国际文化博览会工作“先进个人”荣誉称号；2017年1月被中共兰州市委评为“第四届兰州市道德模范”。

在处置各类突发、群体性、暴力性案（事）件中他担任主要作战指挥，完成各类急难险重任务400余起；为民服务320余次，资助贫困学生6名。在四川汉旺、青海玉树地震和甘肃甘南舟曲泥石流抢险救灾中，参与救助受伤群众93人，从废虚中救出5人；抓获犯罪嫌疑人40余人；查获赃款赃物折价250余万元；安全转移群众2200余人。2014年12月—2015年3月，赴新疆阿克苏执行反恐维稳任务，抓获暴恐分子、危安人员75人；抓获“1·19”系列杀人案嫌疑人2名；成功处置“2·17”暴恐袭击案，摧毁以阿不力孜·阿布拉为首的59人暴恐团伙。参与处置“3·04”盗枪抢劫杀人案、“5·15”爆炸案、“8·14”“8·15”系列爆炸案、陇南“11·17”等突发性、群体性事件256起；圆满完成奥运会、“兰马赛”“兰洽会”等重大节会活动安保任务233次，以及中央领导来兰视察等警卫任务100余次。他所在的集体——兰州特警支队也被中共中央、国务院、中央军委授予“全国抗震救灾英雄集

体”，被中组部授予“抗震救灾优秀基层党组织”，被授予集体一等功1次，被公安部评为“灾区群众满意的公安特警队”，2次被公安部通令嘉奖。

【因公殉职的优秀共产党员】 张卫东 男，汉族，1963年9月出生于甘肃榆中，1984年8月参加工作，1996年7月加入中国共产党，一直在榆中本地工作，历任榆中县和平镇镇长、卫生局局长、农业局局长、环保局局长、编办主任等职务。2017年4月，他从榆中县机构编制委员会办公室主任岗位上调至榆中县三电工程水利管理处，任党委书记（正县级）。2018年7月12日凌晨3时许，在三电总干一泵站施工现场查看汛情时，不幸坠入黄河因公殉职，年仅54岁。2018年12月被中共兰州市委追授“全市优秀共产党员”称号，并在全市开展向张卫东同志学习的活动，激发广大党员干部充分发挥先锋模范和骨干带头作用，凝聚推动全市经济社会发展的正能量。

张卫东敬业奉献，在抗洪防汛最前沿坚守到了生命最后一刻。2018年4月15日进入汛期以来，黄河上游出现极端降雨天气，多地发生地质灾害灾情险情。特别是7月11日前，短时强降雨频发，黄河水位上涨明显，防汛形势十分严峻。省市连续发出黄河水位上涨的通知，并对防汛工作做出周密安排部署，要求相关部门24小时坚守防汛一线，每2小时对黄河水位进行一次观测。始建于上世纪六十年代的三电工程，是榆中县农业的命脉，也是抗洪防汛的主阵地。正在实施更新改造工程的三电总干一泵站，是三电工程的取水口，围堰随时有被洪水冲垮的危险，是抗洪防汛的重点部位。面对严峻的抗洪防汛形势，三电党委书记张卫东严格按照省市委的安排部署和指示精神，先后组织召开3次党委会、4次防汛专题会，对抗洪防汛工作进行专门研究部署，制定完善防汛预案，建立24小时防汛值班和领导带班制度，组织相关人员开展5次防汛应急演练，统筹各方资源做到车辆、物资、预案、人员、措施5到位，全力保障渠系沿线群众的生命财产安全。同时，他坚持以上率下靠前指挥，亲自排查风险点，现场解决防汛工作中出现的各种问题，推动各项工作高效开展。7月11日，正值张卫东带队值班，早上8时30分他到办公室批阅完文件、安排好各项工作后，就赶往三电总干一泵站更新改造项目现场指导防汛工作。下午3时许，赶赴兰州二热供暖管道项目施工区域，协调为三电总干一泵站运送水泥的商砼车辆顺利通过施工区后，又立即赶往三电总干一泵站施工现场开展防汛巡查工作，当晚住在现场，和值班人员一起对黄河水位进行实时观测。晚上9时30分许，市防汛办通报黄河兰州段流量达到2460立方米/秒，水利部黄河水利委员会（简称黄委会）发布了黄河上游四级响应，张卫东随即与三电水管处主任电话商定，拟于12日上午召集施工单位、监理单位负责人现场召开防汛工作会议。7月12日0时50分左右，值班人员将观测水位情况向张卫东汇报后，他安排值班人员先休息，由他自己负责值班观察水位。

凌晨3时许，张卫东独自一人到三电总干一泵站施工现场查看汛情，因施工围堰受黄河水浸泡塌陷，不幸坠入黄河，被水冲走。7月12日上午8时20分左右，准备召开防汛工作会议时，值班人员发现张卫东不在宿舍，且手机处于关机状态，便开始分头寻找。下午4时30分左右寻找未果后，三电主任丁丙午立即向县委书记王晓宁电话汇报了情况，并向公安机关报了案。接到张卫东失联报案后，市、县主要领导高度重视，明确指示全力搜救张卫东。县上紧急召开多部门参加的搜寻部署会，组织相关力量，动用各种资源，全方位展开搜寻工作。经过8天全力搜寻，7月20日上午8时左右，在皋兰县小峡库区内发现张卫东遗体。经法医检验，确认张卫东系溺水身亡。

参加工作34年来，他许党报国、为民造福。担任榆中县三电水管处党委书记期间，以对党和人民高度负责的精神，在本职岗位上尽职尽责，充分发扬民主，严格依法办事，为三电持续向好发展做出了积极贡献。他建立党建目标考核责任制，夯实党建基础，充分发挥政治核心作用；深入贯彻落实财务、工程、机电、灌溉等管理办法，实现“六个精细化”管理常

态化制度化；创新载体，积极开展“争创一流泵站”活动，营造“比、学、赶、超”的创先争优氛围；加强干部职工思想建设，在全处大力弘扬“艰苦奋斗、自力更生、众志成城、无私奉献”的三电精神，开展向先进典型学习活动；开展“治转提”“三纠三促”“作风建设年”等专项活动，深化“两学一做”学习教育成果；认真落实“三重一大”决策制度的各项规定，不断完善监督管理体系，用制度规范权力运行，为推进三电水利事业转型发展提供了政治保障。他常深入基层，调查研究，提出符合灌区发展的工作思路，强化水利设施建设，在保灌扩灌上久久为攻。在他分管的工程建设、机电管理等方面，紧紧围绕三电发展，恪尽职守、攻坚克难、呕心沥血，带领工程建设人员，顺利完成了大型泵站更新改造项目东干六泵站改造工程、三电东干末级泵站改建工程、三电十五支渠小康营上水工程、总干三级渠、东干六级渠除险改造工程和甘草干支渠改造工程等重点水利建设项目，启动实施了总干一泵站、东干七泵站改造工程。冬检冬修期间，每天步行十余公里，带领业务骨干走遍了三电的4条干渠、62条支渠和80余个泵站，对发现的问题现场办公、就地解决，为保证三电水利工程顺利运行奠定了坚实基础。他廉洁奉公、严于律己，始终坚守共产党员的政治本色，严格遵守中央八项规定精神，时刻做到自重、自省、自警、自励，从不利用权力为自己和亲属谋取私利，对下属、亲属、子女和身边工作人员从严要求、从严约束，赢得了广大群众和干部职工的赞誉。

张卫东凭一份用生命完成的答卷，诠释了新时期共产党人的责任担当，树立了新时代人民公仆的光辉形象。

【全省脱贫攻坚先进个人】 高银 男，汉族，1976年11月出生于甘肃榆中，中共党员，研究生学历，现任兰州市公安局警务保障处政秘科副科长，三级主任科员。2017年8月被选派到甘肃省榆中县龙泉乡庙嘴村担任村党支部第一书记、驻村帮扶工作队长。脱贫攻坚帮扶工作开展以来，他严格按照省市县委和派出单位市公安局党委要求，坚持“当好村里人，办好村里事”，切实发挥驻村帮扶工作队精准扶贫“管道”作用，在脱贫攻坚帮扶工作中理思路、办实事、谋发展，以“八个方面”的帮扶措施，开展基础设施建设、控辍保学、基本医疗、危房改造、饮水安全、强农惠农政策宣传、就业技能培训、外出务工、农产品销售、健康扶贫、文化帮扶、产业帮扶、消费扶贫、环境整治等帮扶工作，倾心带领贫困群众脱贫致富，赢得了群众广泛认可和支持。先后被《人民日报》《甘肃日报》《兰州日报》《兰州晚报》、中国甘肃网、每日甘肃网、甘肃电视台、兰州电视台、搜狐网、今日头条、每日甘肃等网络、新闻媒体采访报道。2017年被评为2017年度榆中县优秀驻村帮扶工作队长、全省脱贫攻坚帮扶工作先进驻村帮扶工作队长。2018年被省委、省政府评为2018年度全省脱贫攻坚奖先进个人。

围绕“两不愁三保障，着力破解群众难题”。结合建档立卡未脱贫户实际，从就业培训、外出务工、农产品销售、产业到户政策扶持等方面，配合乡镇和帮扶单位，为全村83户建档立卡户制定“一户一策”帮扶计划。加强村基础设施建设，着力提升集体经济。坚持把农村“三变”改革与脱贫攻坚相结合，采取“村支部+企业”模式，将市级村集体经济扶持资金50万元，入股某企业，每年为村上保本分红5万元，切实消除集体经济收益“空壳村”，实现“资金变股金”。重视精神文化扶贫，着力提振脱贫信心。开展文化引导，坚持扶贫与扶志、扶智相结合，开展习近平总

书记脱贫攻坚系列重要讲话精神进校园、进乡村活动；建成“文化大戏台”，通过农闲时节举行农民喜闻乐见的各类文化娱乐活动丰富村民精神生活。着力开展办实事活动，激活村民内生动力。聚焦群众最关心、最迫切、最现实的问题，每月为贫困村、户帮办1件实事，以实际行动感召乡亲，使其主动参与脱贫攻坚。突出健康扶贫，进一步提升基本医疗保障。庙嘴村山大沟深离县城50余公里，村内群众看病就医极不方便。为改善群众就医条件，积极协调单位，建成兰州市公安局安康医院驻庙嘴村卫生所结对支医工作站，为改善村卫生所办条件捐赠价值2万余元的办公设备和医疗器械，并在每月安排医务人员开展“医生+患者”上门义诊和送医药活动。实现基本医疗保险、大病保险实现贫困人口全覆盖，最低生活保障实现应保尽保。协调甘肃省第三人民医院组织医务专家进村开展医务指导和义诊活动并张贴家庭医生微信公众号，进一步方便了村民就医。积极开展基本医疗、大病救助和医疗救助各项政策入户宣传力度，让村民明白“住得起院，看得起病”，建立健康扶贫长效机制。切实发挥公安特色，着力社会维护和谐稳定。建立驻村工作队+村“两委”+村民小组矛盾纠纷化解机制。深入贫困户，发放《警民联系卡》，拉近警民关系。开展美丽乡村建设，着力培育庭院文化。设立

甘肃省摄影家艺术家协会摄影基地、青少年摄影报农耕体验基地、甘肃省青城书画院写生创作基地，充分发挥工作队长资源优势，每月组织书画名家和爱心人士来庙嘴村体验西北传统农耕文化，以文化为载体宣传本村自然风光，带动庭院经济，为庙嘴村建设“美丽乡村”打下良好基础。加强基层党组织建设，着力提升脱贫攻坚效能。建立村党支部脱贫攻坚特别党小组，充分发挥“宣传员”“信息员”“指导员”“战斗员”作用，针对部分贫困群众内生动力不足、缺乏自力更生、艰苦奋斗等“精神贫困”问题，结合“不忘初心、牢记使命”专题教育学习，利用农闲时间，宣传身边的致富典型，用身边人、身边事，引导贫困群众由“不敢想、不敢干、不敢创”向“我要想、我要干、我要富”转变，增强“脱贫光荣”意识。开展“以党建促脱贫”活动，建立“机关党支部+从党支部”结对联建机制，切实发挥机关党员脱贫攻坚作用。认真履职尽责，发挥脱贫攻坚聚合效应，定期不定期召开特别党小组会议，对全村脱贫攻坚工作进行安排部署，真正把脱贫攻坚各项工作抓实抓好抓出成效，确保了贫困发生率低于3%。经国家验收，2019年4月，甘肃省对2018年榆中县脱贫摘帽进行公示。同时，对照脱贫验收中发现的问题，开展集中整改工作，完成了建档立卡户动态调整管理工作。

加大对剩余贫困人口的帮扶力度，做到摘帽不摘责任、摘帽不摘政策、摘帽不摘帮扶、摘帽不摘监管，确保脱贫退出的稳定和可持续。

【国家级荣誉获得者】

姓名	单位	荣获称号	颁奖单位	颁奖时间
邓菊昌	兰州市公安局经侦支队	先进个人	中华人民共和国公安部、国家外汇管理局	2018.01
闻　昊	兰州市公安局经侦支队	先进个人	中华人民共和国公安部、国家外汇管理局	2018.01
任雪林	兰州市供销社	中华全国供销合作总社2017年度信息报送先进个人	中华全国供销合作总社	2018.02
胡尚哲	兰州市公安局出入境管理局	上海合作组织地区反恐怖机构纪念章	上海合作组织地区反恐怖机构执行委员会	2018.04
李　霞	兰州市公安局禁毒处	全国青少年毒品预防教育“6·27”工程先进个人	国家禁毒委员会办公室	2018.05
谈　华	兰州市公安局城关分局	2018年度全国“最美家庭”	中华全国妇女联合会	2018.05
丁学廉	兰州市第十九中学校长兼中共支部书记	全国五一劳动奖章	中华全国总工会	2018.05
张　毅	兰州市公安局七里河分局	中国好人	中央文明办	2018.07
樊小龙	兰州市公安局七里河分局	平台之星	公安部第五局	2018.09
孙红兵	兰州市公安局刑警支队	公安部部级津贴	中华人民共和国公安部政治部	2018.10

姓名	单位	荣获称号	颁奖单位	颁奖时间
胡尚哲	兰州市公安局出入境管理局	上海合作组织地区反恐怖机构理事会荣誉证书	上海合作组织地区反恐怖机构执行委员会	2018.11
刘　音	兰州市中级人民法院司法行政支队	全国法院司法警察教练员教学技能竞赛警务基础理论类二等奖	最高人民法院	2018.11
侯秉乾	兰州市司法局强制隔离戒毒所	首届全国戒毒干警书法美术摄影大赛二等奖	司法部戒毒管理局、中国司法行政戒毒工作协会、法制日报社	2018.11
水兴宝	兰州市司法局强制隔离戒毒所	首届全国戒毒干警书法美术摄影大赛三等奖	司法部戒毒管理局、中国司法行政戒毒工作协会、法制日报社	2018.11
高生军	兰州市人民政府应急办	百名优秀气象信息员奖	中国气象局	2018.12
张　丽	兰州市自然资源局	2018年自然资源法治知识竞赛三等奖	自然资源部法规司	2018
左　杰	中国铁路兰州局集团公司调度所	中国好人	中央文明办	2018.12
傅连鸿	兰州市城关区重度残疾人托养服务中心	中国好人	中央文明办	2018.08
高承龙	兰州市红古区司法局	中国好人	中央文明办	2018.06
顾彩玲	皋兰县工商局	中国好人	中央文明办	2018.01
李宗鹏	西固公安分局福利路派出所	中国好人	中央文明办	2018.01
刘维曦	甘肃聚家源商贸有限责任公司	中国好人	中央文明办	2018.02
马建丽 孙英姿 杨增璐	兰州市第二人民医院 兰州市第二人民医院 甘肃久诚工程机械有限公司	中国好人	中央文明办	2018.10
马娟文	兰州市妇幼保健院	中国好人	中央文明办	2018.01
曲　波		中国好人	中央文明办	2018.11
於若飞	甘肃蓝天救援队	中国好人	中央文明办	2018.06
张　毅	七里河公安分局缉毒大队	中国好人	中央文明办	2018.07
朱峻甫	西固区河口镇人民政府	中国好人	中央文明办	2018.05

【省级荣誉获得者】

姓名	单位	荣获称号	颁奖单位	颁奖时间
匡 斌	兰州市第一人民医院	甘肃省科技进步奖三等奖	甘肃省人民政府	2018.01
王春霞	兰州市第一人民医院	甘肃省科技进步奖三等奖	甘肃省人民政府	2018.01
魏 红	兰州市第一人民医院	甘肃省科技进步奖三等奖	甘肃省人民政府	2018.01
孙燕燕	兰州市第一人民医院	甘肃省科技进步奖三等奖	甘肃省人民政府	2018.01
许 筠	兰州市第二人民医院	甘肃省领军人才聘期内评为优秀等次	中共甘肃省委、甘肃省人民政府	2018.12

荣誉榜

【全国工人先锋号】 兰州威特焊材料科技股份有限公司生产设备部成立于1999年4月，现有职工18人，大专以上学历的10人（其中研究生学历3人），技师4人，高级工8人，中级工2人，初级工4人。班组主要担负着铝及铝合金焊丝的研发和生产，研发的产品已获得国家发明7件，实用新型专利2件和外观设计专利1件，新受理5件国家发明专利，生产设备部连续多年被评为公司“先进部门”，2013年获得“甘肃省工人先锋号”荣誉称号，2017年被省总工会命名为甘肃省“创新型示范班组”，2018年获得“全国工人先锋号”荣誉称号。

（于 伟）

【国家级荣誉榜】

获奖单位	荣获称号	颁奖单位	颁奖时间
兰州市环境保护局	全国环境保护系统先进集体	中华人民共和国人力资源和社会保障部、中华人民共和国环境保护部	2018.02
兰州市委党史办、兰州广播电视传播中心	制作的《兰州空战》获第十四届全国党员教育电视片观摩交流活动一等奖	中共中央组织部	2018.03
民盟兰州市委员会	民盟社会服务工作先进集体	中国民主同盟中央委员会	2018.05
兰州市大数据社会服务管理局	2018年中国政府信息化管理创新奖	中国信息协会	2018.05
兰州市中级人民法院民事审判第三庭	全国法院知识产权审判工作先进集体	最高人民法院	2018.05
兰州市大数据社会服务管理局	2017年“互联网+政务服务”40先进单位、2017年“互联网+政务服务”领先城市	电子政务理事会	2018.07

获奖单位	荣获称号	颁奖单位	颁奖时间
兰州市第一人民医院	健康管理示范基地	中国健康促进基金会、中华医学会健康管理学分会	2018.08
兰州市人力资源和社会保障局	2018年度新闻宣传工作先进单位	人力资源和社会保障部 中国劳动保障报社	2018.08
兰州市图书馆	一级图书馆	中华人民共和国文化和旅游部	2018.08
兰州市卫生计生委	全国流动人口动态监测调查优秀单位	国家卫生和计划生育委员会	2018.09
兰州市生态建设管理局	第八届中国(四川·德阳·绵竹)月季展优秀组织奖	第八届中国月季展组委会	2018.09
兰州市中级人民法院司法警察支队	全国法院警察先进集体	最高人民法院	2018.09
兰州市发改委	2018年全国信用信息共享平台及信用门户网站一体化建设“特色性平台网站”	国家发展和改革委员会、国家公共信用信息中心	2018.09
兰州市文化发展研究中心	中国·桐乡小戏艺术邀请展优秀组织单位	中国文联戏剧艺术中心	2018.10
兰州市司法局强制隔离戒毒所	首届全国微电影创作大赛优秀作品奖	司法部戒毒管理局、中国司法行政戒毒工作委员会	2018.10
民进兰州市委员会	民进全国宣传思想工作先进集体	中国民主促进会中央委员会	2018.10
兰州市勘察测绘研究院	中国技术市场金桥奖先进集体	中国技术市场协会	2018.10
兰州市再生资源回收公司	2018中国再生资源行业排行榜百强企业	中国再生资源回收利用协会	2018.10
兰州市第一人民医院	2016-2017年度全国无偿献血促进奖单位奖	国家卫生健康委员会 中国红十字会总会中央军委后勤保障部卫生局	2018.10
兰州市第一人民医院	2017-2018年度全国医院医疗保险服务规范先进单位	中国医疗保险发展联盟	2018.10
兰州市城市管理委员会	整体解决方案示范案例	中国城市环境卫生协会	2018.11
民盟兰州市委员会	优秀盟员之家	中国民主同盟中央委员会	2018.11
民盟兰州市委员会	民盟思想宣传工作先进集体	中国民主同盟中央委员会	2018.11
兰州市生态建设管理局	国家三北防护林体系建设工程先进集体	国家林业和草原局	2018.11
兰州市城乡规划设计研究院	2017年度全国优秀城乡规划设计奖(城市规划)二等奖	中国城市规划协会	2018.11

获奖单位	荣获称号	颁奖单位	颁奖时间
兰州市大数据社会服务管理局	2018年人民网网民留言办理工作先进单位	人民日报社人民网	2018.11
兰州广播电视台	选送的《决战兰州》获第24届中国纪录片系列片十佳作品	中国电视艺术家协会、中国视协电视纪录片学术委员会	2018.11
九三学社	2018年度先进集体	九三学社中央组织部	2018.12
兰州市社会保险事业管理局	社会保险标准化建设先行城市	人力资源和社会保障部社会保险事业管理中心、全国社会保险标准化技术委员会	2018.12.
兰州市委宣传部	2018年度重点通俗理论读物宣传推广成绩突出单位	中宣部学习出版社	2018.12.
兰州市城市管理委员会	2018年全国城管委执法队伍“强转树”专项行动表现突出单位	中华人民共和国住房和城乡建设部	2018.12
兰州市城市管理委员会	社会治理创新优秀案例	国家行政学院治学部、人民日报社、人民网	2018.12
兰州市再生资源回收公司	2018年度中国能源企业创新责任奖	中国改革报社、中国能源发展与创新论坛组委会	2018.12
兰州市妇幼保健院	第四届中国青年志愿服务项目大赛银奖（宣教科、腔镜中心）	共青团中央 中央文明办 国家卫生健康委 中国残疾人联合会 中国志愿服务联合会	2018.12
兰州广播电视传播中心	制作的《西北花儿王朱仲禄》获2018“中国梦”原创网络视听节目推选活动非剧情累优秀作品	国家广播电视总局	2018

【省级荣誉榜】

获奖单位	荣获称号	颁奖单位	颁奖时间
兰州市人民政府	2017年度省长金融奖	甘肃省人民政府	2018.07
兰州银行	2017年度省长金融奖	甘肃省人民政府	2018.07
中共兰州市委宣传部	文明单位	中共甘肃省委、甘肃省人民政府	2018.12

县区概况

城关区

【概况】 2018年贯彻创新驱动发展战略，统筹推进稳增长、促改革、调结构、惠民生、防风险各项工作，全区经济运行平稳向好，提质增效持续推进。全年实现地区生产总值1020.91亿元，同比增长5.6%。第一产业增加值0.52亿元，同比增长2%；第二产业增加值134.75亿元，同比下降1.1%；第三产业增加值885.64亿元，同比增长6.7%。三次产业结构比由2017年的0.23：13.51：86.26调整为2018年的0.05：13.2：86.75。按常住人口计算，人均地区生产总值77483元。年末，全区常住人口131.91万人，比上年末增加0.3万人，其中城镇人口130.22万人，城镇化率98.72%。男性66.75万人，占50.6%；女性65.16万人，占49.4%。0至14岁人口占12.8%；15至64岁人口占74.35%；65岁及以上人口占12.85%。出生率7.42‰，死亡率4.25‰，人口自然增长率3.17‰。

【农业农村经济】 农村经济稳定增收。全年实现农林牧渔业增加值5481.31万元，同比增长2%。其中，农业增加值3761.14万元，同比增长15.91%；林业增加值913.8万元，同比下降28.06%；牧业增加值495.95万元，同比增长5.84%；农林牧渔服务业增加值310.42万元，同比增长3.91%。现代农业快速发展。全面完成《兰州市城关区城郊特色蔬菜产业技术集成与示范》国家科技富民强县专项行动计划，引进蔬菜新品种185个，其中适宜项目区种植品种42个。建成育苗中心100亩，无公害生产示范区600亩，现代生态农业园150亩。建立农业科普基地，建成配送中心1个、冷藏库3个。推广农超对接、社社合作、电子商务，基本实现“基地+农户+合作社+市场”的产业化模式。

【工业和建筑业】 工业生产下滑明显。全年实现工业增加值58.33亿元，同比下降2.4%，其中规模以上工业增加值51.01亿元，同比下降2.6%。从企业经营状况看，规模以上工业企业实现主营业务收入102.72亿元，同比增长3.67%；利润总额21.25亿元，同比下降10.1%；产品销售率98.94%，同比下降0.42%；主营业务利润率20.69%；每百元主营业务成本66.98元，较上年提高0.07元。分行业看，医药制造、电力热力生产和供应业、燃气生产和供应业、水的生产和供应业、酒饮料和精制茶制造业、通用设备制造业等6大重点行业完成工业增加值48.56亿元，占规模以上工业增加值的95.2%。全年资质内建筑业实现产值399.15亿元，同比增长7.2%。其中，全年产值上亿元的企业有39家，产值348.2亿元。实现增加值76.8亿元，同比增长0.15%。全年房屋建筑施工面积2171.25万平方米，同比下降7.2%；房屋建筑竣工面积426.16万平方米，同比下降11.95%。建筑企业全年在省外完成产值87.13亿元，占全部产值的21.83%。

【服务业】 服务业持续优化。全年批发和零售业增加值124.48亿元，同比增长3.9%；交通运输、仓储和邮政业增加值46.59亿元，同比增长6.2%；住宿和餐饮业增加值37.52亿元，同比增长5.8%；金融业增加值111.53亿元，同比增长

5.6%；房地产业增加值39.65亿元，同比下降2.8%；营利性服务业增加值256.67亿元，同比增长13.8%；非营利性服务业增加值268.79亿元，同比增长3.5%。全年规模以上服务业企业实现营业收入280.64亿元，同比增长3.53%。批发业实现商品销售额1198.59亿元，同比增长8.23%；零售业实现商品销售额730.28亿元，同比增长10.05%；住宿业实现营业额20.91亿元，同比增长10.61%；餐饮业实现营业额98.71亿元，同比增长13.65%。

【固定资产投资】 固定资产投资止跌回升。全年城镇固定资产投资同比增长8%。其中5000万元以下项目投资同比增长191.7%；5000万元以上项目投资同比下降14.04%；房地产开发投资同比增长9.85%。

【项目建设】 实施重大项目100个，培育入库5000万元以上项目25个，银河国际二期、东岗立交桥拆除重建等19个项目开工建设，盛达金融广场、东湖广场等41个项目进入主体建设阶段，亚欧国际、兰州汽车新东站等28个项目即将竣工，项目开工率88%。

【房地产开发】 房地产开发投资205.15亿元，占城镇固定资产投资的64.7%，较上年提高5.48个百分点。商品房销售面积183.17万平方米，同比下降28.2%，其中住宅销售面积154.63万平方米，同比下降33.92%。商品房销售额169.83亿元，同比下降21.11%，其中住宅销售额128.78亿元，同比下降25.55%。

【国内贸易】 消费品市场稳中向好。全年实现社会消费品零售总额739.18亿元，同比增长7.32%。其中，批发和零售业实现零售额638.59亿元，同比增长6.27%；住宿和餐饮业实现零售额100.59亿元，同比增长14.47%。在限额以上单位商品零售额中，粮油、食品类零售额同比增长0.3%；饮料类同比增长9.1%；烟酒类同比增长8.2%；服装、鞋帽、针纺织品类同比下降2.9%；化妆品类同比增长12.5%；金银珠宝类同比增长1.1%；日用品类同比下降5.9%；书报杂志类同比下降1.8%；家用电器和音像器材类同比增长5.3%；中西药品类同比增长13.6%；文化办公用品类同比增长20.1%；家具类同比增长15.4%；通讯器材类同比下降19.9%；石油及制品类同比增长4.7%；机电产品及设备类同比下降26.2%；汽车类同比下降6.4%。

【财政与金融】 财政实力持续扩大。全年实现地域性财政收入303.27亿元，同比增长10.46%。实现公共财政预算收入44.06亿元，同比增长10.01%。其中，税收收入39.93亿元，同比增长12.41%，占公共财政预算收入的90.63%；非税收入4.13亿元，同比下降8.85%，占公共财政预算收入的9.37%。实现公共财政预算支出59.03亿元，同比增长7.01%，其中民生和社会各项事业支出32亿元，同比增长8.4%，占公共财政预算支出的54.8%。至年底，全区金融机构人民币各项存款余额5489.24亿元，同比增长3.71%；人民币各项贷款余额5381.35亿元，同比增长17.02%。

【科技与教育】 科技工作开拓创新。全年科学技术支出7208万元，占财政支出的1.22%。受理专利申请3818件，同比增长16.58%。授予专利权1935件，同比增长6.26%，其中授予发明专利权574件，同比增长19.83%。每万人口发明专利拥有量19.72件。全年签订技术合同2019项，同比增长3.54%；技术合同成交金额40.25亿元，同比增长7.94%。加快国家区域"双创"示范基地建设，制定《城关区深入贯彻落实创新驱动发展战略实施方案（2018-2020）》，投入1359万元，扶持丝路品味等众创平台13家，成功孵化甘肃微领地网络科技有限公司等企业114家，育乐萌等项目7个，转化科技成果5项，累计培育各类众创空间52家，其中国家级14家，占全省近40%，各类双创平台入孵企业1815家，带动就业11500人。建成会宁路双创示范街；成功举办"2018西部创客节创享大会、创响中国兰州

2018年7月7日，中国西部创客节·创享大会第二十四届中国兰州投资贸易洽谈会·城关区分会场

站”主题活动；成功加入“西部地区双创示范基地联盟”，开启区域协同创新新篇章。大力推进教育发展攻坚行动，着力推进扩总量、提质量、促改革工作，教育优质均衡发展水平不断提升。年末拥有普通中学52所，招生17604人，在校生53446人，毕业生16550人；普通小学84所，招生14029人，在校生76397人，毕业生11163人；职业中学27所，招生6494人，在校生19370人，毕业生6879人；特教学校2所，招生21人，在校生325人，毕业生41人；幼儿园306所，招生13376人，在园幼儿39981人。学龄儿童入学率100%，九年义务教育巩固率99.98%，高中阶段毛入学率99.89%。新建中小学校、托幼机构19所，新增学位4200个，其中新增民办托幼机构12所，新增学位1500个。通过免费师范生招聘、同工同酬聘用制教师招聘等人才引进方式，选聘优秀教师481名。向新建校、边远薄弱学校及一体化学校交流教师168人。开展学科教师培训13期，培训800余名教师。组织160余名免费师范生赴北京师范大学、四川师范大学开展高端培训。以“名校办分校”“强校带弱校”的方式，大力推进通渭路小学中山分校等12个“一体化”办学体制改革。组织开展城关区中小学生田径运动会、艺术节、校园“三大球”联赛、民族团结教育宣传月、中小学生诗词成语大赛、传统文化进校园等活动，校园文化生活进一步丰富。

【文化体育】 举办群众文化活动120余场，举办音乐、舞蹈、书画、鉴赏等各类专题培训班30余期，培训5000人次。开展“书法进课堂”活动，创作书画作品86件，获得全国奖项3人次，省级奖项5人次，3篇学术论文在书画权威杂志发表。有省级非物质文化遗产代表性项目5项，市级非物质文化遗产代表性项目4项，区级非物质文化遗产代表性项目9项，建成市级非物质文化遗产传习所5个，认定市级非物质文化遗产代表性传承人15人。投入资金140万元，采购数字图书借阅机24台、图书5.6万册，全部配送到24个街道的综合性文化服务中心。检查文化经营场所1600家，开展专项执法检查56次，关停无证经营场所120家，取缔无证游商89处，收缴盗版音像制品12000余张，盗版书刊20000余册，查扣点歌设备及电子游戏主机110台。建成全省首个县区智慧体育全民健身大数据平台，新建国民体质监测点2个，累计完成国民体质监测3600余人。新建全民健身小游园10个，完成30条全民健身路径的安装工作，培训社会体育指导员269人。组织开展城关区青少年田径运动会等青少年竞赛9项次。完成体育彩票销售9.22亿元。

【旅游】 新建、改建旅游厕所8座，提升改造标准化农家乐15家。开展全区旅游市场专项整治“利箭行动”13次。举办城关区冰雪旅游节、文化旅游节、文明旅游“五进”等系列主题活动10场次。组团赴广西南宁、武汉、长沙、新疆霍尔果斯等地开展城关区文化旅游宣传推介活动4场次。全年累计接待国内外游客4449.8万人次，同比增长20.1%；实现旅游总收入418.16亿元，同比增长23%。

【公共卫生】 卫生服务能力不断提高。医疗卫生服务体系不断完善，基本公共卫生服务均等化水平稳步提高，公共卫生整体实力和疾病防控能力逐步增强，全区卫生与健康事业蓬勃发展。年末全区有医疗卫生机构502个。其中，医院51个；妇幼保健中心2个；专科医院24个；社区卫生服务中心（站）102个；诊所、卫生所323个。卫生技术人员19592人。其中，执业医师和执业助理医师7216人；注册护士9290人；药剂、检验人员1688人；其他1398人。在卫生技术人员中，医院卫生技术人员15353人；基层医疗卫生机构卫生技术人员2836人，其中社区卫生服务中心（站）卫生技术人员1610人；专业公共卫生医疗机构卫生技术人员1400人；其他卫生机构卫生技术人员3人。医疗卫生机构拥有床位数1.33万张，其中医院拥有床位1.28万张。全年总诊疗人次762.89万人次，出院人数39.49万

南关民族风味小吃一条街

人。全区有疾病预防控制中心3个，疾病预防控制中心卫生技术人员539人；卫生监督所3个，卫生监督所卫生技术人员202人。儿童保健覆盖率100%，孕产妇保健覆盖率100%，五岁以下儿童死亡率0.83‰，婴儿死亡率3.34‰。

【社会服务】 新建老年日间照料中心11家，建成民办养老机构2家，新增养老床位440张，服务人数11.6万人次。大力推行医养融合、分级诊疗模式，试点建设“康乐荣养”医养托健中心，建立全科医师团队237个，组建新型养老服务团队102个，并与33家老年人日间照料中心和为老服务中心签订医疗服务协议，家庭医生签约人数31.11万人，重点人群签约人数13.86万人，重点人群签约率44.6%，计生特殊家庭签约率100%。

【环境保护】 持续加强重点领域污染管控，严厉打击环境违法行为，生态文明建设稳步推进，环境保护各项工作扎实开展。空气质量优良天数245天，剔除沙尘后达标率为77%，PM10为93微克/立方米，PM2.5为41微克/立方米。改造小火炉2.3万台，受理各类环境污染投诉件2611件，立案查处环境违法案件6起。完成“散乱污”小型企业整治工作，查封不达标21家，搬迁、拆迁99家。完成328家企业污染源调查工作。完成辖区内101个区域环境噪声点位和69个交通噪声监测点位噪声监测及数据汇总工作，全区交通干线噪声平均等效声级为69.2分贝，区域环境噪声昼间平均等效声级为54.9分贝、夜间平均等效声级为45.0分贝。

【安全生产】 安全生产持续好转。全年发生各类生产安全事故19起，同比下降5%；死亡18人，同比下降21.7%；受伤7人，同比下降70.8%；经济损失985.4万元，同比增长108.3%。亿元国内生产总值生产安全事故死亡人数0.018人/亿元，同比下降25%。其中，工矿企业各类生产安全事故9起，死亡10人；道路交通各类生产安全事故10起，死亡8人。十二类营运车辆道路交通事故万车死亡人数0.67人/万辆，同比下降59.2%。

【人民生活】 城乡居民收入水平不断提高。全年实现城镇居民人均可支配收入39401元，同比增长8.1%；农村居民人均可支配收入24484元，同比增长9.1%。城乡居民收入比为1.61。城镇居民人均消费支出30814元，同比增长14.2%；农村居民人均消费支出23032元，同比增长6.9%。

【社会保障】 全年城镇新增就业人员40542人，其中失业人员再就业14620人。年末城镇登记失业率1.91%。全年输转城乡富余劳动力8181人，同比下降1.65%。其中，省外输转211人，同比下降17.25%；省内输转7889人，同比下降2.16%；境外就业81人，同比下降36%。年末全区参加城镇基本养老保险人数15.03万人。其中，灵活就业8.04万人；企业6.99万人。参加城镇居民养老保险人数1.14万人；参加新型农村养老保险人数0.82万人。参加城乡基本医疗保险人数55.61万人。其中，参加城镇职工基本医疗保险人数9.57万人；参加城镇灵活就业人员基本医疗保险人数2.79万人；参加城镇居民基本医疗保险人数43.25万人。参加失业保险人数6.13万人。参加工伤保险人数6.73万人。参加生育保险人数6.13万人。征缴基本养老保险费113321万元，征缴医疗保险费50430万元，征缴生育保险费3263万元，征缴工伤保险费1202万元，征缴失业保险费2257万元。累计为7170名低保对象发放低保金5171.8万元，为815名贫困患者发放大病医疗救助金468万元，为332名生活困难人员发放临时救助金305万元。

领导名录

区　委

书　记　韩显明（12月免）

　　　　武和谦（12月任）

副书记　高文阳

常　委　武和谦

　　　　高文阳

　　　　乔建新

　　　　寇桂杰

　　　　杨斌宏

　　　　王立山

　　　　赵春林

　　　　张　淼

　　　　肖正明（3月免）

　　　　蒋毅群

　　　　甘义军（3月任）

　　　　曹宏亮（3月任）

　　　　李岁劳（7月任）

　　　　茆小林（11月免）

区人大常委会

主　任　冯广宸

副主任　姜惠琴

　　　　李春玲

　　　　徐安全（11月免）

　　　　闫　琳

　　　　郭建中

　　　　颜春生

区政府

区　长　高文阳（12月免）

副区长　王立山

　　　　蒋毅群（3月免）

　　　　付松华

　　　　张海宾

　　　　曹宏亮

　　　　马　强

　　　　曹　民（4月任）

区政协

主　席　伏禄代

副主席　党瑞舫
王　满
张盛明
王金明
潘建西
赵　彬

（赵文娟）

七里河区

【概况】　七里河区位于东经103°36′～103°54′，北纬35°50′～36°06′。地处兰州市中南部，东至雷坛河，与城关区相壤；南与定西市临洮县为邻；东南至铁冶，与榆中县银山乡相邻；西南至七道梁、摩云关、湖滩，与临洮县、临夏州永靖县交界，西至彭家坪、崔家大滩、深沟桥，与西固区毗邻；北濒黄河，与安宁区和城关区靖远路街道徐家湾隔河相望。距兰州市人民政府驻地5公里。全区总面积397.25平方千米，黄河流经区内15千米，地表及地下水年经流量300多亿立方米。电力资源充足，森林覆盖率26.24%。年平均降水量360毫米，年平均气温10.5℃，全年日照时数平均2446小时，无霜期在180天以上，冬无严寒，夏无酷暑。2018年全区常住人口57.77万人，自然增长率4.63‰，其中城镇人口50.06万人，城镇化率86.65%，户籍总人口47.08万人，辖1乡、5镇、9个街道，有汉族、回族等45个民族。

境内有煤炭、石英石、石灰石、坩土、沙石、路标石以及地热等7种资源。阿干镇煤矿可开采的煤炭剩余0.0348亿吨。另有石灰石储量0.04亿吨，砂子2亿立方米，天然卵石约1亿立方米，路标石0.5亿立方米，坩泥0.2亿吨，石英矿储藏量1亿吨。探明瓜州路有地热，井深2300米，水温63.5度，富含偏硅酸、氟、铁、偏硼酸等多种微量元素。天然林资源保护森林面积7.21万亩，国家重点公益林管护面积9.025万亩。

【基础设施】　完成小街巷维修保养105条，道路塌陷应急抢修工程4300余平方米，疏通雨污水管网13600米，更新污水管网340米，补配下水井盖96（个）套，完成64条小街巷420余盏路灯配套安装，城区亮灯率95%以上。马滩T188#、S187#（一期）、B184#（一期）道路建成通车。彭家坪T218#、T219#、S202#、B204#、S206#、B210#（T219#路以北段）、B224#、S216#、S212#、S223#、B225#、S229#等12条道路建成通车。彭家坪污水厂、彭家坪和马滩110KV变电站均已完工。新建农村公路50.976公里，包括农村公路“油返砂”项目2项9.929公里；“畅返不畅”项目6条，改建里程2.89公里；道路维护改造项目3条35.077公里；圈滩至冯家湾村组道路1条2.4公里；完成华坪路0.68公里的大中修建设。完成后山4个乡镇82个自然村道路的生命安全防护工程26公里。农村公路列养里程393.963公里。其中，县道1条24.7公里；乡道5条73.983公里；村道72条295.28公里。完成危桥改建2座。

【经济指标与招商引资】　2018年，全区地区生产总值480.84亿元。其中，第一产业增加值5.47亿元；第二产业增加值167.37亿元，第三产业增加值308亿元。实现社会消费品零售总额225.9亿元，城镇居民人均可支配收入33456元，农村居民人均纯收入18527元，完成公共财政预算收入22.73亿元。引进省外到位资金300.3亿元，第24届“兰洽会”开工建设项目10项，引进到位资金35.38亿元，项目开工率71.43%，资金到位率30.66%。跟踪落实近三届“兰洽会”签约项目52项，总投资533.82亿元，开工项目44项，建成16项，到位资金349.5亿元。成功举办兰州市地域经济发展论坛，邀请专家围绕六大经济板块对兰州中心、兰石豪布斯卡、中天健、银滩金茂、兰州老街、汽车物流小镇、三维互联网创新创业大厦、留学人员创业园等重点项目进行凝炼包装，进行二次招商。

【项目建设】　2018年，完成拆迁153.58万平方米，熟化土地2782亩，保障兰州万达城、兰州奥体中心、华润未来城等重大项目的顺利推进。彭家坪污水厂110千伏变电站、都市文化休闲公园西区建设完工。马滩天然气服务基地及调压站土建工程完工。编制完成彭家坪片区城市设计规划，华润誉澜山开工建设，华润未来城（一期）进入供地阶段。兰州中心24万平方米商业区即将开业，入驻商业品牌600余家，引进黄河财险、红川酒业等总部楼宇企业200余家，全球自助式批发企业麦德龙仓储式超市兰州首店开业运营。兰石豪布斯卡一、二期工程基本完工，已建成商业商务区26万平方米，引进中国铁塔、中建八局总部楼宇企业3家、商业品牌80余家，三期签约月星兰州环球港项目已确定合作模式和投资方式。中天健广场10万平方米商业商务区引进东岭物资、吉泰钢铁等总部楼宇企业10家、商业品牌96家。

【农业经济】　2018年，完成第一产业增加值5.47亿元，同比增长3.5%；完成农林牧渔业增加值6.01亿元，同比增长3.93%。完成粮食播种面积1.75万亩，实现粮食总产量0.48万吨，与上年同期相比减少0.31万吨。蔬菜种植面积11.79万亩，新增蔬菜播种面积2111亩，蔬菜产量完成22.17万吨。果园面积0.72万亩，与去年同期相比较减少690亩，水果产量完成0.91万吨。百合种植总面积达到5.56万亩。设施农业面积达到10600亩，其中日光温室4960亩。完成机耕面积4.1万亩，机播1.6万亩，机械覆膜作业1.9万亩。建档立卡大棚934个，占地面积1584.85亩。2018年农民人均纯收入18527元，比上年增长9.6%。引进羽衣甘蓝等新特蔬菜31个，引进万粘3号等鲜食玉米5个、陇署6号马铃薯新品种2个开展试验示范，良种覆盖率98%。在西果园建设千亩百合标准化生产基地和百合母籽繁育基地，协调农产品（百合）收购信贷资金约8000万元，百合地头单斤收购价格提升2元以上。在西果园镇堡子村、阿干镇深沟掌村和马场、黄峪乡赵李家洼村等4个重点村，建立黄化防治试验示范基地，完成绿色防控0.3万亩，各类农作物病虫害防治面积4.5万亩以上。建立非洲猪瘟疫情养殖场户和生猪屠宰场疫情零报告制度，未发现生猪异常死亡现象。

【工业经济】　全区工业企业完成增加值122.62亿元，同比增长0.7%。其中规模以上工业企业完成增加值115.92亿元，同比增长0.7%。轻工业受卷烟制造业生产增长带动，实现小幅增长，完成工业增加值108.9亿元，占规模以上工业的94%，同比增长1.6%；重工业受通用设备制造业、非金属矿物制品业生产大幅下滑影响，出现一定幅度下降，实现工业增加值7亿元，占规模以上工业的6%，受到化学原料和化学制品制造业、非金属矿物制品业等行业大幅下滑影响，同比下降11.5%；公有工业实现增加值111.2亿元，同比增长1.4%，非公有工业实现增加值4.7亿元，同比下降13.1%，增速落后公有工业14.5个百分点。产品产量有增有减。1-12月，规模以上工业产销衔接一般，产销率92.4%，比上年同期减少3.6个百分点。主要工业品产量有增有减，产量增长的品种有：起重机同比增长59.9%、液体乳同比增长39.4%、灭火器同比增长22.4%、鲜冷藏肉同比增长14.7%、单色印刷品同比增长8.2%；同比下降较多的主要产品有：商品混凝土同比下降47.7%、中成药同比下降47.3%、电力电缆同比下降27.1%。建筑业生产增速回落。2018年，全区有资质等级的建筑业企业63家，实现产值291.73亿元，同比增长1.1%。全年全区建筑业完成增加值45.3亿元，同比下降0.2%。

【固定资产投资】　2018年全区固定资产投资同比增长10.71%，与8%的增速目标相比，超2.71个百分点，增速比上年同期提高41.21个百分点。从产业投资看，第一产业投资同比大幅下降88.2%；第二产业投资同比下降43.25%；第三产业投资同比增长12.09%。三次产业投资比重由2017年的0.74：1.15：98.11调整为0.08：0.59：99.33，继续呈现出一产、二产比重下降，三产比重持续上升的趋势。

【国内贸易】　2018年，全区实现社会消费品零售总额225.9亿元，同比增长7.32%，其中限额以上66.12亿元，同比小幅下降1.5%。分行业销售额情况看：批发业实现销售额214.13亿元，同比增长9.39%；零售业实现销售额176.68亿元，同比增长10%，住宿业实现营业额2.91亿元，同比增长9.55%，餐饮业实现营业额41.57亿元，同比增长9.15%。全区三大支柱行业销售有升有降。汽车消费市场实现零售额41.53亿元，同比下降15.01%；金属类实现销售额64.31亿元，同比下降2.05%；医药类实现销售额23.37亿元，同比增长27.51%。

【旅游发展】　全年旅游收入94.31亿元，同比增长25.5%以上，接待游客1152.9万人次，同比增长22%；4月，石佛沟国家森林公园景区正式挂牌为3A级旅游景区；12月17日省文旅厅确定七里河区进入第二批省级全域旅游示范区创建名录；魏岭乡绿化村及西果园镇袁家湾村被确定为2018-2019年度省级旅游示范村。新建星级农家乐5户。其中，八里镇1户；阿干镇2户；魏岭乡1户；黄峪镇1户；新建、改（扩）建

2018年7月21日，第七届兰州百合文化旅游联谊会

旅游厕所9座。石佛沟森林公园风景区项目完成投资3450万元，重点景观节点工程完成总工程量的80%；兰州战役沈家岭战斗遗址纪念公园项目投资443万元，已完成沈家岭地形地貌详细勘测及可研报告、稳评、能评、环评；兰州老街项目完成投资2.503亿元，项目核心区主体工程已完工；马嵬驿·兰州老家项目前期手续已办理完成，民宿、餐饮、作坊区域主体建设、配套水电综合管廊等基础设施建设工程已完成，农户村貌、改造村舍16户。

【环境保护】 2018年，全区空气质量优良天数222天。七里河区职工医院国控监测点位可吸入颗粒物（PM10）年均浓度103微克/立方米（目标值114微克/立方米），细颗粒物（PM2.5）年日均值为45微克/立方米（目标值50微克/立方米）。水环境质量：包兰桥段面水质稳定达到《地表水环境质量标准》Ⅲ类标准，达标率100%。全区4个乡镇集中式饮用水水源地水质达标率100%。完成2018年主要污染物总量减排指标。

【文化体育】 全区文化产业在册单位数356家，新增69家，减少41家。为9个街道综合文化站和64家城市社区文化服务中心统一配备73台电子读报机、48台投影仪、48组文化科普宣传长廊，20组全民健身路径。为每个图书阅览室配备1000册图书，2组书架，2组阅读桌椅（供10人以上）。每个文化活动室均配备1个移动音箱、1组棋牌桌椅和锣、鼓、钹、舞蹈扇等活动器材。新办借书证65个，新购各类图书2500余册，新订购报刊杂志10余种，接待读者800人次，提供咨询100余人次。举办“讴歌新时代·读书美生活”为主题的读书节文化系列活动；举办“风吹百合香·文明七里河”、2018年文化科技卫生“三下乡”“中华民族一家亲”“砥砺奋进四十载，不忘初心谱华章”等为主题大型广场文艺演出20余场；开展“美丽乡村 文明家园”“2018年新春全民健身大拜年文艺演出”、“践行核心价值观·共创全国文明城”、首届“中国农民丰收节”等为主题的乡镇、街道文艺巡演40余场，参与群众10万余人。编辑、演出文艺节目《百合情缘》及《沈家岭战役之歌》，举办“闪耀沈家岭光芒，点亮红色之旅”暨庆祝中国农民丰收节主题晚会、“传承红色文化·弘扬革命精神”书画展赛及红色文化笔会活动，结集印发《“传承红色文化·弘扬革命精神”七里河区书画作品选集》。

【科技与教育】 2018年，申请专利2321件，万人专利拥有量7.3件。新认定符合条件的区级众创空间5家，全区众创空间创业总面积3.5万平方米，在孵企业201家、创业团队310个，成功孵化金利达电子技术等企业51家，带动就业3000余人。全区有各级各类学校108所，在校学生56612人。幼儿园150所，在园幼儿19552人。其中省级一类幼儿园1所，市级标准化幼儿园1所，七里河区标准化幼儿园3所。64所托幼机构被认定为七里河区普惠性托幼机构。学前三年毛入园率95.5%，适龄儿童净入学率100%，小学毕业生升学率84.83%，九年义务教育巩固率99.91%，初中毕业生升入高中阶段升学率41.98%。高考报名4158人，普通高考本科录取1640人，专科（高职）录取537人，中职生本科录取8人，专科（高职）录取523人。登记在册“两后生”（初、高中毕业未能继续升学的贫困家庭中的富余劳动力）423人。

【社会保障】 2018年，城镇新增就业19444人，召开各类招聘会30场，进场用工单位1574家，初步达成就业意向6974人，城镇登记失业率控制在1.98%以内的低水平。全年就业培训补助资金389.014万元，培训各类劳动力7402人。其中，就业技能培训5742人；创业培训820人；岗位提升培训840人。享受就业培训补贴人员2994人，补贴资金389.014万元。全年城乡居民养老保险和医疗保险参保率分别达到99.69%和99.49%。新增参保企业406家，扩面2333人（其中灵活就业人员910人），征缴社会保险基金4.2亿元，其中征缴城镇职工基本养老保险基金2.87亿元。城乡居民基本养老保险续保率99.69%。完成全民参保入户登记工作，入户15.68万次，入户登记率98.17%。

【民族示范区建设】 制定《七里河区创建全国民族团结进步示范区实施意见》《七里河区创建全国民族团结进步示范区工作推进方案》《七里河区创建全国民族团结进步示范区验收细则》等指导性文件。举办民族团结进步创建工作培训班8期，参加学习培训3000余人次。刊登专栏23期，各大媒体发布创建工作动态信息300余条。开展“线下”宣传，制作大型固定宣传板面180余块，宣传喷绘10万平方米，发放工作手册5000余册，宣传手册2万余册、折页2万余份，致市民一封信10万余份。开展“民族团结进步宣传月”宣讲活动50余场次，举办主题文艺汇演100余场次，知识竞赛150余场次，主题演讲比赛70余场次。对8个民族团结教育基地和19个民族团结示范点，5个省级示范单位、5个省级示范家庭、35个区级民族团结先进集体和57个区级示范家庭进行表彰。12月28日，七里河区被国家民委正式命名为“全国民族团结进步创建示范区”。

安宁区

【概况】 安宁区地处甘肃省兰州市西北黄河北岸，介于东经103°34′～103°47′，北纬36°5′～36°10′之间。东起九州台白土梁一带与城关区毗邻，西至虎头崖与西固相接，南邻黄河与七里河、西固隔河相望，北依九州台、大青山、仁寿山、凤凰山与皋兰县接壤。东西长19.6千米，南北宽2.7千米~7千米，全区总面积82.33平方千米。2018年末，全区辖8个街道办事处、59个社区。总人口35万人，人口出生率10.79‰。有汉、回、蒙古、满、藏等29个民族。境内依山傍河，东西两侧高，中间低缓，呈马鞍形，形成狭长河谷平原—安宁平原。海拔1517.3米~2067.2米，相对高差550米。内陆性气候特征明显，日光充足，气候宜人。年降水量349.9毫米，年蒸发量1664毫米。年平均气温8.9℃。年日照2476.4小时，无霜期172天。主要自然灾害有霜冻、冰雹和风灾。区内有西北师范大学等17所大中专院校、有农科院等2所科研机构，有各类科技人才3万余人。盛产蜜桃，是闻名全国的四大蜜桃生产基地。有天斧沙宫等人文自然景观。2018年，安宁区被国家标准委确定为“全国公共服务和社会管理”标准化示范项目县区。

2018年，全区生产总值实现179.88亿元，同比增长7.2 %；第一、第二、第三产业增加值分别完成0.16亿元、60.44亿元、119.28亿元，同比分别增长0%、3.9%、9.9%；完成全社会固定资产投资额71.32亿元，同比增长15.15%；完成社会消费品零售总额95.36亿元，同比增长7.23%；地区性财政收入45.84亿元，同比增长12.48%；一般公共预算收入11.26亿元，同比增长8.03%；城镇居民人均可支配收入35369元，同比增长8.58%。

【农村经济】 2018年全区完成农业增加值0.18亿元，其中农林牧渔服务业增加值0.02亿元。完成蔬菜播种面积1100亩，蔬菜产量3960吨。完成肉蛋奶总产量700吨。免疫各类畜禽5.4611万头只，重大动物强制免疫率100%以上。

【城乡一体化建设】 2018年推进涉农街道（社区）集体产权制度改革。继续发展以城市化、产业化、规模化和集约化相适应的股份合作制经济。通过省、市、区各级检查

仁寿山旅游景区

领导名录

区　委

书　记　魏晋文
副书记　赵同庆
　　　　杨建英
常　委　魏晋文
　　　　赵同庆
　　　　杨建英
　　　　谢晓东
　　　　孙　洋（女）
　　　　袁志学
　　　　杨曾涛
　　　　车培东
　　　　高希明
　　　　张长霖
　　　　刘翔宇
　　　　谢宏胜（7月任）

区人大常委会

主　任　郑元平
副主任　田晓明
　　　　王海风
　　　　魏宗仪
　　　　何能斌
　　　　王应宏
　　　　黄　林

区政府

区　长　赵同庆
副区长　车培东
　　　　刘翔宇
　　　　周　伟
　　　　肖　矛
　　　　吴文山
　　　　和　劼（女）

区政协

党组书记、主席　高佑军
副主席　郎巧莉（女）
　　　　季　霞（女）
　　　　安少平
　　　　黄启明
　　　　尉德仓
　　　　俞树山

（钟　潇）

验收，全区6个涉农街道（社区）集体资产清产核资工作全面完成，集体土地总面积12547.31亩，集体经济资金和资产账面数为132488.99万元，资金和资产核实数为129095.14万元。

【工业建筑业】 2018年完成规模以上工业增加值41.33亿元，同比增长5.5%。全区规模以上工业企业7大重点行业中，化学原料和化学制品制造业实现增加值1.11亿元，同比增长21.5%；电气机械和器材制造业实现增加值2.57亿元，同比增长9%；电力生产和供应业实现增加值34.08亿元，同比增长4.8%；医药制造业0.32亿元，同比下降2.8%；酒、饮料制造业实现增加值2.99亿元，同比增长3%；非金属矿物制品业实现增加值0.28亿元，同比下降10.8%；专用设备制造业0.07亿元，同比增长3.7%。2018年，全区“出城入园”企业23家。其中，已建成项目8家；正在建设（新区）3家；已选址3家；正在选址2家；暂缓实施7家。全区有资质以上建筑总承包和专业承包企业16家，全年完成建筑业总产值113.3亿元。

【非公经济】 完成非公经济增加值80.85亿元，同比增长11.06%。

【招商引资】 全区执行新建、续建招商引资项目222个，投资总额731.82亿元。引进到位资金165.75亿元，完成年计划的100.46%。其中，新签合同项目184个，总投资169.12亿元，引进到位资金93.79亿元；历年结转合同项目38个，总投资562.70亿元，引进到位资金71.97亿元。第35届中国兰州桃花旅游节签约项目13个，投资总额54.9亿元。第24届“兰洽会”签约项目7个，投资总额54.70亿元，引进到位资金16.4亿元。

【项目建设】 累计完成固定资产投资71.32亿元，增速15.15%。其中，5000万元以上项目累计完成25.52亿元；房地产项目累计完成39.48亿元。5000万元以下项目累计完成6.32亿元。

2018年，承担6个省、市列重大项目。其中，区省列重大项目3个：中车兰州机车有限公司整体搬迁工艺水平提升、甘肃省妇女儿童医疗综合体、交大北校区。市列重大项目3个：中车兰州机车有限公司整体搬迁工艺水平提升、中海广场、西部机场集团兰州航空基地。

【商贸流通与贸易】 全区限额以上商贸企业84家，从业人员6848人。批发业、零售业、住宿业、餐饮业限上销售额分别完成1561.46亿元、145.18亿元、1.31亿元、19.26亿元，同比分别增长20.31%、10.18%、25.56%、13.52%。累计完成限额以上社会消费品零售额额95.36亿元，同比增长7.23%。2018年，申报商贸流通及服务业企业15家，新增销售额15.1亿元。按照“全力提升‘八大商圈’商业服务聚集效应”的要求，全年“八大商圈”经济总量达到1727.2亿元以上。

【旅游业】 全区接待游客人数675.39万人次，同比增长23.13%。实现旅游收入59.82亿元，同比增长26.73%。以办好主打节会兰州桃花旅游节为抓手、创新丰富旅游+体育+文化的融合发展模式，通过国家级赛事和各项音乐节，推介安宁、宣传安宁、带动安宁旅游产业的发展。在新华网发布的“2018旅游业最美中国榜”中，安宁区被评为首批全国生态旅游胜地，仁寿山景区被评为首批全国文化旅游胜地，并顺利通过国家4A级景区评定。

【城镇建设】 继续完善城市各类公共基础设施和服务体系，建设（续建）道路5条（B534#路、S524#路北段、S569#、安馨路、行知路），续建道路2条（S573-1#路、S583#路），稳步推进T504#道路建设。BRT西延段落推进顺利，安宁东西路全线常态亮化，提升改造道路路灯10条。建成停车泊位503个。有序推进市属单项维修、提升改造工程52项，已完工51项。全区落实“街长制”管理模式，打造精品街14条、严管街23条、示范街100条。打造垃圾分类试点小区31个，实施“厕所革命”建成公共厕所13座。确认全区公租房保障资格933户，分配入住公租房500余套，发放公租房租金补贴742户。

【环境保护】 新增、改造绿地25.48公顷、栽植乔木5.8万余株。完成北山补植造林及“十里桃花”再造工程，补植补栽各类苗木27.84万株，天然林保护2.91万亩。全年完成义务植树65万株。续建、绿化西北出入口S101道路沿线、城区511#、530#等道路13条、新建北环路北侧桃花岛项目、李黄沟洪道两侧防护绿化建设工程4个。提升改造小游园5座、生态校园5所、天斧沙宫观景平台（安宁古堡）建设项目9个。综合治理洪沟3条，建立三级河长制方案制度，设立总河长145名。全区绿化覆盖率43.4％，人均公共绿地面积13.26平方米，保持全市前列。全年优良天数229天。

2018年，开展市容环境综合整治行动，整治各类违规经营4万处次，清理户外广告1405处1.2万平方米；拆除各类违章建筑111处6.9万平方米。全区背街小巷“一巷一人一车”环卫保洁模式进一步完善。七里河安宁污水处理厂改扩建工程有序推进。改造519吨位天然气锅炉超低氮燃烧器42台，取缔燃煤小火炉6000台。加强建筑工地监管，严格落实扬尘管控措施。全年组织联合开复工验收84家。对施工现场围挡、物料堆放、出入车辆冲洗、施工现场地面硬化、拆迁工地和土方外运湿法作业、渣土车辆密闭运输等做“六个百分百”（施工区域100%标准围挡，裸露黄土100%覆盖，施工道路100%硬化，渣土运输车辆100%密闭拉运，施工现场出入车辆100%冲洗清洁，建筑物拆除100%湿法作业）和“七个必须”“六项承诺”（“坚定信念、对党忠诚，坚决维护党章权威；牢记宗旨、为民服务，切实践行群众路线；坚持原则、秉公执纪，依纪依法严惩腐败；艰苦奋斗、实事求是，大力弘扬优良作风；改革创新、敢于担当，始终保持昂扬锐气；清正廉洁、严于律己，自觉接受人民监督。”）“四个不允许”（坚决不允许出现有令不行、有禁不止的现象；坚决不允许出现贪图私利、急功近利、损害发展大局的现象；坚决不允许出现民主集中制形同虚设、个人专权独断的现象；坚决不允许出现组织软弱涣散、干部脱离群众的现象）要求。

【科技与教育】 全区推荐申报国家、省、市科技项目51项。地区性研究与实验发展经费支出（R&D）4.83亿元，占全区GDP的2.65%。其中，区政府投入研发经费0.213亿元；驻区大专院校投入1.81亿元；科研院所投入1.08亿元；规模以上企业投入1.73亿元。R&D投入约占全区GDP182亿元的2.65%，比上年度增加7.9万元。技术合同交易额0.8051亿元，科技进步贡献率59.3%。承办以“智·在安宁 慧·泽丝路”为主题的“兰洽会”第2届安宁智库论坛和大学生创新创业大赛。推进“大众创业、万众创新”“猪八戒网”合作打造“云创大学城平台”。在《甘肃日报》推出活动专版，拍摄反映全区科技创新的专题片《花开安宁》。出版《第二届安宁智库论坛论文集》，并制作第2届安宁智库论坛画册。审核推荐兰州市科技计划入库项目19项，兰州市人才创新创业项目10项。审核推荐2018年陇原青年创新创业个人项目1项，团队项目1项。建设创新服务平台和新型孵化模式，建成国家级众创空间4个，省级众创空间9个，市级众创空间2个。全年专利申请量2893件，每万人口发明专利拥有量27.16件。打造安宁堡白凤桃产业基地为市级农业科技示范园。推进科普信息化建设试点，建成52个科普e站，实现校园全覆盖。2018年，安宁区被评为省知识产权战略实施工作先进集体。

全区有辖区中小学校29所，在校学生32830人，在职教职员工2601名，全年教育累计支出3.35亿元。落实“两免一补”政策，下达城市义务教育阶段学校公用经费1262.08万元。九年义务教育巩固率99.70%，高中阶段毛入学率99.11%，学前教育毛入学率95.5%。辖区入学进城务工随迁子女6278人，入学率100%。全年实施学校各类新建、续建项目2个，新建校舍约23700平方米，累计支出资金约3500万元。2018年秋季，2所幼儿园和3所小学顺利招生，新增学位2160个。合作新办交大附中第一分校，并实现招生；北京八中兰州分校项目进展顺利；沙井驿学校“三馆一厅一广场”项目主体完工。通过移交、合作办学、引进品牌等形式进一步扩大教育资源，积极推进教育信息化建设，稳妥推进校（园）长职级制改革，全面开展“三名人才”教师队伍培养。

【医疗卫生】 全区有各类医疗机构193家。其中，医院6家；社卫机构32家；诊所134家。基本公共卫生支出1358.64万元。进一步规范药品流通秩序，减少流通环节，降低虚高药价。提高基层医疗机构“双控”比例，扩大药品配送企业范围，全面实行药品采购“两票制”。全区公办基层医疗机构基本药物配备率80%以上，区级医院基本药物配备率60%以上，销售金额45%以上。实现基本医疗、大病保险、民政救助“一站式”结算。全区第一家三甲医院甘肃省妇女儿童医疗综合体建设项目获批立项，区医院、万里医院翻建项目进展顺利。2018年，孔家崖街道、刘家堡街道社区卫生服务中心被评为全国优质服务示范社区卫生服务中心，兰飞社区被评为全省卫生社区。安宁区被省卫计委、民政厅授予“全省医养结合示范先行区”称号。

【文化事业】 成功举办第35届中国兰州桃花旅游节开幕式文艺演出

2018年项目建设情况汇总表

产业类型	项目数(个)			总投资(亿元)				亿元项目(个)
	合计	续建	新建	合计	续建	新建	2018投资	
水　利	2	1	1	3.2	3.1	0.1	0.6	1
农林牧渔	5	1	4	1	0.1	0.9	0.8	
社会事业	22	2	20	12.3	3.3	9	6.3	4
城　建	41	13	28	115.7	80	35.7	22.3	13
工　业	36	5	31	18.1	2.9	15.2	13.2	4
经贸物流	16	8	8	127.7	89.5	38.2	25.7	13
房地产	20	14	6	210.6	181.2	29.4	32	18
其　他	4	3	1	1	0.6	0.4	0.6	
合　计	146	47	99	489.6	360.7	128.9	101.5	53

及各类文化节和特色品牌的宣传活动7项，开展“相伴共读，书香润德”“关爱流动残障儿童·庆六一”“2018全国少年儿童阅读年”“优秀少儿读物”“暑期动画电影展播”“书香家庭·与经典有约”等综合性文化活动9次。举办“春天的故事—安宁区纪念改革开放40周年青少年优秀美术作品展”“砥砺奋进四十年 不忘初心谱华章 传承民族特色文化 推动全民终身学习”“筑梦艺术·放飞梦想”等陈列展4次；举办“迎春送福文化惠民”“巾帼心向党，建功新时代”“增添正能量·共筑中国梦—感恩母爱 弘扬美德”“情浓中秋-精致兰州”“九九重阳节”“增添正能量·共筑中国梦”等各类文艺演出9次。举办中国热气球俱乐部联赛安宁站、中国攀岩联赛兰州安宁站、全国重阳登高健身大会西部会场暨兰州安宁“体彩杯”九州台登山3项国家级赛事。顺利完成2018年兰州国际马拉松赛安宁段各项工作任务。建成街道综合性文化服务中心2个、社区综合性文化服务中心17个

【人民生活与社会保障】 全区城镇居民人均可支配收入35369元，增长8.58%。全年城镇新增就业9773人，完成率108.59%，城镇登记失业人数528人，失业率2.29%。安置困难群众就业575人，完成年任务500人的115%。办理小额担保贷款173笔，发放贷款资金2030万元，安置人数383人，支出再就业资金3650万元。

2018年征缴城镇职工养老保险费2.39亿元，完成率184.1%。被征地农民养老保险参保29200人，占被征地农民总数的99.8%，月平均养老金由558元提高到1307元，人均月增长749元。发放养老金2.60亿元，累计169516人次，发放率100%。城市低保标准从元月份起每人每月由612元提高到659元。开工建设安置房30万平方米、2500套。完成全区老旧小区“穿衣暖民”项目15个，投资约1500万元。为老旧楼院加装电梯20部。推进文化事业和残疾人事业等民生工程，建成贫困残疾人家庭无障碍设施改造工程100户。全区拥有养老机构2家，社区老年人日间照料中心20家，虚拟养老机构1家，养老床位840张，每千名人老人拥有床位数22张。2018年，安宁区被评为全省医养结合示范机构、省第三届敬老文明号创建单位。区政府确定为民兴办的10件实事，已全部办理完成。

领导名录

区　委

书　记　　王　方（女，8月免）
副书记　　雒泽民
　　　　　薛　蕾（女，3月免）
常　委　　王　方（女，8月免）
　　　　　雒泽民
　　　　　李东民
　　　　　张吉彬
　　　　　陈　涛
　　　　　贾向红
　　　　　杨　军
　　　　　鞠　康
　　　　　王亚军
　　　　　王耀堂
区纪委书记、监察委员会主任
　　　　　李东民

区人大常委会

主　任　　李世祥
副主任　　韩　刚
　　　　　李得林
　　　　　高增新
　　　　　杨瑞峰

区政府

区　长　　雒泽民
副区长　　张吉彬
　　　　　杨　军
　　　　　党梓文（女）
　　　　　刘晶翟（女，10月免）
　　　　　郭固城
　　　　　满万金（2月任）

区政协

主　席　　黄晓玲（女）
副主席　　唐增寿（回）
　　　　　孙　峨
　　　　　尚亚林
　　　　　陈小红

（陈天军　邹向东）

西固区

【概况】 西固，位于甘肃中部陇西黄土高原西部（兰州河谷盆地），黄河由西向东横穿全境，地势西南高、东北低，南北两山向河谷川区倾斜，海拔1500米~2000米。位于北纬35°58′~36°13′，东经103°19′~103°41′之间。地处兰州市西南部，东与七里河区接壤，南连永靖县，西邻红古区，北与永登县、皋兰县、安宁区毗邻。境内属陇西黄土梁峁区的一部分，梁峁起伏，沟壑纵横，交错分布，成河谷川区、坪台沟坡区、南山梁峁区和北山梁峁沟壑区。最高峰在区境东南金沟乡与永靖县接壤处的关山，海拔2627米；最低点处为区境内东北陈坪街道新滩村，海拔约1522米，相对高差1100余米。西固区属温带半干旱大陆性气候，降水偏少，日照充足，蒸发量大，气候干燥。春季干旱多风；夏季炎热降水集中；秋季凉爽；冬季较冷少雪。多年平均气温10.3℃。年平均降水量297.1毫米，年平均降雨日数为68.3天。降雨集中在每年5月—9月，7月最多。境内河道，属黄河水系，自西向东贯穿全境。主要河道有一级河湟水河、庄浪河两条，总长9.8千米。境内最大河流为黄河，从永靖县至达川乡岔路村入西固区，流经

西固区，东至新滩村出境，全长38千米，流域面积384平方千米，年均流量1070立方米/秒。

辖区东西最大距离30.2千米，南北最大距离19千米，总面积358.31平方千米。其中陆地面积349.14平方千米，占97.44%，水域面积9.17平方千米，占2.56%。辖5镇1乡40个村委会，7个街道70个社区，总人口32.23万人，其中城镇人口29.21万人。人口密度每平方千米1042.84人。

辖区内已探明的矿产资源主要为建筑用辉绿岩矿，分布于新城镇青石台马岐沟，矿区面积0.1045平方千米，矿体最大厚度约55.2米，储量约41.1万立方米，现已开发利用。黄河流经西固，境内蕴藏着丰富的水利资源，先后修建了八盘峡、柴家峡、河口峡3座水电站。有全国重点文物保护单位7家，省级文物保护单位40家；国家级非物质文化遗产1项，省级非物质文化遗产4项；A级旅游景区1家。

西固，是甘肃省和兰州市的核心工业区、中国西部最大的石油化工基地，工业基础雄厚，素以“西部石化明珠”“石化工业摇篮”闻名遐迩。是国家“一五”期间重点投资兴建的大型石油化工基地之一，经过半个世纪的建设，现有各类企业1000余家，其中中石油兰州石化公司等中央、省、市属大中型企业33家，形成了以石油化工、能源、装备制造和新材料“三大板块”为支柱的工业体系，工业经济总量占全区经济的五分之三，占兰州市工业经济总量的近五分之二，甘肃省的近十分之一。2018年，成功创建“全国健康促进区”“全国法治县区先进单位”“全省无邪教示范区”，甘肃（兰州）国际陆港荣获第二批国家示范物流园区和“2018年全国优秀物流园区”，安监局获评全国安全生产监管监察先进单位和全省安全生产工作先进单位，丝路电商产业园被评为省级电子商务示范基地，河口镇被省政府列为经济发达镇行政管理体制改革试点乡镇，河口村列入中国美丽休闲乡村和全国第一批绿色村庄名录，5家单位分别荣膺省级文明单位和文明社区。

2018年，全年实现地区生产总值448.53亿元、同比增长4%。第一产增加值完成2.91亿元、同比增长4.6%；第二产增加值完成276.76亿元、同比增长1.9%，其中，规模以上工业增加值完成238.4亿元、同比增长2.5%；建筑业增加值完成35.9亿元、同比下降0.3%；第三产增加值完成168.86亿元、同比增长6.5%；固定资产投资同比增长8.77%；完成地方性财政收入159.1亿元；一般公共预算收入完成10.8亿元、同比下降1.45%；社会消费品零售总额完成137.43亿元、同比增长7.23%；城镇居民人均可支配收入完成38536元、同比增长8.5%；农村居民人均可支配收入完成18387元、同比增长9.3%。

【项目建设】 全年凝练储备项目160个、总投资550.93亿元、当年完成投资105.64亿元。其中，新建项目99个；续建项目47个；谋划项目14个。围绕全区重点项目，采取一项目、一团队的推进模式，聚力破除部门壁垒，建立29个市区两级项目管理团队（市级5个，区级24个），强力推进任务落实。做好项目用地保障，全区86家单位参与代家河湾、高家咀、T018+T020#路等征拆工作，全年征收土地2583亩；加大土地储备力度，完成大陆桥、代家河湾、深沟堡等7宗地块1608亩土地和港务区567亩土地的收储工作。聚力开展“招商引资百日大会战”，围绕文化旅游、商贸物流、工业产业、特色农业等8个重点领域开展对外招商，全年签约引进过亿元项目15个、到位资金185.8亿元。项目建设全市考核排名第一。

【陆港经济】 甘肃（兰州）国际陆港五大核心功能加快完善，荣获第二批国家示范物流园区和“2018年全国优秀物流园区”称号，保税物流中心（B型）基本建成，多式联运中心开工建设，汽车整车进口口岸成功获批，跻身国家指定对尼泊尔开放三大内陆港口。组建国际陆海贸易新通道省级物流平台，首发中欧国际货运回程班列，开通兰州

西固金城公园

—伊斯兰堡南亚公铁联运班列，四大贸易通道实现双向常态化运营，全年发运185列、进出口货值约46亿元，签约引进过亿元项目15个、到位资金185.8亿元。

【现代农业与新农村建设】 全年新建农村公路24公里，开通金城公园至杏胡台、西固城至张家大滩城乡公交；完成7200余亩高效节水工程和9.7公里末级渠道改造；完成危旧土坯房改造346户，实施改灶100户、改厕1343户、改炕1000户；高标准建成省市区级美丽乡村6个，市级小康示范村5个；各村全面成立村级公益设施共管共享理事会。启动达川、河口片区净水厂、自来水厂项目等基础配套工程的前期工作；柳泉镇天然气入户、污水收集工程分别完成入户挂表和主管网铺设；建成投用5个垃圾中转站。全年流转土地3100亩，新增设施农业200亩，高原夏菜、西甜瓜等特色农产品种植3万亩。制定出台23条高含金量决胜全面小康扶持政策，投入财政资金2.1亿元，有力助推农村各项事业发展。谋划实施10个田园综合体全部开工建设，成立农业合作社20个，集体经济空壳村实现“全清零”。张家台、杏胡台、孟家山“三变”改革试点工作顺利完成。建立85家单位、152名正科级领导干部包户精准帮扶机制，建档立卡户脱贫质量大幅提升。

【工业生产】 兰州石化公司全年原油加工量927万吨，创近三年新高。以“一高、两密、两少”为发展方向，谋划实施了西固工业园区建设，启动编制企业防护距离技术评估报告和工业高质量发展规划，先期引进高端企业6家。完成兰石化周边卫生防护距离内居民搬迁安置和隐患排查整治工作，中核铀浓缩公司办社会职能分离移交协议正式签订，最大力度保障企业瘦身健体、轻装前行。

【商贸物流】 西固区商贸物流业加速发展，全区商业面积最大的金城中心商业茂开工建设，华奥全球商品直销中心即将破土动工，天毅汽车文化主题乐园初具规模，铁邦、博康仓储物流园建成投运。电子商务效益初显，丝路电商产业园入驻企业260家，全省唯一的电商通关服务窗口——兰州三维跨境电商平台正式运营，京通易购、阿里巴巴、苏宁控股等电商龙头企业落户西固，全年电商销售额突破4.5亿元。

【文化旅游】 编制完成《西固区全域旅游总体规划》；金城公园（二期）民俗院落商业区、综合文化展示区、廉政文化教育区基本建成；河口古镇文化展示中心项目进入内外幕墙安装阶段，8000平方米的商业街主体完工，游客服务中心、停车场等配套项目加快推进，餐饮购物、休闲娱乐等综合功能逐步完善。

【城乡建设】 “承东启西、连南贯北”大交通体系加快构建，3条南北通道加速推进，T018#+T020#道路开工建设，T088#道路全线贯通，古浪路跨线大桥加快推进；3条东西道路加快畅通，南绕城高速建成通车，南山路主路西固段双向全线贯通，北滨河路西延段进展顺利。中川城际铁路西固站投入运营，陈官营站前广场项目顺利推进；建成西固人家、兰炼十字和雅新小区3座过街天桥，三姓庄桥提升改造和福源小镇污水节流工程全面竣工；新建绿地游园3处，补植补栽各类苗木4.4万株，新增改绿地10.25万平方米。旧城改造加速推进，兰西铁苑、东川棚户区、福源小镇5032套安置房交房入住，新城、力威德等项目开工建设，石化3#街区、兰高金都城等22个项目前期手续加快办理，高家咀城中村、上庄子城中村改造征拆工作接近尾声。市容市貌明显改善，完成山丹街、玉门街立面改造，建成精致文化小街巷7条，6条道路线缆入地工程开工建设。加大联合执法力度，累计拆除违法建设17处、7.64万平方米，整治户外广告2.8万平方米，查处非法运营车辆450辆。

【生态建设】 “智慧环卫”管理模式入选2018年中国环境卫生国际博览会示范案例，全市唯一的标准化渣土调运中心建成投用，深度环卫保洁面积扩大25.8万平方米；大气污染防治智能化指挥调度中心和区域空气质量改善示范项目建成投用，全年改造小火炉1.3万台，PM10、PM2.5污染物浓度创历史新低；水源地一期保护和6.2公里黄河治理工程竣工验收，四级河长监管体系全面建成，生态红线科学划定，“一河一策”方案编制完成；土壤污染状况点位基本确定，第二次污染源普查工作即将完成，顺利通过省级环保专项督查；大红沟土壤修复项目加快推进，贾家堡自来水管线周边地下水和土壤污染修复项目基本完工。河口、达川片区自来水厂和净水厂项目加快推进，柳泉天然气入户和污水收集工程即将完工。兰州市自来水管线周边地下水和土壤污染修复项目基本完工。

【社会事业】 教育发展提质加速，教育改革“新十条”启动实施，临洮街学校加快建设，完成15所学校基础设施提升改造，省商业学校、兰州商贸学校顺利移交，“全面改薄”任务完成率全省第二；兰化二小恢复办学，新增4对“一体化”办学学校，高考成绩稳居全市第一。在全省率先落实“课后延时服务”。全面深化医疗卫生综合改革，试点建成区乡村“三级医共体”“先看病、后付费”、住院零押金和“一站式”结报等医疗惠民政策全面落地，成功创建全国健康促进区；建成疾控水质监测实验室、区消毒供应中心和心电网络平台；完成6家乡镇卫生院升级改造，大力开展爱国卫生运动，今年共创建省级卫生细胞28家，市级卫生细胞22家。文体事业多点开花，西固金城鲜卑主题馆、10个自助共享图书馆全面对外免费开放；建成18个基层综合性文化服务中心，新增登山健身步道2条、健身路径8条；开展“金城西固迎春灯会”“西固之夏”百姓大舞台文艺调演、草莓音乐节、全民健步走等各类文体活动1250场。科技创新成效显著。在全省率先建成科技企业孵化器院士专家服务中心，新增省市级众创空间5家，7家企业通过国家高新技术认定，兰州高压阀门有限公司获评国家知识产权优势企业，30项科技创新项目列入省市重点支持计划，全年专利申请量680件。迅速掀起“创建文明城市”新热潮，规范设立“道德模范、好人”奖励资金和志愿者公益资金，启动志愿者服务项目27个，创新开展“百场万人”家庭教育公益讲座，举办大型公益主题活动9场，3人登上“中国好人榜”。

【劳动就业与社会保障】 多渠道促进就业创业，发放创业担保贷款1064万元，新增创业企业1252家、就业12387人。城镇登记失业率控制在2.03%以内。城乡低保再提标7.6%和6.3%，特困人员年供养标准分别增至11856元和6912元，发放各类低保和救助金3319万元，为3357名失地农民办理养老保险，全民参保登记率99.1%。建成12个为老驿站，完成26个基层阵地改造和6个农村社区综合服务大厅建设，实现基本医保、大病保险、民政救助“一站式”结算，异地就医网上办理即时结算。全面完成机关事业单位养老保险制度改革任务。深入推进“三社联动”试点和居家社区养老服务，残疾人托养服务机构投入运行，老旧小区加装电梯40部。全年民生支出25.9亿元，占财政总支出的85.3%。

【社会治理】 全年调处化解矛盾纠纷3030件、成功率99.9%；妥善做好涉军维稳、治欠保支等重点工作，实现重要节会期间“零非访”，重兵铁拳扫黑除恶，捣毁黑社会性质犯罪组织1个，摧毁涉恶犯罪集团1个、团伙2个，“两抢一盗”案件下降19.2%；连续破获10起重特大贩毒案件，取得近年来毒品网络本地打击整治最好成效。

领导名录

区　委

书　记　　钱承文

副书记　　马力仁

　　　　　刘明旭（9月免）

常　委　　钱承文

　　　　　马力仁

　　　　　刘明旭（9月免）

　　　　　张君明

　　　　　刘永祥

　　　　　白万恩（2月免）

　　　　　郑　强

　　　　　李宗科

　　　　　张平华

　　　　　王伟军

　　　　　李良岳（10月免）

　　　　　孙　炜

　　　　　刘　杰（6月任）

区人大常委会

主　任　　王延风

副主任　　王忠平

　　　　　刘明劲

　　　　　祁永良

　　　　　张林军

区政府

区　长　　马力仁

副区长　　白万恩（2月免）

　　　　　王伟军

　　　　　李良岳（挂职，10月免）

　　　　　王有祥

　　　　　刘　军

　　　　　张笑春（女）

　　　　　陈　良

　　　　　钱国权

区政协

主　席　　徐春花（女）

副主席　　江代莉（女）

　　　　　王忠良

　　　　　杨世旺

　　　　　徐优文

（王晓蓉）

红古区

【概况】 红古区位于甘肃省中部，东接兰州市西固区，西临大通河，南濒湟水与青海省民和回族土族自治县和甘肃省永靖县相望，北部黄土山岭与永登县毗邻。介于北纬36°19′~36°21′，东经102°50′~102°54′之间。区境东西长53.7千米，南北宽不过24千米，最狭窄处仅3.3千米，总面积567.6平方千米。2018年末，全区辖4个镇4个街道22个社区，34个行政村，常住人口14.4万人。有回、满、东乡、藏、蒙古等18个少数民族。境内地势北高南低，呈两山夹一川的带状地形，大部分为大通河、湟水河下游河谷，北面依山，南面临水，北部为黄土山梁和台地，南部和西部为河谷地区，自西北向东南逐渐下沉倾斜。全区海拔1580米~2462米，为温带大陆季风气候。矿产资源丰富，已查明的矿藏有煤、石油等11种，矿床、矿点18处。已勘查远景储量及工业储量的矿种7种。红古是甘肃省重要的煤炭和电解铝生产基地、全国主要的炭素生产基地、全国首个清真明胶生产基地、国家级“城市矿产”示范基地。2018年，实现地区生产总值110.72亿元，增长6.3%。第一产业增加值4.12亿元，增长4.9%。第二产业增加值65.42亿元，增长10.2%；第三产业增加值41.18亿元，下降1.4%；全社会固定资产投资增长19.04%；社会消费品零售总额28.78亿元，增长7.2%；全地区财政收入38.05亿元，增长114.37%，连续两年实现翻番；一般公共预算收入8.93亿元，增长70.41%，同比增速位居全省第一；城镇和农村居民人均可支配收入分别达到30346元、19207元，增长8.4%、9.5%。三次产业结构比例调整为3.7∶60.9∶35.4。

【农业农村经济】 稳步实施乡村振兴战略，有序推进农村“三变”改革，全面完成农村土地确权登记颁证和集体资产清产核资，打造了青土坡、薛家2个“三变”改革样板村，全面消除“空壳村”，村集体经济收入10万元以上的14个。编制完成田园综合体建设试点发展规划，大力发展优势特色产业，打造了鸿翔食药同源、罗金台现代农业观光示范等5个现代农业产业园，提升万亩精细蔬菜、千亩设施农业、千亩优质果品等8个特色种植基地，培育壮大中植10万头生猪、鑫源10万只肉羊等规模化特色养殖基地5个，建成标准化示范养殖场16家。全区蔬菜种植面积8.99万亩、产量23.31万吨，粮食总产量0.35万吨。各类畜禽饲养量56.81万头只，肉、蛋、奶总产量2.4万吨，水产品产量150吨。实施湟水河红古段防洪治理、田间渠道衬砌等9个农业基础设施提升项目，完成农田恢复、道路抢修、渠道疏浚等19个灾后重建项目，改造提升农村公路30公里，硬化衬砌田间渠道36.3公里，建成高效节水灌溉5000亩，高标准基本农田3300亩。新发展省市级龙头企业4家，农民专业合作社24家，大力发展休闲农业、体验农业等新兴业态，新发展鑫源樱桃采摘、守诚草莓采摘等采摘休闲农业园10家。

【工业经济】 深化供给侧改革，大力发展园区经济，实施总投资42.4亿元的瀚盈40万吨洁净钢、方大高温气冷堆核石墨、阿敏生物医药健康等项目16个，园区工业总产值330亿元。经济区红古园区实施总投资2.9亿元的“三路三场（厂）两工程”，东四路、东七路南延建成通车，自来水厂改扩建一期、污水处理厂完成主体建设，完成涩宁兰天然气管道改移工程，110千伏电力线路纳入全省改造计划。亿通电力器材生产线、兰亚铝业铝型材生产线等重点项目基本建成，100万台废家电拆解、5万吨废电线电缆拆解等项目建设接近尾声，总投资27亿元的宝方10万吨超高功率石墨电极项目开工建设。连海开发区红古园区总体发展规划编制完成，并启动新版规划环评编制。总投资6.68亿元的窑街煤电安全和维简更新、方大高温气冷堆核石墨规模化工艺和辐照研究项目有序推进。腾达西北铁合金公司窑街厂区搬迁提升改造项目完成选址，前期工作加快推进。全区高新技术、高成长性企业4家，省级以上企业研发中心3家，战略性新兴产业企业5家，新增规上企业2家，完成规上工业增加值62.15亿元，增长10.8%。

【项目建设】 深度融入兰西城市群建设，启动《兰西城市群节点城市（红古区）发展规划》编制，积极打造川海民族经济创新发展先行示范区。成功举办“城市矿产”联盟工作会议暨推进资源循环利用工作座谈会等招商推介活动。扎实推进“招商引资百日大会战”攻坚行动，开展赴外精准招商考察35次，凝练储备项目41个，新引进项目32个，落实到位资金72.7亿元。引进世界500强房地产领军企业碧桂园集团，开工建设总投资42亿元的10万吨超高功率石墨电极和玖珑湾综合体项目。与中国供销农产品批发集团、中信戴卡公司、腾达西铁集团等行业龙头企业开展深度对接，就总投资46亿元的农副产品物流园、中信戴卡产业园、腾达西铁窑街分公司搬迁改造等重大项目达成战略合作。全年实施总投资87亿元的重大项目79个。其中，28个续建项目已基本完工；51个新建项目中33个

2018年10月8日，京藏高速公路海石湾收费站连接道路改扩建工程奠基仪式

项目已基本建成。围绕“千企万商大走访”“转变作风改善发展环境建设年”等活动，全区各级领导干部主动深入驻地企业和项目一线，协调解决项目建设和生产经营中的用地用电、施工保障、项目审批、企业融资等问题，特别是妥善解决窑街煤电“三供一业”办社会职能移交过程中出现的问题和困难。深入开展重大项目前期准备工作攻坚战，严格落实县科级领导包抓责任制，创新完善项目建设管理团队办法，组建总投资34.3亿元的湟水河流域红古段水污染防治综合治理、海石湾棚户区改造综合体等8个项目管理团队。严格落实项目建设“六个清单”管理制度，强化项目全过程管理，对92个政府投资项目进行预算审查，审减资金3998.94万元。加强对公共资源交易过程监管，全年共审核、备案公共资源交易项目194项，交易额9.27亿元。

【城乡建设】 累计投资14.2亿元，高标准启动供销联社、客运中心、凤凰城西侧等重点片区综合开发工程，实施滨河中路和东路建设及民门公路窑街段改造提升工程，完成了海石大沟、枣儿沟、窑街南出口三大整治工程。完成6条城区主干道路沥青罩面改造，3条主干道人行道花岗岩铺装亮化，新增城市地标性雕塑5处，完成棚户区改造1326户，改造老旧楼院9个，结合建筑节能改造完成楼体立面亮化10万平方米总投资15.23亿元的川海大桥连接线和团结大桥工程加快建设，京藏高速公路海石湾收费站连接道路改扩建工程和坪台地道路连接工程启动实施，北环路公交枢纽站投入使用，优化开通城区、城乡、城际公交路线6条，投放新能源出租车50辆。编制完成平安镇、红古镇多规合一总体规划，启动红古镇旋子-王家口棚户区改造集中安置工程。实施农村路网改造、安全饮水、公共服务等基础设施配套工程以及109国道沿线风貌整治景观提升行动，新建省市区级“美丽乡村”8个，连片整洁区1个，完成“三改”（改厕、改炕、改灶）2228户，解决4149人饮水不稳定问题，新建小游园、休闲广场12个，农村面貌焕然一新。

【商贸物流】 名都广场、国芳百合城、金辉恒通汽车贸易城等9个重点商贸项目加快推进，福田美域、海石新都、北区农贸物流市场招商运营工作全面启动，新运营商业面积8万平方米。新建碧桂园玖珑湾、御景华庭、惠民馨苑等高品味房地产开发项目，总建筑面积36.82万平方米。研究制定《红古区电子商务发展三年行动方案》，建成区电子商务服务中心和电子商务服务站29个，开设苏宁易购河湟红古馆，农迈特等本土电商平台交易额8200万元。

【生态环境建设】 全力打好蓝天碧水净土三大保卫战，完成11个中央环保督察“回头看”问题整改任务，兰铝大修渣环境问题顺利通过生态环境部核查验收，彻底清理整治洗煤厂7家、河洪道非法砂石加工点13家，一大批影响环境的突出问题得到有效解决。完成14.5蒸吨燃煤锅炉提标改造，实施兰铝超低排放、方大环保改造等6个大气治理项目，空气质量优良天数244天。大通河、湟水河地表水水质达标率100%，饮用水源水质达标率100%，降尘量控制及化学需氧量、氨氮、二氧化硫、氮氧化物等4项主要污染物排放指标均控制在指标范围内，PM10、PM2.5浓度均呈下降趋势；降尘量控制在目标范围（14吨/平方千米·年）之内。深入推进河长制，编制完成6条重点洪道“一河一策”和2个县级以上水源地“一源一策”实施方案，完成湟水河流域红古段防洪治理19.4公里。积极应对“7·22”“8·02”百年一遇的持续性强降雨灾害，科学、高效组织抢险救灾工作，安全转移群众1600余人，在最大程度降低灾害损失的基础上实现“零伤亡”，并迅速启动灾后重建，积极筹措资金2700万元有序实施危房加固、农田恢复、道路抢修、渠道疏浚、洪道治理等重建项目19个。推进全域无垃圾治理，投入7200万元，建成启用川区三镇3个陈腐尾菜填埋场，特别是在全省率先完成城乡全域环卫一体化、市场化、规范化运作，新增各类环卫设施设备406台（套）、农村共管共享和环卫保洁员512名，大力推进生态绿化，完成海石湾北山公园改造提升、北山泥石流综合治理工程，启动湟水城郊森林公园建设，窑街沉陷区生态治理三期、四期项目完成土地平整660亩，治理水土流失面积2平方公里，新增绿化造林2000亩，森林覆盖率18.25%，绿地覆盖率39.28%，成功创建为国家级园林城市。

【科技教育】 全面实施创新驱动战略，组织申报省、市级科技计划项目31项，培育认定高新企业、市级农业科技示范园区、众创空间、阿敏科研等创新研发基地8家，实施炭素固废制备锂电子电池负极材料技术开发省级重大科技专项和4个市级人才创新项目，完成技术合同市场交易额2000万元，获得国家专利30件，R&D研发经费投入强度占GDP比重2.0%。打造甘肃大有生态观光和兰州鸿翔循环农业科技园区2个、鑫源和农迈特众创空间2个及甘肃阿敏产学研科技合作基地；申报红古黑陶、刺绣等5件国家地理标志证明商标。实施学前教育三年行动计划、全面改薄、城区学校扩容3大攻坚战，建成南区、花庄和水车湾3

所幼儿园，完成二十四中教学楼、水车湾小学、七十一中运动场改造工程，开工建设海石湾第三小学，“入园难、大班额”问题加快解决；九年义务教育巩固率99.93%，高考本科上线人数创历史新高，达到574人。

【公共卫生】　严格落实分级诊疗制度，区妇幼疾控业务综合楼投入使用，新建标准化村卫生所3所，重点人群家庭医生签约服务率71.2%，完成区医院征兵体检信息化建设，省人民医院托管区医院期限延长三年，合规医疗费用报销比例63%以上。农村妇女“两癌”检查1920人，幼儿园入学体检5480人次，教师体检439人。为全区220名计划生育专干、1463名农村独生子女及676名农村两女户购买计划生育意外伤害保险。社区流动人口一站式服务平台覆盖率100%，流动人口个案信息合格率95.35%，重点对象信息协查反馈率96%。建档立卡贫困人口报销比例提高至85%以上，基本实现建档立卡贫困人口长期门诊报销、住院报销、大病保险报销、医疗救助报销数据共享。

【文化旅游】　建成区文体中心、综合性文化服务中心等8个群众活动场地，高规格举办全区第4届运动会、首届残运会和纪念改革开放40周年文艺汇演活动，组织开展文化大戏台等群众性文体活动600余场次，举办红古区地方文化传承与保护主题展、第四届民间鉴宝等文化活动100场次。全力创建全域旅游示范区，实施新庄台生态旅游休闲农庄、八虎台旅游观光园等重点旅游项目，智慧旅游平台建成并投入试运营，新建户农家乐43和旅游厕所9座。成功举办山地马拉松、登高采菊庆丰收、乡村生态文化旅游等品牌旅游节会赛事活动，打造了一批特色鲜明的休闲农业和乡村旅游示范点，全年文旅产业投资增长52.54%，累计接待旅游人数109.6万人次，创旅游收入7.92亿元，增长27%。

【民生保障】　认真落实“一户一策”精准脱贫、产业脱贫、政策兜底等措施，676户2125名建档立卡户全部实现稳定脱贫，消除绝对贫困问题。建立健全农村留守儿童关爱和服务体系，确保全区现有的2374名进城务工子女、55名留守儿童正常接受教育，全区教育扶贫学生315人，为精准扶贫受教育人口发放资助金20.33万元。省级农民工返乡创业示范区建设扎实推进，开展职业培训2119人次，发放创业扶持资金400万元，新增城镇就业5318人，安置困难人员就业643人，城镇失业登记率控制在3.49%以内，输转城乡富余劳动力1.26万人，劳务创收3.17亿万元。完成机关事业单位养老保险清算和城乡低保、特困救助等8类补助提标工作。累计发放低保资金、特困供养金、医疗救助金等补贴救助资金6419.8万元。清理不符合条件的低保对象787户2915人，彻底解决了矿区四村低保平均发放历史遗留问题。

【民主法治】　深入推进依法治区，顺利通过“七五”普法中期验收，完成窑街、海石湾、花庄3个司法所规范化建设，建成区、镇街、村社三级公共法律服务平台。全面落实网上信访、风险评估和领导包案制度，排查调处矛盾纠纷2215件，调处率98.8%。依法妥善处置下海石福利炭素厂、非公局城市综合体等疑难信访案件38件。深入开展禁毒、反邪、反恐斗争和“扫黑除恶”专项行动，打掉恶势力团伙及村霸4个，全区刑事、侵财和行政等3类案件发案率同比下降15.1%、11.2%和28.5%。反恐特警大队基地、拘留所主体竣工，华龙派出所及业务技术用房主体完工，建成区毒品预防教育基地，破获毒品案件20起。获得2018年度全市社会治安综合治理（平安建设）优秀县区称号。加强市场监管，扎实推进扫黄打非工作，严厉打击制假售假、商业欺诈等违法行为，严格落实安全生产责任制，大力加强食品药品、非煤矿山、建筑交通等领域安全监管和隐患排查治理，妥善处置海矿滑坡地质灾害等应急突发事件22起，智慧安监体系延伸到村社，“遏重”双防机制加快建设。

【党建工作】　坚持以习近平新时代中国特色社会主义思想武装头脑，结合深入推进“两学一做”学习教育常态化制度化，深入开展“解放思想大讨论”活动，牢固树立“四个意识”，坚决做到“两个维护”。定期分析研判全区意识形态领域形势，修订完善《意识形态工作责任制实施细则》，加大意识形态工作考核占比，强化舆情管控工作。全面抓实全省党内法规建设存在的7个方面24项问题中红古区共性问题的整改工作，特别是把坚持全面落实省委第一巡视组移交反馈问题整改作为重大政治考验，扎实开展省委第一巡视组移交红古区非巡视受理范围信访件整改和违反中央八项规定精神问题核实办理，对全区办公用房超标、吃空饷和公车管理不到位问题进行全面自查自纠、彻底整改落实。深入推进党支部标准化建设，认真落实“三会一课”党内政治生活，打造“五型”党组织，全区非公企业和社会党组织覆盖率分别达到88.04%、89.47%。坚持党管干部原则和好干部标准，全年共调整干部249人，其中提拔40人、平职交流44人、转任重要岗位9人，免职、兼职、改任非领导职务、试用期满、退休等156人，优化了干部队伍结构。结合深入推进“转变作风改善发展环境建设年”活动，落实“十不准”规定，大力整饬作风顽疾，解决影响企业发展和项目建设突出问题296个，压减“三公”经费14.68%。开展明察暗访58次、专项督查10次，查处违反中央八项规定精神问题7起，给予党政纪处分12人，通报典型问题18起，诫勉谈话25人。共受理信访举报和问题线索206件，处置195件，立案审查83件，给予党政纪处分91人。

领导名录

区　委

书　记　武和谦（12月免）

副书记　李　荣

郭德涛

常　委　武和谦（12月免）

李　荣

郭德涛

于　军

王毓亭

杨志勇

魏世民

汉晓民

张惠勇

颜为海

李　生（6月免）

区人大常委会

主　任　张玉莲（女）

副主任　马跃贤

刘学红

温发源

席正锐

区政府

区　长　李　荣

副区长　魏世民

李玉秀（女）

张奇才

秦剑飞(挂职,11月免)

杨建斌（3月任）

区政协

主　席　李玉兰（女）

副主席　安永学

李志敏

俞树胜（1月免）

齐向东（2月任）

（马玉花）

永登县

【概况】　永登县地处甘肃省中部，东南与皋兰县、西固区、红古区相邻，西北与天祝藏族自治县、景泰县接壤。全县总面积6090平方千米。2018年年底，户籍总人口434563人（不含中川、秦川二镇）。全县辖12镇（不含中川、秦川二镇）4乡，200个村委会，10个社区居委会。

境内地形由北向南倾斜，海拔在1500米～3000米之间。永登县深居内陆，大部分地区属温带半干旱气候。全年降水量337.8毫米，日照时数2541.4小时，年均气温6.7℃。年均无霜期155天，绝对无霜期147天。全年多为西北风，年内最大风力18.5米/秒，一般风力2.4米/秒。四季分明，阳光充足，冬无严寒，夏无酷暑，气候温和宜人。有连城吐鲁沟、石屏山自然风景区，有建于明初的连城显教寺、妙因寺、鲁土寺衙门，明弘治年间的红城感恩寺，明正统年间的城关海德寺等人文自然景观。天然林覆盖面积46万余亩，苦水是全国玫瑰产量最大的地区之一。境内已探明的矿产23种。有色金属矿主要有铁、锰、金、铜等；非金属矿产有石灰石、石英石、大理石、白云石等。

2018年全县经济呈现出农业生产稳定增长，工业生产增速下降，第三产业缓慢回升，固定资产投资快速增长，消费品市场运行平稳，财政收入低位增长，金融存贷平稳增长的运行态势。全县实现地区生产总值108.31亿元，同比增长2.4%。其中，第一产业实现增加值11.26亿元，同比增长6.6%；第二产业实现增加值30.68亿元，同比下降2.2%；第三产业实现增加值66.38亿元，同比增长4.7%。

【农业农村经济】　全县实现农业增加值11.42亿元，同比增长6.6%。全县农作物播种面积85.5万亩，同比增长0.46%。其中，粮食作物播种面积51.4万亩，同比下降3.18%，粮食总产量12.03万吨，同比下降6.46%；油料作物播种面积5.99万亩，同比下降9.75%，油料产量0.7万吨，同比下降0.32%；蔬菜播种面积13.16万亩，同比增长1.72%，蔬菜产量27.28万吨，同比增长6.68%；药材种植面积2.11万亩，同比下降47.51%，中药材产量1.07万吨，同比增长19.36%；水果产量2.27万吨，同比增长5.75%；水产品产量838吨，同比增长5.14%。粮经比例由上年的62.37∶37.63调整为60.11∶39.89。农业产业化水平进一步提高。全县新培育龙头企业4家，龙头企业总数达到68家。新培育农民示范专业合作社25家，农民示范合作社总数达到133家。新增土地流转面积1.2万亩，累计流转规模达到34.89万亩。特色农业高质量发展。苦水玫瑰产业、高原夏菜产业、中药材产业、红提葡萄产业、双垄沟播技术推广、优质马铃薯产业、肉羊产业、鲑鳟渔业产业、特色林果产业、优质牧草产业为主的“十大”优势特色产业发展较快，占农业增加值的比重很大，成为第一产业体系的中坚力量。农产品质量安全水平不断提高。全县推广无公害农产品标准化技术46项，认定无公害农产品生产基地74万亩，无公害养殖规模45万头（只），认证的“三品一标”总数60个。

【工业经济】 全县规模以上工业企业完成总产值133.1亿元，实现增加值20.86亿元，同比下降2.7%。从产品产量看，铁合金产量26.8万吨，同比增长16%；铝合金产量26.3万吨，同比增长39.9%；水泥产量493.3万吨，同比下降18.3%；铝锭产量29.1万吨，同比下降31%；石墨及碳素制品产量32.3万吨，同比下降46.3%；发电量12.63亿千瓦时，同比下降52%。从支柱行业看，黑色金属冶炼和压延加工业实现增加值1.51亿元，同比增长11%；有色金属冶炼和压延加工业实现增加值9.1亿元，同比下降7.6%；非金属矿物制品业实现增加值7.1亿元，同比增长10%；化学原料和化学制品业实现增加值0.7亿元，同比下降12%；电力生产业实现增加值0.91亿元，同比下降49.8%。2018年，永登县致力发展绿色工业，腾达西北铁合金有限责任公司投资0.5亿元进行绿色节能资源综合利用改造，蓝星硅材料有限公司投资1.35亿元对2台矿热炉进行节能环保技术改造，兰州红狮环保科技有限公司投资1.05亿元进行工业固废水泥窑综合利用项目，积极培育规上企业，新增规上企业4家。积极落实供给侧结构性改革，淘汰落后产能企业5家。

【第三产业】 全县第三产业实现增加值66.38亿元，同比增长4.7%。从七大行业看，呈现出“六升一降”态势。“六升”：交通运输仓储及邮政业、批发和零售业、住宿餐饮业、金融业、营利性服务业和非营利性服务业分别实现增加值22.06、6.32、2.61、7.68、9.76和14.37亿元，同比分别增长6.39%、7.45%、6.17%、3.79%、9.95%和1.97%。“一降”：房地产业实现增加值3.42亿元，同比下降12.4%。

【固定资产投资】 全县完成固定资产投资39.32亿元，同比增长13.63%。其中，5000万元以上项目完成投资12.84亿元，同比增长37.04%；500万元-5000万元项目完成投资22.47亿元，同比增长2.56%；房地产开发项目完成投资4.01亿元，同比增长20.63%。三次产业投资“两升一降”。第一产业完成投资3.81亿元，同比增长2.67%；第二产业完成投资9.12亿元，同比下降9.34%，其中工业完成投资9.12亿元，同比下降9.34%；第三产业完成投资26.39亿元，同比增长26.69%。

【消费品市场运行】 全县实现社会消费品零售总额27.63亿元，同比增长7.14%，其中限额以上单位实现消费品零售额3.37亿元，同比下降10.4%。按经营单位所在地分，城镇实现消费品零售额23.82亿元，同比增长7.5%；乡村实现消费品零售额3.81亿元，同比增长5%。按行业分，批发业实现销售额7.89亿元，同比增长2%；零售业实现销售额22.77亿元，同比增长15.77%；住宿业实现营业额5323万元，同比增长9.4%；餐饮业实现营业额8.27亿元，同比增长14.3%。

光伏产业

【生态产业】 立足祁连山冰川和水源涵养生态功能区的实际，在做好保护工作的基础上，严格对照产业准入负面清单，以构建生态产业体系为重点，稳步推进十大生态产业持续竞相发展。节能环保产业方面。完成中铝连城分公司电解槽技术改造项目，实施红狮工业固废水泥窑协同综合利用、永固固废水泥窑协同处置、甘肃永峰铁合金冶炼炉改造、腾达西铁绿色节能资源综合利用等节能环保项目4个。清洁生产产业方面。实施蓝星硅清洁生产提升改造、中铝连城分公司危废填埋场及一般废渣场和电解质破碎系统升级改造、甘肃绿本源回收中转废旧蓄电池、甘肃三和鑫废旧资源回收中转废旧蓄电池、兰州鹏达免烧砖循环经济等清洁生产项目6个。清洁能源产业方面。建成上海航天、阳光电源等一批光伏发电项目，建成光伏扶贫村级示范电站33个，改造燃煤锅炉6台18蒸吨。循环农业产业方面。布局形成了百里玫瑰川、十里葡萄沟、万亩药材谷、高原夏菜绿色长廊、泉碱羊肉天然牧场和优质燕麦草供给区等一大批农业示范基地。中医中药产业方面。建成黄芪、党参、甘草、柴胡、板蓝根、大黄等中药材标准化基地6390亩，新建康乐药业年产5000吨精制中药饮片及直接口服饮片加工生产线项目。文化旅游产业方面。重点围绕大通河川和庄浪河川两个旅游经济带，深入挖掘玫瑰文化、丹霞文化、土司文化、引大文化、传统农耕文化和独有的土族、薛家湾民俗文化，精心打造连城历史文化和土司衙门古色游、玫海花香红色游、森林草原绿色游、丹霞地质风貌彩色游、田园风光休闲游和吉普赛民俗文化体验游等六个旅游品牌。通道物流产业方面。建成县级农村电商物流配送中心、大天源建材物流综合市场、华辉物流、陇源蔬菜保鲜储运等一批仓储物流项目，大力发展通道物流经济。新建蔬菜保鲜库4座，总库容1.1万立方米，购置箱式冷藏车7辆，建成贫困村移动保鲜库7个，辐射贫困村59个。

【脱贫攻坚】 2018年是永登县脱贫摘帽年，围绕“两不愁、三保障”标准，大力实施“七个一批”工程，精准施策，集中攻坚，全县当年100个村顺利退出贫困村，4551户1.16万人退出贫困人口，贫困发生率降至1.41%，群众满意度达到99.85%。全县整县脱贫工作顺利通过县级自验和市级初验。落实脱贫攻坚帮扶措施。按照“12345”（即一核收入、二看生产生活条件、三比较财产住房状况、四在村社评议、五公示）和“两公示一比对一公告”，精准识别全县6788户18110人建档立卡贫困人口，精准制定帮扶措施，确保贫困户真脱贫、脱真贫。制定产业发展奖补标准，安排“一户一策”奖补资金1330.88余万元，采取以奖代补方式，支持帮助贫困户发展优质高效产业，不断激发脱贫致富的内生动力。落实光伏扶贫村级电站建设项目。当年建成光伏扶贫村级电站33座，涉及12个乡镇33个贫困村，总建设规模2385千瓦，总投资1649万元。项目于9月底全部并网发电，产生收益22万元，有效解决33个贫困村无集体经济收入或集体经济收入薄弱问题，并带动795户建档立卡贫困户持续增收。实施易地扶贫搬迁和危房改造项目，彻底消除农村危房。年内易地扶贫搬迁集中安置点建成3处，购买2处，搬迁建档立卡群众220户721人，实现当年下达计划、当年建成竣工、当年搬迁入住的总目标。年内实施并完成农村危房改造3179户，全面扫除C、D级危房。

【项目建设】 按照新建项目抓开工、续建项目抓复工、招商项目抓落地的思路，突出谋划储备、攻坚作战、管理团队、园区发展和专题会议“五个抓手”，狠抓项目建设，促进投资稳定增长。1—12月，全县在库上报投资项目150个，上报固定资产投资39.3亿元（不含当月市返跨境投资），同比增长13.58%，超市下达目标0.58个百分点。其中，5000万元以上项目15个，上报投资9.38亿元；500—5000万元项目131个，上报投资22.47亿元；房地产项目4个，上报投资4.01亿元；1—11月，跨境项目市返投资3.44亿元。积极推进项目管理团队建设。先后两批共完成22个项目团队组建工作。招商引资项目43个，总投资171.84亿元，落实到位资金58.78亿元，第24届“兰洽会”永登县签约项目27项，签约总资金83.1亿元。其中，省市专场签约项目7项，签约总资金45.1亿元；县专场签约项目20项，签约资金38亿元。

【基础设施】 启动实施欣德路、下团结街等道路改造工程。铺设给排水等城市管网123公里。交通出行环境不断改善。国道G341线、国道G312线、省道S233线以及景中高速等省市重点道路建设在永登县境内相继开工，打通县域经济发展的大动脉。投资1.37亿元，为107个贫困村建成通村水泥路340.4公里，改善贫困地区交通出行不便问题。投入新能源纯电动城市公交车36辆，新能源纯电动城际公交车50辆，为全县居民提供绿色便捷的出行服务。水利基础设施不断提升。投资388万元，完成小水利维修建设532项；投资648.45万元，发展高效节水灌溉工程，面积0.4万亩。

【深化改革】 深化“放管服”改革，促进政府服务升级。转变观念，深化“放管服”改革，全县梳理公布“最多跑一次”事项165项。其中，行政权力事项81项；便民服务事项19项；公共服务事项65项。公布《永登县政府部门行政许可事项目录》，对涉及的25个部门187项行政许可全部承接到位。市级部门下放取消和调整行政审批项目10批187项。开展“减证便民”专项行动，取消证明事项3项，解决群众办事难、办事复杂等问题，进一步优化政府服务。深化农村环境变革，改善乡村人居环境。以乡村振兴战略为起点，推动美丽乡村建设，全县实施建成柳树镇牌路村、苦水镇下新沟村、连城镇牛站村3个省级美丽乡村，柳树镇涧沟村、苦水镇寺滩村、中堡镇大营湾村、龙泉寺镇河西村4个市级美丽乡村。同时加大农村环境整治力度，积极打造七山乡环境连片整治区，完成20个环境整洁村建设，提升城乡融合重点村2个，完成改灶、改炕、改厕项目，极大改善农村人居环境。深化社会信用体系建设，完善现代治理结构。进一步明确各单位在信用体系建设中的分工和责任，梳理完善部门依法行政规范性文件、权力、责任“三个清单”，信用法规、制度、建设“三个清单”，严格按照法定权限和程序行使行政权力，切实做到依法决策、依法执行、依法监督。社会信用体系建设41家成员单位梳理出1126条公共信用信息目录，保证公共信息目录的内容广泛，信息点明确。

【民生福祉】 教育方面，教学设施不断完善。完成新城区初级中学建设工程及4所改薄工程等项目，建设全面改薄工程项目4个，实施全面改薄购置项目3个。教学资源不断优化。新招录特岗教师100人，全部补充到教学一线。选派县城教师20人到乡镇学校支教，选派26人参加2018年千进八百，跟班跟师学习，保障农村偏远地区孩子受教育的权利。就业方面，开展创业扶持与就业服务相结合，“菜单式”培训与“订单式”培训相结合，保障困难人员再就业206人，促进城镇新增就业3236人，精准扶贫劳动力培训4111人，城镇登记失业率控制在2.12%。输转劳动力11.02万人次，劳务创收25.79亿元。医疗卫生方面，强化基本公共卫生服务项目，切实发挥疾控、妇幼等4个专业公共卫生机构项目实施的督导作用。全县城乡居民电子健康档案建档率90.86%，适龄儿童国家免疫规划一类疫苗接种率均在95%以上。因地制宜满足各类医疗诊断服务，主城区建立社区医疗卫生服务站，乡镇全面推开“1+1+1+1”服务模式，成立了家庭医生签约服务团队和家庭医生队伍，全县医疗卫生服务体系建设不断加强，医疗水平日益提高。社会保障方面：提高城镇居民基础养老金，由2017年的105元提高到123元，惠及城乡居民7.045万人。全面落实精准扶贫建档立卡贫困户在医保系统有身份标识即可享受基本医保提高5个百分点的现场直报政策。为7455名患有慢性疾病的贫困户及时办理城乡居民医保特殊疾病长期门诊。

领导名单

县　委

书　记　　魏旭昶

副书记　　杨　平（女）

　　　　　杨　东

纪委书记

　　　　　杨　东

常　委　　魏旭昶

　　　　　杨　平（女）

　　　　　杨　东

　　　　　张海滨

　　　　　张天泉

　　　　　刘宗斌

　　　　　罗宏才

　　　　　焦浩雁

　　　　　王　伟

　　　　　李小亮

　　　　　李文卿

　　　　　刘明岱

县人大常委会

主　任　　保元德

副主任　　吴芳贤（女）

　　　　　李永兰（女）

　　　　　桂国明

　　　　　芦天山

　　　　　朵建中

　　　　　王治民

县政府

县　长　　杨　平（女）

副县长　　罗宏才

　　　　　王　伟

　　　　　李文卿

　　　　　李　琦

　　　　　马鹤林

　　　　　田　翔

　　　　　徐生田

县政协

主　席　　魏周菊（女）

副主席　　刘世荣

　　　　　李玉祥

　　　　　李发泉

　　　　　胡延山

　　　　　熊长青

　　　　　潘思亭

（柳生昆）

榆中县

【概况】 榆中县位于甘肃省中部，始建于秦始皇三十三年（前214年）。早在春秋战国时，秦“辟数千里，以河为境，累石为城，树榆为塞”。因县地处榆塞之中，故名榆中而得名。西靠七里河区、城关区，东邻定西县，西南与临洮县交界，北隔黄河与皋兰县、白银市平川区相望，东北和靖远县、会宁县接壤。介于东经103°50′～104°34′北纬35°34′～36°26′之间。南北长92公里，东西宽54公里，全县总面积3301.64平方公里，其中耕地面积103.02万亩，有森林面积75.83万亩。2018年末，全县辖11镇9乡268个行政村。其中，连搭、定远两镇由兰州高新区托管。

2018年榆中县平均气温正常略高，年降水特多，降水分布不均匀，第一场春季透雨出现时间较历年提前14天。短时强降水天气频发，对农业造成了较大的经济损失。霜冻开始日期为9月28日，比历年早6天；霜冻结束日期为4月17日，比历年早15天。年平均气温7.5℃，比历年同期平均值偏高0.5℃。年极端最高气温出现在6月22日，31.4℃；年极端最低气温出现在1月31日，-21.7℃。年降水量641毫米，比历年同期平均值偏多72.2%。其中，春季降水量118.7毫米，较历年平均值偏多48%。夏季降水量403.2毫米，较历年平均值偏多99%。秋季降水量102.2毫米，较历年平均值偏多25%。冬季降水量8.1毫米，较历年平均值偏多4%。年蒸发量1130.7毫米，比历年平均值偏少212.4毫米（15.8%）。

2018年全县有户籍人口472867

人，增长6.67%。当年出生5219人，出生率11.11‰；死亡2083人，死亡率4.40‰；自增人口3136人，自然增长率6.67‰。城镇居民人均可支配收入23769元，同比增长8.3%；农民人均纯收入10459元，同比增长9.7%。城镇新增就业人数2407人，城镇登记失业率2.26%。单位生产总值能耗降低率5%。居民消费价格指数涨幅3%以内。

榆中县地势由西南、东南、东北三面向西北倾斜，南和北部为山区，两山之间为中部川区地带。海拔1400米~3700米。黄河流经榆中县北部，主要支流有兴隆大河、龛谷河、黑池沟等。

境内有明肃王墓、青城古民居、明长城等国家级文物保护单位7处，省级文物保护单位7处，县级文物保护单位19处。有非物质文化遗产保护项目100项，其中有“七月官神”“太符灯舞”、马衔山原生态秧歌等省级非物质文化保护项目8项，市级12项，县级86项。有省市县非物质文化遗产名录41项、传承人42名；市县级传承（教学）基地8个、传统节日保护地1个；传习所9个。有兴隆山烈士陵园、张一悟纪念馆和故居等革命遗址纪念设施52个、其他遗址遗迹6个。有青城、金崖两个国家级历史文化名镇。有兴隆山国家级自然保护区和青城古镇景区国家4A级风景区2处，石源山庄3A级风景区。县博物馆馆藏各类文物3222件。其中，国家一级文物39件；二级87件；三级338件。有不同历史时期不可移动之物307处。

【经济概况】　全县生产总值144.68亿元，增长24.22%。地区性财政收入14.92亿元，增长15.86%，其中一般预算收入7.42亿元，增长14.38%；财政总支出56.22亿元，增长5.6%；固定资产投资总额134.9亿元，增长10%；社会消费品零售总额40.17亿元，增长9%；城镇居民人均可支配收入23769元，增长8.3%；农村居民人均可支配收入10459元，增长9.7%。全县年末存款余额261.21亿元，贷款余额263.17亿元。

【农业农村经济】　完成农业增加值11.97亿元，同比增长6%。一产对全县经济增长的贡献率8%。完成农作物总播种面积141.5万亩，其中粮食播种面积68.8万亩（夏粮18.77万亩，秋粮50.03万亩），粮食总产量21.93万吨。其中，夏粮4.67万吨；秋粮17.26万吨。经济作物中，油料3.95万亩，产量0.51万吨。完成脱毒马铃薯种植26.5万亩，全膜双垄沟播玉米种植23.5万亩，新增中药材4.08万亩，蔬菜种植44.7万亩。新增设施农业0.25万亩，其中日光温室0.09万亩；钢架大棚0.16万亩。全县规模以上各类养殖场660家，动物饲养总量230万头只以上，出栏生猪15.5万头、肉羊9.6万只、肉牛4000头，家禽70万只，禽蛋产量4800吨，牛奶产量9000吨，畜牧业总产值3亿元。蔬菜种植主要品种为花椰菜12万亩25万吨，青梗散花菜8.5万亩22万吨，西兰花2万亩5万吨，甘蓝2万亩7万吨，大白菜（娃娃菜）2万亩7.5万吨，芹菜3.5万亩17万吨，青笋0.5万亩2万吨，红笋2万亩4万吨，百合5万亩1.5万吨，芥蓝1万亩3万吨，茄子0.5万亩5万吨，黄瓜0.5万亩2.4万吨，番茄0.6万亩2万吨、西葫芦0.6万亩1.5万吨，其他4万亩6万吨。扶持培育发展蔬菜龙头企业43家，总库容量13万吨，总资产3亿余元。90%的产品销往长三角和珠三角东南沿海地区，10%的蔬菜产品出口日本、马来西亚、新加坡等东南亚国家和中国港、澳、台地区，年外销蔬菜130余万吨。全县累计流转土地面积39.5806万亩，比上年新增流转面积2万亩。完成农村土地承包经营权确权登记工作，发放证书89512本，登记确认承包地面积137.75万亩。

【田园综合体建设】　李家庄田园综合体累计完成投资1.93亿元，400亩设施农业以及配套路网、千亩花海、水上餐厅、作坊一条街、9万立方米蓄水池等重点项目基本完成。完成甘肃栖云田园开发建设有限公司的注册和成立工作。建立“公司+县田园综合体指挥部成员单位+村党支部、村委会”管理模式，完善李家庄田园综合体投融资及建设管理

2018年4月19日，天津市宁河区支援榆中县扶贫资金交付仪式

体制机制。按照“1+3+X”模式，康源现代都市农业园、三角城县级农业示范园、兰州梦泰农生态庄园、青城镇魏家坪现代农业示范园、和平镇沁园春等5个田园综合体建设进展顺利。

【产业脱贫】 2018年以来，引进甘肃瑞杰农业发展有限公司投资7000万元，建设养殖规模5000头的标准化肉驴养殖基地；引进投资6500万元的甘肃华源医药股份有限公司和投资5500万元的甘肃正源农林科技有限公司，建成2个万亩标准化中药材种植基地。建成金佑康公司2000吨中药材饮片、赢德合作社及山里红合作社150吨小杂粮、富源合作社50吨百合干、甘肃开博公司500吨高端胡麻油等农产品精深加工及网络电商扶贫项目。新建蔬菜保鲜库17座，新增果蔬保鲜储藏能力1.63万吨，为20个贫困村购置20辆箱式冷藏车。落实产业扶贫资金1.1656亿元，其中第一批中央及省级到户产业扶贫资金6315万元，全部用于建档立卡户到户产业发展补助；落实第二批中央及省级到户资金2794万元，折股量化到1397户贫困户，每户2万元入股龙头企业及合作社，带动户均年分红2000元；第三批中央及省级产业扶贫资金280万元，折股量化到140户贫困户，每户每年分红2000元；整合天津帮扶资金2267万元折股量化到村集体，资金用于康源、富源、顺旺、芳美、宏鑫、新民等6家专业合作社产业发展，每年为466户贫困户户均分红4000元，带动贫困农户稳定增收。产业扶持资金中入股龙头企业（合作社）5564.3万元，共入股70家龙头企业（合作社），折股量化分红资金2018年度分红全部兑现到贫困户，分红资金总量556.4万元，受益贫困户2115户6468人。全县20个乡（镇）1600户建档立卡贫困户实施分布式光伏扶贫项目，合计投资3840万元。全县推广节能环保电炕，改造土炕1100台，每台炕投资1200元，投资132万元。

【易地扶贫搬迁】 实施易地扶贫搬迁对象643户3581人。其中，县城集中安置607户2234人；农村插花安置36户89人。项目总投资19033.57万元。其中，中央预算内资金1859.2万元；省级融资平台统筹资金11559.58万元；农户自筹501.5万元；县级配套资金5113.29万元。县城集中安置点（幸福家园）和农村插花安置农户全部搬迁入住。在15个乡镇实施59个农村集中安置点建设项目，安置搬迁农户1544户5166人，搬迁入住589户1976人，项目总投资3.45亿元。

【工业经济】 完成工业增加值43.11亿元，同比增长114.3%，其中规上工业增加值38.3亿元，同比增长140.5%，增速在兰州市各县区排名第一。酒钢集团榆中钢铁有限责任公司完成工业产值76.7亿元，同比增长489.97%，实现销售收入90亿元，实现利润8260万元，成为全县工业增长点。兰州雨中情防水材料有限公司新建的防水材料生产线建成投产，庄园牧场公司投资3亿元建设日处理600吨鲜奶生产乳制品生产线项目启动，金阳高科扩建、国电兰州热电“上大压小”异地扩建等项目建设顺利。

【第三产业】 完成第三产业增加值63.26亿元，同比增长0.1%；完成社会消费品零售总额38.72亿元，同比增长7.15%，增速在兰州市各县区排名第四。

【财政收支】 全县大口径财政收入149205万元，增收20422万元，增长15.86%。县级一般公共预算收入74154万元，增收9321万元，增长14.38%。财政部门完成17643万元，增收97万元，增长0.55%。政府性基金大口径收入165920万元，增收23808万元，增长16.75%。其中，县级收入157838万元，增收22816万元，增长16.9%；社会保障基金收入63441万元，增收22365万元，增长54%。全县财政支出562173万元，多支29807万元，增长5.6%。其中，一般公共预算支出378384万元，增支787万元，增长0.21%；政府性基金支出183789万元，增支29020万元，增长18.75%，其中，国有土地使用权出让收入及对应专项债务收入安排的支出164334万元，增长13.26%；社会保障基金支出55206万元，增支7806万元，增长16%。

【金融】 榆中县有银行业金融机构9家，营业网点77个，从业人员854人。有保险业金融机构6家，从业人员1161人；证券公司1家；小额贷款公司9家。12月，各项存款余额261.21亿元，增加24.21亿元，同比增长10.22%。非存款类金融机构甘肃兰银金融租赁股份有限公司融资租赁55.17亿元。各项贷款余额265.41亿元（含兰银租赁、小额贷款公司），增加30.68亿元，同比增长13.07%。

【税收】 累计入库各项收入123084万元，同比增长16.66%，增收17080万元。其中，增值税52938万元，同比减少5.69%，减收3192万元；企业所得税28986万元，同比增长100.06%，增收14497万元；个人所得税6171万元，同比增长2.75%，增收165万元；印花税2325万元，同比增长124.42%，增收1289万元；土地增值税7642万元，同比增长18%，增收1167万元；契税7404万元，同比增长14.72%，增收950万元；其他各税14163万元。另完成非税收入3455万元。全年累计减免税金20190万元，同比增加3561万元，增长48.24%，占税收总量的16.4%。全县纳税户总计10326户。其中，增值税一般纳税人1044户；小规模纳税人9282户；小规模纳税人中个体工商户5527户。

【重大建设项目】 全县凝炼储备重大项目200项。其中，重点实施项目160项，总投资1000亿元，年度计划投资200亿元；预备项目40项，总投资220亿元。160项重点实施项目共开（复）工125项，开（复）工率78.12%，完成投资136.45亿元，占年度投资任务68.23%，完工项目63项。县承担省、市列重大项目6项，项目总投资217.06亿元，年度计划投资49.3亿元，其中省列重大项目3项，市列重大项目3项。分别为：引洮供水一期榆中配套工程（省列）、国电兰州热电公司“上大压小”热电联产异地扩建工程（省列）、甘肃中医药大学和平校区项目（省列）、兰州国际高原夏菜副食品采购中心项目（一期）、兰州毅德国际商贸城项目、榆中县棚户区改造项目。完成投资65.15亿元，占年度投资任务132.14%。

【固定资产投资】 新增5000万元以上项目卧龙川污水处理厂、云台园、S217景泰至定西等21项；5000万元以下项目中医院康复中心项目、李家庄田园综合体设施农业建设项目等98项；阡陌院二期、北关花园棚改、嘉园北区等9项房地产项目。完成投资134.9亿元。其中，续建39项，完成投资62.2亿元；新建61项，完成投资72.7亿元。全年实现固定资产投资增速9%。

【PPP项目建设】 榆中县在市政设施、公共交通、文化旅游、水利环保等领域共凝炼筛选PPP项目13项，总投资138.5亿元。其中，建成2项；在建7项；开展前期工作4项。榆中县文化产业园（文成广场）项目被国家财政部列为第四批政府和社会资本合作示范项目，榆中县作为全省唯一获得推广政府和社会资本合作（PPP）模式工作有力、社会资本参与度较高的县，荣获国务院通报表扬。

【基础设施建设】 全县投资3.69亿元，改建国道、省道、县乡道路25条243公里，改造农村公路危桥15座。争取国开行贷款8000万元，硬化巷道200公里。投资1.7亿元，实施22项农村饮水安全巩固提升工程，彻底解决19个乡镇13.7万人饮水不稳定问题。投资9360万元，建成引洮一期西部供水城关至家盛市场23.6公里管道工程。投资5970万元，实施三电总干一泵站和东干七泵站更新改造项目。投资3323万元，改造农村C级危房1565户。投资1.7亿元，实施13.57万亩土地整治和高标准农田建设项目。投资1226万元，实施柳沟河山体滑坡维修工程、国道312线太平沟社道路边坡治理工程。

【招商引资】 引进项目86个，到位资金129.83亿元。第24届“兰洽会”签约项目33项，总投资152.13亿元，项目签约额、资金到位率、项目开工率均位居全市前列、远郊县区第一。粤港招商活动签约项目2个，总投资90.6亿元。

【县乡规划管理】 全年议定项目建规划方案34项；审定各类在建、拟建项目45个；完成立项征询意见函28份，出具规划文件89份，核发《建设项目选址意见书》14份，面积53公顷；核发《建设用地规划许可证》46份，面积188公顷；核发《建设工程规划许可证》37份，面积242.1万平方米；市政建设工程规划许可证11份，（乡村）建设工程规划许可证9份，核发规划竣工验收合格证2个；核发建筑工程施工许可证72份；查处未批先建违法建设项目33个，处罚金额1071.45万元。编制完成《榆中县城控制性详细规划》《夏官营生态创新城总体概念规划》《金崖镇永丰村传统村落保护规划》《金崖镇永丰村传统村修建性详细规划》。

【房地产交易】 办理商品房预售许可证17个，预售面积701313.83平方米。其中，营业面积77539.69平方米；其他面积23426.34平方米。办理存量房和二手房交易1700件，交易面积153000平方米。

【人居环境改善】 投资48.65亿元完成政府家属楼片区等6个棚改项目主体建设，和平村棚改项目开工建设。成功承办全省棚户区改造现场会。分配公共租赁住房17户，发放低收入家庭55户住房补贴26.2万元。投资3323万元改造农村C级危房1565户，安全性鉴定全县93839户房屋。投资1.82亿元实施“六改三清”人居环境改善工程，完成人居环境改善6510户，改厕21098座；改厨铺砖、刷墙78540平方米；改炕4562座；新改建猪舍2574个，维修加固44592平方米；新改建牛羊舍2167座，维修加固72711平方米；改建禽舍403座；清三堆689386平方米，清废弃圈舍、柴草棚、车棚179253平方米，清残垣断壁230102平方米。

【节能减排】 生产新墙材2.35亿块标砖，无新建新墙材生产企业。节约土地337亩，节约采暖能耗1.26万吨标煤，利用废渣14.7万吨，减少废气排放0.6万吨。全县新开工44

项，开工面积266万平方米，返退墙改基金467万元，完成节能竣工备案63项，节能验收检查140余次。投资234万元推广“清洁能源空气源热泵采暖”项目，52户已全部安装完毕，并完成验收。

【公用设施建设】 投资54.95亿元，开工建设市政道路22条41.1公里，建成15条11.7公里。榆定路、兴隆山大道三期、环城东路管廊工程等有序推进。投资110万元完成太白东、西路，兴隆路，中心广场、金牛山生态园、南河公园绿化提升改造面积6058平方米。投资1760万元安装秦汉风格路灯475盏，投资682万元改造老旧路灯384盏。投资2000万元改造完成县城老旧供热管网18公里；投资256万元铺设污水管网约1.6公里，收集县城园艺场至南关桥头周边污水；投资1226万元实施柳沟河山体滑坡维修工程和国道312线太平沟社段道路边坡治理和排水设施建设项目；投资65万元完成阳洼沟、左家沟黑臭水体治理工作。完成县城架空线入地弱电管网铺设8公里，完成埋设强电入地1.6公里。完成天然气进县城工程建设调压站及设备安装和14.8公里管线埋设。

【商贸流通】 兰州毅德国际商贸城、兰州国际高原夏菜副食品采购中心、兰州高原夏菜交易中心、甘肃物产集团兰州物流园、迎宾大酒店等重点商贸流通项目建设进展顺利。投资126万元建成哈岘乡仁和村农贸市场，投资350万元建成“老家·浪街”乡村旅游景区小吃街。制定出台《榆中县商品交易批发市场转型升级实施方案》，大青山市场于3月30日整体搬迁。9月30日，县电子商务公共服务中心揭牌启动，建成23个乡镇快递物流中心，实现乡到村的物流配送，村级网点覆盖率80%，从县中心到村级网点48小时内完成配送。全县电子商务交易额4.2亿元，同比增长50%，其中农特产品线上销售额2250万元，同比增长87.5%。10月23日，阿里研究院发布2017年-2018年全国百佳示范县排名榜，榆中县列46位。11月12日，京东“双11”全球好购节活动结束后，京东的数据显示，榆中是甘肃消费实力最强的县。投资1113万元建成榆中县军粮供应周转库及成品粮油储备库。榆中宇丰粮食储备有限公司进行智能化升级改造，保证了340万公斤县级储备粮安全存储。投资32万元，完成6家放心粮店提升改造建设。引进甘肃金垦米业有限公司，开展大米加工。增加县级储备粮计划500万公斤，粮油储备包干资金150万元列入财政预算，提高了全县粮食储备应急能力。

【环境保护】 榆中县空气优良天数264天，达标率81.98%，比兰州市同期高11.78个百分点。实施生态环境状态调查与评估等4个A类项目，总投资1.45亿元，到位资金3833万元，项目实施工作稳步推进。中央环保督察反馈意见中指出的兴隆山保护区内2处违章建筑均完成彻底拆除和大苗造林生态恢复工作。

【脱贫攻坚】 2018年新识别建档立卡贫困人口159户527人、返贫34户124人。全县共有建档立卡贫困人口22381户84382人。其中未脱贫人口1983户5907人，贫困发生率1.49%。先后制定下发《2018年全县脱贫攻坚帮扶工作要点》《关于提高群众满意度的实施方案》《关于激发贫困群众内生动力坚决打赢打好脱贫攻坚战的实施方案》《榆中县帮扶单位和驻村帮扶工作队日常考核办法（试行）》《榆中县关于开展脱贫攻坚“六集中”冬季决战行动实施方案》等指导性文件，组织开展五面红旗争创、调动“两个积极性”、农户大走访、村务公开规范、新民风建设、群众文化娱乐、环境卫生整治、社会治安整治等“八项活动”，着力提升群众认可度。全县21个乡镇宣讲宣传政策1091场次，受益28014人；培训脱贫攻坚明白人2631人，培训964次；开展集中讨论887次；集中接访866件，解决突出问题664件；召开村民代表会议开展评议村务公开244次；303个帮扶单位协调、争取、落实资金1861.27万元，捐物折资213.35万元；帮扶干部捐款捐物折资272.72万元；因病、因学、因灾临时救助7794人，涉及资金416.39万元；清运垃圾13598.6吨，拆除残垣断壁26471平方米，拆除废弃庄院308处，翻建院墙55349.3平方米，粉刷墙面206208.8平方米；开展爱心志愿服务活动901次，受益群众6773人。

【驻村帮扶】 2018年303家单位组成120个驻村工作队驻村帮扶。协调争取帮扶项目439项，涉及资金5552.95万元（其中帮扶单位落实资金3877.81万元）；帮办实事5348件；捐款捐物折资772万元；开展义诊62场次，受益群众2966人次；开展各类技能培训487场次，受益群众10118人次；开展文体活动92场次；扶持贫困大学生565人，涉及资金112.51万元。120个驻村工作队共帮办实事984件；捐款16.49万元，捐物折资112.35万元；开展义诊44场次，各类技能培训261场次，文体活动73场次；扶持贫困大学生102人；协调争取部门和社会帮扶项目50项、涉及资金1842.12万元。

【文化旅游】 2018年有图书馆、文化馆、博物馆、纪念馆各1家，均实行免费开放。县图书馆晋级为国家二级图书馆。大剧院、兰州城市副中心规划馆、博物馆群、全民健身中心已建成主体；建成乡镇标准综合文化站18个，农村标准化文化活动室238个。由县摄协、爱摄影等创作的微信美篇《栖云·李家庄田园综合体》《兰州滴姑舅们，到浪街浪来》《魅力榆中》等系列数字影展66篇，点击量50万之多。县文化馆、音舞协组织排练的秦腔《表花》、舞蹈《袖舞翩跹》《取水》和小品《打喜鹊》在市第五届农民艺术节演出中分别获得二、三等奖；分豁岔广场舞《乡村情怀》，获首届甘肃大剧院广场舞活力总决赛一等奖；完成《榆中民歌集》《榆中小曲集》《兰山鼓子》等三部民间文艺作品集的编校，《山河榆中》《青城水烟》《飘摇》《第三朵花》四部文艺作品的创作编校工作。文学、美术、书法、摄影在国家和省市县征文、展览中先后有120余人获奖。全年接待游客537.6万人次，实现旅游综合收入38.75亿元，同比增长分别为22.02%和27.22%。兴隆山国际旅游度假区项目建设完成兴隆驿项目主体85%。青城古镇旅游开发项目提升改造直街巷道路、东井台至瓦窑坡头道路，建成文戏楼混凝土主体工程、文戏院基础工程及5户民居改造工程。老家·浪街旅游小镇项目建成城门楼、小吃街、酒吧街、停车场、接待中心、旅游公厕、农家乐、演艺广场、文化长廊、儿童游乐场等，运营正常。沁园春艺术花海项目建成艺术农业和平花园区钢架结构主体，种植各类观赏性花卉100亩，种植刺柏3000棵，建成日光温棚11座，羊肚菌10棚。梦幻田园基础建设完工，办公楼、酒店已投入使用。创建兰州市旅游示范乡镇1个（马坡乡），兰州市旅游专业村4个（马坡乡哈班岔村、青城镇建亭村、小康营乡浪街村、新营镇罗景村），发展标准化农家乐140户。先后举办首届稻草人暨梦幻灯展文化艺术节、和平首届水上乐园暨第三届牡丹文化旅游节、“全域旅游 美好生活”2018年“中国旅游日”主题宣传活动、“美丽乡村 自在田园”首届乡村文化旅游节、兴隆山“六月六”庙会、兴隆山金秋红叶节等节会。

【教育发展】 全县有各级各类学校252所（不含高新区）。其中，幼儿园72所；教学点55所；完全小学97所；九年制学校10所；独立初中10所；特教学校1所；十二年制学校1所；完全中学2所；高级中学2所；中等职业学校2所。在校学生49298人。其中，学前10693人；小学19730人；初中9579人；特教学校37人；普通高中7549人；中等职业学校1710人。教职工4081人。其中，专任教师3970人；专任教师中幼儿园352人；小学1888人；初中939人；特教学校7人；普通高中742人；中等职业学校42人。落实义务教育公用经费3176万元，落实寄宿生补助555.95万元，落实营养改善计划经费1782.88万元。全县初中毕业生3565人，升入高中1995人，升入中职1506人，高中阶段毛入学率达到98.2%。高考一本上线630人（不含体育和艺术类考生），比上年增加219人，一本上线率14.35%，比上年增长4.32%。二本以上上线1447人（不含体育和艺术类考生），比上年增加348人，二本以上上线率32.96%，比去年增长6.15%。发放高中国家助学金518.4万元，2592名家庭困难学生受益。实施普通高中免学费政策，对3433名经济困难学生减免学费157.92万元。民办学校52所。其中，幼儿园40所；培训学校10所；理工职业学校1所；完全小学1所。在校学生6599人。其中，在园幼儿6466人；完全小学学生133人；培训学员2600人次。教职工618人。其中，幼儿园543人；培训学校42人；理工职业学校21人；完全小学12人。投资1.06亿元，新建、改扩建和维修校舍3.45万平方米。其中新建校舍2.3万平方米。新建朝阳学校项目，总投资2亿元，校舍建筑面积48315.44平方米。

【卫生健康】 全县有医疗卫生机构385个。其中，县属医疗卫生机构7个；乡镇卫生院21个；村卫生室268个；厂矿、学校医务室5个；民营医院3个；个体诊所74个。县、乡两级医疗机构实际开放床位1633张。专业技术人员1977名。其中，副高52名；中级274名；初级1651名。新建县中医院康复中心，21家乡镇卫生院全部完成改造提升，新建、维修标准化村卫生室23所。基本公共卫生人均经费54.01元，高于全市平均水平3元，拨付村医公共卫生经费1149.2万元；老年人健康管理率68.05%，高血压、2型糖尿病患者规范管理率分别为63.8%、62.4%。全面开展家庭医生签约服务，普通人群、重点人群、建档立卡户、计划生育特殊人群签约率分别达33.71%、74.1%、99.64%、97.3%。网上采购药品累计6190.24万元。其中基本药物3549.27万元，占57.34%。

【社会保障】 全县有城市低保对象1019户2171人，农村低保对象8185户24287人，发放城乡低保金6001.8472万元。其中，城市低保金1184.938万元；农村低保金4816.9092万元。发放低收入取暖补贴4.27万元。全县有城乡特困供养人员1592户1658人，全年累计发放供养金976.2万元。发放城乡医疗救助金2001.22万元。全县6.2947万人次受灾，农作物受灾2730.2万公顷，直接经济损失9363.6万元，发放冬春群众生活救助资金501万元，有效解决21565人受灾群众生产生活困难。全年募捐慈善爱心基金900余万元，救助510人，35.7万元，向各乡镇拨付捐赠款131.5万元。为3136名优抚对象发放抚恤补助金995.6636万元。投资508.44万元，建成榆中县北山敬老院。为43470人次发放困难残疾人生活补贴434.7万元，为36473人次发放重度残疾人护理补贴364.73万元。

【史志工作】 完成张一悟纪念馆《播火陇原 光照日月 陇上革命先驱张一悟》《巍巍兴隆 榆中革命斗争史》的布展，6月28日开馆。采访撰写《榆中县建立家庭联产承包责任制的回顾》《改革开放使榆中农民富了起来》《榆中县革命遗址的现状和保护开发前景》3个党史专题。为《兰州革命遗址遗迹的开发利用》举办“榆中史志成果展”“傅唯一傅克廉文物展”等主题展览，在《兰州党史》刊发文章5篇，协助中央电视台拍摄完成7集大型纪录片《决战兰州》。向全县部门、乡镇、农家书屋、中小学校和考上二本以上学生发放《金县志集校》《红色印记 榆中县革命遗址遗迹概览》《榆中县乡镇村概览》《榆中史话》等书籍8000册。编辑出版党史专辑《红色印记 榆中县革命文物概览》《中国共产党甘肃省榆中县组织史资料（2012-2016）》。出版民国27年叶超、窦秉璋纂辑的《重修榆中县志校注》，编辑出版《榆中年鉴（2015-2017）》和《榆中年鉴（2018）》，完成《金城村史 榆中卷》的编纂和评审工作，完成《榆中县志（1991-2010）》复审和评议工作。在榆中史志网、《榆中概览》《榆中县志》《榆中党史》《史志研究》等8个栏目和榆中党史、榆中人物等20个子栏目上传文章156篇。

【其他项目】 2018年，全县争取到位资金的各类项目646项，到位资金24.06亿元。其中，国家级项目79项，到位资金4.81亿元；省级项目166项，到位资金9.34亿元；市级项目307项，到位资金8.65亿元；其他项目94项，到位资金1.26亿元。争取到各类荣誉148项，其中，获国务院办公厅2017年度落实PPP项目政策措施真抓实干成效明显激励表彰通报、文成广场项目获财政部第四批政府和社会资本合作示范项目荣誉称号、全国法院家事审判工作先进集体、第五届全国检察机关派驻监管场所二级规范化检察室、2017年度全国生育状况抽样调查优秀单位、国家质量认证中心对“兰州高原夏菜”2017年度品牌价值评价、全国文明村镇、夏官营镇全国农业产业强镇示范建设点等国家级荣誉9项，获甘肃省新型墙体材料示范工程（博雅小学）、全省农业行政综合执法绩效考核先进单位、全省集体林权制度改革先进集体、甘肃省乡村旅游示范奖、省级文明社区等省级荣誉67项，市级荣誉65项。

领导名录

县 委

书 记　王晓宁
副书记　王 林
　　　　高建军
常 委　王晓宁
　　　　王 林
　　　　高建军
　　　　胡 真
　　　　蒋睿智
　　　　席应奇
　　　　钟天雷
　　　　李 晶
　　　　张宗福
　　　　杨荣广

县人大常委会

主 任　谢志明
副主任　赵成军
　　　　孙彦华
　　　　刘生宝
　　　　杨锡辉
　　　　敬育昆

县政府

县 长　王 林
副县长　蒋睿智（常务）
　　　　苏万成
　　　　刘燕霞（女）
　　　　金 刚（3月任）
　　　　孙新华
　　　　陈 湛（挂职）
　　　　刘建军（挂职）
　　　　王兴明（女）
　　　　徐 波（挂职）
　　　　梁祖强（挂职）

县政协

主 席　韩悌勇
副主席　高 权
　　　　颜 芳（女）
　　　　金培贤
　　　　魏习武
　　　　孙志成

（周学海）

皋兰县

【概况】 皋兰县位于东经103°32′~104°22′，北纬36°05′~36°50′之间，地处甘肃省中部，兰州市东北部。公元前121年设立金城县，素有“名藩自古皋兰”之称。皋兰为丝路重镇，陇西要冲。清代乾隆三年（1738年），乾隆皇帝敕（chi）赐“皋兰县”名字（因境内有皋兰山而更名为皋兰县），沿用至今，历代为甘肃首县。1949年8月26日，皋兰县与兰州市同日解放。1957年8月县址迁至石洞寺。后经多次划归，直到1970年再次划归兰州市管辖。

皋兰县区域总面积2136.69平方公里，总人口14.78万人。东临白银市和榆中县，南接兰州市区，西连永登县，北依景泰县，县城距离兰州35公里、白银29公里、兰州新区23公里，是兰州新老城区的关联带，是兰白都市经济圈和环兰州城市群的重要节点。皋兰属温带半干旱气候，年均气温7.4℃，四季分明，年平均降水量245.9毫米，极端最大降水量426.8毫米（2018年），年蒸发量1675.6毫米。黄河流经皋兰县境内，年均流量311亿立方米。年均日照2414小时，无霜期160天。地形属黄土高原丘陵沟壑区，多为黄土梁峁、沟谷和小川台地等类型，地势为北高南低、西高东低，呈西北向东南倾斜，山脉多为南北走向，海拔在1459.2米~2445.2米之间，相对高差986米。境内0.5公里以上的大小砂、土沟4977条，全长6743.7公里，这是皋兰水土流失侵蚀沟的发源地，沟壑密度2.64公里。

7月22日傍晚，皋兰县遭受暴雨洪涝灾害。24小时最大降水量出现在高山站（九合镇）101.2毫米（大暴雨），降水量超过25.0毫米达大雨量级的站点有兰沟站39.5毫米、九合村站34.4毫米、李家沟26.9毫米、西岔26.2毫米，灾害造成6镇19个村925户10581人受灾。农作物受灾面积1013.87公顷，其中成灾面积946.33公顷，绝收面积801.6公顷。泥於农田1140.07公顷；水毁退耕还林266.67公顷，生态林229.33公顷，未成林地36.67公顷，苗圃地1.33公顷，道路绿化20公里，生态小康村绿化苗木2.25万株，绿化林木100亩，渠道258.24公里，塘坝20座，人饮工程33.5公里，堤防4.66公里，消毒池2座，泵站受损14座，县乡公路5条，村社道路52条，桥梁5座，电力设施损毁电线杆272基，变压器9台，通信设施损毁油木杆、光缆6公里；房屋倒塌165户572间、严重损坏10户40间、一般损坏351户2467间，因灾死亡牲畜217只，圈舍损毁1200平方米，院落、家电、厨卫等财产受损450户，水淹学校5所，文化广场受损7处，卫生所受损3所，路灯受损380盏，村内户外道路受损25公里，环卫设施损坏250个，光伏发电站受损1座，损毁商铺21家，企业受损2家。造成直接经济损失36961.63万元。因灾死亡3人。

2018年，全县地区生产总值完成65.92亿元，同比增长8.4%。第一产业增加值完成6.16亿元，同比增长5.1%；第二产业增加值完成33.64亿元，同比增长3.2%；第三产业增加值完成26.12亿元，同比增长14.8%。社会消费品零售总额完成22.49亿元，同比增长7%。固定资产投资同比增长13.86%。一般公共预算收入完成6.25亿元，同比增长40%。城镇居民人均可支配收入22385元，同比增长8.03%。农村居民人均可支配收入10769元，同比增长9.4%。

【农业经济】 皋兰县粮食播种面积达11.51万亩，总产量3.6万吨，瓜、菜、肉蛋奶总产量分别达13万吨、30.6万吨、0.92万吨，畜禽饲养量110万头（只）。新增5个万亩标准化生产基地2000亩，达到16.5万亩，占全县总耕地的56%。新改扩建设施农业1600亩，累计达到3万亩。引进马铃薯繁育企业2家，建成首个种薯繁育基地。新增优质牧草3000亩，集中连片优质饲草种植面积1万亩。投资650万元，扶持新（改）建凤明、长隆、方常等标准化养殖场10家。投资500万元，实施畜牧健康养殖项目。扶持壮大新型经营主体，培育农业龙头企业3家，规范创建农民专业合作社16家。适度扩大规模经营，完成土地流转1.07万亩，全县达到8.88万亩，流转率30.3%。严格落实耕地保护，划定粮食生产功能区2万亩，清理整改大棚房问题2个。新建高标准农田达到1.02万亩。持续转变农业生产方式，培育新型职业农民300人，引进推广白菜花、松花菜、甜瓜等作物新品种31个。引进"三区"人才20名，科技特派员26名。建成农业科技创新示范基地2个。完善营销体系，发展订单农业13万亩，外销农产品40万吨以上，占全县农产品的80%以上。成功举办皋兰县第一届丰收节，什川镇长坡村入选"中国农民丰收节"100个特色村庄名单。"兰州软儿梨"荣获中华品牌商标博览会金奖。兰州白兰瓜、禾尚头小麦被中国绿色食品中心认定为绿色食品A级产品，突破了本县农产品无绿色食品的历史。

【脱贫攻坚】 实现稳定脱贫111人，贫困发生率降至1.2%。加快推进扶贫项目建设。投资3800万元，实施小康村项目19个。投资1069万元，实施农村饮水安全巩固提升工程。投资3000万元，新建万头生猪标准化养殖场。投资1056.4万元，建成村级光伏电站18座，装机容量1390千瓦，带动贫困户278户。进一步拓宽就业脱贫渠道，对163户贫困户进行产业技能培训。认定"扶贫车间"3家，带动贫困户就业30余人。推进东西部扶贫协作，签署《实施携手奔小康行动协议书》，编制完成《皋兰县东西部扶贫协作三年规划（2018-2020年）》，接受援助帮扶资金2415万元，实施产业扶贫、基础设施建设、就业技能培训等帮扶项目18个。7月顺利通过国家第三方评估检查，9月经省政府批准皋兰县正式退出贫困县序列。

【工业经济】 投资3367万元，完成腾达冶金电炉除尘系统升级改造、圆丰年产30万吨煤制粉备用生产线、兰鑫年产20万吨环保型白灰窑等项目。投资7014万元，完成三鑫源门业年产30万樘多规格防盗门

扶贫到田间

窗生产线、天地印务二期工程、泛植制药多功能植物提取综合车间等项目主体。扶持兰州盈德气体、兰州黑石碳化硅等2家企业上规入库。引导企业高质量发展，申报金盾建材等3家高新企业，认定兰州全达塑料制品等2家科技型企业。申报专利65件，第3届科技博览会成功签约技术交易额2000万元。兰州正大有限公司成功入选国家工信部2018年两化融合管理体系贯标试点企业。

【商贸服务】 批发业销售额5.36亿元，住宿业营业额0.38亿元，零售业商品销售额27.44亿元，餐饮业营业额4.27亿元。推进商贸项目建设。投资1.7亿元，建成兰州久和国际农副商贸城（一期）商铺。投资3400万元，完成北龙口摩配市场主体。投资7500万元，完成兰州铁邦物流仓储库房建设。投资3100万元，完成公铁综合物流产业园库房货棚及园区道路。投资180万元，建成皋兰供销装饰建材超市。培育兰州瑞福德药业、兰州康顺供应链等4家企业上线入库。县城新增品牌连锁店8家、特色餐饮店10家、专业零售店10家。完成城南菜市场扩建，建成中堡老街。电子商务快速发展，皋兰县被评为“国家电子商务进农村综合示范县”，获得中央财政专项支持资金2000万元，扶持壮大康顺淘之兰、兰州胖老魏果菜厂等电商企业。成功注册“金水皋”系列商标等7大类31个子品牌。预计全县电商网上交易额1.4亿元，其中农产品网上销售额0.5亿元。

【生态旅游】 成功举办“遇见花艺·相约初夏‘5·19’中国旅游日暨文明旅游宣传节”“筑梦锦绣中华，振兴乡村文化”等活动，拍摄制作《中国梨乡·魅力皋兰》旅游宣传片，打响皋兰本土旅游品牌。大力发展乡村旅游，扶持新建星级农家乐30户。打造开放平岘村乡村记忆馆。创建旅游示范村2个。新建、改造旅游厕所6座。全面推进旅游项目建设，投资2亿元，启动什川田园综合体。协调推进心农园源生态农业观光建设项目一期建设。丰富葡萄苑国家2A级景区体验内容。提升改造石洞寺国家3A级景区。什川古梨园景区荣获全省旅游业态融合创新奖，《兰州市什川古梨树保护条例》通过省人大批准正式立法。举办旅游从业人员培训班3期，培训人数500余人。全年接待旅游人数334.51万人次，实现旅游收入10亿元。

【重点项目】 皋兰县80项重点项目年度计划投资51亿元，开工建设55项，开工率68.7%，完成投资51.8亿元。组织实施政策性项目80项，开工建设67项，到位资金3.76亿元，资金到位率81.2%，完成投资5.44亿元。鼓励和引导社会资本参与公共服务和基础设施项目建设，申报PPP项目1项，总投资14.9亿元。组建甘肃物产皋兰公铁综合物流产业园等8个市级重点项目管理团队和保利·领秀山五区等30个县级重点项目建设管理团队，出台并联审批、多评合一、竣工联验、一网统办等16个实施方案，推动31个重大项目建成运行。

【招商引资】 绘制《皋兰县招商引资项目引进流程图》《皋兰县招商引资项目落地流程》，编印《2018年皋兰县招商引资导则》，明确办事流程，优化投资服务环境。先后13次赴上海、杭州、北京等地上门招商，拜访京东集团、柳工集团、凯利集团等企业，洽谈对接线索项目22个。凝练储备金刚轮胎厂重组、县城旧城改造等21个招商项目。积极参加第24届兰洽会和津洽会、西博会、药博会等各类经贸洽谈会。新签京东集团总部结算基地、京拍档电商产业园项目、香港泉康投资有限公司（兰州）金融产业园等项目22项，总投资78.8亿元，开工建设13项，开工率65%，到位资金7.66亿元；结转项目开工40项，到位资金42.68亿元。

【县城建设】 投资793万元，完成北辰路供水主干管改造。投资8.4亿元，实施石洞镇棚户区一、二期改造工程。投资1.26亿元的皋兰县城区、水阜、什川生活垃圾集中处理工程开工建设。投资1.1亿元的汇金购物广场进行室内装修。投资1195万元，完成东湖公园排洪沟建设。投资1.2亿元的蔡家河湿地生态修复及景观建设项目完成初设编制。投资8735万元，完成东湖供热站节能减排改造。尚锦城、亿家品尚、鼎达天润等房地产项目有序推进。深入开展城市“七乱”集中整治和全域无垃圾专项治理行动。筹措资金2.9亿元，拆除农户房屋245户、企业4家，拆除户外广告牌和门头牌匾2万余平方米，拆除违章建筑16297平方米。大力推进平安皋兰建设。圆满完成“雪亮工程”建设和视频监控大会战行动。投资1069万元的智能交通二期（非现场执法系统）及智慧城市建设，正在进行设备调试。投资901万元开工建设石洞派出所石洞交警中队业务用房。全长8.2公里的国道109线皋兰过境段项目正式通车，结束国道109线60年来穿城而过的历史。

【园区建设】 三川口工业园区成功升格为省级开发园区，黑石工业园区纳入市级开发区管理。争取市政府国债资金1亿元，强化园区基础设施建设。兰州经济区皋兰园区，兰州货运西站、铁邦物流园污水处理设施建成投入运营；久和国际农副商贸城、兰州汽车配件仓储物流中心两家污水处理站完成主体建设；投资3000万元，铺设园区道路2.3公里；顺利完成S101中川铁路至黄羊头公路维修改造项目皋兰段征地拆迁。三川口工业园区，投资2987万元，完成横二路延伸段工程。北龙口现代物流园，投资2991万元，开工建设北龙口消防站；投资2000万元，完成国道109线以西综合整治。什川生态文化旅游园，完成S103线什川至青城段土地征收1280亩。黑石工业园，投资1500万元的污水处理厂建设项目正在办理前期手续；投资2.3亿元的热加工孵化基地，完成土地平整1400亩。

【交通保障】 皋兰县公路运输总周转量完成24.5亿吨公里。投资1500万元，更新投放新能源公交车30辆。新开通县城至石洞镇涧沟村、黑石镇红柳村等城乡公交线路5条，累计开通13条，城乡公交覆盖率83%，受惠群众达10万余人。投资1710万元，完成“畅返不畅”农村公路建设21.67公里。投资390.7万元，完成农村公路养护647.5公里。投资4676万元的牛谢公路皋兰段建成通车。投资5100万元的许马公路改建项目施工单位已入场。投资2.35亿元的“一中心四站”项目完成皋兰客货运枢纽中心、忠和镇、黑石镇客货运站可研批复。北绕城东段高速公路、G312线清水驿至苦水段、G109线忠和至河口段公路、国道341线白银至中川二期工程等省、市过境交通项目顺利推进。

【教育均衡发展】 总投资4260万元的忠和中学教学楼、九合中学实验楼、钱家窑小学教学楼、瞿家尖小学教学楼等项目均已完成主体建设，正在进行装饰装修；中堡小学、黑石中学、九合中学、三川口等学校足球场正在加紧建设。皋兰一中荣获兰州市教育教学绩效评价市级示范性中学一等奖。皋兰五中开学招生。453名进城务工人员随迁子女顺利到皋兰三中、魏家庄小学等公办学校就读。依托寄宿制学校教育资源，妥善安排全县437名留守儿童全部入学。发展特色高中教育，投资2370万元，建成皋兰一中艺术楼及图书馆。全县学前三年入园率92.86%，九年义务教育巩固率100%，高中阶段毛入学率79.54%。普通高考二本以上上线人数491人，上线率32.73%。

【医疗卫生服务】 投资4261万元的皋兰县人民医院住院部正在进行施工图审查。皋兰县中医医院中药制剂中心及中药炮制与质控工程技术研究中心项目完成可研编制。不断提高医疗服务水平，完成转诊服务13人次，送医上门6198人次，送人就医77人次。分级诊疗制度持续深化，县内医疗机构结算分级诊疗病种7740例，占县内住院病种的76.32%，贫困人口住院实际补偿比例85%以上，县内就诊疗率较上年提高1.91%。医养结合工作有序推进，制定出台《皋兰县推进医疗卫生与养老服务相结合的实施方案》，建成医养结合示范点2家，基本满足群众的健康养老需求。

【社会保障】 皋兰县城市低保提标7.6%，农村低保提标6.3%，特困供养提标7.6%，发放公租房补贴9.5万元，落实水价补贴51.8万元。投资1000余万元的社会福利服务中心道路等配套设施工程全部完工。扎实开展低保专项整治工作，审核取消城市低保107户267人，农村低保135户343人。严格落实参保政策，城乡居民医疗保险参保率98.84%。养老工作有序开展。争取各级养老保险补贴3046万元，申请办理社保卡57930人，建成农村互助老人幸福院43个，城市社区日间照料中心3个。失地农民养老保险工作稳步推进，累计纳入完全失地农民5723名，发放失地农民养老保险1.2亿元。7·22灾后重建工作顺利开展，筹措资金5400万元，安置受灾群众499人，发放受灾群众临时生活救助金144万元，重建及维修加固房屋267户。

【文体事业】 投资500万元，新建农村标准化综合文化服务中心10个，全县6个乡镇文化服务中心全部达到三级标准。建成文化馆图书馆分馆2个，全面完成博物馆迁建及布展工作。群众性文化活动不断深入，2018年春节社火汇演盛况同时被中央电视台、兰州电视台等多家知名媒体直播报道。组织承办“国际鼓文化周”“第七届黄河鼓韵”文化艺术节、首届“黄河古道”全民健身运动会等。竞技体育收获颇丰，县自行车队获得省第十四届运动会自行车（奖牌榜、金牌榜、总分）3个第一的好成绩。文化艺术影响力不断扩大，影雕《红楼梦》成功入展敦煌文博会。

【“放管服”改革】 梳理依申请类政务服务事项683项，其中595项开通在线申报受理，政务服务事项网上可办率87.12%。深入开展减证便民专项行动，落实“四个一律取消”，杜绝“奇葩证明”“循环证明”。推行“双随机、一公开”抽查办法。全县30家部门均已完成“双随机、一公开”监管工作的“四库”建设任务，抽查检查市场主体259户。稳步推进行政审批制度改革，承接行政审批事项72项，取消19项，保留行政审批项目187项。深入推进“多证合一”“证照分离”等重点改革，办理“多证合一”营业执照1234份，颁发电子营业执照609份。

领导名录

县　委

书　记　　尤占海
副书记　　杜宁让
　　　　　白本弟
常　委　　尤占海
　　　　　杜宁让
　　　　　白本弟
　　　　　范仲阔（土族）
　　　　　何正春
　　　　　周　宏（女）
　　　　　敬国欣
　　　　　张延祥
　　　　　王世磊
　　　　　彭斌嘉（7月任）
　　　　　杨声远（挂职，5月任）
　　　　　邓　宇（6月任）

县人大常委会

主　任　　辛秀先
副主任　　李玉星
　　　　　牛万才
　　　　　张国文
　　　　　魏万玲（女，5月赴天津市东丽区挂职）

县政府

县　长　　杜宁让
副县长　　彭斌嘉
　　　　　杨声远（挂职，5月任）
　　　　　穆　婷（女）
　　　　　张宝成
　　　　　陈永生（挂职，10月免）
　　　　　赵劲柏（挂职，10月免）

县政协

主　席　　魏泽邦
副主席　　王伊玲（女）
　　　　　彭登嘉
　　　　　张维智
　　　　　颜增鲁（1月任）

（魏周延）

地方法规

兰州市机动车排气污染防治条例

（2018年4月24日兰州市第十六届人民代表大会常务委员会第十三次会议通过 2018年7月28日甘肃省第十三届人民代表大会常务委员会第四次会议批准）

第一章 总 则

第一条 为了防治机动车和非道路移动机械排气污染，保护和改善大气环境，保障公众健康，促进经济社会可持续发展，根据《中华人民共和国环境保护法》、《中华人民共和国大气污染防治法》等法律法规，结合本市实际，制定本条例。

第二条 本条例适用于本市行政区域内机动车和非道路移动机械排气污染防治。

本条例所称机动车和非道路移动机械排气污染，以下简称“机动车排气污染”，是指机动车和非道路移动机械排气管、曲轴箱和燃油燃气系统向大气排放、蒸发污染物所造成的污染。

本条例所称非道路移动机械，是指不在道路上行驶的以汽油或者柴油为燃料的工程机械。包括推土机、压路机、挖掘机、打桩机、沥青摊铺机、叉车、发电机等。

第三条 机动车排气污染防治坚持预防为主、防控结合、公众参与、排污担责的原则。

第四条 市、县（区）人民政府应当组织制定、实施机动车排气污染防治规划，保障经费投入，控制污染总量，并将污染防治工作纳入年度目标考核。

市、县（区）人民政府应当建立机动车排气污染防治工作协调机制，协调处理污染防治工作中的重大问题。

第五条 市环境保护行政主管部门对全市机动车排气污染防治实施统一监督管理，其所属的市机动车排气污染监督管理机构具体负责全市机动车排气污染防治的日常监督管理。县（区）人民政府环境保护行政主管部门对辖区内的机动车排气污染防治实施统一监督管理。

公安、交通运输、市场监督、建设、农业、水利、城管执法等相关行政管理部门，在各自职责范围内对机动车的排气污染防治实施监督管理。

第六条 市、县（区）人民政府应当加强机动车排气污染防治法律、法规宣传教育，倡导文明交通、绿色出行。

鼓励机关、团体、企业事业单位、其他组织，以及机动车、非道路移动机械的所有人、使用人，开展机动车排气污染防治的宣传活动。

新闻媒体应当开展相关公益宣传，倡导有利于改善环境质量的出行方式，提高公众污染防治意识，加强对违法行为的舆论监督。

第二章　预防控制

第七条　市、县（区）人民政府应当加强并改善城市交通管理，优化道路设置，完善道路交通配套设施，保障人行道和非机动车道的连续、畅通，改善机动车道路通行状况，减少交通拥堵，防治机动车怠速和低速行驶造成的污染。

第八条　市、县（区）人民政府应当优先发展公共交通，加快推进公共交通使用清洁能源，优化公共交通设施，完善公共交通线路规划，改善公交车、自行车和行人的道路通行条件，提高公共交通出行比例，减少机动车排气污染。

第九条　在用机动车排放大气污染物超过标准的，应当进行维修，经维修或者采用污染控制技术后，大气污染物排放仍不符合国家在用机动车排放标准的，应当强制报废。

鼓励和支持未达到国家现行排放标准的老旧机动车提前报废。

强制报废、鼓励和支持报废的具体办法由市人民政府制定。

第十条　鼓励机动车排气污染防治先进技术的科学研究和开发应用，鼓励生产、销售、使用节能环保和新能源机动车。市人民政府应当制定鼓励使用节能环保和新能源机动车的优惠政策，扩大节能环保和新能源机动车使用范围同步配套建设相应的加气、充电等设备，逐步控制燃油机动车的保有量。

第十一条　市人民政府可以根据本市大气环境质量和机动车污染物排放状况，提请省级人民政府批准，提前执行国家下一阶段更高、更严的机动车大气污染物排放标准，并在执行前六个月向社会公布。

第十二条　机动车和非道路移动机械向大气排放污染物不得超过本市执行的排放标准，不得排放黑烟等明显可视污染物。

第十三条　机动车和非道路移动机械所有人或者使用人以及机动车维修单位应当及时对车辆进行维修保养，不得拆除、破坏排气污染控制装置和车载排放诊断系统，保持排气污染控制装置处于正常工作状态。

第十四条　在本市生产、销售及使用的车用燃料、发动机油、氮氧化物还原剂、燃料和润滑油添加剂以及其他添加剂应当不低于本市执行的比国家标准更高、更严的有关标准，市场监督管理部门应当加强监督管理，定期对车用燃料的质量进行监督抽查，并向社会公布抽查结果。

第十五条　加油加气站、储油储气库和油罐车、气罐车应当按照国家标准配套安装油气回收系统，并按照规定正常使用。任何单位和个人不得擅自拆除、闲置、更改油气回收装置。

第十六条　市人民政府根据大气环境质量防治需要和机动车排气污染程度，可以确定禁止高排放机动车行驶的区域、时段，可以划定并公布禁止使用高排放非道路移动机械的区域；在大气环境受到严重污染时，可以适时启动政府大气污染防治应急预案，并提前向社会公告。

第三章　检验治理

第十七条　机动车应当按照国家有关规定，接受排放检验。排放检验包括定期检验和监督抽测。

定期检验由机动车所有人或者使用人在规定期限内，自主选择有资质认定证书的检验机构进行检验。

监督抽测由市、县（区）环境保护行政主管部门会同公安机关交通管理等部门采用电子监控、摄像拍照、人工或者遥感监测等方式实施。监督抽测不得收取费用，被抽测者应当配合抽测。

第十八条　公安机关交通管理部门对未经定期排放检验或者经检验不符合本市执行排放标准的机动车，不予办理注册或者转入登记。

新购置的列入国家环保达标车型目录的轻型汽油车在注册登记时，免予排放检验。

第十九条　在用机动车应当按照国家或者地方的有关规定，由机动车排放检验机构定期对其进行排放检验。经检验合格的，方可上道路行驶。未经排放检验或者排放检验不合格的，公安机关交通管理部门不得核发安全技术检验合格标志。

在用机动车经定期排放检验不合格的，机动车所有人或者使用人应当进行维修并复检。

第二十条　机动车排放检验机构应当遵守下列规定：

（一）按照国家规定的环保检验方法、技术规范进行检验，出具真实、准确的检验报告，并向市环境保护行政主管部门实时传送检验数据；

（二）接受市环境保护行政主管部门的远程监控，保证监控设备的正常、有效运转，不得遮挡或者擅自调整监控设备位置，不得损坏或者擅自删除视频录像资料；

（三）不得经营或者参与经营机动车排气污染维修业务；

（四）公示检验机构资质认定证书、检验方法、排放限制标准、收费标准、检验流程、检验过程及结果和监督投诉电话，接受社会监督。

第二十一条 机动车排放检验机构在检验过程中不得有以下弄虚作假的行为：

（一）采取替车检验的；

（二）减少或者稀释被测气体的；

（三）改变被检车辆正常运行状态的；

（四）篡改检验限值、被检车辆参数、大气环境参数、检验结果的；

（五）未如实向环境保护行政主管部门传输检验数据的；

（六）故意造成远程监控设备失效的；

（七）其他人为干扰正常检验过程的。

第二十二条 市、县（区）环境保护行政主管部门可以在机动车集中停放地、维修地加强对货运车、公交车、出租车、长途客运车、旅游车等车辆的监督抽测工作；在不影响机动车正常通行的情况下，可以通过遥感监测等技术手段对在道路上行驶的机动车的大气污染物排放状况进行监督抽测，对监督抽测不合格的车辆以及排放黑烟等明显可视污染物的车辆，环境保护行政主管部门应通知机动车所有人进行维修并复检，并及时公开逾期不复检车辆的车牌、车型等信息，公安机关交通管理部门应当予以配合。

第二十三条 环境保护行政主管部门应当会同交通运输、市场监督、建设、农业等部门加强对非道路移动机械的大气污染防治的监督管理，可以在非道路移动机械集中停放地、维修地、施工工地等场地对非道路移动机械开展抽样检测。

第二十四条 从事非道路移动机械租赁经营者，不得出租或者出借超标排放的机械。

第二十五条 非道路移动机械所有人或者使用人应当遵守下列规定：

（一）保证作业机械达到本市执行的排放标准，不得使用超过本市排放标准或者冒黑烟等明显可视污染物的机械；

（二）定期对作业机械进行排放检测和维修养护；

（三）对超标排放且经维修或者采用排放控制技术后仍不达标的机械，应当停止使用；

（四）接受相关行政管理部门的监督检查。

第四章　监督检查

第二十六条 市环境保护行政主管部门应当建立机动车排气污染防治网络监控系统，对检测过程实施全程监控，并会同公安、交通运输、市场监督等行政管理部门建立机动车排气污染防治信息传输系统，实现信息共享。

第二十七条 市环境保护行政主管部门应当建立和完善排气污染监测体系，实现对机动车排气污染状况的科学监测分析及其对环境空气质量影响的准确评价。

市环境保护主管部门应当定期向社会公布全市以及区域性的机动车排气污染监测情况和违法信息，并提供查询服务。

第二十八条 环境保护行政主管部门应当履行下列职责：

（一）按照国家和省、市有关大气污染防治法律、法规的规定和标准，制定、实施机动车排气污染防治方案；

（二）会同公安、交通运输、市场监督、建设、农业、水利、城管执法等相关行政管理部门，对机动车排气污染防治工作实施监督管理；

（三）在职责范围内对机动车排放检验机构进行监督管理；

（四）组织、指导机动车排气污染防治监督管理机构开展行政执法活动；

（五）法律、法规规定的其他相关职责。

第二十九条 公安机关交通管理部门应当履行下列职责：

（一）按照国家和省、市有关大气污染防治法律、法规的规定，查处在道路上行驶的经检验排放不合格的机动车；

（二）按照本市机动车排放准入标准规定，办理新车注册登记；对外籍转入本市的在用机动车注册登记时，应当对机动车污染物排放标准、排放检验报告等情况进行审核，合格后核发机动车安全技术检验合格标志；

（三）配合环境保护行政主管部门开展在机动车集中停放地、维修地的抽测工作；

（四）配合环境保护行政主管部门对通过遥感监测技术认定的，连续六个月内两次及以上同种污染物超标排放机动车的违法行为，依法查处；

（五）配合环境保护行政主管部门对机动车检验机构违法违规检验、弄虚作假、出具虚假报告等严重问题的查处；

（六）合理规划设置城市道路信号、标志标线等资源，提高城市道路机动车通行能力，减少机动车怠速状况下的排气污染；

（七）法律、法规规定的其他相关职责。

第三十条 机动车排气污染防治的相关行政管理部门应当按照下列规定，履行监督管理职责：

（一）交通运输管理部门负责对机动车排气污染治理维修企业进行监督管理；

（二）市场监督管理部门负责对机动车生产企业的产品质量，机动车排放检验机构、机动车车用燃料、润滑油和添加剂的质量和销售等活动进行监督管理；

（三）建设、农业等行政管理部门配合环境保护主管部门，按照各自职责，负责对非道路移动机械排气污染的监督管理。

第三十一条 任何单位和个人都有权对机动车和非道路移动机械排气污染行为进行投诉和举报，环境保护行政主管部门应当自受理举报之日起十个工作日内按照有关规定予以处理和答复。

举报事项经查证属实的，受理举报的部门应当对举报人给予奖励。

第五章 法律责任

第三十二条 违反本条例规定，机动车驾驶人驾驶排放检验不合格的机动车上道路行驶的，由公安机关交通管理部门处警告或者二十元以上二百元以下罚款。

违反本条例规定，机动车驾驶人驾驶排放黑烟等明显可视污染物的机动车上道路行驶的，公安机关交通管理部门的执法人员应当立即拦停，责令限期进行维修并复检，对复检不合格仍上道路行驶的，处二百元罚款。

第三十三条 违反本条例规定，以临时更换机动车污染控制装置等弄虚作假的方式通过机动车排放检验或者擅自破坏车载排放诊断系统的，由县（区）环境保护行政主管部门责令改正，对机动车所有人处五千元的罚款；对机动车维修单位处每辆机动车五千元的罚款。

第三十四条 违反本条例规定，生产、销售不符合标准的车用燃料、发动机油、氮氧化物还原剂、燃料和润滑油添加剂以及其他添加剂的，由市场监督管理部门责令改正，没收原材料、产品和违法所得，并处货值金额一倍以上三倍以下的罚款。

第三十五条 违反本条例规定，机动车排放检验机构有下列行为之一的，由县级以上人民政府环境保护行政主管部门按照下列规定予以处罚：

（一）伪造排放检验结果或者出具虚假排放检验报告的，没收违法所得，并处十万元以上五十万元以下罚款；情节严重的，由负责资质认定的部门取消其检验资格；

（二）未接受环境保护行政主管部门的远程监控，或者未保证监控设备的正常、有效运转，或者遮挡、擅自调整监控设备位置，或者损坏、擅自删除视频录像资料的，责令限期改正，并处两万元以上五万元以下罚款；逾期未改正的，责令停业整顿，并处五万元以上十万元以下罚款；

（三）经营或者参与经营机动车排气污染维修业务的，责令改正，并处二万元罚款；逾期未改正的，责令停业整顿，并处二万元以上五万元以下罚款；

（四）未公示检验检测机构资质认定证书、检验方法、排放限制标准、收费标准、检验流程、检验过程及结果和监督投诉电话信息的，责令改正；逾期未改正的，处一万元罚款。

第三十六条 违反本条例规定，机动车和非道路移动机械所有人或者使用人拒绝抽测的，由县（区）环境保护行政主管部门予以警告，并可以对个人处五百元罚款，对单位处五千元罚款。

第三十七条 违反本条例规定，使用超标排放的非道路移动机械的，或者非道路移动机械未按规定加装、更换污染控制装置的，由县（区）环境保护等主管部门责令改正，处五千元的罚款。

第三十八条 环境保护、公安、交通运输、市场监督、建设、农业、水利、城管执法等部门及其工作人员有下列情形之一的，对直接负责的主管人员和其他直接责任人员依法给予行政处分；构成犯罪的，依法追究刑事责任：

（一）未依照本条例规定核发安全技术检验合格标志的；

（二）未依照本条例规定办理机动车注册或者转入登记的；

（三）对检验机构及其检验活动不履行监督管理职责的；

（四）要求机动车所有人、使用人到指定的检验机构进行检验的；

（五）对机动车维修单位不履行监督管理职责的；

（六）对销售不符合本市执行标准的车用燃料的行为不依法查处的；

（七）推销或者指定使用机动车排气污染治理的产品，参与或者变相参与机动车环保检验经营、机动车维修经营的；（八）对上道路行驶的排放检验不合格或者冒黑烟等明显可视污染物的机动车不查处的；

（九）对正在使用的超标排放或者冒黑烟等明显可视污染物的非道路移动机械不查处的；

（十）未依照本条例规定履行配合义务的；

（十一）其他滥用职权、玩忽职守、徇私舞弊的情形。第六章 附 则

第三十九条 违反本条例规定的其他行为，有关法律、法规已有规定的，从其规定。

第四十条 本条例自2018年10月1日起施行。

政府规章

兰州市人民政府令

〔2018〕第1号

《兰州市人民政府关于废止〈兰州市国家建设项目审计监督办法〉的决定》已经2017年4月24日市政府第12次常务会议讨论通过，现予公布，自公布之日起生效。

市长：张伟文

2018年2月25日

兰州市人民政府关于废止《兰州市国家建设项目审计监督办法》的决定

为维护法制统一，市政府决定对《兰州市国家建设项目审计监督办法》（2004年市政府1号令颁布，2016年市政府3号令修正）予以废止。

《兰州市国家建设项目审计监督办法》的废止说明

根据国务院法制办秘书行政司《关于纠正处理地方政府规章中以审计结果作为政府投资建设项目竣工结算依据的有关规定的函》（国法秘备函〔2017〕447号）的要求，兰州市政府法制办向各县（区）人民政府，市政府各部门，各有关单位下发《关于清理政府规章、行政规范性文件中以审计结果作为政府投资建设项目竣工结算依据有关规定的通知》（兰府法〔2017〕27号）。经清理，《兰州市国家建设项目审计监督办法》（2004年兰州市人民政府1号令发布，2016年市政府3号令修正）（以下简称《办法》）涉及“以审计结果作为政府投资建设项目竣工结算依据”的问题，应当予以废止，理由如下：

一、《办法》个别条款与全国人大相关规定不符

《办法》第二十条第一款规定“建设项目资金使用以及勘察、设计、施工、监理等费用结算和采购、供货费用结算，应当以竣工决算审计结果为准。”全国人大法工委于2017年印发《对地方性法规中以审计结果作为政府投资建设项目竣工结算依据有关规定的研究意见》的函（法工委函〔2017〕2号）认为：直接规定以审计结果作为竣工结算依据和规定应当在招标文件中载明或者在合同中约定以审计结果作为竣工结算依据，虽然可以在一定程度上加强对政府投资资金的保障，在法律上却存在问题，一是实质上是以审计决定改变建设工程合同，扩大了审计决定的法律效力范围；二是地方性法规强制要求以审计结果作为合同双方竣工结算依据，将适用于被审计结算单位的审计决定扩大适用于被审计单位的合同相对人，限制了施工企业正当的合同权利，缺乏上位法依据，超越了地方立法权。

二、《办法》部分内容与国家的相关政策不符

《办法》第二十条第二款、第三款规定“财政部门批复财政投资或融资的建设项目竣工决算和相关部门办理资产移交手续，应当以该项目的竣工决算审计结果为准。建设项目未经竣工决算审计的，计划、财政、建设等相关部门和建设项目主管部门不得办理工程价款最终结算和竣工验收以及资产移交手续。”该规定内容与2017年2月21日

《国务院办公厅关于促进建筑业持续健康发展的意见》（国办发〔2017〕19号）要求“审计机关应依法加强对以政府投资为主的公共工程建设项目的审计监督，建设单位不得将未完成审计作为延期工程结算、拖欠工程款的理由”相矛盾。《办法》第十七条规定“对市政府公布的重点建设项目及国债资金建设项目，市审计机关应当进行全过程跟踪审计。”第十八条规定“建设项目竣工后，应当进行竣工决算审计。”以上规定内容与2017年1月6日《审计署关于地方审计机关2017年度应重点抓好的工作任务》（审办发〔2017〕1号）“依法独立做好投资审计，不得参与政府投资项目的可研论证、项目审批、招投标、合同签订、物资采购、项目结算和决算、竣工验收等工程管理工作”的要求不相符。相应《办法》第五章针对上述条款设定的行政处罚也不能适用。

兰州市人民政府令

〔2018〕第2号

《兰州市人民政府关于废止〈兰州市全民义务植树办法实施细则〉和〈兰州市城市绿线及绿地建设管理办法〉的决定》已经2017年8月3日市政府第18次常务会议讨论通过，现予公布，自公布之日起生效。

市长：张伟文

2018年2月25日

兰州市人民政府关于废止《兰州市全民义务植树办法实施细则》和《兰州市城市绿线及绿地建设管理办法》的决定

为维护法制统一，市政府决定对《兰州市全民义务植树办法实施细则》（2002年市政府5号令）和《兰州市城市绿线及绿地建设管理办法》（2005年市政府3号令）予以废止。

《兰州市全民义务植树办法实施细则》和《兰州市城市绿线及绿地建设管理办法》的废止说明

根据省人大常委会办公厅《关于开展涉及生态环境保护内容的地方性法规专项清理工作的函》（甘人大常办函〔2017〕18号）文件的要求，以及市政府主要领导的批示，市政府法制办及时安排各县（区）人民政府，市政府各部门，市属各单位在全市开展涉及生态环境保护内容的地方性法规、市政府规章、行政规范性文件的专项清理工作。经对《兰州市全民义务植树办法实施细则》（2002年市政府5号令颁布，2003年2月1日实施）（以下简称《细则》）和《兰州市城市绿线及绿地建设管理办法》（2005年市政府3号令颁布，2005年8月1日实施）（以下简称《办法》）进行审查，认为《细则》和《办法》与国家法律、法规，国务院以及省、市人大有关生态环境保护的规定存在不适应、不一致、相抵触的问题，应当予以废止，理由如下：

一、《细则》存在的问题

一是《细则》共22条，其中12条涉及“缴纳绿化费”的规定，分别为第八条，第十一条至二十一条，与财政部、国家发改委《关于公布取消和免征一批行政事业性收费的通知》（财综〔2013〕67号）中“取消绿化费”的规定不一致。二是《细则》规定每人每年必须完成义务植树5棵或相应劳动量的绿化任务的尽责形式，与全国绿化委员会发布的《全民义务植树尽责形式管理办法（试行）》（全绿字〔2017〕6号）规定的造林绿化、抚育管护、自然保护、认种认养、设施修建、捐资捐物、志愿服务、其他形式等八种尽责形式存在不一致的问题。三是《细则》条款与《甘肃省全民义务植树条例》（2006年5月1日实施）和《兰州市全民义务植树办法》（1989年市人大常委会公布，2010年第二次修正）中部分条款存在内容重复、不一致问题。市生态局认为实践中省、市人大的地方性法规内容详实，具有可操作性，《细则》如果删去缴纳绿化费等相关规定，则市政府规章没有存在必要，应当予以废止。

二、《办法》存在的问题

一是《办法》第九条第三款规定“因城市建设确需改变城市绿线内的绿化用地性质的，应当提出易地等面积建设绿地等确保城市绿地总面积不被减少的具体方案及相关措施，按规定程序逐级审核后，报市人民政府批准。”与《城市绿化条例》（1992年8月1日实施，2017年国务院第676号令修正）第十九条第一款“任何单位和个人都不得擅自占用城市绿化用地；占用的城市绿化用地，应当限期归还。”和《城市绿线管理办法》（2002年11月1日实施，2011年住房建设部第9号令修改）第十一条第一款、第二款“城市绿线内的用地，不得改作他用，不得违反法律法规、强制性标准以及批准的规划进行开发建设。有关部门不得违反规定，批准在城市绿线范围内进行建设。”等规定内容不一致，违反了上位法不得擅自占用城市绿化用地的规定。二是《办法》第十五至二十条收取易地绿地建设费无明确上位法依据。市生态局认为国务院《城市绿化条例》经两次修正，内容全面、详实，可以规范我市绿线绿地管理工作，《办法》如果删去收取易地绿地建设费等相关规定，则市政府规章没有存在必要，应当予以废止。

兰州市人民政府令

〔2018〕第3号

《兰州市人民政府关于修改〈兰州市政府投资项目评审管理办法〉的决定》已经2017年8月3日市人民政府第18次常务会议讨论通过，现予公布，自公布之日起施行。

市长：张伟文

2018年2月25日

兰州市人民政府关于修改《兰州市政府投资项目评审管理办法》的决定

市人民政府决定对《兰州市政府投资项目评审管理办法》作如下修正：

一、第三条修改为“本办法所称政府投资项目评审，是指市政府项目投资评审机构对政府投资项目建议书、可行性研究报告、初步设计、部门项目支出预算、工程预算控制价（含招标标底）、合同、重大固定资产投资项目社会稳定风险进行评审或评估，对政府投资项目进行后评价，以及对市政府决定的其他事项进行审查的行为。”

二、第六条修改为“发展改革、财政、建设、招投标等部门应当依据评审机构出具的评审报告（意见），对政府投资项目进行立项批复、招标以及监督管理。”

三、第十条第七项修改为“重大固定资产投资项目建设的合法性、合理性、可行性及社会稳定风险的可控性；”

四、第十一条第六项修改为“项目支出预算、工程预算控制价（含招标标底）等相关资料；”

五、删除第十七条。

六、第二十四条修改为“未经评审机构评审的政府投资项目，不得进行立项批复、招标投标、合同签订、开工建设。”

七、删除第二十六条第七项“未经评审而拨付项目建设资金或批复工程竣工决算的；”

八、其他条文顺序做相应调整。

本决定自公布之日起施行。

《兰州市政府投资项目评审管理办法》根据本决定作相应修改并对条文顺序作相应调整，重新公布。

兰州市政府投资项目评审管理办法

（2009年4月21日兰州市人民政府令〔2009〕第1号公布　根据兰州市人民政府令〔2011〕第2号《关于修改〈兰州市爱国卫生管理办法〉等9件政府规章的决定》修正　根据2017年8月3日市政府第18次常务会议通过的《兰州市人民政府关于修改〈兰州市政府投资项目评审管理办法〉的决定》二次修正）

第一条　为了加强政府投资项目管理，规范政府投资项目评审行为，合理确定和有效控制项目投资，保证公共资金规范、高效、安全使用，根据有关法律、法规规定，结合本市实际，制定本办法。

第二条　本市政府投资项目的评审和后评价，以及市政府决定进行评审的其他事项，适用本办法。

本办法所称政府投资项目，是指全部或部分使用预算资金、国债资金、政府专项资金、政府性基金、政府融资、外国政府和国际组织贷款或援助资金，以及企事业单位利用国有资金投资建设的工程项目。

第三条 本办法所称政府投资项目评审，是指市政府项目投资评审机构对政府投资项目建议书、可行性研究报告、初步设计、部门项目支出预算、工程预算控制价（含招标标底）、合同、重大固定资产投资项目社会稳定风险进行评审或评估，对政府投资项目进行后评价，以及对市政府决定的其他事项进行审查的行为。

第四条 政府投资项目评审应当遵循“独立、科学、公正”的原则，按照“先评审、后决策”的工作程序，依据有关法律、法规和行业规范、标准进行。

第五条 市政府项目投资评审机构（以下简称“评审机构”）负责和组织实施本市政府投资项目评审工作。

评审机构应当对其所出具的评审报告（意见）向市政府负责。

监察、审计、法制等部门在各自职责范围内，对政府投资项目评审工作进行监督。

第六条 发展改革、财政、建设、招投标等部门应当依据评审机构出具的评审报告（意见），对政府投资项目进行立项批复、招标以及监督管理。

第七条 建设单位和有关部门在政府投资项目评审工作中，应当履行下列义务：

（一）及时提供评审所需资料，并对所提供资料的完整性、真实性和合法性负责；

（二）对评审机构需要核实或取证的事项，不得拒绝、隐匿或提供虚假资料；

（三）施工发承包合同正式签订前，及时提交评审；

（四）对评审机构出具的初步评审结论，应当自收到之日起三个工作日提出意见并予回执；

（五）对评审机构作出的评审结论以及提出的评审建议，应当予以采纳和落实。

第八条 政府投资项目勘察、设计、施工、监理等单位，应当配合评审机构实施政府投资项目评审工作，如实提供相关资料并承担相应责任。

第九条 评审机构应当建立政府投资项目评审信息反馈机制，实行评审公示制度、定期回访制度和联合稽察制度。

第十条 政府投资项目评审的内容主要包括：

（一）项目建议书、可行性研究报告的必要性、可行性、合理性；

（二）项目初步设计及概算的合理性、完整性；

（三）调整概算的必要性；

（四）部门项目支出预算的必要性、合理性；

（五）工程预算控制价（含招标标底）的合理性、准确性；

（六）项目合同的有效性、完整性；

（七）重大固定资产投资项目建设的合法性、合理性、可行性及社会稳定风险的可控性；

（八）项目投入使用后的效益、效果、作用及影响；

（九）需要评审的其他事项。

第十一条 评审机构根据政府投资项目评审内容，制订评审工作方案，按照政府项目评审依据及程序实施评估和审查工作。

政府投资项目的评审依据包括：

（一）国家和地方有关投资计划、财政预算、财务会计、政府采购、招标投标、经济合同和工程建设的法律、法规、规章；

（二）国家行业主管部门和地方有关部门颁布的标准、计价依据及工程技术规范；

（三）与政府投资项目有关的价格信息、工程造价指标指数、调价规定等有关资料；

（四）项目建议书、可行性研究报告、初步设计及其批复，国土、规划、建设、环保等部门的批准文件；

（五）项目勘察设计合同、施工发承包合同（补充合同）、材料设备采购合同（协议）、招投标等文件；

（六）项目支出预算、工程预算控制价（含招标标底）等相关资料；

（七）政府投资项目评审依据的其他有关资料。

第十二条 项目建议书或可行性研究报告评审程序：

（一）项目建设单位向评审机构提出申请，提供项目评审资料；

（二）评审机构对项目建设单位所提供资料的完整性、合法性进行初步审查；

（三）评审机构现场核查项目基本情况；

（四）评审机构依据产业政策、区域经济发展状况、城市规划以及行业规范、标准等，对建设项目建议书或可行性研究报告编制的必要性、可行性、合理性进行评审；

（五）形成评审结论，向项目建设单位反馈意见；

（六）评审机构根据评审结论和项目建设单位意见，出具评审报告（意见）；

（七）评审机构向发展改革等部门提交评审报告（意见），作为批复项目建议书或可行性研究报告的依据。

第十三条 项目初步设计和概算评审程序：

（一）项目建设单位向评审机构提出申请，提供项目评审资料；

（二）评审机构对项目建设单位所提供资料的完整性、合法性进行初步审查；

（三）评审机构现场核查项目基本情况；

（四）评审机构依据行业规范、标准、概算指标、定额和有关计价依据，对项目初步设计和概算的合理性以及概算调整的必要性进行评审；

（五）评审机构形成评审结论，向项目建设单位反馈意见；

（六）评审机构根据评审结论和项目建设单位意见，出具评审报告（意见）；

（七）评审机构向发展改革、建设等部门提交评审报告（意见），作为批复项目初步设计和概算的依据。

第十四条 项目支出预算评审程序：

（一）财政部门在编制项目支出预算前，对计划列入政府投资的项目，提交评审机构评审；

（二）评审机构对项目立项、可行性研究报告、初步设计、征地拆迁、开工报告等批准文件进行程序性审核；

（三）评审机构依据国家和行业有关法律法规、计价依据、计价办法的规定，对建筑安装工程预算和设备投资进行评审；

（四）评审机构对项目待摊投资和其他投资进行评审；

（五）评审机构对项目发生的特殊费用进行评审；

（六）评审机构形成评审结论，向财政部门反馈意见；

（七）评审机构根据评审结论和财政部门意见，出具评审报告（意见）；

（八）财政部门依据评审报告（意见）对项目支出预算进行批复。

第十五条 项目工程预算控制价（含招标标底）评审程序：

（一）项目建设单位向评审机构提出申请，并提供项目评审资料；

（二）评审机构对项目建设单位所提供资料的完整性、合法性进行初步审查；

（三）评审机构现场核查项目基本情况；

（四）评审机构对项目工程预算控制价（含招标标底）的合理性和准确性进行评审；

（五）评审机构形成评审结论，向项目建设单位反馈意见；

（六）评审机构根据评审结论和项目建设单位意见出具评审报告（意见），作为项目工程预算控制价或招标标底的合法依据。

第十六条 施工发承包合同评审程序：

（一）项目建设单位向评审机构提出申请，提供招标文件（含招标答疑）、中标通知书、施工发承包合同草案等评审所需资料；

（二）评审机构对项目建设单位所提供资料的合规性、有效性及完整性进行初步审查；

（三）评审机构依据招标文件、招标答疑（纪要）、投标承诺和中标报价书，对施工发承包合同约定的工程内容、承包范围、合同工期和合同价款进行评审；

（四）评审机构对施工发承包合同中的价款约定与支付方式、价款调整方式、材料设备供应范围与方式、风险承担范围与幅度、履约担保以及工程索赔等进行评审；

（五）评审机构形成初步评审结论，向项目建设单位反馈意见；

（六）评审机构根据评审结论和项目建设单位意见出具评审报告，作为签订施工发承包合同和履约的依据。

第十七条 项目后评价程序：

（一）评审机构制订政府投资项目后评价年度计划，确定后评价项目名单，报市政府批准后向项目建设单位下达项目后评价通知书；

（二）项目建设单位在30个工作日内向评审机构提交项目自评报告，并提供后评价所需资料；

（三）评审机构对项目建设单位所提供资料的合法性、真实性和完整性进行初步审查；

（四）评审机构对项目建设实施进行核查、取证；

（五）评审机构对照项目可行性研究报告、审批文件以及相关合同的主要内容，对项目决策、建设目的、执行过程、效益、运行效果以及作用和影响等进行分析评价；

（六）评审机构形成分析评价结论，向项目建设单位反馈意见；

（七）评审机构向市政府提交项目后评价成果报告，作为规划制定、投资决策、审批核准、项目管理的重要参考依据和政府投资决策责任追究的重要依据。

第十八条 评审机构出具的评审报告（意见），应当包括项目概况、评审依据、评审范围、评审内容、评审程序、评审结论以及建议和存在的问题等。

评审机构在实施政府投资项目评审时，应当对市列重大项目、特殊专业项目和采用新技术、新工艺项目，组织专家进行论证。

第十九条 评审机构可以采取直接评审、委托具有相应资质的社会中介组织评审或者联合评审的方式，进行政府投资项目评估和审查工作。

政府投资项目评审工作应当在《兰州市建设工程项目审批流程（试行）》规定的时限内完成。

第二十条 评审机构应当建立政府投资项目评审专业档案制度，做好各类评审资料的归集、存档和管理工作，并保证其完整性。

第二十一条 项目建设单位对评审机构作出的评审结论有异议的，可向市政府提出异议申请，由市政府指定有关部门组织复评。

第二十二条 政府投资项目评审费用，列入市级财政预算。

第二十三条 未经评审机构评审的政府投资项目，不得进行立项批复、招标投标、合同签订、开工建设。

第二十四条 项目建设单位和勘察、设计、施工等单位违反本办法规定，有下列行为之一的，由评审机构向有关部门说明情况，由相关部门依照有关法律、法规和规章的规定予以处理：

（一）对项目建设必要性、可行性论述模糊不清，理由不充分的；

（二）超国家或行业建设标准的；

（三）不符合城市规划或土地利用总体规划及环保要求的；

（四）基础配套设施不能满足建设项目基本需求的；

（五）环境评价不能满足项目建设要求的；

（六）设计规模或投资超批复规模和投资的；

（七）无相应资质（资格）的；

（八）项目文本编制不能满足评审需要的。

第二十五条 有关行政管理部门、项目建设单位及其主管部门违反本办法规定，有下列行为之一的，由政府评审机构提出意见报告市政府处理；情节严重的，提请纪检监察机关依法实施责任追究：

（一）项目建议书、可行性研究报告未经评审而立项或批复的；

（二）项目初步设计及概算未经评审而确定或批复项目投资的；

（三）项目调整概算未经评审而调整项目投资的；

（四）未经评审而确定、批复部门项目支出预算的；

（五）未经评审而组织招标投标活动的；

（六）未经评审而签订项目施工发承包合同的；

（七）拒不配合以及干扰、阻碍政府投资评审工作的。

第二十六条 评审机构工作人员在政府投资项目评审工作中，有玩忽职守、滥用职权、徇私舞弊等行为的，由其所在单位或上级主管部门给予行政处分；构成犯罪的，依法追究刑事责任。

第二十七条 全部或部分使用政府投资从事公共课题研究、规划计划编制、防灾减灾等活动的，依照本办法执行。

第二十八条 本办法自2009年7月1日起施行。

《兰州市政府投资项目评审管理办法》修正说明

一、修正的必要性

（一）《办法》个别条款与全国人大相关规定不符

全国人大法工委于2017年印发《对地方性法规中以审计结果作为政府投资建设项目竣工结算依据有关规定的研究意见》的函（法工委函[2017]2号）认为：直接规定以审计结果作为竣工结算依据和规定应当在招标文件中载明或者在合同中约定以审计结果作为竣工结算依据，虽然可以在一定程度上加强对政府投资资金的保障，在法律上却存在问题，一是实质上是以审计决定改变建设工程合同，扩大了审计决定的法律效力范围；二是地方性法规强制要求以审计结果作为合同双方竣工结算依据，将适用于被审计结算单位的审计决定扩大适用于被审计单位的合同相对人，限制了施工企业正当的合同权利，缺乏上位法依据，超越了地方立法权。《办法》第二十四条规定“未经评审机构评审的政府投资项目，不得进行立项批复、招标投标、合同签订、开工建设、资金拨付和竣工决算批复”，其中未经评审不得进行资金拨付和竣工决算的内容也存在限制施工企业的正当合同权利的问题，与“以审计结果作为竣工结算依据”的规定产生相同的法律后果，违反了全国人大相关规定。

（二）经济社会发展及工作职责变化的需要

根据市政府办公厅《关于印发兰州市重大固定资产投资项目社会稳定风险评估暂行办法的通知》（兰政办发〔2013〕86号）要求“市项目投资评审中心作为兰州市重大固定资产投资项目社会稳定风险的评估主体。根据项目实际情况及有关措施，分析研判并确定风险等级，提出社会稳定风险的评估报告”，市项目评审中心工作职责发生变化，新增了对我市重大固定资产投资项目社会稳定风险进行评估的职责。因此，有必要对《办法》相应内容进行修正。

二、修正的过程

根据国务院法制办秘书行政司《关于纠正处理地方政府规章中以审计结果作为政府投资建设项目竣工结算依据的有关规定的函》（国法秘备函〔2017〕447号）的文件要求，市政府法制办向全市各县区，各部门，各有关单位下发《关于清理政府规章、行政规范性文件中以审计结果作为政府投资建设项目竣工结算依据有关规定的通知》（兰府法〔2017〕27号）要求对“以审计结果作为竣工结算依据”内容进行清理。经清理，市项目评审中心认为原《办法》存在“以审计结果作为政府投资建设项目竣工结算依据”的内容，因此起草了《办法》修正送审稿报市政府法制办。市政府法制办于2017年7月12日召开由法学专家、省人大、省法制办、市人大法工委、财经工委和市发改委、财政局、审计局、建设局、项目评审中心等相关部门负责同志参加的立法论证会。会后，市政府法制办会同市项目评审中心认真吸纳专家和部门意见，经过反复修改完善，形成了《办法》修正稿。

三、修正的依据

1.全国人大法工委《关于印送<对地方性法规中以审计结果作为政府投资建设项目竣工结算依据有关规定的研究意见>的函》（法工委函[2017]2号）

2.国务院法制办秘书行政司《关于纠正处理地方政府规章中以审计结果作为政府投资建设项目竣工结算依据的有关规定的函》（国法秘备函〔2017〕447号）

3.市政府办公厅《关于印发兰州市重大固定资产投资项目社会稳定风险评估暂行办法的通知》（兰政办发〔2013〕86号）

四、修正的主要内容

《办法》共涉及修正内容七条。一是删除了未经评审不得进行资金拨付和竣工决算的内容，使《办法》更符合上位法规定；二是删除对工程结算、竣工决算进行评审的内容，增加了对重大固定资产投资项目社会稳定风险进行评估的内容，使《办法》更符合项目评审中心的工作职责和工作实际。

兰州市人民政府令

〔2018〕第4号

《兰州市城市房屋使用安全管理办法》已经2017年8月3日市政府第18次常务会议讨论通过，现予公布，自2018年4月15日起施行。

市长：张伟文

2018年2月25日

兰州市城市房屋使用安全管理办法

第一章 总 则

第一条 为了加强城市房屋使用安全管理，维护公共安全，保障人身财产安全，根据有关法律、法规的规定，结合本市实际，制定本办法。

第二条 本办法适用于本市行政区域内国有土地上合法建造，经竣工验收交付使用的房屋安全管理活动。

军队、宗教团体、历史建筑以及文物保护单位的房屋使用安全管理，房屋的消防安全，电梯、燃气、供水等专业设施设备的使用安全管理，按照有关法律、法规的规定执行。

第三条 本办法所称房屋使用安全管理，是指为保障房屋使用安全所进行的管理活动，包括房屋安全使用、房屋安全鉴定、危险房屋治理和危险房屋监督检查。

第四条 房屋使用安全管理应当遵循属地管理、预防为主、合理使用、规范治理的原则，确保房屋使用安全。

第五条 市、区（县）人民政府应当加强对本行政区域内房屋使用安全管理工作的组织领导和综合协调，制定房屋使用安全监督管理制度和应急预案，组织应对房屋使用安全突发事件。

市、区（县）房产行政主管部门是本行政区域内房屋使用安全监督与管理的行政主管部门。

公安、财政、国土资源、建设、规划、城市管理、工商、质监、安监等部门应当按照各自职责，做好房屋使用安全管理的相关工作。

各乡（镇）人民政府、街道办事处应当配合房产行政主管部门做好房屋使用安全管理工作。

第六条 市、区（县）人民政府应当将房屋使用安全管理经费纳入财政预算予以保障，确保房屋使用安全调查、安全鉴定、解危补助、应急抢险等工作的顺利开展。

第七条 房产行政主管部门应当定期组织房屋使用安全调查，建立房屋使用安全管理档案，建设信息平台，实行动态管理，信息共享。乡（镇）人民政府、街道办事处应当协助做好房屋使用安全调查工作。

第八条 房产行政主管部门应当加强对物业管理、房屋使用安全鉴定等单位工作的指导和监督;建设行政主管部门应当加强对建筑业、装饰装修等行业协会工作的指导和监督，支持行业协会依法开展工作，发挥行业协会在房屋使用安全管理中的作用。

第九条 房屋的勘察、设计、施工、监理单位、房屋装修企业、房屋使用安全鉴定机构以及物业服务企业等违反房屋使用安全管理法律、法规和本办法规定的行为及其关联信息，由建设、房产行政主管部门载入其信用档案，并向社会公布。

第十条 房产行政主管部门、新闻媒体、物业服务企业等单位应当采取多种形式开展宣传教育，普及房屋使用安全管理法律、法规和知识，提高公众安全意识。

第十一条 任何单位和个人都有权对危害房屋使用安全行为或者存在重大安全隐患的房屋进行举报和投诉，房产行政主管部门接到举报、投诉后应当登记受理，在十五个工作日内将处理情况告知举报人、投诉人。

第二章 房屋使用安全管理

第十二条 房屋所有权人是房屋使用安全责任人，承担房屋使用安全责任。房屋所有权人与实际使用人、管理人不一致的，房屋所有权人不得以与实际使用人、管理人之间的约定为由拒绝承担房屋使用安全责任。

因房屋产权不明晰或者房屋所有权人下落不明等原因造成房屋所有权人无法承担房屋使用安全责任的，房屋实际使用人、管理人应当履行房屋使用安全责任人的责任。

国家直管公有房屋的管理单位是国家直管公有房屋使用安全责任人。

第十三条 房屋使用安全责任人承担下列房屋使用安全责任：

（一）按照设计用途、建筑物使用性质及房屋权属证明记载的房屋用途合理使用房屋；

（二）检查、维修房屋，及时治理房屋使用安全隐患；

（三）房屋的装饰装修不得影响房屋共有部分的使用，不得危及房屋的使用安全和毗邻房屋的使用安全；

（四）委托房屋安全鉴定；

（五）采取其他必要措施保障房屋使用安全。

第十四条 禁止下列危害房屋使用安全的行为：

（一）未经原设计单位或者具有相应资质等级的设计单位提出设计方案，擅自拆除、破坏墙体、梁、板、墩、柱等主体和承重结构；

（二）拆改具有房屋抗震、防火整体功能的非承重结构；

（三）超标准加大房屋荷载；

（四）降低底层室内标高；

（五）安装设施、设备影响房屋结构安全；

（六）擅自改变房屋用途；

（七）开挖、扩建地下室；

（八）其他危及房屋使用安全的行为。

第十五条 建设单位、勘察单位、设计单位、施工单位、工程监理单位应当按照法律、法规、规章规定及合同约定承担房屋质量安全责任，履行保修和质量缺陷治理义务。但因使用不当、第三方责任或者不可抗力造成的损害除外。

第十六条 开发、建设单位销售商品房屋时，应当向买受人提供《房屋质量保证书》、《房屋使用说明书》；在《商品房买卖合同》中应告知房屋的基本情况、设计使用年限等事项，就保修范围、保修期限、保修责任等内容做出约定。

第十七条 房屋转让或者出租时，房屋所有权人应当将房屋结构形式、设计使用年限和结构改造情况等基本事项，在房屋买卖合同、租赁合同中注明或者以其他方式书面告知受让人或者承租人。

房屋所有权人、使用人可以向城建档案机构、建设单位、设计单位、物业服务企业或者其他管理人、出卖人或者出租人查询房屋结构形式、设计使用年限和结构改造情况等基本事项。有关单位和个人应当配合查询。城建档案机构应当采取措施，利用已开放的城市建设档案，方便公众查阅。

第十八条 房屋使用安全责任人在住宅房屋室内装饰装修时，应当事先告知物业服务企业。物业服务企业应当将住宅房屋装饰装修中的禁止行为和注意事项告知房屋使用安全责任人。

工程投资额在30万元以上或者建筑面积在300平方米以上的非住宅房屋装修工程，由房屋使用安全责任人按照建筑工程施工管理的有关规定，向建设行政主管部门办理建筑工程施工管理相关手续。

第十九条 对用于教育、民政、交通、国资、文旅、卫计、体育等用途的房屋，相关行业主管部门应当监督房屋使用安全责任人履行相关安全责任。

第二十条 建设单位、房屋的经营管理单位可以与房屋代管人、使用人约定房屋使用安全责任，但不得以此为由拒不承担房屋使用安全责任。

第二十一条 既有建筑幕墙安全责任人应当承担下列安全责任：

（一）按照国家有关标准和《建筑幕墙使用维护说明书》进行常规维护和检修；

（二）按照规定进行安全性鉴定与大修；

（三）制订突发事件处置预案；

（四）建立相关维护、检修及安全性鉴定档案。

第三章 房屋安全鉴定管理

第二十二条 房屋安全鉴定应当由依照国家规定设立的房屋安全鉴定机构进行。鉴定委托人从《甘肃省房屋鉴定资质单位名单》中自主选择房屋安全鉴定机构。

房屋安全鉴定机构应当按照专业规范、标准和规程进行房屋安全鉴定，出具的鉴定结论应当客观、真实。房屋安全鉴定结论，是认定房屋安全状况的依据。

对结构特殊、环境复杂的鉴定项目，房屋安全鉴定机构应当组织专家论证。有关单位或者个人应当积极协助、配合，不得拒绝、阻挠鉴定人员的正常鉴定活动。

第二十三条 有下列情形之一，房屋使用安全责任人应当委托房屋安全鉴定：

（一）房屋达到设计使用年限；

（二）学校、医院、场馆、车站、商场等大中型公共建筑的使用年限达到设计使用年限三分之二的；

（三）房屋地基基础、墙体或者其他承重构件出现明显下沉、裂缝、变形、腐蚀等情形；

（四）因自然灾害或者爆炸、火灾等事故造成房屋出现裂缝、变形、不均匀沉降等情形；

（五）其他可能影响公共安全和他人合法权益需要鉴定的情形。

因自然灾害、爆炸、火灾等事故导致一定区域内大量房屋受损的，由市、区（县）人民政府及其房产行政主管部门委托房屋安全鉴定机构对受损房屋进行安全鉴定。

第二十四条 既有建筑幕墙自竣工验收交付使用后，原则上每十年进行一次安全性鉴定。出现下列情形之一时，其安全责任人应当及时委托具有建筑幕墙检测与设计能力的单位进行安全鉴定：

（一）面板、连接构件或者局部墙面等出现异常变形、脱落、爆裂现象；

（二）遭受风暴、地震、雷击、火灾、爆炸等自然灾害或者突发事件造成损坏的；

（三）相关建筑主体结构经检测、鉴定存在安全隐患。

第二十五条 进行管线开挖施工、地下设施施工、桩基施工和深基坑施工、爆破及降低地下水位等活动致使周边房屋出现裂缝、变形、不均匀沉降等异常现象的，建设单位应当委托房屋安全鉴定。

第二十六条 委托房屋安全鉴定，应当向房屋安全鉴定机构提供下列材料：

（一）房屋安全鉴定委托书；

（二）委托人身份证明；

（三）房屋权属证明、租赁合同或者能够证明与鉴定的房屋有相关权利的有效证件；

（四）法律、法规规定的其他材料。

有明显险情的房屋，房屋安全鉴定机构应当先行鉴定，并要求委托人补交前款规定材料。

第二十七条 房屋安全鉴定机构应当及时向鉴定委托人出具《房屋安全鉴定报告》，并将该鉴定报告同时报房屋所在地的区（县）房产行政主管部门备案。

经鉴定属于非危险房屋的，房屋安全鉴定机构应当在《房屋安全鉴定报告》上注明该房屋在正常使用条件下的有效时限。

经鉴定属于危险房屋的，房屋安全鉴定机构应当在作出鉴定结论后二十四小时内将该鉴定书送达鉴定委托人，并报区（县）房产行政主管部门备案。

房屋安全鉴定机构发现房屋存在重大险情，随时可能出现房屋倒塌等危及公共安全险情的，应当立即报告区（县）房产行政主管部门。

第二十八条 经鉴定属于危险房屋的，房屋安全鉴定机构应当根据鉴定结论在房屋安全鉴定报告中提出以下处理意见：

（一）观察使用，适用于采取适当安全技术措施后，尚能短期使用，但需继续观察的房屋；

（二）处理使用，适用于采取适当安全技术措施后，可解除危险的房屋；

（三）停止使用，适用于暂时不便拆除或者风险难以预测，人员必须撤离，但不危及相邻建筑和影响他人安全的房屋；

（四）整体拆除，适用于危险且无修缮价值，应当立即拆除的整幢房屋。

第四章 危险房屋治理和应急抢险

第二十九 条市、区（县）房产行政主管部门收到危险房屋安全鉴定报告后，应当立即对危险房屋现场查勘，向房屋使用安全责任人发出《危险房屋督促解危通知书》，督促和指导房屋使用安全责任人落实危险房屋治理措施；提出对危险房屋的处理意见和解危期限，同时以书面形式通知安全监管等部门。

危险房屋危及公共安全的，房屋所在地房产行政主管部门应当在二十四小时内报告同级人民政府。

第三十条 房屋使用安全责任人是危险房屋治理的责任主体，应当根据《危险房屋督促解危通知书》和《房屋安全鉴定报告》的处理意见对危险房屋采取加固处理、原址重建或者配合政府成片改造等治理措施。

第三十一条 对危险房屋采取加固处理方式解危的，房屋使用安全责任人应当按照有关程序办理审批手续后，委托原设计单位或者具有相应资质等级的设计单位出具加固设计方案，并委托具有相应资质的施工单位施工。

第三十二条 对危险房屋采取原址重建方式解危的，应当按照有关审批规定执行。市、区（县）人民政府应当组织有关部门进行联合审查，优化审批流程、缩短审批时限，并依法减免相关费用。

第三十三条 市、区（县）人民政府应当将成片危险房屋的改造纳入棚户区改造计划，逐步实施。房产行政主管部门应当加强对危险房屋解危的督促检查，对成片房屋超过设计使用年限或者已经鉴定为危险房屋的，应当及时向同级人民政府报告，并提出具体处理意见。

第三十四条 房屋安全责任人发现房屋出现险情，可能危及公共安全的，应当立即设置明显的警示标志，并及时向所在地的社区居民委员会或者街道办事处、房产行政主管部门报告。社区居委会应当根据需要设置警示区域，提醒过往的行人、相邻人注意安全。

第三十五条 房屋安全责任人对危险房屋确实不具备

维护、修缮能力的，经本人申请，市、区（县）人民政府可以与房屋所有人通过协商，对危险房屋采取置换等方式予以治理。

第三十六条 房屋使用安全责任人拒绝或者未采取有效治理措施治理危险房屋，危及毗邻安全或者公共安全的，区（县）人民政府应当组织相关部门采取必要的应急排险措施。

第三十七条 市、区（县）人民政府应当编制房屋应急抢险预案，建立房屋使用安全应急救援组织，定期组织培训和应急演练，并储备抢险救援物资和装备器材。

房产行政主管部门应当积极协调乡（镇）人民政府、街道办事处组织对遭受火灾、地震、洪水、台风等自然灾害或者突发事件后的房屋进行应急检查。对检查中发现房屋存在重大险情的，应当立即采取设置警示标志等安全防范措施，并报告同级人民政府按照突发事件应急预案的相关规定，组织人员紧急撤离。

第五章 法律责任

第三十八条 房屋使用安全责任人违反本办法第十三条规定的，由市、区（县）房产行政主管部门负责督促整改，对拒不履行安全责任的行为，处一千元以上五千元以下罚款。

第三十九条 房屋使用安全责任人违反本办法第十四条规定的，由市、区（县）房产行政主管部门责令其停止违法行为，限期恢复原状或者维修加固；逾期不改正的，处五千元以上三万元以下罚款。

第四十条 建设单位、施工单位违反本办法第二十五条规定，未委托房屋安全鉴定危及公共安全的，由市、区（县）房产行政主管部门处一万元以上三万元以下罚款。

第四十一条 房产行政主管部门和相关部门的工作人员未按规定履行职责，严重影响房屋使用安全管理工作的，依法追究相关工作人员的责任；玩忽职守、滥用职权、徇私舞弊构成犯罪的，移交司法机关，依法追究刑事责任。

第四十二条 违反本办法规定的行为，有关法律、法规已有处罚规定的，从其规定。

第六章 附 则

第四十三条 集体土地上的房屋使用安全管理由各区（县）参照本办法执行。

第四十四条 兰州新区管理委员会、兰州高新技术产业开发区管理委员会行政区域内房屋使用安全管理活动参照本办法执行。

第四十五条 本办法自2018年4月15日起实施。《兰州市城市危险房屋管理办法》（兰州市政府令第7号，1999年8月1日实施）同时废止。

关于《兰州市城市房屋使用安全管理办法》的说明

一、《办法》制定的必要性

（一）城市建设发展的需要

我市城市化建设进程不断加快，城市房屋数量不断增加，群众居住环境得到明显改善。随着城市建设进一步深入，我市在房屋使用安全管理过程中存在的一些问题也突显出来，一是城市发展的问题。截止目前，我市城市房屋总量约1亿平方米，其中住宅约6000万平方米，城市规模和房屋总量扩大，房屋使用安全管理难度增加。二是老旧危楼解危的问题。我市存在380余处老旧危楼，约120万平方米。这些老旧危楼多建于上世纪90年代以前，甚至存在大量的50年代的房屋，缺乏物业管理，房屋失修失养严重。三是特殊地质条件的问题。兰州为湿陷性黄土地质，遇到强降雨，极易发生滑坡、泥石流等地质灾害，尤其是河滩和依山而建的房屋存在较大安全隐患。四是居民住宅装修问题。老百姓对房屋使用和装修中禁止的行为不了解，随意性大，对房屋安全造成影响。为更好地解决以上问题，亟需进一步规范和完善城市房屋安全管理的相关规定，通过加强房屋安全管理，规范房屋安全使用行为，保障人民群众生命和财产安全。

（二）规范房屋安全管理的需要

房屋安全管理事关人民生命财产安全，是社会公共安全管理的重要组成部分，是政府行政管理的一项重要职责。目前我市执行的是1999年发布的《兰州市城市危险房屋管理办法》（兰州市人民政府令第7号），已颁布实施18年，其适用范围窄、管理责任轻、处罚幅度低、实用操作差，已远远不能满足现阶段城市房屋安全管理工作的需要。城市房屋安全管理已成为包括法规建设、检查监督、管理执法、安全使用、房屋鉴定、危房治理、应急抢险等诸多内容的系统工程。因此，亟需制定我市城市房屋安全管理的政府规章，建立完善相关基本制度，明确各级政府、主管部门、鉴定机构等相关主体职责和房屋所有权人的房屋使用安全责任，增强其安全意识，促进合理使用、管理房屋，及时发现、治理房屋安全隐患，确保房屋住用安全，更好地服务于我市城市房屋安全管理工作。

二、《办法》的制定过程

2017年《办法》被列为市政府立法项目后，市房产局学习和借鉴了外地先进经验和成熟做法，并充分结合我市城市房屋安全管理工作实际，开展《办法》起草工作。市政府法制办在此基础上，于2017年5月18日、7月4日组织召开了由法学专家、省人大法工委、省政府法制办、市人大法工委、市人大城建工委以及市政府相关部门负责同志参加的论证会。根据与会专家和有关部门负责人的意见建议，市政府法制办、市房产局先后多次对《办法》重点就三个方面进行修改：一是对《办法》的名称、适用范围、安全责任、房屋鉴定、危房治理、应急抢险和法律责任等内容进行反复斟酌、确定。二是对目前我市的房屋鉴定工作程序进行了讨论、分析，删除与“放管服”改革不相适应的规定。三是删除、修改与上位法相抵触的内容，保持法律规定的一致性。同时，将《办法》在市公安局、建设局、规划局、国土局、财政局、安监局、质监局等部门和各区（县）房产行政主管部门广泛征求意见，合理吸纳，经过反复修改完善，几易其稿，形成了本《办法》。

三、《办法》的制定依据

1.《中华人民共和国物权法》

2.《中华人民共和国建筑法》

3.《建设工程质量管理条例》

4.《物业管理条例》

参考了住建部《城市危险房屋管理规定》和《住宅室内装饰装修管理办法》；同时也汲取了杭州市、武汉市、西安市等已出台的地方性法规的立法经验。

四、《办法》的主要内容

《办法》共六章四十五条内容。第一章总则，主要规定了立法目的、适用范围、管理原则、政府及房产行政主管部门的职责等；第二章房屋使用安全管理，主要对房屋使用安全责任人、房屋使用安全责任承担，对开发建设、勘察设计、施工监理单位在房屋安全管理中的责任等做了规定；第三章房屋安全鉴定管理，对房屋安全鉴定机构、鉴定内容、处理意见、结果备案等进行了规范；第四章危险房屋治理和应急抢险，规定了政府及管理部门在危险房屋治理和应急抢险工作任务中的职责、解危措施及房屋使用安全责任人的解危责任；第五章法律责任；第六章附则，规定了集体土地、兰州新区和兰州高新技术产业开发区管委会参照条款以及施行时间。

五、需要说明的问题

（一）规定了适用范围

《办法》第二条第一款规定“本办法适用于本市行政区域内国有土地上合法建造，经竣工验收交付使用的房屋安全管理活动。”这样的规定切合我市房屋安全管理实际，适用范围更加明确并具有可操作性。同时针对区域管理的特殊性，在第六章附则第四十三条规定“集体土地上的房屋使用安全管理由各区（县）参照本办法执行。”第四十四条规定“兰州新区管理委员会、兰州高新技术产业开发区管理委员会行政区域内房屋使用安全管理活动参照本办法执行。”

（二）确定了安全责任

《办法》第二章专章规定了房屋使用安全管理，第十二条规定“房屋所有权人是房屋使用安全责任人，承担房屋使用安全责任。”确定了房屋使用安全责任主体；第十三条列举了房屋使用安全责任人应当承担的房屋使用安全责任；第十四条列举了危害房屋使用安全禁止行为；第十五条至十八条规定了建设、勘察、设计、施工、监理单位的安全责任，以及商品房销售、房屋转让或者出租、装修时的安全责任。

（三）规范了安全鉴定

第三章规定了房屋安全鉴定管理，对鉴定机构选取、鉴定内容、鉴定所需提交资料、鉴定结果处理意见等都做出具体规定，特别是第二十七条规定了“房屋安全鉴定机构应当及时向鉴定委托人出具《房屋安全鉴定报告》，并将该鉴定报告同时报房屋所在地的区（县）房产主管部门备案。”从而进一步规范了鉴定结果的管理和应用。

（四）细化了危房治理

《办法》第三十条规定“房屋使用安全责任人是危险房屋治理的责任主体，应当根据《危险房屋督促解危通知书》和《房屋安全鉴定报告》的处理意见对危险房屋采取加固处理、原址重建或者配合政府成片改造等治理措施。”并在第三十二、三十三和三十四条规定了具体的解危措施，使《办法》更具有操作性。

（五）强调建筑幕墙安全管理

针对我市建筑幕墙使用中易出现破裂、脱落等安全隐患，《办法》对建筑幕墙安全责任人在第二十一条提出了专门的安全责任要求；在第二十四条要求既有建筑幕墙自竣工验收交付使用后，原则上每十年进行一次安全性鉴定。并在出现一定情形之时，其安全责任人应当及时委托具有建筑幕墙检测与设计能力的单位进行安全鉴定。

（六）强化了法律责任

《办法》第五章对房屋使用安全责任人在房屋使用过程中拒不履行安全责任、在房屋使用过程中出现禁止性行为做出了明确的处罚规定。其处罚种类和幅度的设置考虑到了我市的实际情况，具有针对性和可操作性。

兰州市人民政府令

〔2018〕第5号

《兰州市文明行为促进办法》已经2017年9月27日市政府第24次常务会议讨论通过，现予公布，自2018年4月15日起施行。

市长：张伟文

2018年2月25日

兰州市文明行为促进办法

第一章　总 则

第一条　为了培育和践行社会主义核心价值观，引导和规范市民行为，提升公民文明素质和社会文明水平，推进城市文明建设，依据有关法律、法规，结合本市实际，制定本办法。

第二条　本办法适用于本市行政区域内的文明行为促进工作。

第三条　市、区（县）人民政府应当将文明行为促进工作纳入本级国民经济和社会发展规划，明确工作总体目标、任务和要求，制定相关政策措施，实现文明行为促进工作的科学化、制度化、长效化。

第四条　市、区（县）精神文明建设委员会统一领导本行政区域内文明行为促进工作。

市、区（县）精神文明建设工作机构具体负责本行政区域内文明行为促进工作。

第五条　市、区（县）精神文明建设工作机构应当履行下列职责：

（一）拟定文明行为促进工作规划；

（二）指导、协调相关单位开展文明行为促进工作；

（三）督促、检查文明行为促进工作情况；

（四）评估、通报本办法的实施情况；

（五）依法处理与文明行为促进有关的建议、投诉；

（六）其他有关文明行为促进的工作。

市、区（县）人民政府有关部门应当按照各自职责做好文明行为促进工作。

第六条　国家机关、企事业单位、社会组织应当将文明行为规范纳入职业道德规范教育，加强本行业、本部门、本单位文明行为的引导、促进和保障，积极参与城市文明行为促进工作。

国家工作人员、教育工作者、医务工作者、社会公众人物等应当在文明行为促进工作中起表率作用。

公民应当遵守文明行为规范，积极参与文明行为促进工作。

第二章　文明行为基本规范

第七条　公民应当做到爱国守法、明礼诚信、团结友善、勤俭自强、敬业奉献。

第八条　公民应当爱护公共设施，维护公共环境卫生，不得实施下列不文明行为：

（一）不遵守公共礼仪，衣着不整洁，不使用礼貌用语，大声喧哗，争吵谩骂；

（二）等候服务时不依次排队，使用电梯时不先下后上，乘坐自动扶梯时不靠右侧站立，上下楼梯时不靠右侧行走；

（三）开展广场舞、露天演唱、生产经营等活动时不遵守相关规定，不合理使用场地、设施和音响器材，噪声值超过社会生活环境噪声排放标准；

（四）不遵守公共场所有关禁止吸烟的规定；

（五）不遵守燃放烟花爆竹的规定；

（六）随地便溺、吐痰，乱扔垃圾，乱涂乱写乱画，损害公共设施、花草树木；

（七）酗酒滋事，聚众赌博；

（八）在禁止区域摆摊设点、露天烧烤；

（九）携犬出户未采取必要的安全和卫生措施，危及他人人身安全，影响公共秩序和市容环境卫生；

（十）在节庆、婚丧嫁娶时大操大办、铺张浪费、互相攀比，在祭祀时进行焚纸烧香、燃放烟花爆竹等存在安全隐患的活动；

（十一）违反法律、法规和文明公约规定的其他公共场所文明行为规范。

第九条 公民应当遵守交通文明行为规范，不得实施下列不文明行为：

（一）驾驶或者乘坐机动车时，向车外抛掷物品；

（二）驾驶机动车时，使用手持电话、超速行驶、随意变道；违反规定使用远光灯、鸣喇叭、停车和占用非机动车道、人行道、消防通道、应急车道；机动车行经人行横道时，不减速行驶；遇行人正在通过人行横道时，不停车让行；

（三）驾驶非机动车时，违反交通信号指示行驶，逆向行驶，超速行驶，在机动车道、人行道上和公园、广场内行驶，违反规定占用机动车道、人行道，违反规定停车和载人载物；

（四）行人违反道路交通信号指示横穿道路，违反道路通行规定在机动车道、非机动车道上行走或者跨越交通护栏；

（五）机动车、非机动车驾驶人和行人不避让执行紧急任务的警车、消防车、救护车、工程救险车；

（六）在公共交通工具内大声喧哗，不主动给老、弱、病、残、孕让座；

（七）其他违反交通文明规范的行为。

第十条 公民应当遵守社区公共文明行为规范，不得实施下列不文明行为：

（一）违反规定在物业管理区域内搭建建筑物或者构筑物；

（二）擅自占用、损坏物业的共用部位、共用设施设备及附属设施，在物业共用部位、设施设备上乱涂写、乱刻画、乱张贴；

（三）不在依法设置或者划定的车库、车位内有序停放车辆，阻碍物业管理区域内交通道路或者将车辆停放在消防通道口；

（四）违反规定在物业管理区域内饲养家禽、家畜、食用鸽、信鸽等动物；

（五）不按照规定实行生活垃圾分类投放；

（六）房屋装修产生妨碍他人正常生活、学习和工作的噪声、粉尘、臭气等环境污染；

（七）其他违反社区公共文明行为规范的行为。

第十一条 单位和个人应当节约粮食、水、电力、燃油、天然气等资源，合理利用免费提供的公共资源。

倡导简约适度、绿色低碳的生活方式，反对奢侈浪费和不合理消费，开展创建节约型机关、绿色家庭、绿色学校、绿色社区和绿色出行等行动。

第十二条 单位和个人应当保护生态环境，保护国家和省保护的野生动植物，自觉参加义务植树、护林防火、养绿护绿等活动。

单位和个人应当尽量使用节能、节水、废弃物再生利用等有利于环境与资源保护的产品，主动减少日常生活废弃物对环境造成的损害。

第十三条 单位和个人应当遵守相关法律、法规、规章等规定，文明上网，不通过发帖、评论等方式攻击、谩骂他人，不利用网络编造、散布谣言，不传播低级媚俗信息和损害他人合法权益的信息，自觉维护网络安全和网络秩序。

第十四条 患者及其家属应当文明就医，尊重医务人员，维护正常医疗秩序，通过合法途径、方式和程序处理医患纠纷。

第十五条 公民旅游观光时应当尊重当地风俗习惯、文化传统和宗教信仰，爱护文物古迹，遵守旅游文明行为规范。

旅游经营者、导游、领队应当向旅游者告知和解释旅游文明行为规范，引导旅游者健康、文明旅游。

第十六条 支持和引导企业主动发布综合信用承诺或者产品服务质量等专项承诺。银行、邮政、通信、医院、公共交通等窗口服务行业应当制定并落实优质服务标准。

第十七条 单位和个人应当增强国防意识，保护军事设施，关怀、尊重军人及其家属，自觉遵守、执行军人及其家属优待规定。

第十八条 邻里之间团结互助，不干扰他人正常生活。积极参与楼院社区的绿化、美化活动，爱护和合理使用公共空间、设施设备，有序停放车辆，不乱放杂物，不高空抛物。

家庭成员之间相互扶持，尊老爱幼。未成年人的父母或者其他监护人应当教育、引导未成年人遵守文明行为规范。

关爱空巢老人、留守儿童和外来务工人员的未成年子女。有关部门应当加强对监护行为的督促指导。

第十九条 鼓励单位和个人为他人提供力所能及的帮助，当他人突然出现伤病或者处于其他生命健康危险时，在能力范围内予以救助。

鼓励公民采取合法、适当的方式见义勇为，保护见义勇为人员合法权益，并在需要时为其提供法律援助。

第二十条 鼓励自愿捐献造血干细胞、人体器官（组织）。尊重和保护捐献人的捐献意愿、捐献方式和人格尊严。

鼓励无偿献血。无偿献血者本人及其亲属在血液使用时依法获得优先、优惠待遇。

第二十一条 鼓励单位和个人主动开展扶贫、助残、救孤、济困、赈灾捐献以及助老、助学、助医等慈善公益活动。捐赠财产用于慈善活动的，依法享受税收优惠。

第三章 促进与保障

第二十二条 市、区（县）人民政府及有关部门应当健全文明行为表彰奖励制度，并对生活困难的文明行为先进人物给予帮扶。

获得道德模范、兰州好人、文明市民、优秀志愿者等荣誉称号，或者文明行为按照规定受到表彰的，应当记入个人档案或者个人信用记录，并纳入公共信用信息平台，但受表彰人员自愿放弃的除外。

鼓励单位在招聘时，同等条件下优先录用、聘用道德模范、兰州好人、文明市民、优秀志愿者等先进人物。

第二十三条 鼓励行业、单位开展文明单位、文明社区、文明村镇、文明家庭、文明行业、文明服务品牌等群众性精神文明创建活动，对表现突出、成绩显著的单位按照有关规定予以表彰、奖励。

第二十四条 精神文明建设工作机构、有关部门应当宣传、倡导文明行为规范、文明行为礼仪、文明行为事例。

报刊杂志、广播电视、网络等新闻媒体和户外广告公共设施经营管理单位应当刊播公益广告，依法传播文明行为先进事例，曝光不文明行为，营造全社会促进文明行为的氛围。

鼓励、支持、引导单位和个人以提供资金、技术、劳动力、智力成果、媒介资源等方式参与文明行为宣传。

第二十五条 教育行政主管部门和教育机构应当将文明行为教育纳入法制和德育教育。推进文明校园建设，建立校园文明行为规范，开展文明行为、文明礼仪教育，教育行政主管部门和教育机构应当加强师德建设，组织和引导教师遵守职业道德规范。

第二十六条 卫生计生部门、医疗卫生机构应当加强医护人员职业道德建设，将文明行医、文明就医纳入医疗管理工作规范，制定相应的工作计划，促进医疗机构、医疗场所的文明行为。

第二十七条 乡、镇人民政府、街道办事处、村（居）民委员会应当将文明行为促进与文明乡、镇（街道）、文明社区（村）建设结合起来，积极组织开展辖区单位文明共建、社区邻里互助、联谊等活动，促进社区和谐建设，构建和谐人际关系，培育文明交往的行为习惯。

第二十八条 各窗口服务行业、单位应当制定相关文明行为规范引导措施，加强本行业或者本单位文明行为引导工作，树立窗口文明形象。

第二十九条 鼓励和支持志愿服务活动，推动建立各类志愿服务组织，拓宽志愿服务领域，创新志愿服务方式。志愿者参加志愿服务活动的，所在单位及其他有关单位应当给予支持。

建立志愿服务记录、评价和时间储蓄制度。

第三十条 加强公共信用信息系统建设，推进信用信息共享。

行政机关和相关单位在履行法定职责时，对信用状况良好的公民、组织依法采取优先办理、简化程序、重点扶持等激励措施；对信用状况不良的，应当加强日常监管、依法实施约束惩戒措施。

第三十一条 各市、区（县）人民政府应当结合当地实际。利用辖区内公园、广场等公共场所和设施建立爱心公园、荣誉墙等，作为道德荣誉发布、展示和道德宣传教育活动基地，并可以通过树碑刻名等形式，表彰和纪念慈善公益人士、见义勇为人员、遗体或者人体组织器官捐献者等文明行为模范人物。

第三十二条 市、区（县）财政主管部门应当将文明行为促进工作经费纳入年度财政预算，保障文明行为促进工作的正常开展。

第四章 监督与考核

第三十三条 公安、城市管理、交通运输、卫生计生、环保、建设、文旅、民政、工商、食药监、质监、价格等有关部门，应当根据本办法和相关法律法规，完善检查监督、投诉举报、教育指导、奖励惩戒等文明行为促进工作机制，及时发现、制止和纠正不文明行为。

市、区（县）人民政府应当根据文明行为促进工作的实际需要和有关部门的职责，建立共同参与、协同配合的违法行为信息共享和执法合作工作机制。

第三十四条 国家机关、企事业单位、社会组织应当劝阻其工作或者营业场所内的不文明行为；属于违法行为的，应当及时予以制止，报告有关行政执法部门，并协助取证。

公民有权制止、劝阻不文明行为，被劝阻人不得打击报复劝阻人。

第三十五条 报纸、广播、电视、网络等公共媒体应当加强对不文明行为的舆论监督。

第三十六条 市、区（县）人民政府及其精神文明建设工作机构应当建立、健全城市文明行为促进目标责任制和考评制度，与责任单位签订目标任务责任书，并对目标任务责任书落实情况进行检查、考评。

第三十七条 市精神文明建设工作机构应当建立城市文明指数测评体系，定期开展文明行为情况社会调查，做好民意征集和测评等工作，并向社会公布测评结果。

第三十八条 对社会反响强烈、群众反映集中的不文明行为，有关部门应当重点监管，依法加大宣传曝光力度。对造成恶劣社会影响的不文明行为，精神文明建设工作机构、有关社会组织等可以发表声明予以谴责。

有关部门受理个人和单位对不文明行为的举报、投诉事项，应当及时依法查处。

任何单位和个人有权对有关部门及其工作人员不履行或者不正确履行文明行为促进法定职责的行为进行检举、揭发和控告。

第五章 法律责任

第三十九条 有下列行为之一的，由有关部门依照有关法律、法规和规章的规定予以处罚：

（一）损毁交通设施、环境卫生设施、道路附属设施、路面井盖、照明等公共设施的；

（二）阻碍执行紧急任务的警车、消防车、救护车、工程救险车或者非紧急情况时在应急车道行驶、停车的；

（三）行经人行横道不按规定减速或者停车让行的；

（四）行人不听劝阻，违反道路安全法律法规关于道路通行规定的；

（五）扰乱公共汽车、电车、火车、船舶、航空器或者其他公共交通工具上的秩序的；

（六）乱贴乱涂，严重影响市容环境和居民生活环境的；

（七）在禁止吸烟的公共场所吸烟不听劝阻的；

（八）随地吐痰、便溺，或者乱扔果皮、纸屑、烟蒂、饮料罐、口香糖等废弃物的；

（九）向车外抛洒物品的；

（十）刻划、涂污或者以其他方式故意损坏国家保护的文物、名胜古迹的；

（十一）在设有禁止标志的区域有攀折花木、踩踏草坪等破坏城市绿化行为的；

（十二）损害公共绿地，或者占用公共绿地耕种、停车的；

（十三）车辆或者其他物品占用、堵塞、封闭疏散通道、安全出口、消防通道的；

（十四）利用互联网发布、传播虚假信息、低俗淫秽信息或者损害他人合法权益信息等，严重扰乱社会秩序的；

（十五）打击报复劝阻人、举报投诉人、检举控告人的。

第四十条 有下列情形之一的，作出行政处罚决定的有关部门除依照《中华人民共和国行政处罚法》的规定进行处罚外，还应当将行政处罚决定作为当事人个人信用信息予以记录：

（一）采取威胁、侮辱、殴打等方式打击报复劝阻人、投诉人、举报人，受到行政处罚的；

（二）被依法处罚但拒不履行行政处罚决定的。

第四十一条 有关单位及其工作人员在文明行为促进工作中玩忽职守、滥用职权、徇私舞弊或者有其他不履行、不正确履行职责的，由其所在单位或者其上级机关给予行政处分；构成犯罪的，依法追究刑事责任。

第四十二条 违反本办法规定的行为，法律、法规已有处罚规定的，从其规定。

第六章 附 则

第四十三条 本办法自2018年4月15日起施行。

关于《兰州市文明行为促进办法》的说明

一、《办法》制定的必要性

（一）促进精神文明建设法治化的需要

习近平总书记关于精神文明建设重要论述中，多次强调要注意把一些基本道德规范转化为法律规范，从而使法律规范更多体现道德理念和人文关怀，通过法律的强制力来强化道德作用、确保道德底线，推动全社会道德素质提升。市委、市政府有关促进文明行为的部署也提出要注重德法兼治，提高市民的文明程度，提高城市的品位形象。因此，做好文明行为促进立法工作，一方面是对我市创建文明城市经验的总结和提升，另一方面也顺应了城市管理和精神文明建设法治化的客观要求，是创新社会管理、建设法治城市的重要内容，也是实现我市治理体系和治理能力现代化的重要举措。

（二）促进精神文明建设常态化的需要

精神文明创建活动已受到广大群众普遍欢迎和全社会高度认可，近年来，围绕文明城市建设目标，我市相继出台与文明行为规范相关的地方性法规，如《兰州市公共场所控制吸烟条例》、《兰州市养犬管理条例》等，为我市制定专门性的文明行为规范积累了一定经验并提供了初步的依据。同时，随着城市治理中新矛盾、新现象、新课题的不断出现，迫切需要将文明出行、文明旅游、文明上网、垃圾分类、节约环保、危难救助、器官捐献等应当得到规范的文明行为纳入立法，为鼓励和促进市民文明行为提供清晰、明确、可操作的法律依据。因此，尽快制定专门性的文明行为规范，将我市创建文明城市方面的成功经验和有效做法，转化成法律条文，有利于进一步明确文明导向，树立文明标尺，对于提高城市文明程度，强化文明行为促进的执行力度具有重要作用。

二、《办法》制定的过程

根据市政府2017年度立法计划，市政府法制办委托兰州大学法学专家起草了《办法（送审稿）》，于2017年7月7日、7月28日组织召开了由法学专家、省人大法工委、省法制办、市人大法工委，各相关部门负责同志参加的论证会，根据与会专家和市文明办、公安局、交通委、环保局、生态局、教育局、城管委、财政局、工商局等部门的意见建议，市政府法制办对《办法》重点就两个方面进行修改：一是对《办法》体例结构、章节设置、主管机构等内容进行反复斟酌、确定。二是对文明行为规范分类界定，厘清不文明行为违法界限。同时，将《办法》在市政府网站上公开征求意见，合理吸纳，经过反复修改完善，形成了本《办法》。

三、《办法》的制定依据

1.《中华人民共和国民法通则》

2.《中华人民共和国民法总则》

3.《中华人民共和国侵权责任法》

同时学习借鉴了青岛、武汉、乌鲁木齐、贵州、杭州等外省市的相关立法经验。

四、《办法》的主要内容

《兰州市文明行为促进办法》共六章43条，分别为总则、文明行为基本规范、促进与保障、监督与考核、法律责任以及附则等内容。

五、需要说明的问题

（一）强调精神文明建设人人有责

《办法》采取一般规范与具体规范相结合的方法，对管理者、参与者在文明行为促进工作中的地位和责任，分别作出明确规定。首先，在第一章“总则”中，《办法》对所涉主体做了区分，并针对不同主体提出了不同要求，如第五条对市、区（县）精神文明建设工作机构应当履行的职责进行列举规定，第六条对国家工作人员、教育工作者、医务工作者、社会公众人物等的表率作用以及广大市民的促进作用分别进行了规定。其次，在第四章“监督与考核”中，有针对性地规定了主管部门与相关部门的职责，如第三十三条规定公安、城市管理、交通运输、卫生计生、环保、建设、文旅、民政、工商、食药监、质监、价格等行政主管部门应当加强工作协调配合，及时处理投诉、举报，制止不文明行为的职责。第三，规定了社会层面的责任，如第三十四条规定国家机关、企事业单位、社会组织应当劝阻其工作或者营业场所内的不文明行为的责任；公民有权制止、劝阻不文明行为；第三十五条规定了公共媒体的监督责任。

（二）明确规定文明行为基本规范

《办法》第二章详细规定了文明行为基本规范，对文明出行、勤俭节约、文明上网、文明就医、文明旅游、勤勉敬业、诚实守信、邻里团结、家庭和睦等方面的文明行为规范作出明确规定。所列举的不文明行为当中，比如乱扔垃圾、破坏环境、不文明养犬、毁坏绿地、违章停车、医闹滋事等问题，因市民反映集中、社会关注度高，虽然有的行为已纳入相关法律法规的管理约束范围，《办法》仍然积极回应社会关切，在条文当中予以重申和强调。

（三）关注社会新情况

《办法》除了对当前较为突出、引起普遍关注的不文明行为进行了规范外，还对城市化、信息化过程中出现的新情况、新问题做出了相关规定，如第十三条上网行为规范，是当前加强互联网管理与意识形态阵地建设所急需规范的；如第十四条、第二十六条就医和医疗行为规范，是针对社会广泛关注的医患关系做出的规范。

（四）建立健全奖励、表彰文明行为长效机制

建立帮扶机制，可以帮助文明先进人物解决生活中存在的实际问题，维护并保障救助人权益。《办法》第二十条对于无偿献血、捐献器官的行为，规定给予其本人、亲属在医疗救助方面优先优惠待遇等。第二十二条规定“市、区（县）人民政府及有关部门应当健全文明行为表彰奖励制度，并对生活困难的文明行为先进人物给予帮扶。”

（五）进一步强调法律责任

《办法》第三十九条以列举方式，对公共场所中比较常见的、群众呼声最为强烈的应当处罚的不文明行为做了规定，如乱扔废弃物、在禁止吸烟的公共场所吸烟不听劝阻、不文明出行等。同时，在第四十条规定对于采取威胁、侮辱、殴打等方式打击报复劝阻人、投诉人、举报人，受到行政处罚的；违反本办法规定被依法处罚但拒不履行行政处罚决定的除进行处罚外，还应当将行政处罚决定作为当事人个人信用信息予以记录。这一方面有针对性地提醒市民严格自律、互相监督；另一方面，也是立足于兰州的实际情况，加大对典型不文明行为的监察处罚力度，增强警示作用，确保《办法》的贯彻实施。

兰州市人民政府令

〔2018〕第6号

《兰州市城市地下空间开发利用管理办法》已经2018年7月3日市政府第43次常务会议讨论通过，现予公布，自2018年9月20日起施行。

市长：张伟文

2018年7月30日

兰州市城市地下空间开发利用管理办法

第一章 总 则

第一条 为了规范地下空间开发利用管理，合理利用地下空间资源，促进土地节约集约利用，适应城市经济社会发展需要，根据《中华人民共和国物权法》《中华人民共和国城乡规划法》《中华人民共和国土地管理法》《中华人民共和国人民防空法》等有关法律、法规的规定，结合本市实际，制定本办法。

第二条 本市城市规划区内地下空间的开发利用和监督管理，适用本办法。

法律、法规对涉及国防、人民防空、防震减灾、文物保护、绿地保护、古树名木保护、遗产要素、矿产资源等地下空间开发利用另有规定的，从其规定。

第三条 本办法所称城市地下空间是指城市规划区内地表以下的空间，包括结建地下空间和单建地下空间。

结建地下空间是指同一主体结合地面建筑一并开发建设的地下空间。

单建地下空间是指独立开发建设的地下空间。利用市政道路、公共绿地、公共广场等公共用地开发的地下空间视为单建地下空间。

第四条 地下空间开发利用应当坚持统筹规划、综合开发、平战结合、公共利益优先、地下与地上相协调的原则，坚持社会效益、经济效益和环境效益相结合。

第五条 市人民政府统一领导本市地下空间的开发利用管理工作，建立地下空间开发利用协调机构，协调解决开发利用中的重大问题，督促有关部门依法履行监督管理工作。

市城乡规划主管部门负责地下空间开发利用的规划管理。

市国土资源主管部门负责地下空间开发利用的土地供应和不动产的登记。

市建设行政主管部门负责地下空间开发利用建设项目的工程质量、施工安全的监督管理。

市人民防空主管部门负责地下空间涉及人民防空防护设施建设、使用的监督管理。

市环境保护主管部门负责地下空间开发利用的环境保护监督管理。

市公安机关负责地下空间建设和使用中的治安、消防安全管理。

其他相关部门应当按照各自职责，做好城市地下空间开发利用的管理工作。

第六条 市人民政府应当建立和完善地下空间信息系统，并实现各专业系统的信息共享。

市城乡规划、国土、建设、人防等主管部门应当根据各自职责，开展地下空间普查，并将普查结果纳入地下空间信息系统。

第七条 市、区人民政府应当确保对地下空间普查、规划制定、地下空间综合管理信息系统建设等方面的资金投入，安排专项资金支持地下空间重点建设区域、重点建设项目的开发建设。

市、区人民政府应当制定政策，积极引导社会资本投资开发建设和运营地下空间，探索构建“政府引导、政策扶持、社会参与、市场运作”的地下空间资源开发利用新机制。

第二章　规划编制

第八条　本市地下空间开发利用专项规划编制应当坚持竖向分层、横向连通、立体综合、安全环保的原则。

市城乡规划主管部门应当根据城市总体规划编制地下空间开发利用专项规划，报市人民政府批准后实施。

地下空间开发利用专项规划应当优先安排地下交通、应急防灾、公安消防、公共安全、人民防空、垃圾处理、电力设施、通信、水务等城市基础设施和公共服务设施，划定城市地下综合管廊公共工程和特殊工程的地下空间控制范围，并在城市总体规划引领下统筹做好其他涉及地下空间安排的各类专项规划的衔接。

第九条　城市地下空间规划建设应当基于生态底线和生态保护的具体要求，进行合理开发和利用，严格控制不适宜开发的地下空间。

地下空间开发利用专项规划应当与文物保护、古树名木保护规划相衔接，法律、法规对保护文物、古树名木有禁止性规定的，不得规划开发。

第十条　地下空间开发利用专项规划应当包括以下内容：

（一）地下空间的现状和资源分析；

（二）地下空间开发利用的需求预测；

（三）地下空间开发利用战略；

（四）地下空间开发利用的层次和内容；

（五）地下空间开发利用的规模和布局；

（六）地下空间生态、环境保护特殊要求及保障措施；

（七）地下空间开发利用的步骤等。

第十一条　地下空间开发利用专项规划应当遵照城市总体规划的相关要求，并明确规划区内地下空间的开发范围、使用性质、平面及竖向布局、出入口位置和连通方式等内容。

第十二条　经依法批准的地下空间开发利用专项规划，是城乡建设和规划管理的依据，未经法定程序不得修改，确需变更的，须经原批准机关审批。

第三章　用地管理及不动产登记

第十三条　开发利用地下空间，应当依法取得地下建设用地使用权，并按规划实施。

单建地下空间建设项目参照地表建设用地使用权单独办理用地手续。

结建地下空间建设项目与该建设项目一并办理用地手续。

新设立的地下空间建设用地使用权，不得损害已设立的用益物权。

第十四条　地下空间开发利用建设项目的土地供地方式按照下列规定执行：

（一）单一用途符合《划拨用地目录》的单建地下空间建设项目，可以采用划拨方式提供地下建设用地使用权；复合利用的土地按主用途确定土地供应方式，主用途符合《划拨用地目录》的，以划拨方式供应地下空间建设用地使用权，主用途不符合《划拨用地目录》的兼容用途用地，按协议分摊出让方式办理用地手续。

（二）单建地下空间建设项目，属于商业、旅游、娱乐、仓储等经营性用途的，以及同一宗地下空间有两个以上意向用地者的，应当采用招标、拍卖或者挂牌出让等方式提供地下空间建设用地使用权；地下空间建设用地使用权的招标、拍卖或者挂牌出让活动，应当根据有关法律、法规和规章有计划地进行。

（三）结建地下空间建设项目，原地上建设用地使用权人申请开发利用本宗地地下空间作为经营性用途的，可以采用协议补收土地出让价款的方式提供地下空间建设用地使用权。

第十五条　地下空间建设用地使用权除符合划拨用地条件外，应当实行有偿、有期限使用。

单建地下空间建设用地使用权出让年限不得超过相同用途地上建设用地使用权法定出让最高年限。

结建地下空间建设用地使用权出让年限不得超过相同用途地上建设用地使用权法定出让最高年限，并不得超过该宗地地上建设用地使用权出让年限。

第十六条　依法取得的地下建设用地使用权可以依法进行转让和抵押。

对已批准划拨的地下建设用地使用权及其建筑物，在转让或者改变用途时，不符合《划拨用地目录》的，应当按照规定补办土地出让手续，补缴土地出让金。

第十七条　地下空间开发利用施工需要临时使用地上土地的，应当按照规定办理临时用地手续。

第十八条地下空间不动产登记，应当按照法律、法规和规章办理。

第十九条　地下空间初始登记由权利人持相关批准文件申请，登记机构严格按照批准文件办理登记并在权利证书上记注相关特殊约定内容。

第四章　建设管理

第二十条　地下空间的开发建设应当符合国家、省、市建设管理方面的规定、标准和规范，严格执行地下空间开发利用规划。

第二十一条 因规划需要或者建设单位对相邻地块地下空间有整体开发要求的，可以由整体开发的建设单位统一办理地下空间项目立项、整体设计、统一建设；建成的地下空间可以单独出让，也可以与地上建设用地使用权一并出让。

第二十二条 地下空间建设项目的工程设计应当满足地下空间对环境、安全和设施运行、维护等方面的使用要求，使用功能与出入口设计应当与地面建设相协调。

地下空间建设项目的工程设计文件除符合相关技术规范和要求外，还应当明确地下空间建设项目的使用功能、用途、界址、面积等；配建人民防空设施的，应当明确人民防空工程的位置、面积、类型等。

地下空间建设项目应当按照设计图纸进行施工。建设单位和施工单位需要改变设计方案的，应当由原设计单位进行修改，并重新申请办理审批手续。

第二十三条 规划条件对地下空间建设项目有连通要求的，其设计方案应当明确与相邻建筑的连通方案。相邻建筑已经按照规划预留横向连通位置的，新项目的横向连通位置应当与之相衔接。

规划条件对地下空间建设项目未明确连通要求的，建设单位可以与相邻建筑所有权人就连通位置、连接通道标高、实施建设主体和建设用地使用权人等进行协商。达成协议后，将连通方案纳入地下空间建设项目的工程设计方案，一并提交审核。

规划确定连通的地下空间建设项目分别建设的，先建单位应当按照专业规范预留地下连通工程的接口，后建单位应当负责履行后续地下工程连通义务。

第二十四条 新建地下空间工程，应当充分利用地下空间，以配建地下停车场为主，适当配套商业开发，并可与人防工程结合建设。

建设项目涉及古树名木、文物遗址等特殊保护要素的，建设单位应当制定避让或者保护方案，并经古树名木、文物遗址等保护行政管理部门审查同意。建设和施工单位应当按照批准的避让和保护方案保护古树名木、文物遗址等特殊保护要素，并将保护措施告知相关权利人或者管理人。

建设单位在地下工程开工前，应当与地下设施产权单位签订安全施工协议，制定地下设施保护方案，保护方案需经相关专家论证同意后实施。

地下工程在施工期应当采取有效的安全和防护措施，不得破坏地下城市轨道交通设施、地下综合管廊设施、文物、人防工程和市政管线工程，不得妨碍地表的规划功能和危及地上及地下相邻建筑物、构筑物、附着物的安全及绿化植物的正常生长环境。

第二十五条 地下空间工程的通行、通风、通电、排水等应当符合相关规定、标准和规范的要求，不得对相邻建设用地使用权人造成损害；造成损害的，应当依法予以赔偿。

第二十六条 地下空间建设项目竣工后，建设单位应当组织设计、施工、监理等有关单位进行竣工验收。未经竣工验收或者验收不合格的，不得交付使用。

结建地下空间工程应当与地面建筑工程一并进行规划核实及竣工验收。

地下空间工程竣工验收合格后，建设单位应当依法向城市建设档案馆移交完整的地下空间工程档案。

第五章 使用管理

第二十七条 地下空间建（构）筑物的所有权人、使用权人或者物业单位应当对地下空间建（构）筑物进行日常管理和维护，配合城市基础设施的维护单位对相关设施进行日常维护保养。

第二十八条 地下空间的所有权人及使用权人应当履行下列安全责任：

（一）按照设计用途、使用性质或者其他审批文件记载的合理用途使用；

（二）保持公共通道及出入口畅通，做好各类标识管理和指引工作；

（三）保持给排水、消防、通风、照明、监控、通信等安全设施、设备的正常运行；

（四）配备应急救援物资和器材，进行定期检查、检验、测试，确保足量和有效使用；

（五）开展经常性的安全隐患排查，及时消除安全隐患；

（六）遵守国家、省、市其他有关地下空间安全使用管理规定。

第二十九条 地下空间应当符合民用建筑工程室内环境污染控制规范要求，应当按照环境保护的要求设置通风、排烟、排污等设施，公共场所的空气质量应当符合公共场所卫生标准的要求。

第六章 法律责任

第三十条 地下空间建设项目工程建设管理的单位或者个人违反本办法规定，有下列行为之一的，由市、区人民政府相关主管部门依法追究责任；构成犯罪的，依法追究刑事责任：

（一）未经法定程序修改、变更经依法批准的地下空间开发利用专项规划的；

（二）未依法取得地下建设用地使用权，开发利用地下空间的；

（三）对依法取得的地下建设用地使用权进行非法转让、抵押的；

（四）未经有关主管部门同意，取得地下建设用地使用权后擅自改变地下建设用地的用途和功能的；

（五）未办理临时用地手续，临时使用地表土地的；

（六）未履行地下工程连通义务的；

（七）未经相关部门对竣工后的地下空间建设项目进行验收或者经验收不合格，直接交付使用的；

（八）未履行本办法第二十八条规定的安全责任的；

（九）其他不符合城市规划、建设和管理的行为。

第三十一条 在城市地下空间开发利用的规划建设及相关管理活动中，新设立的地下空间建设用地使用权，不得损害已设立的用益物权与相邻建设用地使用权人的相关权益，造成损害的，应当依法予以赔偿。

第三十二条 地下空间物业管理单位不履行对地下空间物业和设施进行日常管理和维护义务，违反物业管理规定的，由相关主管部门给予警告，责令改正；情节严重的，由相关主管部门根据法律、法规的规定予以处理。

第三十三条 政府相关主管部门及其工作人员，在本市地下空间开发利用建设管理工作中玩忽职守、滥用职权、徇私舞弊的，由其所在单位或者上级主管部门依法给予行政处分；构成犯罪的，依法追究刑事责任。

第七章 附 则

第三十四条 榆中县、皋兰县、永登县和红古区参照本办法执行。

第三十五条 本办法自2018年9月20日起施行。

关于《兰州市城市地下空间开发利用管理办法》的说明

一、《办法》制定的必要性

（一）拓展城市发展空间的现实需要

随着我市社会经济的快速发展，城市化进程不断加快，城市规模不断扩大，导致城市建设用地紧缺，地下空间成为缓解城市用地压力、顺应城市可持续发展的必要选择，是城市发展的重要空间资源。兰州市具有独特的山水风貌特色，黄河自西向东贯穿全城，周围群山环绕，城市地下开发利用由平面化走向立体化，向地下要空间、向地下延伸发展迫在眉睫。为加强我市城市地下空间的合理利用，促进经济、社会和生态可持续发展，完善我市城市地下空间开发和利用管理，出台《办法》十分必要。

（二）规范和加强我市地下空间开发利用管理的需要

目前，我市结合地面建筑的地下购物超市、地下停车场、地下过街人行通道、地下轨道交通和结合民用建筑修建的人民防空工程等地下空间开发已初具规模，如张掖路地下步行商业街、东方红地下人防商城等，特别是随着轨道交通的快速发展，我市地下空间开发将驶入快车道。但是，由于缺乏专门的配套立法规范，地下空间的规划不明确，地下空间的工程建设管理不到位，政府对地下空间开发行为缺乏有力的控制和引导，一定程度上制约了我市地下空间的有序开发和土地资源的有效利用。因此，结合我市具体情况和实际要求，出台一部专门规范地下空间开发利用的政府规章，明确政府相关主管部门的监督管理职能，健全地下空间的规划管理、用地管理、工程建设管理和使用管理，对于促进地下空间的系统、有序、合理开发利用，推动城市空间资源的拓展和提升城市功能具有重大意义。

二、《办法》制定的过程

市政府法制办委托西北师范大学法学院开展《办法》的起草工作。西北师范大学法学院组建《办法》起草小组，秉持统筹合理开发利用地下空间资源，维护相关权利人的合法权益原则，在组织调研、学习借鉴外地经验的基础上形成了《办法（草案送审稿）》。市政府法制办于2017年11月15日、12月7日先后两次组织召开由法学专家、省人大法工委、省政府法制办、市人大法工委、城建工委以及相关部门同志参加的立法论证会。

《办法（草案）》共征求到市规划局、国土局、建设局、人防办、房管局、环保局、生态局、轨道办等部门意见建议18条，12条采纳，6条未采纳。其中（一）市建设局1条未采纳，理由为：市建设局提出对第七条增加一款，鼓励轨道交通、地下综合管廊的同步开发。因为第七条已经分两款规定了资金投入和由市、区政府制定政策引导社会资本投资来鼓励开发、建设和运营地下空间，且经专家论证，本《办法》是规范全市地下空间的开发利用，而不仅指轨道交通和地下综合管廊，因此不再做专门强调。（二）市国土局2条未采纳，理由为：1.市国土局建议确定土地出让金收取比例。经专家论证，以政府规章形式确定土地出让金收取标准，与市场发展不相吻合，建议由相关部门制定规范性文件，按市场发展来确定。2.市国土局建议将原第四十条修改为“本办法未涉及的事项，按相关法律法规办理。”因不属于立法规范表述，故未采纳。（三）市生态局1条未采纳，理由为：市生态局建议将第三条第三款中“公共绿地”修改为“待建公共绿地”，经专家论证，第一，《办法》规定的是地下空间的开发与利用，与地上公共绿地是两个概念；第二，市生态局未提供单建地下空间开发中所指公共绿地仅指“待建”公共绿地的法律依据；第三，如果严格对公共绿地区分“待建”与否，将造成难以操作。（四）市人防办1条未采纳，理由为：市人防办建议将第五条中涉及人防部门的职责部分修改为“市人民防空行政主管部门负责城市地下空间开发利用兼顾人民防空要求的管理和监督检查。”经专家论证，原表述比人防办提出的修改建议更加符合立法规范表述。（五）市轨道办1条未采纳，理由为：市轨道办建议在《办法》中针对“地下轨道交通”专设一条进行规定。经专家论证，我市已出台《兰州市城市轨道交通管理办法》，专门对轨道交通的规划、建设、运营、设定保护区、鼓励综合开发及安全应急等各方面作出详细规定，无需在本《办法》中专设条款；且《办法》在第八条中已规定地下空间开发利用专项规划与地下交通、公安消防等其他涉及地下空间安排的规划相衔接。

根据与会专家和相关部门的意见建议，市政府法制办对《办法》四个方面的重点内容进行了修改：一是从体例结构、立法原则、适用范围、监管主体、法律责任等方面反复斟酌确定；二是针对我市地下空间开发利用管理中的突出问题，对地下空间开发利用专项规划的编制、审批主体和程序等方面的内容明确规定；三是对地下空间使用权、不动产登记、互连互通等具体问题进行了讨论修改；四是删除、修改与上位法相抵触的内容，保持法律规定的一致性。同时，将《办法（草案）》在市政府网站上公开征求意见，合理吸纳，经过反复修改完善，几易其稿，形成《办法》。

《办法》提交市政府常务会审议前，市生态局再次提出修改建议共5条，经协调后采纳3条，并由专家对《办法》作出了修改。未采纳2条，分别为：1.市生态局建议在《办法》第八条第二款中增加：“地下空间开发利用专项规划编制涉及新建绿地地下空间开发利用的，应当征得市园林绿化行政主管部门同意。”2.将第八条第四款修改为：“地下空间开发利用专项规划应当坚持生态保护优先原则，对已建成的绿地禁止地下空间开发，严格控制城市新建绿地地下空间开发，并与文物保护、古树名木保护、绿地规划相衔接，法律、法规对保护文物、古树名木、绿地有禁止性规定的，不得规划开发。”

因其意见所涉问题重大敏感，2018年6月14日，市政府法制办组织省政府法制办、市人大常委会、西北师范大学及甘肃农业大学的立法专家、农学专家，以及市规划局、生态局、人防办、建设局、国土局等部门，就市生态局上述2条意见，召开第三次专项论证会。根据与会部门和专家意见，未采纳市生态局建议，理由为：1.专项规划编制征得相关部门同意无法律法规依据；根据《中华人民共和国城乡规划法》，编制地下空间开发利用专项规划无需征得园林绿化行政主管部门同意，只是在前期规划草案征求意见时，相关部门及时按职责向规划编制部门提出意见建议。2.已建成绿地下禁止地下空间开发无法律法规依据，与国家“节约集约利用土地”、“国土空间分层开发”的要求不符。3.全面禁止在已建成的绿地下进行开发建设并不科学，不符合我市工作实际。4.对于公共绿地保护，可以在地下空间具体开发工作中，按树种及生物特性作出开挖深度要求，并制定保护方案。

三、《办法》的制定依据

1.《中华人民共和国物权法》

2.《中华人民共和国土地管理法》

3.《中华人民共和国城乡规划法》

4.《中华人民共和国城市房地产管理法》

5.《中华人民共和国文物保护法》

6.《中华人民共和国人民防空法》

7.《不动产登记暂行条例》

8.《甘肃省城乡规划条例》

参照了住建部《城市地下空间开发利用管理规定》（建设部令第58号）、国土资源部《不动产登记暂行条例实施细则》（国土资源部令第63号），以及广州、深圳、杭州、南昌、宁波、武汉等省、市出台的有关地方性法规和政府规章。

四、《办法》的主要内容和重要问题的说明

（一）《办法》的主要内容

《办法》分七章，共三十五条。第一章总则，主要包括立法目的及依据、适用范围、基本原则、部门职责等内容；第二章规划编制，厘清地下空间开发利用专项规划与城乡总体规划间的关系，并对地下空间开发利用的原则、内容和要求，以及修改审批的程序作出了详细的规定；第三章用地管理及不动产登记，规定了取得建设用地使用权的方式、有偿有期限使用原则、临时地上用地和不动产初始登记的内容；第四章建设管理，明确了工程建设的总体要求和具体要求，同时对互连互通作了明确规定；第五章使用管理，主要对所有权人、使用权人和物业单位的维护保养责任、安全责任和环保责任作了规定；第六章法律责任，就建设单位、使用单位、物业单位和政府相关主管部门及其工作人员的法律责任作了规定；第七章附则，规定了相关县区参照执行的问题和《办法》的施行时间。

（二）重要问题的说明

1. 关于设立地下空间开发利用协调机构。由于我市城市地下空间开发利用管理过程中参与管理部门较多，为确保地下空间开发利用活动有序进行，提高开发利用管理工作效率，有必要将地下空间开发利用协调机构在立法上予以明确。《办法》第五条第一款规定："市人民政府统一领导本市地下空间的开发利用管理工作，建立地下空间开发利用协调机构，协调解决开发利用中的重大问题，督促有关部门依法履行监督管理工作。"

2. 关于地下空间开发利用专项规划基本要求。《办法》第八条明确规定地下空间开发利用专项规划应当坚持"竖向分层、横向连通、立体综合、安全环保"的原则，同时还规定，地下空间开发利用专项规划应当与地下交通、应急防灾、公安消防和人民防空等各类专项规划相衔接，以保障我市地下空间开发利用各项活动的顺利有序开展。

3. 关于地下空间建设用地使用权期限。地下空间的开发利用以地上开发建设为基础，是对资源的有效整合与利用，但是地下空间除具有开发利用价值之外，更肩负着排洪减灾、人民防空等重要作用，综合土地的休养生息等因素，对地下空间的使用期限进行规定是必要的。《城镇国有土地使用权出让和转让暂行条例》第十二条规定了各项土地使用权的最高使用年限，在此基础上，《办法》第十五条第二款、第三款规定："单建地下空间建设用地使用权出让年限不得超过相同用途地上建设用地使用权法定出让最高年限。""结建地下空间建设用地使用权出让年限不得超过相同用途地上建设用地使用权法定出让最高年限，并不得超过该宗地地上建设用地使用权出让年限。"

4. 关于地下空间的互连互通。当前，地下工程和设施之间互不连通的问题比较突出，影响了地下空间的整体使用效能。为此，《办法》在第二章规划编制以及第四章建设管理中对此问题均作出了规定：第八条确定了规划编制原则应当坚持竖向分层、横向连通、立体综合、安全环保的原则；第十一条规定地下空间开发利用专项规划应当明确规划区内地下空间的开发范围、使用性质、平面及竖向布局、出入口位置和连通方式等内容；第二十三条详细规定了互连互通的具体要求。

5. 关于不动产登记管理。《不动产登记暂行条例》（2015年3月1日起施行）第四条规定："国家实行不动产统一登记制度"。2015年3月30日，兰州市不动产登记管理局正式挂牌成立，标志着兰州市土地、房屋、林木等登记职能将进行整合并统一登记。但是，由于目前关于地下空间开发利用中不动产登记方面没有上位法依据，国家和省上均未出台相关规定和文件，参考其他城市立法中也没有太具体的规定，《办法》也不宜细化规定，否则在实际工作中无法操作，因此，只在第十八条和第十九条作了原则性的规定。

6. 关于地下空间开发利用中的信息资源管理。兰州市地下空间的基本信息资源一直存在多头管理、信息资源不完整的问题。为了有效应对上述问题，《办法》第六条第一款明确规定，由市人民政府负责建立地下空间开发利用的信息系统，并实现各专业系统的信息共享。同时，在本条第二款规定了市城乡规划、国土、建设、人防等主管部门应当根据各自职责，开展地下空间普查，并将普查结果纳入地下空间信息系统。

兰州市人民政府令

〔2018〕第7号

《兰州市墙体材料革新和民用建筑节能管理办法》已经2018年8月1日市政府第45次常务会议讨论通过，现予公布，自2018年10月1日起施行。

市长：张伟文

2018年8月14日

兰州市墙体材料革新和民用建筑节能管理办法

第一章 总 则

第一条 为了加强墙体材料革新和民用建筑节能管理，发展应用新型墙体材料，保护土地资源和生态环境，降低民用建筑使用过程中的能源消耗，提高能源利用效率，根据《中华人民共和国节约能源法》《中华人民共和国建筑法》《民用建筑节能条例》等法律、法规的规定，结合本市实际，制定本办法。

第二条 本市行政区域内墙体材料革新和民用建筑节能的管理和监督等活动适用本办法。

本办法所称新型墙体材料，是指符合国家产业政策，有利于资源综合利用、环境保护、节约土地资源和能源，以非粘土为原料生产的，用于建筑物墙体的建材。

本办法所称民用建筑节能，是指在保证民用建筑使用功能和室内热环境质量的前提下，降低其使用过程中能源消耗的活动。

本办法所称民用建筑，是指居住建筑、国家机关办公建筑和商业、服务业、教育、卫生等其他公共建筑。

第三条 市、区（县）人民政府应当加强对墙体材料革新和民用建筑节能工作的领导，协调和推动墙体材料革新和民用建筑节能工作。

墙体材料革新和民用建筑节能应当纳入国民经济和社会发展规划。

第四条 市、区（县）建设主管部门负责本行政区域内墙体材料革新和民用建筑节能的监督管理工作。

墙体材料革新建筑节能机构受建设主管部门委托实施新型墙体材料和建筑节能监督管理的具体工作。

发展改革、工业和信息化、财政、国土资源、环保、规划等部门应当按照各自职权做好墙体材料革新和民用建筑节能相关工作。

第五条 墙体材料革新建筑节能机构在墙体材料革新和民用建筑节能工作中履行下列职责：

（一）贯彻执行墙体材料革新和民用建筑节能的相关法律、法规、规章和政策；

（二）组织编制和实施本行政区域内墙体材料革新和民用建筑节能的工作方案和《新型墙体材料产品目录》；

（三）组织进行墙体材料革新和民用建筑节能的信息交流、技术培训、统计和宣传，协调解决新型墙体材料发展和节能建筑推广应用中出现的有关问题；

（四）组织协调新型墙体材料的研发、生产、使用、推广等各项工作，对新型墙体材料部品部件进行认定和公示；

（五）参与生产新型墙体材料建设项目的可行性论证、初步设计审查和竣工验收；

（六）参与民用建筑节能分部工程和绿色建筑的验收，参与民用建筑节能强制性标准和绿色建筑规范执行的日常监督。

第六条 墙体材料革新和民用建筑节能的工作方案，报经同级人民政府批准后，组织实施。

第七条 市、区（县）人民政府及市建设主管部门对在墙体材料革新和民用建筑节能中做出突出贡献和显著成绩的单位和个人，应当给予表彰。

第八条 任何单位和个人发现有违反墙体材料革新和民用建筑节能有关规定的行为，可以向所在地建设主管部门投诉，建设主管部门应当自受理投诉之日起七个工作日内作出答复。

第二章 墙体材料革新

第九条 企业应当按照标准组织生产新型墙体材料；没有国家、行业和地方标准的，企业可以根据需要自行制定企业标准，或者与其他企业联合制定企业标准，并做好自我声明公开。鼓励社会团体、企业制定高于推荐性标准相关技术要求的团体标准和企业标准。

新型墙体材料的质量应当符合保障人身和财产安全的要求，并经法定质量检验机构检验合格。

第十条 墙体材料革新建筑节能机构，应当在优化建筑体系的基础上，组织编制、修订应用各种新型墙体材料的设计施工规范规程、标准定额及通用图集等技术规范，为建设、设计和施工单位采用新型墙体材料提供服务。

第十一条 本市重点推广下列新型墙体材料：

（一）粉煤灰、煤矸石、页岩等烧结多孔砖、空心砖；

（二）蒸压加气混凝土砌块；

（三）混凝土多孔砖、小型空心砌块；

（四）结构和保温一体化外墙板；

（五）其他鼓励发展的新型墙体材料。

第十二条 政府投资项目应当优先选用本市重点推广的新型墙体材料。

对使用本市重点发展推广的新型墙体材料的工程项目，优先推荐示范工程项目和参与评选工程项目的各类奖项。

第十三条 鼓励科研机构、高等院校、企事业单位和个人研究开发科技含量高、拥有自主知识产权、有利于节约能源和环境保护、经济适用的新型墙体材料以及相关技术、设备和工艺。

第十四条 鼓励墙体材料生产企业利用工业固体废弃物、矿物尾渣、淤泥、污泥、农林废弃物以及建筑垃圾等生产新型墙体材料。

利用废弃物生产的新型墙体材料，应当经无害化处理并检测，符合国家环境保护和建筑用材质量标准。

第十五条 支持农村开展新型墙体材料试点示范，引导在农村自建房中使用节能环保、安全便利的新型墙体材料。

第十六条 从事新型墙体材料生产、销售的企业和个人，可以向当地的墙体材料革新建筑节能机构申请新型墙体材料产品认定。对符合条件的，应当发放《新型墙体材料产品认定证书》，申请人按照相关规定享受优惠政策；不符合条件的，应当书面告知申请人并说明理由。

新型墙体材料产品认定不得收取任何费用。任何单位和个人不得伪造、变造、转让、出租、涂改、出借《新型墙体材料产品认定证书》。

第十七条 禁止在本行政区域内新建、改建、扩建粘土实心砖生产线。

禁止在本市城市规划区内生产和使用粘土制品。

古建筑修缮工程对使用粘土砖有特殊规定的，从其规定。

第三章 民用建筑节能

第十八条 民用建筑建设项目的建设、设计、审查、施工、检测、监理等单位应当执行国家和地方建筑节能强制性标准。

建设、设计、施工单位不得使用国家和省、市禁止使用的技术、工艺和产品。

第十九条 新建居住建筑围护结构应当符合民用建筑节能强制性标准，并应当安装经法定计量检定机构检定合格的供电、供水、供气、供热(制冷)分户计量装置和供热(制冷)系统调控装置。

新建公共建筑应当安装经法定计量检定机构检定合格的用电分项计量装置、用热(制冷)计量装置、供热(制冷)系统调控装置。

第二十条 对下列建筑节能技术和产品的发展，应当予以鼓励和支持：

（一）新型节能墙体和屋面的保温、隔热技术与材料；

（二）节能门窗的保温隔热和密闭技术；

（三）集中供热和热、电、冷联产联供技术；

（四）供热系统节能技术和产品；

（五）供热采暖系统温度调控和分户热量计量技术与装置；

（六）太阳能、地热等可再生能源应用技术和设备；

（七）建筑照明节能技术与产品；

（八）空调制冷节能技术与产品；

（九）其他技术成熟、效果显著的节能技术和节能管理技术。

第二十一条 市、区（县）人民政府应当安排民用建筑节能资金，用于支持民用建筑节能的科学技术研究和标准制定、既有建筑围护结构和供热系统的节能改造、可再生能源的应用，以及民用建筑节能示范工程、节能项目的推广。

第二十二条 规划主管部门编制总体规划时，应当优化空间布局，统筹考虑民用建筑节能发展需要，对土地利用、能源利用、生态保护等方面进行合理规划；在审批建设项目修建性详细规划或设计方案时，确定的建筑物布局、朝向、体形等应当符合民用建筑节能和日照采光等规范及标准要求。

规划主管部门对民用建筑项目进行规划审查时，应当就规划设计方案是否符合民用建筑节能强制性标准征求同级建设主管部门的意见；建设主管部门应当自收到征求意见材料之日起十日内进行书面答复。征求意见时间不计算在规划许可的期限内。

对不符合民用建筑节能强制性标准的，不得颁发建设工程规划许可证。

第二十三条 发展改革部门对政府投资项目，在报送项目可行性研究报告前，应当将民用建筑节能要求纳入固定资产投资项目节能审查范围。对企业投资项目，在开工建设前，应当将民用建筑节能要求纳入固定资产投资项目节能审查范围。

第二十四条 国土资源部门在土地出让、租赁或者划拨时，应当将建设用地规划条件确定的节能、节水、节地、节材等民用建筑节能要求纳入国有建设用地使用权出让合同或者国有建设用地划拨决定书。

第二十五条 设计单位应当按照民用建筑节能标准进行设计，明确节能率，保证民用建筑节能设计质量。在方案设计、可行性研究、初步设计和施工图设计文件中明确民用建筑节能设计具体内容，并向建设单位提供审查合格的施工图设计文件。

施工图设计文件审查机构应当按照民用建筑节能强制性标准对建设项目施工图设计文件进行审查；经审查不符合民用建筑节能强制性标准要求的，建设主管部门不得颁发施工许可证。

第二十六条 建设单位应当严格执行民用建筑节能强制性标准，不得以任何理由要求设计单位、施工单位擅自修改经审查合格的节能设计文件，降低建筑节能标准；建设单位应当向施工和监理单位提供节能审查合格的施工图设计文件，并按民用建筑节能工程质量验收规范及标准等组织验收。

第二十七条 施工单位应当对进入施工现场的墙体材料、保温材料、门窗、采暖制冷系统和照明设备进行查验，查验其是否具有资质检测机构出具的检测报告及相关资料，并记录查验结果；对查验不符合施工图设计文件要求的，不得使用。

施工单位应当按照审查合格的施工图设计文件和民用建筑节能强制性标准施工。

第二十八条 监理单位应当按照审查合格的施工图设计文件和民用建筑节能强制性标准，对民用建筑节能工程实施监理。

监理单位发现施工单位不按照民用建筑节能强制性标准施工的，应当要求施工单位改正；施工单位拒不改正的，监理单位应当及时向建设单位和建设主管部门报告。

第二十九条 建设单位组织竣工验收时，应当对民用建筑是否符合建筑节能强制性标准进行查验；对不符合民用建筑节能强制性标准的，不得出具竣工验收合格报告。

对不符合民用建筑节能强制性标准的，由建设单位进行整改后重新组织查验，经查验合格后，方能按规定办理竣工验收备案手续。

第三十条 建设主管部门或者其委托的墙体材料革新建筑节能机构应当履行下列监督职责：

（一）对民用建筑节能强制性标准执行情况进行监督检查，对不符合要求的应当责令改正；

（二）在竣工验收阶段对民用建筑节能强制性标准执行情况提出专项监督意见。

第三十一条 实施既有建筑节能改造，应当符合民用建筑节能强制性标准，根据本地经济、社会发展水平和地理气候条件等实际情况，有计划、分步骤地实施分类改造，优先采用遮阳、改善通风等低成本改造措施。

第三十二条 市、区（县）人民政府应当建立和完善机制，全面推动绿色建筑发展。鼓励和支持绿色建筑科学技术的研究、开发、示范和推广，促进绿色建筑技术创新与进步。

第三十三条 绿色建筑按国家规定分为一星、二星、三星三个等级。

绿色建筑项目的建设、规划、勘察、设计、施工图审查、施工、监理等单位，应当执行绿色建筑相关标准，确保绿色建筑质量。

第四章 法律责任

第三十四条 违反本办法规定，在本市行政区域内新建、改建、扩建粘土实心砖生产线，或者在本市城市规划区内生产和使用粘土制品的，由建设主管部门责令改正，并处一万元以上三万元以下罚款。

第三十五条 违反本办法规定，伪造、变造、转让、出租、涂改、出借《新型墙体材料产品认定证书》的，由建设主管部门撤销其《新型墙体材料产品认定证书》。

第三十六条 有关行政主管部门及墙体材料革新建筑节能机构工作人员在墙体材料革新和民用建筑节能管理工作中玩忽职守、徇私舞弊、滥用职权的，由其所在单位或上级机关给予行政处分；构成犯罪的，依法追究刑事责任。

第三十七条 违反本办法规定，法律、法规已有处罚规定的，从其规定。

第五章 附 则

第三十八条 本办法自2018年10月1日起施行。2000年8月30日市人民政府发布的《兰州市发展新型墙体材料和推广节能建筑管理办法》（兰州市人民政府令〔2000〕第7号）、2005年6月23日市人民政府发布的《兰州市人民政府关于修改〈兰州市发展新型墙体材料和推广节能建筑管理办法〉的决定》（兰州市人民政府令〔2005〕第6号）同时废止。

关于《兰州市墙体材料革新和民用建筑节能管理办法》的说明

一、《办法》重新制定的必要性

（一）与上位法依据及相关政策保持一致的需要

《办法》重新制定前名称为《兰州市发展新型墙体材料和推广节能建筑管理办法》（以下简称原《办法》），系2000年制定出台，2005年进行了修正，制定的主要依据是《中华人民共和国节约能源法》和《中华人民共和国建筑法》，但这两部法律分别于2016年7月2日、2011年4月22日进行了修改；2008年10月1日，国务院出台了《民用建筑节能条例》，对民用建筑节能进行了系统的规定，原《办法》的部分内容已不符合上位法。财政部《关于取消、调整部分政府性基金有关政策的通知》（财税〔2017〕18号）要求墙体材料改革机构自2017年4月1日起停止向建设单位征收新型墙体材料专项基金，原《办法》第四章“专项基金管理”规定内容与财政部要求相悖，因此亟需重新制定《办法》，以符合上位法和相关政策规定。

（二）适应经济社会发展和改革的需要

原《办法》的制定主要是为了落实国家“禁实限粘”政策，并将减少墙改基金返退比例（使用粘土砖按70%返退，使用新型墙体材料按85%返退）作为限制粘土砖的唯一措施，但是专项基金停止征收后，就失去了落实相关要求的抓手。根据省工信委、环保厅、安监局《关于加快烧结砖瓦行业转型发展的通知》（甘工信发〔2018〕36号）要求：“到2020年底，兰州城市规划区内禁止生产和使用粘土制品”，将我市列入“禁粘”城市，因此亟需对原《办法》重新制定，对规范的重点、鼓励措施、新型墙体材料和节能产品认定等内容进行调整，并明确新的切实可行的工作措施。

（三）规范墙体材料革新和民用建筑节能推广工作的需要

目前，墙体材料革新工作没有统一的管理部门，基本的管理模式是国家层面由发改委负责，省级层面大多由工信部门负责，市、县层面由建设部门负责，具体工作委托相应的墙改机构实施。由于没有统一的法律制度进行规范，多数政策主要来自于各部委的规范性文件，效力等级低。但在多年的工作实践中，我市在墙体材料革新和民用建筑节能管理中，积累了一些较为成熟、行之有效的工作经验和方法，有些还被外省、市借鉴学习，因此，亟需将这些经验和方法以市政府规章的形式固定下来，以更好地推动墙体材料革新和民用建筑节能的管理和发展，带动我市循环经济健康快速发展。

二、《办法》制定的过程

根据市政府2018年立法计划，市建设局委托甘肃锐城律师事务所完成了《办法（草案送审稿）》。市政府法制办于2018年4月3日、5月3日先后两次组织召开了由法学专家、省人大法工委、省政府法制办、市人大法工委、城建工委以及相关部门负责同志参加的立法论证会。

《办法（草案）》共征求到市规划局、发改委、工信委、财政局、物价局、环保局、国土局、质监局、科技局、地税局及工商局等部门意见建议13条，均予以采纳。

根据与会专家和相关部门的意见建议，市政府法制办对《办法》五个方面的重点内容作出了修改：一是根据墙体材料革新与民用建筑节能管理工作实际，对原《办法》名称作出了修改，并且对规定的主要内容进行了调整；二是根据国家和省上对“禁粘”工作的要求，对禁止粘土制品生产和销售作出了更为严格的限制；三是结合民用建筑节能管理工作需要，对规划、发改、国土、建设等相关部门及设计、施工、监理等单位的职责进行了明确；四是将原《办法》中“专项基金管理”一章删除，确保地方立法与国家政策同步；五是删除、修改与上位法相抵触的内容，保持法律规定的一致性。同时，将《办法（草案）》在市政府法制办网站上公开征求意见，合理吸纳，经过反复修改完善，几易其稿，形成《办法》。

三、《办法》的制定依据

1.《中华人民共和国节约能源法》

2.《中华人民共和国建筑法》

3.《民用建筑节能条例》

参照了《甘肃省民用建筑节能管理规定》(甘肃省人民政府令2008年第49号),以及贵州、广西、杭州、西安等省、市出台的有关地方性法规和政府规章。

四、《办法》的主要内容和需要说明的问题

(一)《办法》的主要内容

《办法》分五章,共三十八条。第一章总则,规定了立法目的、适用范围、领导管理体制及墙体材料革新建筑节能机构的具体职责等;第二章墙体材料革新,主要规定了鼓励发展新型墙体材料的各种具体措施;第三章民用建筑节能,主要规定了各行政主管部门在民用建筑节能方面的具体职责,以及对设计、施工、监理、建设等单位的具体要求,并结合民用建筑节能管理工作实际增加了"绿色建筑"方面的内容;第四章法律责任,主要规定了对违法行为的处罚;第五章附则,规定了原《办法》的废止及《办法》施行时间。

(二)需要说明的问题

1.关于名称变化的问题

随着经济社会的发展,墙体材料已经从一开始的"发展"转变到进一步"革新",民用建筑节能则从"推广"转变到规范"管理"。因此,有必要将《兰州市发展新型墙体材料和推广节能建筑管理办法》修改为《兰州市墙体材料革新和民用建筑节能管理办法》,以适应目前墙体材料和民用建筑节能工作重心的转变。

2.关于委托管理的问题

鉴于墙体材料革新和民用建筑节能工作的专业性,目前,我市墙体材料革新和民用建筑节能工作主要由市、区(县)墙体材料革新建筑节能机构负责。为了使墙体材料革新建筑节能机构的日常管理工作职权"有法可依",《办法》第四条规定:"墙体材料革新建筑节能机构受建设主管部门委托实施新型墙体材料和建筑节能监督管理的具体工作。"第五条分六项规定了其具体工作职责。

3.关于资金保障的问题

因专项基金管理内容的删除,使得实际工作缺乏经费支持,为保障工作所需,根据《民用建筑节能条例》的相关规定,《办法》第二十一条规定:"市、区(县)人民政府应当安排民用建筑节能资金,用于支持民用建筑节能的科学技术研究和标准制定、既有建筑围护结构和供热系统的节能改造、可再生能源的应用,以及民用建筑节能示范工程、节能项目的推广。"

4.关于"禁实""禁粘"的问题

截至2009年,我市已经完成"禁实"任务,"限粘"工作已经开展8年时间。为实现2020年底达到"禁粘"要求,《办法》第十七条规定:"禁止在本行政区域内新建、改建、扩建粘土实心砖生产线。禁止在本市城市规划区内生产和使用粘土制品。古建筑修缮工程对使用粘土砖有特殊规定的,从其规定。"在严格限制粘土砖生产与使用的同时,考虑文物保护工作需要,针对"古建筑修缮工程"作出了除外规定。

5.关于绿色建筑的问题

根据党中央、国务院提出的全面建设生态文明、把绿色发展理念贯穿城乡规划建设管理全过程等发展战略,《办法》在"民用建筑节能"一章中原则规定了"绿色建筑"相关内容,体现了地方立法前瞻性。

兰州市人民政府令

〔2018〕第8号

《兰州市人民政府拟定地方性法规草案和制定政府规章程序规定》已经2018年9月27日市政府第49次常务会议讨论通过，现予公布，自2018年12月1日起施行。

市长：张伟文

2018年10月15日

兰州市人民政府拟定地方性法规草案和制定政府规章程序规定

第一章 总 则

第一条 为了规范拟定地方性法规草案和制定政府规章的程序，推进科学立法、民主立法、依法立法，发挥立法的引领和推动作用，推进法治政府建设，根据《中华人民共和国立法法》《规章制定程序条例》等有关法律、法规的规定，结合本市实际，制定本规定。

第二条 本规定适用于市人民政府拟定地方性法规草案和政府规章的制定、修改、废止。

第三条 市人民政府依据法定权限，按照本规定的程序，拟定地方性法规草案和制定政府规章。

市政府法制机构具体负责对地方性法规草案拟定和政府规章制定工作进行规划、组织、指导和协调，并对地方性法规草案和政府规章送审稿进行审查。

市人民政府各部门和区（县）人民政府应当按照各自职责，做好地方性法规草案和政府规章送审稿的起草、调研和征求意见工作。

第四条 拟定地方性法规草案和制定政府规章，应当遵循下列原则：

（一）贯彻落实党的路线方针政策和决策部署；

（二）符合立法原则和上位法规定，维护社会主义法制统一；

（三）切实保障公民、法人和其他组织的合法权益，坚持行政机关的职权与责任相统一；

（四）内容规范、明确、具体，具有针对性和可操作性；

（五）立足本市实际，突出地方特色。

第五条 市人民政府应当将市政府法制机构和市人民政府各部门在拟定地方性法规草案和制定政府规章过程中所需立法经费列入财政预算予以保障。

第六条 市人民政府拟定地方性法规草案和制定政府规章，涉及本市重大经济社会方面的应当按照有关规定及时向同级党委（党组）报告。

第七条 建立健全政府立法协商机制、立法听取意见制度、专家论证咨询制度以及公众意见采纳情况反馈制度，采取座谈会、论证会、听证会、问卷调查等多种方式广泛听取意见，扩大公众参与立法的途径。改进立法调研机制，建立和完善基层立法联系点，听取、收集基层立法意见。

第二章 立 项

第八条 市人民政府应当根据本行政区域经济建设、社会发展需要，在每届政府第一次会议召开后的四个月之内编制完成本届五年政府立法规划。

市政府法制机构根据各方面的建议，拟订五年政府立法规划草案，提请市人民政府常务会议审议通过。

五年政府立法规划应当具有指导性和前瞻性，保持相对稳定。执行过程中确需进行调整的，由市政府法制机构提出意见，报市人民政府批准后调整。

第九条 市人民政府应当根据五年政府立法规划，结合市委、市政府年度重点工作，按照条件成熟、突出重点、统筹兼顾的原则，编制年度立法计划。

编制五年政府立法规划、年度立法计划应当与本级人民代表大会常务委员会充分协商，经市人民政府常务会议审议通过，并按照有关规定报告同级党委（党组）后向社会公布。

年度立法计划应当确定拟定地方性法规草案、政府规章的名称、起草单位、负责人和送审时间等内容。

第十条 市政府法制机构应当于每年八月初开始，在下列范围内征集下一年度地方性法规、政府规章的项目建议：

（一）向市人民政府各部门（机构）、区（县）人民政府征集；

（二）向人大代表和政协委员征集；

（三）通过新闻媒体、政府法制信息网站等向社会公开征集。

涉及规范政府共同行为等方面的项目，可以由市政府法制机构直接提出。

第十一条 市人民政府各部门或者区（县）人民政府认为需要制定地方性法规、政府规章的，应当于每年八月三十一日前向市政府法制机构报送下一年度制定地方性法规、政府规章的立项申请。未按时报送立项申请的不予列入市政府年度地方性法规、政府规章制定工作计划。制定地方性法规、政府规章的立项申请应当包括下列内容：

（一）地方性法规、政府规章名称；

（二）制定地方性法规、政府规章的必要性、宗旨及依据；

（三）地方性法规、政府规章所要解决的问题及拟确立的主要制度或者措施；

（四）起草小组负责人及地方性法规、政府规章起草工作计划；

（五）其他需要说明的事项。

第十二条 市政府法制机构应当及时对制定地方性法规、政府规章的立项申请及立法建议进行评估论证，根据需要拟订市政府年度地方性法规、政府规章制定工作计划草案。

地方性法规、政府规章项目有下列情形之一的，市政府法制机构不予列入市政府年度地方性法规、政府规章制定工作计划：

（一）拟设定的主要制度或者措施与法律、法规相抵触或者不符合国家有关方针、政策的；

（二）有关法律、法规和其他规章已有明确规定的；

（三）制定地方性法规、政府规章的基本条件尚未成熟的；

（四）其他不需要通过制定地方性法规、政府规章解决的。

第十三条 地方性法规、政府规章的年度工作计划在执行中，一般不予调整。

对于实际工作确实急需，拟增加立法项目的，按照下列程序办理：

（一）地方性法规项目由相关单位报送市人民代表大会常务委员会相关工作委员会；

（二）政府规章项目按照本规定第十一条规定书面报告市政府法制机构。市政府法制机构按照立项条件进行审核，并报市人民政府批准后，列入当年政府规章制定工作计划。

第十四条对列入年度地方性法规、政府规章制定工作计划的项目，市政府法制机构应当制定明确的完成计划的时限要求，及时跟踪了解计划执行情况，组织协调、督促指导起草单位实施。

起草单位未按年度立法工作计划要求的时限完成拟定地方性法规草案、政府规章起草任务的，应当向市政府法制机构书面说明原因，由市政府法制机构提出意见报告市政府。

市政府法制机构应当将起草单位年度立法工作任务完成情况列入依法行政考核内容。

第三章　起　草

第十五条 列入年度立法工作计划的地方性法规、政府规章应当由申请立项的起草单位牵头，会同职能紧密相关的部门成立联合起草工作小组共同起草。

涉及重要行政管理或者全局性、综合性较强的政府规章，可以由市政府法制机构牵头起草。

专业性较强的地方性法规、政府规章草案，起草单位可以根据实际需要委托有关专家、教学科研单位、社会组织等第三方承担具体的起草工作。

第十六条 起草单位应当在市人民代表大会常务委员会、市政府年度立法计划下达后二十日内成立起草小组，明确起草小组组长及成员，制定起草工作方案，并报市政府法制机构。

起草工作方案应当明确收集资料、研究分析、起草草案、征求意见、形成草案、集体审议、上报送审稿等起草工作的各阶段完成时限。

第十七条 起草小组由起草单位主要负责人或者分管领导担任组长，相关职能部门作为成员单位共同承担起草任务，并可吸收相关领域的专家参加。

起草小组可以邀请市政府法制机构、有关专家参与指导；起草地方性法规草案时，可以邀请市人民代表大会常务委员会有关专门委员会、法制工作委员会参与指导。

第十八条 起草小组应当坚持问题导向，深入调查研究，总结实践经验。围绕立法项目涉及的主要矛盾和问题，全面、客观、准确地掌握本市相关工作现实情况，分析矛盾和问题存在的主观和客观原因，并根据管理需要和特点提出具有针对性和可执行性的对策措施。

第十九条 起草小组应当向社会公开征求意见或者举行听证会、召开座谈会、论证会等多种形式听取意见。

起草地方性法规、政府规章，除依法需要保密的外，应当将地方性法规、政府规章草案及其说明等向社会公布，征求意见。向社会公布征求意见的期限一般不少于三十日。

起草小组应当广泛收集国内外先进立法经验，结合本市实际，做到合理吸纳。

第二十条 起草小组应当遵循行政机关职权法定原则，明确与立法项目有关的行政机关、事业单位和社会组织等单位的职权和责任，防止部门利益和地方保护主义法制化。

第二十一条 起草的地方性法规、政府规章有下列情况之一的，起草小组应当通过听证制度广泛听取有关方面的意见：

（一）涉及重大利益调整或者存在重大意见分歧的；

（二）对公民、法人或者其他组织的权利义务有较大影响的；

（三）人民群众普遍关注的；

（四）有其他情形需要听证的。

第二十二条 听证会依照下列程序组织：

（一）听证会公开举行，起草小组应当在举行听证会的三十日前公布听证会的时间、地点和内容；

（二）参加听证会的有关机关、组织和公民对起草的地方性法规、政府规章，有权提问和发表意见；

（三）听证会应当制作笔录，如实记录发言人的主要观点和理由，并由发言人签字；

（四）起草小组应当认真研究听证会反映的各种意见，起草的地方性法规、政府规章在报送审查时，应当说明对听证会意见的处理情况及其理由。

第二十三条 地方性法规、政府规章的内容涉及市人民政府其他部门职责的，起草小组应当充分征求其他部门的意见。起草小组与其他部门有不同意见的，应当充分协商；协商不能取得一致意见的，起草单位应当在报送地方性法规、政府规章送审稿时说明情况和理由。

地方性法规、政府规章的内容涉及有关管理体制、职能调整等重大问题的，起草单位应当先行报请市人民政府决定。

地方性法规、政府规章的内容涉及专门技术或者专业性强的，应当召开论证会，组织有关科研单位的专业人员和专家学者论证。

第二十四条 采取书面形式征求意见的，被征询意见的部门应当在规定的时间内提出书面意见，并加盖公章后回复。逾期不回复的，应当在起草说明中予以说明。

召开座谈会、论证会等形式征求意见的，起草小组应当制作会议纪要，如实记录与会单位和专家学者的主要观点、理由及意见建议。

第二十五条 起草地方性法规、政府规章应当符合立法技术要求，结构严谨，条理清楚，层次分明，用语准确，文字简洁。法律、法规已经明确规定的内容，政府规章原则上不作重复规定。

没有法律、行政法规、地方性法规依据，政府规章不得设定减损公民、法人和其他组织权利或者增加其义务的规定。

第二十六条 地方性法规、政府规章送审稿定稿后，起草小组应当撰写起草说明。起草说明内容应当包括：制定地方性法规、政府规章的必要性、宗旨、立法依据、需解决的主要问题、需确立的主要制度、主要措施、相关部门及管理相对人的意见和采纳情况以及其他需要说明的问题。

第二十七条 地方性法规、政府规章送审稿应当经起草单位集体讨论，主要负责人签署并加盖单位公章后报送市人民政府，由市人民政府批转至市政府法制机构审查。

联合起草的，应当由有关单位主要负责人共同签署。

第二十八条 起草单位报送地方性法规、政府规章送审稿时，应当提交下列文件和材料：

（一）报请审查的请示；

（二）条文文本；

（三）起草说明；

（四）调研报告；

（五）论证、协调及征求意见过程中存在的不同意见及会议记录，召开听证会的应当附听证会记录；

（六）依据的法律、法规及主要参考资料。

第二十九条 起草单位应当在立法计划确定的完成时限前六个月向市人民政府报送地方性法规送审稿，在立法计划确定的完成时限前三个月向市人民政府报送政府规章送审稿。

第四章 审 查

第三十条 地方性法规、政府规章送审稿由市政府法制机构负责统一审查。审查内容包括：

（一）是否符合法律规范，具有可操作性；

（二）是否与有关法律、法规协调、衔接；

（三）征询意见是否全面，意见分歧较大的是否协调一致；

（四）结构、条文和用语是否符合立法技术要求；

（五）其他需要审查的内容。

涉及经济发展或者市场体系建设的地方性法规、政府规章，还应当就内容是否存在损害营商环境、公平竞争的规定一并作出审查。

第三十一条 有关部门（机构）或者组织对地方性法规和政府规章送审稿涉及的主要措施、管理体制、权限分工等问题有不同意见的，市政府法制机构应当召集有关部门（机构）负责人进行协调，有关部门（机构）负责人应当参加协调；委托工作人员参加协调的，工作人员发表的意见应当代表该部门（机构）的意见。

第三十二条 市政府法制机构应当在收到地方性法规、政府规章送审稿之日起十五个工作日内提出审查意见。地方性法规、政府规章送审稿有下列情形之一的，市政府法制机构可以退回起草单位重新起草：

（一）与法律、法规相抵触的；

（二）超越立法权限和立法范围的；

（三）与本地改革、发展和稳定的实际需要不符的；

（四）地方保护或者部门倾向明显的；

（五）在立法技术上存在重大缺陷，需要做全面调整和修改的；

（六）重大问题协调不一致的；

（七）制定的条件发生重大变化或者制定时机不成熟的；

（八）内容属于部门（机构）内部职责和权限划分的；

（九）未按规定的程序起草或者报送的；

（十）不宜按地方性法规和政府规章形式发布的。

第三十三条 地方性法规、政府规章送审稿退回起草单位重新起草，起草单位应当按照市政府法制机构的审查意见在三十日内完成修改工作，重新报送。

第三十四条 列入年度立法工作计划的地方性法规、政府规章因情况变化不需要制定或者应当暂缓制定，起草单位应当向市政府法制机构书面说明原因，由市政府法制机构提出意见报告市人民政府。

第三十五条 市政府法制机构会同起草单位应当就地方性法规、政府规章送审稿所规范的内容开展社会调查研究，考查立法的必要性和可行性，起草单位应当予以配合和协助。

第三十六条 市政府法制机构可以通过政府网站或者报刊等媒体公布送审稿及其起草说明，公开征求社会公众意见。公开征求意见期限一般不少于三十日。

第三十七条 市政府法制机构对地方性法规、政府规章送审稿进行审查后，不存在审查退回规定情形的，应当在三十日内组织召开协调论证会，会同起草单位共同对地方性法规、政府规章送审稿进行修改。

市政府法制机构对拟定的地方性法规、政府规章草案最后一次立法论证会应当在立法计划规定的完成时限届满前六十日、三十日完成。

第三十八条 市政府法制机构以书面形式对地方性法规、政府规章送审稿征求意见的，有关单位和组织应当依法提出意见和建议，由其主要负责人签署并加盖公章，并按规定时间反馈市政府法制机构。

第三十九条 市政府法制机构应当在认真研究各方面意见并对地方性法规、政府规章送审稿进行多次修改的基础上，形成地方性法规、政府规章草案和草案的说明。

地方性法规、政府规章草案和草案的说明经市政府法制机构审定后，提请市人民政府常务会议审议。

第四十条 市政府法制机构提请市人民政府审议地方性法规、政府规章草案应当提交下列材料：

（一）草案及草案说明；

（二）相关部门的会签意见；

（三）其他需要提交的材料。

第五章 审议、公布和备案

第四十一条 拟定地方性法规和政府规章草案应当经市人民政府常务会议或者全体会议审议。

第四十二条 经市人民政府常务会议或者全体会议审议通过的地方性法规和政府规章草案，由市政府法制机构根据会议提出的意见进行修改后，市人民政府办公厅按程序审核，报市长签发。

第四十三条 市人民政府常务会议或者全体会议审议通过的拟定地方性法规草案，以市政府议案形式提请市人民代表大会常务委员会或者市人民代表大会审议；政府规章以市人民政府令公布施行。

第四十四条 经审议未通过的政府规章草案，由起草单位根据市人民政府的审议意见进行修改，修改完善后按照本规定的程序重新提请市人民政府常务会议或者全体会议审议。

第四十五条 公布政府规章的命令应当载明政府规章的制定机关、序号、政府规章名称、通过日期、施行日期、市长署名以及公布日期。

第四十六条 政府规章签署公布后，及时在市政府公报、市人民政府门户网站、政府法制信息网以及在本市行政区域范围内公开发行的报纸上刊载。

在市政府公报上刊登的政府规章文本为标准文本。

第四十七条 政府规章应当自公布之日起三十日内，由市政府法制机构按照《中华人民共和国立法法》和《法规规章备案条例》的规定报国务院、省人民代表大会常务委员会、省人民政府、市人民代表大会常务委员会备案。

第四十八条 政府规章有下列情形之一的，实施单位应当进行立法后评估：

（一）事关经济社会发展全局和涉及公民、法人或者其他组织切身利益的政府规章实施满三年的，其他政府规章实施满五年的；

（二）拟废止或者做重大修改的；

（三）拟上升为地方性法规的；

（四）人大代表、政协委员提出较多意见和建议的；

（五）行政复议、行政诉讼反映出较多问题或者公众、新闻媒体提出较多意见和建议的；

（六）市人民政府认为需要评估的。

因上位法修改或者有紧急情况需要修改、废止政府规章的，可以不开展政府规章立法后评估。

市政府法制机构应当对政府规章评估报告进行审核。经审核的政府规章评估报告应当作为编制政府立法计划、修改或者废止政府规章、改进行政执法工作的重要依据。

第六章 解释、修改和废止

第四十九条 政府规章解释权属于政府规章制定机关。政府规章有下列情形之一的，由制定机关解释：

（一）政府规章的规定需要进一步明确具体含义的；

（二）政府规章制定后出现新的情况，需要明确适用规章依据的。

政府规章解释由政府规章制定机关的法制机构参照规章送审稿审查程序提出意见，报请制定机关批准后公布。

政府规章的解释同政府规章具有同等效力。

第五十条 政府规章在执行过程中，有下列情形之一的，实施机关、市政府法制机构应当及时向市人民政府提出修改或者废止的建议：

（一）与法律、行政法规或者其他上位法相抵触的；

（二）所依据的法律、法规已经修改或者废止的；

（三）已经被新发布的法律、法规、规章取代或者与其发生抵触的；

（四）调整对象已经消失或者发生变化的；

（五）实施机关发生变化的；

（六）按照规定进行评估后，认为需要修改、废止的；

（七）其他应当修改、废止的情形。

政府规章修改、废止后，应当及时公布。

第五十一条 实施单位应当每隔五年对其实施的政府规章进行定期清理。必要时，市政府法制机构可以组织有关实施单位进行清理。

第七章 附 则

第五十二条 本规定自2018年12月1日起施行。2015年1月14日市人民政府发布的《兰州市人民政府拟定地方性法规草案和制定政府规章程序规定》（兰州市人民政府令〔2015〕第2号）同时废止。

关于《兰州市人民政府拟定地方性法规草案和制定政府规章程序规定》的起草说明

一、修订《规定》的必要性

（一）加强党对立法工作领导的要求

十八届四中全会通过的《中共中央关于全面推进依法治国若干问题的重大决定》提出：“完善立法体制，加强党对立法工作的领导，完善党对立法工作中重大问题决策的程序。”《中共中央关于加强党领导立法工作的意见》明确了党领导立法工作的指导思想和基本原则，进一步巩固了党在立法工作中的绝对领导地位。2018年新修订的国务院《规章制定程序条例》增加了立法计划和制定重大经济社会方面的规章，应当按照有关规定及时报告同级党委（党组）的规定。因此，有必要将党对立法工作的领导写入我市的《规定》，为今后的政府立法工作提供明确指导依据。

（二）落实国家对地方立法的新要求

原《规定》虽然实施仅三年，但2015年《中华人民共和国立法法》的修改，对科学立法、民主立法、依法立法做出了新的规定。同年12月发布的《中共中央 国务院法治政府建设实施纲要（2015-2020年）》从完善政府立法体制机制、加强重点领域立法、提高政府立法公众参与度等三个方面对立法工作提出了新要求。2018年国务院对《规章制定程序条例》做了多达20条的修改。因此，地方政府也亟需对《规定》进行修订，保持与上位法一致，充分发挥立法引领作用。

（三）解决立法实践中突出问题的要求

原《规定》于2015年3月1日发布实施以来，规范了我市地方性法规拟定和政府规章制定程序中立项、起草、审查、备案、修改、废止等工作程序，对我市立法工作发挥了积极的推动作用。但是，目前我市立法工作中仍存在诸多问题：有些是临时起意、为了应付上级考核；有些不能综合考虑立法短期利益与长远利益；有些照搬上位法或抄用其他城市法规规章，立法质量不高，操作性不强；有些项目在立项、调研、起草、论证过程中公众参与渠道窄，不能广泛听取民意；有些立法主动性不够，不按计划时限报送文本等。因此，有必要对《规定》进行修订，进一步明确拟定地方性法规和制定政府规章程序，厘清各部门立法责任和工作要求，强化制度建设，不断提高立法质量，维护立法的严肃性和权威性。

二、修订的过程

市政府法制办委托西北师范大学法学院课题组负责《规定》的修订工作，课题组深入研究、充分借鉴其他省、市地方立法成果，结合工作实际，经过反复斟酌，形成了《规定（修订草案送审稿）》。市政府法制办于2018年6月1日、6月25日组织召开由法学专家、省人大法工委、省政府法制办、市人大法工委以及相关部门同志参加的立法论证会。

《规定（修订草案）》共征求到市规划局、建设局、国土局、环保局、卫计委、交通委、生态局、公安局等部门意见建议共13条，12条采纳，1条未采纳。对市建设局提出的“立法后评估”要明确评估单位的范围或资质要求的建议，由于市政府法制办近期出台了《兰州市政府规章立法后评估办法》，对立法后评估程序、评估主体、委托条件、评估内容等作出了详细规定，因此，在此政府规章中不再赘述。同时，市政府法制办将《规定（修订草案）》在市政府官网和市政府法制办网站公开征求意见，合理吸纳，经过反复修改完善，几易其稿，形成《规定》。

三、《规定》的修订依据

1.《中华人民共和国立法法》

2.国务院《规章制定程序条例》

参照了《中共中央 国务院法治政府建设实施纲要（2015-2020年）》《甘肃省法治政府建设实施方案（2016-2020年）》，甘肃省、青岛市、大连市、安庆市、安顺市等省、市出台的有关政府规章。

四、《规定》修订的主要内容和重要问题的说明

（一）《规定》修订的主要内容

《规定》分七章，共五十二条。本次修订共涉及七个方面四十二条内容。一是规定了党对立法工作的领导；二是明确立法工作应当遵循的宗旨和五项原则；三是提高政府立法公众参与度，建立立法项目征集、立法听证、立法协商、送审稿公开征求意见、立法后评估等制度；四是进一步细化公开征集地方立法项目的对象、时间和方式，增强可操作性；五是建立起草小组工作机制；六是建立政府规章清理长效机制，及时清理不符合上位法、不适应实际工作需要的政府规章；七是根据立法技术规范，对部分字句进行了修改。

（二）重要问题的说明

1.明确了党对立法工作的领导

《规定》第六条规定：“市人民政府拟定地方性法规草案和制定政府规章，涉及本市重大经济社会方面的应当按照有关规定及时向同级党委（党组）报告。”第九条第二款规定五年政府立法规划、年度立法计划应当按照规定报同级党委（党组）后再向社会公布。

2.强调了立法计划的编制要求和稳定性要求

《规定》一是在第九条规定了“应当根据五年政府立法规划，结合市委、市政府年度重点工作，按照条件成熟、突出重点、统筹兼顾的原则，编制年度立法计划。”二是在第十一条强调了立项申请报送时间和具体报送要求，立项申请应当对立法必要性作出充分说明，并应当于每年八月三十一日前向市政府法制机构报送，未按时报送的不予列入市政府年度立法计划。三是在第十二条规定了立法项目论证制度，明确项目论证的要求和标准，防止不必要的项目出台，使有限的立法资源发挥最大的社会效益。四是强调立法计划稳定性，在第十三条规定立法计划在执行中一般不予调整，确需调整的应按法定程序进行。五是规定了不按立法计划规定的时限、内容完成立法项目的要求，第十四条、第三十四条分别规定了起草单位未按年度立法工作计划时限完成立法项目、因情况变化不需要制定或者暂缓制定的，应当向市政府法制机构书面说明原因，由市政府法制机构提出意见报告市政府。

3.厘清了立法责任和时限要求

《规定》一是厘清了各部门立法职责，在第三条规定市政府法制机构具体负责对拟定地方性法规草案和制定政府规章工作进行规划、组织、指导和协调，并对送审稿进行审查；市政府各部门和区（县）人民政府负责地方性法规草案送审稿和政府规章送审稿的起草、调研和征求意见工作。二是专章规定了起草单位的责任，即牵头成立起草小组、组织起草送审稿、向社会广泛征求意见、组织听证、征求和协调部门意见等。三是规定了起草要求，在第二十五条规定起草的送审稿应当符合立法技术要求；法律、法规已经明确规定的内容，政府规章原则上不作重复规定；没有法律、行政法规、地方性法规依据，政府规章不得设定减损公民、法人和其他组织权利或者增加其义务的规定。四是规定了送审稿报送程序和材料要求，在第二十七条规定送审稿应当经起草单位集体讨论，主要负责人签署并加盖单位公章后报送市人民政府，由市人民政府批转至市政府法制机构审查。五是规定了送审稿报送时限，在第二十九条规定起草单位应当在立法计划确定的完成时限前六个月向市人民政府报送地方性法规送审稿，在立法计划确定的完成时限前三个月向市人民政府报送政府规章送审稿。

4.加强了部门间联动配合

《规定》第三章第十五条规定："列入年度立法工作计划的地方性法规、政府规章应当由申请立项的起草单位牵头，会同职能紧密相关的部门成立联合起草工作小组共同起草。"同时明确了起草小组的组成、工作要求和具体职责。起草小组制度旨在把立法工作中出现的各种矛盾和问题，提前消化和解决在草案起草过程中，有利于节约立法成本，破除部门立法壁垒，提高立法质量。

5.确定了审查退回机制和退回情形

《规定》第三十二条规定："市政府法制机构应当在收到地方性法规、政府规章送审稿之日起十五个工作日内提出审查意见。"同时结合本市立法工作实际，列举了与法律、法规相抵触、超越立法权限和立法范围、与本地改革发展和稳定的实际需要不符、地方保护或者部门倾向明显、存在立法技术重大缺陷、重大问题协调不一致、制定的条件发生重大变化或制定时机不成熟等十种退回起草单位重新起草的情形。

兰州市人民政府令

〔2018〕第9号

《兰州市城市生活垃圾分类管理办法》已经2018年12月6日市政府第53次常务会议讨论通过，现予公布，自2019年2月1日起施行。

市长：张伟文

2018年12月13日

兰州市城市生活垃圾分类管理办法

第一章 总 则

第一条 为了加强生活垃圾分类管理，提升生活垃圾减量化、资源化、无害化水平，促进生态文明建设，根据《中华人民共和国固体废物污染环境防治法》《中华人民共和国循环经济促进法》和《城市市容和环境卫生管理条例》等法律、法规的规定，结合本市实际，制定本办法。

第二条 本市市区、区（县）人民政府所在地城区及其他实行城市化管理的区域内，从事生活垃圾分类投放、收集、运输、处置以及相关的管理活动，适用本办法。

法律、法规、规章对生活垃圾中的危险废物、餐厨垃圾、可回收物的管理另有规定的，从其规定。

第三条 本市生活垃圾分类管理工作遵循政府推动、全民参与、源头减量、系统治理的原则。

第四条 市、区（县）人民政府应当把生活垃圾源头减量和分类管理工作纳入本级国民经济和社会发展规划，制定生活垃圾源头减量和分类管理措施，建立生活垃圾分类工作协调机制，保障生活垃圾分类管理的人员配置、设施建设及运营的资金投入，落实生活垃圾分类管理目标。

街道办事处、镇人民政府在市容环境卫生行政主管部门指导下，负责本辖区内生活垃圾分类的日常管理工作。

第五条 市市容环境卫生行政主管部门是本市生活垃圾分类管理的主管部门，负责组织编制生活垃圾管理阶段性目标计划，制定生活垃圾分类指南，对生活垃圾分类工作进行指导、考核和监督。

区（县）市容环境卫生行政主管部门按照各自职责做好辖区内生活垃圾分类管理工作，并指导辖区街道办事处、镇人民政府做好城市生活垃圾分类工作。

环境保护行政主管部门负责生活垃圾终端处理设施等场所的污染物排放监测，以及有害垃圾贮存、处置过程中污染防治的监督管理工作。

商务行政主管部门负责再生资源回收企业和再生资源个体回收站点开展生活垃圾分类管理工作。

发展和改革、教育、财政、国土资源、城乡建设、规划、房产管理、交通运输等有关部门，按照各自职责做好生活垃圾分类的相关工作。

第六条 社区居民委员会、村民委员会应当做好生活垃圾分类宣传、指导工作，协助组织辖区内的单位和个人参与生活垃圾分类工作。

业主委员会、物业服务企业应当在所在小区开展生活垃圾分类宣传工作，动员小区居民分类投放生活垃圾，督促小区保洁人员做好生活垃圾分类收集工作。

第七条 市、区（县）人民政府应当将用于生活垃圾分类管理、回收利用等工作经费纳入本级政府财政预算，提高公共服务水平。

第二章 规划与建设

第八条 市市容环境卫生行政主管部门应当会同市规划、国土资源、发展和改革、房产管理、城乡建设等行政管理部门，将生活垃圾分类投放、收集、运输和处置设施纳入环境卫生专项规划，统筹安排生活垃圾分类投放、收集、运输和处置基础设施的布局、用地和规模。

市规划行政管理部门应当在规划阶段预留环卫用地，将建设项目配套的生活垃圾分类设施纳入公共服务设施配套规划。

第九条 市市容环境卫生行政主管部门应当建设健全生活垃圾分类投放、收集、运输、处置设施和信息管理系统。

生活垃圾分类投放、收集、运输、处置设施建设应当符合环境卫生专项规划和国家有关技术标准。

第十条 新建、改建、扩建建设项目时，应当将垃圾房、转运站等生活垃圾分类收集、运输设施作为环境卫生配套设施，与建设项目同时设计、同时施工、同时投入使用。

已建成的住宅小区、商业办公区域等公共场所，应当逐步建设健全生活垃圾分类收集、运输设施。

第十一条 生活垃圾收集容器应当按照下列规定分类设置：

（一）机关、团体、学校、企事业单位、住宅、商业楼宇等区域应当分类设置可回收物、易腐垃圾、有害垃圾、其他垃圾收集容器；

（二）公共场所、城市道路等区域应当分类设置可回收物、有害垃圾、其他垃圾收集容器；

（三）从事餐饮服务、集体供餐等活动的场所、农贸市场、农产品批发市场应当分类设置可回收物、易腐垃圾、其他垃圾收集容器，其中易腐垃圾产生量较多的场所应当设置易腐垃圾密闭收集容器。

鼓励生产、经营者和环保、再生资源回收与利用企业设置特定类型的可回收物、有害垃圾收集容器。

第十二条 市、区（县）市容环境卫生行政主管部门应当加强生活垃圾分类运输车辆规范化改造，增配符合密闭运输要求并有统一标识的生活垃圾分类运输车辆。

第十三条 生活垃圾分类处置设施的建设应当符合或者高于国家有关标准、技术规范；生活垃圾处置设施所采用的技术、设备、材料等应当符合或者高于国家标准。

第十四条 任何单位和个人不得擅自占用、拆除、迁移或者损坏生活垃圾分类收集、运输、处置设施。因建设确需拆除的，应当事先提出拆迁方案，报所在地区（县）市容环境卫生行政主管部门审查批准后，按先建后拆和不低于原面积的原则，由拆迁单位负责重建。确有困难不能重建的，由市容环境卫生行政主管部门易地安排建设，建设费用由拆迁单位承担。

第三章　分类投放

第十五条 本市生活垃圾按照以下类别实施分类管理：

（一）可回收物，是指未污染的适宜回收的可资源利用的生活垃圾，包括废纸、废塑料、废金属、废包装物、废旧纺织物、废弃电器电子产品、废玻璃、废纸塑铝复合包装等；

（二）易腐垃圾，是指从事餐饮服务、集体供餐等活动的单位在生产经营中和居民在日常生活中产生的餐厨垃圾，以及农贸市场、农产品批发市场产生的蔬菜瓜果垃圾、腐肉、肉碎骨、蛋壳、畜禽类动物内脏等；

（三）有害垃圾，是指对人体健康或者自然环境造成直接或者潜在危害的生活垃圾，包括废电池（镉镍电池、氧化汞电池、铅蓄电池等），废荧光灯管（日光灯管、节能灯等），废温度计，废血压计，废药品及其包装物，废油漆、溶剂及其包装物，废杀虫剂、消毒剂及其包装物，废胶片及废相纸等；

（四）其他垃圾，是指除可回收物、易腐垃圾、有害垃圾以外的其他生活垃圾。

市市容环境卫生行政主管部门可以根据需要，在前款规定的生活垃圾分类基础上，根据本市实际再行细分。

第十六条 生活垃圾分类投放应当遵守以下规定：

（一）可回收物实行单独分类，定点投放至可回收物收集容器；

（二）易腐垃圾滤出水分后单独投放至易腐垃圾收集容器；

（三）有害垃圾根据不同品种分类投放至有害垃圾收集容器；

（四）其他垃圾投放至其他垃圾收集容器。

体积大、整体性强的废家用电器、家具等大件垃圾，可以预约再生资源回收企业或者环境卫生作业服务单位上门收运，按照相关法律、法规的规定处置。

第十七条 单位和个人应当按照市容环境卫生行政主管部门规定的时间、地点等要求分类投放生活垃圾，不得随意抛弃、倾倒、堆放生活垃圾。

第十八条 本市实行生活垃圾分类管理责任人制度。

实行物业管理的区域，物业服务企业为管理责任人。业主委员会与物业服务企业签订物业服务合同时，应当明确约定生活垃圾分类投放的要求和标准。

未实行物业管理的区域，管理责任人按照下列规定确定：

（一）机关、企事业单位、社会团体以及其他组织的办公或者生产经营场所，本单位为管理责任人；

（二）业主自行管理物业的住宅区，业主或者业主委员会为管理责任人；

（三）机场、火车站、长途客运站、公交场站、地铁站、广场、公园、公共绿地等公共场所，管理单位或者其委托的单位为管理责任人；

（四）住宿、娱乐、商场、餐饮、集贸市场、展览展销等经营场所，经营者为管理责任人；

（五）城市道路、地下通道、人行天桥等，清扫保洁单位为管理责任人；

（六）建设工程施工现场，施工单位为管理责任人。

管理责任人不清或者有争议的，由所在地区（县）市容环境卫生行政主管部门确定管理责任人。

第十九条 生活垃圾分类投放管理责任人应当承担下列责任：

（一）建立生活垃圾分类投放日常管理制度；

（二）在责任区范围内开展生活垃圾分类宣传、指导、监督；

（三）根据生活垃圾产生量和分类方法，设置生活垃圾分类收集容器，并保持完好和整洁美观，生活垃圾分类收集容器出现破旧、污损或者数量不足的，及时维修、更换、清洗或者补设；

（四）及时制止翻拣、混合已分类生活垃圾的行为；

（五）指导、督促保洁人员按照生活垃圾分类标准和要求工作，及时处理保洁人员反映的有关问题。

街道办事处、镇人民政府应当与管理责任人签订责任书。

第二十条 管理责任人发现生活垃圾投放不符合分类标准的，应当要求投放人按照规定重新分拣后再行投放；投放人不重新分拣的，管理责任人应当报告区（县）市容环境卫生行政主管部门。

生活垃圾收集、运输单位发现收集、运输的生活垃圾不符合分类标准的，应当及时告知该区域管理责任人，要求其按照规定重新分拣；管理责任人不重新分拣的，生活垃圾收集、运输单位应当报告区（县）市容环境卫生行政主管部门。

生活垃圾处置单位在接收生活垃圾收集、运输单位交付的生活垃圾时，发现不符合分类标准的，应当要求生活垃圾收集、运输单位按照规定重新分拣；生活垃圾收集、运输单位不重新分拣的，生活垃圾处置单位应当报告区（县）市容环境卫生行政主管部门。

区（县）市容环境卫生行政主管部门接到报告后，应当对违法行为予以制止并依法处理。

对公共机构和企业生活垃圾投放不符合分类标准的，生活垃圾收集、运输单位可以拒绝接收。

第四章 分类收集、运输与处置

第二十一条 生活垃圾应当分类收集，禁止将已分类投放的生活垃圾混合收集。

可回收物和有害垃圾应当按照相关规定定期收集。易腐垃圾和其他垃圾应当在分类投放后及时收集转运，做到日产日清。

第二十二条 生活垃圾应当分类运输，禁止将已分类收集的生活垃圾混合运输。

可回收物由再生资源回收企业或者环境卫生作业服务单位运输。

易腐垃圾按照市、区（县）市容环境卫生行政主管部门指定的时间、路线和要求，采用密闭容器运输至规定场所。

有害垃圾按照相关法律、法规的规定，由具备相关运输资质的单位送至有资质的有害垃圾处置企业。

第二十三条 市、区（县）市容环境卫生行政主管部门应当根据城市交通状况，科学合理地确定生活垃圾的收集、运输时间和路线，与其他社会车辆实行错峰运行。

第二十四条 从事生活垃圾分类收集、运输的单位应当遵守下列规定：

（一）生活垃圾分类收集、运输车辆应当密闭、完好、整洁，并在车身清晰地标示分类收集、运输的标识；

（二）经过转运站转运的生活垃圾，应当密闭存放、及时转运，存放时间最长不得超过二十四小时；

（三）按照规定的时间、频次、路线和要求分类收集、运输生活垃圾，不得沿途丢弃、遗撒生活垃圾；

（四）收集完毕后及时清理作业场地，保持生活垃圾收集设施和周边环境干净整洁；

（五）根据服务区域内各责任区投放生活垃圾的类别、数量、作业时间等，配备相应的收集、运输设备以及符合要求的作业人员；

（六）制定生活垃圾分类运输应急预案，报区（县）市容环境卫生行政主管部门备案；

（七）设置车载在线监测系统，并将信息传输至生活垃圾分类管理信息系统；

（八）建立工作台账，记录生活垃圾来源、种类、数量、去向等，并定期向区（县）市容环境卫生行政主管部门报告。

第二十五条 生活垃圾应当按照相关规定和技术标准分类处置。

可回收物应当进行分拣，由再生资源回收企业进行无害化、资源化循环利用。

易腐垃圾应当通过生物技术加工处置，实现资源化利用。不能利用的易腐垃圾和其他垃圾采用焚烧等方式进行无害化处置。

有害垃圾应当进行无害化处置，其中经过分类的危险废弃物，由取得危险废弃物经营许可证的单位进行无害化处置。

第二十六条 从事生活垃圾分类处置的单位应当遵守

下列规定：

（一）按照市、区（县）市容环境卫生行政主管部门规定的时间和要求接收并分类处置生活垃圾；

（二）对场（厂）区道路、厂房和垃圾处置设施设备及其辅助设施设备定期保养和维护，确保设施设备安全稳定运行，并将年度检修计划报市市容环境卫生行政主管部门备案；

（三）处置过程中排放的污水、废气、残渣等污染物，应当符合国家、省、市规定的排放标准；

（四）按照要求建设在线监测系统，并保持在线监测系统与市容环境卫生行政主管部门、环境保护行政管理部门的监管系统互联互通；

（五）建立工作台账，计量每日收运、进出场站和处置的生活垃圾，并将相关统计数据和报表报送区（县）市容环境卫生行政主管部门；

（六）制定控制污染和应对设施故障、事故等应急预案。

第五章 促进措施

第二十七条 市、区（县）人民政府应当加强生活垃圾分类宣传教育，增强公众生活垃圾源头减量、分类意识，倡导绿色生活方式。

教育行政管理部门应当将生活垃圾分类相关知识纳入本市中小学、幼儿园和其他教育机构的教育内容，培养和提高学生和学龄前儿童的生活垃圾源头减量、分类意识。

新闻媒体应当普及生活垃圾源头减量、分类知识，报道垃圾分类工作实施情况和典型经验，对违反生活垃圾分类的行为进行舆论监督。

户外广告发布者应当根据相关规定加强生活垃圾分类公益宣传。

第二十八条 市、区（县）人民政府应当建立涵盖生产、流通、消费等领域的生活垃圾源头减量工作机制，对在生活垃圾分类工作中成绩突出的单位和个人予以表彰奖励，对管理责任人可以采用以奖代补等方式给予支持，引导单位和个人参与生活垃圾分类与减量工作。

第二十九条 市、区（县）人民政府应当充分发挥市场作用，通过招投标等公平竞争方式鼓励和引导社会资本参与生活垃圾分类投放、收集、运输、处置和回收利用。

第三十条 市、区（县）人民政府市容环境卫生主管部门应当建立生活垃圾分类示范教育基地，开展垃圾分类收集的专业和技能培训。

第三十一条 餐饮、旅游、再生资源回收利用等相关行业协会应当制定本行业生活垃圾分类和减量工作方案并组织实施，督促会员单位落实工作方案。

各区（县）物业管理部门应当将生活垃圾分类、减量的要求纳入物业服务企业评级考核标准。

第三十二条 鼓励公共机构优先采购可以循环利用、资源化利用的办公用品，推行无纸化办公。

鼓励各类商品的生产者、销售者和运输者减少包装材料的过度使用和包装性废物的产生。

鼓励减少不可降解的一次性餐具和一次性塑料制品及其复合制品的使用。

鼓励推行净菜上市、洁净农副产品进城，鼓励果蔬批发市场、集贸市场果皮菜叶就地资源化处理。

第三十三条 鼓励市场主体建立再生资源回收利用信息平台，创新回收模式，推进线上线下分类回收融合发展，通过可兑换积分奖励等方式引导个人正确分类投放生活垃圾。

鼓励商场（超市）、专业市场和快递企业等市场经营单位回收废包装物、废弃家具等。

鼓励社会组织、学校和个人开展家电、衣物、书籍等生活用品的捐赠、交换以及其他循环利用的活动。

鼓励采用以旧换新、设置自动回收机、押金返还等方式回收可回收物。

第三十四条 鼓励和支持生活垃圾处置科技创新，促进生活垃圾处置先进技术、工艺的研究开发和转化应用，提高生活垃圾处置的科技水平。

鼓励开展农贸市场果蔬废弃物、餐厨废弃物深加工为符合国家标准的有机肥。

鼓励家庭、社区利用新技术、新设备对易腐垃圾采取粉碎、生物技术等方式进行处理。

第六章 监督管理

第三十五条 市、区（县）人民政府应当建立和完善生活垃圾分类工作综合考核制度，并将考核结果按规定程序纳入政府绩效考核体系。

文明单位、文明社区、文明乡村、文明街道和文明家庭等精神文明创建活动应当将生活垃圾分类与减量的实施纳入评选标准。

第三十六条 市、区（县）市容环境卫生行政主管部门应当建立和完善生活垃圾分类监督检查制度，对生活垃圾分类管理责任人和生活垃圾分类收集、运输、处置服务单位进行监督检查。

市、区（县）市容环境卫生行政主管部门对生活垃圾分类收集、运输和处置服务单位的服务质量进行年度考核，并公布考核结果。

第三十七条 街道办事处、镇人民政府可以面向社会公开聘请社会监督员，监督生活垃圾分类工作实施情况：

（一）对生活垃圾分类投放情况进行检查；

（二）了解生活垃圾收集点、转运站、终端处理设施等运行情况，查阅环境监测相关数据，并提出意见和建议；

（三）对违反分类规定投放和收集生活垃圾的行为进行劝阻；

（四）发现问题的，应当向市容环境卫生行政主管部门报告，市容环境卫生行政主管部门应当向社会监督员反馈处理情况。

第三十八条 市、区（县）市容环境卫生行政主管部门应当畅通投诉举报渠道，向社会公布投诉举报的方式、处置流程和时限，并及时将处置结果告知投诉举报人。

单位和个人发现违反生活垃圾分类规定的行为，有权向市、区（县）市容环境卫生行政主管部门投诉举报。对经查证属实的投诉举报，按照规定给予奖励。

第三十九条 市、区（县）市容环境卫生行政主管部门依法将下列相关信息纳入市信用信息共享平台：

（一）不履行生活垃圾分类义务且拒不改正，造成严重不良影响的；

（二）阻碍执法部门履行职责，造成严重后果的；

（三）生活垃圾分类收集、运输和处置服务单位存在违规行为的。

第七章 法律责任

第四十条 违反本办法规定，法律、法规已有处罚规定的，从其规定。

第四十一条 违反本办法第十六条规定，未按规定将生活垃圾分类投放的，由市、区（县）市容环境卫生行政主管部门责令改正，并对个人处二百元以下罚款，对单位处二千元以上一万元以下罚款。

第四十二条 违反本办法第十九条规定，未履行管理责任人责任的，由市、区（县）市容环境卫生行政主管部门对垃圾分类管理责任人给予警告，责令限期改正；拒不改正的，处二百元以上一千元以下罚款。

第四十三条 违反本办法第二十四条第（一）（二）（三）（四）项，未遵守生活垃圾收集、运输规定的，由市、区（县）市容环境卫生行政主管部门对从事生活垃圾收集、运输的单位处二千元以上二万元以下罚款。

违反本办法第二十四条第（五）（六）（七）（八）项规定的，由市、区（县）市容环境卫生行政主管部门对从事生活垃圾收集、运输的单位给予警告，责令限期改正；拒不改正的，处一千元以上一万元以下罚款。

第四十四条 违反本办法第二十六条第（一）（二）项，未遵守生活垃圾处置规定的，由市、区（县）市容环境卫生行政主管部门对从事生活垃圾处置的单位处五千元以上三万元以下罚款。

违反本办法第二十六条第（四）（五）（六）项规定的，由市、区（县）市容环境卫生行政主管部门对从事生活垃圾处置的单位给予警告，责令限期改正；拒不改正的，处一千元以上一万元以下罚款。

第四十五条 市容环境卫生行政主管部门和有关部门、街道办事处、镇人民政府及其工作人员有下列情形之一的，由有权机关责令改正，对负有直接责任的主管人员和其他直接责任人员依法给予处分：

（一）未按照规定开展生活垃圾分类宣传、教育、培训的；

（二）不依法履行监督管理职责，造成重大社会影响的；

（三）接到相关投诉、举报，未依法调查处理，造成严重后果的；

（四）其他滥用职权、玩忽职守、徇私舞弊的行为。

第八章 附 则

第四十六条 本办法自2019年2月1日起施行。

关于《兰州市城市生活垃圾分类管理办法》的起草说明

一、制定《办法》的必要性

（一）贯彻落实国家关于普遍推行垃圾分类制度的重要举措

2017年3月18日，国务院发布《生活垃圾分类制度实施方案》，明确提出在2020年底前，在直辖市、省会城市等重点城市的城区范围内先行实施生活垃圾强制分类。10月26日，甘肃省政府出台《甘肃省城市生活垃圾分类制度实施方案》（甘政办发〔2017〕176号），要求2020年底前，在兰州市城区范围内先行实施生活垃圾强制分类。2018年9月26日，住建部在武汉召开包括我市在内的46个重点城市生活垃圾分类试点工作推进会，传达学习习近平总书记关于城市生活垃圾分类工作的重要批示精神，并对生活垃圾分类工作再次进行了安排部署，要求各地要制定出台垃圾分类法规，保障生活垃圾分类制度的有效推行。为落实国家和省上对生活垃圾分类工作的安排，完成2020年底前在我市城区范围内先行实施生活垃圾强制分类的目标，制定我市的生活垃圾分类管理办法势在必行。

（二）解决城市生活垃圾分类处理问题的客观需求

近年来，随着我市经济社会的快速发展，城市生活垃圾产生量急剧增加，生活垃圾收运体系和终端处置体系的压力日益增大，环境隐患逐渐凸显，已成为制约我市文明宜居城市创建的一个重要因素。目前我市每天产生生活垃圾约2100吨，这个数字还在不断增长，面对日益严峻的“垃圾围城”问题，开展生活垃圾分类工作，构建分类投放、分类收集、分类运输和分类处置的垃圾分类体系，对生活垃圾的减量化、资源化利用和实现城市低碳减排目标都将产生极大的促进作用。目前，我市在生活垃圾分类管理方面尚无立法，分类管理操作性差、推行难的问题较为突出，因此，亟需制定出台适应我市实际的生活垃圾分类管理办法，实现全市垃圾分类“一盘棋”，保障我市生活垃圾分类制度的有效推行落实。

（三）进一步提升市民环保意识的需要

长期以来，由于相关立法和举措没有形成体系，我市有关部门开展环保知识普及和宣传的效果并不理想。从多年实践来看，推进生活垃圾分类不仅可以美化环境，还能有效增强市民环保意识，减少生产生活活动对环境的危害。生活垃圾分类工作不仅符合国家可持续发展战略目标要求，同时也是造福子孙后代的良心工程，为巩固与维护市容和环境卫生工作方面的成果，提高城市管理的层次和水平，满足人民群众日益增长的美好生活需要，积极出台《兰州市城市生活垃圾分类管理办法》显得十分必要。

二、《办法》制定的过程

市城管委委托西北师范大学法学院课题组负责《办法》的起草工作，2018年4月17日至21日，课题组赴广州市、银川市实地调研生活垃圾分类管理工作的先进经验和做法，反复研究讨论，最终形成了《办法（草案送审稿）》。市政府法制办于2018年8月1日、8月30日组织召开由法学专家、省人大法工委、省政府法制办、市人大法工委以及相关部门同志参加的立法论证会并积极吸收完善。

《办法（草案）》共征求到近郊四区和市教育局、环保局、建设局、规划局、房管局、交通委、商务局等14个部门意见建议共8条，7条采纳，市房管局1条未采纳，理由如下：市房管局提出，物业服务作为一种契约式服务，并不具备政府职能，《办法（草案）》原第十七条中将物业服务企业规定为实行物业管理区域的生活垃圾分类投放管理责任人不恰当。建议修改为：居民住宅小区全体业主为管理责任人；有业主委员会的，业主委员会为管理责任人，物业服务企业按照合同约定，积极做好区域内生活垃圾分类工作。经专家论证，2011年市人大常委会批准公布的《兰州市城市市容和环境卫生管理办法》第十六条规定：“市容环境卫生责任区域及其责任单位，按照下列规定确定：……实行物业管理的住宅小区，由物业管理单位负责。”《办法》以《兰州市城市市容和环境卫生管理办法》为上位依据，规定物业服务企业为物业管理区域的垃圾投放管理责任人并无不当。同时，市政府法制办将《办法（草案）》在市政府官网和市政府法制办网站公开征求意见，合理吸纳，经过反复修改完善，几易其稿，形成《办法》。

三、《办法》的制定依据

1.《中华人民共和国固体废物污染环境防治法》

2.《中华人民共和国循环经济促进法》

3.国务院《城市市容和环境卫生管理条例》

4.《兰州市城市市容和环境卫生管理办法》

参照了住建部《城市生活垃圾管理办法》、国家发改委、住建部《生活垃圾分类制度实施方案》《甘肃省城市生活垃圾分类制度实施方案》《甘肃省再生资源回收综合利用办法》，以及浙江、广州、银川、厦门等省、市出台的地方性法规的立法经验。

四、《办法》的主要内容和重要问题的说明

（一）《办法》的主要内容

《办法》分八章，共四十六条。第一章总则，规定了《办法》的立法依据、立法目的、适用范围和遵循原则，同时明确了各行政部门、街道、镇人民政府的职责和居委会、业主委员会、物业服务企业的责任。第二章规划与建设，规定了生活垃圾分类管理设施规划及建设、收集容器设置的要求。第三章分类投放，明确了生活垃圾分类管理的标准和投放应当遵守的规定，理顺了生活垃圾分类投放管理责任人及其具体职责。第四章分类收集、运输与处置，对从事生活垃圾分类收集、运输和处置的单位提出了不同的工作要求。第五章促进措施，规定了宣传教育、表彰奖励、社会参与、示范教育、源头减量、循环利用、新技术应用等措施。第六章监督管理，规定了绩效考核、聘请社会监督员、投诉举报、信用公开等监督方式。第七章法律责任，规定了违反《办法》应当承担的法律责任。第八章附则，明确了《办法》的施行时间。

（二）重要问题的说明

1.关于名称和适用范围。按照市政府2018年立法计划，《办法》作为调研项目，原名称为《兰州市生活垃圾分类管理办法》，在起草过程中，专家和市城管委对《办法》的名称和适用范围提出了不同的意见，认为我市垃圾分类工作刚起步，无法覆盖农村，适用范围过宽，难以做好相关管理工作，应该因地制宜率先做好城市生活垃圾分类工作，再向农村推广。因此，《办法》将名称确定为《兰州市城市生活垃圾分类管理办法》，第二条规定“本市市区、区（县）人民政府所在地城区及其他实行城市化管理的区域内，从事生活垃圾分类投放、收集、运输、处置以及相关的管理活动，适用本办法。”

2.明确工作机制和部门职责。生活垃圾分类工作是一项持续周期长、涉及社会方方面面、落实难度大的工作，因此，《办法》第四条规定：“市、区（县）人民政府应当把生活垃圾源头减量和分类管理工作纳入本级国民经济和社会发展规划，制定生活垃圾源头减量和分类管理措施，建立生活垃圾分类工作协调机制，保障生活垃圾分类管理的人员配置、设施建设及运营的资金投入，落实生活垃圾分类管理目标。”并在第四、五、六条明确了各部门、街道、镇人民政府工作职责和自治组织责任。

3.确定生活垃圾分类标准。根据国务院《生活垃圾分类制度实施方案》，《办法》在第十五条将本市生活垃圾分为可回收物、易腐垃圾、有害垃圾和其他垃圾，同时规定市市容环境卫生行政主管部门可以根据工作需要，在上述四种分类的基础上再行细分，使管理工作更具针对性和可操作性。此外，《办法》还对法律、法规、规章对生活垃圾中的危险废物、餐厨垃圾、可回收物的管理另有规定的情形作出了优先适用的规定，确保《办法》与上位法和平行立法的一致性。

4.建立管理责任人制度。为了将生活垃圾分类管理工作责任落实到人，《办法》第十八条规定：“本市实行生活垃圾分类管理责任人制度。”按区域划分了管理责任人，因管理责任人不清或者有争议的，由所在地区（县）市容环境卫生行政主管部门确定管理责任人。第十九条具体列举了管理责任人的责任。管理责任人对不按要求投放、收集、运输生活垃圾的，应当及时报告主管部门。

5.规范生活垃圾分类管理和监督。《办法》在第三章、第四章规定了分类投放、收集、运输、处置应当遵守的行为规范，使行为人有矩可循，在第七章对各类违法行为制定了一定数额的行政处罚。同时，为强化监督管理，第六章规定“市、区（县）人民政府应当建立和完善生活垃圾分类工作综合考核制度，并将考核结果按规定程序纳入政府绩效考核体系。”规定了聘请社会监督员监督、投诉举报属实奖励、违法违规信息公示等社会监督制度。

6.关于建立生活垃圾分类管理信息系统。《办法》规定生活垃圾分类收集、运输、处置单位应当建立工作台账，记录生活垃圾来源、种类、数量、去向、处置情况等，并定期向区（县）市容环境卫生行政主管部门报告；收运单位应当设置车载在线监测系统，并将信息传输至生活垃圾分类管理信息系统。特别是在处置环节，规定从事生活垃圾分类处置的单位应当“按照要求建设在线监测系统，并保持在线监测系统与市容环境卫生行政主管部门、环境保护行政管理部门的监管系统互联互通。”达到对生活垃圾处理各个环节全程监控。

文件选目

中共兰州市委文件

标　题	发文号	发文时间
中共兰州市委兰州市人民政府关于全面落实乡村振兴战略的实施意见	兰发〔2018〕1号	3月15日
中共兰州市委兰州市人民政府印发《关于深化扶贫领域腐败和作风问题专项治理的实施方案》的通知	兰发〔2018〕2号	2月11日
中共兰州市委兰州市人民政府兰州警备区关于深入推进人民防空改革发展的实施意见	兰发〔2018〕6号	3月12日
中共兰州市委兰州市人民政府关于进一步加强食品药品安全工作的意见	兰发〔2018〕9号	4月8日
中共兰州市委兰州市人民政府关地于印发《兰州市贯彻落实“转变作风改善发展环境建设年”活动实施方案》的通知	兰发〔2018〕12号	4月24日
中共兰州市委兰州市人民政府关于开展扫黑除恶专项斗争的实施意见	兰发〔2018〕13号	4月25日
中共兰州市委兰州市人民政府关于加快推进县域经济发展的指导意见	兰发〔2018〕16号	5月22日
中共兰州市委兰州市人民政府关于促进兰州经济技术开发区加快发展的意见	兰发〔2018〕19号	6月27日
中共兰州市委兰州市人民政府关于促进甘肃（兰州）国际港加快发展的意见	兰发〔2018〕20号	6月27日
中共兰州市委兰州市人民政府印发《关于推进防灾减灾救灾体制改革实施方案》的通知	兰发〔2018〕24号	7月13日
中共兰州市委兰州市人民政府印发《关于加强和完善城乡社区治理的实施方案》的通知	兰发〔2018〕25号	9月18日
中共兰州市委兰州市人民政府关于加强耕地保护和改进占补平衡的实施意见	兰发〔2018〕28号	9月21日
中共兰州市委兰州市人民政府印发《关于批好打赢脱贫巩坚战巩固提升脱贫成果三年行动的实施方案》的通知	兰发〔2018〕33号	11月29日
中共兰州市委兰州市人民政府关于加快推进大规模国土绿化的实施意见	兰发〔2018〕34号	11月2日
中共兰州市委兰州市人民政府关于印发《兰州市乡村振兴战略实施规划（2018—2022）》r cetd	兰发〔2018〕36号	12月18日
中共兰州市委兰州市人民政府关于全面深化新时代队伍建设改革的实施意见	兰发〔2018〕38号	12月27日

中共兰州市委办公厅文件

标　题	发文号	发文时间
中共兰州市委办公厅兰州市人民政府办公厅关于印发《中共兰州市委常委会贯彻中央八项规定实施细则的实施办法》的通知	兰办发〔2018〕1号	1月12日
中共兰州市委办公厅兰州市人民政府办公厅关于印发《兰州市生态文明建设目标评价考核办法》的通知	兰办发〔2018〕2号	1月12日
中共兰州市委办公厅兰州市人民政府办公厅关于印发《兰州市在应对涉政法重大敏感案事件中同步做好依法处理、社会面管控、舆论引导的实施办法》的通知	兰办发〔2018〕3号	1月30日
中共兰州市委办公厅关于印发关于转发市委政法委等单位支持配合全市国家监察体制改革试点工作7个文件的通知	兰办发〔2018〕7号	3月14日
中共兰州市委办公厅兰州市人民政府办公厅关于印发《兰州市落实建立资源环境承载能力监测预警长效机制工作方案》的通知	兰办发〔2018〕9号	4月3日
中共兰州市委办公厅兰州市人民政府办公厅关于印发《兰州市安全生产工作考核办法》的通知	兰办发〔2018〕10号	4月16日
中共兰州市委办公厅兰州市人民政府办公厅关于印发《兰州市社会治安综合治理综治中心规范化建设实施意见》的通知	兰办发〔2018〕12号	4月23日
中共兰州市委办公厅兰州市人民政府办公厅印发《关于加强乡镇政府服务能力建设的实施方案》的通知	兰办发〔2018〕15号	5月7日
中共兰州市委办公厅兰州市人民政府办公厅关于印发《兰州市实行国家机关“谁执法谁普法”普法责任制的实施意见》的通知	兰办发〔2018〕16号	5月8日
中共兰州市委办公厅关于印发《兰州市实施〈中国共产党党委(党组)理论学习中心组学习规则〉办法》的通知	兰办发〔2018〕20号	6月6日
中共兰州市委办公厅兰州市人民政府办公厅关于进一步加强招商引资工作的指导意见	兰办发〔2018〕22号	6月20日
中共兰州市委办公厅兰州市人民政府办公厅印发《关于深入持久开展民族团结进步创建工作的实施意见》的通知	兰办发〔2018〕23号	6月22日
中共兰州市委办公厅兰州市人民政府办公厅印发《关于加强基层民政工作的实施意见》的通知	兰办发〔2018〕24号	6月27日
中共兰州市委办公厅兰州市人民政府办公厅印发《关于加强新时代宗教团体建设的实施意见》的通知	兰办发〔2018〕25号	7月6日
中共兰州市委办公厅兰州市人民政府办公厅印发《关于开展农村村级公益性设施共管共享工作的实施意见》的通知	兰办发〔2018〕26号	7月6日

标　题	发文号	发文时间
中共兰州市委办公厅关于印发《兰州市非公有制经济组织和社会组织党建设工作考核办法(试行)》的通知	兰办发〔2018〕27号	7月10日
中共兰州市委办公厅兰州市人民政府办公厅关于印发《兰州市深化环境监测改革提高环境监测数据质量实施方案》的通知	兰办发〔2018〕30号	7月13日
中共兰州市委办公厅关于印发《中共兰州市委军民融合发展委员会工作规则》和《中共兰州市军民融合发展委员会办公室工作规则》的通知	兰办发〔2018〕40号	9月21日
中共兰州市委办公厅兰州市人民政府办公厅关于印发《兰州高新区建设国家自主创新示范实施方案》的通知	兰办发〔2018〕42号	10月10日
中共兰州市委办公厅兰州市人民政府办公厅关于印发《兰州市实施湖长制工作方案》的通知	兰办发〔2018〕46号	10月24日
中共兰州市委办公厅兰州市人民政府办公厅印发《关于对兰州市(兰州新区)扫黑除恶专项斗争督导情况的反馈意见》及李荣灿同志在省委省政府扫黑除恶专项斗争第一督导组督导兰州市(兰州新区)情况 反馈会上的讲话的通知	兰办发〔2018〕47号	11月6日
中共兰州市委办公厅兰州市人民政府办公厅关于印发《省委省政府扫黑除恶专项斗争第一督导组反馈意见整改落实方案》的通知	兰办发〔2018〕50号	11月14日
中共兰州市委办公厅兰州市人民政府办公厅关于印发《兰州市推进城镇困难职工解困脱困三年行动计划(2018—2020)》的通知	兰办发〔2018〕52号	12月14日
中共兰州市委办公厅兰州市人民政府办公厅关于印发《兰州市党政领导干部安全生产责任制实施细则》的通知	兰办发〔2018〕55号	12月24日
中共兰州市委办公厅兰州市人民政府办公厅关于印发《2017年度市管领导班子和领导干部、全面从严治党、目标管理考核工作方案》的通知	兰办字〔2018〕1号	1月9日
中共兰州市委办公厅兰州市人民政府办公厅关于成立兰州市公共文化服务体系建设协调组的通知	兰办字〔2018〕3号	1月12日
中共兰州市委办公厅关于在全市开展城乡困难群众生活保障大走访大排查活动的通知	兰办字〔2018〕4号	1月14日
中共兰州市委办公厅兰州市人民政府办公厅转发市国家保密局、市发改委等部门《关于推进实施涉密领域国产化替代工作的通知》的通知	兰办字〔2018〕6号	1月18日
中共兰州市委办公厅兰州市人民政府办公厅关于调整市禁毒委员会组成人员的通知	兰办字〔2018〕7号	1月19日
中共兰州市委办公厅兰州市人民政府办公厅关于成立兰州市农村“三变”改革工作领导小组的通知	兰办字〔2018〕11号	3月2日

标　题	发文号	发文时间
中共兰州市委办公厅兰州市人民政府办公厅关于成立第二十四届兰洽会兰州市领导小组的通知	兰办字〔2018〕13号	3月12日
中共兰州市委办公厅兰州市人民政府办公厅关于印发《兰州市推进公共信息资源开放实施意见》的通知	兰办字〔2018〕17号	4月3日
中共兰州市委办公厅兰州市人民政府办公厅关于印发《2018年兰州地区省市党政领导机关义务植树活动实施方案》的通知	兰办字〔2018〕18号	4月4日
中共兰州市委办公厅兰州市人民政府办公厅关于调整创建国家食品安全示范城市工作领导小组组成人员的通知	兰办字〔2018〕19号	4月4日
中共兰州市委办公厅兰州市人民政府办公厅关于印发《兰州市重大项目前期准备工作攻坚战考核评价办法》的通知	兰办字〔2018〕21号	4月12日
中共兰州市委办公厅关于印发《中共兰州市委外事工作领导小组2018年工作要点》的通知	兰办字〔2018〕23号	4月23日
中共兰州市委办公厅关于全市“治顽疾、转作风、提效能”专项行动开展情况的通知	兰办字〔2018〕25号	4月23日
中共兰州市委办公厅兰州市人民政府办公厅关于成立兰州市贯彻落实“转变作风改善发展环境建设年“活动领导小组的通知	兰办字〔2018〕28号	4月24日
中共兰州市委办公厅兰州市人民政府办公厅关于印发《兰州市清理规范创建示范活动工作方案》的通知	兰办字〔2018〕30号	4月26日
中共兰州市委办公厅兰州市人民政府办公厅关于党的十八大以来各类问题整改落实工作情况 的报告	兰办字〔2018〕31号	5月5日
中共兰州市委办公厅关于兰州市祁连山自然保护区生态环境问题整改工作自查情况的报告	兰办字〔2018〕33号	5月11日
中共兰州市委办公厅兰州市人民政府办公厅印发《关于加强大中小学国家安全教育的实施意见》的通知	兰办字〔2018〕36号	5月21日
中共兰州市委办公厅兰州市人民政府办公厅关于印发《兰州市2018—2020年创建全国文明城市工作总体方案》的通知	兰办字〔2018〕37号	5月21日
中共兰州市委办公厅兰州市人民政府办公厅关于印发《兰州市脱贫攻坚突出问题整改工作方案》的通知	兰办字〔2018〕38号	5月21日
中共兰州市委办公厅兰州市人民政府办公厅关于调整兰州方巾黑除恶专项斗争领导小组及办公室组成人员的通知	兰办字〔2018〕42号	6月1日

标　题	发文号	发文时间
中共兰州市委办公厅兰州市人民政府办公厅关于印发《全市脱贫攻坚帮扶工作责任清单》的通知	兰办字〔2018〕43号	6月4日
中共兰州市委办公厅关于印发《市委统一战绩工作领导小组(市委民族宗教工作领导小组)2018年工作要点》的通知	兰办字〔2018〕47号	6月11日
中共兰州市委办公厅兰州市人民政府办公厅关于2017年度全面从严治党、市管领导班子和领导干部、目标管理考核情况的通报	兰办字〔2018〕53号	6月27日
中共兰州市委办公厅关于成立兰州市国税地征征管体制改革领导小组的通知	兰办字〔2018〕54号	6月28日
中共兰州市委办公厅关于成立兰州市机构改革领导小组的通知	兰办字〔2018〕58号	7月19日
中共兰州市委办公厅兰州市人民政府办公厅关于成立兰州市军队退役人员工作领导小组的通知	兰办字〔2018〕60号	7月27日
中共兰州市委办公厅关于印发《全市网络安全和信息化工作会议重点任务分解表》的通知	兰办字〔2018〕63号	8月9日
中共兰州市委办公厅兰州市人民政府办公厅关于成立兰州市实施乡村振兴战略领导小组的通知	兰办字〔2018〕68号	8月16日
中共兰州市委办公厅关于进一步规范向市纪委监委征求党风廉政意见工作的通知	兰办字〔2018〕74号	8月30日
中共兰州市委办公厅兰州市人民政府办公厅关于调整市非公有制经济发展协调推进领导小组成员的通知	兰办字〔2018〕75号	9月6日
中共兰州市委办公厅兰州市人民政府办公厅关于印发《省市各2018年烈士纪念活动实施方案》的通知	兰办字〔2018〕79号	9月21日
中共兰州市委办公厅兰州市人民政府办公厅关于印发《中共兰州市委军民融合发展委员会重点工作计划》的通知	兰办字〔2018〕81号	9月27日
中共兰州市委办公厅关于调整市委反腐改协调小组组成人员的通知	兰办字〔2018〕84号	10月24日
中共兰州市委办公厅关于成立兰州城市副中心建设领导小组的通知	兰办字〔2018〕85号	10月31日

标　题	发文号	发文时间
中共兰州市委办公厅兰州市人民政府办公厅关于成立兰州国家自主创兴示范区建设领导小组的通知	兰办字〔2018〕88号	11月12日
中共兰州市委办公厅兰州市人民政府办公厅关于成立兰州市历史贵留违法建设治理工作领导小组的通知	兰办字〔2018〕89号	12月4日
中共兰州市委办公厅关于印发《兰州市党内法规制度建设整改落实责任清单》	兰办字〔2018〕91号	12月7日
中共兰州市委办公厅兰州市人民政府办公厅关于成立兰州市防范化解重大风险工作领导小组的通知	兰办字〔2018〕92号	12月10日

兰州市人民政府文件

标　题	发文号	发文时间
关于转发《省政府关于兰州市城关区等八县区土地利用总体规划（2010-2020年）调整完善方案的批复》的通知	兰政发〔2018〕1号	1月2日
关于印发兰州市土地整治规划（2016-2020年）的通知	兰政发〔2018〕6号	2月8日
关于印发2018年市委市政府为民办6个方面18件实施方案的通知	兰政发〔2018〕8号	2月22日
关于公布全市第二批历史建筑保护名录的通知	兰政发〔2018〕10号	3月13日
关于印发2018年全省经济社会发展重点工作任务涉及兰州市重点工作任务分解表的通知	兰政发〔2018〕12号	3月27日
关于印发《兰州市后备力量建设“十三五”规划》的通知	兰政发〔2018〕13号	3月27日
关于印发兰州市2018年城乡基础设施项目计划的通知	兰政发〔2018〕14号	4月11日
关于深化“放管服”改革推进政府职能转变的意见	兰政发〔2018〕18号	5月2日
关于进一步加强扬尘污染管控工作的通知	兰政发〔2018〕19号	5月3日
关于调整兰州市粮食安全局长责任制考核工作组成员的通知	兰政发〔2018〕20号	5月7日
关于重新公布《兰州市国有土地上房屋拒收与补偿实施办法》的通知	兰政发〔2018〕21号	5月9日
关于兰州市财政扶贫资金投入情况的报告	兰政发〔2018〕25号	5月17日
关于提请审议《兰州市城镇燃气管理条例修正案（草案）》的议案	兰政发〔2018〕30号	5月28日
关于划拨省属“出城入园”中职学校土地房产的通知	兰政发〔2018〕31号	6月20日
关于印发兰州市节约能源实施方案的通知	兰政发〔2018〕35号	8月7日
关于做好2017的冬季退役士兵接收安置工作的通知	兰政发〔2018〕37号	8月15日
关于印发兰州市被征地农民参加基本养老保障实施细则的通知	兰政发〔2018〕38号	8月22日
关于调整兰州市2018年省列棚户区改造项目的请示	兰政发〔2018〕43号	9月17日
关于印发《兰州市人民政府经济项目聘任履行办法》的通知	兰政发〔2018〕50号	11月1日
关于通报表扬兰州市参加甘肃省第十四届运动会先进单位和先进个人的通知	兰政发〔2018〕51号	1月13日
关于划拨市属“山城入园”中职学校土地房产的通知	兰政发〔2018〕53号	12月5日
关于报送2019年省棚户区改造计划任务的报告	兰政发〔2018〕55号	12月13日
关于收回中国人民武装警察部队兰州市支队国有建设用地使用权的通知	兰政发〔2018〕56号	12月14日
关于建立残疾儿童康复救助制度的实施意见	兰政发〔2018〕58号	12月24日

兰州市人民政府办公厅文件

标　题	发文号	发文时间
关于印发兰州市遏制与防治艾滋病“十三五”行动计划的通知	兰政办发〔2018〕1号	1月4日
关于印发兰州市备战甘肃省第十四届运动会组织工作方案的通知	兰政办发〔2018〕2号	1月4日
关于调整兰州市公共租赁住房保障标准和租金补贴标准的通知	兰政办发〔2018〕6号	1月5日
关于印发兰州市政务公共与互联网+政务服务工作考核指标的通知	兰政办发〔2018〕7号	1月8日
关于印发兰州市低碳城市管理云平台项目工作方案的通知	兰政办发〔2018〕8号	1月12日
关于做好2018年度全市违法建设综合治理的通知	兰政办发〔2018〕10号	1月17日
关于对2017年生态环境保护目标任务完成情况进行考核的通知	兰政办发〔2018〕11号	1月18日
关于成立兰州市中医院异地新建项目指挥部的通知	兰政办发〔2018〕17号	1月30日
关于成立城区污水处理厂提标改造及沿黄河村镇污水处理厂建设工作指挥部的通知	兰政办发〔2018〕20号	1月31日
关于印发兰州市2018年重大项目稽查工作方案的通知	兰政办发〔2018〕22号	2月1日
关于印发兰州市2018年PPP项目年度计划的通知	兰政办发〔2018〕25号	2月12日
关于印发兰州市2018年度大气污染防治实施方案的通知	兰政办发〔2018〕32号	2月24日
关于兰州市县城生态保护红线划定方案修改意见的请示	兰政办发〔2018〕38号	3月12日
关于印发兰州市臭氧及氮氧化物污染整治方案的通知	兰政办发〔2018〕39号	3月12日
关于印发创建国家食品安全示范城市集中攻坚行动实施方案的通知	兰政办发〔2018〕45号	3月20日
关于印发第二次兰州市污染源普查实施方案的通知	兰政办发〔2018〕49号	3月27日
关于兰州现代职业学院项目建设融资事宜有关问题的通报	兰政办发〔2018〕64号	4月11日
关于印发兰州市城乡规划督察工作实施方案的通知	兰政办发〔2018〕65号	4月11日
关于印发兰州市清洁煤制品推广实施方案的通知	兰政办发〔2018〕71号	4月19日
关于成立中石油在兰项目安全卫生防护距离内居民搬迁工作领导小组的通知	兰政办发〔2018〕77号	4月24日
关于印发兰州市推行“一窗办一网办简化办马上办”改革实施方案的通知	兰政办发〔2018〕84号	5月2日
关于成立兰州市“甘肃一卡通”推广应用工作领导小组的通知	兰政办发〔2018〕85号	5月7日
关于印发2018年城区集中供热跑冒滴漏和安全隐患排查消除项目实施方案的通知	兰政办发〔2018〕101号	5月17日
关于印发兰州市城乡规划工作整改方案的通知	兰政办发〔2018〕103号	5月18日

标　题	发文号	发文时间
关于印发第二十四届兰州投资贸易洽谈会兰州市工作方案的通知	兰政办发〔2018〕107号	5月23日
关于印发兰州市行政审批政务服务一窗受理实施方案的的通知	兰政办发〔2018〕119号	5月28日
关于印发关于进一步激发民闻省效投资活力促进经济持续健康发展的实施方案的通知	兰政办发〔2018〕123号	6月1日
关于限期整改城区污染道黑臭水体督查反馈问题的通知	兰政办发〔2018〕125号	6月1日
关于印发2018年兰州市污染防治攻坚战实施方案的通知	兰政办发〔2018〕135号	6月13日
关于取消建设工程规划许可证前置国土建设会鉴事宜的通知	兰政办发〔2018〕144号	6月25日
关于金城创建食品安全示范城市的实施意见	兰政办发〔2018〕148号	6月28日
关于印发加快建立现代医院管理制度实施方案的通知	兰政办发〔2018〕149号	6月28日
关于印发《兰州市安全生产风险管理开法(试行)》等文件的通知	兰政办发〔2018〕153号	7月2日
关于开展涉及产权保护的规章规范性文件清理工作的通知	兰政办发〔2018〕158号	7月3日
关于印发兰州市数字化城市管理手册(试行)的通知	兰政办发〔2018〕162号	7月7日
关于印发兰州市完善市县乡社区四级政务服务信息平台实施方案的通知	兰政办发〔2018〕165号	7月12日
关于印发兰州市道路交通文明畅通提升行动计划(2018—2020年)的通知	兰政办发〔2018〕172号	7月13日
关于印发兰州市加快城市公共交通优先发展的实施意见等3个文件的通知	兰政办发〔2018〕178号	7月18日
关于印发兰州市属国有林场改革实施方案的通知	兰政办发〔2018〕180号	7月23日
关于印发支持建设兰州开放大学的实施意见	兰政办发〔2018〕189号	8月3日
关于印发坚决打赢蓝天保卫战专项行动方案清单等8个清单的通知	兰政办发〔2018〕198号	8月10日
关于印发2018年国务院大督查兰州市迎检工作方案的通知	兰政办发〔2018〕207号	8月20日
关于成立兰州市招商引资工作领导小组的通知	兰政办发〔2018〕208号	8月20日
关于开展证明事项清理工作的通知	兰政办发〔2018〕210号	8月22日
关于印发兰州市城区线缆入地工作三年行动方案的通知	兰政办发〔2018〕211号	8月22日
关于兰州市统筹推进县城区域乡义务教育一体化改革发展的实施意见	兰政办发〔2018〕226号	9月4日
关于印发兰州市城市公交票价调整工作实施方案的通知	兰政办发〔2018〕235号	9月7日
关于印发兰州市天然气产供的储销体系建设工作分工方案的通知	兰政办发〔2018〕237号	9月10日
关于兰州市进一步优化土地供应管理促进节约集约用地的实施意见	兰政办发〔2018〕240号	9月12日
关于印发兰州市工业互联网发展行动计划(2018—2020年)的通知	兰政办发〔2018〕244号	9月25日

标　题	发文号	发文时间
关于印发兰州市脱贫攻坚就业扶贫三年行动计划(2018—2020年)的通知	兰政办发〔2018〕254号	9月30日
关于印发《兰州市人民政府“双清零”管理制度(试行)》的通知	兰政办发〔2018〕257号	10月10日
关于进一步加强食品安全监督管工作的紧急通知	兰政办发〔2018〕260号	10月12日
关于印发兰州市军民融合产业发展专项行动方案的通知	兰政办发〔2018〕266号	10月17日
关于印发兰州市2018—2019年度冬季大气污染防治工作方案的通知	兰政办发〔2018〕268号	10月17日
关于成立兰州市退役军人和其他优抚对象信息采集工作领导小组的通知	兰政办发〔2018〕270号	10月18日
关于印发进一步加强全市三维数字社会服务管理工作实施意见的通知	兰政办发〔2018〕275号	10月19日
关于印发《兰州市公共停车场(库)建设审批办法》的通知	兰政办发〔2018〕280号	10月25日
关于印发进一步规范和加强全市政务信息化建设实施意见的通知	兰政办发〔2018〕281号	10月30日
关于印发2018—2019年度采暖期城市供热保障方案的通知	兰政办发〔2018〕284号	10月31日
关于印发兰州市危险化学品道路运输安全安全专项整治实施方案的通知	兰政办发〔2018〕287号	11月2日
关于进一步做好市属“出城入园”中职学校土地房产移交工作的通知	兰政办发〔2018〕293号	11月6日
关于成立甘肃省绿色生态产业发展基金兰州市基金工作协调领导小组的通知	兰政办发〔2018〕299号	11月9日
关于印发兰州黄河生态旅游开发公司资产注入相关工作推进方案的通知	兰政办发〔2018〕303号	11月16日
关于进一步加快推进基础设施领域补短板项目的通知	兰政办发〔2018〕307号	11月23日
关于印发兰州市打击食品农资环境烟草领域违法犯罪专项行动实施方案的通知	兰政办发〔2018〕316号	12月6日
关于印发兰州市国有土地使用权出让收支管理办法的通知	兰政办发〔2018〕318号	12月7日
关于印发兰州市提升环境应急能力预防突发环境事件专项行动方案的通知	兰政办发〔2018〕322号	12月12日
关于开展涉及民营经济发展的规章规范性文件清理工作的通知	兰政办发〔2018〕323号	12月13日
关于印发兰州市促进创业投资持续健康发展的实施方案的通知	兰政办发〔2018〕333号	12月29日
关于加强进品粮食疫情防控管理工作的通知	兰政办发〔2018〕334号	12月29日

2018年甘肃省国民经济和社会发展统计公报

甘肃省统计局 国家统计局甘肃调查总队

（2019年3月19日）

2018年，面对复杂严峻的发展环境和艰巨繁重的工作任务，在省委省政府的坚强领导下，全省各级各部门以习近平新时代中国特色社会主义思想为指引，深入贯彻落实党的十九大和十九届二中、三中全会精神，全面落实习近平总书记视察甘肃重要讲话和"八个着力"重要指示精神，全力贯彻落实党中央、国务院决策部署，坚持稳中求进工作总基调，坚持新发展理念，坚持推动高质量发展，坚决打好防范化解重大风险、精准脱贫、污染防治三大攻坚战，培育发展十大生态产业，统筹稳增长、促改革、调结构、惠民生、防风险，做好稳就业、稳金融、稳外贸、稳外资、稳投资、稳预期工作，全省经济运行呈现总体平稳、稳中向好、稳中有进的发展态势，人民生活持续改善，社会大局和谐稳定，朝着建设幸福美好新甘肃迈出了坚实步伐。

一、综合

初步核算，全年全省地区生产总值8246.1亿元，比上年增长6.3%。其中，第一产业增加值921.3亿元，增长5.0%；第二产业增加值2794.7亿元，增长3.8%；第三产业增加值4530.1亿元，增长8.4%。三次产业结构比为11.2:33.9:54.9。按常住人口计算，人均地区生产总值31336元，比上年增长5.8%。全员劳动生产率为50510元/人，增长6.1%。

全年十大生态产业增加值1511.3亿元，比上年增长6.7%，占全省地区生产总值的18.3%。

年末全省常住人口2637.26万人，比上年末增加11.55万人。其中，城镇人口1257.71万人，占常住人口比重(常住人口城镇化率)为47.69%，比上年末提高1.30个百分点。全年出生人口29.12万人，出生率为11.07‰；死亡人口17.54万人，死亡率为6.65‰；人口自然增长率为4.42‰。

表1 2018年甘肃省年末人口数及其构成

指 标	年末数(万人)	比重(%)
全省常住人口	2637.26	100.0
其中:城镇	1257.71	47.69
乡村	1379.55	52.31
其中:男性	1345.27	51.01
女性	1291.99	48.99
其中:0-14岁[1]	461.26	17.49
15-64岁	1879.05	71.25
60岁及以上	296.95	11.26

年末全省就业人员1555.6万人,其中城镇就业人员637.6万人。全年城镇新增就业43.1万人,其中失业人员再就业16.5万人。年末城镇登记失业率为2.8%。全年输转城乡富余劳动力522.3万人。其中,省外输转192.2万人,省内输转330.1万人。

全年居民消费价格比上年上涨2.0%。商品零售价格上涨1.7%。工业生产者出厂价格上涨9.5%。工业生产者购进价格上涨9.8%。固定资产投资价格上涨4.6%。农产品生产者价格上涨1.7%。农业生产资料价格上涨4.2%。

表2 2018年甘肃省居民消费价格比上年涨跌幅度

指 标	全 省		
		城 市	农 村
居民消费价格	2.0	1.9	2.6
其中:食品烟酒	0.9	1.1	0.6
衣 着	1.1	1.3	0.8
居 住	3.5	2.4	5.4
生活用品及服务	0.8	0.9	0.6
交通和通信	1.2	1.4	0.7
教育文化和娱乐	0.5	0.4	0.6
医疗保健	8.0	8.1	7.7
其他用品和服务	0.8	0.6	1.3

按照每人每年2300元(2010年不变价)的农村贫困标准计算,年末全省农村贫困人口为120万人,比上年末减少80万人;农村贫困发生率5.8%,比上年下降3.9个百分点。全年贫困地区农村居民人均可支配收入7687元,比上年增长10.3%。

二、农业

全年全省粮食种植面积264.5万公顷,比上年减少0.2万公顷。棉花种植面积2.2万公顷,增加0.3万公顷。油料种植面积32.6万公顷,减少2.1万公顷。蔬菜种植面积35.3万公顷,增加1.6万公顷。中药材种植面积23.4万公顷,增加0.7万公顷。果园面积31.4万公顷,增加1.1万公顷。

全年粮食产量1151.4万吨,比上年增产4.1%。其中,夏粮产量321.0万吨,增产7.3%;秋粮产量830.5万吨,增产2.9%。

全年蔬菜产量1292.6万吨,比上年增产6.6%。园林水果产量370.0万吨,减产6.8%。中药材产量101.7万吨,增产9.7%。

全年肉类产量102.2万吨,比上年增长3.1%。牛奶产量40.5万吨,增长0.2%。年末大牲畜存栏504.6万头(只),比上年末增长2.7%,其中牛存栏440.4万头,增长3.8%;大牲畜出栏212.6万头(只),增长2.7%,其中牛出栏201.9万头,增长1.8%。羊存栏1885.9万只,增长2.5%;羊出栏1462.8万只,增长3.4%。生猪存栏545.2万头,下降1.1%;生猪出栏691.6万头,增长1.3%。

全年新增有效灌溉面积2.6万公顷,比上年多增0.5万公顷。

表3 2018年甘肃省主要农产品产量及其增长速度

产品名称	产量(万吨)	比上年增长(%)
粮食	1151.4	4.1
#夏粮	321.0	7.3
秋粮	830.5	2.9
#小麦	280.5	3.8
玉米	590.0	2.3
油料	70.4	-9.0
#油菜籽	35.5	-18.9
棉花	3.5	10.1
甜菜	25.2	-5.6
烟叶	0.6	22.9
中药材	101.7	9.7
园林水果	370.0	-6.8

产品名称	产量(万吨)	比上年增长(%)
蔬菜	1292.6	6.6
肉类	102.2	3.1
#猪肉	50.6	1.4
牛肉	21.4	2.1
羊肉	23.6	3.7
禽肉	4.5	-2.6
牛奶	40.5	0.2
禽蛋	14.1	2.0
水产品	1.4	-9.6

三、工业和建筑业

全年全省全部工业增加值比上年增长4.3%。规模以上工业增加值增长4.6%。在规模以上工业中,分经济类型看,国有及国有控股企业增加值增长5.0%;集体企业下降22.4%,股份制企业增长2.9%,外商及港澳台投资企业增长21.1%。分隶属关系看,中央企业增长2.5%,省属企业增长8.6%,省以下地方企业增长6.1%。分轻重工业看,轻工业下降3.8%,重工业增长6.2%。分门类看,采矿业增长3.3%,制造业增长3.0%,电力、热力、燃气及水生产和供应业增长13.0%。

表4 2018年甘肃省规模以上工业分行业增加值

行业	比上年增长(%)	占规模以上工业增加值比重(%)
合计	4.6	100.0
煤炭工业	-5.6	4.3
电力工业	13.2	14.3
冶金工业	15.0	8.4
有色工业	11.5	12.3
石化工业	0.4	34.9
机构工业	1.0	3.3
电子工业	5.1	1.4
食品工业	0.8	10.3
建材工业	9.4	6.7
纺织工业	-16.1	0.3
医药工业	-15.5	2.3
其他工业	0.0	1.6

表5 2018年甘肃省主要工业产品产量及其增长速度

产品名称	单位	产量	比上年增长(%)
原煤	万吨	3575.1	-3.5
原油	万吨	859.8	4.0
天然气	万立米	227.27	86.4
原油加工量	万吨	1440.0	-0.1
发电量	亿千瓦时	1427.3	18.4
火力发电量	亿千瓦时	776.8	16.0
水力发电量	亿千瓦时	348.4	20.8

产品名称	单位	产量	比上年增长(%)
铁矿石原矿	万吨	912.1	-11.2
电石	万吨	83.1	31.4
水泥	万吨	3847.1	-4.0
生铁	万吨	614.0	34.7
粗钢	万吨	802.4	44.8
钢材	万吨	833.4	19.1
十种有色金属	万吨	410.5	3.0
#铜	万吨	105.5	15.2
铅	万吨	2.8	-2.6
锌	万吨	44.1	9.9
铝	万吨	244.5	-2.4

全年规模以上工业企业利润270.4亿元，比上年增长20.1%。其中，国有及国有控股企业利润168.4亿元，增长25.8%。规模以上工业企业每百元主营业务收入中的成本为86.2元。年末规模以上工业企业资产负债率为65.0%。

全年建筑业增加值比上年增长2.7%。年末具有资质等级的总承包和专业承包建筑业企业1571个，比上年末增加115个。

四、服务业

全年批发和零售业增加值比上年增长7.2%，交通运输、仓储和邮政业增加值增长5.8%，住宿和餐饮业增加值增长5.2%，金融业增加值增长2.6%，房地产业增加值增长4.0%。规模以上服务业企业营业收入增长7.8%。

全年各种运输方式完成货物周转量2612.3亿吨公里，比上年增长7.0%；旅客周转量659.2亿人公里，增长2.5%。甘肃省民航机场集团完成旅客吞吐量1609.5万人次，比上年增长11.7%；货邮吞吐量6.4万吨，增长0.5%。年末全省公路里程14.3万公里，其中等级公路12.8万公里。全年新建二级以上公路374.5公里。

表6　2018年甘肃省主要运输方式完成货物、旅客运输量及春增长速度

指标	单位	绝对数	比上增增长(%)
货运量	万吨	70386.7	6.3
#铁路	万吨	6086.8	0.6
公路	万吨	64271.0	6.9
货物周转量	亿吨公里	2612.3	7.0
#铁路	亿吨公里	1490.9	7.2
公路	万人次	1119.0	6.7
客运量	万人次	42352.9	-1.0
#铁路	万人次	5473.5	22.5
公路	亿人公里	36634.0	-3.8
旅客周转量	亿人公里	659.2	2.5
#铁路	亿人公里	401.3	8.0
公路	亿人公里	233.3	-5.8

年末全省民用汽车保有量358.5万辆，比上年末增长7.1%，其中私人汽车保有量308.6万辆，增长7.3%。民用轿车保有量149.3万辆，增长8.7%，其中私人轿车保有量131.9万辆，增长9.0%。

全年邮政业务总量31.1亿元，比上年增长16.1%。邮政业完成邮政函件业务764.8万件；包裹业务78.1万件；快递业务量8911.6万件，增长23.7%；快递业务收入18.9亿元，增长27.3%。电信业务总量1192.4亿元，增长161.5%。电信业年末局用电话交换机总容量63.2万门，下降17.1%；移动电话交换机容量5465.1万户，增长4.6%。年末电话用户3064.4万户，其中移动电话用户2736.0万户，4G移动电话用户2000.9万户。移动电话普及率104.2部/百人，比上年增加7.4部/百人。固定互联网宽带接入用户742.8万户，其中固定互联网光纤宽带接入用户699.4万户，移动宽带用户2255.1万户。全年移动互联网用户接入流量

13.13亿GB,比上年增长223.4%。年末互联网宽带接入端口1143.1万个,增长3.9%。移动宽带接入用户普及率86.9部/百人,固定宽带接入用户普及率28.3部/百人。

五、国内贸易和对外经济

全年社会消费品零售总额比上年增长7.4%。按经营地统计,城镇消费品零售额增长7.6%,乡村消费品零售额增长6.6%。按消费类型统计,商品零售额增长7.4%,餐饮收入额增长7.7%。

在限额以上单位商品零售额中,粮油、食品类零售额比上年增长0.7%,烟酒类增长2.4%,服装、鞋帽、针纺织品类下降0.8%,化妆品类增长2.7%,家用电器和音像器材类增长7.1%,中西药品类增长23.0%,石油及制品类增长9.5%,汽车类下降8.7%。限额以上批零住餐企业通过公共网络实现零售额增长12.5%。

全年进出口总额394.6亿元,比上年增长21.2%。其中,出口145.8亿元,增长26.8%;进口248.8亿元,增长18.1%。

全年外商直接投资合同项目16个,外商直接投资实际使用金额5041万美元,比上年增长15.7%。对外承包工程完成营业额35214万美元,增长50.0%。对外承包工程新签合同金额23119万美元,增长18.6%。

六、固定资产投资

全年固定资产投资比上年下降3.9%。按三次产业分,第一产业投资增长18.8%;第二产业投资下降10.8%,其中工业投资下降10.9%;第三产业投资下降3.6%,其中基础设施投资下降13.6%。民间固定资产投资增长4.0%。高技术产业投资下降2.8%。六大高耗能行业投资下降9.3%。

全年项目投资比上年下降10.3%。其中,制造业投资下降13.4%,电力、热力、燃气及水的生产和供应业投资下降19.1%,交通运输、仓储和邮政业投资下降17.0%,水利、环境和公共设施管理业投资下降10.2%。

表7　2018年甘肃省分行业项目投资情况

行业	比上年增长(%)	占项目投资比重(%)
项目投资	-10.3	100.0
农林牧渔业	18.8	6.3
采矿业	48.8	2.8
制造业	-13.4	9.6
电力、热力、及水的生产和供应业	-19.1	8.3
建筑业	8.0	0.1
批发和零售业	-25.7	2.3
交通运输、仓储和邮政业	-17.0	24.9
住宿和餐饮业	-34.1	1.3
信息传输、软件和信息技术服务业	42.0	1.6
金融业	-32.2	0.1
房地产业	-9.3	10.5
租赁和商务服务业	14.4	0.9
科学研究和技术服务业	-41.1	0.6
水利、环境和公共设施管理业	-10.2	17.9
居民服务和其他服务业	-52.6	0.3
教育	-9.9	3.8
卫生、社会保障和社会福利业	-6.7	2.4
文化、体育和娱乐业	7.5	3.1
公共管理和社会组织	5.7	2.2

全年房地产开发投资比上年增长18.2%,其中住宅投资增长11.8%。房屋施工面积9428.5万平方米,增长3.0%,其中住宅施工面积6167.6万平方米,增长1.3%。在房屋施工面积中,房屋新开工面积2443.0万平方米,增长2.9%,其中住宅新开工面积

1611.5万平方米，增长11.7%。房屋竣工面积752.3万平方米，下降11.3%，其中住宅竣工面积498.7万平方米，下降19.5%。商品房销售面积1595.7万平方米，增长2.3%，其中住宅销售面积1438.0万平方米，增长3.7%。

全年全省城镇棚户区住房改造开工23.22万套，棚户区改造基本建成14.13万套。农村危房改造7.9万户，其中农村地区建档立卡贫困户危房改造2.56万户。

七、财政金融

全年全省一般公共预算收入870.8亿元，同口径增长8.3%。其中，税收收入610.4亿元，增长13.6%；非税收入260.4亿元，下降2.3%。从主体税种看，国内增值税293.9亿元，增长12.6%；企业所得税74.6亿元，增长10.9%；个人所得税30.5亿元，增长11.7%。一般公共预算支出3773.8亿元，增长14.2%。其中，民生支出2983.6亿元，增长14.4%。扶贫支出318.6亿元，增长102.5%。

年末全省金融机构本外币各项存款余额18678.5亿元，比上年末增长5.1%，其中人民币各项存款余额18568.7亿元，增长5.1%。金融机构本外币各项贷款余额19371.7亿元，增长9.4%，其中人民币各项贷款余额19094.4亿元，增长9.7%。

表8　2018年甘肃省金融机构本外币各项贷款金额及其增长速度

指标	绝对数(亿元)	比上年增长(%)
金融机构本外币各项存款余额	18678.5	5.1
#境内存款	18665.9	5.0
#住户存数	9951.2	9.4
非金融企业存款	4920.0	-4.5
广义政府存款	3295.3	3.8
金融机构本外币各项贷款余额	19371.7	9.4
#境内贷款	19242.5	9.3
#住户贷款	5062.7	10.3
非金融企业及机关团体贷款	14179.8	9.0

年末全省境内上市公司33家，与上年末持平。股票总市值1794.4亿元，下降47.4%。全年发行、配售股票筹集资金56.6亿元。

全年保费收入399.0亿元，比上年增长8.9%；赔付额139.0亿元，增长16.7%。

表9　2018年甘肃省保险业务情况

指标	年末数(亿元)	比上年末增长(%)
保费收入	399.0	8.9
财产险收入	125.8	12.0
人身险收入	273.2	7.5
赔付支出	139.0	16.7
财产险赔款	62.4	13.7
人身险赔付	76.6	19.8

八、居民收入消费和社会保障

全年全省城镇居民人均可支配收入29957.0元，比上年增长7.9%；人均消费支出22606.0元，增长9.4%；城镇居民恩格尔系数为28.7%。农村居民人均可支配收入8804.1元，增长9.0%；人均消费支出9064.6元，增长12.9%；农村居民恩格尔系数为29.7%。

表10 2018年甘肃省城乡居民家庭人均收支情况

指标	城镇		农村	
	绝对数(元)	比上年增长(%)	绝对数(元)	比上年增长(%)
可支配收入	29957.0	7.9	8804.1	9.0
工资性收入	19930.1	8.0	2534.7	11.4
经营净收入	2333.8	9.5	3823.7	7.5
财产净收入	2527.5	6.3	211.5	48.6
转移净收入	5165.5	7.8	2234.1	6.3
生活消费支出	22606.0	9.4	9064.6	12.9
食品烟酒	6491.3	7.6	2694.5	10.5
衣着	1906.3	0.0	557.9	9.8
居住	5060.8	32.2	1725.8	10.5
生活服务用品及服务	1446.8	6.5	513.9	6.0
交通通信	2448.9	-17.1	1077.9	6.1
教育文化娱乐	2440.3	4.2	1201.9	20.9
医疗保健	2207.4	26.8	1132.6	27.2
其他用品和服务	604.2	21.1	160.1	17.0

年末全省共有49.67万人享受城市居民最低生活保障,233.64万人享受农村居民最低生活保障,10.06万人享受农村特困人员救助供养。全年资助898.6万人参加基本医疗保险,医疗救助986.88万人次。

年末全省共有社区服务机构和设施10635个。其中,社区服务指导中心15个,社会服务中心598个,社区服务站2413个,社区养老机构和设施993个,社区互助型养老设施3314个,其他社区服务机构和设施3302个。

九、科学技术和教育

全省共有国家工程技术研究中心5个。国家级企业技术中心25家。全年登记省级科技成果1176项,其中,基础理论297项,应用技术类成果844项,软科学35项。获得奖励152项。专利申请量27882件,比上年增长14.0%;专利授权量13958件,增长44.3%,其中发明专利授权量1280件,下降4.5%。有效发明专利6879件,每万人口发明专利拥有量2.6件。共签订技术合同5072项,下降13.3%;技术合同成交金额180.9亿元,增长11.0%。

全年研究生教育招生1.4万人,在学研究生3.85万人,毕业生0.96万人。普通本专科招生14.66万人,在校生48.36万人,毕业生12.23万人。中等职业教育招生7.26万人,在校生18.9万人,毕业生5.89万人。普通高中招生17.26万人,在校生54.93万人,毕业生20.11万人。初中招生29.66万人,在校生87万人,毕业生28.82万人。普通小学招生34.49万人,在校生189.65万人,毕业生30.08万人。特殊教育招生0.31万人,在校生1.57万人。幼儿园在园幼儿94.44万人。

十、文化旅游、卫生健康和体育

年末广播综合人口覆盖率98.45%,比上年末提高0.07个百分点;电视综合人口覆盖率98.81%,提高0.13个百分点。全年出版报纸44979.58万份,期刊7897.86万册,图书8681万册(张)。

全年接待国内游客30190.9万人次,比上年增长26.4%;国内旅游收入2058.3亿元,增长30.4%。接待入境游客10.0万人次,增长27.0%。其中,接待外国游客5.7万人次,增长34.8%;接待港澳台同胞4.3万人次,增长17.4%。国际旅游外汇收入2740万美元,增长31.4%。

年末全省共有医疗卫生机构27885个,其中,医院、卫生院2002个,妇幼保健院(所、站)99个,专科疾病防治院(所、站)5个,社区卫生服务中心(站)628个,诊所、卫生所、医务室7221个。卫生技术人员15.7万人,其中,执业医师和执业助理医师5.9万人,注册护士6.4万人。疾病预防控制中心(防疫站)103个,疾病预防控制中心(防疫站)卫生技术人员3430人;卫生监督所(中心)94个,卫生监督所(中心)卫生技术人员1383人。乡镇卫生院1379个,乡镇卫生院卫生技术人员2.6万人。医疗卫生机构拥有床位数16.3万张,其中医院、卫生院拥有床位12.6万张。全年总诊疗人次13275.2万人次,出院人数487.1万人。

全年体育获得各类奖牌313枚,比上年增加163枚。

十一、资源、环境和应急管理

全年水资源总量343.7亿立方米。人均水资源量1303立方米，比上年增长21.9%。年末全省大型水库蓄水总量46.2亿立方米，比上年末增长5.7%。全年总用水量112.2亿立方米，比上年下降3.3%。其中，生活用水量9.1亿立方米，增长4.6%；工业用水量9.4亿立方米，下降9.5%；农业用水量89.4亿立方米，下降3.2%；生态用水量4.4亿立方米，下降6.0%。人均用水量426立方米，下降3.7%。

截至年底，全省自然保护区57个，其中国家级自然保护区21个。国家地质公园6个，省级地质遗迹保护区3个。

初步核算，全年全省能源消费总量比上年增长4.3%。单位地区生产总值能耗下降1.97%。

省内38个地表水监测断面中，达到或优于Ⅲ类断面比例为94.7%。

全年全省14个市州空气质量优良天数比率为91.2%，比上年提高0.1个百分点。

省内监测的14个城市中，城市区域声环境评价（昼间）较好的城市有12个，评价一般的城市有2个。

全年平均气温为8.9℃，比上年下降0.1℃。年日照小时数2334小时，比上年减少25小时。年降水量514.9毫米，比上年增加63.3毫米。全省气象雷达观测站点7个，卫星云图接收站点10个。

全省地震台站（点）427个，其中，有人值守的地震监测台站27个，无人值守的地震监测台站（点）400个。全年未发生5.0级以上的地震。

全年农作物受灾面积53.5万公顷，比上年增长8.3%；农作物成灾面积35.1万公顷，增长26.0%。全年实际发生各类地质灾害479起，造成直接经济损失48691.7万元，增长133.7%。各类自然灾害造成直接经济损失249.9亿元。

全年共发生各类生产安全事故948起，比上年下降16.1%。死亡767人，下降13.9%；受伤710人，下降28.9%；直接经济损失16193.1万元，增长26.2%。亿元地区生产总值生产安全事故死亡人数为0.093人，下降19.9%；工矿商贸企业就业人员10万人生产安全事故死亡人数2.538人，增长13.4%；煤矿百万吨死亡人数0.139人，下降35.1%；十二类营运车辆道路交通事故万车死亡人数12.223人，下降24.1%。

注：

1.本公报各项数据均为初步统计数，正式数据以《甘肃发展年鉴2019》为准。部分数据因四舍五入的原因，存在总计与分项合计不等的情况。

2.公报中地区生产总值、各产业增加值和人均地区生产总值绝对数按现价计算，增长速度按不变价格计算。

3.全员劳动生产率为地区生产总值（按2015年价格计算）与全部就业人员的比率。

4.农业生产增长速度根据第三次全国农业普查结果修订后的2017年数据为基数计算。

5.工业增加值、利润、原油、天然气产量含长庆油田甘肃境内部分。

6.本公报主要工业产品产量数据均为规模以上工业产品产量。

7.2018年规模以上工业企业财务指标增速及变化按可比口径计算。

8.本公报邮政业务总量按2010年不变价格计算，电信业务总量按2015年不变价格计算。

9.基础设施投资包括交通运输、邮政业，电信、广播电视和卫星传输服务业，互联网和相关服务业，水利、环境和公共设施管理业投资。

10.单位地区生产总值能耗按2015年价格计算。

11.资料来源：本公报中城镇登记失业率、城镇新增就业人员、社会保障数据来自甘肃省人力资源和社会保障厅；财政数据来自甘肃省财政厅；外贸数据来自兰州海关；利用外资数据来自甘肃省商务厅；交通运输数据来自甘肃省交通运输厅、甘肃省公安厅交警总队、中国铁路兰州局集团有限公司、甘肃省民航机场集团、东航甘肃分公司；邮政数据来自甘肃省邮政管理局；通信数据来自甘肃省通信管理局；棚户区改造、农村地区建档立卡贫困户危房改造数据来自甘肃省住房和城乡建设厅；艺术表演团体、文化馆、公共图书馆、博物馆和旅游数据来自甘肃省文化和旅游厅；图书、报纸、期刊数据来自省委宣传部；金融数据来自中国人民银行兰州中心支行；保险数据来自中国保监会甘肃监管局；证券数据来自中国证监会甘肃监管局；城乡低保、农村特困人员救助供养、社会服务数据来自甘肃省民政厅；教育数据来自甘肃省教育厅；除国家级企业技术中心数据外，其他科技数据来自甘肃省科技厅；专利数据来自甘肃省市场监督管理局（知识产权局）；广播、电视数据来自甘肃省广播电视局；卫生数据来自甘肃省卫生健康委员会；体育数据来自甘肃省体育局；用水量数据来自甘肃省水利厅；自然灾害、安全生产数据来自甘肃省应急管理厅，林业、森林火灾数据来自甘肃省林业和草原局；自然保护区、环境监测数据来自甘肃省生态环境厅；地质公园、地质遗迹保护区数据来自甘肃省自然资源厅；气象数据来自甘肃省气象局；地震数据来自甘肃省地震局。

2018年兰州市国民经济和社会发展统计公报

兰州市统计局　国家统计局兰州调查队

（2019年3月）

2018年，面对复杂多变的外部环境，兰州市坚持稳中求进工作总基调，深入贯彻创新驱动发展理念，坚持高质量发展总要求，努力破解发展难题，积极应对风险挑战，全市经济运行呈现总体平稳、结构调整稳中有进、质量效益逐步提升、民生福祉不断改善的发展态势。

一、综合

经济增长：初步核算，全年完成生产总值2732.94亿元，比上年增长6.5%。其中，第一产业增加值42.98亿元，增长6%；第二产业增加值937.98亿元，增长4.9%；第三产业增加值1751.97亿元，增长7.4%。三次产业结构比为1.57∶34.32∶64.11，与上年的1.53∶35.26∶63.21相比，第一产业比重提高0.04个百分点，第二产业比重回落0.94个百分点，第三产业比重提高0.9个百分点。按常住人口计算，人均生产总值73042元，比上年增长5.8%。

非公经济增加值1254.4亿元，比上年增长8%，占生产总值的45.9%。

表1　2018年兰州市生产总值及其增长速度

指　标	总量(亿元)	增长(%)
地区生产总值	2732.94	6.5
第一产业	42.98	6.0
第二产业	937.98	4.9
工业	646.48	5.8
建筑业	296.86	3.0
第三产业	1751.97	7.4
交通运输、仓储和邮政业	147.14	7.3
批发和零售业	243.74	7.6
住宿和餐饮业	69.20	5.4
金融保险业	238.81	4.9
房地产业	107.19	0.7
营利性服务业	477.50	13.7
非营利性服务业	461.06	4.2

物价：全年居民消费价格总水平累计上涨1.7%，全市商品零售价格总水平累计上涨1.7%。

表2 2018年兰州市居民消费价格

类别	累计比(%)
居民消费价格总指数	101.7
商品零售价格总指数	101.7
服务项目价格指数	102.4
食品	101.2
其中:粮食	100.0
食用油	101.7
畜肉类	98.5
禽肉类	105.0
蛋类	112.9
水产品	103.1
菜	102.0
食糖	101.4
干鲜瓜果类	102.0
奶类	102.2
在外餐饮	100.9

二、农业

全年粮食总产量29.77万吨，比上年下降0.9%。其中，夏粮产量9.64万吨，下降8.67%；秋粮产量20.13万吨，增长3.34%。

粮食作物种植面积117.29万亩，比上年减少6.64万亩；蔬菜种植面积77.92万亩，增加1.26万亩，其中设施蔬菜种植面积3.07万亩，减少0.71万亩；中药材种植面积11.78万亩，减少2.59万亩。

主要经济作物中，蔬菜产量166.91万吨，增长4.9%，其中设施蔬菜产量8.29万吨，下降39.84%；中药材产量3.17万吨，增长18.5%；园林水果产量11.73万吨，下降16.18%。

表3　2018年兰州市主要农产品产量及其增长速度

产品名称	单位	产量	比上年增长(%)
粮食	万吨	29.77	-0.9
#夏粮	万吨	9.64	-8.67
秋粮	万吨	20.13	3.34
#小麦	万吨	7.87	-6.99
玉米	万吨	13.19	7.51
油料	万吨	1.63	-2.48
#油菜籽	万吨	0.46	-8.34
中药材	万吨	3.17	18.5
园林水果	万吨	11.73	-16.18
蔬菜	万吨	166.91	4.9
#设施蔬菜	万吨	8.29	-39.84

产品名称	单位	产量	比上年增长(%)
肉类	万吨	4.62	3.36
# 猪肉	万吨	3.06	4.79
牛肉	万吨	0.12	0.00
羊肉	万吨	0.62	1.64
禽肉	万吨	0.78	-1.27
牛奶	万吨	7.9	-3.89
水产品	万吨	0.12	1.58
年末大牲畜存栏数	万头(只)	7.45	-3.51
#牛存栏	万头	5.14	-2.98
羊存栏	万只	65.35	5.18
猪存栏	万头	37.09	3.12
牛出栏	万头	1.19	-0.1
羊出栏	万只	36.17	2.87
猪出栏	万头	42.54	4.85

年末大牲畜存栏7.45万头，比上年末下降3.51%；牛存栏5.14万头，下降2.98%；羊存栏65.35万只，增长5.18%；猪存栏37.09万头，增长3.12%。牛出栏1.19万头，下降0.1%；羊出栏36.17万只，增长2.87%；猪出栏42.54万头，增长4.85%。

三、工业和建筑业

全年全部工业增加值646.48亿元，比上年增长5.8%。规模以上工业增加值614.98亿元，比上年增长6.0%。规模以上市属工业完成增加值134.8亿元，比上年增长2.7%。规模以上工业企业产品销售率98.83%。

规模以上工业增加值中，国有企业完成工业增加值51.6亿元，增长6.6%；集体企业完成工业增加值2.4亿元，下降49.7%；股份制企业完成工业增加值534.8亿元，增长6.5%；外商及港澳台投资企业完成工业增加值19.5亿元，增长5.3%。

规模以上轻工业增加值145.8亿元，下降2.4%；重工业增加值462.7亿元，增长9.3%。

表4　2018年兰州市规模以上工业增加值

指标	总量(亿元)	比上年增长(%)
规模以上工业增加值	614.98	6.0
#轻工业	145.8	-2.4
重工业	462.7	9.3
#国有经济	51.6	6.6
集体经济	2.4	-49.7
股份合作		
股份制	534.8	6.5
外商及港澳台	19.5	5.3
其他		
#国有控股	497.8	6.6
#大中型企业	558.8	8.2
#国有企业	51.2	6.6

表5 2018年兰州市主要工业产品产量

产品名称	单位	产量	比上年增长(%)
啤酒	万升	31619.32	-4.0
卷烟	亿支	278.38	-1.4
原油加工量	万吨	927.01	5.24
汽油	万吨	235.71	5.41
水泥	万吨	774.63	-14.0
平板玻璃	万重量箱	535.08	3.7
粗钢	万吨	319.40	373.6
钢材	万吨	340.11	185.0
发电量	亿千瓦时	148.7	-5.3
铁合金	万吨	30.66	15.1

表6 2018年兰州市重点支柱行业增加值

支柱行业	增加值	
	绝对量(亿元)	增长(%)
石油、煤炭及其他燃料加工业	195.9	3.0
烟草制品业	105.3	2.3
医药制造业	24.3	-15.7
化学原料及化学制品制造业	34.9	4.1
黑色金属冶炼和压延加工业	45.4	114.1
有色金属冶炼和压延加工业	17.0	-0.2
非金属矿物制品业	54.0	18.2
电力、热力生产和供应业	57.6	2.9

建筑业：全年建筑业实现增加值296.86亿元，比上年增长3%。全市具有建筑业资质等级的总承包和专业承包建筑业企业完成总产值1011.67亿元，增长4.16%。

四、固定资产投资

全年固定资产投资比上年增长12.11%。其中，项目投资比上年下降1.34%。按三次产业分，第一产业投资比上年增长41.17%；第二产业投资比上年下降20.38%，其中工业投资比上年下降19.55%；第三产业投资比上年增长16.15%。

表7 2018年兰州市分行业项目投资及其增长速度

行 业	比上年增长(%)
农、林、牧、渔业	41.17
采矿业	98.46
制造业	-19.39
电力、热力、燃气及水生产和供应业	-30.98
建筑业	-63.11
批发和零售业	-28.53

行业	比上年增长(%)
交通运输、仓储和邮政业	-11.98
住宿和餐饮业	30.08
信息传输、软件和信息技术服务业	275.75
金融业	-52.24
房地产业	18.09
租赁和商务服务业	-19.50
科学研究和技术服务业	13.24
水利、环境和公共设施管理业	-3.00
居民服务、修理和其他服务业	-38.91
教育	-8.77
卫生和社会工作	21.08
文化、体育和娱乐业	9.62
公共管理、社会保障和社会组织	49.64

全年房地产开发投资586.62亿元，增长35.74%，其中住宅投资307.72亿元，增长12.19%。房屋施工面积4537.93万平方米，增长2.96%；房屋竣工面积162.14万平方米，下降23.77%。商品房销售面积668.79万平方米，下降8.84%；商品房销售额520.11亿元，下降4.96%，其中期房销售额442.52亿元，下降4.38%。

五、国内贸易和对外经济

全年社会消费品零售总额1352.09亿元，比上年增长7.4%。按销售单位所在地统计，城镇社会消费品零售总额1158.88亿元，增长7.48%，其中城区社会消费品零售总额1063.32亿元，增长6.83%；乡村社会消费品零售总额193.21亿元，增长6.6%。

全年限额以上企业实现商品零售额474.64亿元，比上年增长1.7%。其中，石油及制品类零售额111.89亿元，增长5.5%；汽车类零售额161.49亿元，下降5.7%；粮油、食品类零售额30.07亿元，下降1.7%；服装鞋帽、针纺织品类零售额41.55亿元，下降0.1%；中西药类零售额34.69亿元，增长34.1%；家用电器和音像器材类零售额16.12亿元，增长5.3%；金银珠宝类零售额11.26亿元，增长4.5%。

对外贸易：全年外贸进出口总值(同口径)133.18亿元，比上年增长23.92%。其中，出口总值75.6亿元，增长17.25%；进口总值57.58亿元，增长33.92%。

对外工程承包：全年新签对外承包工程合同29份，新签合同金额2.3亿美元，比上年增长35%，完成营业额2.3亿美元，增长35%。

六、交通、邮电和旅游

全年交通运输、仓储和邮政业实现增加值147.14亿元，比上年增长7.3%。

交通运输：全年公路运输完成货运周转量201.89亿吨公里，旅客周转量70.45亿人公里。

表8 2018年兰州市主要运输方式完成货物和旅客运输量

指 标	单 位	总 量
货运量	万吨	13518.52
铁路	万吨	869.96
公路	万吨	12642.41
航空(货邮吞吐量)	万吨	6.15

指 标	单 位	总 量
货物周转量	万吨公里	2018900.78
铁路	万吨公里	
公路	万吨公里	2018900.78
航空	万吨公里	
客运量	万人次	8328.64
铁路	万人次	2550.96
公路	万人次	4391.86
航空(旅客吞吐量)	万人次	1385.82
旅客周转量	万人公里	704450.21
铁路	万人公里	
公路	万人公里	704450.21
航空	万人公里	

年末全市机动车保有量105.98万辆，比上年末增长4.20 %。其中，轿车43.07万辆，增长4.56%；本年新注册机动车7.72万辆，下降32.87%。

邮电通讯：按2015年不变价格计算，电信业务总量346.28亿元，比上年增长158.78%；按2010年不变价格计算，邮政业务总量11.64亿元，比上年增长16.52%。年末固定电话用户60.27万户，其中：城市56.19万户；农村4.08万户。本年减少固定电话用户1.59万户。年末移动电话用户663.90万户，本年新增196.42万户。其中，4G移动电话用户425.46万户。年末固定互联网宽带接入用户数达165.85万户，互联网宽带接入端口367.07 万个。

旅游：全年接待国内旅游人数6718.56万人次，比上年增长23.75%；入境旅游人数3.34万人次，比上年增长50.44%。国内旅游收入593.45亿元，比上年增长30.11%。

七、财政、金融、证券和保险业

财政：全年全市地区性财政收入721.53亿元，比上年同口径增长7.43%。一般公共预算收入为253.32亿元，增长8.87%。其中，增值税76.42亿元，增长8.63%；营业税0.24亿元，下降43.25%；企业所得税21.22亿元，增长7.44%；个人所得税8.49亿元，增长19.24%。一般公共预算支出为465.68亿元，增长11.35%。

金融：年末全市金融机构本外币各项存款余额8814.26亿元，同比增长2.34%。金融机构人民币各项存款余额8716.44亿元，同比增长2.38%。年末全市金融机构本外币各项贷款余额11269.24亿元，同比增长13.43%。金融机构人民币各项贷款余额11010.54亿元，同比增长14.18%。

证券：2018年年末全市共有境内股票上市公司20家。年末股票总市值1005.48亿元，下降43.4%。

保险：2018年全年保费收入136.04亿元，增长11.12%。其中，财产险收入47.14亿元，增长17.68%；寿险收入60.71亿元，增长0.62%；意外险保费收入4.5亿元，增长16.9%。健康险保费收入23.69亿元，增长30.25%。

八、科学技术、教育

科学技术：全市共有国家认定高新技术企业437家。全年全市专利申请10708件，比上年增长37.4%；授权专利5206件，增长22.7%；授予发明专利权893件，下降1.5%。全年共认定登记技术合同4011项，下降14.61%；技术合同成交金额62.86亿元，增长11.97%。截至年底，每万人口发明专利拥有量12.06件。

教育：全市研究生教育招生1.4万人，比上年增长8.96%，在校研究生3.85万人，增长11.31%；普通高等教育招生14.66万人，增长5.86%，在校学生48.36万人，增长3.74%；中等职业教育招生1.25万人，下降9.6%；普通高中招生1.98万人，下降12.71%；初中学校招生3.36万人，增长0.52%；普通小学招生4.17万人，增长6.32%；特殊教育招生251人，增长32.8%；幼儿园在园幼儿11.98万人，增长1.44%。

表9 2018年兰州市各类教育招生和在校生情况

指标	招生数（万人）	比上年增长（%）	在校生数（万人）	比上年增长（%）	毕业生数（万人）	比上年增长（%）
研究生教育	1.4	8.96	3.85	11.31	0.96	4.5
普通高等教育	14.66	5.86	48.36	3.74	12.23	-1.9
中等职业教育	1.25	-9.60	3.79	-7.52	1.38	-23.83
普通高中	1.98	-12.71	6.53	-4.4	2.26	0.70
普通初中	3.36	0.52	9.98	2.91	3.07	-9.53
普通小学	4.17	6.32	22.60	3.78	3.43	1.76

九、文化、卫生、体育

文化：年末全市共有文化馆9个(不含省级)，公共图书馆8个(不含省级)，博物馆(含纪念馆)13个(不含省级)，国有艺术表演团体2个(不含省级)。广播和电视综合人口覆盖率分别为99.65%和99.70%。有线电视用户30.8万户，下降13.5%；有线数字电视用户30.8万户，下降14%。

卫生：年末全市共有卫生机构2211个，其中医院、卫生院192个，妇幼保健院（所、站）10个，专科疾病防治院（所、站）2个。医院、卫生院拥有床位2.8万张。卫生技术人员3.7万人。其中执业医师和执业助理医师1.4万人，注册护士1.7万人。

体育：2018年全市共获得国家级金牌2枚、银牌1枚、铜牌3枚，国际赛事银牌1枚、铜牌2枚，合计奖牌总数为9枚。

十、人口、人民生活和社会保障

人口：年末全市户籍人口328.47万人，其中，城镇人口231.25万人，乡村人口97.21万人。年末全市常住人口375.36万人，比上年末增加2.4万人。其中，城镇人口304.15万人，占81.03%；乡村人口71.21万人，占18.97%。

全年出生人口3.54万人，人口出生率为9.43‰，比上年下降0.95个千分点；死亡人口2.03万人，人口死亡率为5.41‰，比上年提高0.42个千分点；人口自然增长率为4.02‰，比上年下降1.37个千分点。

人民生活：全年全市城镇居民人均可支配收入35014元，比上年增长8.3%；城镇居民人均消费性支出26130元，比上年增长8.55%；城镇居民家庭恩格尔系数28.4%。农村居民人均可支配收入12368元，比上年增长9.4%；农村居民人均生活消费支出9697元，比上年增长2.7%；农村居民家庭恩格尔系数32.3%。

社会保障：年末全市参加城镇职工基本养老保险人数83.7万人，较上年末增长9.7%；参加城镇职工基本医疗保险人数98.7万人，较上年增长6.1%；城乡居民参加基本医疗保险人数214.9万人，较上年下降2.2%；参加失业保险人数56.8万人，较上年末增长0.1%；参加工伤保险人数61万人，较上年增长10.7%；参加生育保险人数58.62万人，较上年增长6.7%；城乡居民基本养老保险参保人数75万人，较上年增长3%。

十一、安全生产与自然灾害

安全生产：全年安全生产事故死亡125人，比上年下降1.78 %。亿元生产总值生产安全事故死亡人数为0.05人，下降23.33%。煤矿百万吨死亡人数为0.199人，下降66.61%。全年发生道路交通事故844起（其中：生产经营性道路事故105起），造成146人死亡，907人受伤（其中：生产经营性道路事故死亡67人，受伤64人），直接经济损失390万元；道路交通万车死亡人数为1.38人，下降1.1%。

市区全年平均气温11.0 ℃，平均降水量457.1毫米。

自然灾害：全年农作物累计受灾面积25.23万亩，比上年增加14.68万亩。其中累计成灾面积18.17万亩，比上年增加10.91万亩。

注：

1.本公报各项统计数据为初步统计数。正式数据以《兰州统计年鉴2019》为准。部分数据因四舍五入的原因，存在着总计与分项合计不等的情况。

2.公报中的生产总值、各产业增加值绝对数按当年价格计算，增长速度按可比价格计算。

3.本公报中安全生产数据来自兰州市公安局、兰州市应急管理局，财政收入数据来自兰州市财政局，金融、保险数据来自兰州市人民政府金融工作办公室，对外经济数据来自兰州市商务局，旅游数据来自兰州市文化和旅游局，文教数据来自兰州市教育局，科学技术数据来自兰州市科学技术局，医疗数据来自兰州市卫生健康委员会，户籍人口数据来自兰州市公安局，社会保障数据来自兰州市人力资源与社会保障局，物价、人民生活数据来自国家统计局兰州调查队，交通运输数据来自中国铁路兰州局集团有限公司、兰州市交通运输委员会、兰州中川机场管理有限公司，邮电通讯数据来自兰州市邮政管理局、兰州市工业和信息化局、中国电信有限公司兰州分公司、中国联合网络通信有限公司兰州分公司、中国移动通信集团兰州分公司，气象数据来自兰州市气象局。

兰州市2018年环境状况公报

兰州市生态环境局　兰州市统计局

根据《中华人民共和国环境保护法》规定，现发布《兰州市2018年环境状况公报》。

环境状况

2018年，兰州市环境空气质量优良天数为213天，优良天数比例67.0%，空气质量综合指数为6.26。

黄河兰州段地表水按水域功能类别达到相应的水质标准，城市集中式饮用水源水质达标率保持100%。

昼间道路交通噪声强度等级为二级，昼间区域声环境质量等级为二级，声环境质量为“较好”。

大气环境

一、空气质量状况

（1）达标天数：2018年兰州市优良天数213天，按照国家剔除沙尘天气影响的相关考核规定，优良天数比例为67.0%，未发生人为因素导致的重度及以上污染天气。

（2）大气污染物浓度值：2018年兰州市PM10浓度103$\mu g/m^3$，同比下降7.2%；PM2.5浓度47$\mu g/m^3$，同比下降4.1%；NO_2浓度55$\mu g/m^3$，同比下降3.5%；SO2浓度21$\mu g/m^3$，同比上升5.0%；O_3第90百分位数168$\mu g/m^3$，同比上升4.3%；CO第95百分位数2.7mg/m^3，同比下降3.6%，其中SO_2、CO浓度达标。

（3）其他考核指标：1-12月份城区环境空气质量综合指数6.26，同比下降2.9%，预计在全国169个重点城市中排名第135位；超标的152天中，以PM10为首要污染的56天，占超标天数的36.6%；O^3为首要污染的45天，占超标天数的29.4%；PM2.5为首要污染的35天，占超标天数的22.9%；NO_2为首要污染的17天，占超标天数的11.1%（其中2018年11月1日以NO_2和PM10为并列首要污染物）。

（4）沙尘天气影响情况：1-12月份，城区共出现沙尘天气15次，造成47天超标，同比增加20天。

二、措施与行动

大气污染防治攻坚战工作重点从机动车尾气污染监管、燃煤及四烧面源污染整治、扬尘污染监管、工业企业监管等4方面入手，实施机动车尾气达标检测、城区燃煤小火炉改造、施工工地“6个100%”无死角检查、工业企业VOCs集中排查整治等一系列措施。制定印发《兰州市2018年度大气污染防治实施方案》、《兰州市打赢蓝天保卫战三年行动计划实施方案（2018—2020年）》，将大气污染年度目标任务分解落实到各区县政府、各部门及各企业。完成西固电厂9#机组、兰铝自备电厂1#机组超低排放改造，完成国电兰州二热电厂“上大压小”异地搬迁建设，完成兰石化VOCs综合治理2018年LDAR工作全部。完成城区居民6万台燃煤小火炉取缔改造、区县1.5万个农村土炕改造，冬季城市居民散煤用量可控制在15万吨之内。制定《兰州市机动车排气污染防治条例》并严格落实，机动车环保定期检验率达到辖区应检车辆的100%。进一步发挥网格化微观站、无人机航拍、扬尘智能监测、移动式走航雷达、农村秸秆焚烧远程监控等技防手段作用，提高面源污染管控水平，实现“人防”与“技防”有机结合。全市41家重点排污企业污染物排放在线监控系统、5家企业全过程工况监控系统、535套覆盖主城区所有街道和远郊区县乡镇的网格化监测设备、重点土方工地在线视频监控及PM10监测设施、6个进城主要卡口固定式红外遥感设备、2台流动检测车等系统和设备正常运行，实施全时段、全方位、无死角扬尘和尾气管控。在全国率先推行网格化监测公众版手机APP，发动群众共同参与打好大气污染防治攻坚战。与兰州大学签订大气污染防治战略框架合作协议，为我市与兰州大学在大气污染防治科学研究、技术咨询、人才培养、科研成果转化等方面的深入合作提供有力支撑，实现资源共享，优势互补，合作共赢。

水环境

一、饮用水源水质

2018年兰州市饮用水水源总取水量为20525.45万吨，年达标供水量为20525.45万吨，饮用水源水质达标率为100%。

二、黄河兰州段地表水水质

2018年黄河兰州段地表水水质总体良好，监测的5个断面中扶河桥、新城桥、包兰桥、什川桥达到Ⅱ类水质标准，水质状况优；支流湟水河湟水桥断面达到国家Ⅲ类水质标准，水质状况良好。

三、措施与行动

继续深入贯彻落实《水十条》和河长制有关要求，持续推进年度水污染防治各项目标任务。制定印发《兰州市2018年度水污染防治行动工作方案》并组织实施。全市四大水质目标全面完成，其中黄河兰州段各断面水质稳定达到国家考核要求，全市6个县级以上集中式饮用水水源地水质达标率100%，6个地下水考核点位水质保持稳定，城市黑臭水体整治工作基本完成；方案确定的29项年度重点工作任务和18个重点工程全面完成年度目标。开展湟水河流域红古段和黄河流域榆中段水污染防治综合治理，各类项目按计划有序推进。组织开展2018年度全市水源地环境保护专项行动，完成全市地级、区县级、乡镇级饮用水水源地环境基础状况评估，全市乡镇以上集中式饮用水水源地均完成防护围网、界标、警示牌等基础设施建设。按照省生态环境厅有关水污染物减排任务指标，将COD、氨氮排放量分解至县区和企业，每月对污水处理厂等重点减排工程台账进行审核调度，确保出水水质稳定达标排放。建设完成兰州雪顿有限公司、兰州伊利乳业有限公司、兰州大学第二医院污水站提标改造治理工程；建成投运兰州市榆中县和平污水处理厂重点减排工程，目前该厂日处理量9000m³/日，出水水质稳定达标。2018年度水污染物减排任务全面完成。组织环保、建设、发改、水务、工信、公安、工商、卫计等部门开展枯水期黄河干流岸门桥水源地上游枯水期水污染联防联控工作，有力保障了枯水期水质安全。组织开展石化行业对黄河兰州段水环境质量影响研究、黄河兰州段水环境承载能力调查评估；协同兰州交通大学等技术单位共同组织全国干旱、半干旱地区污水处理和回用研讨会等课题项目，研究精细化、科学化、精准化治污新举措。

声环境

一、区域环境噪声

2018年，昼间区域环境噪声平均等效声级为54.7dB（A），较上年上升0.8dB（A）；昼间区域环境噪声测点达标率为92.9%，较上年下降3.3个百分点。噪声声源构成比例为：生活42.9%、交通26.0%、工业2.8%、施工噪声0.4%、其它27.9%。昼间城关区和西固区平均等效声级分别为54.9 dB（A）、54.0 dB（A），测点达标率为94.5%、78.9%，总体水平等级均为二级，声环境质量评价为“较好”；七里河区平均等效声级为55.4 dB（A），达标率96.9%，总体水平等级为三级，声环境质量评价为“一般”；安宁区平均等效声级49.1 dB（A），达标率为100%，声环境质量评价为“好”。

二、道路交通噪声

2018年，城区道路交通噪声昼间平均等效声级为68.5 dB（A），较上年下降0.4dB（A）；交通噪声监测点达标率为86.5%，较上年上升4.1个百分点。昼间城关区和西固区平均等效声级为68.2dB（A）、68.3 dB（A），达标率为82.3%、94.1%，强度等级均为二级，声环境质量评价为“较好”；昼间七里河区和安宁区平均等效声级分别为67.9 dB（A）、67.1 dB（A），达标率为87.1%、100%，强度等级均为一级，声环境质量评价为“好”。

三、功能区噪声

2018年，功能区噪声年度均值昼间、夜间平均等效声级分别为：1类区50.8dB（A）和44.3dB（A），均达标；2类区57.5 dB（A）和51.7dB（A），昼间达标、夜间超标1.7 dB（A）；3类区56.3dB（A）和55.2dB（A），昼间达标、夜间超标0.2 dB（A）；4a类区68.4dB（A）和65.4dB（A），昼间达标、夜间超标10.4dB（A）。

与上年相比，1类功能区分别下降3.6dB（A)和2.7dB（A）；2类功能区昼、夜间分别上升5.4dB（A)和3.0dB（A）；3类功能分别上升1.8dB（A)和2.2dB（A）；4a类功能区分别上升2.8dB（A)和3.5dB（A）。

四、措施与行动

健全完善噪声污染防治长效工作机制，加强道路交通噪声治理监管力度，开展城区公共场所环境噪声专项整治，加大建筑施工噪声污染防治工作力度，加强厂界噪声污染监管力度，全面对噪声污染进行整治，解决好噪声扰民问题。为确保“两考”顺利进行，印发了《关于加强两考期间市容环境卫生综合整治的通知》，对两考期间环境综合整治活动进行了安排部署，突出查处施工工地噪音污染和商业噪音污染，集中力量对考点周边的市容环境卫生进行综合整治。2018年共整治商业噪声污染3440（次），施工噪音1928起，合计整治噪声污染5368起（次）。噪声投诉案件办结率100%。

固体废物

一、医疗垃圾与城市生活垃圾

2018年，集中收集处置医疗垃圾3539.7吨，城区处理生活垃圾96.27万吨。

二、措施与行动

开展危险废物规范化管理工作，加大对区县环保局、危险废物产生单位、处置单位的督导检查力度，坚持从源头加强危险废物重点源动态管理，督促企业开展年度危险废物管理计划和备案登记工作。完成辖区固体（危险）废物年度更新调查和申报登记工作，掌握全市危险废物产生和处置的动态变化情况，做好年度危险废物规范化管理工作。举办了危险废物规范化管理培训，对8区县环保局进行年度第二次督查考核，并对半年考核中不达标的8家单位整改落实情况进行回头看，完成整改工作。抽查考核了16家危险废物产生单位的危险废物规范化管理情况，推动危险废物规范化管理落到实处。下发《关于印发兰州市“清废行动2018”实施方案的通知》，对涉及固体废物、危险废物的产生点、堆存点进行全面核查整治清理，2018年共计排查了461家企业，对7家企业共处罚金合计33.95万元。继续加大对现有7座生活垃圾卫生填埋处理场（厂）的监督管理工作，2018年我市城市垃圾处理水平已走在全国前列，为国内外城市垃圾处理工作提供了可供复制、借鉴的“兰州模式”。今年8月，我市被住建部专家组确定为国内首批5个城市生活垃圾领域国家适当减缓行动项目（NAMA项目）试点城市之一。我市城区生活垃圾无害化处理率已达100%。

生态环境

一、森林状况

全市林业用地面积525.48万亩，其中，有林地面积69.38万亩，疏林地面积0.66万亩，灌木林地面积181.41万亩，未成林造林地面积35.08万亩，苗圃地面积0.55万亩，无立木林地面积27.95万亩，宜林地面积210.22万亩，林业辅助生产用地面积0.23万亩。森林覆盖率13.86%（不包括兰州新区和兴隆山面积）。

二、动植物种类

全市共有各类脊椎动物182种，其中兽类34种，鸟类148种。另外，两栖爬行类有10种。全市共有高等植物1614种。

三、自然保护区

全市现有国家级自然保护区2个，占地面积812.31平方公里；森林公园9个，占地面积169.33平方公里。自然保护区占全市国土面积的6.2%。

四、耕地

耕地面积421.27万亩，占全市国土面积21.29%，人均耕地面积4.33亩。

五、气候

2018年兰州市各区县年平均气温在6.6～11.0℃之间，与历年相比，偏高0.5～0.8℃。年降水量在426.8～641.0毫米之间，与历年平均值相比全市各地偏多6～7成。总体上看，2018年属于气候条件较好的年景。

六、措施与行动

全方位实施大规模国土绿化。完成退耕还林、三北五期防护林等林业重点工程营造林12.3万亩（其中人工造林10.3万亩，封山育林2万亩）；调运苗木8.5万株、草籽2600公斤完成连城、兴隆山两个国家级自然保护区矿山生态修复2030亩；扎实推进祁连山生态保护与建设综合治理，完成造林封育6.9万亩；发展特色经济林0.8万亩，建成永登县龙泉寺镇山楂、大同镇樱桃，皋兰县黑石镇软儿梨、榆中县和平镇核桃4个千亩以上经济林产业基地；新增林业科技示范园6个、林业专业合作社14个、家庭林场11个，全市林果经济等收入达到30亿元；完成永登县城西山、城区面山、榆中北部山区等面山生态修复和植被恢复1.7万亩；完成全民义务植树825万株。不断巩固国家园林城市创建成果。新建改造“三小”绿地20处；

栽植苗木15.52万株，提升了一批城市主次干道绿化景观；城市建成区完成立体绿化9.5万平方米；新增、改造绿地81.29公顷；建成第十二届中国（南宁）国际园林博览会兰州展园并竣工参展。进一步加强森林资源保护工作。全面落实152万亩天然林资源保护和153万亩国家级重点公益林管护责任；对排查出的各类违法使用林地、毁林开垦、擅自改变林地用途及乱砍滥伐林木等，进行依法严厉打击，年内查办各类违法案件49起；有效开展林业有害生物防治检疫检测工作，全市未发生大面积林业有害生物灾害。

2018年—2019年兰州市经济运行分析与预测

今年以来，面对错综复杂的宏观经济环境，兰州市委市政府坚持以习近平新时代中国特色社会主义思想和习近平总书记视察甘肃重要讲话和“八个着力”重要指示精神，深入贯彻落实党中央国务院、省委省政府的各项决策部署，以贯彻省委第十三次党代会精神为契机，坚持稳中求进工作总基调，坚持新发展理念，始终保持加快发展、转型发展定力，提高发展质量、加快发展速度，着力深化供给侧结构性改革，以振兴实体经济作为经济和城市发展第一战略，兰州经济社会持续快速健康发展。上半年兰州经济延续总体平稳、稳中有进、稳中向好的发展势头，主要经济指标增速高于全省平均水平、好于年初预期。

一、2018年以来兰州市经济运行情况

今年1-5月，兰州市实现规模以上工业增加值243.9亿元，同比增长2.3%。固定资产投资同比增长7.82%。与前四个月相比(1-4月，兰州市固定资产投资同比增长20.11%)固定资产投资增速明显回落。第一产业投资增长87.16%，第二产业投资下降12.34%，其中，工业投资下降16.03%，第三产业投资增长9.58%。

1-5月，兰州市实现限额以上社会消费品零售总额193.75亿元，增长1.67%。全市实现地区财政总收入356.88亿元，增长14.25%。一般公共预算收入108.51亿元，增长11.61%。其中税收收入86.49亿元，增长19.74%；非税收入22.01亿元，下降11.90%。

1. 工业增加值

国有企业完成21.5亿元，增长8.1%集体企业完成1.1亿元，下降51.2%股份制企业完成213亿元，增长2.3%外商及港澳台商投资企业完成7.5亿元，增长18.5%中央企业完成164.6亿元，下降1.7%省属企业完成26.9亿元，增长88.1%市属企业完成52.4亿元，下降0.4%。

2. 投资

全市商品房销售面积178万平方米，下降31.4%商品房施工面积3831.61万平方米，下降1.54%本年新开工面积166.64万平方米，下降33.55%房屋竣工面积58.59万平方米，增长4.77%。

3. 消费

城镇消费品零售额182.31亿元，增长2.9%乡村消费品零售额11.44亿元，下降14.56%商品零售额184.68亿元，增长1.49%餐饮收入9.08亿元，增长5.6%。

二、兰州市当前经济运行中需关注的问题

1. 面临的经济下行压力依然较大

从目前指标完成情况来看，与年初目标增速仍有差距，规模以上工业增加值、社会消费品零售总额、全市商品房销售面积等几项指标下降较大，仅公共财政预算收入、城乡居民收入及外贸指标实现“双过半”目标，下半年在没有新的经济增长点支撑的情况下，实现经济稳步增长的压力较大。另一方面，一般情况下，经济增长指标应当同先行指标相匹配，而目前我市经济增长速度与铁路、公路、用电量等先行指标相对不协调、不匹配，经济运行调度质量有待进一步提高。

2. 经济增长乏力，发展不平衡、不充分问题依然突出

目前，我市仍处于结构调整、转型升级的关键阶段，经济发展质量效益总体水平依然偏低，发展不平衡、不充分问题依然突出，从工业来看，产业规模较小、集聚度低、产业链条短，产品科技含量和附加值低；从服务业来看，产业结构层次和市场化程度偏低，传统服务业仍占据主导地位，现代服务业竞争力不强；从项目实施情况来看，传统产业项目提效空间有限，新的增长点较少，大数据产业刚刚起步，还没有形成有效带动力，其他新兴产业项目依然空白，结构性问题、新动能问题、高质量发展问题成为制约我市经济发展的关键问题。

3. 产业结构调整还需进一步加快

虽然近年来我市不断加大产业结构调整力度，加快推进转型跨越发展，但传统产业对经济增长和吸纳就业的支撑作用仍然较强，以石油化工、装备制造等七大产业支柱产业为主导的产业格局从未发生过根本性变化，支柱产业单一的格局未发生明显改善，不仅制约了经济快速发展，也制约着“中心带动”作用的发挥。只有突破传统单一的产业格局，转变发展方式，发展培育多元支柱产业，形成具有持久活力的多元支柱产业体系，提升产业发展的层次、水平和实力，增强产业竞争活力，才能强化省会中心城市的首位度和带动力。结构调整缓慢主要原因在于新兴产业发展不快、规模不大，产业集群发展缓慢，对现有产业的置换能力有限，结构优化和产业转型的任务还相当艰巨。

4. 电子商务的迅猛发展，导致传统消费模式遭遇较大挑战

在电商迅速发展、网上零售快速增长并强力冲击传统零售行业的背景下，相比较网络销售的快速发展，百货店、大商场及超市等传统消费业态销售平淡，有些没有网上销售的实体店面临消费日益分流的困境，大型超市、百货店、专业店等主要传统业态增长乏力。兰州市网上零售企业规模相对太小，对周边城市辐射能力差，较高增速难以维持，新兴市场力量仍需加快成长，从而改变消费市场结构过于单一的局面。

5. 新旧增长动力转换压力加大

目前兰州正处于工业化中期向后期发展的过渡阶段，竞争优势从低成本向资本和技术转变的关键阶段，适应新常态、引领新常态，转方式、调结构、促转型，比以往任何时候都更加刻不容缓。但全市新旧动力转换较为缓慢，高载能行业固定资产投资增速高于高成长性制造业投资增速，高技术产业增加值仍然偏低。短期内新兴力量还难以对冲传统动力的下行力量

三、2019年国内外经济形势及增长态势判断

1. 国外环境

全球经济广泛复苏，发达经济体中，美国经济延续金融危机之后的温和复苏态势，欧元区经济增速已恢复到全球金融危机前水平。国际货币基金组织预测，2018年全球经济增长3.7%，高出2017年0.1个百分点。

美国经济增长态势较为平稳，美联储保持了渐进加息的态势。经济在强劲的劳动力市场和减税政策推动下，预计2018年二季度经济增长将显著提升。

2018年第二季度，全球经济遇到的风险和困难逐步增多，主要经济体增长放缓、通胀上升，紧缩货币政策周期开启。美国对全球的贸易保护主义正在抬头，频繁对中国、欧盟等国家和地区发起贸易争端，扰乱了正常的国际贸易秩序。从经济短周期的角度，美国经济增长较为平稳，同时保持了渐进加息的态势，资金从新兴市场国家向美国流动的态势较为显著。风险的一面，我们应该看到美国推行的贸易保护主义使得地区间的贸易摩擦升级，干扰了全球经济的复苏态势，不利于经济形势和金融市场的稳定。同时，欧洲经济基本面较为疲弱，经济复苏的动能减缓，虽然“脱欧”等政治风波已经缓和，但货币政策紧缩的速度较为迟缓。日本经济增长较为平稳，景气度有所提升，货币宽松延缓。新兴市场经济体，特别是外部融资较多，外汇储备脆弱的经济体上半年波动较大，风险集聚较多。因此，整体来看，2018年上半年全球经济形势较2017年有所弱化，我国面临的外部环境不利因素增多。

2. 国内环境

2018年上半年，我国经济形势整体保持稳健，经济增长、通胀和就业较为平稳，稳杠杆等供给侧改革扎实推进。上半年我国面临中美贸易争端和国内金融稳杠杆的大环境，保持了经济增长和政策的稳定，实属不易。上半年GDP增速达到了6.8%，与去年全年持平，但名义GDP增速略有下降；最终消费的贡献率达到历史新高，中国经济转型显著，正在从以前的投资大国转向消费大国；通胀水平整体较为平稳，处于可控的区间。前瞻的看，2018年下半年我国将面临一定的经济增长风险，一是外部不利因素增多，影响下半年的出口增速。二是国内整体货币和信用环境紧缩，影响下半年的房地产和制造业投资增速。三是规范和约束地方政府融资行为可能影响基建投资增速。因此，2018年下半年我国经济面临的困难和挑战可能增多。

消费、投资、出口是拉动经济增长的三辆马车，缺一不可，随着中美贸易战日益激烈，拉动内需、加大投资将成为拉动我国经济增长的重要动力。

从甘肃省内的情况来看，近年来国家深入实施西部大开发战略，支持民族地区贫困地区革命老区加快发展，采取超常规措施对西部地区脱贫攻坚、基础设施、公共服务和产业发展等方面倾斜支持，“一带一路”战略深入推进，加快向西开放步伐，东部产业向中西部转移速度加快，经济文化生态三大国家战略平台深入实施，经济转型升级产生巨大需求等政策、市场机遇多重叠加，释放了一系列发展利好政策，为我省经济平稳较快增长、实现全面小康带来了新契机、增添了新动

力、提供了新空间。总体上，未来几年甘肃省仍处于可以大有作为的重要战略机遇期，机遇和挑战并存、机遇大于挑战。

结合国际国内大环境宏观经济政治形势来看，我们认为兰州市目前仍处在战略机遇期，具有保持中高速增长的动力和潜力。工业化和城镇化仍处在加快发展的过程之中，发展型和享受型消费方兴未艾，后发优势比较明显。从经济运行轨迹看，兰州经济增长的稳定性在提高，经济增速在向这个阶段的潜在生产率收敛，波动空间收窄。从政策措施效应看，前期出台的一些政策措施效应将继续释放。综合判断，兰州市有信心、有能力能够实现预期增长目标，增速仍然能够保持在较全国和全省略高的合理区间。

四、2019年兰州市经济运行分析与预测

（一）从三次产业来看，总体稳中有升

1.工业生产增势稳定。我市目前处于工业化的中期阶段，全市经济总量的提升和财政收入的增加还主要依靠工业经济的发展。2018年以来，工业领域供给侧结构性改革纵深推进，继续改善供求关系，产能利用率稳步回升，装备制造业、工业技改投资保持快速增长态势，将有力增强工业发展的后劲。中央推行的放管服改革和省上的“作风建设年活动”深入推进，有利于优化工业营商环境，总体上工业保持平稳发展的态势不会改变。但是我市仍处于新旧动能转换的关键阶段，高质量发展的产业体系有待进一步建立。今年的中美贸易摩擦升级，也将间接影响我市工业产品销售。预计2019年，国家去产能政策将继续推进，积极财政政策力度不会有明显变化，稳健中性的货币政策取向依然保持不变，综合分析这些因素，预计2019年兰州市工业生产将保持稳定，全年增长5.5%左右。

2.服务业主导作用进一步增强。2018年上半年全市实现第三产业增加值785.2亿元，同比增长9.3%，增速在全省各市州排第1位，超目标增速1.3个百分点，比去年同期增速高1.3个百分点，第三产业增加值占全市GDP的比重达63.7%。第三产业服务业的主导作用在进一步增强。一方面，与居民消费升级相关的养老医疗、高档消费、信息智能、旅游休闲、文化娱乐等服务行业不断提升供给水平与能力。另一方面，与装备制造、高技术产业等现代产业体系相配套的金融、保险、咨询、物流、信息、商务服务业呈现快速发展，特别是信息传输、软件和信息技术服务业势头迅猛。但劳动力成本的持续上升、防风险加强金融监管、房地产市场调控等影响部分服务业发展。初步预计，2019年服务业将增长9.6%左右。

3.农业发展稳步发展。随着乡村振兴战略的实施和精准扶贫战略的深入推进，兰州市农村农业基础设施建设落后的发展短板正加快补齐，“三变”改革的红利也将逐渐释放。特别是2018年以来，中央和省市三级财政已投入扶贫资金7.8亿元，大力推动兰州市农村地区教育、健康、金融、生态、光伏等产业帮扶项目，持续加大资金投入，上下联动解决危房改造、安全饮水等突出问题，使我市农村发展迎来新的契机。目前我市农业生产总体平稳，畜牧生产稳定发展，发展势头向好。初步预计2019年一产增速将继续保持在4.8%左右。

（三）从三大需求来看，基本保持稳定

1.投资保持平稳增长，但下行压力较大。2018年以来，我市固定资产投资增速虽然继续呈现下降态势，降幅略有收窄结构有所改善，在投资引导上更加注重生态的保护和环境的治理，更加注重民生的保障和空间的布局，投资对推动高质量发展发挥了重要作用。但同时也要看到，在新旧动能转换的关键时期，我市投资项目减少，接续动力不足，建设资金紧张，工业投资转型升级步伐缓慢现象依然严重，投资止跌回升的势头依然还不稳定。当前生产性投资已处低位，存货、出口和生产性投资逐步进入回升期，再加上新兴领域快速发展，新动能、补短板方面投资有所提升，这与整体投资增速下行压力形成对冲。预计2019年固定资产投资保持平稳增长，增速达11%左右。

2.消费增速稳中趋升，经济运行稳定器作用继续凸显。随着养老和医疗保障覆盖面扩大，保障水平稳步提升，居民预防性储蓄倾向逐步下降，消费支出意愿将有所上升。与此同时，消费和服务结构升级态势不减，商品性消费正在向品质消费转变，物质消费向服务消费转变，旅游、医疗、教育等服务支出明显快于商品类消费。电子商务、新零售、共享经济等新型消费业态也不断涌现，线上线下融合不断加深，更多中等收入人群能够享受到高品质的产品和服务，对消费起到了提振作用。但居民收入增速放缓影响居民消费能力、经济下行压力抑制消费预期、养老健康旅游休闲等产业发展缓慢等因素将不利于消费潜力的释放，综合各方面因素，预计2019年社会消费品零售总额增长8%左右。

3.外部需求继续改善，出口保持温和增长。全球经济有望延续增长态势，市场需求继续改善，国际贸易和投资活动继续活跃，新兴经济体基础设施建设需求加大，我市开往中亚、南亚国际货运班列和中新南向通道国际货运专列常态化运营，有助于我市进出口保持平稳增长。但另一方面，中美贸易摩擦明显增多，美国对我国出口产品增加关税对将间接对我市外贸造成不利影响，而我市对美出口占比极小，因此短期内总体影响不大。综合考虑，预计2019年全市出口将增长20.0%左右。

（四）物价领域延续温和涨势

居民消费价格（CPI）温和上涨。居民消费升级的步伐在加快，与人民美好生活需要相关的服务需求在增加，旅游、医疗保健等服务价格延续上涨态势。但工业品价格涨幅回落，PPI与CPI涨幅差额明显收窄，上下游价格走势趋于协调，价格传导影响正减弱，再加上货币环境难以进一步宽松，流动性稳中趋紧，不支持消费价格明显攀升。总体看，社会总供给和总需求基本平衡，居民消费价格保持温和上涨，预计上半年CPI上涨2.8%左右。

当前国内外宏观经济形势错综复杂，宏观经济环境的不确定因素仍然较多，我们应当清醒认识当前发展所面临的严峻形势，国内结构调整正处于攻关期，市场预期总体向好，美中经贸争端不会改变中国经济稳中向好的发展大局。最近，国务院常务会议提出了“积极财政政策要更加积极”、“稳健的货币政策要松紧适度”等论断，释放了强烈的“宽松”信号。从兰州市目前的经济发展形势来看，当前经济运行有一定的下行压力，但通过全市上下努力，同时把握好防风险和稳增长的平衡关系，2018年全市地区生产总值增速有望实现年初制定的预期增长目标达到6.9%左右，2019年GDP预计增长速度为6.8%左右。

五、兰州市经济运行发展的对策建议

1.抓重点行业确保全市经济稳增长

要根据兰州市以第三产业服务业经济为主导、以工业经济为支撑的经济结构，紧紧抓住二、三产业中重点行业的运行情况和趋势变化，确保全市经济总体稳增长的大局。一是工业稳增长是全市经济增长的重要保证，要抓住工业的重点行业、重点企业，挖掘存量企业的潜力，加强走访帮扶企业工作，落实促增产、促出口等相关优惠政策，同时加大对工业的投资力度，引进适合兰州的工业项目，为工业平稳增长提供动力。二是着力抓住三产中比重高、拉动大的批零、金融、运输、营利性等行业，增强对全市经济增长的贡献，还要关注房地产等受政策影响的行业，积极调整营销策略和方向，增加住宅供应，缓解供需矛盾，平抑住房价格，防范市场风险，提升我市房地产业品质。打击恶意炒作、哄抬房价、捂盘惜售、违规预售等违法违规行为，确保房地产市场平稳健康发展。第三，加快现代服务业发展，尤其是要促进移动互联网产业和其他产业融合发展，大力发展养老、健康、咨询等新兴消费服务业，加快发展快递、物流业，打造消费平台。

2.从供需两侧提升经济发展效能

一是要从投资对经济发展具有较强先导作用的层面，加大对实体经济的投资，如工业、服务业、基础设施的投资，增强经济发展的内生动力；加大对高新技术产业的投资，如战略性新兴产业、科技服务业、高技术服务业等的投资，持续促进经济结构的转型升级。二是关注国家宏观经济政策对兰州经济的影响，重视汇率、进出口等对兰州经济的影响，关注中美贸易战的发展和走向，及时解读相关政策与协议，提醒出口企业规避风险，组织提供更多渠道和方案，帮助企业顺利实现产品外销。三是要从供需两侧促进消费市场升温，一方面要加强中高端供给，提升商品质量和档次，拓宽服务领域和空间，满足百姓日益增长的个性化、多元化的消费需求；另一方面要进一步扩大内需，在当前形势下，尽量减少贸易摩擦带来的不确定因素，从内部解决消费需求问题，促进消费市场的升温与繁荣。

3.内外兼修以增强经济发展后劲

一是加大招商引资力度，积极推动新企业、新项目的落地投产，为各行业提供更多增量企业，为实体经济注入新生力量。二是创造一流营商环境，提升兰州经济的软硬件设施，降低企业经营的各种成本与税费，吸引包括世界五百强企业在内的大企业、大集团，选择兰州作为其拓展中国市场的一个重要支点。围绕重大项目促投资。进一步完善项目调度服务机制，着力解决项目建设中的瓶颈和障碍；对重大项目建设全程跟踪，着力提高履约率、开工率、资金到位率和投产达效率，把一个个项目尽快转化为新的经济增长点。三是提升政府工作效率，各经济部门要加强协调配合，对标全年经济目标，细化措施加强支持，强化要素保障稳投资。强化融资、供地、电力等要素保障，积极搭建银企合作平台，满足项目融资需求，破解企业融资瓶颈，为重大项目投产达效创造条件，为经济发展提供更有力保障。

4.挖掘新的消费增长点，着力保持消费稳定

一是大力培育新兴消费。适应消费升级，挖掘农村信息消费潜力、鼓励并支持家电、家居等消费产品进行智能化升级和改造、推进绿色消费与环保消费，围绕旅游、文化、体育等新兴消费热点，通过提升服务品质、增加有效供给，满足新兴消费需求。二是强化引导新兴消费业态。加强与互联网企业的战略合作，培育和发展电商平台与电商企业，引导消费回流；加大消费品工业和服务业招商引资力度，支持优势企业做大做强，培育个性化、体验式消费，逐步培育形成新的消费产业体系；积极扶持中小企业发展，增强企业发展活力。三是着力改善消费环境。加强商业网点规划和建设，抓好现有市场资源整合和改造提升，强化硬件和软件配套，营造良好的消费环境；加强消费品市场监管，严肃查处违法行为，持续改善消费环境。

5.以加快建设丝绸之路信息港为契机，深度融入“一带一路”建设

积极响应国家和省上的战略部署，加快建设大数据服务中心、智慧兰州时空信息云平台等重点项，启动实施5G通讯、移动支付和无限城市建设，建成开通兰州新区互联网国际通信专用通道，支持运用互联网开展服务模式创新，发展以数据为关键要素的数字经济。巩固提升兰州新区综合保税区和兰州国际陆港开放功能，推动兰州新区综合保税区—航空口岸—铁路口岸“区港联动”一体化融合发展；抓住兰州国际陆港获批第二批国家示范物流园区的难得机遇，完善五大核心功能，推动物流中心、多式联运中心和陆港信息中心建设，高标准建设“兰州无水港”，努力将其打造成为服务国家向西开放的重要枢纽和战略平台。争取开通更多国际货运班列，把兰州打造成面向“一带一路”的国际货运班列中转枢纽和国际物流集散中心。加强国际产能合作，围绕装备制造、新能源、新材料、生物医药等优势产业，推进建设一批产能合作大项目。加强对外经贸联系，组织企业赴外参加产品推介会和合作洽谈会，举办更多国际性贸易洽谈会。

6.积极加快布局地铁经济

一要全面评估兰州进入“地铁时代”对城市产生的影响。根据兰州市轨道交通公司提供的信息，兰州市地铁1号线将在2018年底建成试运行，2019年中分段投入营运，1号线投入运营后，势必将对兰州未来的城市品位、产业形态、发展格局、居民出行和生活习惯以及交通结构产生深刻影响和重要变化，要对“地铁时代”进行一次综合评估，为市委市政府决策、部署提供有力参考和支撑。二要全面做好兰州轨道交通整体规划、融资、土地、运营、开发准备工作。继1号线后，要遵循“赶早不赶晚”的原则，做好全市轨道交通规划。规划统筹要算好账、算大账、算全面的账，通过对轨道交通沿线的科学规划、强力统筹，做好轨道交通成本管理，确保运营成本可控。三要全面谋划与轨道交通相关联的产业，做好综合运营开发。做轨道交通也是做产业、做市场。先立足兰州，再放眼产业。通过对城市自身轨道交通的建设、开发、运营，兼顾发展轨道交通的关联产业，力争创造新的产业门类、新的经济增长点。

2008年—2017年荣获国家级暨省级荣誉的集体和个人

姓名	单位	荣获称号	颁奖单位	颁奖时间
李雪锋	兰州市统计局	第二次全国农业普查先进个人	国务院第二次全国农业普查领导小组办公室、中华人民共和国国家统计局	2008.04
薛伊玲	兰州市统计局	第二次全国农业普查先进个人	国务院第二次全国农业普查领导小组办公室、中华人民共和国国家统计局	2008.04
王如琼	兰州市统计局	第二次全国农业普查先进个人	国务院第二次全国农业普查领导小组办公室、中华人民共和国国家统计局	2008.04
张义正	兰州市统计局	第二次全国农业普查先进个人	国务院第二次全国农业普查领导小组办公室、中华人民共和国国家统计局	2008.04
雒东旺	兰州市公安局网安支队	全国公安机关依法打击网络淫秽色情专项行动先进个人	中华人民共和国公安部政治部	2008.04
张超泰	兰州市公安局监管支队	灾区群众最满意的公安特警	中华人民共和国公安部办公厅	2008.07
吴宏江	兰州市公安局监管支队	灾区群众最满意的公安特警	中华人民共和国公安部办公厅	2008.07
傅　强	兰州市公安局刑警支队	灾区群众满意的公安特警	中华人民共和国公安部抗震救灾指挥部	2008.07
魏其礼	兰州市统计局	2007年全国投入产出调查先进个人	中华人民共和国统计局	2008.10
谭生龙	兰州市统计局	2007年全国投入产出调查先进个人	中华人民共和国统计局	2008.10
李雪锋	兰州市统计局	2007年全国投入产出调查先进个人	中华人民共和国统计局	2008.10
费发恩	兰州市公安局特警支队	全国公安机关奥运治安保卫战先进个人	中华人民共和国公安部	2008.11
曹丽慧	兰州市司法局(原法制办)	全国行政复议工作优秀个人	国务院法制办	2009.02
马金山	兰州市南北两山环境绿化工程指挥部	2008年度全国绿化奖章获得者	全国绿化委员会	2009.03
石小蓉	兰州市自然资源局城关分局	全国三八红旗手	中华全国妇女联合会	2009.09
王如琼	兰州市统计局	第二次全国经济普查先进个人	国务院第二次全国经济普查领导小组	2010.01

姓名	单位	荣获称号	颁奖单位	颁奖时间
刘红卫	兰州市统计局	第二次全国经济普查先进个人	国务院第二次全国经济普查领导小组	2010.01
张义正	兰州市统计局	第二次全国经济普查先进个人	国务院第二次全国经济普查领导小组	2010.01
张翠青	兰州市统计局	第二次全国经济普查先进个人	国务院第二次全国经济普查领导小组	2010.01
陈　卫	兰州市公安局	全国公安机关爱民模范	中华人民共和国公安部	2010.03
许　筠	兰州市第二人民医院	全国先进工作者	中华人民共和国国务院	2010.04
李　斌	兰州市公安局技侦支队	全国先进工作者	中华人民共和国国务院	2010.04
赵志军	兰州市公安局刑警支队	打击盗用伪造军车号牌专项斗争先进个人	中华人民共和国公安部	2010.05
李　斌	兰州市公安局技侦支队	全国公安系统二级英雄模范	中华人民共和国公安部	2010.07
刘　鹏	兰州市公安局交警支队	全国抗震救灾模范	中共中央、国务院、中央军委	2010.08
杨文海	兰州市公安局特警支队	全国抗震救灾模范	中共中央、国务院、中央军委	2010.08
仲英杰	兰州市公安局特警支队	全国抗震救灾模范	中共中央、国务院、中央军委	2010.08
柴长久	兰州市公安局特警支队	全国抗震救灾模范	中共中央、国务院、中央军委	2010.08
米恒勇	兰州市公安局刑警支队	2008-2009年度全国无偿献血奉献奖金奖	中华人民共和国卫生部等	2010.12
王红霞	兰州市统计局	第二次全国R&D资源清查先进个人	第二次全国R&D资源清查领导小组办公室	2011.05
家新春	兰州市公安局缉毒支队	全国政法系统优秀党员干警	中共中央政法委员会	2011.06
张义正	兰州市统计局	第六次全国人口普查先进个人	中华人民共和国国家统计局、国务院第六次全国人口普查领导小组办公室	2011.07
汪小平	兰州市文联	第七届全国德艺双馨电视艺术工作者	中国电视艺术家协会	2011.09
张维宁	兰州市公安局禁毒处	2011年度全国吸毒人员动态管控工作先进个人	国家禁毒委员会办公室	2012.02
吴峰年	兰州市公安局交警支队	全国优秀警察	中华人民共和国公安部	2012.05

姓名	单位	荣获称号	颁奖单位	颁奖时间
吴峰年	兰州市公安局交警支队	全国公安机关爱民模范	中华人民共和国公安部	2012.05
张金刚	兰州市公安局刑警支队	全国特级优秀人民警察	中华人民共和国公安部	2012.05
丁桂义	兰州市中级人民法院	全国法院财务工作先进个人	最高人民法院	2012.09
张维宁	兰州市公安局禁毒处	2012年度全国禁毒宣传教育先进个人	国家禁毒委员会办公室	2012
张卫平	兰州市口腔医院	政府特殊津贴	中华人民共和国国务院	2013.02
石　浩	兰州市中级人民法院	全国维护妇女儿童权益先进个人	中华全国妇女联合会、全国维护妇女儿童权益暨平安家庭创建协调组	2013.03
郎德晨	兰州市林业局	全国绿化奖章获得者	国家绿化委员会	2013.05
孙红兵	兰州市公安局刑警支队	全国公安机关优秀专业技术人才奖	中华人民共和国公安部政治部	2013.07
康岸桥	兰州新区安全生产监督管理局	全国道德模范提名奖	中央宣传部、中央文明办、总政治部、全国总工会、共青团中央、全国妇联	2013.09
胡尚哲	兰州市公安局出入境管理局	上海合作组织地区反恐怖机构理事会荣誉证书	上海合作组织地区反恐怖机构理事会	2013.09
文书平	兰州市林业局	全国生态建设先进个人	国家林业局	2013.11
杨衍佑	兰州市卫生健康委员会	2013年全国县(市)科技进步考核先进个人	中华人民共和国科学技术部	2013.11
丁如玮、王光达、陈雯惠、田冰	兰州市广播电视总台	《窑洞人家过大年》获第十一届中国民间文艺山花奖·民俗影响作品奖	中国文学艺术界联合会、中国民间文艺家协会	2013.12
周应福	兰州市中级人民法院	全国优秀法官	最高人民法院	2013.00
金爱兴	兰州市公安局监管支队	全国看守所管理机制创新先进个人	中华人民共和国公安部监管局	2014.02
李晓龙	兰州市公安局禁毒处	2013年度全国吸毒人员信息维护工作先进个人	国家禁毒委员会办公室	2014.02
汪志刚	兰州市《金城》文艺杂志社	2013年"中国书法进万家活动"先进个人	中国书法家协会	2014.04
黄跃金	兰州市公安局特警支队	全国模范军队转业干部	国务院军队转业干部安置小组、中共中央组织部、人力资源和社会保障部、中国人民解放军总政治部	2014.05
张永花	兰州市妇幼保健院	全国妇幼健康技能竞赛儿童保健组单项奖、全国妇幼健康技能竞赛儿童保健组二等奖	国家卫生和计划生育委员会 全国总工会	2014.10

姓名	单位	荣获称号	颁奖单位	颁奖时间
何 媛	兰州市中级人民法院	全国法院先进个人	最高人民法院	2014.00
家新春	兰州市公安局缉毒支队	全国公安系统二级英雄模范	中华人民共和国人力资源和社会保障部、中华人民共和国公安部	2014.11
胡怡萍	兰州市妇幼保健院	妇幼健康服务个人	国家卫生计生委办公厅	2014.12
王 冰	兰州市公安局禁毒处	2014年全国禁毒宣传工作先进个人	国家禁毒委员会办公室	2015.01
方立民	兰州市公安局经侦支队	2014年全国扫黄打非先进个人	全国“扫黄打非”工作小组	2015.01
冉晓昕	兰州市卫生健康委员会	出生人口性别比治理体系创新征文优秀奖	国家卫生计生委家庭司、中国人口学会	2015.01
杨 宏	兰州市公安局交警支队	全国先进工作者	中共中央、国务院	2015.04
左冀忞	兰州市公安局缉毒支队	2014年全国毒品案件信息管理先进个人	国家禁毒委员会办公室	2015.04
周永福	兰州市公安局戒毒所	全国禁毒工作先进个人	国家禁毒委员会	2015.06
吴 军	兰州市公安局刑警支队	全国公安机关优秀专业技术人才	中华人民共和国公安部	2015.08
刘小康	兰州市公安局刑警支队	中国好人榜	中央文明办	2015.10
周秀芳	兰州市妇幼保健院	2015年度女科技工作者社会服务奖	中国女科技工作者网	2016.02
闫治华	兰州市中级人民法院信访室	全国“两会”期间涉诉信访工作先进个人	最高人民法院	2016.05
李 卉	兰州市疾病预防控制中心	全国“十二五”地方病防治工作先进个人	中国疾病预防控制中心	2016.05
李 明	兰州市公安局技侦支队	公安部部级津贴	中华人民共和国公安部	2016.08
杨衍佑	兰州市卫生健康委员会	中国技术市场金桥奖先进个人	中国技术市场协会	2016.09
武 镨	兰州市水政监察支队	全国水利系统“六五普法”先进个人	水利部办公厅	2016.10
周秀芳	兰州市妇幼保健院	第一届《中国儿科基层医师奖》	中华医学会儿科学分会	2016.10
吴 军	兰州市公安局刑警支队	全国公安院校教学技能大赛二等奖	中华人民共和国公安部政治部	2016.11

姓名	单位	荣获称号	颁奖单位	颁奖时间
刘小康	兰州市公安局刑警支队	2014-2015年度全国无偿献血奉献奖铜奖	国家卫生和计划生育委员会等	2016.12
李　钢	兰州市公安局便衣支队	全国公安系统二级英雄模范	中华人民共和国公安部	2016.12
李奕萍	兰州市妇幼保健院	出生缺陷防治与分子遗传分会2016年度先进工作者	中国妇幼保健协会	2016.12
杨　玲	兰州市第一人民医院	全国优秀工会工作者	中华全国总工会	2016.00
宋治国	兰州市公安局城关分局	情满万家·2017全国公安派出所好民警	公安部治安管理局等	2017.03
宋治国	兰州市公安局城关分局	全国优秀人民警察	中华人民共和国公安部	2017.05
南　锋	兰州市公安局便衣支队	全国优秀人民警察	中华人民共和国公安部	2017.05
娄成龙	兰州市中级人民法院信息化工作办公室	全国法院信息化工作先进个人	最高人民法院	2017.05
金来康	兰州市第三人民医院精神科	关于对优质护理服务工作中表现突出的集体和个人进行通报表扬的通知	中央军委后勤保障部卫生局	2017.05
杨　强	兰州市公安局经侦支队	全国优秀人民警察	中华人民共和国公安部	2017.05
王小安	兰州市公安局刑警支队	全国特级优秀人民警察	人力资源和社会保障部、公安部	2017.05
王自络	兰州市公安局监管支队	公安监管工作成绩突出个人	中华人民共和国公安部	2017.07
焦明杰	兰州市科协	论文获2017年中国西部反邪教论坛一等奖	中国西部反邪教论坛组委会	2017.09
赵志军	兰州市公安局刑警支队	全国公安“百佳刑警”	中华人民共和国公安部	2017.09
王　莉	兰州市计划生育协会	2017年中国计划生育协会计生协会好新闻三等奖	中国计划生育协会	2017.10
刘凤恒	兰州市统计局	全国统计系统先进个人	中华人民共和国国家统计局	2017.12

姓名	单位	荣获称号	颁奖单位	颁奖时间
张绪祥	兰州植物园	2009年度甘肃绿化奖章获得者	甘肃省人民政府	2010.04
陈江波	兰州市南北两山环境绿化工程指挥部	2009年度甘肃绿化奖章获得者	甘肃省人民政府	2010.04
雷 明	兰州市中级人民法院	甘肃省先进工作者	中共甘肃省委、甘肃省人民政府	2010.04
吴 军	兰州市公安局刑警支队	舟曲抢险救灾模范	中国共产党甘肃省委员会、甘肃省人民政府、甘肃省军区	2010.12
刘利军	兰州市公安局特警支队	舟曲抢险救灾模范	中国共产党甘肃省委员会、甘肃省人民政府、甘肃省军区	2010.12
杨衍佑	兰州市卫生健康委员会	甘肃省基本普及九年义务教育基本扫除青壮年文盲工作先进个人	中共甘肃省委、甘肃省人民政府	2012.09
陆国龙	兰州市财政局	全省就业先进工作者	甘肃省人民政府	2012.10
石培基、杨立岭、雒占福、赵瑞锋、刘春芳、潘竟虎、李 锋	兰州市城乡规划设计研究院	《兰州新区空间布局规划研究》获甘肃省第十三次哲学社会科学优秀成果一等奖	中共甘肃省委、甘肃省人民政府	2013.3.22
任 红	兰州市《金城》文艺编辑部	散文《游走贴》获甘肃省第七届敦煌文艺奖三等奖	中共甘肃省委、甘肃省人民政府	2013.03
李彩东	兰州市第二人民医院	甘肃省医学科技进步三等奖 病毒性乙型肝炎发病机制及治疗的系列研究	甘肃省人民政府	2014.02
南 锋	兰州市公安局便衣支队	甘肃省先进工作者	中共甘肃省委、甘肃省人民政府	2015.04
王 浩	兰州市妇幼保健院	甘肃省科技进步奖三等奖	甘肃省人民政府	2014.02
刘爱军	兰州兴盛源再生资源循环经济加工产业园有限公司	甘肃省劳动模范	中共甘肃省委、甘肃省人民政府	2015.04
赵建华	兰州市中级人民法院	甘肃省先进工作者	中共甘肃省委、甘肃省人民政府	2015.04
张卫平	兰州市口腔医院	甘肃省先进工作者	中共甘肃省委、甘肃省人民政府	2015.04
李彩东	兰州市第二人民医院	甘肃省科技进步三等奖 慢性HBV感染者T细胞及其免疫调控的作用机制研究	甘肃省人民政府	2016.01
孙红兵	兰州市公安局刑警支队	甘肃省科技进步二等奖	甘肃省人民政府	2016.01
张 昀	兰州市口腔医院	甘肃省优秀专家	中共甘肃省委、甘肃省人民政府	2016.04
王 婕	兰州市公安局刑警支队	甘肃省优秀共产党员	中共甘肃省委	2016.06
李 钢	兰州市公安局便衣支队	甘肃省优秀共产党员	中共甘肃省委	2017.11
汪小平	兰州市文联	甘肃省文艺突出贡献奖	中共甘肃省委、甘肃省人民政府	2017.11
汪志刚	兰州市《金城》文艺杂志社	《吴文英词五首》获甘肃省第八届敦煌文艺奖一等奖	中共甘肃省委、甘肃省人民政府	2017.11

获奖单位	荣获称号	颁奖单位	颁奖时间
兰州市科技局	全国专利系统先进集体、第十届中国专利奖优秀组织奖	国家人事部、国家知识产权局	2008.01
兰州技术市场管理办公室	第三届全国技术市场"金桥奖"		2008.03
兰州市全国农业普查办公室	第二次全国农业普查先进集体	国务院第二次全国农业普查领导小组办公室、中华人民共和国国家统计局	2008.04
兰州市知识产权局	全国知识产权试点示范工作先进集体	国家知识产权局	2008.05
兰州市公安局刑事警察支队一大队	全国公安机关侦破命案工作先进集体	中华人民共和国公安部	2008.05
兰州市工商联	全国工商联系统先进集体	人力资源和社会保障部中华全国工商业联合会	2008.10
兰州市投入产出办公室	2007年全国投入产出调查先进集体	中华人民共和国国家统计局	2008.10
兰州市价格认证中心	2006-2008年度价格认证机构规范化建设示范单位	国家发展和改革委员会	2008.10
兰州市委	未成年人思想道德建设工作创新案例推广应用奖	中央文明办	2008.11
兰州市委	全国未成年人思想道德建设工作先进城市	中央精神文明建设指导委员会	2008.11
兰州市南北两山环境绿化工程指挥部	三北防护林体系建设突出贡献单位	全国绿化委员会/人力资源社会保障部/国家林业局	2008.11
兰州市价格认证中心	2008年度价格鉴证信息直报工作优秀奖	国家发改委价格认证中心	2008.12
兰州市委	全国创建文明城市工作先进城市	中央精神文明建设指导委员会	2009.01
兰州市地方税务局	第二届全国文明单位	中央精神文明建设指导委员会	2009.01
兰州市国家税务局	第二届全国文明单位	中央精神文明建设指导委员会	2009.01
兰州市国家税务局	全国文明单位	中央精神文明建设指导委员会	2009.01
兰州市人民检察院	全国检察机关基层检察院建设组织奖	中华人民共和国最高人民检察院	2009.02

获奖单位	荣获称号	颁奖单位	颁奖时间
兰州市知识产权局	全国专利执法先进集体	国家知识产权局	2009.02
兰州市公安局户政管理处户政科	巾帼文明岗	中华全国妇女联合会	2009.02
兰州市地震局	2008年度全国市(州)防震减灾工作综合评比二等奖	中国地震局	2009.05
兰州市歌舞剧院舞剧团	全国三八红旗集体	中华全国妇女联合会	2009.09
兰州大剧院	《大梦敦煌》获全国专业舞台艺术“优秀保留剧目"大奖	中华人民共和国文化部	2009.10
兰州大剧院	全国文化系统先进集体	中华人民共和国人力资源和社会保障部、国家文化部	2009.11
兰州市文化馆	全国首届“群文品牌”	中国群众文化学会 中国文化报社	2009.12
民盟兰州市委员会	中国民主同盟盟务工作先进集体	中国民主同盟中央委员会	2009.12
兰州市教育局	中华扫盲奖获奖单位	中华人民共和国教育部	2000.10
兰州市第一人民医院	全国医药卫生系统先进集体	国家卫生部 国家食品药品监督管理局 国家中医药管理局	2010.01
兰州市	首批国家创新型试点城市(区)	国家科学技术部	2010.01
兰州市全民健身指导中心	优秀组织奖	国家体育总局	2010.01
兰州威立雅水务(集团)有限公司	甘肃省全国绿化模范单位	全国绿化委员会	2010.04
兰州市园林绿化局	第七届中国(济南)国际 园林花卉博览会先进集体	国家住建部	2010.05
兰州市人民检察院	全国检察机关司法警察编队管理示范单位	中华人民共和国最高人民检察院政治部	2010.05
兰州市文化和旅游局	兰州春节文化庙会在全国第十五届群星奖项目类评奖中获评群星奖	中华人民共和国文化部	2010.06
兰州市园林绿化局	甘肃省建设科技进步奖	国家住建部	2010.07
兰州市公安局特警支队	抗震救灾先进基层党组织	中共中央组织部	2010.07
兰州市公安局特警支队	全国抗震救灾英雄集体	中共中央、国务院、中央军委	2010.08

获奖单位	荣获称号	颁奖单位	颁奖时间
兰州歌舞剧院	第七届中国舞蹈荷花奖当代舞现代舞大赛获优秀组织奖	中国舞蹈荷花奖组委会	2010.09
兰州市教育局	英特尔·未来教育项目十周年表彰及应用成果展示厚度地市级组织管理先进单位	中央电化教育馆、英特尔(中国)有限公司	2010.12
兰州市人民检察院	网络宣传先进集体	中国检查网	2010.12
兰州市勘察测绘研究院	测绘应急保障先进集体	国家测绘局	2010.12
兰州市城乡规划设计研究院	2009年度全国优秀村镇规划设计三等奖	中国城市规划协会	2010.12
民盟兰州市委员会	纪念中国民主同盟成立七十周年先进集体	中国民主同盟中央委员会	2011.05
兰州市人口普查办公室	第六次全国人口普查先进个人	中华人民共和国国家统计局、国务院第六次全国人口普查领导小组办公室	2011.07
兰州戏曲剧院	《山月》剧目获第二届中国豫剧节剧目二等奖	第二届中国豫剧节组委会	2011.09
兰州市妇女联合会	全国妇联系统先进集体	中华人民共和国人力资源和社会保障部、中华全国妇女联合会	2011.11
兰州市林业局	全国保护森林和野生动植物资源先进集体	国家林业局	2011
兰州市林业局	三北防护林体系建设优质工程奖	国家林业局	2011
兰州市审计局	全国地方政府性债务审计先进公务员集体	中华人民共和国审计署	2011.12
兰州市审计局	全国地方政府性债务审计工作嘉奖	中华人民共和国审计署	2011.12
兰州市体育总会	先进单位	国家体育总局	2011.12
兰州市林业局	甘肃兰州百合园荣获 两个银奖、一个优秀奖	2011年中国(西安)世界园艺博览会执委会	2011
兰州市林业局	全国保护森林和野生动植物资源先进集体	国家林业局	2011
兰州市林业局	三北防护林体系建设优质工程奖	国家林业局	2011
兰州广播电视总台	《把“花儿”推向世界的人》获2010年度中国电视纪录片短篇十佳作品	中国电视艺术家协会、中国视协电视纪录片委员会	2011
兰州市公安局特警支队	全国政法系统先进基层党组织	中共中央政法委员会	2011.06

获奖单位	荣获称号	颁奖单位	颁奖时间
兰州市全民健身指导中心	优秀组织奖	国家体育总局	2012.01
兰州市公安局经济犯罪侦查支队	21012年度全国知识产权系统和公安机关知识产权法保护先进集体	中华人民共和国公安部	2012.01
兰州市外事办	全国侨办系统信访工作示范单位	国务院侨务办公室	2012.05
兰州市	首批16家“国家级文化与科技金融合示范基地”	中国共产党中央委员会宣传部、中国科技部	2012.05
兰州戏曲剧院	《黎秀芳》剧目获第六届中国秦腔艺术节优秀剧目奖	中国文联、中剧协、甘肃省文化厅	2012.05
兰州市公安局政治部	全国东西合作素质强警行动计划成绩突出集体	中华人民共和国公安部	2012.08
兰州市教育局	全国“两基”工作先进单位	中华人民共和国国务院	2012.09
兰州生产力促进中心	2012年度生产力促进(发展成就)奖	中国生产力促进协会	2012.09
兰州市南北两山环境绿化工程指挥部	全国生态文化示范基地	全国生态文化协会	2012.09
兰州新材料产业基地	第四批国家科技兴贸创新基地(新材料)	国家商务部、国家科技部	2012.09
兰州市广播电视总台	《行风阳光热线》获全国广播栏目民生影响力10强	中国广播电视协会	2012.09
兰州市广播电视总台	新闻综合频道获全国电视媒体民生影响力10强称号	中国广播电视协会	2012.09
兰州市体育局	先进单位	中国足球协会	2012.11.
兰州市爱卫办	全国爱国卫生先进集体	全国爱国卫生运动委员会办公室	2012.11
兰州市公安局经济犯罪侦查支队三大队	全国反假币工作先进集体	国务院反假币工作联席会	2012.12
兰州市体育运动学校	全国业余训练先进单位	国家体育总局	2012.12
兰州市全民健身指导中心	优秀组织奖	国家体育总局	2012.12
兰州市体育局	全民健身活动先进单位	国家体育总局	2012.12
兰州市体育局	2012年中国马拉松金牌赛事	中国田径协会	2012

获奖单位	荣获称号	颁奖单位	颁奖时间
兰州市代表团	第五届中国月季花展暨首届三亚国际玫瑰节最佳组织奖	第五届中国月季花展暨首届三亚国际玫瑰节组委会	2012
兰州市公安局治安管理支队	全国“扫黄打非”先进集体	全国“扫黄打非”工作小组	2012
兰州市工商联	全国工商联系统先进集体	人力资源和社会保障部中华全国工商业联合会	2013.1
兰州市体育局	2012年最受关注十大民俗	人民网	2013.01
兰州市人民检察院	全国检察机关基层检察院建设组织奖	中华人民共和国最高人民检察院	2013.03
兰州市妇女联合会	全国维护妇女儿童权益先进集体	中华全国妇女联合会、全国维护妇女儿童权益暨平安家庭创建协调组	2013.03
兰州市教育局	全国青少年五好小公民“复兴中华从我做起”主题教育活动先进集体	教育部关心下一代工作委员会、教育部关工委全国青少年主题教育活动组织委员会	2013.07
兰州市教育局	第二届全国教育门户网站评选地市级优秀网站	教育部教育管理信息中心	2013.09
民盟兰州市委员会	中国民主同盟组织发展工作先进集体	中国民主同盟中央委员会	2013.10
兰州市疾病预防控制中心	全国艾滋病防治工作先进集体	人力资源和社会保障部、国家卫生与计划生育委员会 国家卫生计生委	2013.10
兰州市园林绿化局	第九届中国(北京)国际 园林博览会展园建设鼓励奖	第九届中国(北京)国际园林博览会组委会	2013.11
兰州市园林绿化局	第九届中国(北京)国际 园林博览会先进集体奖	国家住建部	2013.11
九三学社	组织建设先进集体	九三学社中央组织部	2013.12
兰州市人力资源和社会保障局	全国人力资源和社会保障系统2011-2013年度优质服务窗口	中华人民共和国人力资源和社会保障部	2013.12
兰州市中级人民法院行政庭	第一届全国法院行政审判优秀裁判文书	中华人民共和国最高人民法院	2013.12
兰州市中级人民法院	全国法院“两评查”先进单位	最高人民法院	2013
兰州市教育局	第四届中小学艺术展演活动优秀组织奖	中华人民共和国教育部	2013
兰州市第一人民医院	第一批节约型公共机构示范单位	国家机关事务局	2014.03
兰州市公安局强制隔离戒毒所	一级强制隔离戒毒所	中华人民共和国公安部	2014.03

获奖单位	荣获称号	颁奖单位	颁奖时间
兰州市审计局	全国政府性债务审计工作嘉奖	中华人民共和国审计署	2014.4
兰州市人力资源和社会保障局	全国军队转业干部安置工作先进单位	国务院军队转业干部安置工作小组 中共中央组织部 人力资源和社会保障部 中国人民解放军总政治部	2014.05
兰州市民族宗教委员会	全国民族团结进步模范集体	中华人民共和国国务院	2014.09
兰州兴盛源再生资源循环经济加工产业园有限公司	第五批国家“城市矿产”示范基地重点项目建设实施单位	国家发展改革委、财政部	2014.09
兰州戏曲剧院、兰州演艺集团	《夏雪》剧目在第七届西北五省区秦腔艺术节获优秀剧目奖	中国戏剧家协会、宁夏回族自治区文化厅	2014.09
兰州泓翼废旧电子产品拆解加工中心	2014废旧物资回收挑选(电子废弃物拆解)大赛三等奖、最佳组织奖	中国再生资源回收利用协会、中国再生资源开发有限公司工会、中华全国供销合作总社职业技能鉴定中心	2014.10
民盟兰州市委员会	民盟思想宣传工作先进集体	中国民主同盟中央委员会	2014.10
兰州市教育局	全国离退休干部先进集体	中共中央组织部	2014.11
民盟兰州市委员会	民盟社会服务工作先进集体	中国民主同盟中央委员会	2014.11
兰州市审计局	二O一四年地方表彰审计项目	中华人民共和国审计署	2014.12
兰州市第三次全国经济普查办公室	第三次全国经济普查先进集体	国务院第三次全国经济普查领导小组	2014.12
兰州市中级人民法院行装处	全国法院司法行政工作先进集体	最高人民法院	2014
兰州市地方志办公室	《兰州年鉴》(2013卷)荣获第五届年鉴编纂出版质量评比综合二等奖	中国出版协会	2015.04
兰州市公安局特警支队排爆大队	2013-2014年度青年文明号	共青团中央、公安部	2015.05
兰州生产力促进中心	生产力杰出贡献奖	中国生产力促进中心	2015.05
民进兰州市委员会	民进全国社会服务工作先进集体	中国民主促进会中央委员会	2015.06
兰州市中级人民法院	节约型公共机构示范单位	国家机关事务管理局、国家发展和改革委员会、财政部	2015.12
兰州广播电视传播中心	制作的《红色地标》获2015年全国党员教育电视片观摩交流活动一等奖	中共中央组织部	2015.12
民进兰州市委员会	中国民主促进会全国先进集体	中国民主促进会中央委员会	2015.12

获奖单位	荣获称号	颁奖单位	颁奖时间
兰州市关心下一代工作委员会	全国关心下一代工作先进集体	中国关心下一代工作委员会、中央精神文明建设指导委员会办公室	
城关分局治安管理一大队	2015年度成绩突出集体	中华人民共和国公安部	2015
兰州市公安局网络安全保卫支队侦控大队	“全国公安机关打击整治暴恐音视频专项行动成绩突出集体”	中华人民共和国公安部	2016.01
兰州市公安局强制隔离戒毒所	全国强制隔离戒毒所“大收戒”活动成绩突出	中华人民共和国公安部	2016.03
兰州市教育局	首届全国青少年学生法治知识网络大赛优秀组织奖	教育部全国教育普法领导小组办公室、全国青少年法治知识网络大赛组委会、教育部全国青少年普法网	2016.03
兰州市南北两山环境绿化工程指挥部	2013-2015年度全国森林防火工作先进单位	国家森林防火指挥部/国家林业局	2016.03
兰州市人民防空办公室	全国人民防空先进集体	人力资源社会保障部、中央军委国防动员会	2016.05
兰州市生态建设管理局	第十届中国(武汉)国际园林博览会先进单位奖	中华人民共和国住房和城乡部	2016.05
兰州市生态建设管理局	第十届中国(武汉)国际园林博览会优秀展园建设奖	中华人民共和国住房和城乡部	2016.05
民进兰州市委员会	民进全国参政议政工作先进集体	中国民主促进会中央委员会	2016.05
兰州市生态建设管理局	第十届中国(武汉)国际园林博览会先进单位奖	国家住建部	2016.05
兰州市生态建设管理局	第十届中国(武汉)国际园林博览会优秀展园建设奖	国家住建部	2016.05
兰州市地方志办公室	《兰州年鉴》(2016年)荣获全国地方志优秀成果一等奖	中国地方志指导小组办公室	2016.07
兰州市大数据社会服务管理局	2015年“互联网+公共服务”先进单位	电子政务理事会	2016.07
兰州市大数据社会服务管理局	人民网网民留言办理工作10周年贡献奖	人民日报社人民网	2016.09
兰州市妇幼保健院	2016年全国卫生计生系统摄影大赛官方支持媒体称号	全国卫生计生系统摄影大赛组委会	2016.09
兰州市安监局	全国安全生产监管监察系统先进集体	中华人民共和国人力资源和社会保障部、国家安全生产监督管理总局	2016.10
民盟兰州市委员会	坚持和发展中国特色社会主义学习实践活动先进集体	中国民主同盟中央委员会	2016.11

获奖单位	荣获称号	颁奖单位	颁奖时间
兰州市妇女联合会	2011-2015年度全国实施妇女儿童发展纲要先进集体	国务院妇女儿童工作委员会	2016.11
兰州市劳动保障监察支队	全国人力资源社会保障系统2014-2016年度优质服务窗口	人力资源和社会保障部	2016.12
兰州市地震局	2016年度全国地市防震减灾工作先进单位	中国地震局	2016.12
兰州市再生资源回收公司	2016年最佳副会长单位、2016行业最具潜力企业	中国再生资源回收利用协会	2016.12
兰州市教育局	全国第五届中小学艺术展演活动优秀组织奖	中华人民共和国教育部	2016
兰州市文化和旅游局	重走长征路红色旅游主题活动优秀组织单位奖	中华人民共和国国家旅游局	2016.12
兰州市大数据社会服务管理局	2016年人民网网民留言办理工作先进单位	人民日报社人民网	2016.12
兰州市价格认证中心	全国价格认定工作法制建设年活动先进单位	国家发改委价格认证中心	2016.12
兰州市机构编制委员会办公室	全国机构编制工作先进集体	中华人民共和国人力资源和社会保障部、中央机构编制委员会办公室	2017.01
兰州市文化和旅游局	2016年全国“扫黄打非”先进集体	全国“扫黄打非”工作小组办公室	2017.01
兰州市公安局技术侦查支队四大队	全国三八红旗集体	中华全国妇女联合会	2017.02
兰州市司法局强制隔离戒毒所	2016年度安全管理“六五”强制隔离戒毒所	司法部戒毒管理局	2017.03
兰州市妇幼保健院	微信公众号在2017年全国卫生计生系统“中国年味”摄影大赛官方支持媒体称号	中国卫生摄影协会	2017.03
民进兰州市委员会	民进全国机关工作先进集体	中国民主促进会中央委员会	2017.04
兰州市国土资源局执法监察支队	全国国土资源执法监察工作先进集体	国土资源部	2017.04
兰州市第一看守所管教十四队	巾帼文明岗	中华全国妇女联合会	2017.04
兰州市公安局强制隔离戒毒所	全国标兵强制隔离戒毒所	中华人民共和国公安部	2017.04
兰州市文化和旅游局	中国—东盟博览会文化展最佳组织奖	中国—东盟博览会秘书处	2017.04

获奖单位	荣获称号	颁奖单位	颁奖时间
兰州市公安局特警支队排爆大队	2015-2016年度青年文明号	共青团中央、公安部	2017.05
兰州市文化市场行政执法支队	2016年度查处侵权盗版案件有功单位三等奖	中华人民共和国国家版权局	2017.05
兰州市再生资源回收公司	企业信用评价AAA级信用企业	中国再生资源回收利用协会	2017.05
兰州市大数据社会服务管理局	中国新型智慧城市创新50强创新设计奖	光明网/CIO时代	2017.06
兰州市大数据社会服务管理局	2016电子政务优秀案例	电子政务理事会	2017.07
兰州市公安局强制隔离戒毒所	公安监管工作成绩突出集体	中华人民共和国公安部	2017.07
兰州市劳动保障监察支队	2017年全国清理整顿人力资源市场秩序专项行动取得突出成绩	中华人民共和国人力资源和社会保障部办公厅、国家工商管理总局办公厅	2017.07
兰州市再生资源回收公司	再生资源转型升级示范单位	中国再生资源回收利用协会	2017.09
兰州市大数据社会服务管理局	2017年人民网网民留言办理工作先进单位	人民日报社人民网	2017.09
兰州市政务服务中心	第二届全国行政服务大厅典型案例展示活动中“标准化优秀”称号	《紫光阁》杂志社、中国行政体制改革研究会、人民网	2017.10
兰州市计划生育协会	“计生协好新闻”三等奖	中国计划生育协会	2017.10
兰州市大数据社会服务管理局	全国信用信息共享平台和信用门户网站一体化建设特色性平台网站	国家公共信用信息中心	2017.11
兰州市发改委	2017年全国信用信息共享平台及信用门户网站一体化建设“特色性平台网站”	国家发展和改革委员会、国家公共信用信息中心	2017.11
兰州市城市管理委员会	2017年全国城管执法队伍“强转树”行动表现突出单位	中华人民共和国住房和城乡建设部	2017.11
兰州市	命名2017年国家园林城市	中华人民共和国住房和城乡建设部	2017.11
兰州市教育局	全国未成年人思想道德建设先进单位	中央精神文明建设指导委员会	2017.11
兰州市教育局	《以德育人 润物无声》被评为全国中小学德育工作优秀案例	教育部基础教育司	2017.11

获奖单位	荣获称号	颁奖单位	颁奖时间
兰州市文化发展研究中心	《牛宝与狗蛋》剧目获“第七届全国优秀小戏小品展演优秀展演剧目”	中国戏剧家协会	2017.11
兰州广播电视总台	《血铸河山》获电视专题类大奖	国家新闻出版广电总局	2017.12
兰州市人民检察院	全国文明单位	中央精神文明建设指导委员会	2017.12
兰州市中级人民法院刑事审判第一庭	全国法院刑事审判工作先进集体	最高人民法院	2017.00
兰州市地震局	2017年度全国地市防震减灾工作先进单位	中国地震局	2017.12
兰州市人民防空办公室	《中国人民防空》通讯报道先进单位	《中国人民防空》杂志社	2017.12
兰州市再生资源回收公司	2016中国再生资源行业百强企业、2016年再生资源百强最佳网络人气企业、2017再生资源行业创新发展经营模式创新企业	中国再生资源回收利用协会	2017.12

索引

说　明

一、本索引采用分析索引法，按标引词首字汉语拼音字母顺序排序；第一字相同，按第二字音序排序。以此类推。

二、标引词后有多个页码，则表示互见、内容所在位置。

三、本年鉴的“特载”“大事记”“法规文件”“附录”等均未作索引。

G

H

J

K

L

M

N

T

W

X

Y

Z